NomosLehrbuch

Prof. Dr. Martin Morlok, Universität Düsseldorf
Prof. Dr. Lothar Michael, Universität Düsseldorf

# Staatsorganisationsrecht

2. Auflage

Nomos

Die Deutsche Nationalbibliothek verzeichnet diese Publikation in der Deutschen Nationalbibliografie; detaillierte bibliografische Daten sind im Internet über http://dnb.d-nb.de abrufbar.

ISBN 978-3-8487-0656-3

2. Auflage 2015

## Vorwort

Die gute Aufnahme dieses Lehrbuches veranlasste diese Neuauflage. Sie bringt eine durchgehende Überarbeitung, welche die seitdem reichlich ergangene neue Rechtsprechung und die wissenschaftliche Literatur, aber auch die einschlägige Gesetzgebung, etwa die Novellierung des Bundeswahlgesetzes, eingearbeitet hat; wir gehen auch auf zwischenzeitlich aktuell aufgetauchte Fragen ein, so etwa auf Reaktionsmöglichkeiten und Reaktionsnotwendigkeiten angesichts der zahlenmäßigen Schwäche der Opposition im 18. Deutschen Bundestag. Neu aufgenommen wurde eine Passage über die direkte Demokratie (als § 5 Rn. 70 ff.). Durchgängig wurde auf gute Lesbarkeit geachtet. Statt die Randnummern fortlaufend zu zählen, beginnt die Zählung jetzt in jedem Paragrafen neu.

Die Mühe einer solchen Überarbeitung haben wesentlich auch unsere Mitarbeiter getragen. Wir danken insbesondere den wissenschaftlichen Mitarbeitern *Katharina Frantzen*, *Moritz Kalb*, Dr. *Sebastian Roßner*, M.A., und *Sebastian Ziehm* sowie den studentischen Hilfskräften *Duygu Dişçi*, *Marvin Geisler*, *Lise Känner*, *Sabrina Winkler* und *Theresa Witt*.

Den aufmerksamen Lesern, die uns auf Fehler oder Unklarheiten hingewiesen haben, danken wir ebenfalls. Dies verbinden wir mit der Bitte, solche Hinweise und Anregungen uns auch künftig zukommen zu lassen (LS.Morlok@hhu.de).

Düsseldorf, August 2014

*Lothar Michael* *Martin Morlok*

## Vorwort zur 1. Auflage

Dieses Buch ist das Komplement zu unserem Lehrbuch der Grundrechte (*Lothar Michael/Martin Morlok*, Grundrechte, 3. Auflage 2012). Beide Bände zusammen sollen das verfassungsrechtliche Wissen vermitteln, das für den erfolgreichen Abschluss des Studiums der Rechte in Deutschland erforderlich ist.

Eine wesentliche Leitidee dieser Darstellung war, das geltende Staatsorganisationsrecht stärker als bislang üblich aus den Fundamentalprinzipien des Grundgesetzes heraus zu entwickeln. Die verschiedensten Einzelnormen sollen als Konkretisierung jener Grundentscheidungen gesehen und damit besser verstanden werden können. Dahinter stand die Erkenntnis: „Was man verstanden hat, muss man nicht auswendig lernen". Inhaltlich soll dieser Prinzipienbezug der Offenheit des Verfassungsrechtes gerecht werden. Das bedeutet unter anderem, dass nicht alle Fragen letztgültig zu entscheiden sind; die Art der Darstellung will damit zum Selberdenken und zum Weiterdenken anregen.

*Konrad Hesse* hat im Vorwort der 20. Auflage seiner „Grundzüge des Verfassungsrechts der Bundesrepublik Deutschland" 1995 betont, dass der moderne Staat und sein Verfassungsrecht nurmehr im Zusammenhang des existierenden Mehrebenenrechtes angemessen zu behandeln sind. Darum bemüht sich dieses Buch wie bereits unser Lehrbuch zu den Grundrechten.

Ziel eines Lehrbuches von begrenztem Umfang kann und sollte nicht Vollständigkeit bei der Behandlung aller möglichen Fragen sein. Dies gilt besonders für die Nachweise auf die kaum mehr überschaubare Literatur und Rechtsprechung. Beides ist unschwer aufzufinden.

Dieses Buch ist über längere Zeit hin entstanden. Wie an der Universität üblich, wechseln die studentischen und wissenschaftlichen Mitarbeiter in kürzeren Rhythmen. Entsprechend haben zum Erscheinen dieses Buches viele – in unterschiedlicher Weise – beigetragen. Insgesamt hat uns ein wunderbares Team unterstützt, dem herzlicher Dank gesagt sei. Zu ihm zählten *Gülay Bedir*, *Duygu Disci*, *Christian Dölling*, *Katharina Frantzen*, Dr. *Marcus Hahn-Lorber*, Dr. *Christina Hientzsch*, *Sven Jürgensen*, *Julia Kamps*, *Anja Knappert*, PD Dr. *Julian Krüper*, *Hana Kühr*, *Sören Lehmann*, *Julia Leven*, *Michaela Luhs*, *Isabel Pfaff*, Dr. *Sebastian Roßner*, M.A., *Sarah Schreiner* sowie *Ewgenij Sokolov*. In der naturgemäß besonders arbeitsintensiven Endphase haben sich *Moritz Kalb* und *Sebastian Ziehm* in der Sache wie auch organisatorisch besonders um dieses Buch verdient gemacht. Für die schnelle und zuverlässige Übertragung diktierter Texte sei *Birgit Yao* gedankt.

Wie auch unser Lehrbuch zu den Grundrechten ist dieses Buch ein Gemeinschaftsprojekt der beiden Autoren. Für jeden Band ist aber ein anderer von uns federführend. Hier lag diese Rolle bei *Martin Morlok*, was in der Autorenbezeichnung „*Morlok/Michael*" zum Ausdruck kommt.

Hinweise auf Fehler, Anregungen und Fragen sind uns stets willkommen, am einfachsten unter der Anschrift ls.morlok@hhu.de.

Düsseldorf, August 2012

*Lothar Michael* *Martin Morlok*

## Inhaltsübersicht

# Inhalt

## 2. Teil: Verfassungsprinzipien und Staatsaufgaben

## Abkürzungsverzeichnis

| | |
|---|---|
| a.A. | anderer Ansicht |
| AbgG | Abgeordnetengesetz |
| Abs. | Absatz |
| Abschn. | Abschnitt |
| Abt. | Abteilung |
| a.E. | am Ende |
| AEUV | Vertrag über die Arbeitsweise der Europäischen Union |
| a.F. | alte Fassung |
| AG | Amtsgericht |
| AK | Alternativkommentar |
| AöR | Archiv für öffentliches Recht (Zeitschrift) |
| APuZ | Aus Politik und Zeitgeschehen, Beilage von Das Parlament |
| ArbG | Arbeitsgericht |
| ArbGerG | Arbeitsgerichtsgesetz |
| Art. | Artikel |
| ASG | Arbeitssicherstellungsgesetz |
| AtG | Atomgesetz |
| atw | Atomwirtschaft (Zeitschrift) |
| Aufl. | Auflage |
| AVR | Archiv des Völkerrechts (Zeitschrift) |
| Az. | Aktenzeichen |
| BAG | Bundesarbeitsgericht |
| BauR | Baurecht (Zeitschrift) |
| Bay | Bayern |
| BayVBl. | Bayerische Verwaltungsblätter (Zeitschrift) |
| BayVerfGH | Bayerischer Verfassungsgerichtshof |
| BbgVerfG | Verfassungsgericht des Landes Brandenburg |
| Bd. | Band |
| BeamtStG | Beamtenstatusgesetz |
| BefBezG | Gesetz über befriedete Bezirke für Verfassungsorgane des Bundes |
| Berl | Berlin |
| BerlVerfGH | Verfassungsgerichtshof des Landes Berlin |
| bes. | besonders |
| BetrVG | Betriebsverfassungsgesetz |
| BFH | Bundesfinanzhof |
| BGB | Bürgerliches Gesetzbuch |
| BGBl. | Bundesgesetzblatt |
| BGH | Bundesgerichtshof |
| BGHSt | Entscheidungssammlung des Bundesgerichtshofs in Strafsachen |
| BGHZ | Entscheidungssammlung des Bundesgerichtshofs in Zivilsachen |
| BImSchG | Bundesimmissionsschutzgesetz |
| BK-GG | Bonner Kommentar |
| Bl. | Blatt |
| BNatSchG | Bundesnaturschutzgesetz |
| Brem | Bremen |
| Brbg | Brandenburg |
| BRHG | Bundesrechnungshofgesetz |
| BRJ | Bonner Rechtsjournal |
| bspw. | Beispielsweise |
| BT-Drucks. | Bundestags Drucksache |

| | |
|---|---|
| BVerfG | Bundesverfassungsgericht |
| BVerfGE | Entscheidungssammlung des Bundesverfassungsgerichts |
| BVerfGG | Bundesverfassungsgerichtsgesetz |
| BVerwG | Bundesverwaltungsgericht |
| BVerwGE | Entscheidungssammlung des Bundesverwaltungsgerichts |
| BW | Baden-Württemberg |
| BWahlG | Bundeswahlgesetz |
| BWahlO | Bundeswahlordnung |
| BWV | Berliner Wissenschafts-Verlag |
| bzgl. | bezüglich |
| bzw. | beziehungsweise |
| DDR | Deutsche Demokratische Republik |
| d.h. | das heißt |
| DÖD | Der Öffentliche Dienst (Zeitschrift) |
| DÖV | Die öffentliche Verwaltung (Zeitschrift) |
| DRiG | Deutsches Richtergesetz |
| Drucks. | Drucksache |
| DStR | Deutsches Steuerrecht (Zeitschrift) |
| dt. | deutsch/e |
| DuR | Demokratie und Recht |
| DVBl. | Deutsches Verwaltungsblatt |
| E | Entscheidung (aus einer vorgenannten Entscheidungssammlung) |
| e.V. | eingetragener Verein |
| EEG | Gesetz für den Vorrang erneuerbarer Energien |
| EG | Europäische Gemeinschaften |
| EGMR | Europäischer Gerichtshof für Menschenrechte |
| Einl. | Einleitung |
| EMRK | Europäische Menschenrechtskonvention |
| etc. | et cetera |
| EU | Europäische Union |
| EuG | Europäisches Gericht erster Instanz |
| EuGH | Europäischer Gerichtshof |
| EuGRZ | Europäische Grundrechtszeitschrift |
| EuR | Europarecht (Zeitschrift) |
| EUV | Vertrag über die Europäische Union |
| EUZBBG | Gesetz über die Zusammenarbeit von Bundesregierung und Deutschem Bundestag in Angelegenheiten der Europäischen Union |
| EUZBLG | Gesetz über die Zusammenarbeit von Bund und Ländern in Angelegenheiten der Europäischen Union |
| EuZW | Zeitschrift für europäisches Wirtschaftsrecht |
| evtl. | eventuell |
| EZB | Europäische Zentralbank |
| f. | folgende |
| FES | Friedrich-Ebert-Stiftung |
| ff. | fortfolgende |
| FGO | Finanzgerichtsordnung |
| Fn. | Fußnote |
| FR | Finanzrundschau (Zeitschrift) |
| FS | Festschrift |

| | |
|---|---|
| gem. | gemäß |
| GG | Grundgesetz |
| ggf. | gegebenenfalls |
| GOBT | Geschäftsordnung des Bundestages |
| GOLT | Geschäftsordnung des Landtages |
| GPSG | Gesetz über technische Arbeitsmittel und Verbraucherprodukte |
| GRC | Grundrechtecharta |
| grds. | grundsätzlich |
| GVG | Gerichtsverfassungsgesetz |
| Hamb | Hamburg |
| Hess | Hessen |
| HGB | Handelsgesetzbuch |
| h.L. | herrschende Lehre |
| h.M. | herrschende Meinung |
| HParlR | Handbuch Parlamentsrecht |
| Hs. | Halbsatz |
| HStR | Handbuch des Staatsrechts der Bundesrepublik Deutschland |
| i.d.F. | in der Fassung |
| i.d.R. | in der Regel |
| i.E. | im Erscheinen |
| insb. | insbesondere |
| i.S.d. | im Sinne des |
| i.S.v. | im Sinne von |
| i.V.m. | in Verbindung mit |
| JöR | Jahrbuch des öffentlichen Rechts (neue Folge) |
| JuS | Juristische Schulung (Zeitschrift) |
| JZ | Juristenzeitung |
| Kap. | Kapitel |
| krit. | kritisch |
| KrWaffKontrG | Kriegswaffenkontrollgesetz |
| KZfSS | Kölner Zeitschrift für Soziologie und Sozialpsychologie |
| Lfg. | Lieferung |
| LFGB | Lebensmittel-, Bedarfsgegenstände und Futtermittelgesetzbuch |
| lit. | littera |
| Lit. | Literatur |
| LKV | Landes- und Kommunalverwaltung (Zeitschrift) |
| LNatSchG | Landesnaturschutzgesetz |
| Ls. | Leitsatz |
| LVerf | Landesverfassung |
| LVerfG | Landesverfassungsgericht |
| MarkenG | Markengesetz |
| MIP | Mitteilungen des Instituts für Parteienrecht und Parteienforschung |
| MV | Mecklenburg-Vorpommern |
| m.w.N. | mit weiteren Nachweisen |
| NATO | North Atlantic Treaty Organization |
| Nds | Niedersachsen |

| | |
|---|---|
| ND | Nachdruck |
| n.F. | neue Fassung |
| NJW | Neue Juristische Wochenschrift |
| Nr. | Nummer |
| NRW, NW | Nordrhein-Westfalen |
| NVwZ | Neue Zeitschrift für Verwaltungsrecht |
| NWVBl. | Nordrhein-Westfälische Verwaltungsblätter |
| NZA | Neue Zeitschrift für Arbeitsrecht |
| OVG | Oberverwaltungsgericht |
| ParlBG | Parlamentsbeteiligungsgesetz |
| PKGrG | Gesetz über die parlamentarische Kontrolle nachrichtendienstlicher Tätigkeit des Bundes |
| PrOVG | Preußisches Oberverwaltungsgericht |
| PrOVGE | Entscheidungssammlung des Preußischen Oberverwaltungsgerichts |
| PUAG | Untersuchungsausschussgesetz |
| PVS | Politische Vierteljahresschrift |
| RGBl. | Reichsgesetzblatt |
| RhPf | Rheinland-Pfalz |
| RiG | Richtergesetz |
| RJD | Report of Judgments and Decisions Entscheidungssammlung des Europäischen Gerichtshofs für Menschenrechte (seit 1996) |
| Rn. | Randnummer |
| Rs. | Rechtssache |
| Rspr. | Rechtsprechung |
| RuP | Recht und Politik |
| RVerf | Reichsverfassung |
| S. | Seite |
| s. | siehe |
| Sa | Sachsen |
| SaAnh | Sachsen-Anhalt |
| Saarl | Saarland |
| SächsVerfGH | Verfassungsgerichtshof des Freistaates Sachsen |
| s.o. | siehe oben |
| SED | Sozialistische Einheitspartei Deutschlands |
| SchlH | Schleswig-Holstein |
| SchlHA | Schleswig-holsteinische Anzeigen |
| SGG | Sozialgerichtsgesetz |
| sog. | sogenannt(-e/-er) |
| Sp. | Spalte(n) |
| StabG | Gesetz zur Förderung der Stabilität und des Wachstums der Wirtschaft |
| StGB | Strafgesetzbuch |
| StPO | Strafprozessordnung |
| StraFo | Strafverteidiger Forum (Zeitschrift) |
| st. Rspr. | ständige Rechtsprechung |
| Thür | Thüringen |

| | |
|---|---|
| u.a. | unter anderem |
| UAusschG | Untersuchungsausschussgesetz |
| u.Ä. | und Ähnliche(-s) |
| UmweltHG | Umwelthaftungsgesetz |
| UNCAC | UN-Konvention gegen Korruption (BGBl. III Nr. 47/2006) |
| USA | United States of America/Vereinigte Staaten von Amerika |
| usw. | und so weiter |
| UVPG | Gesetz über die Umweltverträglichkeitsprüfung |
| | |
| v. | von/vom |
| Verf | Verfassung |
| VerfGH | Verfassungsgerichtshof |
| VG | Verwaltungsgericht |
| VGH | Verwaltungsgerichtshof |
| vgl. | vergleiche |
| Vorb. | Vorbemerkung |
| VVDStRL | Veröffentlichungen der Vereinigung der Deutschen Staatsrechtslehrer |
| VwGO | Verwaltungsgerichtsordnung |
| VwVfG | Verwaltungsverfahrensgesetz |
| | |
| WBeauftrG | Wehrbeauftragtengesetz |
| WHG | Wasserhaushaltsgesetz |
| WiVerw | Zeitschrift für Wirtschaftsverwaltungsrecht |
| WRV | Weimarer Reichsverfassung |
| | |
| ZaöRV | Zeitschrift für ausländisches öffentliches Recht und Völkerrecht |
| z.B. | zum Beispiel |
| ZDG | Zivildienstgesetz |
| ZfP | Zeitschrift für Politik |
| Ziff. | Ziffer |
| ZJS | Zeitschrift für das Juristische Studium |
| ZParl | Zeitschrift für Parlamentsrecht |
| ZPO | Zivilprozessordnung |
| ZRP | Zeitschrift für Rechtspolitik |
| ZSE | Zeitschrift für Staats- und Europawissenschaften |
| z.T. | zum Teil |
| ZVS | Zentralstelle für die Vergabe von Studienplätzen |

# Teil 1: Aufgaben und Eigenarten einer Verfassung

## § 1 Staat und Verfassung

### I. Verfassung als Antwort auf das Problem der Herrschaft

Verfassungen sind entstanden als rechtliche **Instrumente zur Beschränkung der staatlichen Macht.** Das Bezugsproblem einer Verfassung war und ist also die Domestizierung der staatlichen Herrschaftsgewalt. 1

Unter „Staat“ soll hier eine wirksame Institutionalisierung von Herrschaft verstanden werden. „Herrschaft“ kann man mit *Max Weber* definieren als die Chance, für (alle oder bestimmte) Befehle bei angebbaren Personen Gehorsam zu finden.[1] „Staat“ bedeutet also eine Herrschaftsapparatur, die Entscheidungen treffen kann, welche mit erheblicher Wahrscheinlichkeit auch tatsächlich befolgt werden – auch, weil sie zwangsweise durchgesetzt werden können. In der Sprache der Politikwissenschaft kann man anstelle von „Staat“ auch vom „politischen System“ sprechen: dem gesellschaftlichen Teilbereich, der für die anderen Teilsysteme verbindliche Entscheidungen treffen kann.

Diese Fähigkeit, verbindliche Entscheidungen zu setzen, erlaubt es einer Gemeinschaft, kollektive Ziele festzulegen und diese auch zu realisieren. Erst Organisationsformen menschlicher Gesellschaften, die ein in diesem Sinne politisches System haben, also über eine Herrschaftsorganisation verfügen, können größere und weiterreichende Aufgaben erfolgreich in Angriff nehmen. Diese Fähigkeit besaßen beispielsweise die frühen orientalischen Reiche in Ägypten oder Mesopotamien.[2] Als immer noch beeindruckendes Beispiel der Verwirklichung großer Vorhaben mögen die Pyramiden bei Kairo dienen. 2

Diese frühen Reiche stellten im hier gemeinten Sinne Staaten insofern dar, als sie wirksame Herrschaft institutionalisiert hatten.[3] Staaten im modernen Sinne entstanden dann allmählich in der Neuzeit.[4] Ihre spezifische Leistungsfähigkeit resultierte aus dem Zusammenspiel verschiedener Faktoren, so etwa dem Aufbau einer Bürokratie aus permanent bezahlten „Beamten“ – dies setzte die Geldwirtschaft voraus –, einem stehenden Heer, dem Verständnis des Rechts als setzbar, einem wirksamen System der Steuererhebung und anderen Faktoren mehr. Damit waren die Staaten befähigt, relativ erfolgreich ein Territorium in Abgrenzung von anderen zu beherrschen, für innere und äußere Sicherheit zu sorgen, also Polizei und Militär zu unterhalten, Infrastruktureinrichtungen aufzubauen, Maßnahmen der Wirtschaftsförderung ins Werk zu setzen, aber eben auch Steuern zu erheben und Gehorsam für ihre Anweisungen, Gesetze und Befehle zu finden. 3

1 *M. Weber*, Wirtschaft und Gesellschaft, 1922, 1. Teil, Kapitel I, § 16; Kapitel III, § 1.

2 Dazu etwa *R. Herzog*, Staaten der Frühzeit, 2. Aufl. 1998; *S. N. Eisenstadt*, The Political Systems of Empires, 1969.

3 Ob diese frühen Reiche mit dem Begriff des „Staates“ belegt werden sollten, wird in der Geschichtswissenschaft heftig diskutiert, s. nur *O. Brunner*, Land und Herrschaft (1965), Nachdruck 5. Aufl. 1990; *H. Mitteis*, Der Staat des hohen Mittelalters, 9. Aufl. 1974.

4 Zur „Geschichte der Staatsgewalt“ s. das Buch dieses Titels von *W. Reinhard*, 3. Aufl. 2002; zum Konzept „Moderner Staat“ bereits *O. Hintze*, Wesen und Wandlung des modernen Staates, in: Hintze, Staat und Verfassung (1931), 3. Aufl. 1970, S. 470 ff.

Diese Vielfalt der materiellen Staatstätigkeit hat die klassische Staatslehre zu einem **formalen Staatsbegriff** abstrahiert, wonach ein Staat bestehe, wenn es ein Staatsgebiet gebe, auf dem ein Staatsvolk lebe, das einer Staatsgewalt unterworfen sei.[5]

4 Ein wirksamer Staat stellte allerdings auch immer insofern eine Gefahr dar, als seine Herrschaftsmöglichkeiten auch zu eigensüchtigen Zwecken der Herrscher missbraucht werden konnten. Damit wurde die Frage nach der Beschränkung dieser Herrschaft dringlich und ebenso auch diejenige nach der Legitimation dieser Herrschaft.

5 In der Theorie hat *Thomas Hobbes* dieses Legitimationsproblem mit seiner bekannten Vertragskonstruktion aus dem **Leviathan** in der Weise gelöst, dass die Untertanen zustimmen, den Befehlen des Herrschers Gehorsam zu leisten, um im Gegenzug Schutz und Sicherheit zu erlangen.[6] Mit dieser Lösung des Legitimationsproblems war allerdings die Gefahr des Machtmissbrauches und des übermäßigen Einsatzes der Herrschaftsmittel nicht gebändigt, eher im Gegenteil. Tatsächlich beeinträchtigte der Staat, wie er sich im Absolutismus herausbildete, oft erheblich die Freiheit der Bürger, stellte mindestens eine Gefahr für sie dar.

6 Die Antwort auf dieses Problem der wirksamen Herrschaft in Gestalt des modernen Staates war die Verfassung. Sie sollte der bürgerlichen Gesellschaft generell und den wirtschaftenden Bürgern im Speziellen die notwendige Sicherheit vor unnötigen Eingriffen und erst recht gegen willkürliche Übergriffe geben. Die Verfassungsidee, dass der Staat nicht nur Sicherheit, sondern auch Freiheit garantieren soll, hat vor allem *John Locke* postuliert.[7] Die **Verfassung** entstand also als Instrument zur **Disziplinierung der Herrschaft**. Zugleich hatte die Verfassung auch die Aufgabe, die **Legitimation der Herrschaft** zu vermitteln: durch die maßgebende Bezugnahme auf bürgerliche Willensbildung. Die Herrschaft sollte so für die von den Bürgern selbst bestimmten Zwecke und nur in dem von ihnen gesetzten Umfang eingesetzt werden.

7 Diese Darstellung ist eine recht grobe idealtypische Skizze des tatsächlichen historischen Geschehens. Moderne Verfassungen wurden in der Realgeschichte in der zweiten Hälfte des 18. Jahrhunderts durchgesetzt, in den Vereinigten Staaten von Amerika (1787) und in Frankreich im Zuge der Französischen Revolution (1791).[8]

Die Erfindung der modernen Verfassung hatte ein doppeltes Ziel: Sie will zum einen die Herrschaft beschränken und zum anderen die Ausübung der Herrschaft dem Einfluss der Bürger unterwerfen, also demokratisieren. Die Summe dieser beiden Ziele, Beschränkung der Herrschaft und Demokratisierung der Herrschaft, ist das welthistorisch Neue des westlichen Verfassungsbegriffs.

8 Zwar gab es auch in der Zeit vor der Einführung von Verfassungen Versuche, die Herrschaft zu begrenzen und ihre Missbrauchsmöglichkeiten zu verringern. Man denke etwa an die verschiedenen Instrumente der Antike wie kurze Amtszeiten der zur Herrschaft Berufenen oder das geübte Kollegialprinzip, nach dem es immer zwei römische Konsuln gab. Diese Mechanismen der Domestizierung der Herrschaft wurden mit dem römischen Kaisertum aber abgeschafft und durch Formen der Alleinherrschaft abgelöst. Zwar gab es im Verlauf der Geschichte immer Versuche, die Herrschaft zu bändigen, diese blieben aber mit ihrer Fixierung auf traditionelle Formen der Herrschafts-

5 *G. Jellinek*, Allgemeine Staatslehre, 1900, S. 355 ff.
6 *Th. Hobbes*, Leviathan (1961), in: Klenner, 1996, S. 144 f., 1. Teil, 16. Kap.
7 Vor allem in Second Treatise on Government, zuerst 1690, s. etwa Abschn. 95, 99.
8 *D. Grimm*, Ursprung und Wandel der Verfassung, in: HStR, Bd. I, 3. Aufl. 2003, § 1 Rn. 11 f.

ausübung in ihrer Wirksamkeit sehr begrenzt. Auch die religiös-moralische Einbindung der Herrschaft durch Leitbilder der guten christlichen Herrschaft[9] konnte nur wenig wirksam und noch weniger verlässlich die Gefahren missbräuchlicher Herrschaftsausübung eindämmen. Den enorm gesteigerten Möglichkeiten moderner Staatlichkeit gegenüber waren jedenfalls diese traditionellen Versuche der Herrschaftsbeschränkung und Anleitung zur „guten" Ausübung der Herrschaft hilflos unzureichend.

Die heutige Staatlichkeit ist gekennzeichnet durch erhebliche Möglichkeiten. Verfassungen sind damit so notwendig wie noch nie: zur verfassungsstaatlichen – und das heißt im Alltag rechtsstaatlichen – Begrenzung und Konditionierung des Einsatzes staatlicher Mittel und zugleich zur demokratischen Bestimmung der Inhalte der staatlichen Aktivitäten. Die Staaten nehmen ihre materiellen wie ihre regulatorischen Möglichkeiten auch wahr; selbst der Schadstoffausstoß der Bürger in ihren Autos und Kaminen wird staatlich begrenzt und überwacht. 9

Zugleich ist der moderne Staat aber weit entfernt davon, allmächtig zu sein. Die modernen Gesellschaften haben einen Komplexionsgrad erreicht, der sie zu einem nicht unerheblichen Maß der zentralen Steuerung entzieht.[10] Vor allen Dingen aber ist das Geschehen auf den verschiedenen Teilgebieten der Gesellschaft, also der Kultur, der Wirtschaft, der Wissenschaft, der Religion usw., stark von internationalen Verflechtungen gekennzeichnet, so dass die Regelungsmacht des einzelnen Staates auf Grenzen stößt. Dies ist noch nicht hinreichend im Bewusstsein aller Bürger angekommen. Der moderne, gerade auch der demokratische Staat ist einerseits großen, gar übergroßen Leistungserwartungen seiner Bürger ausgesetzt, und andererseits aber nur begrenzt in der Lage, diesen Erwartungen zu genügen. Daher darf sich eine moderne Verfassung nicht alleine damit begnügen, die Herrschaftsausübung zu begrenzen, sie hat auch dafür Sorge zu tragen, dass die staatlichen Aufgaben wirksam bearbeitet werden können.

## II. Supranationale und internationale Normen und Strukturen

Eine ganze Reihe von Problemen können die Nationalstaaten heute nicht mehr hinreichend mit ihren eigenen Möglichkeiten („Staatsgewalt") und in Beschränkung auf ihre Territorien („Staatsgebiet") und nur mit Wirkung gegenüber ihren Bürgern („Staatsvolk") lösen. Insofern erfährt die klassische auf drei Elemente bauende Staatsdefinition einen Bedeutungsverlust – weil die Wirksamkeit einzelstaatlicher Herrschaft Grenzen hat.[11] Auf den verschiedensten Gebieten können staatliche Aufgaben nur hinreichend in Zusammenarbeit mit anderen Staaten bearbeitet werden. Das gilt sinnfällig für Umweltprobleme: Verschmutztes Wasser und schadstoffhaltige Luft machen an Staatsgrenzen keinen Halt. Dies gilt ebenso für Fragen der Ordnung der Wirtschaftslenkung in einer Welt, in der wirtschaftliche Transaktionen auf verhältnismäßig geringe natio- 10

9 Zu Bedeutung und Gehalt der Fürstenspiegel s. *H. H. Anton*, Fürstenspiegel und Herrscherethos in der Karolingerzeit, 1968; *W. Berges*, Die Fürstenspiegel des hohen und des späten Mittelalters, 1938; *W. Kleineke*, Englische Fürstenspiegel vom Policraticus Johanns von Salisbury bis zum Basilikon Doron König Jakobs I., 1937.

10 S. etwa *H. Wilke*, Die Entzauberung des Staates, 1983.

11 Diese Einbuße an Steuerungsfähigkeit des Staates hat in der ihm eigenen zuspitzenden Art bereits *Carl Schmitt* beschrieben: „Die Epoche der Staatlichkeit geht jetzt zu Ende. Darüber ist kein Wort mehr zu verlieren. Mit ihr geht der ganze Überbau staatsbezogener Begriffe zu Ende, den eine europa-zentrische Staats- und Völkerrechtswissenschaft in vierhundertjähriger Gedankenarbeit errichtet hat. Der Staat als das Modell der politischen Einheit, der Staat als der Träger des erstaunlichsten aller Monopole, nämlich des Monopols politischer Entscheidung, dieses Glanzstück europäischer Form und occidentalen Rationalismus, wird entthront.", *C. Schmitt*, Der Begriff des Politischen, 2. Aufl. 1963, Vorwort S. 10.

nale Hürden stoßen. Aber auch andere Gebiete verlangen nach einer überstaatlichen Regelung, so können etwa ansteckende Krankheiten angesichts der ungeheuren Zahl von Reisenden kaum mehr allein national bekämpft werden: Auch Bakterien und Viren halten sich nicht an Staatsgrenzen.

11 Diese Entwicklung hat ihre Ursachen. In technischer Hinsicht sind die enorm gestiegenen und günstig gewordenen Möglichkeiten des Transports und der Kommunikation zu nennen. Das hat zu einem gewachsenen Austausch von Informationen, Dienstleistungen, Gütern und nicht zuletzt Menschen geführt. Aber nicht nur technische Errungenschaften haben diesen Prozess eingeleitet, sondern auch ein politisch gewollter Abbau nationalstaatlicher Beschränkungen. Unter der Idee eines wohlstandsfördernden Welthandels wurden Zollbarrieren und andere Schranken des Austausches abgebaut oder wesentlich abgesenkt. Als Ergebnis haben wir einen Zustand, der mit dem Schlagwort **Globalisierung** bezeichnet wird. Dieser Begriff beschreibt eine Welt, die in ihren verschiedenen Teilen auf allen möglichen Gebieten in lebhaftem Austausch steht.[12]

12 Auch unter diesen Bedingungen besteht ein Bedarf nach den Sicherungs- und Steuerungsleistungen, die herkömmlicherweise der Staat übernimmt. Die Internationalisierung der Problematiken legte die **Internationalisierung der Problembearbeitung** nahe: Wir haben ein dichtes Netz internationaler Abkommen und von diesen geregelter internationaler Zusammenarbeit. Dies gilt für die verschiedensten Bereiche. So gibt es völkerrechtliche Vereinbarungen über den Einsatz von (gefährlichen) Pestiziden, über den Klimaschutz, über die Gewährleistung des Schutzes von Investitionen in anderen Ländern und vor allen Dingen auch Abkommen über den Handel, wie beispielsweise das Welthandelsregime.[13]

13 Auch wenn diese völkerrechtlichen Regelungen nur mit Zustimmung derjenigen Staaten in Kraft treten, die sich ihnen anschließen, so erleiden diese Staaten doch durch die damit eingegangenen Verpflichtungen eine **Souveränitätseinbuße**. Die staatlichen Strukturen erhalten Konkurrenz durch diese internationalen Vereinbarungen und die durch sie gegründeten internationalen Organisationen. Die nationalen Verfassungen können sich diesen Entwicklungen kaum entziehen, sie können sie aber zu gestalten versuchen. Einflussreiche Staaten erlangen dadurch sogar einen Zuwachs an Einfluss. Angesichts dieser Internationalisierung versuchen moderne Verfassungen diese Prozesse rechtsstaatlich zu begrenzen und demokratisch rückzubinden (→ § 10 Rn. 1 ff.). Die Verfassungsidee wächst über ihren Entstehungsbereich, den Einzelstaat, hinaus.

14 Besonders deutlich ist dieser Bedeutungsverlust der nationalen Regelungen gegenüber der **Europäischen Union**. Hier haben wir gemeinschaftliche überstaatliche Organe der Rechtsetzung, der Verwaltung und der Rechtsprechung der Mitgliedstaaten. Angesichts dessen kommt man nicht um die Feststellung herum: Die Einrichtungen der Europäischen Union bilden auf Teilgebieten ein wirksames politisches System, das heißt, hier werden verbindliche Entscheidungen für die Mitgliedstaaten und deren Einwohner getroffen. Pointiert ausgedrückt: „Brüssel" ist auch ein Herrschaftszentrum.

12 Zur Entstehung und Entwicklung des Begriff der Globalisierung s. *O. Bach*, Die Erfindung der Globalisierung, 2013.

13 S. dazu etwa unter der hier interessierenden Perspektive *Ch. Tietje/K. Nowrot*, Verfassungsrechtliche Dimensionen des internationalen Wirtschaftsrechts, 2006; zur Darstellung dieser Internationalisierungstendenzen s. weiter *Ch. Tietje*, DVBl. 2003, 1081 ff.; *Ch. Tietje*, VVDStRL 66 (2007), 45 ff.; *J. P. Trachtman*, European Journal of International Law 17 (2006), 623 ff.

Daraus erwachsen auch neudimensionierte Chancen der politischen Gestaltung – unter Einbuße nationaler Selbstbestimmung.

In der Vergangenheit waren effektive Herrschaftsstrukturen nur in den einzelnen Staaten anzutreffen. Demgemäß waren die Verfassungen auch auf Staaten bezogen: Weil die Bezugsprobleme der Verfassung, nämlich Beschränkung und demokratische Bestimmung der politischen Herrschaft, wesentlich nur einzelstaatlich auftraten. Mit dem Entstehen supranationaler Herrschaftseinrichtungen innerhalb einer Mehrebenenstruktur von Institutionen, die verbindliche Entscheidungen zu setzen vermögen, ist dieser konstitutive **Bezug einer Verfassung** auf einen Staat tendenziell obsolet.[14] Der **Verfassungsgedanke** kann, ja muss heutzutage **auch vom einzelnen Staat abgelöst** gesehen werden. Auch übernationale Einrichtungen, etwa die Europäische Union, bedürfen in der Sache einer Verfassung und können in funktionaler Perspektive betrachtet durch verfassungsrechtliche Regelungen reguliert werden.[15] 15

Insofern war der Versuch konsequent, Kompetenzen, Aufbau und Tätigkeit der Europäischen Institutionen durch eine Verfassung zu regeln: durch den Vertrag über eine Verfassung für Europa,[16] der auch die Charta der Grundrechte enthalten sollte, da Grundrechte ja ein wesentliches Mittel zur Beschränkung rechtlich begründeter Herrschaftsbefugnisse sind. Nach dem Scheitern dieses Vertrages, der nicht wie notwendig die Zustimmung aller Mitgliedstaaten der EU erhielt, trat der **Vertrag von Lissabon** an seine Stelle (→ § 10 Rn. 14). Mit seinem Inkrafttreten am 1. Dezember 2009 gewann auch die Charta der Grundrechte Rechtswirksamkeit. In funktionaler Betrachtung ist auch dieser Vertrag als rechtliche Grundordnung der EU eine Verfassung[17] – so wie auch schon die ihm vorangehenden Europäischen Verträge.[18] Vonseiten der Europarechtler hingegen wurden die Verträge als eine besondere Art von Verfassungsrecht anerkannt.[19]

Neben der relativ stark institutionalisierten EU gibt es eine Vielzahl internationaler Verträge und durch sie gegründete internationale Organisationen, die eigene Entscheidungsmechanismen kennen. An diese Strukturen sind – zum Teil und in unterschiedlicher Weise – staatliche Entscheidungskompetenzen abgegeben worden. Jedenfalls aber haben sich die Staaten verpflichtet, die Entscheidungen jener Organe zu befolgen. Damit gibt es also auch auf der Grundlage völkerrechtlicher Verträge Einrichtungen, die 16

14 Zur Aufgabe des Staatsbezugs für den Verfassungsbegriff oder Umstellung auf die institutionalisierte politische Herrschaft als Bezugsproblem der Verfassung s. etwa *M. Morlok*, Möglichkeiten und Grenzen einer Europäischen Verfassungstheorie, in: Lhotta, Deutsche und europäische Verfassungsgeschichte: sozial- und rechtswissenschaftliche Zugänge, 1997, S. 113, 114 ff.; für die überkommene Gegenposition, die die Verfassung in notwendiger Verbindung zum Staat sieht, *J. Isensee*, Staat und Verfassung, in: HStR, Bd. II, 3. Aufl. 2003, § 15.

15 *I. Pernice*, VVDStRL 60 (2001), 148, 163 ff.; für das Welthandelsrecht s. *E.-U. Petersmann*, Constitutional Functions and Constitutional Problems of International Economic Law, 1961, S. 210 ff.

16 Veröffentlicht in: EuGRZ, 2003, 389 ff.; zur Entstehungsgeschichte und Scheitern des Vertrages: *B. Schulte*, Sozialer Fortschritt 56 (2007), 121 ff.; *Th. Oppermann*, DVBl. 2004, 1264 ff.; zu den Gründen des Scheiterns: *H.-G. Franzke*, NWVBl. 2006, 413 ff.; *J. Schwarze*, JZ 2005, 1130, 1134.

17 Zu den Aspekten dieser Sicht *D. Th. Tsatsos*, Die Unionsgrundordnung – Handbuch zur europäischen Verfassung, 2010.

18 Der Verfassungscharakter dieser Verträge war umstritten, für die Reservierung des Verfassungsbegriffs auf den Staat etwa *D. Grimm*, JZ 1995, 581, 584 ff.

19 S. etwa *H. P. Ipsen*, Europäisches Gemeinschaftsrecht, 1972, S. 64 ff.; *P. Pescatore*, Die Gemeinschaftsverträge als Verfassungsrecht, in: FS Kutscher, 1981, S. 319, 323 ff.; *I. Pernice*, Europa jenseits seiner Grenzen, 2009; *I. Pernice*, VVDStRL 60 (2001), 148, 163 ff.; *P. Häberle*, Europäische Verfassungslehre, 7. Aufl. 2011, S. 31 ff.; *A. von Bogdandy/J. Bast*, Der verfassungsrechtliche Ansatz und das Unionsrecht, in: von Bogdandy, Europäisches Verfassungsrecht, 2. Aufl. 2009, S. 1 ff.

mehr oder weniger verbindlich Entscheidungen treffen können, welche letztlich auch die Bürger verpflichten. Damit ist die Frage nach einer verfassungsmäßigen Einbindung auch dieser Instanzen aufgeworfen. In jüngerer Zeit ist eine Diskussion entbrannt um die **Konstitutionalisierung des Völkerrechts.**[20] Mit Konstitutionalisierung ist dabei im Kern eine rechtliche Bindung, insbesondere eine rechtliche Begrenzung der Einwirkungsmöglichkeiten auf fundamentale Prinzipien oder Werte gemeint. Ergänzt werden diese Bestrebungen um Begrenzung der Ausübung und legitimierende Mechanismen der internationalen Entscheidungsfindung.

Besonders plastisch wurde die Notwendigkeit der (grundrechtlichen) Einbindung solcher auf internationaler Ebene getroffenen Entscheidungen und die Notwendigkeit von Rechtsschutzmöglichkeiten gegen sie bei sogenannten gezielten Sanktionen des UN-Sicherheitsrates. Der UN-Sicherheitsrat hat durch Resolutionen[21] beschlossen, das Vermögen bestimmter Personen, die der Terrorszene zugerechnet wurden, zu beschlagnahmen, was für die EU und ihre Mitgliedstaaten grundsätzlich verbindlich ist. Diese Resolutionen wurden ohne Anhörung der Beteiligten beschlossen und es gibt kein darauf eingestelltes Verfahren des Rechtsschutzes – ein verfassungsrechtlich unhaltbarer Zustand.[22] Zu Recht hat deswegen der EuGH diesen rechtsschutzlosen Zustand beendet.[23]

17 Die Grundidee einer Verfassung, nämlich Beschränkung und Legitimierung der Fähigkeit, verbindliche Entscheidungen zu setzen, ist wegen der tatsächlich bestehenden internationalen Entscheidungsmechanismen auch im übernationalen Recht angekommen und auch tatsächlich in Ansätzen wirksam geworden. In dem Maße, in dem sich mehrere Rechtsordnungen konstitutionalisieren, d.h. sich auf die nämlichen fundamentalen Prinzipien festlegen (Freiheit und Gleichheit der Bürger, Rechtssicherheit, effektiver Rechtsschutz, Beeinflussbarkeit der Entscheidungsfindung durch die von der Entscheidung betroffenen), liegt eine **wechselseitige Einwirkung der Rechtsordnungen** aufeinander nahe. Dies insbesondere dann, wenn sich die verschiedenen Rechtsordnungen in formalisierter Weise füreinander öffnen. Am weitesten geschehen ist dies innerhalb der **Europäischen Union**. Dort wurde eine **Mehrebenenstruktur** des Rechts institutionalisiert, in welcher die verschiedenen Ebenen der Rechtserzeugung, der Rechtsanwendung und des Rechtsschutzes miteinander verwoben sind.[24] Die wechselseitige Einwirkung der Ebenen aufeinander kann allerdings auch Konflikte hervorrufen und Anpassungsnotwendigkeiten auf den beteiligten Ebenen begründen.[25]

18 Verfassungsrechtliche Voraussetzung für ein Mehrebenensystem des Rechts mit verfassungsrechtlichen Strukturen auf allen Ebenen ist die Öffnung der nationalen Rechtsordnung für die überstaatlichen Rechtsebenen. Das Grundgesetz hat dazu in Art. 23

---

20 Zum Begriff der Konstitutionalisierung und zu seinen Bedeutungsschichten *M. Knauff*, ZaöRV 68 (2008), 453 ff.; s. dazu etwa *G. Nolte*, VVDStRL 67 (2008), 129 ff., *R. Poscher*, VVDStRL 67 (2008), 160 ff. m.w.N. Instruktiv zur Diskussion *R. Wahl*, Verfassung jenseits des Staates – eine Zwischenbilanz, in: Hochhuth, Nachdenken über Recht und Staat, 2010, S. 107 ff.

21 S. etwa die Resolutionen S/RES/1267 (1999) bis S/RES/1730 (2006).

22 S. dazu *G. Biehler*, AVR 41 (2003), 169, 180 f.; *S. Schmahl*, EuR 41 (2006), 566 ff.; *U. Haltern*, JZ 2007, 537 ff.; allgemeiner gefasst: *Ch. Walter*, AöR 129 (2004), 39 ff.

23 EuGH 3.9.2008, Rs. C-402/05 P und C-415/05 P, EuGRZ 2008, 480 ff.; begrüßend *H. Sauer*, NJW 2008, 3685, 3686; *J. A. Kämmerer*, EuR 2009, 114 ff.; *T. B. Scholz*, NVwZ 2009, 287 ff.

24 Für die Grundrechte s. die Auswirkungen auf das deutsche Recht in *L. Michael/M. Morlok*, Grundrechte, 4.Aufl. 2014, Rn. 13 ff., Rn. 66 ff. und Rn. 89 ff.

25 Zum Umgang mit diesen Problemen bei den Grundrechten *L. Michael/M. Morlok*, Grundrechte, 4. Aufl. 2014, Rn. 89 ff.

die Möglichkeit der **Übertragung von Hoheitsrechten** zur Verwirklichung eines vereinten Europas und darüber hinaus in Art. 24 (→ § 10 Rn. 3 ff.) auf weitere zwischenstaatliche Einrichtungen und Systeme kollektiver Sicherheit vorgesehen. Weiter erklärt Art. 25 GG (→ § 10 Rn. 7) die allgemeinen Regeln des Völkerrechts zum Bestandteil des Bundesrechtes.

## § 2 Aufgaben einer Verfassung

1 Verfassungen sind in einer bestimmten historischen Situation zur Begrenzung und Disziplinierung der staatlichen Macht entstanden. Mittlerweile sind sie wohletablierte Elemente moderner Staatlichkeit. Neben ihrer ursprünglichen Bedeutung erfüllen sie eine Reihe weiterer Aufgaben.

Welche Funktionen man einer Verfassung zuerkennt, hängt einerseits von der gewählten **Abstraktionshöhe** ab: Mit Blick auf die Wirtschaftsgrundrechte kann man ihre Leistung als Sicherung der wirtschaftlichen Entfaltung und Dispositionsmöglichkeit der Bürger kennzeichnen. Auf höherer Abstraktionsebene, auf der etwa die Gewaltenteilung neben den Grundrechten berücksichtigt wird, lässt sich die Verfassungsfunktion beschreiben als Beschränkung der staatlichen Macht. Weiterhin kommt man zu unterschiedlichen Leistungen, je nachdem, ob man auf den einzelnen Bürger oder auf die Gesellschaft insgesamt abstellt. Hinsichtlich der Gesellschaft dient die verfassungsrechtliche Garantie der Grundrechte dem Erhalt der gesellschaftlichen Differenzierung und der Vielfalt unterschiedlicher Kommunikationszusammenhänge.[1] Die grundrechtliche Vereinigungsfreiheit beispielsweise trägt bei zur Entwicklung einer reichen Landschaft an Organisationen, die sich je spezifischen Zwecken widmen und bei der Erreichung dieser ein hohes Leistungsniveau erreichen können. Dieses ist bei Vereinigungen, die nicht selbstbestimmt ihre Ziele verfolgen, sondern mit staatlichen Interventionen zu kämpfen haben, kaum möglich.[2] Aber auch dem Staatsapparat ist das verfassungsrechtliche Regelwerk nützlich. Insofern etwa, als die staatlichen Institutionen in sicherer Abgrenzung zueinander handeln können und Kompetenzstreitigkeiten und Rivalitäten zwischen ihnen jedenfalls mit Mitteln des Rechts weitgehend ausgeschlossen sind.

2 Die folgende Darstellung der Funktionen einer Verfassung sortiert diese nicht nach Akteuren, weil die sich in den verschiedenen Perspektiven sichtbar werdenden Funktionen je nach Abstraktionshöhe überdecken und sich wechselseitig ergänzen und stützen. Die Leistungen einer Verfassung kann man auf **drei Leitbegriffe** bringen: Beschränkung der staatlichen Macht (→ Rn. 3 ff.), deren funktionale Organisation (→ Rn. 11 ff.) und ihre Legitimation (→ Rn. 17 ff.). Damit sind auch Aspekte beschrieben, die das Staatsorganisationsrecht durchgängig kennzeichnen. In den verschiedensten Fragen kann man diese Aspekte finden – auch deswegen, weil sie sich wechselseitig stützen.

### I. Beschränkung der staatlichen Macht

3 Das wie gezeigt wesentliche, historisch primäre und auch heute erstrangige Bezugsproblem einer Verfassung liegt in der **Beschränkung der staatlichen Macht**. Eine Verfassung schränkt ein, was staatlicherseits entschieden und getan werden kann, oder, aus der Sicht der Bürger formuliert: beschränkt das, was vonseiten des Staates zu erwarten und schlimmstenfalls zu befürchten ist und macht die Ausübung der staatlichen Gewalt insofern vorhersehbar und berechenbar. Die Beschränkung der staatlichen Möglichkeiten durch ihre Bindung an das Recht sorgt so auf einem wichtigen Feld für **Rechtssicherheit**.

---

1 So die Analyse von *N. Luhmann*, Grundrechte als Institution, 1965.
2 Vgl. dazu *L. Michael/M. Morlok*, Grundrechte, 4. Aufl. 2014, Rn. 283 ff.

In dieser Beschränkung der Möglichkeiten des staatlichen Handelns liegt auch der **politische Kern** einer Verfassung. In der Regulierung des Erwerbes der Macht, verbindliche Entscheidungen setzen zu können, in der demokratischen Bestimmung der Inhalte dieser Entscheidungen und in der Aufstellung von Bedingungen und Schranken der Ausübung der staatlichen Gewalt kommt der Verfassung zentrale Bedeutung für den politischen Prozess zu. 4

In politischer Betrachtung sehen die aktuellen Machthaber die Verfassung mit ihren Beschränkungen typischerweise als hinderlich an. Sie sind strukturell in der Versuchung, die sie in ihren Handlungsmöglichkeiten einengenden verfassungsrechtlichen Grenzen auszudehnen, also etwa interpretatorisch auszuweiten. Bei den oppositionellen Gruppierungen liegen die Dinge umgekehrt. Ihnen liegt es nahe, die Möglichkeiten der Inhaber der staatlichen Macht enger zu verstehen und ihnen gegenüber gegebenenfalls den Vorwurf der Verfassungswidrigkeit ihres Tuns zu erheben. Aus dieser Funktion der Machtbegrenzung heraus steht die Verfassung also originär in einem **politischen Spannungsfeld**. Verfassungsprobleme sind sehr häufig deswegen auch politische Fragen, weil es um die Verteilung von staatlichen Machtbefugnissen geht. Daraus darf allerdings nicht geschlossen werden, dass solche Verfassungsstreitigkeiten in erster Linie politisch auszutragen seien, gar mit den Mitteln der Macht. Die rationalisierende und befriedende Rolle einer verfassungsrechtlichen Regelung der Machtverhältnisse liegt gerade darin, dass auftauchende Streitigkeiten mit den Mitteln des Rechts ausgetragen und auch entschieden werden können. Insbesondere die Verfassungsgerichtsbarkeit (→ § 17 Rn. 47 ff.) hat hierin eine ihrer wesentlichen Aufgaben. 5

Die verfassungsrechtlichen Regelungen setzen der staatlichen Tätigkeit also Grenzen und können eine sich als naheliegende und so praktisch darstellende Handlungsmöglichkeit versperren. Verfassungsrecht, ja das öffentliche Recht insgesamt, bildet eine Vorkehrung zur Verhinderung einfacher, allzu einfacher Lösungen. Insofern fungiert **Verfassungsrecht als Verhinderungsrecht**. Es macht die Dinge komplizierter, begründet für Verwaltung wie Politik Hindernisse. Dies aber aus gutem Grund: Wer in einer aktuellen Handlungssituation steht, hat unvermeidlicherweise einen beschränkten Horizont. Die Situation mit ihren Gegebenheiten beschränkt die Informationen und die Aufmerksamkeit, die dem Handelnden zur Verfügung stehen. Der Handelnde in einer Situation ist eben in dieser befangen, er kann nicht immer an Aspekte denken, die in der Situation nicht präsent sind, von seiner Handlung aber gleichwohl betroffen werden. Es geht also um Aspekte, die erst in der Langzeitperspektive oder im Blickwinkel anderer zum Vorschein kommen. 6

Auch wenn im Einzelfall etwa zur Rettung eines Entführungsopfers die Androhung oder Anwendung der Folter geraten erscheint – man denke an den Fall *Jakob von Metzler* – so liegt hinter dem verfassungsrechtlichen Verbot der Folter[3] ein sehr viel größeres Betrachtungsfeld, das weitere Überlegungen und Rechtsgüter verarbeitet hat. Verfassungsrecht führt also immer wieder in die Konstellation, dass eine gewünschte Maßnahme, für die ja konkret auch manches sprechen mag, nicht erlaubt ist. Das gehört zum Wesen einer – eben machtbegrenzenden – Verfassung. 7

Verfassungsrechtliche Einbindungen wirken also der Verengung der Betrachtung entgegen und halten Aspekte und Werte mit rechtlicher Relevanz auf Dauer präsent. Verfassungen fungieren insofern als **Erfahrungsspeicher**. Sie verbieten etwa bestimmte 8

3 Dazu *L. Michael/M. Morlok*, Grundrechte, 4. Aufl. 2014, Rn. 147, 151, 156.

staatliche Eingriffe aus der Erfahrung heraus, dass der Zulässigkeit bestimmter staatlicher Maßnahmen, gegen die im gegebenen Einzelfall wenig sprechen mag, in der Fülle der Anwendungsmöglichkeiten betrachtet eine große Missbrauchsgefahr anhaftet. Verfassungen haben also auch die Bedeutung als **Gedächtnis einer politischen Gemeinschaft.**[4]

Diese Eigenart einer Verfassung ist daran abzulesen, dass die verschiedenen historischen Erfahrungen, welche die Staaten gemacht haben, sich auch in der einen oder anderen verfassungsrechtlichen Besonderheit niedergeschlagen haben. Verwiesen sei nur auf die Ewigkeitsklausel des Art. 79 Abs. 3 GG (→ § 15 Rn. 31), von der auch das Bundesstaatsprinzip (→ § 8 Rn. 1 ff.) geschützt ist. Durch diese Verankerung als unabänderliches Verfassungsprinzip sollte vor einer Gleichschaltung der Länder, wie 1933 geschehen, geschützt werden. Als ein weiteres Beispiel dazu dient die Verankerung des Laizismus als unabänderliches Verfassungsprinzip in der türkischen Verfassung, die 1937 aus Vorsorge erfolgte, damit die Türkei sich nie wieder zu einem islamischen Staat formieren können sollte.

9 Allerdings darf die Bedeutung der Verfassung als Begrenzung der staatlichen Handlungsmöglichkeiten auch nicht verabsolutiert werden. Verfassungen wurden installiert, um die Probleme in den Griff zu bekommen, die durch schlagkräftige Herrschaftsorganisationen entstanden sind. Die Begrenzung der staatlichen Macht durch das Verfassungsrecht zielt auf **Folgeprobleme effektiver Staatlichkeit.** Bei der Bekämpfung von Folgeproblemen hat man sich aber stets bewusst zu machen, dass man an einem Folgeproblem arbeitet. Das bedeutet, dass diejenige Einrichtung, welche das Problem aufwirft, selbst dazu beiträgt, erhebliche – andere – Probleme zu lösen. Die Bekämpfung des Folgeproblems darf nicht zu Abschaffung des primären Problemlösers führen. Die Begrenzung der Staatsgewalt darf die Wahrnehmung der Staatsaufgaben nicht unmöglich machen.

10 Der Aufbau wirksamer Staatlichkeit hat nun die Probleme der inneren wie der äußeren Sicherheit zu einem erheblichen Maße gelöst. Wir genießen ein gut entwickeltes System öffentlicher Infrastrukturen, allergrößte Not und Verelendung wird durch die Sozialstaatlichkeit verhindert, der Staat bemüht sich um die Erhaltung der natürlichen Lebensgrundlage. All dies darf nicht in Vergessenheit geraten über die machtbegrenzende Funktion der Verfassung. Eine Verfassung soll den Missbrauch und den übermäßigen Einsatz staatlicher Macht verhindern, aber nicht die Erfüllung der staatlichen Funktionen lähmen. Das Verfassungsrecht steht damit vor der permanenten Aufgabe, die Wirksamkeit des Staates sicherzustellen und zugleich einen unangemessenen Einsatz staatlicher Mittel zu verhindern. Von daher ist im Verfassungsrecht eine Abwägungsaufgabe eingeschrieben.

### II. Funktionale Organisation des Staatswesens

11 Das Verfassungsdenken darf sich nicht auf die historisch primäre Aufgabe der Verfassung der Domestizierung des Staates beschränken. Wenn man wie *Thomas Hobbes* den Staat als Leviathan versteht, so hat eine Verfassung diesem wilden Tier Zügel angelegt, sie soll damit die Kraft dieses Tieres auf nützliche Ziele richten und in vernünf-

---

4 *J. Assmann*, Das kulturelle Gedächtnis, 7. Aufl. 2013, S. 87 ff.; *N. Luhmann*, Organisation und Entscheidung, 3. Aufl. 2011, S. 417 ff.; *J. Krüper*, Kulturwissenschaftliche Analyse des Rechts, in: Krüper, Grundlagen des Rechts, 2. Aufl. 2013, § 14 Rn. 14 ff.

tige Bahnen leiten, nicht aber dieses Tier lähmen. Man hat deswegen auch von der Zähmung des Leviathans gesprochen, der durch die Verfassung zum nützlichen Haustier werde.[5] Verfassungsrecht will also den Staat domestizieren, aber wegen seiner Leistungen auch erhalten. Damit ist die zweite Hauptfunktion der Verfassung angesprochen: die **funktionale und effektive Organisation des Staatswesens**. Durch das verfassungsrechtliche Regelwerk soll die Arbeit des Staates verbessert werden.

Ganz grundlegend wird durch eine Verfassung eine **politische Einheit** etabliert, die Institutionen zur Setzung verbindlicher Entscheidungen umfasst – dies jedenfalls normativ betrachtet; realgeschichtlich ging, wie gezeigt, die Staatsbildung der verfassungsrechtlichen Einbindung voraus. In dieser Dimension dient eine Verfassung also der politischen Einheitsbildung.[6] 12

Durch eine Verfassung wird unter einem normativen Dach und durch sie begründete Institutionen die Bevölkerung zu einer politischen Gemeinschaft versammelt. Diese Konstituierung einer politischen Gemeinschaft verpflichtet sich auf gemeinsame Rechtsregeln und akzeptiert die durch die Verfassung geschaffenen staatlichen Einrichtungen der Entscheidungsfindung.[7] Diese Gemeinschaftsbildung ist insofern eine politische, als sie nach den Kriterien der Verfassung erfolgt, auf die man sich einigen muss; die Zugehörigkeit zu dieser politischen Gemeinschaft bemisst sich eben nicht nach Kriterien der Verwandtschaft, wie in Stammesgesellschaften, auch nicht nach einer gemeinsamen Religion, sie ist vielmehr offen für alle Religionen und Glaubenslose. Sie konstituiert sich auch nicht notwendigerweise entlang der Grenzen einer ethnischen Gemeinschaft, diese politische Gemeinschaft ist offen für Menschen verschiedener Herkunft und Kultur, maßgeblich für die Zugehörigkeit ist das Bekenntnis zu dieser Verfassung als gemeinsame Grundordnung. Dies kann man auch durch den Begriff des **Verfassungspatriotismus**[8] ausdrücken, um den Kern der Gemeinschaftsbildung und der Loyalitätsverpflichtung zu kennzeichnen. 13

Durch die Verfassung wird auch eine eigene politische Sphäre mit ihren Institutionen und darauf bezogenen Rollen geschaffen. Die Verfassung sorgt also für die **Ausdifferenzierung der Politik** in dem Sinne, dass die verbindlichen Entscheidungen in speziellen Institutionen getroffen werden, die sich vom Rest der Gesellschaft abheben. Das ist insbesondere für die demokratische Bestimmung der Inhalte der Politik nötig. Gesellschaftliche Machtpositionen sollen nicht ohne Weiteres auch politische Macht bedeuten. Eine demokratische und damit auch der Legalität verpflichtete politische Ordnung muss dafür Sorge tragen, dass die in einer freiheitlichen Gesellschaft unvermeidliche Unterschiedlichkeit an finanziellen und anderen Machtmitteln nicht in die Politik über- 14

---

5 Ursprünglich hat den Leviathan als ein mittlerweile alt gewordenes „nützliches Haustier" bezeichnet *E. Denninger*, Der gebändigte Leviathan, 1990, S. 29; dann auch *H. Schulze-Fielitz*, Der Leviathan auf dem Weg zum nützlichen Haustier?, in: Voigt, Abschied vom Staat ff Rückkehr zum Staat?, 1993, S. 95 ff.; *W. Dettling*, Die Zähmung des Leviathan, 1980.

6 *K. Hesse*, Grundzüge des Verfassungsrechts der Bundesrepublik Deutschland, 20. Aufl. 1999, Rn. 6 ff.

7 Zur Integrationsleistung des Grundgesetzes aus politiktheoretischer Sicht: *J. Bühler*, Das Integrative der Verfassung, 2011.

8 Der Begriff stammt von *D. Sternberger*, Verfassungspatriotismus, in: Sternberger, Schriften Band X (1979), 1990, S. 13 ff.; *J. Habermas* hat ihn dann wieder aufgenommen und prominent gemacht, *J. Habermas*, Faktizität und Geltung, 4. Aufl. 1994, S. 642. An diesen Begriff schließt sich eine kontroverse Diskussion an, ablehnend etwa *O. Depenheuer*, DÖV 1995, 854 ff.; differenzierend und auf die Gefahren aufmerksam machend: *K. v. Beyme*, Deutsche Identität zwischen Nationalismus und Verfassungspatriotismus, in: Hettling/Nolte, Nation und Gesellschaft in Deutschland, 1996, S. 80, 92, 97. Umfassend zu Ursprung, Kritik und Bedeutung in der postnationalen Gesellschaft *J.-W. Müller*, Verfassungspatriotismus, 2010.

schlägt. Deswegen wird die Politik getrennt von anderen Einrichtungen institutionalisiert und die politischen Input-Strukturen egalitär verfasst. Dies wird insbesondere deutlich bei der Gewährleistung der Gleichheit des Wahlrechts (→ § 5 Rn. 102 ff.), ganz fundamental bereits darin, dass es die Institution Wahlrecht als solche überhaupt gibt, die auch allen Bürgern zukommt, so dass die politische Bestimmungsmacht von den anderen Positionen in der Gesellschaft losgelöst wird.[9]

15 Konkret etabliert eine Verfassung die wesentlichen Institutionen der Staatlichkeit, in der Bundesrepublik Deutschland also etwa Bundestag (→ § 11), Bundesregierung (→ § 12), Bundesrat (→ § 13). Sie ordnet diesen Verfassungsorganen bestimmte Kompetenzen zu. Durch die Errichtung einer **Kompetenzordnung** sollen Zuständigkeitskonflikte vermieden und ein System der institutionellen Arbeitsteilung errichtet werden. Dabei ist eine Leitidee einer guten Verfassung, dass bestimmte Aufgaben denjenigen Institutionen übertragen werden, die nach ihrer Struktur dafür am besten geeignet sind. Die Entscheidung von Verfassungsrechtsstreitigkeiten wird infolgedessen einem kleinen Gremium von Spezialisten am Verfassungsgericht übertragen, die grundlegende Bestimmung der Politik gemäß den Präferenzen der Bevölkerung aber einer relativ großen Versammlung von Volksvertretern in Gestalt des Parlamentes, weil dieser Organisationstyp besser geeignet ist, Interessen und Überzeugungen der Bevölkerung wahrzunehmen und in den Prozess der politischen Entscheidungsfindung einzubringen. Der **Zuschnitt der Organisationen** hat mithin auch Auswirkungen auf die Qualität der Staatstätigkeit. Man spricht hier von der „funktionellen Richtigkeit" des Institutionendenkens.

16 Eine Verfassung schafft weiter **Verfahren der Entscheidungsfindung** und gibt Entscheidungsregeln vor. Wenn das Gute und Richtige nicht von vornherein feststeht und mit Sicherheit erkannt werden kann, wenn das Gemeinwohl also erst im Verfahren entwickelt wird,[10] dann hängt die Qualität der staatlichen Entscheidungen ganz wesentlich an der Ausgestaltung der Verfahren, in denen die Entscheidungen getroffen werden. Entscheidungen lassen sich verstehen als Prozesse der Informationsverarbeitung. Die Aufgabe einer Verfassung ist es nun, solche Verfahren zu etablieren, die dafür Gewähr bieten, dass die notwendigen Informationen in den Entscheidungsgang eingespeist werden, zugleich aber auch durch Verfahrensregeln dafür Gewähr zu bieten, dass die zuständigen Stellen auch in den Stand gesetzt sind, eine Entscheidung rein tatsächlich zu treffen, dass also ein Entscheidungsprozess sich nicht endlos hinschleppt.

### III. Legitimation der staatlichen Macht und Begründung von Staatsaufgaben

17 Staatliche Herrschaft bedarf der Legitimation. Die Bestimmungen in einer Verfassung haben deswegen auch die Aufgabe, für die Legitimation des Staates und seiner Tätigkeit zu sorgen (→ Rn. 18 ff.). Ein effektiver Staat soll kein Selbstzweck sein. Die Frage nach dem Wozu und Wofür der Staatstätigkeit ist unausweichlich. Die Verfassung nimmt sich dieser Fragen an und begründet Staatsaufgaben (→ Rn. 24 ff.). Dabei sind zwei Arten zu unterscheiden (→ Rn. 28 ff.). All diese staatlichen Aktivitäten sind

9 Vgl. zur notwendigen Ausdifferenzierung der Politik *N. Luhmann*, KZfSS 20 (1968), 705 ff.; *N. Luhmann*, Die Politik der Gesellschaft, 2000, S. 69 ff.; *N. Luhmann*, Politische Soziologie, 2010, S. 64 ff., 106 ff.

10 S. dazu *P. Häberle*, Öffentliches Interesse als juristisches Problem, 2. Aufl. 2006, S. 87 ff., s. insb. S. 95: „Das von der Verwaltung zu realisierende öffentliche Interesse ist hier nicht mehr selbstverständlich vorgegebene Größe, es wird [...] im Verfahren [...] erst mitkonstituiert."

rechtsgebunden (→ Rn. 33 ff.). Insgesamt geht es einer Verfassung also auch um die Rechtfertigung und inhaltliche Bestimmung des Staates und seiner Aktivitäten.

### 1. Herrschaft als Legitimationsproblem

Herrschaft, also die Fähigkeit für andere verbindliche Entscheidungen treffen zu können, bedarf der Legitimation, weil die Verpflichtung, fremden Befehlen Gehorsam zu leisten, für die Adressaten dieser Befehle eine erhebliche Zumutung darstellt. Verbindliche Entscheidungen für andere schränken deren Handlungsmöglichkeiten ein und verlangen nach Gründen, um befolgt zu werden. Auf Dauer und in komplizierten modernen Gesellschaften reicht die Drohung, bei Nichtgehorsam Gewalt einzusetzen, nicht aus. Auch lassen sich Leistungen höherer Art, etwa die Koordination vieler Handelnder, der notwendige Transport der vielfältigen notwendigen Informationen, nicht auf Gewaltmittel gründen. Es bedarf insofern – nach dem Grundsatz „Mit Bajonetten kann man alles Mögliche machen, nur nicht darauf sitzen."[11] – der **Motive** grundsätzlich **freiwilligen Rechtsgehorsams.** 18

Diese Gründe, dem Recht zu gehorchen, lassen sich analytisch trennen in solche, die sich auf die Leistungen des Staates beziehen und solche, die sich auf die demokratische Bestimmungsmacht der Bürger über die staatlichen Entscheidungen beziehen. Man spricht von **Output-Legitimation** und **Input-Legitimation.** 19

Diese Gehorsamsmotive sind vielfältiger Art und miteinander verflochten. Zu ihnen zählt, dass der Staat mit seinen regulatorischen wie finanziellen Mitteln Leistungen erbringt, die für die Bürger nützlich, ja unverzichtbar sind. Die Existenz von Polizei und Feuerwehr, von staatlichen Schulen und Universitäten, der Unterhalt eines öffentlichen Krankenversicherungswesens und einer staatlichen Altersversorgung, der Bau und Unterhalt von Straßen und die Regulierung der Wirtschaft ist wie vieles andere mehr ersichtlich im öffentlichen Interesse und kann als Gemeinwohl auf der „Habenseite" der Bürger verbucht werden. All dies macht es für den Bürger einsichtig, dass der Gesamtkomplex der staatlichen Institutionen für ihn nützlich ist, so dass darauf im Regelfall mit einer generalisierten Bereitschaft zum Rechtsgehorsam seitens der Bürger geantwortet wird. Nicht zuletzt trägt auch ein tradierter Respekt vor dem Recht zur üblicherweise ja folgenden Akzeptanz der staatlichen Entscheidungen bei. Schließlich spielt in diesem komplexen Bündel an Gehorsamsmotiven auch die Einsicht eine Rolle, dass das Recht letztlich mit Zwangsgewalt durchgesetzt werden kann. 20

Im Verfassungsstaat ist mit der regelmäßigen Befolgung der rechtlichen Anweisungen durch den Bürger auch deswegen zu rechnen, weil dieser gerade wegen der herrschaftsbeschränkenden Bedeutung der Verfassung vor dem Schlimmsten geschützt ist, übermäßige und untragbare Belastungen hält die Verfassung von ihm fern; für den Bürger streiten insofern die Grundrechte und insbesondere das Prinzip der Verhältnismäßigkeit.[12] Darüber hinaus kann er sich auf die Möglichkeit des Rechtsschutzes gegen die öffentliche Gewalt auf der Grundlage von Art. 19 Abs. 4 GG[13] und eine funktionierende Gerichtsbarkeit mit unabhängigen Richtern (Art. 97 GG) verlassen. Es besteht also begründete Hoffnung, Rechtsverletzungen abwehren zu können. Auch die Gleichbe- 21

11 Dieses Diktum wird dem französischen Staatsmann *Talleyrand* zugeschrieben. *Talleyrand* zeichnete sich u.a. durch seine Tätigkeiten als Diplomat und Botschafter aus.

12 Dazu *L. Michael/M. Morlok*, Grundrechte, 4. Aufl. 2014, Rn. 605 ff.

13 Dazu *L. Michael/M. Morlok*, Grundrechte, 4. Aufl. 2014, Rn. 866 ff., insb. 878 ff.

handlungsgarantien[14] tragen zur Akzeptanz des Rechts bei, weil sie gezielte Diskriminierung ebenso wie Willkür ausschließen und damit eine Grundbedingung der Gerechtigkeit herstellen.

22 Die Input-Legitimation beruht auf der demokratischen Bestimmung der Inhalte der staatlichen Entscheidungen, jedenfalls der wesentlichen Entscheidungen. Alle wichtigen Entscheidungen werden im demokratischen Verfassungsstaat von der Volksvertretung getroffen, also von einer Versammlung bestehend aus Repräsentanten der Bürger, an deren Zusammensetzung der Bürger über das Wahlrecht (→ § 5 Rn. 85 ff.) mitwirken kann. Die rechtlichen Verpflichtungen werden also nicht lediglich von hoher Hand dem Bürger auferlegt, sondern unter einem Wettbewerb der politischen Kräfte um die Gunst der Bürger entwickelt und regelmäßig der Entscheidung der Bürger in der Parlamentswahl unterworfen.[15] Indem die Verfassung also die demokratische Bestimmung der Staatstätigkeit ermöglicht, trägt sie zur Loyalität der Bürger gegenüber diesem Staat und zum Rechtsgehorsam gegenüber den getroffenen Entscheidungen bei.

23 Selbst dann, wenn die politische Gruppierung, für die ein Bürger votiert hat, im Parlament in der Minderheit geblieben ist, kann er doch Mehrheitsentscheidungen in einer politischen Ordnung eher akzeptieren, in welcher er die Chance sieht, aus der heutigen Minderheitsposition herauszukommen und morgen mit anderen gemeinsam die Mehrheit stellen zu können und die eigenen Vorstellungen dann besser in der Politik realisieren zu können (zum Mehrheitsprinzip → § 11 Rn. 56 ff.).

### 2. Begründung von Staatsaufgaben

24 Die Rechtfertigung des Staates wird in alter Tradition in den Aufgaben gesehen, die er erfüllt. Als Staatszwecklehre hat dieses Nachdenken über die Rechtfertigung des Staates eine ehrwürdige Tradition.[16] Eine Verfassung, welche die konkrete Form der Staatlichkeit mitsamt ihren Institutionen in ihrer inhaltlichen Ausrichtung prägt, muss deswegen grundlegende Bestimmungen über die Staatsaufgaben enthalten.

Die Verfassungsgeschichte kennt schöne Beispiele dafür, wie eine Verfassung die Errichtung einer bestimmten politischen Gemeinschaft aus den damit verfolgten Zwecken rechtfertigt. So die **Präambel der Verfassung der USA** von 1787:

> „We, the people of the United States, in Order to form a more perfect Union, establish Justice, insure domestic Tranquility, provide for the common defense, promote the general Welfare, and secure the Blessings of Liberty to ourselves and our Posterity, do ordain and establish this Constitution for the United States of America."

25 Diese wunderbare Einleitung in der US-amerikanischen Verfassung enthält eine Reihe von Standardelementen der Staatsaufgabenbestimmung. Zunächst hebt der Satz an mit der stolzen Formel „We, the people", drückt also aus, dass die Verfassung ein Werk

14 Dazu *L. Michael/M. Morlok*, Grundrechte, 4. Aufl. 2014, Rn. 748 ff.

15 Zur auf Bundesebene bisher weitgehend fehlenden direkt-demokratischen Mitbestimmung der Bürger → § 5 Rn. 70 ff.

16 *G. Jellinek*, Allgemeine Staatslehre, 3. Aufl. 1922, S. 239 ff. mit einem Überblick über die einzelnen Zwecktheorien. Mit dem Hinweis, die Rechtfertigung des Staates könne allein eine sittliche sein: *H. Heller/G. Niemeyer*, Staatslehre, 4. Aufl. 1970, S. 217 ff. Mit einer Sammlung von Texten von verschiedenen Philosophen u.a. zum Thema Staatszweck, *A. Bergsträsser/D. Oberndörfer*, Klassiker der Staatsphilosophie, 1962, darin: Aristoteles, Sinn und Zweck des Staates, S. 38 ff.; Platon, Der Staat gründet sich auf Bedürfnisse, S. 3 ff. Aus der jüngeren auf das Grundgesetz bezogenen Diskussion *H.-P. Bull*, Staatsaufgaben nach dem Grundgesetz, 2. Aufl. 1977.

der demokratischen Selbstgesetzgebung des Volkes ist. Die politisch angemessene Übersetzung dafür dürfte wohl lauten: „Wir sind das Volk und geben uns diese Verfassung“. In der Verfassung kommt also die Volkssouveränität (→ § 5 Rn. 9 ff.) zum Ausdruck. Sodann werden Staatszwecke wie die innere und äußere Sicherheit aufgezählt, die allgemeine Wohlfahrt, das Ziel der Gerechtigkeit und die Gewährleistung der Freiheit. Zugleich wird aber auch die zeitlich lange Sicht eingenommen, nämlich die Sorge für die Nachkommen. All dies steht unter einem Perfektionsinteresse („in Order to form a more perfect Union“), die Verfassung gibt sich also nicht mit dem Erreichten zufrieden, sondern stellt ein anspruchsvolles Programm der ständigen Verbesserung auf.

Das Grundgesetz hat sich in seiner Präambel vergleichsweise sparsam ausgedrückt, 26
lässt aber auch das Moment der Selbsttätigkeit des Volkes „Kraft seiner verfassunggebenden Gewalt“ und in seinem Bekenntnis zum Frieden und zur Mitwirkung in einem vereinten Europa die Nachkriegssituation erkennen. Nach der Wiedervereinigung Deutschlands haben die neuen Länder sich ebenfalls Verfassungen gegeben mit lesenswerten Präambeln. So formuliert etwa die Präambel der Verfassung von Thüringen:[17]

> „In dem Bewusstsein (...), in dem Willen, Freiheit und Würde des Einzelnen zu achten, das Gemeinschaftsleben in sozialer Gerechtigkeit zu ordnen, Natur und Umwelt zu bewahren und zu beschützen, der Verantwortung für zukünftige Generationen gerecht zu werden, inneren wie äußeren Frieden zu fördern, die demokratisch verfasste Rechtsordnung zu erhalten und Trennendes in Europa und der Welt zu überwinden, gibt sich das Volk des Freistaates Thüringen (...) diese Verfassung.“

Auch diese Präambel ist zu lesen als Rechtfertigung für die Konstituierung des neu ge- 27
gründeten Staatswesens. In gleicher Weise entfalten auch die in Art. 3 EUV und in der Präambel des AEUV genannten Ziele und Aufgaben der Europäischen Union eine Rechtfertigungswirkung für das Dasein der Union. Zwar heißt es, Papier sei geduldig. Gleichwohl wird in der politischen Wirklichkeit **Staatszielbestimmungen** in der Verfassung erhebliche Bedeutung beigemessen. Neu erkannte Probleme grundsätzlicher Art werden als solche benannt und in Form von Staatszielbestimmungen in die Verfassung aufgenommen, wie etwa in Art. 20a GG der Umweltschutz und später auch der Tierschutz (→ § 9). In der Verfassung Brandenburgs gibt es sogar ein Recht auf Arbeit als Staatszielbestimmung.[18] Die politische Diskussion bringt immer wieder Forderungen hervor, andere Ziele in die Verfassung aufzunehmen, wie beispielsweise wenn es um die Förderung des Sports oder der Kultur geht.

### 3. Zwei Arten von Staatszielbestimmungen

Die Aufnahme von Staatsaufgaben oder **Staatszielbestimmungen** in die Verfassung 28
dient der Rechtfertigung des Staates durch dessen Leistungen für die Bürger. Auch die Festlegung des Staates auf die demokratische Fundierung der Entscheidungsfindung hat wesentliche Bedeutung für die Legitimität der staatlichen Ordnung. Das **Demokratieprinzip** (→ § 5) ist insofern von herausragender Bedeutung. Das Grundgesetz hat die Basis der Demokratie in Gestalt der Volkssouveränität in Art. 20 Abs. 2 GG (→ § 5 Rn. 9 ff.) festgelegt und darüber hinaus in Art. 28 Abs. 1 S. 1 GG eine demokratische Ordnung auch für die Verfassungen der Länder verpflichtend gemacht (→ § 8

17 Verf Thüringen v. 25.10.1993.
18 Art. 48 Abs. 1 Verf Brandenburg v. 29.8.1992.

Rn. 109 ff.). Der hervorgehobene Rang dieses Prinzips wird daran sichtbar, dass nach Art. 79 Abs. 3 GG eine Änderung dieses Prinzips oder gar seine Abschaffung ausgeschlossen sind.

29 Bisher war hier pauschal die Rede von **Staatsaufgaben** oder **Staatszielbestimmungen**. Bei genauer Betrachtung sind zwei Arten dieser Zielbestimmungen zu unterscheiden: einmal solche, welche die Art und Weise des staatlichen Aufbaus und des staatlichen Handelns bestimmen, man kann hier von **Staatsstrukturbestimmungen** (→ Rn. 30) sprechen. Zum anderen geht es um Aufgaben, welche jenseits des engeren staatlichen Bereichs zu erfüllen sind, hier ist der Ausdruck **Staatsaufgabenbestimmung** (→ Rn. 31) angemessen.

### a) Staatsstrukturbestimmungen

30 Die Staatsstrukturbestimmungen verfassen die Staatlichkeit. Sie betreffen die Organisationsform des Staates und die dabei zu beachtenden Grundprinzipien. Solche Staatsstrukturbestimmungen kennt das Grundgesetz in Art. 20 GG und in Art. 28 GG, wo diese Staatsstrukturbestimmungen auch für die Verfassungen der Länder verbindlich gemacht werden. Man kann auch von obersten **Verfassungsprinzipien** sprechen. Im Einzelnen geht es um das (soeben bereits angesprochene) **Demokratieprinzip** (→ § 5), also die Herleitung aller staatlichen Gewalt vom Volke. Praktisch bedeutet dies, dass die staatlichen Entscheidungsorgane letztlich auf Volkswahlen zurückzuführen sein müssen. Sodann verpflichtet das Grundgesetz in Art. 20 Abs. 3 GG alle staatliche Gewalt auf die Bindung an das Recht, diese Bestimmung gilt als Grundlage des **Rechtsstaatsprinzips** (→ § 7), welches unter der Bezeichnung „Rechtsstaat" auch in Art. 28 Abs. 1 S. 1 GG für die Länder wieder aufgenommen ist. Wegen der besonderen Bedeutung der Grundrechte für die Sicherung der Freiheit der Bürger ist diese Bindung aller staatlichen Gewalt für die Grundrechte auch in Art. 1 Abs. 3 GG noch einmal ausdrücklich enthalten. Diese Bindung der staatlichen Macht an das Recht und damit auch ihre Begrenzung stellt ein Kernelement jeder Verfassung dar.

Zusammen bilden Rechtsstaatlichkeit und Demokratie den Kerngedanken der Verfassung und sorgen so für die Legitimation der staatlichen Gewalt: Nur eine von den Entscheidungen der Bürger abgeleitete Macht ist legitime, staatliche Macht. Diese abgeleitete Macht ist auch begrenzt und muss daher rechtlich eingeschränkt sein. Das historische Gegenprinzip der Legitimation der Staatsgewalt war die Legitimation der herrschenden Monarchen „von Gottes Gnaden".

Das Grundgesetz bekennt sich deswegen zur **Republik** (→ § 6), weshalb bereits im Namen unserer Verfassung der republikanische Charakter unseres Staates hervorgehoben wird, siehe Art. 20 Abs. 1 GG. Wiederum darf für die Länder nach Art. 28 Abs. 1 S. 1 GG nichts anderes gelten. Schließlich ist die „Bundesrepublik", wie wiederum ihr Name sagt, **bundesstaatlich** (→ § 8) organisiert. Das Phänomen „Staat" ist von vornherein aufgeteilt auf die Ebenen des Bundes und der Länder, den Ländern kommt dabei nach Art. 30 GG sogar eine systematische – nicht aber eine tatsächliche(!) – Vorrangstellung zu. Staatlichkeit unter dem Grundgesetz begegnet also entweder als staatliche Maßnahmen des Bundes oder aber der Länder.

### b) Staatsaufgabenbestimmungen

31 Das Grundgesetz verpflichtet die staatlichen Organe weiter in Art. 20 Abs. 1 und Art. 28 Abs. 1 S. 1 GG auf das **Sozialstaatsprinzip** (→ § 7 Rn. 80 ff.). Das bedeutet, in aller Knappheit ausgedrückt, die Übernahme einer staatlichen Verantwortung für ein Mindestmaß an menschenwürdigen Lebensbedingungen der Bevölkerung und darüber hinaus auch eine Verpflichtung, für eine gerechte Sozialordnung zu sorgen.[19] Diese Staatsaufgabe unterscheidet sich in einem entscheidenden Punkt von den bisher genannten Staatsstrukturbestimmungen: Mit der Verpflichtung auf die Sozialstaatlichkeit anerkennt die Verfassung eine staatliche Verantwortung für den gesamten gesellschaftlichen Bereich, der Rahmen der Staatsorganisation wird damit verlassen. Damit gewinnt die Verfassung eine neue Qualität. Sie stellt nicht nur das Regelwerk dar, welches die Staatsorganisation und die staatlichen Entscheidungsprozesse festlegt, sie kümmert sich damit ausdrücklich auch um die tatsächlichen gesellschaftlichen Zustände. Die Verfassung betrifft damit nicht mehr nur den Staat alleine.

32 Diese Ausweitung der staatlichen Tätigkeit und die **Übernahme einer Verantwortung für gesellschaftliche Zustände** sind nun nicht ursächlich auf Verfassungsvorgaben zurückzuführen. Die Verfassung zeichnet hier nur eine seit Langem im Gang befindliche tatsächliche Entwicklung nach. Der Staat kümmert sich seit Langem – und aus verschiedenen Motiven, auch aus solchen der Herrschaftssicherung – in vielfältiger Weise um alle möglichen gesellschaftlichen Belange. Er schafft eine Infrastruktur, auch aus Gründen der Wirtschaftsförderung, die über wirtschaftliche Stärke und damit mögliche Steuereinnahmen wieder den staatlichen Möglichkeiten zugutekommt. Er kümmert sich um Ausbildungsmöglichkeiten der Bürger, auch dies trägt zum Wohlstand bei. Sozialstaatlichkeit in engerem Sinne schließlich ist auch eine Reaktion auf die Bedrohung des bürgerlichen Staates durch die Arbeiterbewegung, welche die Verelendung der Arbeiterschaft abwenden wollte. Die Verfassung gewinnt mit dem Sozialstaatsprinzip über den Staat hinaus ein weiteres großes Anwendungsfeld (→ § 7 Rn. 92 ff.).

## 4. Umfassende Verfassungsbindung der Staatsgewalt

33 Wenn die Verfassung die Verfolgung einer bestimmten Aufgabe dem Staat auferlegt, so bedeutet dies nicht, dass der Staat jetzt alles tun müsse oder dürfe, dieses Ziel zu verwirklichen. Der Schluss vom Zweck auf die Zulässigkeit der Mittel ist die „Folgerungsweise des Polizeistaates", wie bereits *Otto Mayer*, der Vater des Deutschen Verwaltungsrechtes, 1895 festgestellt hat.[20] Die klassische Stelle für die vorrechtsstaatliche und vorverfassungsrechtliche Denkweise stellt § 89 aus der Einleitung zum Preußischen allgemeinen Landrecht von 1794 dar:

> „Wem die Gesetze ein Recht geben, dem bewilligen sie auch die Mittel, ohne welches dasselbe nicht ausgeführt werden kann."

34 Die Staatsaufgabenbestimmung entbindet nicht von der rechtlichen Beschränkung der Mittel, die zur Erreichung der verfassungskräftigen Ziele eingesetzt werden dürfen. Die Verfassung enthält eine normative Fundierung und rechtliche Durchformung aller Staatstätigkeit. Alle Staatsgewalt ist in allen Erscheinungsformen den Bindungen der

19 S. etwa BVerfGE 22, 180, 204; E 69, 272, 314; E 94, 241, 263.
20 *O. Mayer*, Deutsches Verwaltungsrecht, 1895, S. 283, 284, s. da Fn. 20.

Verfassung unterworfen, es gibt keine nicht verfasste Staatsgewalt, keine Erscheinungsform des Staates, die nicht an die Verfassung gebunden wäre. Art. 20 Abs. 3 GG macht dies deutlich. Für die Grundrechte bekräftigt Art. 1 Abs. 3 GG dies noch einmal deutlich. Diese **umfassende Rechts- und Verfassungsbindung** war in der Vergangenheit jedenfalls nicht selbstverständlich. Lange Zeit wurden bestimmte Fragen für der Verfassung entzogen gehalten. So wurde die Grundrechtsgeltung in Sonderstatusverhältnissen, früher als besondere Gewaltverhältnisse bezeichnet, lange negiert;[21] auch die ausnahmslose Einbindung der Streitkräfte in das Recht oder auch die Unterwerfung des Begnadigungswesens[22] unter die Verfassung waren keine Selbstverständlichkeit. Man sprach im Hinblick auf solche nicht der Rechtsbindung unterworfenen Akte auch von sogenannten „justizfreien Hoheitsakten". Diese gibt es im Verfassungsstaat des Grundgesetzes nicht mehr. Auch der Notstand ist kein extrakonstitutioneller Zustand mehr. Vielmehr greifen hier besondere verfassungsrechtliche Bestimmungen ein, wie etwa Art. 53a GG und Art. 115a ff. GG für den Verteidigungsfall. Weitere Notstandslagen anderer Art sind in den Art. 35, 80a, 87a, 91 GG geregelt. Auch die alte Figur der „Staatsräson",[23] die oft dazu diente, sich im höheren Interesse des Staates über die Verfassung hinwegsetzen zu können, ist damit verabschiedet. Zusammengefasst gilt also, dass es „nur so viel Staat" gibt, „wie die Verfassung konstituiert".[24]

35 Eine Folgerung, die man aus dieser umfassenden Verfassungsbindung ziehen kann, liegt darin, von „Verfassungsrecht" und nicht von „Staatsrecht" zu sprechen. Diese Bezeichnung soll die **normative Vorordnung der Verfassung über den Staat** ausdrücken. Der Staat wird in dieser Betrachtung als „nur" tatsächlicher Gegenstand gesehen, als **faktum brutum** ohne normativen Eigenwert. Damit wird nicht geleugnet, dass der Wirklichkeit des Staates auch unabhängig vom Verfassungsrecht erhebliche Bedeutung zukommt, dass es „Staat" auch vor und außer der Verfassung gegeben hat – und gibt. Aus der Perspektive des Verfassungsrechts ist aber der Vorrang der Verfassung gegenüber der reinen Tatsächlichkeit des Staates unaufgebbar.[25] Die **„normative Kraft des Faktischen"** (*G. Jellinek*)[26] ist ein rechtssoziologisch zu untersuchendes Phänomen,

21 S. dazu *L. Michael/M. Morlok*, Grundrechte, 4. Aufl. 2014, Rn. 49, 745 ff.

22 Anders noch BVerfGE 25, 352, 361 ff., in der eine Verfassungsbeschwerde gegen eine Gnadenentscheidung daran scheiterte, dass vier Richter die Gnadenentscheidung nach Art. 60 Abs. 2 GG nicht für rechtlich gebunden und damit für nicht rechtlich nachprüfbar hielten. Anders aber die vier unterlegenen Richter in ihrer Meinung, siehe S. 363 ff.; dazu *L. Michael/M. Morlok*, Grundrechte, 4. Aufl. 2014, Rn. 883.

23 *H. Münkler*, Staatsraison und politische Klugheitslehre, in: Fetscher, Pipers Handbuch der politischen Ideen, Bd. III, 1985, S. 23 ff.; *H. Münkler*, Im Namen des Staates, 1987, S. 165 ff.; *C. J. Friedrich*, Die Staatsräson im Verfassungsstaat, 1961.

24 *P. Häberle*, Verfassungslehre als Kulturwissenschaft, 2. Aufl. 1998, S. 620.

25 Die Faktizität des Staates ist jenseits des Verfassungsrechts Gegenstand verschiedener Disziplinen theoretischer wie empirischer Art. Die Sozialwissenschaften, so die politische Soziologie und die Politikwissenschaft, widmen sich diesem Gegenstand, wie auch die öffentliche Finanzwissenschaft, die Nationalökonomie und die (öffentliche) Betriebswirtschaftslehre. Selbstverständlich gibt es eine historische Befassung mit dem Staat, dazu *W. Reinhard*, Geschichte der Staatsgewalt, 3. Aufl. 2002; *O. Hintze*, Wesen und Wandlung des modernen Staates, in: Hintze, Staat und Verfassung (1931), 3. Aufl. 1970, S. 470 ff. Jenseits der Einzeldisziplinen gibt es themenzentrierte Bündelungen dieser Wissenschaften, so die Verwaltungswissenschaft, dazu *B. Becker*, Öffentliche Verwaltung, 1989; *G. F. Schuppert*, Verwaltungswissenschaft, 2000; oder die wiederbelebte „Staatswissenschaft", *G. F. Schuppert*, Staatswissenschaft, 2003. Eine um die Wirklichkeit des Staates bemühte Verfassungsrechtswissenschaft – und sie sollte wirklichkeitsorientiert sein, um ihrer eigenen Erfolgschancen willen – tut gut daran, sich die tatsächlichen Befunde der aktuellen Staatlichkeit anzusehen. Was aus faktischen Befunden für die Interpretation des Rechts folgt, ist aber wieder eine Aufgabe der Rechtswissenschaft. Zu Gegenstand und Aufgaben einer Soziologie der Verfassung *M. Morlok*, Soziologie der Verfassung, 2014.

26 *G. Jellinek*, Allgemeine Staatslehre, 3. Aufl. 1922, S. 338.

bildet aber keinen Rechtssatz, insbesondere hilft diese Aussage dem Juristen, der eine rechtliche gebundene Entscheidung treffen soll, nicht. Ob und in welcher Weise ein Rechtssatz in seiner Anwendung angesichts erheblicher Veränderungen bei den Umständen gegenüber der Situation seiner Generierung zu modifizieren ist, stellt ein höchst schwieriges Problem dar, jedenfalls kann die „normative Kraft des Faktischen" nur eine deskriptive Aussage sein, die zu normativen Argumentationen anregt, sie bildet aber keinen Satz der Methodenlehre.

Verfassungsrecht ist auch dort zu postulieren, wo Tendenzen zur Entstaatlichung 36 (Stichworte: Internationalisierung, Europäisierung, Privatisierung) den Staat als Bezugspunkt infrage stellen. Erstreckt man – als Korrektiv für diese Tendenzen – das Verfassungsrecht der Sache nach und auch begrifflich auf überstaatliche Strukturen (also insbesondere auf die Europäische Union), dann lässt sich insofern sogar die These aufstellen: Staatsrecht vergeht – Verfassungsrecht besteht.

Die Bezeichnung „Verfassungsrecht" (oder eben „Staatsrecht") umfasst das Insgesamt 37 von **Grundrechten** und **Staatsorganisationsrecht.** Mit der zunehmenden internationalen Verflechtung der Staaten und der wachsenden Bedeutung supranationaler und internationaler Organisationen entwickelt sich ein **„Außenverfassungsrecht"**, dieses umfasst diejenigen Verfassungsbestimmungen, welche den Bezug des Staates zum Europarecht und zum Völkerrecht regeln, im Grundgesetz also insbesondere Art. 23 ff., 32 und 59 GG.

Nicht alle wesentlichen Rechtsvorschriften, welche die Ziele, die Grundprinzipien, den 38 Aufbau der obersten Staatsorgane und deren Handlungsweise regeln – hinzu treten die Grundrechte als die fundamentale Gestaltung des Verhältnisses von Bürger und Staat –, finden sich in der Verfassung im Sinne einer abschließenden Urkunde. Einige rechtliche Bestimmungen mit durchaus wichtiger Bedeutung für das Funktionieren des Staatswesens haben nur den Rang des einfachen Rechts.

Das **Verfassungsrecht im formellen Sinne** umfasst alle Rechtsbestimmungen, die in der Verfassungsurkunde niedergelegt sind. Maßgebendes Kriterium ist also die förmliche Zugehörigkeit zur Verfassung. Daneben gibt es **Verfassungsrecht im materiellen Sinne**, nämlich all diejenigen Vorschriften, die im gezeigten Sinne fundamental sind, wesentliche Grundentscheidungen für die Staatsorgane und deren Handlungen treffen, aber nicht in der Verfassung enthalten sind. Musterbeispiel für die Bundesrepublik Deutschland ist das Wahlrecht, welches durch Art. 38 Abs. 3 GG (→ § 5 Rn. 114 ff.) dem Gesetzgeber zur Ausgestaltung überlassen wird – obschon es die politische Ordnung maßgebend prägt. So ist das Wahlrecht ausschlaggebend für die Struktur des Parteiensystems, ein sogenanntes Mehrheitswahlrecht (→ § 5 Rn. 85 ff.) führt fast unvermeidlich zur Ausbildung eines Systems von nur zwei Parteien, die mit Aussicht auf Erfolg miteinander konkurrieren. Andere Gesetze, denen man materielle Verfassungsqualität zusprechen kann, sind das Parlamentsbeteiligungsgesetz, welches regelt, welche Rolle der Bundestag bei Auslandseinsätzen der Bundeswehr hat (→ § 11 Rn. 37), aber auch das Staatsangehörigkeitsgesetz, das Bundesministergesetz und das Abgeordnetengesetz. Auch das Wahlprüfungsgesetz und das Untersuchungsausschussgesetz können hierzu gezählt werden. Diesen Normen kann man auch staatsrechtlichen Charakter beimessen, ohne dass sie formelle verfassungsrechtliche Qualität hätten.

Einer eigenen Bezeichnung für formelles Verfassungsrecht, dem die materielle Qualität 39 der Staatsgrundentscheidungen abgeht, bedarf es nicht. Obgleich man bezweifeln kann, dass jede Detailregelung im Grundgesetz auch unbedingt dorthin gehört (man denke etwa an Detailregelungen in Art. 16a Abs. 2 ff. GG), so steht doch außer Streit, dass jede Norm des Grundgesetzes der besonderen Qualität des Verfassungsrechtes teilhaftig ist.

## IV. Verfassung als gute Grundordnung für Staat und Gesellschaft

40 Eine moderne Verfassung beschränkt sich nicht auf die staatliche Sphäre, sie beansprucht Relevanz auch für den gesellschaftlichen Prozess. Eine Verfassung ist damit nicht mehr nur ein Organisationsstatut des Staates, sondern wird zu einer **Grundordnung** für Staat und Gesellschaft, also für das **ganze Gemeinwesen.**[27] Eine Verfassung für das gesamte Gemeinwesen möchte dessen gute Ordnung sein. Kraft ihrer Reichweite und ihres Geltungsanspruchs muss sie notwendigerweise eine gute Ordnung sein, welche wegen ihrer Inhalte von den Bürgern akzeptiert werden kann.

Dass die Starken nicht auf den Schwachen herumtrampeln,[28] dass wir die Lebensgrundlagen für die nachfolgenden Generationen nicht ruinieren, dass Mitbürger nicht verhungern, all dies soll nicht nur eine Sache des freilaufenden gesellschaftlichen und wirtschaftlichen Prozesses sein, sondern dies liegt auch in der Verantwortung der Verfassung und des auf sie verpflichteten rechtssetzenden Staates. Von daher wachsen dem Staat kraft Verfassung auch **Schutzpflichten** zu, die es im Bereich der Gesellschaft zu verwirklichen gilt. Rechtliche Grundlage dafür sind insbesondere die Grundrechte,[29] das Sozialstaatsprinzip (→ § 7 Rn. 80 ff.), das für eine Vielzahl von sozialen Schutzgesetzen motivierend ist, vom Mieterschutz bis zum Arbeitsrecht, die Verpflichtung des Staates zum **Schutz der natürlichen Lebensgrundlagen** in Art. 20a GG (→ § 9) oder Art. 3 Abs. 3 S. 2 GG, wonach der Staat zur **tatsächlichen Durchsetzung der Gleichberechtigung** von Frauen und Männern verpflichtet ist. Es kommt also zu einer Vielzahl von staatlichen Einwirkungen auf die Gesellschaft, die jedenfalls rechtlich an einschlägigen Verfassungsbestimmungen zu messen sind und welche gegebenenfalls auch ein stärkeres staatliches Engagement verlangen.

41 Die Verfassung wird damit die oberste für alle verbindliche normative Grundlage der Gesellschaft, allerdings nicht die alleinige normative Basis des gesellschaftlichen Lebens, sondern lediglich die für alle mit Rechtsgeltung ausgestattete normative Grundlage. Daneben gibt es Raum für eine Vielzahl von unterschiedlichen Moralen, sittlichen Vorstellungen, religiösen Überzeugungen und von diesen abgeleiteten normativen Geboten. Die Verfassung als eine freiheitliche lässt für diese Vielzahl von Vorstellungen darüber, wie das Leben anständig und richtig zu führen sei, den Individuen und organisierten Gruppen einen weiten Entfaltungsbereich. Die Übernahme auch gesellschaftlicher Verantwortung durch die Verfassung bedeutet nicht, dass alle Lebensfragen eine Antwort aus der Verfassung finden. Vielmehr ist, insbesondere unter der grundrechtlichen Freiheit, die Frage nach dem Sinn des Lebens und nach dem richtigen Leben von jedem Einzelnen selbst zu beantworten.

42 Die Sozialphilosophie hat das Konzept der **Unterscheidung des „Guten“ vom „Rechten“** herausgearbeitet, um diese Differenz zu bezeichnen. Das Recht kümmert sich nur um das Rechte, es will eine Ordnung bereitstellen, die allen Bürgern die gleiche Frei-

---

27 Vgl. *K. Hesse*, Verfassung und Verfassungsrecht, in: Handbuch Verfassungsrecht, 2. Aufl. 1994, § 1 Rn. 4 ff.; *K. Hesse*, Grundzüge des Verfassungsrechts der Bundesrepublik Deutschland, 20. Aufl. 1999, Rn. 17.

28 Dieser Gedanke einer schützenden Verfassung kommt vielleicht am schönsten zum Ausdruck im Satz der Präambel der Schweizer Bundesverfassung: „die Stärke des Volkes sich misst am Wohl der Schwachen“.

29 Dazu m.w.N. *L. Michael/M. Morlok*, Grundrechte, 4. Aufl. 2014, Rn. 510 ff.

heit einräumt, nach eigenen Vorstellungen vom „guten“ Leben ihr Leben zu gestalten, nicht aber will es solche inhaltlichen Vorgaben dem Bürger oktroyieren.[30] Diese Beschränkung der verfassungsrechtlichen Regelungen ist einerseits unverzichtbar, damit die Verfassung (und die in ihr verlangten Werte) nicht zu einem totalitären Programm für die Gesellschaft wird. Andererseits ist dieses Ausgreifen einer verfassungsrechtlich begründeten staatlichen Verantwortung auch auf bestimmte Aspekte des gesellschaftlichen Prozesses geboten, sollen die rechtlichen Gewährleistungen für weite Teile der Bevölkerung nicht bloß auf dem Papier stehen, sondern auch tatsächliche Realität gewinnen. Zudem haben Probleme säkularen Zuschnitts, paradigmatisch dafür steht der Umweltschutz, einen Rang bekommen, der verlangt, ihre Bearbeitung auf höchster rechtlicher Ebene zu gewährleisten und sie nicht in die Beliebigkeit des privaten Tuns oder völlig den politischen Wechselfällen zu überantworten. Mit der Aufnahme solcher Elemente auch der Gesellschaftsgestaltung wird die Verfassung zu dem großen zivilisatorischen Projekt, reale Freiheit und Gleichheit der Bürger zu sichern und die demokratische Bestimmung der politischen Entscheidungen zu gewährleisten, und zwar nachhaltig, also auch für künftige Generationen.

30 Zu dieser Unterscheidung des „Rechten“ vom „Guten“ etwa *J. Rawls*, Eine Theorie der Gerechtigkeit, S. 486 ff.; s. weiter *S. Huster*, Die ethische Neutralität des Staates, 2002, S. 10 ff.

# § 3 Eigenarten des Verfassungsrechts

1 Die genannten Aufgaben der Verfassung führen zu Eigenarten des Verfassungsrechts. Diese Besonderheiten gegenüber anderen Rechtsmaterien gilt es für einen angemessenen Umgang mit dem Verfassungsrecht zu beachten. Verfassungsrecht wie anderes Recht zu behandeln, kann inadäquat sein. Die Verkennung der besonderen Qualitäten des Verfassungsrechts liegt insofern nahe, als die große Menge des Rechts eben unterverfassungsrechtlicher Natur ist und der übliche Umgang des Juristen mit dem Recht an unterverfassungsrechtlichem Recht geschult ist. Deswegen gilt es immer wieder, sich bei der Handhabung des Verfassungsrechts mit dem US-amerikanischen Chief Justice *John Marshall* klar zu machen: „It is a constitution we are expounding."[1] Vier Eigenarten des Verfassungsrechts, die sich auch alle in dessen besonderer Normstruktur widerspiegeln, sind hervorzuheben.

## I. Verfassung als oberste Ebene des Rechts

2 Die Verfassung bildet die oberste Ebene des Rechts, jedenfalls unter herkömmlichen nationalstaatlichen Vorstellungen. Dieser oberste Rang bedeutet mehreres.

### 1. Größte sachliche, personelle und zeitliche Reichweite

3 Das Verfassungsrecht soll das Geschehen der gesamten Gesellschaft erfassen. Sie will **fundamentale Normen für alle Lebensbereiche** bereithalten – und dies noch über lange Zeit hin: Verfassungen ändert man nicht im Jahresrhythmus wie etwa Durchführungsverordnungen. Dies will auch bedacht sein bei der Formulierung von Verfassungstexten. Einige Änderungen des Grundgesetzes haben dies bei der textlichen Fassung leider außer Acht gelassen, so sind Passagen in Art. 13 Abs. 3 bis 6, Art. 16a, Art. 2 bis 5 GG viel zu wortreich und gehen stärker ins Detail als es einer verfassungstextlichen Gestaltung angemessen wäre.[2]

### 2. Relativ abstrakte und generelle Formulierung der Verfassungstexte

4 Wegen der in den genannten Dimensionen großen Reichweite der Verfassungsbestimmungen müssen diese in erheblicher **Abstraktionshöhe** und auch sehr generell formuliert sein. Nur dann können sie die Unvorhersehbarkeit des künftigen Geschehens einigermaßen aufnehmen. Nur bei einer solchen abstrakten Formulierung der maßgeblichen Grundprinzipien können diese Wirksamkeit entfalten für nicht Vorhergesehenes. Je konkreter ein Verfassungstext ist, desto größer ist die Gefahr, dass es auf Neues keine Antwort in der Verfassung gibt. Die Unschärfe einer Verfassungsbestimmung ist deswegen auch ein Vorzug. Man kann also zugespitzt mit *Napoleon* formulieren: „Eine Verfassung muss kurz und unklar sein."[3] Dies gilt jedenfalls für die grundsätzlichen Bestimmungen einer Verfassung. Davon unberührt gibt es selbstverständlich einen Bedarf auch für die exakte Regelung von technischen Fragen, etwa die Länge der Legislaturperiode. Hier enthält Art. 39 Abs. 1 GG zu Recht genaue Bestimmungen (→ § 11 Rn. 141 ff.).

---

1 Dieses berühmte Zitat erschien 1819 in der Entscheidung McCulloch vs. Maryland des U.S. Supreme Court.

2 Zur Kritik daran *A. Voßkuhle*, DÖV 1994, 53 ff.; *P. Badura*, Die Verfassung im Ganzen der Rechtsordnung und die Verfassungskonkretisierung durch Gesetz, in: HStR, Bd. VII, 1992, § 163 Rn. 7 ff. m.w.N.

3 Napoleon: „Une constitution doit être courte et obscure", zitiert nach *D. Simon*, Rechtsverständlichkeit, in: Lerch, Die Sprache des Rechts, Bd. 1, 2004, S. 405 ff.

Wegen dieser relativen Unbestimmtheit der Verfassungstexte wird der Umgang mit Verfassungsrecht durch Ungewissheiten gekennzeichnet. Diese Last, **größere Ungewissheiten** abzuarbeiten, ist typisch für die Arbeit am Verfassungsrecht. Sie mag für manche anziehend, für andere abschreckend sein, sie ist aber mit der Natur der obersten Rechtsebene unvermeidlich gegeben. Dieser Hinweis auf die Ungewissheiten darf nicht als Aufruf zu einem dezisionistischen Umgang mit der Verfassung missverstanden werden, vielmehr verlangt er eine möglichst sorgfältige und rationale Abarbeitung dieser Ungewissheiten. 5

### 3. Vorrang der Verfassung

Die Bedeutung der Verfassung als oberste Ebene des Rechts hat eine rechtstechnische Ausgestaltung erfahren, die für die Handhabung des Verfassungsrechts wichtig ist. 6

Zunächst ist daran zu erinnern, dass die Menge und die Vielfalt des Rechts dadurch geordnet werden, dass man das Recht in eine gedankliche Hierarchie von höheren und nachrangigen Rechtsnormen einstellt. Man spricht vom sogenannten **Stufenbau der Rechtsordnung**, die auf *Kelsen* und *Merkl* zurückgeht.[4] Diese Rangordnung der Normen rationalisiert und erleichtert den Umgang mit den verschiedenen Rechtsnormen. So können etwa Kollisionen zwischen unterschiedlichen Rechtsnormen aufgelöst werden durch die lex-superior-Regel, wonach das höherrangige Recht das nachrangige Recht bricht. Diese weithin als unproblematisch empfundene Regel beruht aber auf der keineswegs selbstverständlichen Projektion der verschiedenen Rechtsnormen auf unterschiedliche Stufen. In diesem Stufenbau der Rechtsordnung steht die Verfassung auf der obersten Stufe – jedenfalls im nationalen Recht, die Verbindung der nationalen Rechtsordnungen mit dem Recht der Europäischen Union und der EMRK verkompliziert diesen Tatbestand.[5] Der Stufenbau der Rechtsordnung fungiert als eine Kontroll- und Rechtfertigungshierarchie. Ersteres bedeutet, dass nachrangiges Recht höherrangigem Recht nicht widersprechen darf. Tritt ein solcher Widerspruch gleichwohl auf, so wird nach der lex-superior-Regel das nachrangige Recht gebrochen. Das bedeutet, dass Recht, welches höherrangigem Recht widerspricht, von Anfang an und allen gegenüber als unwirksam behandelt wird. Mit „Rechtfertigungshierarchie" ist gemeint, dass die höherrangigen Rechtsnormen Ermächtigungen für die Produktion von nachrangigem Recht geben können. So kann die Verfassung Kompetenzen zum Erlass von Gesetzen geben, auf nachrangiger Ebene können Gesetze es erlauben, Verordnungen oder Satzungen zu verabschieden (zur Rechtsetzung → § 15).

Die Durchsetzungskraft der Verfassung gegenüber allen anderen (innerstaatlichen) Rechtsnormen bezeichnet man als **Vorrang der Verfassung**. Steht eine Norm des einfachen Rechts, das heißt eine solche unterhalb der Verfassung, im Widerspruch zur Verfassung, so ist diese ipso iure, also ohne Weiteres nichtig; ein Richterspruch, der die Verfassungswidrigkeit einer Norm bestätigt, spricht deren Unwirksamkeit nur aus und hat damit nur „deklaratorische" Bedeutung. Der Richterspruch selbst vernichtet aber nicht die Norm, hat keine „konstitutive" Bedeutung, gibt aber Klarheit und Orientierungssicherheit. Anders ist es bei rechtswidrigen Verwaltungsakten, die – vom Falle der Nichtigkeit (vgl. § 44 VwVfG) abgesehen – auch dann wirksam sind, wenn sie rechtswidrig sind, also einem Gesetz widersprechen. Bei rechtswidrigen Einzelakten 7

4 *H. Kelsen*, Reine Rechtslehre (1934), Studienausgabe 2008 hrsg. v. Jestaedt, S. 84 ff.; *A. Merkl*, Prolegomena einer Theorie des rechtlichen Stufenaufbaus, in: Mayer-Maly, Gesammelte Schriften, Bd. 1, 1993, S. 437 ff.

5 *L. Michael/M. Morlok*, Grundrechte, 4. Aufl. 2014, Rn. 97 ff., 100 ff.; *H. Sauer*, EuGRZ 2011, 195 ff.

bedarf es eines Richterspruches, um sie zu vernichten, um ihre Nichtigkeit zu bewirken (für Verwaltungsakte siehe § 113 VwGO). Im Gegensatz zu Einzelakten sind also Normen im Falle des Widerspruchs zu höherrangigem Recht nichtig.

Der Vorrang der Verfassung bedeutet über den **Kollisionsvorrang** hinaus auch – selbstverständlich –, dass die Verfassung beachtet und angewendet werden soll, auch dort, wo es kein ihr widersprechendes Recht gibt. Die Verfassung enthält verpflichtendes Recht und keine reinen Programmsätze.

8 Weiter kommt der Verfassung auslegungsdirigierende Wirkung zu. Auch das einfache Recht enthält an vielen Stellen Unklarheiten und die Möglichkeit zu Auslegungsvarianten. Die Wirksamkeit der Verfassung wird dadurch gesteigert, dass man in solchen Zweifelsfragen das einfache Recht von der Verfassung her auslegt. Man spricht von der sogenannten **Ausstrahlungswirkung** der Verfassung. So wichtig diese Interpretationsmaxime für die Wirkungssteigerung der Verfassung ist, so wenig darf übersehen werden, dass es einen großen Bedarf an einfachrechtlichen Regelungen gibt, der nicht durch den Rückgriff auf die Verfassung bestimmt werden kann. Die abstrakten und fragmentarischen Bestimmungen der Verfassung sind nicht in der Lage, die Vielzahl der Detailprobleme, die einer rechtlichen Regelung bedürfen, auch nur ansatzweise zu lösen. Die verfassungsorientierte Auslegung kann also das einfache Recht nicht ersetzen, lediglich in Zweifelsfragen Lücken schließen.

9 Schließlich dient die Verfassung der **Einheit der Rechtsordnung.** Eine entwickelte Rechtsordnung kennt hochgradig differenzierte Rechtsregeln für die verschiedenen Lebensbereiche, die stark von den Besonderheiten ihres Regelungsfeldes bestimmt werden. Darum entsteht eine Tendenz des Auseinanderstrebens der Teilrechtsordnungen, die ihrer je spezifisch entwickelten Dogmatik verhaftet sind. So wichtig spezialisierte Teilrechtsordnungen sind, ist doch die Gefahr einer Auseinanderentwicklung der Teilrechtsgebiete nicht zu übersehen, die zu Wertungswidersprüchen innerhalb der Gesamtrechtsordnung führen kann. Starken Widersprüchen setzt das Willkürverbot des Art. 3 Abs. 1 GG Grenzen. Gerade eine hochgradig differenzierte Rechtsordnung bedarf der Verfassung, um die Teilrechtsordnungen von oben zu harmonisieren[6] und bestimmte Normen einer verfassungskonformen Auslegung zu unterwerfen.

10 Diese hervorgehobene Rolle der Verfassung im Rechtsleben wird wesentlich gestärkt durch die Existenz einer **Verfassungsgerichtsbarkeit** (→ § 17 Rn. 47 ff.), also einer auf die Durchsetzung des Verfassungsrechts spezialisierten Gerichtsbarkeit, deren Entscheidungen alle anderen Gerichte und Staatsgewalten binden, § 31 Abs. 1 BVerfGG. Diese besondere institutionelle Durchsetzungsform ist es, welche die Idee des Vorrangs der Verfassung eigentlich erst praktisch wirksam macht.[7] Indem das Grundgesetz die Verfassungsgerichtsbarkeit sehr stark betont, erhält das Verfassungsrecht eine nie zuvor geahnte praktische Bedeutung im Rechtsleben. Verfassungsrecht ist in Deutschland keine „abgehobene" Materie, mit der sich lediglich Spezialisten des Politikrechts beschäftigen. Vielmehr müssen sich umgekehrt auch die Spezialisten aller anderen Rechtsgebiete wenigstens mit den verfassungsrechtlichen Grenzen und Einwirkungen in die jeweilige Materie beschäftigen.

6 *M. Morlok*, Big Brother – oder Zivilrecht im Verfassungsstaat, in: Bauer/Posch/Morlok, Zivilrecht – Sonne oder Planet der Rechtsordnung, 2000, S. 25, 46 f.

7 Zur Bedeutung der Verfassungsgerichtsbarkeit, s. *R. Wahl*, Der Staat 20 (1981), 485, 499 ff.

## 4. Notwendiger Selbststand der Verfassung

Die oberste Stellung der Verfassung in der Rechtsordnung hat auch zur Folge, dass das Verfassungsrecht nicht mehr durch eine andere, eben höhere, Rechtsschicht und die sie anwendenden Institutionen kontrolliert, stabilisiert und legitimiert werden kann. Die Verfassung kann, um mit dem Staatsrechtslehrer *Rudolf Smend* zu sprechen, nicht mehr heteronom gewährleistet werden.[8] Weder rechtlich noch institutionell kann die Beachtung und richtige Anwendung der Verfassung im Konfliktfalle durchgesetzt werden. Auch das Verfassungsgericht ist auf freiwillige Befolgung seiner Entscheidungen angewiesen. Die rechtlichen Pflichten des einfachen Rechts können gegenüber dem Bürger durch Gerichte, Gerichtsvollzieher, Polizei und die Organe der Strafverfolgung durchgesetzt werden. Insoweit die Verfassung den Inhabern der staatlichen Macht Grenzen aufzeigt, fallen solche Sanktionsinstrumente ohnehin aus – wer will etwa die Streitkräfte zur Einhaltung der Verfassung zwingen? Aber auch die Bürger können in ihrer Masse nicht zu Verfassungs- und damit zu Rechtsgehorsam gezwungen werden: Man kann nicht hinter jeden Bürger einen Polizisten stellen. Die Beachtung der Verfassung ist zu guten Teilen auf freiwillige Befolgung angewiesen. Die tatsächliche Wirksamkeit einer Verfassung hängt also von ihrer eigenen Überzeugungskraft ab. 11

Der oberste Rang der Verfassung ist auch folgenreich für die Auslegung und Anwendung des Verfassungsrechts. Hier gibt es keine höhere Ebene, die rechtliche Anleitung oder Begrenzung geben könnte. Die Auslegung des Verfassungstextes muss ohne objektive, zweifelsfrei gegebene Richtpunkte außerhalb seiner selbst auskommen. Genau deswegen gewinnen auch die Entscheidungen der Verfassungsgerichtsbarkeit die überragende Bedeutung, die sie tatsächlich haben. Man nimmt mangels Alternative die Auslegung des Verfassungsgerichtes häufig für die Verfassung selbst, auch wenn dies rechtlich über den entschiedenen Einzelfall hinaus keinesfalls geboten ist. Für die Dominanz der Rechtsprechung des Bundesverfassungsgerichts hat man das Wort „Verfassungsgerichtspositivismus"[9] gefunden. Auch über verfassungsgerichtliche Interpretamente kann man geteilter Auffassung sein. Die Einrichtung des Sondervotums beim Verfassungsgericht (vgl. § 30 Abs. 2 BVerfGG), also die Möglichkeit, dass Richter, die der Mehrheit ihrer Kollegen nicht zustimmen möchten, ihre abweichende Meinung festhalten und diese mit der amtlichen Entscheidung veröffentlicht werden, belegt, dass auch über Verfassungsgerichtsentscheidungen diskutiert werden kann und soll. Jenseits der Wissenschaft hat aber rein tatsächlich betrachtet das Bundesverfassungsgericht in Deutschland oft das letzte Wort über Verfassungsfragen. Auf dem Gebiet der Grundrechte hat sich durch die Europäische Menschenrechtskonvention und die Rechtsprechung des Gerichtshofes für Menschenrechte allerdings Einiges verändert. So ist eine Berücksichtigung der Rechtsprechung des EGMR im Rahmen methodisch vertretbarer Gesetzesauslegung geboten[10] und wirkt sich auch auf die Auslegung des Grundgesetzes aus (→ § 10 Rn. 9). Nicht nur der Anwendungsvorrang des Unionsrechts, der gegenüber allem nationalen Recht einschließlich des Verfassungsrechts gilt, sondern auch eine darüber hinausgehende unionsrechtsfreundliche Auslegung des Grundgesetzes relativieren den Selbststand der Verfassung und des Bundesverfassungsgerichts. Allerdings erfolgt all dies unter dem Letztvorbehalt, dass das Grundgesetz dem seinerseits 12

8 *R. Smend*, Verfassung und Verfassungsrecht, in: Smend, Staatsrechtliche Abhandlungen, 3. Aufl. 1994, S. 119, 195.
9 *B. Schlink*, Der Staat 28 (1989), 161 ff.
10 BVerfGE 111, 302, 323 – Görgülü.

nicht zwingend entgegensteht. Die Öffnung hin zum kooperativen Verfassungsstaat (→ § 10) ist, so betrachtet, kein Verzicht auf den Selbststand der Verfassung, sondern dessen Ausprägung.

### II. Der Konsensbezug der Verfassung

13 Das einfache Recht wird gegenüber dem Bürger, der den Rechtsgehorsam verweigert, notfalls zwangsweise durchgesetzt: Der Schuldner wird der Zwangsvollstreckung unterworfen, der Verbrecher seiner Strafe zugeführt. Dies funktioniert, wie gesehen, auf Verfassungsebene, gegenüber den obersten Staatsorganen nur sehr begrenzt. Damit ist ein erhebliches Maß an Zustimmung zur Verfassung eine entscheidende Wirkungsvoraussetzung des Verfassungsrechts.

14 Aus diesen Gründen ist der **Konsens mit der Verfassung** eine laufend zu erhaltende **Funktionsvoraussetzung** der Verfassung. Die Bürger wie die Staatsorgane müssen die Verfassung annehmen und freiwillig befolgen. Diese Akzeptanz muss sich die Verfassung verdienen. Es sind gerade die Leistungen einer Verfassung, welche die Bürger zur Akzeptanz der Verfassung motivieren können.

15 Gerade weil die Verfassung einen Zustand innenpolitischen Friedens verspricht, kann sie von den Bürgern akzeptiert werden: Die Verfassung kann als Vertrag zwischen den Bürgern über die Form des gemeinsamen Zusammenlebens verstanden werden;[11] Vertrag auch in dem Sinne, dass sich die Vertragspartner vertragen. Als ganz grundlegend haben wir die Begrenzung der Herrschaft und die Sicherung der Freiheit der Bürger durch eine Verfassung kennengelernt (→ § 1 Rn. 6 ff.), in einer jüngeren Textschicht haben Verfassungen auch eine sozialstaatliche Verpflichtung aufgenommen, letztlich auferlegen sie dem Staat eine Verantwortung für eine einigermaßen gerechte Gesellschaft. Wenn diese tatsächlichen Ansprüche erfüllt werden, so besteht die Chance der Zustimmung der Bürger zur Verfassung. Umgekehrt: Bei Verfehlen dieser erwarteten Leistungen, bröckelt die Legitimation der Verfassungsordnung.

16 Der tatsächliche Verfassungskonsens lässt sich nicht befehlen, er speist sich aus der Anerkennungswürdigkeit der Inhalte der Verfassung, aber auch daraus, dass die Verfassungsversprechen in hinlänglichem Maße tatsächlich eingelöst werden. Dies ist eine ständige Aufgabe, so wie der Verfassungskonsens immer erneuert werden muss. Man kann das Wort vom Plebiszit „de tous les jours", also von der alltäglichen Volksabstimmung (*Renan*), heranziehen für die Beschreibung der Funktionsvoraussetzungen einer Verfassung. Wir haben damit die Situation, dass eine Verfassung von der Erfüllung ihrer Funktionen lebt, die Erfüllung dieser Funktionen ist zugleich aber auch Funktionsvoraussetzung: Eine Verfassung lebt von ihrem eigenen Erfolg. Anders formuliert: Nur eine gelebte Verfassung kann bewirken, was sie verspricht. Nur wenn eine Gesellschaft die Rechte und Möglichkeiten einer Verfassung auch sinnvoll nutzt, gewinnt diese Wirklichkeit und Zustimmung.

17 Der Konsens mit der Verfassung ist der **Dynamik** des gesellschaftlichen Prozesses unterworfen. Sowohl die tatsächlichen Verhältnisse, die zu lösenden Probleme, wie auch die Wertauffassungen der Bürger verändern sich. Das Verfassungsrecht in Theorie und

---

11 Dazu *P. Häberle*, Kommentierte Verfassungsrechtsprechung, 1979, S. 438 ff., der in diesem Zusammenhang vom Verfassungsvertrag spricht; eine systematische Ausarbeitung des Gedankens der Wechselseitigkeit von Rechten und Pflichten als Leitidee der Verfassung gibt *G. Haverkate*, Verfassungslehre: Verfassung als Gegenseitigkeitsordnung, 1992.

Praxis hat die ebenso wichtige wie schwierige Aufgabe, solche Veränderungen nachzuvollziehen – um der Zustimmung zur Verfassung willen. Es ist schwierig zu beantworten, was im Einzelnen aus dieser grundsätzlichen Konsensabhängigkeit der Verfassung folgt. Ganz gewiss bedeutet dies nicht, dass die Demoskopie die Rechtsprechung der Verfassungsrichter bestimmen solle. Aber doch dürfen die langfristigen großen Trends in der Entwicklung der Werte und Überzeugungen der Bürger nicht außer Betracht bleiben. So ist die – auch von Art. 3 Abs. 2 GG gebotene – erst im Laufe der Zeit verschärfte Verfassungsrechtsprechung zur Gleichberechtigung der Geschlechter auch im Zusammenhang mit der tatsächlichen Entwicklung der Vorstellungen über die Geschlechterverhältnisse zu sehen. Auch die tatsächlich gewandelte Einstellung gegenüber der Homosexualität dürfte nicht ohne Einfluss auf die Entscheidung des Bundesverfassungsgerichts zum Lebenspartnerschaftsgesetz für gleichgeschlechtliche Paare gewesen sein.[12] Ein besonders eklatantes Beispiel für das Bemühen des Verfassungsgerichts, gesellschaftlichen Wertüberzeugungen einigermaßen gerecht zu werden, findet sich in der zweiten Abtreibungsentscheidung.[13] Hier kann man die rechtstechnisch betrachtete Widersprüchlichkeit, dass das Verfassungsgericht einerseits die Abtreibung für rechtswidrig erklärt hat, andererseits aber zulässt, dass die gesetzliche Krankenversicherung die (begrenzt) zulässigen Abtreibungen finanziert, nur so erklären, dass das Gericht damit weite Teile der Bevölkerung der früheren DDR, die eine sehr großzügige Regelung zur Schwangerschaftsunterbrechung kannten, nicht vor den Kopf stoßen wollte. Andererseits wollte es aber auch die Abtreibung nicht völlig freigeben und dies durch das Symbol der „Rechtswidrigkeit" ausdrücken.

So ist auch nur mit der konsensorientierten Entscheidungsfindung der Verfassungs- 18
rechtsprechung der vielfach kritisierte Wunsiedel-Beschluss zu erklären.[14] Darin erklärt das Bundesverfassungsgericht, § 130 Abs. 4 StGB sei zwar kein allgemeines Gesetz i.S.v. Art. 5 Abs. 2 GG und falle auch nicht unter die übrigen Schranken des Art. 5 Abs. 2 GG. Doch wird die Verfassungsmäßigkeit des § 130 Abs. 4 StGB bejaht, mit der Begründung, das Grundgesetz setze sich gezielt von der nationalsozialistischen Gewaltherrschaft ab.[15]

Schließlich findet sich auch in der institutionellen Ausformung des Bundesverfassungsgerichts ein auf den Konsens hinweisendes Moment: Die Wahl der Richter des Bundesverfassungsgerichts durch Bundestag und Bundesrat nach Art. 94 GG (→ § 11 Rn. 17; → § 17 Rn. 66 ff.) erfordert eine Zweidrittelmehrheit, setzt also auch jeweils einen weitgehenden Konsens der politischen Kräfte voraus.

Der Konsensbezug der Verfassung hat auch eine ganz praktische Seite darin, dass die 19
Verfassung nicht nur Gegenstand der Erörterung berufsmäßiger Interpreten, also der Juristen, zu sein braucht. Letztverbindlich entscheiden zwar die Richter (das Bundesverfassungsgericht), aber genau deswegen, weil die Verfassung letztlich von der Zustimmung der Bürger lebt, ist die öffentliche Diskussion über Verfassungsfolgen auch von allen Bürgern zu führen. Nicht nur Spezialisten sollen sich um die Verfassung kümmern, sie ist vielmehr Sache aller Bürger. In diesem Sinne hat *P. Häberle* von der „offenen Gesellschaft der Verfassungsinterpreten" gesprochen.[16]

---

12 BVerfGE 105, 313 ff.; weiter entwickelt in BVerfGE 124, 199 ff.; dazu *L. Michael*, NJW 2010, 3537 ff.
13 BVerfGE 88, 203 ff. – Schwangerschaftsabbruch II.
14 BVerfGE 124, 300 ff.; kritisch dazu *L. Michael*, ZJS 2010, 155 ff.
15 BVerfGE 124, 300, 328 ff.
16 *P. Häberle*, JZ 1975, 297 ff.

### III. Verfassung als Gerechtigkeitsreserve

20 Das Verfassungsrecht ist durch den Anspruch gekennzeichnet, die Gerechtigkeit der Rechtsordnung zu gewährleisten. Zwar steht das Recht insgesamt in der gesellschaftlichen Praxis unter der Erwartung, gerecht zu sein. Es gibt einen sprachlichen Zusammenhang von „Recht" und „Gerechtigkeit",[17] der dies andeutet, der bereits von den römischen Juristen namhaft gemacht wurde (est autem ius ab iustitia). In der Stufenordnung des Rechts wird der Gerechtigkeitsanspruch in besonderem Maße auf das Verfassungsrecht projiziert. Im Recht stellen sich auch auf der Ebene des einfachen Gesetzes in vielen Fällen und unterschiedlicher Ausprägung Gerechtigkeitsfragen. Das einfache Recht kennt aber auch eine Vielzahl von Regelungen eher technischen Charakters, die gerechtigkeitsneutral sind. Ob im Straßenverkehr rechts vor links gilt oder Umgekehrtes, ist gerechtigkeitsirrelevant.

21 Weil die Verfassung die grundlegenden Rechtsentscheidungen trifft, sind dort Gerechtigkeitsfragen konzentriert. Dies gilt nicht für alle notwendigen Detailregelungen des Staatsorganisationsrechts, wohl aber für die grundlegenden Entscheidungen über Staatsstruktur, Staatsziele, Freiheits- und Gleichheitsgewährleistungen zugunsten der Bürger, Sozialstaatlichkeit und Verantwortung gegenüber der Nachwelt. Diese Gerechtigkeitsbezogenheit wichtiger Teile des Verfassungsrechts kommt darin zum Ausdruck, dass zentrale Verfassungsbestimmungen den normtheoretischen Status von **Prinzipien** und nicht von Regeln haben (→ Rn. 30 ff.).

22 Statt von Prinzipien kann man auch von „Werten" sprechen,[18] das passt gut zur Redeweise des Bundesverfassungsgerichts, welches die Grundrechte als „Wertordnung" versteht.[19] Damit ist eben gemeint, dass wesentliche Entscheidungen der Verfassung nicht nur eine rechtliche Existenz haben, sondern auch an gesellschaftliche Gerechtigkeitsvorstellungen anschließen. Über diesen Charakter haben diese Verfassungsprinzipien auch Kontakt zum gesellschaftlichen Wandlungsprozess, auch zu einem Wertewandel. Mit der Aufnahme solcher Prinzipien hat die Verfassung sich wesentlichen Gerechtigkeitspostulaten verpflichtet. Dies ist für den Umgang mit der Forderung, das Recht solle gerecht sein, wesentlich: Der Gerechtigkeitsanspruch muss dann, wenn die Verfassung selbst Gerechtigkeitspostulate enthält, nicht von außen gegen das Recht geltend gemacht werden, vielmehr kann die Forderung nach Gerechtigkeit verfolgt werden in der Gestalt der Forderung, die Verfassung solle hinreichend beachtet werden. Mit der Aufnahme von Prinzipien, die den Charakter von Gerechtigkeitspostulaten tragen,[20] kann die Gerechtigkeitsdebatte als eine rechtsinterne geführt werden. Das hat den großen Vorteil, dass nicht relativ freihändig und bodenlos über „Gerechtigkeit" gestritten werden muss, dass vielmehr Gerechtigkeitserwartungen erörtert werden können in der fachlich begründeten und disziplinierten Form der juristischen Diskussion. Der Gerechtigkeitsdiskurs kann geführt werden als Verfassungsrechtsdiskurs. Ein nicht zu un-

17 Zu dieser Grundfrage der Rechtsphilosophie *R. Alexy*, Begriff und Geltung des Rechts, 2. Aufl. 1994, S. 15 ff.; man spricht von der sog. Verbindungsthese, wenn man darauf besteht, dass Recht auch gerecht sei – was auch immer im Einzelnen darunter zu verstehen sein mag. Die gegenteilige Auffassung wird von der sog. Trennungsthese vertreten, wonach Recht und Moral jedenfalls analytisch notwendigerweise nichts miteinander zu tun haben. Recht kann hiernach jeden beliebigen Inhalt haben, so etwa *H. Kelsen*, Reine Rechtslehre, 2. Aufl. 1960, S. 201.; lesenswert auch die Studienausgabe der 1. Aufl. (1934) v. 2008 hrsg. v. Jestaedt, zu Recht und Gerechtigkeit S. 25 ff.

18 S. dazu *M. Morlok*, Was heißt und zu welchem Ende studiert man Verfassungstheorie?, 1988, S. 115 ff.

19 BVerfGE 7, 198, 205; seither st. Rspr.: BVerfGE 25, 256, 263; E 39, 1, 41; E 52, 131, 165 f.; E 89, 214, 229 f.

20 Dazu instruktiv *R. Dreier*, JZ 1985, 353, 357.

terschätzender Vorteil liegt schließlich darin, dass nicht nur relativ folgenlos Gerechtigkeitsanforderungen an das Recht herangetragen werden müssen, dass vielmehr rechtserheblich über Gerechtigkeitsfragen in der Gestalt von Verfassungsrechtsfragen gehandelt werden kann. Die Verfassung fungiert als **Gerechtigkeitsreserve**; genau deswegen, weil die Verfassung in hervorgehobener Weise der „Ort der Gerechtigkeit" im Recht ist.

Dies ist von erheblicher praktischer Bedeutung. Wenn das einfache Recht, sei es in seinem Normbestand, sei es in einzelnen Anwendungsentscheidungen, Gerechtigkeit verfehlt, so verbleibt immer noch der Rekurs auf das Verfassungsrecht als besonders gerechtigkeitsbezogenes Recht bzw. als eine Rechtsmaterie, in der Gerechtigkeitsforderungen als rechtliche aufgehoben sind. Dies gilt auch für die institutionelle Ausformung: Wer als Bürger in einem Rechtsstreit letztinstanzlich unterlegen ist und seiner Auffassung nach Unrecht erlitten hat, kann dann noch die Verfassungsbeschwerde erheben. Die Verfassungsbeschwerde[21] ist ein außerordentlicher Rechtsbehelf, der symptomatischerweise die Erschöpfung des Rechtsweges voraussetzt (siehe § 90 Abs. 2 BVerfGG). In zahlreichen Fällen konnte das Bundesverfassungsgericht auf eine Verfassungsbeschwerde hin eklatante Fälle von Ungerechtigkeit durch den Bezug auf die Grundrechte beheben. Beispielsweise sei verwiesen auf die ursprünglich praktizierte Mehrfachbestrafung von Ersatzdienstverweigerern,[22] auf die Anordnung einer nicht völlig ungefährlichen und auch mit Schmerzen verbundenen Entnahme von Rückenmarksflüssigkeit aus nichtigem Anlass[23] oder auf Fälle der Zwangsversteigerung von Hausgrundstücken, die mit einem erheblichen unnötigen Vermögensverlust einhergegangen wären.[24] Der Schutz von Ehe und Familie kann es in Ausnahmefällen erforderlich machen, für Besuche von Ehegatten und Kindern auch außerhalb der allgemeinen Besuchstage in Gefängnissen Besuchsmöglichkeiten zu schaffen.[25] Das Bundesverfassungsgericht hat die Besuchszeiten eines Untersuchungsgefangenen ausgedehnt, um die Entfremdung von seiner Tochter im Säuglingsalter zu verhindern.[26] Im Hinblick auf Gefangenenpost mit beleidigendem Inhalt hat das Bundesverfassungsgericht entschieden, dass schriftliche Äußerungen von Strafgefangenen, deren Post der Briefkontrolle unterliegt, dem Schutz der Meinungsfreiheit unterfallen, weshalb eine Verurteilung wegen Beleidigung verfassungsrechtlich nicht zu rechtfertigen ist.[27] In solchen Fällen konnte und kann über die Verfassungsbeschwerde die Verfassung ihre Bedeutung als Gerechtigkeitsreserve realisieren. Damit kein Missverständnis entsteht: Dies ist keine Aussage über Rechtsmittel, sondern eine interpretierende Sicht auf die Verfassung und das Institut der Verfassungsbeschwerde. Die Behauptung der „Ungerechtigkeit" eröffnet kein Rechtsmittel. Faktisch sind aber die Verfassung und damit auch das Bundesverfassungsgericht in die Rolle eines letzten Gerechtigkeitsgaranten hineingewachsen. 23

Dieser Befund wird durch verschiedene Tatsachen gestützt. Einmal ist auf die große Anzahl von Verfassungsbeschwerden hinzuweisen. Im Jahr 2013 gingen beim Bundesverfassungsgericht 6477 Verfassungsbeschwerden ein, wovon hinsichtlich ihrer Nichtannahme sowie sachlich über 6238 entschieden wurde; von diesen waren lediglich 91 24

21 Ausführlich *L. Michael/M. Morlok,* Grundrechte, 4. Aufl. 2014, Rn. 918 ff.
22 BVerfGE 93, 191, 204.
23 BVerfGE 16, 194 ff.
24 Dazu BVerfGE 42, 64, 72 ff.; s. auch E 46, 325, 333; E 49, 220, 225 ff.; E 96, 345, 367.
25 BVerfGE 42, 95 ff.
26 BVerfG StV 2008, 30 ff.
27 BVerfG NJW 2007, 1194 ff.

(1,46 %) erfolgreich. Auch wenn der übergroße Anteil dieser Beschwerden keinen Erfolg hatte bzw. durch die Kammern nicht zur Entscheidung angenommen wurden, so belegt die Bereitschaft, das Verfassungsgericht anzurufen, dass die Verfassung und das spezifische Organ zu ihrer Realisierung, nämlich das Verfassungsgericht, weithin in ihrer Bedeutung als Gerechtigkeitsreserve von der Gesellschaft angenommen worden sind. Der Rekurs auf die Verfassung spielt aber auch im politischen Leben eine wesentliche Rolle. Eine Partei oder eine Interessensgruppierung, die mit einer gesetzlichen Regelung unzufrieden ist, ruft sogleich nach einer verfassungsrechtlichen Überprüfung (zu den Verfahrensarten → § 17 Rn. 73 ff.). Die politische Unzufriedenheit wird häufig in der verfassungsrechtlichen Begrifflichkeit formuliert in der Weise, dass eine Regelung als angeblich verfassungswidrig dargestellt wird. Der (angedrohte oder tatsächliche) „Gang nach Karlsruhe“ ist, auch wenn er in vielen Fällen nicht begründet und nur politischer Theaterdonner ist, doch Ausdruck einer symbolischen Ausrichtung der politischen Kultur der Bundesrepublik auf das Grundgesetz als eine Ordnung, die Gerechtigkeit verspricht.

## IV. Offenheit der Verfassung und Verfassungswandel

25 Als Konsequenz aus den genannten besonderen Qualitäten des Verfassungsrechts (oberster Rang → Rn. 2 ff, Konsensbezug → Rn. 13 ff, Gerechtigkeitsreserve → Rn. 20 ff.) ergibt sich eine weitere Eigenart dieser Rechtsgattung: die **Offenheit der Verfassung.**[28] Die genannten Eigenarten enthalten alle einen Aspekt, der unter dem Titel der Offenheit hervorzuheben ist.

26 Die Aussagen auf der obersten Rechtsebene sind wegen ihres sachlich, personell und zeitlich weiten Anwendungsbereiches relativ unbestimmt (→ Rn. 2 ff.). Dies heißt aber auch, die Inhalte vieler dieser Verfassungsnormen sind variabel bestimmbar, sie sind offen für unterschiedliche Deutungen in unterschiedlichen Anwendungssituationen wie auch unter grundsätzlich gewandelten Umständen. Es ist gerade diese Unschärfe der Verfassung, welche die Verfassung dafür ausstattet, für lange Zeiträume die rechtliche Grundordnung darzustellen.

27 Die **Konsensorientierung bei der Anwendung der Verfassung** (→ Rn. 13 ff.) macht in besonderer Weise die Offenheit in der Zeit greifbar. Was in der Gesellschaft als richtig, als gerecht oder in negativer Betrachtung als unzumutbar empfunden wird, ändert sich mit dem Wandel der Auffassungen in der Bevölkerung. Objektive Gegebenheiten, wie etwa **technische Errungenschaften** und Neuentwicklungen, ebenso wie **gesellschaftsstrukturelle Veränderungen** führen zu Einstellungsänderungen, denen eine Verfassung sich im Grundsatz nicht verschließen darf, damit sie den Kontakt mit den Bedürfnissen und Überzeugungen der Bevölkerung nicht verliert.

28 Die Offenheit der Verfassung, d.h. ihrer Auslegungsmöglichkeiten, ist schließlich auch eine Folge der **Orientierung wichtiger Verfassungsnormen auf Gerechtigkeitspostulate** (→ Rn. 20 ff.) hin. Das, was als „gerecht“ empfunden wird, ändert sich auch im Laufe der Zeit wiederum in Abhängigkeit von objektiven Gegebenheiten. So ist etwa die frühere Selbstverständlichkeit, dass der Name des Mannes den Ehenamen bildet, durch tatsächlich wirksame Gleichberechtigungsansprüche, durch ausländische Vorbilder und anderes soweit erschüttert worden, dass das Verfassungsgericht die alte namens-

---

28 Grundlegend *K. Hesse*, Grundzüge des Verfassungsrechts der Bundesrepublik Deutschland, 20. Aufl. 1999, Rn. 22 ff., 36 ff.

rechtliche Vorschrift des Bürgerlichen Gesetzbuches für verfassungswidrig erklärt hat.[29] Exemplarisch genannt seien auch noch die Strafbarkeit Homosexueller, die früher als mit dem Grundgesetz vereinbar erachtet wurde[30], wohingegen später nichteheliche Lebensgemeinschaften verfassungsrechtlich anerkannt wurden.[31]

Die in der Normstruktur der Verfassung angelegte und von den Interpreten auch be- 29
wusst zu pflegende Offenheit der Verfassung hält diese fähig, neue Umstände zu verarbeiten. So wurde beispielsweise ohne viel Aufsehen aufgrund der entstandenen technischen Neuerungen der Begriff des „Rundfunks" in Art. 5 Abs. 1 GG auch auf Fernsehen und entsprechende Internetangebote angewandt,[32] der Begriff der „Familie" in Art. 6 GG erfasst durch sich wandelnde gesellschaftliche Wertvorstellungen nach weit geteilter Auffassung heute auch Teilfamilien sowie alle Verbindungen von einem Elternteil mit einem (nicht notwendigerweise leiblichen) Kind.[33] Auch hat das Bundesverfassungsgericht bereits mehrfach den Schutzbereich von Grundrechten so weit fortentwickelt, dass sich daraus neue, eigenständige Grundrechte ergaben, wie etwa zuletzt das Grundrecht auf Gewährleistung der Vertraulichkeit und Integrität informationstechnischer Systeme[34] sowie früher das Grundrecht auf informationelle Selbstbestimmung[35] aus Art. 2 Abs. 1 GG i.V.m. Art. 1 Abs. 1 GG. Ebenso wurden im Bereich des Staatsorganisationsrechts durch richterrechtlich entwickelte Parlamentsvorbehalte bei Auslandseinsätzen der Bundeswehr (→ § 11 Rn. 5, 37) und weiteren Schritten der europäischen Integration Antworten auf neue Fragestellungen gegeben (→ § 10 Rn. 14 ff.).

Dass dem unveränderten Text einer Verfassungsbestimmung ein neuer Sinn zuwächst und ihm dadurch weitere Bedeutungen zugewiesen werden, wird als **Verfassungswandel** bezeichnet (→ Rn. 25 ff.; → § 15 Rn. 29; → § 17 Rn. 54).[36] Mit dieser besonderen Variabilität ist nicht nur eine besondere Eigenschaft des Verfassungsrechts beschrieben, sondern darin liegt auch eine Herausforderung für die Rechtswissenschaft. Recht soll sich nicht ohne Weiteres einer abweichenden Wirklichkeit beugen und dieser nachfolgen, Recht hat insofern notwendigerweise kontrafaktische Stabilität. Auf den ersten Blick droht Verfassungswandel die formalen Voraussetzungen einer Verfassungsänderung (→ § 15 Rn. 30 f.) zu umgehen. Hält man ihn für legitim, setzt dies voraus, der Verfassungsgerichtsbarkeit eine zentrale Rolle bei der Fortbildung des Verfassungsrechts zuzuerkennen, für die es gute Gründe gibt. Wer aus Art. 79 GG schließt, dass primär die Gesetzgebung zur Weiterentwicklung der Verfassung berufen ist, wird den Verfassungswandel auch unter dem Gesichtspunkt der Gewaltenteilung für rechtfertigungsbedürftig, wenn nicht für unzulässig halten. Indes ist die Beachtung, Bewahrung und Entwicklung der Verfassung allen Staatsorganen aufgetragen. Die Position eines Verfassungsgesetzespositivismus ist verengt, in der ausschließlich dem Gesetzgeber die

29 BVerfGE 3, 225, 239; in E 84, 9 ff. hat das BVerfG in der Regelung des § 1355 Abs. 2 S. 2 BGB, dass der Name des Mannes automatisch zum Ehenamen wird, wenn die Ehegatten keinen ihrer Geburtsnamen zum Ehenamen bestimmen, einen Verstoß gegen Art. 3 Abs. 2 GG gesehen; vor dieser Entscheidung des BVerfG schon kritisch gegenüber der Regelung des § 1355 Abs. 2 S. 2 BGB *N. Dethloff/S. Walther*, FamRZ 1988, 808 ff.

30 Siehe dazu etwa *S. Kappe*, KJ 1991, 205 ff.

31 BVerfGE 105, 313, 345 f.

32 *L. Michael/M. Morlok*, Grundrechte, 4. Aufl. 2014, Rn. 227; *H. Schulze-Fielitz*; in: Dreier, GG, Bd. 1, 3. Aufl. 2013, Art. 5 I, II Rn. 100 f.

33 *P. Badura*, in: Maunz/Dürig, GG, 65.Lfg., Art. 6 Rn. 60; *F. Brosius-Gersdorf*, in: Dreier, GG, Bd. 1, 3. Aufl. 2013, Art. 6 Rn. 105 f.

34 BVerfGE 120, 274, 302 ff.; *L. Michael/M. Morlok*, Grundrechte, 4. Aufl. 2014, Rn. 427 ff.

35 BVerfGE 65, 1 ff.; *L. Michael/M. Morlok*, Grundrechte, 4. Aufl. 2014, Rn. 426.

36 *L. Michael/M. Morlok*, Grundrechte, 4. Aufl. 2014, Rn. 32.

Verfassungsrevision obliegt – ausgerechnet dem Gesetzgeber, an dessen Verfassungsbindung sich eine Verfassung besonders zu erweisen hat.

Gerade eine Verfassung ist darauf angewiesen, auf Dauer auch in bestimmten Fragen „mit der Zeit zu gehen" (→ Rn. 85 ff.). Welche Fragen das sind, in welchem Ausmaß solche Veränderungen geboten sind und wo die Verfassung unaufgebbare und auf Dauer bindende Positionen enthält, das gehört mit zu den spannendsten Aufgaben der Verfassungswissenschaft. Da man eine Verfassung nicht ohne Not und allzu häufig ändern sollte und sie auch nicht auf allzu detaillierte Fragen ausrichten sollte, gibt es die Notwendigkeit, die Verfassung tauglich zu halten für die normative Bewältigung neu auftauchender Probleme oder sich anders stellender Fragen denn bisher. Nur durch eine solche offene Handhabung der Verfassung bleibt sie lebenskräftig.

Zwischen Beständigkeit und Offenheit gilt es eine Balance zu finden. Man könnte daran denken, dass Verfassungswandel dann akzeptiert werden kann, wenn es darum geht, **länger laufende Veränderungsprozesse** aufzufangen bzw. auf sie zu reagieren. Als Beispiel möge gelten, dass die Einstellungen gegenüber einer gleichgeschlechtlichen Veranlagung und gleichgeschlechtlichen Lebenspartnerschaften sich stark gewandelt haben. Von daher kommt grundsätzlich in Betracht, den Begriff der „Ehe" in Art. 6 Abs. 1 GG auch zu öffnen für gleichgeschlechtliche Partnerschaften.[37] Schließlich kann auch der europäische Integrationsprozess (→ § 10 Rn. 14 ff.) einen Wandel nationalen Verfassungsrechts begründen.[38] Institutionell wird dies durch Art. 23 Abs. 1 S. 3 GG textlich abgesichert, wonach durch das Unionsrecht eine Verfassungsänderung ohne Verfassungstextänderung erfolgen kann.

Dem gegenüber ist auf einer förmlichen Verfassungsänderung zu bestehen, wenn eine **aktuelle Problemsituation** eine Antwort in der Verfassung braucht. Wenn also wegen des Verbotes der Mischverwaltung (→ § 8 Rn. 93) eine Kooperation zwischen einer Bundesbehörde (Agentur für Arbeit) und den Gemeinden, die den Ländern zuzurechnen sind, unzulässig ist, so mag der verfassungsändernde Gesetzgeber darauf reagieren durch die Einführung einer entsprechenden Erlaubnis in das Grundgesetz, siehe Art. 91e GG.

In einer Gesamtbetrachtung lässt sich der Verfassungswandel letztlich als – insbesondere hinsichtlich des Verhältnisses von Gesetzgeber zu Verfassungsgerichtsbarkeit – kritisch zu hinterfragende, aber dennoch legitime und notwendige Figur bewerten. Vorzugswürdig ist es, dem Bundesverfassungsgericht die Ausübung einer eigenständigen „verfassungswandelnden Gewalt" zuzugestehen. Dass das Grundgesetz dem Gesetzgeber eine „verfassungsändernde Gewalt" anvertraut, ist nicht abschließend zu verstehen und seinerseits eine Abweichung von der Trennung konstituierter und konstituierender Gewalt. Verfassungswandel ist ebenso verschieden von gewöhnlicher Rechtsprechung wie die Verfassungsänderung verschieden ist von gewöhnlicher Gesetzgebung. Dass Art. 79 GG die Verfassungsänderung – anders als den Verfassungswandel – explizit regelt (→ § 15 Rn. 30 f.), erklärt sich daraus, dass gerade die Ermächtigung des Gesetzgebers zur Verfassungsänderung legitimationsbedürftig und zu begrenzen ist. Umkehrschlüsse für ein Verbot des Verfassungswandels ergeben sich daraus nicht. Im Gegenteil begründet gerade die aus Art. 79 Abs. 2 GG resultierende Ge-

37 *F. Brosius-Gersdorf*, FamFR 2013, 169, 171 f.; kritisch *W. Frenz*, NVwZ 2013, 1200 ff.; zur weitgehenden Gleichstellung der gleichgeschlechtlichen Lebenspartnerschaften mit der Ehe: BVerfGE 105, 313, 345 f.

38 Vgl. zur Situation auf grundrechtlicher Ebene *L. Michael/M. Morlok*, Grundrechte, 4. Aufl. 2014, Rn. 117 ff., sowie zum Ganzen Rn. 32 ff.

fahr einer Minderheitenherrschaft durch Sperrminoritäten die **Ventilfunktion des Verfassungswandels** – insbesondere wenn es darum geht gerade dem mehrheitlich legitimierten Gesetzgeber Grenzen zu ziehen (z.B. des Datenschutzes gegenüber Sicherheitsgesetzen) oder Minderheitenrechte anzuerkennen (z.B. der Homosexuellen und der Transsexuellen).

## V. Normstrukturelle Besonderheit wichtiger Verfassungsbestimmungen: Prinzipien

Die genannten Eigenarten zentraler Verfassungsbestimmungen sind auch einem beson- 30
deren Normierungsstil geschuldet, der sich mit besonderer Häufigkeit in der Verfassung findet. Gerade die wichtigsten Verfassungsbestimmungen haben typischerweise eine andere Normstruktur als sonstige Rechtsregelungen. Sie haben den Charakter von **Prinzipien** im Gegensatz zu **Regeln**. Man kann auch anders formulieren, es geht um **Werte** im Gegensatz zu **Programmen**.

Ausgangspunkt dieser Unterscheidung ist die geläufige Erkenntnis, dass Rechtssätze 31
unterschiedlich konkret gefasst sind. Regeln sind, von den üblichen Randungewissheiten und der damit verbundenen Interpretationsbedürftigkeit abgesehen, unmittelbar anwendungsfähig. Wenn im Baurecht von einem „Fenster" die Rede ist oder wenn die Erbringung einer Leistung bis zum fünfzehnten jedes Monats zu folgen hat, so kann ohne große Schwierigkeit ermittelt werden, was damit gemeint ist. Prinzipien (oder Werte) haben demgegenüber eine gesteigerte Unbestimmtheit. Sie sind so abstrakt, dass sie der Spezifizierung oder Konkretisierung bedürfen, um anwendbar zu sein. So ist etwa nicht ohne Weiteres erkennbar, was das Gebot der Sozialstaatlichkeit oder das der Rechtsstaatlichkeit meint. Die Staatszielbestimmungen und die Grundrechte des Grundgesetzes sind Prinzipien in diesem Sinne.[39]

Prinzipien bzw. Werte sind durch drei entscheidende Eigenarten gekennzeichnet: 32

Wegen ihrer Abstraktheit sind sie spezifizierungsbedürftig, es bedarf mehrerer Ausführungen, um zu bestimmen, was mit ihnen gemeint sein soll. Diese **Spezifizierungsbedürftigkeit** erlaubt auch in der Zeit variable Inhaltsbestimmungen. Diese nähere Bestimmungsleistung ist regelmäßig dem Gesetzgeber übertragen. Dies ist auch deswegen wichtig, weil dadurch politisch ausfüllbare Gestaltungsspielräume in der Verfassung eröffnet werden. Es ist keinesfalls so, dass etwa der Inhalt der Sozialstaatlichkeit wesentlich durch Richterspruch festzustellen sei.

Die abstrakt formulierten Zielvorstellungen der Prinzipien genießen typischerweise ein 33
hohes Maß an Zustimmung. Wer ist schon nicht für Demokratie, Gewissensfreiheit oder eine freie Presse? Die abstrakte Fassung dieser Werte im Grundgesetz nimmt aber noch keine Rücksicht darauf, dass in konkreten Lebenssachverhalten Konflikte zwischen verschiedenen dieser Werte oder Prinzipien auftauchen können. So kann beispielsweise der Schutz der Pressefreiheit kollidieren mit dem gleichfalls grundrechtlich gebotenen Schutz der Persönlichkeit. Angesichts der weiten Fassung dieser Prinzipien ist häufig mit **Kollisionen** solcher Verfassungsprinzipien zu rechnen, die grundsätzlich alle gleichen Rang haben.

Im Falle einer **Kollision von Regeln** wird eine der Rechtsregeln der anderen in der Wei- 34
se vorgezogen, dass sie die kollidierende bricht, also das höherrangige Recht bricht das nachrangige, das spätere bricht das frühere, das speziellere Recht das allgemeine. Die

39 Für die deutsche Diskussion grundlegend *R. Alexy*, Theorie der Grundrechte, 1985, S. 125 ff. Zur näheren Bestimmung dieser beiden Normstrukturen *L. Michael/M. Morlok*, Grundrechte, 4. Aufl. 2014, Rn. 26 ff.

zurückgedrängte Regel bleibt völlig außer Anwendung: Kollisionen zwischen Regeln werden also durch Kollisionsregeln gelöst.

**Anders bei Prinzipienkollisionen.** Weil die Prinzipien in der Verfassung grundsätzlich gleichrangig sind, ist es geboten, beide zu derjenigen Entfaltung kommen zu lassen, die in der Situation des Konflikts mit einem gegenläufigen Prinzip noch möglich ist. Diese **Einheit der Verfassung** führt dazu, dass Verfassungsrecht mehr auf Zusammenordnung als auf Ab- und Ausgrenzung gerichtet ist.[40] **Verfassungsprinzipien** sind also grundsätzlich **abwägungsunterworfen.** Dabei ist es entscheidend, dass nicht ein Prinzip hinter das kollidierende völlig zurücktritt, vielmehr muss nach einer Lösung gesucht werden, die für beide Seiten den möglichst schonendsten Ausgleich (*P. Lerche*) darstellt.[41] In der Sprache der Ökonomie ausgedrückt: Es geht um die Optimierung miteinander rivalisierender Prinzipien. Im Verfassungsrecht hat sich weitgehend die Formel von *Konrad Hesse*[42] durchgesetzt, wonach **praktische Konkordanz** zwischen kollidierenden Prinzipien herzustellen sei.

35 Schließlich sind Prinzipien **Optimierungsgebote**[43]. Sie können zwar beim Zusammenstoß mit anderen Prinzipien eingeschränkt werden, ohne solche Gegengründe sind sie aber möglichst weitgehend zu befolgen, auch im Konfliktfall geht es darum, jedes der beteiligten Rechtsgüter so gut als möglich zu verwirklichen. Erst dann und soweit ein konfligierender Gegenwert in der konkreten Situation besteht, darf ein Prinzip eingeschränkt werden. So betrachtet haben Prinzipien dynamische Kraft: Sie wollen verwirklicht werden. Zu ihrer Eingrenzung bedarf es gleichrangiger verfassungsrechtlicher Gegengründe.

36 Angesichts dessen, dass nicht kleine Teile der Verfassung Prinzipiencharakter haben, entsteht im Verfassungsrecht häufig die Aufgabe, Abwägungen vorzunehmen. Das darf nicht zu dem Eindruck verführen, dass man im Verfassungsrecht willkürlich „Werte schaukeln könne". Diese Abwägungsaufgabe ist sicherlich nicht ohne ein subjektives Moment zu bewältigen, dies ist aber kein Freibrief für Beliebigkeit. Im Gegenteil, dies begründet die Notwendigkeit größtmöglicher Strenge und Rationalität in der Argumentation. Insbesondere gilt es, sich näher darum zu kümmern, was unter „Abwägung" oder „praktischer Konkordanz" zu verstehen ist. Damit nicht die willkürliche Präferenz den Ausschlag zwischen einem Prinzip und dem konkurrierenden Verfassungsgut gibt, ist es hilfreich, für diese Abwägungsarbeit den Begriff der Herstellung **bedingter Vorrangrelationen** zu benutzen.[44] Dieser Begriff hebt hervor, dass in jedem Einzelfall unter Ansehung der gegebenen Situation die Zuordnung der konfligierenden Verfassungsrechtsgüter erfolgen muss. Die Herstellung praktischer Konkordanz zwingt zur Empirie.[45]

## VI. Konsequenzen für die Verfassungsinterpretation

37 Die gezeigten Besonderheiten des Verfassungsrechts, jedenfalls wichtiger Elemente der Verfassung, legen es nahe, die Verfassung in einigen Hinsichten anders zu bearbeiten

40 *K. Hesse*, Grundzüge des Verfassungsrechts der Bundesrepublik Deutschland, 20. Aufl. 1999, Rn. 20.
41 *P. Lerche*, Übermaß und Verfassungsrecht, 1961, S. 125 ff.
42 *K. Hesse*, Grundzüge des Verfassungsrechts der Bundesrepublik Deutschland, 20. Aufl. 1999, Rn. 72, 317 ff.
43 *R. Alexy*, Theorie der Grundrechte, 1985, S. 75 f.; *M. Morlok*, Was heißt und zu welchem Ende studiert man Verfassungstheorie?, 1988, S. 121 ff.; *L. Michael/M. Morlok*, Grundrechte, 4. Aufl. 2014, Rn. 22 f.
44 Dazu *R. Alexy*, Theorie der Grundrechte, 1985, S. 81.
45 Vgl. *J. Krüper/M. Morlok*, NJW 2003, 1020, 1021.

als sonstige Rechtsnormen. Mit anderen Worten: Es gilt, einige Besonderheiten der Verfassungsinterpretation zu beachten. Normtextlicher Ausgangspunkt hierfür ist zum einen der Prinzipiencharakter wesentlicher Verfassungsbestimmungen. Prinzipien wie Regeln zu behandeln, führt auf einen Irrweg. So wurde beispielsweise in der Frühzeit der Bundesrepublik Deutschland die Geeignetheit des Sozialstaatsprinzips für eine rechtswissenschaftliche Behandlung negiert, weil man eben nicht mit den üblichen Mitteln der Interpretation bestimmen kann, was Sozialstaatlichkeit verlange.[46] Der Verfassungsinterpret hat sich also dieser Besonderheit verfassungsrechtlicher Normen zu versichern. Dazu zählt auch, dass Prinzipien durch den Gesetzgeber spezifiziert werden müssen und können, da der Gesetzgeber dabei typischerweise einen Spielraum hat. Gerade die abstrakten Verfassungsbestimmungen lassen Raum für ausführende Gesetzgebung.

Weiter darf die Verfassung, wie gesehen, nicht völlig statisch ausgelegt werden. Dass 38
man einen bestimmten Artikel bisher in einer bestimmten Weise verstanden hat, ist kein hinreichender Grund, bei diesem Verständnis auf alle Zeit zu bleiben. Der Verfassungsinterpret hat sich auf die Wirklichkeit zu beziehen und sich offen für Neuentwicklungen zu halten. Auch der Konsensbezug des Verfassungsrechts bildet einen legitimen Gesichtspunkt der Verfassungsauslegung. Anders formuliert, der Verfassungsinterpret wird auch auf die „integrierende Wirkung“ der Verfassungsauslegung schauen.[47]

46 *E. Forsthoff*, VVDStRL 12 (1954), 8, 29, 36, s. dort These XV.
47 Vgl. *K. Hesse*, Grundzüge des Verfassungsrechts der Bundesrepublik Deutschland, 20. Aufl. 1999, Rn. 74.

# § 4 Das Grundgesetz als Verfassung der Bundesrepublik Deutschland

## I. Zum Begriff der „Verfassung“ und des „Grundgesetzes“

1 Weltweit ist der Begriff der Verfassung (Constitution) üblich. Es gehört zum Standardinventar eines Staates, eine geschriebene Verfassung zu haben. Dieser Begriff wird seit dem 17. Jahrhundert als Ausdruck zur Bezeichnung der Ordnung der Staatlichkeit benutzt.[1]

In Deutschland findet sich seit dem 18. Jahrhundert der Begriff „Staatsverfassung“. Er bezeichnet zum einen das Muster, nach dem das Verhältnis der politischen Institutionen zueinander geregelt ist, zum anderen die Ordnung der staatlichen Institutionen zum Bürger. Diese Verwendung des Begriffs leitet sich letztlich vom Begriff der Politeia bei *Aristoteles* ab, der in Deutschland seit dieser Zeit eben mit „Verfassung“ übersetzt wird.

2 Wie am Anfang dieses Buches dargestellt, werden mit einer Verfassung bestimmte inhaltliche Erwartungen verknüpft (→ § 2). Nicht jedes rechtliche Regelwerk über die Grundlagen der staatlichen Ordnung erfüllt einen solch anspruchsvollen Verfassungsbegriff. Das Prädikat „Verfassung“ setzt nach heutigem Verständnis voraus, dass den Bürgern darin bestimmte Grundfreiheiten gewährleistet werden und dass es auch weitere Vorkehrungen zur Begrenzung der staatlichen Herrschaft gibt. Eine zentrale Rolle hierbei spielt die Gewaltenteilung. In diesem Sinne hat die französische Verfassung vom 4.11.1848 in Art. 19 formuliert: „La séparation des pouvoirs est la première condition d'un gouvernement libre.“ Dieser anspruchsvolle Verfassungsbegriff meint also eine politische Ordnung, die demokratisch-repräsentative Mitwirkungsmöglichkeiten der Bürger vorsieht. Diese inhaltliche Aufladung des Verfassungsbegriffs taucht in klassischer Weise schon in Artikel 16 der französischen Menschenrechtserklärung vom 26.8.1789 auf: „Eine Gesellschaft, in der weder die Grundrechte noch die Gewaltenteilung gewährleistet ist, hat überhaupt keine Verfassung.“

3 Auch wenn die inhaltlichen Standards dieses Verfassungsbegriffs nicht überall erfüllt werden – jedenfalls nicht tatsächlich – so hat die hinter diesem Verfassungsbegriff steckende Forderung doch ein solches tatsächliches Gewicht, dass auch repressive und undemokratische Regime sich mindestens auf dem Papier eine Verfassung geben, die jedenfalls nicht ganz offensichtlich solchen Ansprüchen zuwider ist. Der symbolische Sog dieser anspruchsvollen Konzeption von Verfassung ist nicht zu unterschätzen. Die Idee einer freiheitssichernden Verfassung hat eine eigenständige Dynamik gewonnen. Allerdings: Papier ist geduldig. Der Anspruch einer Verfassung ist es, auch tatsächlich beachtet zu werden, die staatliche und auch die gesellschaftliche Wirklichkeit, die von ihr verfasst wird, auch tatsächlich zu prägen. Dazu bedarf es immer noch weiterer Voraussetzungen, die nicht allein durch Rechtsakt geschaffen werden können. Die Gesellschaftsstruktur, die Ökonomie, die Kultur, insbesondere auch die politische Kultur eines Landes spielen hierbei eine maßgebliche Rolle.[2]

4 Neben diesem umfassenden Begriff der Verfassung findet sich auch immer wieder der Begriff in der Beschränkung auf einen Ausschnitt der sozialen Wirklichkeit, man spricht etwa von „Wirtschaftsverfassung“ oder „Rundfunkverfassung“. Damit ist regelmäßig die Gesamtheit der rechtlichen Regelungen einer bestimmten gesellschaftli-

1 *H. Mohnhaupt*, Verfassung I, Geschichtliche Grundbegriffe, Bd. 6, 2004, S. 831, 844 ff.
2 Zu den Erfolgsbedingungen einer Verfassung *M. Morlok*, Soziologie der Verfassung, 2014, S. 39 ff.

chen Teilsphäre gemeint. Eine etwas andere Begriffsverwendung geht dahin, nur diejenigen Verfassungsbestimmungen damit in den Blick zu nehmen, die für den betreffenden Lebensbereich einschlägig sind. In einem rechtlich geschlossenen Sinn gibt es aber solche Teilverfassungen nicht, die Einheit der Verfassung (→ § 3 Rn. 9) steht dagegen. Ist man sich dieser Begrenzung bewusst, ist gegen diese abkürzende Redeweise aber nichts einzuwenden.

Schließlich ist auch auf eine Besonderheit der deutschen Terminologie hinzuweisen. 5
Die Verfassung der Bundesrepublik heißt **Grundgesetz**. Die allermeisten Staaten sonst haben den Verfassungsbegriff gewählt. Damit ist aber keine inhaltliche Besonderheit verbunden, der Name erklärt sich aus der Entstehungsgeschichte des Grundgesetzes (→ Rn. 8). Im Hintergrund dieses Ausdrucks steht, dass im Heiligen Römischen Reich Deutscher Nation sich für wichtige Rechtswerke der Ausdruck leges fundamentales, also „Grundgesetze" findet. So bezeichnete man etwa die Goldene Bulle 1356 oder die den Dreißigjährigen Krieg beendenden Verträge von Münster und Osnabrück aus dem Jahr 1648 als solche leges fundamentales. Auch im Ausland finden sich die Idee und der Name dieser Grundgesetze, etwa im Begriff der Loi Fondamentale, der auf den grundlegenden Charakter dieses Rechtswerkes hinweist.

## II. Entstehung des Grundgesetzes

Die Entstehung des Grundgesetzes erfolgte in den ungewissen Verhältnissen der Nach- 6
kriegszeit. Nach der Kapitulation Deutschlands im Mai 1945 wurde die Herrschaft durch Militärregierungen der Besatzungsmächte ausgeübt. Diese teilten Deutschland in vier Besatzungszonen auf: eine amerikanische, eine britische, eine französische und eine sowjetische. Allmählich verfestigte sich die Trennung zwischen der sowjetisch besetzten Zone, oft als „Ostzone" bezeichnet, und den drei Westzonen. Um den Nachkriegswirren besser Herr werden zu können, kam es zu einer zunehmenden Zusammenarbeit in den Westzonen, zuerst zwischen der amerikanischen und der britischen Zone, dann auch mit der französischen Zone. Man sprach dann auch von der Trizone. Insbesondere die wirtschaftliche Kooperation innerhalb der Trizone wurde ausgebaut, die sowjetisch besetzte Zone ging hingegen eigene Wege. Im Zuge dieser Intensivierung der Zusammenarbeit zwischen den Westzonen drängten die drei Westalliierten auf eine Verfestigung und Institutionalisierung des Deutschlands der Westzonen. In den Westzonen waren zu diesem Zeitpunkt bereits die Länder gegründet worden und mit begrenzten eigenen Befugnissen ausgestattet worden. Diese Ländergründungen erfolgten in den jeweiligen Besatzungszonen, was zu einem Neuzuschnitt vieler dieser Länder führte, die auf keine historischen Vorläufer in ihrer Zusammensetzung zurückgreifen konnten, so ist etwa der Zuschnitt Nordrhein-Westfalens zu verstehen aus der Abgrenzung der britischen Besatzungszone zu anderen.

Um die Integration und „Verstaatlichung" der Westzonen zu befördern, riefen die 7
Westalliierten die Ministerpräsidenten der Länder der Westzonen am 1. Juli 1948 in Frankfurt zusammen und übergaben ihnen dort die sogenannten **Frankfurter Dokumente**. Diese enthielten die Forderung nach einer verfassunggebenden Nationalversammlung für diese Westzonen und die Ausarbeitung einer Verfassung für dieses Gebiet. Weiter enthielten diese Dokumente auch inhaltliche Vorgaben für die zu erarbeitende Verfassung. So sollte etwa die Zentralgewalt nicht zu stark sein, umgekehrt hatten die Länder eine wichtige eigenständige Rolle zu spielen.

8 So erfreulich dieser Schritt zu größerer Selbstständigkeit der deutschen Politik erscheinen konnte, so zögerten die Ministerpräsidenten doch mit der Annahme dieses Angebotes, weil sie – realistischerweise – die Gefahr sahen, dass die Gründung eines westdeutschen Teilstaates die Spaltung Deutschlands in West- und Ostdeutschland verfestigen konnte. Die westdeutschen Ministerpräsidenten erklärten sich aber schließlich bereit, eine solche Verfassung für die Länder der Westzonen auszuarbeiten; als Vorkehrung gegen die Festschreibung der Spaltung Deutschlands wollte man aber den Begriff der „Verfassung" vermeiden und wählte stattdessen den harmloser klingenden Begriff des „Grundgesetzes". Die Alliierten, die dezidiert eine westdeutsche Verfassung wollten, hatten ursprünglich Vorbehalte gegen diese Bezeichnung, ließen sich aber von *Carlo Schmid* durch den Hinweis auf die deutsche Tradition, grundlegende staatsrechtliche Dokumente als „Grundgesetz" zu bezeichnen, überzeugen, diesen Begriff für das westdeutsche Verfassungswerk zu akzeptieren. Der Vorbehalt im Hinblick auf die wiederherzustellende Einheit Deutschlands kam aber im Grundgesetz dann deutlich zum Ausdruck, auch in der Bezeichnung „vorläufiges Grundgesetz für die Bundesrepublik Deutschland".

Auch die Präambel des Grundgesetzes und die ursprüngliche Fassung von Art. 23 GG machten deutlich, dass das Grundgesetz den Anspruch auf die Wiederherstellung der staatlichen Einheit Deutschlands nicht aufgegeben hatte, sich insofern als interimistisch verstand.[3]

9 Die Ausarbeitung des Grundgesetzes erfolgte dann in zwei Phasen. Zunächst erarbeitete ein Sachverständigenausschuss im August 1948 auf **Herrenchiemsee** einen Verfassungsentwurf. Dieser Vorschlag war dann Grundlage der Beratung im **Parlamentarischen Rat** im Herbst und Winter 1948/49. Dieses Gremium setzte sich zusammen aus Vertretern der Landtage der westlichen Länder. Am 8. Mai 1949 wurde das Grundgesetz mit deutlicher Mehrheit im Parlamentarischen Rat angenommen. Ablehnend waren im Wesentlichen die CSU und die KPD, allerdings durchaus aus unterschiedlichen Gründen. Der CSU gingen die Rechte der Länder nicht weit genug, bei der KPD standen die Gründe gegen eine Separierung von der sowjetisch besetzten Zone im Vordergrund. Die Landtage der Länder haben in den folgenden Tagen dem Grundgesetz zugestimmt, mit der Ausnahme des bayerischen Landtages. Aber auch darin war keine Weigerung zu sehen, an der neu zu gründenden Bundesrepublik mitzumachen. Vielmehr war dieses Nein ein taktischer Nachhut-Effekt der bayrischen Verhandlungsposition. Mit der Annahme durch die Länder war Art. 144 Abs. 1 GG erfüllt und das Grundgesetz wurde am 23. Mai 1949 verkündet. Nach Art. 145 Abs. 2 GG trat es am 24. Mai 1949 um 0 Uhr in Kraft.

10 Eine häufig bemerkte Besonderheit der Entstehungsgeschichte des Grundgesetzes liegt darin, dass über diese neue Verfassung **keine Volksabstimmung** stattgefunden hat. Es entspricht durchaus einer weit verbreiteten verfassungsstaatlichen Tradition, dass eine Verfassung vom Volk in einer Abstimmung beglaubigt wird. In diesem Akt der Verfas-

3 Für die Entstehungsgeschichte der Präambel s. JöR 1 (1951), 20 ff.; die Präambel in der Originalfassung vom 23.5.1949 lautete: „Im Bewusstsein seiner Verantwortung vor Gott und den Menschen, von dem Willen beseelt, *seine nationale und staatliche Einheit zu wahren* und als gleichberechtigtes Glied in einem vereinten Europa dem Frieden der Welt zu dienen, hat sich das Deutsche Volk (...)". Für die Entstehungsgeschichte des Art. 23 GG s. JöR 1 (1951), 217 ff.; Art. 23 GG in der Originalfassung lautete: „Dieses Grundgesetz gilt zunächst im Gebiete der Länder Baden, Bayern, Bremen, Groß-Berlin, Hamburg, Hessen, Niedersachsen, Nordrhein-Westfalen, Rheinland-Pfalz, Schleswig-Holstein, Württemberg-Baden und Württemberg-Hohenzollern. In anderen Teilen Deutschlands ist es nach deren Beitritt in Kraft zu setzen."

sunggebung soll das Volk selbst auf den Plan treten. Das Volk als Verfassunggeber stellt die sinnfälligste Ausübung der Volkssouveränität dar. Man kann am Akt der Verfassunggebung auch die alte Unterscheidung von pouvoir constituant und pouvoir constitué, von verfassunggebender und verfasster Gewalt festmachen (→ § 15 Rn. 27 f.). Trotz dieses Defizits leidet das Grundgesetz aber nicht an einem Legitimationsmangel. Eine Verfassung, zumal dann, wenn sie über Generationen hin gilt, bezieht ihre Legitimation nicht entscheidend aus einem weit zurückliegenden Gründungsakt, sondern aus der sich immer erneuernden Annahme durch das Volk, die Idee des Plebiszit „de tous les jours" (→ § 3 Rn. 16) ist auch hier wieder anzusprechen. Nicht zuletzt ist auch die Generationenfrage in den Blick zu nehmen. Warum sollte eine Generation mit legitimierender Wirkung für die nachfolgenden Generationen etwas bindend festlegen können?

Diese Überlegung verweist auf das Problem von Stabilität und Änderbarkeit einer Verfassung. So wünschenswert es ist, dass eine Verfassung dauerhaft ist und einen nicht zur tagespolitischen Disposition stehenden Rahmen gibt, so sehr muss doch auch das Recht jeder Generation gesehen werden, den sich ihr stellenden Anforderungen gerecht zu werden und den eigenen politischen Vorstellungen entsprechen zu können. Daraus folgt einerseits das verfassungspolitische Gebot, nur notwendige Inhalte in eine Verfassung aufzunehmen und nicht sie mit Katalogen des aktuell Wünschenswerten zu überfrachten, zum anderen aber auch, die Möglichkeit für Verfassungsänderungen offenzuhalten und nicht übermäßig zu erschweren (→ § 3 Rn. 25 ff.; → § 15 Rn. 26 ff.).[4] 11

## III. Das Grundgesetz und die Verfassungen der Länder

Deutschland ist bundesstaatlich verfasst. Nach Art. 30 Abs. 1 GG sind es sogar die Länder, die die primäre staatliche Zuständigkeit innehaben. Allerdings ist dies nur eine systematische Vorordnung, tatsächlich hat der Bund die Mehrzahl der wichtigeren staatlichen Kompetenzen. Gleichwohl bleibt es dabei, dass die Länder Staatsqualität haben.[5] Zur Staatlichkeit gehört auch eine Verfassung. Demgemäß haben die Länder der Bundesrepublik alle auch eine eigene Verfassung. Allerdings sind sie nicht völlig frei in der Ausgestaltung dieser Verfassung. Art. 28 Abs. 1 GG gibt den Ländern als wesentliche Grundprinzipien der staatlichen Ordnung auch pflichtige Inhalte für ihre interne Ordnung auf. Insofern müssen die Länder den gleichen Grundprinzipien wie der Bund folgen, man spricht deswegen auch von **Art. 28 Abs. 1 GG** als von der **Homogenitätsklausel** des Grundgesetzes (→ § 8 Rn. 109 ff.). Jenseits dieser Staatsstrukturbestimmungen (→ § 2 Rn. 30) haben die Länder aber die Freiheit zur Ausgestaltung ihrer Verfassung. Einzelheiten der Staatsorganisation sind demgemäß auch unterschiedlich von Land zu Land geregelt. Für die Grundrechte in den Länderverfassungen enthält Art. 142 GG eine eigene Regelung.[6] 12

## IV. Das Grundgesetz und die deutsche Wiedervereinigung

Die Gründung der Bundesrepublik erfolgte mit der Annahme des Grundgesetzes und faktisch mit der daraufhin erfolgenden Wahl zum Bundestag, der Wahl des Bundeskanzlers und der Ernennung einer Bundesregierung. Kurz danach kam es zur Parallel- 13

4 Zu dieser Frage von Bindung an Verfassung und gebotenen Änderungsmöglichkeiten s. *H. Dreier*, JZ 1994, 741, 744 ff.

5 Dazu *U. Barschel*, Die Staatsqualität der deutschen Länder, 1982.

6 Dazu *L. Michael/M. Morlok*, Grundrechte, 4. Aufl. 2014, Rn. 61.

gründung der DDR in der sowjetisch besetzten Zone. Am 30. Mai 1949 wurde die erste Verfassung der DDR beschlossen. Im Jahre 1968 wurde dann nach einem längeren Diskussionsprozess eine neue Verfassung verabschiedet, die 1974 stärkeren Veränderungen unterworfen wurde.

14 Im Zusammenhang mit der allgemeinen Krise der Ostblockstaaten und Reformbewegungen in verschiedenen Ländern wie auch in der Sowjetunion kam es 1989 in der DDR zu einer massiven politischen Krise. Unmittelbar nach dem 40. Jahrestag der DDR spitzte sich diese Krise zu, es kam zu den geschichtemachenden Montagsdemonstrationen in Leipzig. Nach der Maueröffnung am 9. November 1989 kam es zu grundlegenden Veränderungen im politischen System der DDR. Verfassungsänderungen wurden ins Werk gesetzt und die Volkskammer, das Parlament der DDR, demokratisch gewählt. Im Jahr 1990 kam es dann zur Wiedervereinigung Deutschlands. Rechtliche Instrumente zur Herstellung der staatlichen Einheit waren der Vertrag über die Schaffung einer Währungs-, Wirtschafts- und Sozialunion (18. Mai 1990), der Vertrag über die Durchführung gesamtdeutscher Bundestagswahlen (3. August 1990) und entscheidend der Vertrag über die Herstellung der Einheit Deutschlands, der sogenannte **Einigungsvertrag** (31. August 1990). Darin wurde unter anderem der **Beitritt der DDR** zur Bundesrepublik nach Art. 23 S. 2 GG (in der Originalfassung von 1949) am 3. Oktober 1990 vereinbart und die Gründung der neuen Länder auf dem Gebiet der DDR festgeschrieben. Außenpolitisch wurde die Wiedervereinigung durch den „Zwei-plus-Vier-Vertrag" begleitet, darin wurde der Abzug der sowjetischen Streitkräfte bis Ende 1994 vereinbart und die Oder-Neiße-Grenze zu Polen anerkannt. Außerdem wurden auch Änderungen des Grundgesetzes mit dem Gesetz zur Annahme des Einigungsvertrages beschlossen. Besonders umstritten ist die Nichtrückgängigmachung von Enteignungen nach Art. 143 Abs. 3 GG. Eine technische Anpassung betraf mit der Vorschrift des Art. 51 Abs. 2 GG den Bundesrat.

Mit der Vollendung der Wiedervereinigung haben sich die beiden Artikel, die zwei Wege zu ihr bereiten sollten, erledigt: Art. 23 GG a.F. (Beitritt der neuen Länder zum Grundgesetz) und Art. 146 GG a.F. (Ablösung des Grundgesetzes durch eine neue, gesamtdeutsche Verfassung). An Stelle des Beitrittsartikels trat mit auch symbolischer Wirkung als Art. 23 GG n.F. der neue Europa-Artikel. Art. 146 GG a.F. hingegen wurde mit einer textlich geringfügigen (Verweis auf die vollendete Vereinigung), in der Sache hingegen fundamentalen Änderung zu Art. 146 GG n.F. (→ Rn. 21 f.; → § 15 Rn. 27 ff.).

### V. Verfassungsänderungen

15 Das Grundgesetz von 1949 hat zahlreiche Änderungen erfahren. Diese Änderungen erfolgten nach den Voraussetzungen des Art. 79 GG (→ § 15 Rn. 30 f.). Sie folgten also den Bestimmungen der Verfassung über ihre eigene Änderung. Sie waren insofern Akte der verfassten Gewalt (pouvoir constitué) und nicht mehr der verfassunggebenden Gewalt (pouvoir constituant) (→ § 15 Rn. 27 f.).

16 Zu den grundlegendsten Änderungen in dem ersten Jahrzehnt nach Inkrafttreten des Grundgesetzes zählt die Einführung der Bundeswehr 1956,[7] die für den ersten Bundeskanzler, *K. Adenauer*, zu den wichtigsten Voraussetzungen für die Erlangung der Souveränität gehörte.

7 Art. 87a GG eingeführt durch Gesetz v. 19.3.1956 (BGBl. I, 111).

Ebenfalls große Aufmerksamkeit haben die Grundgesetzänderungen zu den Notstandsgesetzen von 1968 erfahren.[8] Sowohl im Bundestag als auch in der Gesellschaft waren die Notstandsgesetze höchst umstritten.

Ein Jahr später erfolgte die erste große Finanzreform,[9] die die Finanzbeziehungen zwi- 17
schen Bund und Ländern klären sollte. Diese Reform wurde insbesondere von den Ministerpräsidenten der finanzstarken Länder für nötig erachtet, da die Praxis dazu geführt hatte, dass der Bund mit Finanzzuweisungen immer mehr reine Länderaufgaben mitfinanzierte (zum Finanzverfassungsrecht → § 8 Rn. 113 ff.).[10] Als nächste wichtige Erneuerung ist die Änderung des Art. 38 Abs. 2 GG im Hinblick auf die Herabsetzung des Alters von 21 auf 18 Jahre für die Erlangung der Wahlberechtigung zu nennen.[11] Argumentiert wurde hauptsächlich damit, dass, wer der Wehrpflicht unterliege (s. Art. 12a Abs. 1 GG), auch wahlberechtigt sein müsse.[12]

Es folgten Änderungen bedingt durch den Einigungsvertrag, wie etwa die Aufhebung 18
des Art. 23 GG a.F., sowie die Neufassung der Präambel, die die Geltung des Grundgesetzes auch für die neuen Bundesländer vorsah.[13]

Zwei Jahre später, 1992, wurde der Wiedervereinigungsartikel zum Europaartikel umfunktioniert.[14] Die Neuregelung erfolgte in unmittelbarem Zusammenhang mit dem Vertrag von Maastricht, welcher den Prozess der europäischen Integration (→ § 10 Rn. 14 ff.) in ein wesentlich neues Stadium eintreten ließ.[15]

1992 wurde durch die Einfügung des Art. 20a GG der Umweltschutz als Staatszielbe- 19
stimmung in das Grundgesetz aufgenommen (→ § 9).[16] Diese Grundgesetzänderung beruhte auf Art. 5 des Einigungsvertrages,[17] der dem Gesetzgeber die Auseinandersetzung mit der Überlegung der Aufnahme von Staatszielbestimmungen in das Grundgesetz empfahl. Auch der Tierschutz wurde 2002 nachträglich in Art. 20a GG aufgenommen.[18]

Bei der Darstellung der wichtigsten Verfassungsänderungen darf die Änderung des Art. 13 GG nicht unerwähnt bleiben, zumal sie auch als der große Lauschangriff bezeichnet durch die Presse ging und höchst umstritten ist, obwohl das Bundesverfassungsgericht in seiner Entscheidung von 2004 diese Änderung billigte.[19]

Zuletzt ist noch zu nennen die Einführung der Schuldenbremse durch die Ergänzung 20
des Art. 109 GG um einen dritten Absatz,[20] der ein grundsätzliches Verbot beinhaltet, die Haushalte mit Einnahmen aus Krediten auszugleichen. Art. 109 Abs. 3 S. 1 GG ordnet das für die Haushalte von Bund und Ländern gleichermaßen an, Art. 115 Abs. 2 S. 1 GG wiederholt es wortgleich für den Bundeshaushalt.

8 Art. 1 Siebzehntes ÄndG v. 24.6.1968 (BGBl. I, 709).
9 Art. 1 Einundzwanzigstes Änderungsgesetz v. 12.5.1969 (BGBl. I, 359).
10 *H. Kilper/R. Lhotta*, Föderalismus in der Bundesrepublik Deutschland, 1996, S. 135.
11 Art. 1 Siebenundzwanzigstes ÄndG v. 18.3.1971 (BGBl. I, 1161).
12 *H. H. Klein*, in: Maunz/Dürig, GG, 60. Lfg., Art. 38 Rn. 13.
13 Art. 1 EVertr. v. 31.8.1990 (BGBl. II, 889).
14 Art. 1 ÄndG v. 21.12.1992 (BGBl. I, 2086).
15 *R. Scholz*, in: Maunz/Dürig, GG, 67. Lfg., Art. 23 Rn. 1.
16 Art. 1 ÄndG v. 27.10.1994 (BGBl. I, 3146).
17 Art. 1 EVertr. v. 31.8.1990 (BGBl. II, 889).
18 Art. 1 ÄndG v. 26.7.2002 (BGBl. I, 2862).
19 BVerfGE 109, 279, 309.
20 Art. 1 ÄndG v. 29.7.2009 (BGBl. I, 2248).

### VI. Verfassungsablösung nach Art. 146 GG als Zukunftsperspektive des Grundgesetzes

21 Wäre Art. 79 Abs. 2 GG das einzige Verfahren der Verfassungsrevision (→ § 15 Rn. 26 ff.), käme es zu einer einseitigen, gewaltenteilig problematischen Machtkonzentration der Gesetzgebung. Eine im Verfahren des Art. 79 Abs. 2 GG zu beschließende Änderung der Verfassung wird immer die spezifischen Organinteressen des Bundestages und des Bundesrates besonders berücksichtigen: Die negativen Auswirkungen sind zu spüren in Art. 23 GG und in den Föderalismusreformen, die von Kuhhandel-Kompromissen zeugen, die das System des Grundgesetzes verschlimmbessert haben. Das Bundesverfassungsgericht kann zwar Lücken nicht erfolgter Verfassungsänderungen z.T. durch Verfassungswandel (→ § 3 Rn. 29) schließen, nicht aber den verfassungsändernden Gesetzgeber korrigieren. Außerdem droht die EU-Integrationsgesetzgebung nach Art. 23 Abs. 1 S. 3 GG i.V.m. der strengen Rechtsprechung des Bundesverfassungsgerichts zu Art. 79 Abs. 3 GG in eine Sackgasse zu geraten. Deshalb hat das Gericht im Lissabon-Urteil, in dem die Grenzen des Art. 79 Abs. 3 GG greifbar werden (→ § 10 Rn. 27 ff.) und im Prozess der Europäischen Einigung zu nahen scheinen, auf den Ausweg des Art. 146 GG hingewiesen.[21]

22 Ein in sich stimmiges Konzept der Verfassungsrevision ergibt das Grundgesetz erst durch Art. 146 GG, der neben Art. 79 Abs. 2 GG (→ § 15 Rn. 31 f.) und neben dem Verfassungswandel (→ § 3 Rn. 29) keineswegs nur theoretische Bedeutung hat. Dieses Verfahren der Verfassungsablösung käme in Betracht für eine grundlegende, den Namen Reform verdienende Föderalismusreform ebenso wie für den durch Art. 79 Abs. 3 GG versperrten Schritt hin zu einem Europäischen Bundesstaat. Die Botschaft des Art. 146 GG ist, dass für eine Verfassungsablösung kein revolutionärer Akt der Verfassunggebung notwendig wäre und dass an den Grenzen des Art. 79 Abs. 3 GG nicht die Risiken der Selbstermächtigung von Akteuren der Revolution drohen. Ein Verfahren „im Rahmen" des Art. 146 GG wäre also auf dem Boden des Grundgesetzes demokratisch und rechtsstaatlich auszugestalten. Die darauf hinwirkenden Organe würden nicht verfassungsfeindlich, sondern durch Art. 146 GG legitimiert agieren.

Das Wesen des Art. 146 GG und seine Chance besteht darin, dass hier die institutionelle Perspektive des Gesetzgebers und auch jene des Bundesverfassungsgerichts verlassen wird. Ein neues Grundgesetz wäre nicht vom Gesetzgeber auszuarbeiten, sondern von einer erst zu wählenden verfassungsablösenden Versammlung. Deren Entwurf müsste dann nicht die Zustimmung des Bundestages und des Bundesrates nach Art. 79 Abs. 2 GG finden (wie bei den bisherigen Föderalismusreformen), sondern würde in einem Verfassungsplebiszit (→ § 5 Rn. 71) gipfeln. Eine solche Abstimmung wäre eine echte Alternativentscheidung zwischen der Fortgeltung des bisherigen Grundgesetzes und dem Inkrafttreten der neuen (gegebenenfalls auch als Grundgesetz zu bezeichnenden) Verfassung.

21 BVerfGE 123, 267, 343.

## Wiederholungs- und Verständnisfragen

> Zu welchem Zweck wird eine Verfassung nach heutigem Verständnis begründet?
> Welche Funktionen einer Verfassung kennen Sie?
> Erklären Sie, was man unter Verfassungsrecht zu verstehen hat? Inwieweit hängt diese begriffliche Bezeichnung mit der Bindung aller effektiven Herrschaft an die Verfassung zusammen?
> Was versteht man unter der Offenheit der Verfassung und welcher Zusammenhang besteht mit dem Begriff des Verfassungswandels?
> Was unterscheidet Regeln von Prinzipien und was bedeutet dies für den Umgang mit Verfassungsprinzipien?

# 2. Teil: Verfassungsprinzipien und Staatsaufgaben

Die Funktionen einer Verfassung werden normativ ausbuchstabiert durch die Verpflichtung der Staatsgewalt auf bestimmte Strukturprinzipien – wie etwa das Rechtsstaatsprinzip – und durch die Begründung von Staatsaufgaben (→ § 2 Rn. 24 ff.). Diesen Grundentscheidungen und ihrer konkreten Ausgestaltung im Grundgesetz gilt dieser zweite Teil. Im Grundgesetz finden sich diese Fundamentalfestlegungen in Art. 20, 20a, Art. 23 und Art. 28 Abs. 1 S. 1 sowie in Art. 24 und Art. 25 GG.

## § 5 Das Demokratieprinzip des Grundgesetzes

### I. Demokratie als Legitimationsgrundlage des Verfassungsstaates

#### 1. Notwendigkeit der Legitimation des Staates

1 Staat bedeutet Herrschaft. Herrschaft bedarf der Legitimation (§ 1 Rn. 5 ff.). Diese Legitimation kann nur aus der demokratischen Begründung der Herrschaft und ihren demokratischen Ausübungsformen folgen (Input-Legitimation) und auch aus der Leistungsfähigkeit des Staates bei der Bewältigung der sich ihm stellenden Aufgaben (Output-Legitimation). Andere Legitimationsformen – man denke etwa an die alteuropäische Legitimation „von Gottes Gnaden" – sind jedenfalls seit der Französischen Revolution nicht mehr tragfähig. Die Rechtfertigung staatlicher Herrschaft muss auf die Beherrschten, das Volk, bezogen werden. Das wird auch daran sichtbar, dass sich heutzutage alle Herrschaftsformen als demokratisch kennzeichnen, auch diejenigen, die demokratischen Ansprüchen gar nicht genügen. Als Legitimationsformel für die staatliche Herrschaft ist die Demokratie alternativlos geworden.

#### 2. Eigenarten des Demokratiebegriffs

2 Beim Umgang mit dem Demokratiebegriff ist Sorgfalt geboten: Es sind nämlich zahlreiche Spielarten des Demokratiebegriffes im Umlauf. Für Zwecke des Verfassungsrechts ist es nicht notwendig, die verschiedenen Konzepte der Demokratie im Einzelnen vorzustellen, maßgebend ist allein der **Rechtsbegriff der Demokratie**, der dem Grundgesetz zugrunde liegt. Um diesen von anderen Demokratiebegriffen abzuheben, sollte man sich aber vor Augen halten, dass „Demokratie" ein weiter und wertaufgeladener Begriff ist, der eben mit unterschiedlichen Bedeutungen gefüllt wird. Angesichts dessen sollte man nicht naiv einen Demokratiebegriff gegen einen anderen ausspielen, auch nicht den „wahren" Gehalt der Demokratie behaupten und aus einem „Wesen" der Demokratie deduzieren. Vielmehr gilt es, sich anhand der Bestimmungen des Grundgesetzes dessen Demokratiekonzeption zu erarbeiten.

3 Freilich kennt auch der Demokratiebegriff des Grundgesetzes Spielräume für ein unterschiedliches Verständnis. „Demokratie" ist rechtstheoretisch betrachtet ein Prinzip (→ § 3 Rn. 30 ff.). Die Grundgehalte der grundgesetzlichen Demokratie können in unterschiedlicher Weise ausgeformt werden. So mag die demokratische Notwendigkeit regelmäßiger Wahlen, die durch Art. 28 Abs. 1 GG den Ländern auferlegt wird, dort zu einer vier- oder einer fünfjährigen Wahlperiode führen. Auch ist Demokratie nicht das einzige von Verfassungs wegen zu verfolgende Ziel, es kann zur Notwendigkeit von

Abstrichen an der Demokratie kommen, um andere Ziele von Verfassungsrang zu verfolgen.

Vor einer näheren Befassung mit der Bedeutung des Demokratieprinzips nach dem Grundgesetz können aber schon einige Grundgehalte der Demokratie festgehalten werden. Zunächst ist an den Ausgangspunkt zu erinnern: Demokratie stellt eine bestimmte **Form der Herrschaftsausübung** dar, die die Herrschaft durch ihren demokratischen Charakter legitimieren will. Dieser Bezug auf die politische Herrschaft steht am Ursprung des Demokratiegedankens und bildet seinen Kern. Weil „Demokratie" vielen ein sympathisches Konzept ist, wird Demokratie auch immer wieder für andere Lebenszusammenhänge verlangt, etwa für eine demokratische Gestaltung der Universität, der Wirtschaft, von Sportverbänden oder auch von Religionsgemeinschaften. All dies mag man mit mehr oder weniger guten Gründen fordern, zum Kerngehalt des Demokratiebegriffs zählen diese Anwendungsfelder nicht. Jedenfalls nach dem Grundgesetz ist die Forderung nach Demokratie auf die Staatsorganisation beschränkt – was, wie gesagt, nicht hindert, dass andere Lebensbereiche auch demokratisch ausgestaltet werden, dieses stellt aber keine verfassungsrechtliche Notwendigkeit dar. „Demokratie als Lebensform"[1] mag man befürworten, das Grundgesetz beschränkt die Notwendigkeit demokratischer Strukturen und Verfahren aber auf die politische Sphäre. 4

Ein unverzichtbarer Zug demokratischer Herrschaft ist deren Begrenztheit. Demokratie verträgt keine uneingeschränkte Herrschaft. Damit ist zugleich auch die Grundfunktion der Verfassung als eines Instruments zur Beschränkung der staatlichen Macht (→ § 1 Rn. 4 ff.) angesprochen. Diese Verbindung klingt an im Doppelbegriff der „verfassungsstaatlichen Demokratie". 5

Der entscheidende Bezug auf das Volk bei der Herrschaftsausübung kommt in dem Satz zum Ausdruck, der die Volkssouveränität zusammenfasst: „Alle Staatsgewalt geht vom Volke aus", Art. 20 Abs. 2 S. 1 GG. Ohne das Pathos dieser Formel könnte man für den Alltagsgebrauch auch formulieren: **Demokratie heißt Beeinflussbarkeit**. Eine demokratische politische Ordnung gibt den Bürgern (verschiedene) Möglichkeiten, Inhalt und Form der Herrschaftsausübung zu beeinflussen oder zu verändern. Dies mag durch die Abwahl einer Regierung geschehen, aber bereits die schiere Möglichkeit eines anderen Wählervotums übt seine Wirkungen auf die aktuellen Inhaber demokratisch begründeter Macht aus. Auch die grundrechtsgeschützten Erscheinungsformen der demokratischen Öffentlichkeit[2] verfehlen ihre Wirkung auf die politisch Mächtigen regelmäßig nicht. 6

Schließlich und nicht zuletzt ist die Demokratie eine **Ordnung der Freiheit**. Das normative Postulat hinter dem Demokratieprinzip ist das der Selbstbestimmung. So wie die Grundrechte die Selbstbestimmung des Einzelnen, sprich ihre Freiheit sichern wollen,[3] so will die Volkssouveränität und das gesamte Arrangement der Demokratie die kollektive Selbstbestimmung des Volkes gewährleisten.[4] 7

1 *H.-P. Hempel*, Demokratie als Lebensform, 2012.

2 Zur Bedeutung der Grundrechte für eine funktionierende Demokratie s. *L. Michael/M. Morlok*, Grundrechte, 4. Aufl. 2014, Rn. 201 ff.

3 *L. Michael/M. Morlok*, Grundrechte, 4. Aufl. 2014, § 1.

4 Zur Parallelität der Selbstbestimmungsgarantien der Menschenwürde und der Volkssouveränität *P. Häberle*, Die Menschenwürde als Grundlage der staatlichen Gemeinschaft, in: HStR, Bd. II, 3. Aufl. 2003, § 22 Rn. 1 ff.

### 3. Drei Elemente des grundgesetzlichen Demokratieprinzips

8 Aus der Zusammenschau der einschlägigen Normen des Grundgesetzes kann dessen Demokratiekonzept als eine Verbindung von drei Elementen gesehen werden:

Demokratie basiert auf der **Volkssouveränität**, wie in Art. 20 Abs. 2 GG festgehalten (→ § 2 Rn. 28 ff.). Die Möglichkeiten des Volkes, die Ausübung der politischen Herrschaft zu bestimmen oder wenigstens wesentlich zu beeinflussen, bedürfen aber konkreter Instrumente, um Einfluss auf die Gestaltung der staatlichen Entscheidungen und den Modus ihrer Ausübung dem Volk tatsächlich einzuräumen. Insofern braucht die Demokratie **Regeln der Entscheidungsfindung** (→ Rn. 36 ff.). Die konkreten Regeln, wie staatliche Entscheidungen getroffen werden, schaffen die Möglichkeiten der Bürger, auf die politischen Entscheidungen einzuwirken. Die Wahrnehmung dieser Einflussmöglichkeiten wird aber nur wirksam, wenn die Bürger auch tatsächlich frei sind, diese Einflussmöglichkeiten wahrzunehmen. Demokratie muss insofern auch über **Vorkehrungen zur Sicherung der Freiheit** (→ Rn. 166 ff.) verfügen. Erst unter dieser Voraussetzung können die im engeren Sinne demokratischen Instrumente bei der Entscheidungsfindung auch tatsächlich wirksam genutzt werden. Nicht zu Unrecht bezeichnet das Grundgesetz die von ihm institutionalisierte Ordnung deshalb auch als **„freiheitliche demokratische Grundordnung"**, so in Art. 18 und Art. 21 Abs. 2 S. 1 GG.

## II. Volkssouveränität

### 1. Volkssouveränität als Kern der Demokratie

9 „Demokratie" bedeutet wörtlich übersetzt „Volksherrschaft". Mit dem Begriff der Volkssouveränität wird der Kern der Demokratie bezeichnet. Unter der Geltung der Volkssouveränität soll die Basis der politischen Herrschaft in den Beherrschten selbst liegen, also im Volk. Art. 20 Abs. 2 S. 1 GG drückt dies anschaulich aus. Der folgende Art. 20 Abs. 2 S. 2 GG macht dann aber auch sofort deutlich, dass die Vorstellung, das Volk selbst herrsche, nicht naiv genommen werden darf. Es braucht vielmehr Organisationen und Entscheidungsverfahren, damit der Wille des Volkes sich auch tatsächlich durchsetzt.

10 Der Begriff der Volksherrschaft ist insofern instruktiv, als er gegen manchen idealistischen Überschwang deutlich macht, dass Demokratie eine Ordnung der politischen Herrschaft ist – nicht aber auf Abschaffung der Herrschaft schlechthin zielt. Herrschaft, also die Institutionalisierung von Gehorsamsstrukturen (→ Rn. 1 ff.), ist nötig – zumal in einer modernen Gesellschaft. Verbindliches Recht muss die Freiheitssphären der Bürger untereinander abgrenzen, gesellschaftliche Steuerungsleistungen sind unverzichtbar, es bedarf der zwangsweisen Erhebung von Steuern und deren Einsatz für Gemeinschaftsgüter. Demokratie modifiziert aber die Herrschaft, verlangt eine bestimmte Form der Organisation der Herrschaft, um damit eine besondere Qualität der Herrschaft zu sichern. Demokratische Herrschaft ist verträgliche Herrschaft, ist gemäßigte Herrschaft und vor allen Dingen beeinflussbare Herrschaft. Personal, Inhalte und Stil der Politik sollen unter dem Anspruch der Demokratie vom Volk her steuerbar sein.

11 Dieser Bestimmbarkeit oder jedenfalls ihrer Beeinflussbarkeit der politischen Entscheidungen durch die Bürger liegt die normative Idee der **Selbstbestimmung** zugrunde. Der Stachel der Herrschaft, nämlich fremden Befehlen folgen zu müssen, wird dadurch in seiner Wirkung erträglicher, dass die verbindlichen Gebote und Verbote, die dem Einzelnen auferlegt werden, von diesem selbst inhaltlich mitbestimmt werden können.

Theoriegeschichtlich gibt es eine reiche Tradition, in der dieses Verlangen nach Selbstbestimmung formuliert worden ist. Für die Volkssouveränität ist zum einen zu verweisen auf die im Mittelalter populär gewordene Formel: „quod omnes tangit ab omnibus approbari debet“[5] („Was alle angeht, soll von allen bestimmt werden“). Diese Maxime wurde ursprünglich gegen die päpstliche Macht im Interesse einer innerweltlichen Ordnung eingesetzt, also für den Kaiser gegen den Papst.[6] Auch die verschiedenen Modelle, die mit der Figur des Vertrages arbeiten – Gesellschaftsvertrag, Herrschaftsvertrag –, haben zur Grundlage die Vorstellung, dass der Einzelne Selbstbestimmungsrecht genieße und deswegen Vergesellschaftungen oder Herrschaft nur mit seiner Zustimmung erfolgen dürfe, die in der Figur des Vertragsschlusses fingiert wurde. Als bekanntestes Beispiel für diese staatstheoretische Konstruktion sei auf *Thomas Hobbes* (1588–1679) und sein Werk „Leviathan“ von 1651 verwiesen.[7]

Der mit der Idee der Volkssouveränität einhergehende selbstbestimmende Charakter einer demokratischen Herrschaft findet sich insbesondere bei dem Abbé *Emmanuel Sieyès*. Dieser Theoretiker der Volkssouveränität verstand gerade in Abgrenzung zum Konzept der Monarchie das Volk als einzig infrage kommende verfassunggebende Gewalt[8] (zu der auf diesem Gedanken aufbauenden Unterscheidung zwischen pouvoir constituant und pouvoir constitué → § 15 Rn. 27 f.). 12

## 2. Drei Dimensionen der Volkssouveränität

Die Volkssouveränität, die als politische Forderung mit politiktheoretischer Unterfütterung in die Welt kam,[9] lässt sich auch als Rechtsprinzip verstehen. Als Prinzip bedarf es der Spezifizierung, es ist der Abwägung gegen gegenläufige Verfassungsrechtsgüter unterworfen, es drängt aber nach möglichster Verwirklichung und stellt insofern ein Optimierungsgebot dar. Die Volkssouveränität als Rechtsprinzip lässt sich in drei Dimensionen entfalten, einer sachlichen, einer personellen und einer zeitlichen. In dieser Konkretisierung gewinnt die Volkssouveränität rechtlich greifbaren Gehalt und wird hilfreich bei der Bearbeitung von Rechtsproblemen im Umkreis des Demokratieprinzips. 13

### a) Die sachliche Dimension der Volkssouveränität

In der sachlichen Dimension verlangt die Volkssouveränität, dass die anstehenden Sachentscheidungen durch das Volk selbst getroffen werden. Die zu entscheidenden Fragen werden nach diesem Postulat vom Volk in Abstimmungen entschieden. Das Grundgesetz kennt diese Form der politischen Entscheidung nur in ganz eingeschränktem Maße, nämlich bei der Veränderung des Zuschnittes der Länder im Bundesgebiet. 14

5 Aus dem Liber sextus decretalium von *Bonifaz VIII.*, die zurückgeht auf einen Satz des römischen Rechts. Die Formel kann auf den Codex Justiniani, C 5.59.5.2, zurückgeführt werden, wo es freilich um einen Fall aus dem Vormundschaftsrecht ging. Diese Heranziehung von römisch-rechtlichen Sätzen ohne Rücksicht auf ihren ursprünglichen Kontext ist nicht untypisch für mittelalterliche Rechtswissenschaft. S. auch *U. Meier*, Mensch und Bürger, 1994, S. 11.

6 *Marsilius v. Padua*, der Verteidiger des Friedens (defensor pacis), zwei Bände, herausgegeben von H. Kusch, übersetzt von W. Kunzmann, 1958.

7 Zum Vertragsdenken s. etwa *R. Saage*, Vertragsdenken und Utopie, 1989; *W. Kersting*, Die politische Philosophie des Gesellschaftsvertrages, 2005; *P. Koller*, Neue Theorien des Sozialkontrakts, 1987; *H. Hofmann*, Die klassische Lehre vom Herrschaftsvertrag und der „Neo-Kontraktualismus“, in: Engel/Morlok, Öffentliches Recht als ein Gegenstand ökonomischer Forschung, 1998, S. 257 ff.

8 *E. Sieyès*, Qu'est-ce que le tiers état? (1789), passim.

9 Vgl. *P. Erbentraut*, Volkssouveränität, 2009.

Art. 29 GG sieht für solche Neugliederungsmaßnahmen in Abs. 2 und 3 vor, dass diese der Bestätigung durch Volksentscheid bedürfen. Die Ausgestaltung der Demokratie in den Länderverfassungen gibt mehr Raum für solche Maßnahmen der unmittelbaren Demokratie, siehe etwa für Nordrhein-Westfalen die Art. 68 ff. in der Landesverfassung. Auch im kommunalen Bereich gibt es Einwohneranträge, Bürgerbegehren und -entscheide, siehe etwa § 25 ff. GO NW, Art. 18a GO BAY, § 16b f. GO SH. Die schwache Ausprägung der sachlichen Dimension der Volkssouveränität im Grundgesetz ist bemerkenswert. An ihr werden aber auch die Abwägungsunterworfenheit und die Ausgestaltungsbedürftigkeit dieses Prinzips (→ § 3 Rn. 34 f.) deutlich. Demokratie und Volkssouveränität können eben in verschiedener Weise ausgeformt werden. Die starke Reduzierung dieser Dimension der Volkssouveränität muss aber durch Gründe von Verfassungsrang gerechtfertigt werden. Zu denken ist hier an die in einer komplexen Gesellschaft bestehende Notwendigkeit, die Entscheidungsgrundlagen arbeitsteilig und durch Spezialisten zu erarbeiten, die gleichmäßige Berücksichtigung unterschiedlicher Interessen und anderes mehr.

Die derzeit häufig erhobene Forderung nach einem stärkeren Ausbau der direkten Demokratie[10] kann man verstehen als Einforderung dieser Dimension der Volkssouveränität (→ Rn. 70 ff.).

#### b) Die personelle Dimension der Volkssouveränität

15 In personeller Hinsicht verlangt die Volkssouveränität, dass alle Positionen, die öffentliche Gewalt ausüben, in ununterbrochener Legitimationskette auf das Volk zurückgeführt werden können. Das Ausgehen aller Staatsgewalt vom Volke kann hier gut sichtbar gemacht werden. Wenn beispielsweise ein Beamter ernannt wird, so erlangt er seine Position durch Übergabe einer Ernennungsurkunde (siehe § 8 Abs. 2 S. 1 BeamtStG, § 10 Abs. 2 S. 1 BBG). Diese Ernennung wird ausgesprochen durch einen Vorgesetzten, der seinerseits durch Ernennung in sein Amt gekommen ist. Die Hierarchie der Vorgesetzten reicht hinauf bis zum zuständigen Minister in der Regierung des Landes oder beim Bundesbeamten der Bundesregierung. Die Minister werden in ihr Amt eingesetzt durch den Ministerpräsidenten oder den Bundespräsidenten auf Vorschlag des Bundeskanzlers (siehe Art. 64 Abs. 1 GG, für die Länder siehe beispielsweise Art. 52 Abs. 3 S. 1 Verfassung NW). Der Bundeskanzler seinerseits wird gemäß Art. 63 GG vom Bundestag gewählt, dieser geht seinerseits aus einer Wahl durch das Volk nach Art. 38 Abs. 1 S. 1 GG hervor, siehe für die Länder beispielsweise Art. 52 Abs. 1 und Art. 30 f. Verfassung NW. Jeder Inhaber eines Amtes kann also über diese sogenannte **„Legitimationskette"**[11] auf eine Entscheidung des Volkes zurückgeführt und dadurch legitimiert werden.

16 In dieser personellen Dimension wird die Volkssouveränität unter dem Grundgesetz relativ strikt gehandhabt; das stellt auch einen Ausgleich der schwachen Ausbildung der sachlichen Dimension dar. Diese Bedeutung der Volkssouveränität wird etwa bei der Mitbestimmung im öffentlichen Dienst praktisch. Die wesentlichen Entscheidungen müssen auf die Volksvertretung und damit auf das Volk rückführbar sein und nicht nur auf die Versammlung der Bediensteten in der jeweiligen organisatorischen

10 *R. Hotstegs*, BRJ 2011, 59 ff.; dies ist auch ein ständiges Anliegen des Vereins „Mehr Demokratie (e.V.)", http://www.mehr-demokratie.de (7.7.2014).

11 S. etwa BVerfGE 47, 253, 275; E 83, 60, 71 f.; E 93, 37, 66 ff.

Einheit.[12] Zugespitzt: Der Bundeskanzler wird vom Bundestag gewählt und nicht vom Personalrat des Bundeskanzleramtes. In einigen Ländern werden die Richter von sogenannten Richter-Wahlausschüssen gewählt, die zusammengesetzt sind aus Landtagsabgeordneten, dem zuständigen Minister, Vertretern der Richterschaft und eventuell auch der Anwaltschaft. Ein solcher Wahlkörper entspricht nicht dem Gebot der Volkssouveränität, solche Gremien sind allenfalls dann zulässig, wenn jedenfalls mehr als die Hälfte der Mitglieder direkt vom Volk her legitimiert ist.[13]

Entsprechend dem Prinzipiencharakter der Volkssouveränität kann diese in personeller Hinsicht auch anders und stärker ausgeprägt sein, als dies in Deutschland praktiziert wird. So werden etwa in den Vereinigten Staaten weitaus mehr und andere öffentliche Ämter als in Deutschland durch unmittelbare Volkswahl besetzt, so bei der Polizei, der Staatsanwaltschaft oder der Gerichtsbarkeit. 17

Gleichwohl ist das Modell der ununterbrochenen Legitimationskette auch kritisch zu hinterfragen.[14] Es entspricht dem Gedanken der (ununterbrochenen) apostolischen Sukzession nach katholischer Lehre.[15] Es ist ein in sich stringentes Modell, das auch den Charme der idealtypischen Reinheit besitzt. Tatsächlich mag der Demokratie und damit dem Einfluss des Volkes aber durchaus auch, gar mehr, gedient sein, wenn diese Ableitungskette nicht so streng gehandhabt wird, dem Volk aber andere Möglichkeiten der Kontrolle des und der Einflussnahme auf staatliches Handeln eröffnet sind. Wenn der schulmäßig legitimierte Beamtenapparat in Abschottung gegenüber der Bevölkerung arbeitet, so ist der demokratische Ertrag nicht zwangsläufig größer verglichen mit einem Modell, in welchem Verwaltungsvorgänge der öffentlichen Meinungsbildung ausgesetzt sind. Über dem klinisch reinen Modell der ununterbrochenen Legitimationskette dürfen die Möglichkeiten der Beeinflussung durch das Volk nicht vergessen werden. 18

### c) Die zeitliche Dimension der Volkssouveränität

▶ **Fall 1:** Die Y-Fraktion im Landtag von L ist der Meinung, Bürgermeister und Gemeinderat bildeten eine starke Verantwortungsgemeinschaft. Deshalb sollten sie in L stärker gleichgerichtet sein. Nach der aktuellen Rechtslage sind die Wahlperioden der Vertretungsorgane jedoch unterschiedlich: Bürgermeister werden für 7 Jahre, Gemeinderäte für 5 Jahre gewählt. Die Y-Fraktion behauptet, dass durch die unterschiedlichen Wahltermine die politische Ausrichtung des Bürgermeisters und der Mehrheit im Gemeinderat häufig nicht übereinstimmen. Dies sei jedoch für eine effektive Arbeit in den Gemeinden wichtig, da so gegenseitige Blockaden von Bürgermeister und Gemeinderat verhindert würden. Eine engere politische Zusammenarbeit der Vertretungsorgane soll nach Ansicht der Y-Fraktion dadurch erzielt werden, dass die beiden kommunalen Wahlen schnellstmöglich zugleich und auch für den gleichen Zeitraum stattfinden sollen. Ein Eingriff in die laufenden Amtszeiten sei daher notwendig.

---

12 BVerfGE 32, 258, 270 ff.; E 47, 253, 271 ff.; E 52, 95, 130; E 93, 37, 66 ff.; *W. Loschelder*, Weisungshierarchie in der Exekutive, in: HStR, Bd. V, 3. Aufl. 2007, § 107 Rn. 18 ff.; *U. Battis/J. Kersten*, DÖV 1996, 584 ff.

13 BVerfGE 26, 186, 194 ff.; E 27, 312, 320 ff.; E 41, 1, 10; *E.-W. Böckenförde*, Demokratie als Verfassungsprinzip, in: HStR, Bd. II, 3. Aufl. 2004, § 24 Rn. 17 ff.; *H. Dreier*, in: Dreier, GG, Bd. 2, 2. Aufl. 2006, Art. 20 (Demokratie) Rn. 131 f.

14 Kritik etwa bei *B.-O. Bryde*, Staatswissenschaften und Staatspraxis 5 (1994), 305 ff.

15 *M. Kotzur*, Die Demokratiedebatte in der deutschen Verfassungsrechtslehre, in: Bauer/Huber/Sommermann, Demokratie in Europa, 2005, S. 351, 380.

Zu diesem Zweck hat die Y-Fraktion einen Gesetzesentwurf erarbeitet, den sie in den Landtag einbringen möchte. Danach soll die laufende Amtszeit der Gemeinderäte in allen Gemeinden des Landes L von 5 auf 7 Jahre verlängert werden, also an die Wahlperiode der Bürgermeister angepasst werden. Ist das Vorgehen der Y-Fraktion verfassungsgemäß? ◀

19 In der zeitlichen Dimension der Volkssouveränität heißt Demokratie: **Regierung auf Zeit.** Darin manifestiert sich eine bereits der Antike bekannte Technik der Machtbegrenzung durch eine zeitliche Beschränkung der Amtsdauer der Herrschenden, so wurden etwa die römischen Konsuln nur für ein Jahr gewählt. Soll die Bestimmungsmacht des Volkes über die Sach- wie über die Personalentscheidungen der institutionalisierten Staatsgewalt tatsächlich wirksam werden, so dürfen die Rückkoppelungsschleifen zum Volk nicht zu groß werden. Der zeitliche Abstand zum nächsten Akt der Betätigung der Volkssouveränität, insbesondere also zu den Parlamentswahlen, darf nicht zu groß sein. Das Volk soll seine Wahlentscheidung im Blick auf die Ergebnisse der gewählten Repräsentanten treffen, die „Bilanz", die jeder Bürger für sich aufstellen kann, darf nicht eine zu große Menge umfassen und darf vor allen Dingen nicht zu lang zurückliegende Ereignisse umfassen, die nicht mehr im Gedächtnis der Wähler sind. Umgekehrt betrachtet, muss die Furcht der Gewählten vor der nächsten Wahl noch hinreichend stark sein – in überschaubarer Zeit muss die nächste Wahl drohen, damit die Orientierung am mutmaßlichen Wählerwillen auch hinreichend motivierend wirkt. Die zeitliche Beschränkung der Legitimation zur Herrschaft stiftet also einen sachlichen Bestimmungs- und Kontrollzusammenhang. Die Rede vom Wählerwillen, der realisiert werden soll, trifft dabei nur einen Teil der Wirklichkeit. Genauso wichtig ist der von den Gewählten vermutete aktuelle Wählerwille, der von den Politikern im Blick auf die nächste Wahl antizipiert wird. Über diesen Mechanismus der „vorweg genommenen Reaktionen"[16] gewinnen die Wähler auch während der laufenden Legislaturperiode Einfluss auf die politischen Entscheidungen. Die demokratische Beeinflussbarkeit läuft also über die Erwartungen der gewählten Repräsentanten hinsichtlich der Wählerwünsche – und zwar unter Bedingungen einer Konkurrenz der verschiedenen Parteien. Knapp formuliert: Die Wahlangst der Gewählten ist der mächtigste Bestimmungsfaktor demokratischer Politik. Nur eine zeitlich relativ eng begrenzte Amtsdauer der Gewählten sichert in diesem Sinne die „Verantwortlichkeit der Regierenden", das, was die Angelsachsen als „responsible government" bezeichnen.

▶ **Fall 2:** Nach BVerfGE 27, 44 ff.: Die Verfassung des Landes L enthält keine dem Art. 69 Abs. 2 GG entsprechende Regelung, wonach die Ämter der Bundesregierung im Falle des Zusammentritts eines neuen Bundestags enden. In L ist man daher der Auffassung, dass durch die Wahl eines neuen Landtages das Amt des Ministerpräsidenten nicht berührt werde. Zu Recht? ◀

20 Zu der zeitlichen Dimension der Volkssouveränität gehört auch die kontinuierliche Verfassungssouveränität des Volkes. Daraus folgt, dass sich die Volkssouveränität nicht etwa einmalig im revolutionären Akt des pouvoir constituant (→ § 15 Rn. 27) entäußert. Verfassungsgeltung darf nicht zu einer Herrschaft der Toten über die Lebenden führen. Wenn der Verfassungsstaat für sich beansprucht, auf der Volkssouveränität zu beruhen und sie zu verwirklichen, dann muss es ein Verfahren „innerhalb" des Verfassungsrahmens geben, die Verfassung einschließlich ihrer Änderungen durch den Gesetzgeber und deren materiellen Grenzen in Art. 79 Abs. 3 GG „total" zur Dis-

16 S. dazu *G. Sartori*, Demokratietheorie, 1962, S. 166 ff.

position zu stellen. Die Sakralisierung des Art. 79 Abs. 3 GG zu einer vermeintlichen Ewigkeitsklausel ist mit dem Gedanken der Volkssouveränität und in einem säkularen Verfassungsstaat nicht zu vereinbaren. Wenn der Verfassungsstaat außerdem für sich beansprucht, der Volkssouveränität einen Ordnungsrahmen zu geben, dann darf insoweit nicht auf den revolutionären pouvoir constituant verwiesen werden. Diese Funktion der Volkssouveränität in ihrer Gestalt als Verfassungssouveränität des Volkes löst Art. 146 GG ein.

In ihrer Kombination stiften die personelle und die zeitliche Seite der Volkssouveränität die Wirksamkeit des demokratischen Legitimations- und Kontrollzusammenhangs. 21
Im Zusammenspiel der drei Dimensionen kann eine weniger starke Ausprägung in einer Dimension kompensiert werden durch eine stärkere Ausprägung der Volkssouveränität in einer anderen. Im Ergebnis ist ausschlaggebend, ob insgesamt ein hinreichendes Legitimitätsniveau nach dem jeweiligen organisatorischen und prozeduralen Muster erreicht wird.

▶ **Zu Fall 1:** Zwar sind es nicht Bürgermeister und Rat, die über die Verlängerung ihrer laufenden Amtszeit entscheiden. Es ist der Landesgesetzgeber, der ausgestaltend eingreift. Dabei modifiziert er jedoch den bereits entäußerten Willen des Kommunalvolks. Diese Autorität steht jedoch – nach dem Grundsatz der Volkssouveränität – einzig und allein dem jeweiligen Souverän zu. In zeitlicher Hinsicht sind die Volksvertreter auf die Legitimation durch den (jeweiligen) Wähler als das zuständige Legitimationssubjekt angewiesen; auch der Gesetzgeber vermag dies an dieser Stelle nicht zu ersetzen.[17] ◀

▶ **Zu Fall 2:** Ob es einer ausdrücklichen Bestimmung in der (Landes-)Verfassung bedarf, ist jedoch fraglich.[18] Mit Zusammentritt des neuen Parlaments bildet sich für das Amt des Ministerpräsidenten und damit der Regierung eine neue Legitimationsgrundlage. Art. 69 Abs. 2 GG ist insofern als Beispiel für eine aus der Volkssouveränität abzuleitende allgemeine Regel zu fassen. Ferner ist der Grundsatz der Diskontinuität zu beachten (→ § 11 Rn. 143 ff.). ◀

### 3. Abgeleiteter Charakter aller demokratischer Herrschaft

Unter der Geltung der Volkssouveränität ist alle von den staatlichen Einrichtungen ausgeübte politische Herrschaft abgeleitete Herrschaft. Staatliche Macht begründet sich nicht selbst, sondern kommt durch Übertragung vom Volke her. Dies kann man mit der Prinzipal/Vertreter-Theorie der neueren institutionellen Ökonomie[19] auch derart formulieren, dass die Wähler Geschäftsherr (Prinzipal) sind, die gewählten Repräsentanten deren Vertreter. Die typischen Probleme im Prinzipal/Vertreter-Verhältnis treten auch hier auf, insbesondere eine ungleiche Verteilung der Informationen. Der Geschäftsherr, der eigentlich die Geschäfte steuern können soll, leidet unter einem relativen Informationsdefizit gegenüber seinem Beauftragten. Schließlich ist er an der Geschäftsdurchführung nicht unmittelbar beteiligt. Als Kompensation dieses Defizits stehen dem Geschäftsherrn Kontrollrechte zu. Man kann das Verhältnis zwischen Wähler und Gewähltem, zwischen Volk und seinem Repräsentanten auch (in Anleh- 22

17 *H. Kühr/S. Ziehm*, ZJS 2012, 206; vgl. ferner zur Selbstverlängerung einer laufenden Wahlperiode durch die legitimierte Volksvertretung *K. Stern*, Staatsrecht I, 2. Aufl. 1984, S. 609; *H. Maurer*, JuS 1983, 45, 47.

18 Zu Recht kritisch *P. Häberle*, JZ 1969, 613 ff.

19 S. dazu die Darstellung bei *A. Nicklisch/N. Petersen*, Vertragstheorie, in: Towfigh/Petersen, Ökonomische Methoden im Recht, 2010, S. 117, 122; *R. Richter/E. Furubotn*, Neue Institutionenökonomik, 4. Aufl. 2010, S. 225 ff.

nung an *Hegel*) als Verhältnis von „Herr und Knecht" bezeichnen. Entgegen einer üblichen Alltagsbezeichnung und -erfahrung sind die Herrschenden – jedenfalls in normativer Betrachtung – die dem demokratischen Souverän Unterworfenen und haben sich von daher an Beschränkungen zu halten und unterstehen seiner Kontrolle. Im Übrigen bringt die überkommene juristische Terminologie dies bereits korrekt auf den Begriff insofern, als der gewählte Abgeordnete ein „Mandat" hat – das ist der römischrechtliche Begriff für den Auftrag, der Geschäftsherr ist der Mandant. Die in der Politik übliche Sprache in Bezug auf Abgeordnete ist insofern voll auf der theoretischen Höhe der Zeit.

23 Der abgeleitete Charakter demokratischer Herrschaftsbefugnis zeigt sich in einer Reihe von einzelnen Konsequenzen:[20]

Abgeleitete Macht ist immer **begrenzt**. Kein Geschäftsherr gibt vernünftigerweise unbegrenzte Macht an einen Vertreter. Die Idee der Selbstbestimmung verlangt aus verschiedenen Gründen zwar die Hinnahme einer bestimmten Befehlsunterworfenheit, aber eben keiner unbegrenzten und unbestimmten Unterworfenheit. Unbegrenzte Befehlsunterworfenheit hebt die normative Idee der Selbstbestimmung vollständig auf. Demokratische Macht wird deswegen in der angelsächsischen Terminologie auch als „limited government" bezeichnet. Auch in zeitlicher Hinsicht wird die Machtausübung begrenzt.

24 Im Verfassungsstaat bedeutet dies die Verfassungsbindung aller staatlichen Macht. Die Herrschaft ist **rechtsgebunden**. Sie ist kompetenziell differenziert, sachlich begrenzt, in ihrer Ausübung an Voraussetzungen geknüpft und in ihrem Vollzug auf Verfahren verwiesen.

25 Über die ausdrückliche rechtliche Begrenzung hinaus muss abgeleitete politische Macht **pflichtgebunden** ausgeübt werden. Sie besteht nicht im Interesse ihrer aktuellen Inhaber, sondern wird für das Volk verwaltet. Demokratische Macht ist **fremdnützig** auszuüben. Sie ist insofern „government for the people". Diese Fremdnützigkeit und Pflichtgebundenheit wird in langer Tradition mit dem Begriff des Amtes verbunden.[21] Der Amtswalter soll im Interesse des Volkes seine Befugnisse wahrnehmen. Seine Dienstaufgaben soll er verstehen als Aufgaben, zu dienen, d.h., sich in den Dienst der demokratischen Sache zu stellen. Deshalb sprechen wir vom öffentlichen Dienst. Im angelsächsischen Bereich kommt diese Pflichtgebundenheit im Begriff der treuhänderischen Wahrnehmung, dem „trust", zum Ausdruck. Der Herrschaftsausübung werden Entscheidungsspielräume belassen, in denen die jenseits des Rechts gebotene Pflichtgebundenheit und Fremdnützigkeit wichtig wird. Das Amt ist im Interesse des Gemeinwohls auszuüben. Die der Herrschaft Unterworfenen dürfen darauf vertrauen, dass die Herrschaft korrekt und in ihrem Interesse ausgeübt wird. Im Hinblick auf rechtlich nicht regulierte und auch nicht regulierbare Entscheidungsmöglichkeiten wird **Vertrauen** zur wesentlichen demokratischen und auch verfassungsrechtlichen Kategorie. Für die Innehabung politischer Spitzenämter ist es deswegen legitim, die persönliche Vertrauenswürdigkeit ihrer aktuellen Inhaber zu verlangen und beim Abhandenkommen

20 Vgl. zum Folgenden *M. Morlok*, Demokratie und Wahlen, in: FS 50 Jahre Bundesverfassungsgericht, Bd. 2, 2001, S. 559, 570 ff.

21 Dazu *R. Dreier*, Art. Amt, in: Ritter/Gründer, Historisches Wörterbuch der Philosophie, Bd. 1, 1971, Sp. 210 ff.; *W. Hennis*, Amtsgedanke und Demokratiebegriff, in: FS Smend, 1962, S. 51 ff.; *H. Dreier*, in: Dreier, GG, Bd. 2, 2. Aufl. 2006, Art. 20 (Republik) Rn. 20; *R. Gröschner*, Die Republik, in: HStR, Bd. II, 3. Aufl. 2004, § 23 Rn. 15, 21, 53 ff.

dieses Vertrauens aus nachvollziehbaren Gründen den Rücktritt der Amtsinhaber zu fordern.[22]

Abgeleitete, begrenzte und inhaltlich gebundene Herrschaftsausübung muss **kontrollunterworfen** sein, um die Einhaltung dieser verschiedenen Verpflichtungen auch effektiv sicherstellen zu können. Soweit die Legitimation zur Ausübung demokratisch verliehener politischer Macht reicht, soweit erstreckt sich auch ihre Kontrollunterworfenheit; man könnte von einer grundsätzlichen Gleichumfänglichkeit von Legitimation und Kontrolle sprechen. Im Ansatz gibt es in der verfassungsstaatlichen Demokratie keine kontrollfreien Räume.[23] 26

Mit der Kontrollunterworfenheit verbunden ist auch das Gebot der **Öffentlichkeit** des staatlichen Agierens. Die vom Volk abgeleitete Staatstätigkeit besteht letztlich gegenüber dem Volk. Dieses kann seine Kontrollrechte nur wahrnehmen, wenn es informiert ist über die Ausübung der politischen Herrschaft. Die demokratische Öffentlichkeit[24] wird damit zur wesentlichen Bedingung legitimer staatlicher Aktivität. Sie wurzelt unmittelbar in der Volkssouveränität. Die Öffentlichkeit der Verhandlungen des Bundestages gemäß Art. 42 Abs. 2 GG[25] hat also beispielhaften Charakter. Die demokratische Öffentlichkeit wirkt dabei sowohl kontrollierend als auch beeinflussend im oben gezeigten Sinne. Die Öffentlichkeit der politischen Entscheidungsfindung eröffnet Möglichkeiten der Kritik, der sachlichen Ergänzung, gibt Gelegenheit für die Artikulation anderer Vorschläge zur Lösung anstehender Probleme. Nicht zufällig heißen diejenigen Angelegenheiten, die alle angehen, auch die öffentlichen Angelegenheiten. Die politische Arbeit hieran soll öffentlich erfolgen, weil die Öffentlichkeit der Entscheidungsfindung eine formale Garantie – sicher nicht hinreichenden Charakters – dafür darstellt, dass die Entscheidung am Gemeinwohl orientiert ist: Alle dürfen ihre Herstellung beobachten und ihre Arbeitsweise wie ihre Ergebnisse gegebenenfalls kritisieren. Die Öffentlichkeit fungiert insofern als Formalbedingung der inhaltlichen Verallgemeinerungsfähigkeit von Entscheidungen, die Öffentlichkeit ist eine prozedurale Voraussetzung der Gemeinwohlproduktion. Dies wird auch am historischen Gegenprinzip sichtbar, dem monarchischen Arkanprinzip, nach welchem die Staatstätigkeit eben den Augen der Untertanen entzogen sein sollte. 27

Die Abgeleitetheit der politischen Entscheidungsmacht verlangt schließlich, dass alle Entscheidungen sachlicher wie personeller Art änderbar sind. Nur dann ist die letztliche Bestimmungsmacht des Volkes gesichert. **Demokratische Entscheidungen** sind also **vorläufig**. Sie stehen unter dem Vorbehalt einer demokratisch bestimmten Änderbarkeit. Dies entspricht in sachlicher und personeller Hinsicht der zeitlichen Begrenztheit 28

22 Vgl. dazu *A. Hamilton*, The Appointing Power of the Executive, in: Hamilton/Madison/Jay, The Federalist Papers, Nr. 76, etwa in der von Zehnpfennig herausgegebenen Ausgabe 2010, S. 449: „Das Prinzip der Delegation von Macht setzt voraus, dass unter den Menschen ein gewisses Maß an Tugend und Ehre zu finden ist, das eine vernünftige Grundlage für Vertrauen bildet. Die Erfahrung rechtfertigt diese Theorie."

23 Der sogenannte Kernbereich der Exekutive, der der Kontrolle eines parlamentarischen Untersuchungsausschusses entzogen ist (dazu BVerfGE 67, 100, 139), stellt nur eine scheinbare Ausnahme dar. Es gibt keine grundsätzlich der Kontrolle entzogenen Räume, sondern nur im Einzelfall einen Vorrang der Arbeitsfähigkeit des kontrollierten Organs gegenüber dem Kontrollinteresse; was jeweils überwiegt, ist durch Abwägung festzustellen, s. dazu jetzt BVerfGE 110, 119, 115 ff.

24 Zu dieser Grundkategorie *R. Smend*, Zum Problem des Öffentlichen und der Öffentlichkeit, in: GS Jellinek, 1955, S. 11 ff.; *K. Hesse*, VVDStRL 17 (1959), 11, 39 ff.; *P. Häberle*, Struktur und Funktion der Öffentlichkeit im demokratischen Staat, in: Häberle, Die Verfassung des Pluralismus, 1980, S. 126 ff.; *J. Habermas*, Strukturwandel der Öffentlichkeit, 1990; *R. Marcic*, Die Öffentlichkeit als Prinzip der Demokratie, in: FS Arndt, 1969, S. 267 ff.

25 *L. Kißler*, Die Öffentlichkeitsfunktion des Deutschen Bundestages, 1976.

demokratisch anvertrauter Macht. Diese Änderbarkeit wird vermittelt durch das Mehrheitsprinzip, wonach eine andere politische Mehrheit andere Entscheidungen treffen kann. Freilich gilt dies nur im Grundsatz. Das Recht kennt durchaus andere Ausgestaltungen, so etwa das Lebenszeitprinzip im Beamtenrecht. Bei politischen Ämtern realisiert die Abwahl diese Änderungsmöglichkeit. Unter demokratietheoretischen Aspekten spricht man vom Problem der irreversiblen Entscheidungen.[26] Als Musterbeispiel für solche Entscheidungen mag die Nutzung der Kernkraft dienen. Die Entscheidung für die Kernkraft ist verbunden mit der Entstehung strahlenden Abfalls, der über eine Periode von mehreren Zehntausend Jahren hin eine Gefahr darstellt. Auch aus demokratietheoretischen Gründen ist deswegen der Nutzung der Kernkraft ein erheblicher Vorbehalt gegenüber zu begründen.[27] Die demokratische Entscheidungsmacht ist also im Interesse der künftigen demokratischen Entscheidungsmöglichkeiten, also im Interesse der Handlungsoptionen künftiger Generationen zu beschränken.

29 All diese Folgerungen aus dem abgeleiteten Charakter demokratischer Herrschaft begründen zusammen die **Verantwortlichkeit** der demokratischen Herrschaft. Diese Verantwortlichkeit besteht gegenüber dem Legitimationsgeber: dem Volk. Die angelsächsische Tradition spricht insoweit vom Prinzip des „responsible government".

### 4. Das Subjekt der Volkssouveränität

30 Die Rede vom Volk im Zusammenhang mit der Volkssouveränität suggeriert, das Volk sei ein Subjekt, das einen Willen bilden könne, das entscheidungs- und handlungsfähig sei. Doch so einfach liegen die Dinge nicht. Wenigstens zwei Probleme ergeben sich für das Volk als Subjekt der Volkssouveränität. Als eine aus einer Vielzahl von Bürgern zusammengesetzte Größe gewinnt das Volk erst durch Organisation und Entscheidungsverfahren die Möglichkeit, politisch in Erscheinung zu treten und einen rechtlich verbindlichen Willen zu produzieren (→ Rn. 36 ff.). Als zusammengesetzte kollektive Größe ist zum anderen für das Volk die Frage zu beantworten, wer zum politisch relevanten Volk zu zählen ist, wer zur Teilnahme an der kollektiven Selbstbestimmung berechtigt ist.

#### a) Wer ist das Volk?

31 Die Zugehörigkeit zum politisch berechtigten Volk muss festgelegt werden, und zwar in klaren Rechtsregeln, damit über die Teilnahme an Wahlen und Abstimmungen zuverlässig entschieden werden kann. Diese Entscheidungsnotwendigkeit ist die Kehrseite davon, dass „das Volk" als politisch berechtigte Größe nicht naturgegeben ist, sondern ein für Zwecke der demokratischen Einflussnahme geschaffenes Konstrukt darstellt. In funktionaler Betrachtung stellt das Volk das **Gegenüber der Herrschaft** dar. Unter der Geltung der Volkssouveränität werden aus den Untertanen die (wahlberechtigten) Mitglieder des Volkes. Dies wird besonders deutlich in der obrigkeitsstaatlichen Gegenperspektive: „Nur für den Zweck des Staates, ist der Staatsbürger [...] Unterthan; nur für ihn, kann er von der Staatsregierung bestimmt werden. Daher ist er dieser verpflichtet nur zu staatsbürgerlichem oder verfassungsmäsigem Gehorsam, und es bleibt ihm auch in der Staatsverbindung ein bestimmtes Maas von Freiheit, die bürgerliche, diese von

26 Dazu *P. Henseler*, AöR 108 (1983), 498 ff.
27 S. dazu *H. Hofmann*, Rechtsfragen der atomaren Entsorgung, 1981, S. 258 ff.

geringerem Umfang als die natürliche."[28] Soweit die Herrschaft reicht, soweit erstreckt sich der Volksbegriff, nur dann kann er die politische Herrschaft legitimieren.

In dieser legitimatorischen Logik lag es dann auch, dass die Geschichte des politischen Volksbegriffes die Geschichte seiner Ausdehnung war. Während es noch bei *Kant* völlig selbstverständlich war, dass die für das Stimmrecht erforderliche Qualität „außer der natürlichen (daß es kein Kind, kein Weib sei)" darin lag, „dass er sein eigener Herr (sui iuris) sei, mithin irgendein Eigentum habe [...], welches ihn ernährt".[29] Diese Entwicklung führt über die Abschaffung des Zensuswahlrechts und die Einführung des Frauenwahlrechts zur Verallgemeinerung der Zugehörigkeit zum „Volk", die schließlich zur **Allgemeinheit des Wahlrechts** gemäß Art. 38 Abs. 1 S. 1 GG führte. Die Intention einer weiteren Verallgemeinerung des Wahlrechts liegt in der Diskussion um ein Wahlrecht von Kindern. Es wird diskutiert, ob Art. 38 Abs. 2 GG insofern zu ändern sei, als das Wahlalter abgesenkt werden soll, was für das Landtagswahlrecht bereits in einigen Ländern geschehen ist,[30] oder ob ein Kinderwahlrecht in dem Sinne eingeführt werden soll, dass Eltern für ihre Kinder wählen dürfen.[31] 32

Der rechtliche Titel für die Zugehörigkeit zum politisch berechtigten Volk ist der der **Staatsangehörigkeit.** Demgemäß knüpft § 12 Abs. 1 BWahlG die Wahlberechtigung an die Deutschenqualität im Sinne des Art. 116 Abs. 1 GG. Die zentrale Bedeutung des Staatsbürgerrechtes für die politischen Mitwirkungsrechte wird auch daran sichtbar, dass die politisch höchst relevanten Grundrechte der Versammlungs- und der Vereinigungsfreiheit nach Art. 8 Abs. 1 und Art. 9 Abs. 1 GG den Deutschen vorbehalten sind. Auch die politischen Parteien sind vom Gesetz her verstanden als politische Organisationen, die wesentlich aus Staatsangehörigen, also aus Deutschen bestehen, § 2 Abs. 3 PartG. Der Ausschluss von Ausländern aus dem Volksbegriff[32] war früher durchaus berechtigt. Wenn der Volksbegriff in der Volkssouveränität auf die effektive Reichweite der politischen Herrschaft bezogen war, so waren regelmäßig Ausländer eben nicht zu subsumieren, weil Ausländer sich dem Herrschaftszugriff eines Staates durch Wegzug ins Heimatland entziehen konnten. Umgekehrt konnten Ausländer leicht des Landes verwiesen werden. Jedenfalls für Bürger der Europäischen Union hat sich dies mittlerweile geändert. Mit der Staatsbürgerschaft eines Mitgliedstaates der Europäischen Union ist jetzt die Unionsbürgerschaft verbunden, Art. 9 S. 2 EUV, siehe ebenso Art. 20 Abs. 1 S. 2 AEUV. Daraus folgt ein Aufenthaltsrecht nach Art. 21 AEUV und nach Art. 22 AEUV das aktive und passive Wahlrecht bei Kommunalwahlen, für das wegen der restriktiven Rechtsprechung des Bundesverfassungsgerichts das Grundgesetz ausdrücklich ergänzt werden musste (Art. 28 Abs. 1 S. 3 GG). Damit hat das Unionsrecht richtigerweise jedenfalls auf kommunaler Ebene das Wahlrecht abgekoppelt von der Staatsangehörigkeit und ist der politischen Konstruktion der Volks-

28 *J. L. Klüber*, Öffentliches Recht des teutschen Bundes und der Bundesstaaten, 2. Aufl. 1822, § 4.
29 *I. Kant*, Über den Gemeinspruch: Das mag in der Theorie richtig sein, taugt aber nicht für die Praxis, 1793, A 245; ganz ähnlich heißt es bei *Hegel*: „das es sich von selbst verstehe, dass unter Diesen Allen zunächst wenigstens die Kinder, Weiber usf. nicht gemeint seien", Grundlinien der Philosophie des Rechts, 1821, § 301.
30 § 5 Abs. 1 Nr. 1 LWahlG Brandenburg; § 1 Abs. 1 Nr. 1 LWahlG Bremen.
31 Zur kritischen Diskussion *J. Krüper*, Wenn ihr nicht wählet wie die Kinder – Verfassungsfragen eines Wahlrechts für Kinder und deren Eltern, in: v. Alemann/Godewerth, Jugend und Politik, 2006, S. 97 ff.; *I. Rupprecht*, Das Wahlrecht für Kinder, 2012; *H. Quintern*, Das Familienwahlrecht, 2010; *G. Meixner*, ZParl 44 (2013), 419 ff.
32 Bestätigt wurde dies durch das BVerfG in Gestalt der Verfassungswidrigkeitserklärung eines Kommunalwahlrechtes für Ausländer in Schleswig-Holstein, BVerfGE 83, 37, 60 ff.; dazu kritisch *H. Rittstieg*, DuR 1991, 10 ff., der diese Entscheidung ablehnt; befürwortend *A. v. Mutius*, Jura 1991, 410 ff.; erneut bestätigt durch StGH Bremen 31.01.2014, St 1/13 bzgl. eines Wahlrechts für Ausländer zur Bürgerschaft.

souveränität gerecht geworden. Die weltweit geführte Diskussion um „foreign voters" zeigt, dass es verschiedenste Wege gäbe, das Problem zu lösen, die von Maßnahmen einer erleichterten Einbürgerung bis zum Ausländerwahlrecht reichen. Bevor man vorschnell eine Erweiterung der Wahlberechtigung fordert, sollte einem zweierlei bewusst sein: Erstens kommen wir nicht umhin, den Kreis der Wahlberechtigten abstrakt festzulegen und es bedarf hierfür relativ formaler Kriterien. Wenn man bedenkt, dass auch Menschen im Ausland sowie zukünftige Generationen von staatlichen Entscheidungen betroffen sein können (man denke etwa an die Kernkraft), wird sich das Legitimationssubjekt nie auf alle Betroffenen ausdehnen lassen.

33 Das demokratische Volk – eine Kategorie zur Legitimation und Organisation der Herrschaft – ist von seinem Zweck und seiner Konstruktion her unabhängig von der ethnischen Zugehörigkeit.[33] Die Volkssouveränität kann also zum einen verstanden werden von der Unterworfenheit unter eine Herrschaftsorganisation, zum anderen aber auch vom Volk her, als einer sich selbst organisierenden Kollektivität, welche die Selbstbestimmung beansprucht.[34] Insoweit bilden die Angehörigen des politischen Volkes eine Bundesbrüderschaft aus freiem Entschluss.[35] Wenn in der Diskussion um die Weiterentwicklung der Europäischen Union ins Feld geführt wird, die Demokratie auf europäischer Ebene leide daran, dass es noch kein europäisches Volk gebe, so ist dem entgegen zu halten, dass das Volk eben eine durch politische Strukturen konstruierte Größe ist. Herrschaftsunterworfenheit auf der einen Seite und Einflussstrukturen auf der komplementären Seite schaffen einen Zusammenhang, in welchem sich die inhaltlichen Qualitäten eines Volkes herausbilden. Das gemeinsame Ertragen der Folgen politischer Entscheidungen ebenso wie die gemeinsame Einflussnahme auf diese Entscheidungen, aber auch die laufende öffentliche Reaktion auf das politische Geschehen können so ein Volk im Sinne der Volkssouveränität herausbilden.[36]

### b) Das Volk als heterogene Größe

34 Das Volk setzt sich aus ganz verschiedenen Gruppierungen zusammen, aus Jungen und Alten, Frauen und Männern, Dorfbewohnern und Großstädtern, aus Arbeitslosen und Überbeschäftigten, aus Küstenschiffern und Bergbauern, aus Atheisten und streng Religiösen, aus Vermietern und Mietern, aus Großfamilien und Alleinlebenden. Der Kollektivbegriff des Volkes verdeckt eine pluralistisch aufgefächerte Vielfalt, in dem es ganz unterschiedliche Auffassungen und oft miteinander rivalisierende Interessen gibt.

35 Aus diesem Befund ergeben sich drei Folgerungen. Zunächst ist die tatsächliche Vielfalt zu akzeptieren und nicht unter einem durch den Volksbegriff nahegelegten Einheitsdenken zu unterdrücken. Bei der Sicherung dieser Unterschiedlichkeit kommt den Grundrechten eine wesentliche Rolle zu. Zum Zweiten haben alle diese unterschiedlichen Interessen und Überzeugungen als Teil des Volkes ein gleiches Recht, an der poli-

33 Demgemäß geht die französische Doktrin zur Zeit der großen Revolution davon aus, der Träger der Volkssouveränität konstituiere sich nicht durch ethnisch-kulturelle Zugehörigkeit, sondern durch Anerkennung politischer Grundprinzipien. Demgemäß wurde u.a. *Friedrich Schiller* im Jahre 1792 von der Nationalversammlung ehrenhalber die französische Bürgerschaft verliehen, und zwar in Anbetracht, dass die Männer, „die durch ihre Schriften berühmt sind, welche sie im Sinne unserer Revolution veröffentlicht haben [...], die so mutig waren, Freiheit und Gleichheit im Ausland zu verteidigen", nicht als Fremde betrachtet werden können (zitiert nach *H. Hecker*, NJW 1990, 1955 ff.).

34 *J. Habermas*, Faktizität und Geltung, 1992, S. 600 ff.

35 *J. Fröbel*, Wien, Deutschland und Europa, 1848, S. 8.

36 Vgl. *J. Habermas*, Staatsbürgerschaft und nationale Identität, in: Habermas, Faktizität und Geltung, 1992, S. 632 ff.

tischen Willensbildung mitzuwirken und ihre politischen Ziele in den Entscheidungsgang einzuspeisen. Angesichts der Verschiedenartigkeit der Mitglieder des Volkes sind die Gleichbehandlung und die grundsätzliche **Gleichberechtigung** aller geboten. Alle Bürger, gleichviel welcher Überzeugung sie sind und welche Interessen sie haben, bilden das Volk. Die rechtliche Ausgestaltung der Demokratie hat deswegen darauf zu achten, dass bei der Willensbildung des Volkes alle gleiche Rechte haben. Im Recht des politischen Prozesses, also im Parteienrecht, im Wahlrecht und im Parlamentsrecht ist deswegen die politische Chancengleichheit zentral. Die moderne Demokratie ist wesentlich durch ihren egalitären Charakter gekennzeichnet. Schließlich bedarf es differenzierter Entscheidungsmechanismen, um diese Vielfalt angemessen zu erfassen und in den staatlichen Entscheidungsprozess – gleichberechtigt – einzubringen.

### 5. Notwendigkeit von Organisation und Verfahren für die demokratische Willensbildung

Das Volk als heterogenes Kollektiv wird erst durch Organisation und Verfahren entscheidungs- und handlungsfähig. Dies gilt jedenfalls für Demokratien mit einer Bevölkerung, die sich nicht mehr auf dem Dorfplatz versammeln lässt. Die Vielzahl der Bürger muss in Organisationen erfasst werden und es bedarf der Verfahrensvorschriften, um in geregelten Entscheidungsgängen so etwas wie einen „Willen des Volkes“ erst zu produzieren. Wegen der Vielköpfigkeit und Unterschiedlichkeit des Volkes gewinnt der „Volkswille“ erst Realität durch Prozeduren des Entwerfens, Prüfens und Verwerfens von Alternativen und der Bejahung einer Handlungsoption, die dann als Wille des Volkes gelten soll und so auch rechtliche Geltung erlangt. Der Volkswille ist mithin notwendigerweise das Produkt eines bestimmten Herstellungsprozesses – und eben nicht an sich schon vorhanden. Erst institutionelle Einrichtungen können das Versprechen der Volkssouveränität einlösen. Erst durch eine „Verfassung“ im organisatorisch-technischen Sinne wird das Volk handlungsfähig, kann es sich artikulieren, kann es agieren, kann es politische Macht ausüben. 36

Damit ist allen romantischen Vorstellungen einer sich spontan bildenden „volonté générale“ eine Absage erteilt, ebenso auch der Vorstellung einer ungeregelten Selbstorganisation des Volkes. Bereits jede Diskussion mit mehr als einer Handvoll Teilnehmern tut gut daran, sich einen Leiter zu bestimmen, um einen strukturierten Ablauf mit der Chance auf ein rational gefundenes Ergebnis zu sichern. Mit dieser Erkenntnis wird die Diskussion zentriert auf die Frage nach angemessenen Formen der Organisation der politischen Willensbildung. Dabei ist zu beachten, dass jedes Organisationsmuster und jede Ausgestaltung der Entscheidungsverfahren den Willensbildungsprozess auch prägen. Das Ergebnis wird auch durch das institutionelle Arrangement seiner Hervorbringung mitbestimmt. Jedes organisatorische Muster und jede Verfahrensordnung begründet gewisse Selektivitäten, die bei anderen Gestaltungen anders ausfallen. Für die Beurteilung von Herstellungsmodalitäten einer Entscheidung ist dies ein beachtlicher Gesichtspunkt. 37

Ein demokratischer Staat öffnet sich kraft seiner Verfassung der Einflussnahme der Bürger auf institutionalisierten Wegen. Die politischen Präferenzen des Volkes – genauer: die verschiedenen Präferenzen der Bürger – können auf dafür vorgesehenen Wegen in die staatliche Entscheidungsfindung eingebracht werden. Diese Einrichtungen, um den Willen der Bürger bei der staatlichen Entscheidungsfindung wirksam werden zu lassen, kann man in ihrer Gesamtheit als **Input-Strukturen** einer verfassten Demo- 38 kratie bezeichnen. Aus der Seite des Staates betrachtet, sind es Rezeptionsorgane. An erster Stelle ist hier das Parlament zu nennen, das für alle wesentlichen Entscheidungen zuständig ist (→ § 7 Rn. 24; § 11 Rn. 10), und die Wahlen zu diesem (→ Rn. 85 ff.). Das Insgesamt der Organisations- und Verfahrenseinrichtungen, welche den Anspruch der Volkssouveränität erst einlösen, welche das Volk zur politisch relevanten Größe machen, kann man unter dem Titel **Repräsentation** zusammenfassen. Die schwierige Aufgabe, eine große Zahl von Bürgern politisch handlungsfähig zu machen, wird in langer Tradition unter Verwendung dieses Begriffs behandelt.[37] In diesem Begriff geht es u.a. darum, dass etwas nicht Anwesendes präsent gemacht wird, dass etwas Unsichtbares vergegenwärtigt wird.[38] Juristisch konkreter entfaltet sich der Repräsentationsgedanke um das Institut der Stellvertretung.[39] Der Repräsentationsbegriff hat zahlreiche und unterschiedliche Facetten, die hier nicht weiter verfolgt zu werden brauchen. Hier soll der Begriff der Repräsentation weit weniger anspruchsvoll verstanden werden und aus der Tradition nur das Bezugsproblem übernommen werden, nämlich die Frage der Herstellung der politischen Handlungsfähigkeit des Volkes. Es geht also um die Verfahrensarrangements, in denen das Volk seine politischen Wünsche zum Ausdruck bringen kann und in denen dieses für die staatliche Entscheidungsfindung erheblich wird. Bezeichnet man das Ensemble aller institutionellen Vorkehrungen zur Hervorbringung von Entscheidungen, die vom Volk beeinflussbar und ihm (deswegen) zurechenbar sind, als „Repräsentation“, dann besteht zwischen „direkter Demokratie“ (→ Rn. 70 ff.) und „Demokratie“ kein kategorialer Gegensatz mehr: Jede Art der Volksherrschaft bedarf institutioneller Ausformungen. Auch direkt-demokratische Willensbildung kommt nicht aus ohne Teilnahmekriterien, Abstimmungsregeln, Quoren der Beschlussfähigkeit, Kriterien für die Revision einmal getroffener Entscheidungen und anderes mehr. Es gibt kein natürliches Organisationsmodell, welche das Volk artikulations-, entscheidungs- und handlungsfähig macht. Immer sind bestimmte Formen der Organisation und der Entscheidungsfindung nötig.

39 Eine Demokratie besteht also aus einem komplexen Gefüge mehrerer Komponenten. Dazu gehören Wahlen und die Installierung von Parlamenten, dazu können aber auch unmittelbare Sachentscheidungsbefugnisse des Volkes zählen (→ Rn. 14 ff.). Die schwierige Aufgabe der „Repräsentation“ des Volkes besteht in der Ausformung des Prozesses der Herstellung bindender staatlicher Entscheidungen unter möglichster Beachtung der Präferenzen des Volkes, ebenso von rechtlich begründeten Kontrollen und Verantwortlichkeiten.

40 Im Folgenden werden die wesentlichen Elemente des demokratischen Inventars, welches das Grundgesetz vorsieht, vorgestellt: Zunächst die Mehrheitsentscheidung (→ Rn. 41 ff.), sodann knapp die parlamentarische Demokratie (→ Rn. 69) und das Wahlrecht zum Deutschen Bundestag (→ Rn. 85 ff.). Im Anschluss daran werden die Wahlprüfung (→ Rn. 122 ff.) sowie die rechtliche Strukturierung der politischen Parteien (→ Rn. 126 ff.) erläutert.

---

37 Zur umfassenden Aufarbeitung der Geschichte des Begriffes und seiner Verwendung s. *H. Hofmann*, Repräsentation, 1974; *H. Pitkin*, The Concept of Representation, 1967; s. weiter *A. Podlech*, Repräsentation, in: Brunner/Conze/Koselleck, Geschichtliche Grundbegriffe, Bd. 5, 1984, S. 509 ff.; *B. Haller*, Art. Repräsentation (II), in: Ritter/Gründer, Historisches Wörterbuch der Philosophie, Bd. 8, 1992, Sp. 812 ff.

38 So etwa *C. Schmidt*, Verfassungslehre, 5. Aufl. 1970, S. 209 f.; *G. Leibholz*, Das Wesen der Repräsentation, 2. Aufl. 1960, S. 26 ff.

39 Dazu *H. Hofmann*, Repräsentation, 1974, S. 116 ff.

## III. Regeln der demokratischen Entscheidungsfindung

### 1. Die Mehrheitsentscheidung

„Die Mehrheit entscheidet" – das ist die Entscheidungsregel der Demokratie. Im Grundgesetz ist sie für den Bundestag in Art. 42 Abs. 2 GG formuliert und näher erläutert in Art. 121 GG.[40] Für Wahlen und Abstimmungen gilt keine andere Entscheidungsregel. Man kann formulieren, dass es ohne Mehrheitsentscheidung keine Demokratie gibt, umgekehrt genügt aber eine Entscheidung durch die Mehrheit alleine nicht, um eine Demokratie zu haben, hierfür sind noch weitere Elemente notwendig. 41

#### a) Gründe für das Mehrheitsprinzip

##### aa) Selbstbestimmung

Die Demokratie versucht das Ideal der Selbstbestimmung möglichst zu verwirklichen. 42
Dem entspricht die Entscheidung durch die Mehrheit insofern, als bei einer Mehrheitsentscheidung die Zahl derjenigen, die eine bestimmte Entscheidung befürworten per definitionem die Zahl der Gegner dieser Option übersteigt. Damit ist immerhin dem Willen einer Mehrzahl der Abstimmungsberechtigten Genüge getan, was vom Gedanken der Selbstbestimmung her jedenfalls vorzugswürdig ist gegenüber einer Entscheidung, mit der eine Mehrzahl nicht einverstanden ist.[41]

Die Mehrheitsentscheidung wirkt aber bereits durch ihre schiere Existenz darauf hin, 43
dass die Wünsche und Vorstellungen der Abstimmenden möglichst berücksichtigt werden. Das Mehrheitsprinzip entfaltet insofern **Vorwirkungen**. Eine Mehrheitsentscheidung kommt eben nur zustande, wenn eine Mehrheit der Abstimmungsberechtigten einem Entscheidungsvorschlag zustimmt. Angesichts der Unterschiedlichkeit der Wünsche und Präferenzen der Menschen ist dies von vornherein eher unwahrscheinlich. Bei genauer Betrachtung wird man sagen können, dass es so viele Entscheidungsvorschläge und -wünsche gibt, wie Stimmberechtigte vorhanden sind. Um hinter einem Entscheidungsvorschlag eine Mehrheit zu versammeln, ist es also notwendig, die Vielzahl der Entscheidungsvorschläge zu bündeln, zwischen einander nahestehenden Kompromisse zu schließen, um möglichst viele Abstimmungsberechtigte für einen Vorschlag zu gewinnen. Die Mehrheitsregel wirkt insofern also konsensfördernd. Um zum Erfolg zu kommen, müssen die Beteiligten also von ihren individuellen Vorstellungen abrücken und sich zu Entscheidungsvorschlägen bequemen, die zwar nur ungefähr ihren ursprünglichen Wünschen entsprechen, die aber von einer größeren Zahl von Beteiligten mitgetragen werden. Die Mehrheitsregel erzwingt um des Abstimmungserfolges willen **Kompromisse**. Diese Vorwirkungen der Mehrheitsentscheidungen bewirken also, dass eine Entscheidungsvariante entwickelt und schließlich angenommen wird, der die größere Zahl der Beteiligten zustimmen kann. Extravagante Sonderinteressen bleiben so auf der Strecke. Die Mehrheitsentscheidung macht extreme Entscheidungen unwahrscheinlich. Sie verlangt im Vorfeld die Suche nach Konsens zwischen unterschiedlichen Vorstellungen und hat damit eine materielle Bedeutung, die man auch als **Gemeinwohlaffinität** bezeichnen kann. Diese Vorwirkungen von Mehrheitsentscheidungen sind von kaum zu überschätzender Bedeutung. Mehrheiten müssen erst geschaffen und gegebenenfalls dann erhalten werden.

40 Zum Mehrheitsprinzip *J. Krüper*, ZJS 2009, 477 ff.; *H. Dreier*, ZParl 17 (1986), 94 ff.; *C. Hillgruber*, AöR 127 (2002), 460 ff.

41 *H. Kelsen*, Vom Wert und Wesen der Demokratie, 2. Aufl. 1929, S. 55.

44 Je höher das notwendige Mehrheitsquorum, desto stärker wird der Druck, eine große Zahl von Abstimmungsberechtigten einzubeziehen und für den Entscheidungsvorschlag zu gewinnen. Eine sehr breite Zustimmung empfiehlt sich bei ganz grundsätzlichen Fragen, auch bei Fragen über die Entscheidungsmodalitäten und -kriterien, deswegen sind Verfassungsänderungen nach Art. 79 Abs. 2 GG nur mit Zweidrittelmehrheit im Bundestag und im Bundesrat möglich. Bei besonders wichtigen Fragen bedarf es also einer sehr breiten Zustimmung (zu den unterschiedlichen Mehrheitserfordernissen → Rn. 63 ff.).

### bb) Entscheidungserleichterung

45 Die Mehrheitsentscheidung verlangt aber eben nicht Einstimmigkeit. Darin liegt durchaus ein großer Vorzug dieses Entscheidungskriteriums. Alle zu gewinnen, ist häufig unmöglich. Die Mehrheitsregel hat den Vorzug der Erleichterung, ja oft erst der **Ermöglichung einer Entscheidung.** Wollte man alle für eine Entscheidung gewinnen, so käme es oft zu keiner Entscheidung. Die Folge wäre Immobilität. Politisch betrachtet, ermöglichen Mehrheitsentscheidungen eine Veränderung des Status quo. Die Einstimmigkeit bedeutete völlige Besitzstandswahrung. Gerade eine dynamische Gesellschaft verträgt es nicht, sich in dieser Weise jeglichen Veränderungen zu verweigern. Mehrheitsentscheidungen sind notwendig, weil andernfalls jedes Teilinteresse eine Vetoposition besäße.

46 Dieses Problem der drohenden Immobilität bei der Notwendigkeit der Einstimmigkeit für Entscheidungen kann man an der Entwicklung des Rechts der Europäischen Union studieren, in welchem zunehmend die Mehrheitsentscheidung Platz greift. Der Europäische Rat beschließt nach Art. 15 Abs. 4 EUV regelmäßig einstimmig, das alltägliche Gremium des Rates kennt gemäß Art. 16 Abs. 3 EUV als Regel die qualifizierte Mehrheitsentscheidung, deren (diffizile) Einzelheiten in Art. 16 Abs. 4 AEUV geregelt sind.

### cc) Keine Richtigkeitsgarantie

47 Trotz ihrer materiellen Wirkungen kann eine Mehrheitsentscheidung nicht beanspruchen, immer die richtige Entscheidung zu sein.[42] Mit *Friedrich Schiller* gilt: „Nicht Stimmenmehrheit ist des Rechtes Probe.“[43] Auch wenn im strengen Sinne eine Mehrheitsentscheidung nicht immer die bestmögliche sein muss, so spricht die genannte Notwendigkeit, eine relativ breite Trägerschaft für die Entscheidung zu gewinnen, für eine Mäßigung, ein Auspendeln der Extreme. In eine Mehrheitsentscheidung gehen notwendigerweise auch vielfältige Interessen ein und die unterschiedlichen Erfahrungshintergründe derjenigen, die miteinander die Mehrheit zustande bringen. Wegen der

42 Anders die Vermutung, die Mehrheit bringe die richtige Entscheidung hervor, die römisch-rechtliche und kirchenrechtliche Wurzeln hat in Gestalt von „Pars maior – pars sanior“. S. zur Geschichte des Mehrheitsprinzips *F. Elsener*, Zeitschrift der Savigny-Stiftung für Rechtsgeschichte, Kan. Abt. 42 (1956), 73 ff. Im mittelalterlichen Kirchenrecht wurde das Mehrheitsprinzip praktiziert, freilich mit der Einschränkung, dass eine vorgesetzte Instanz befugt war, darüber zu befinden, ob die Mehrheit sich auch für die vernünftigere Entscheidungsvariante entschieden hatte. Gegebenenfalls konnte diese Instanz, etwa der Abt eines Klosters, sich gegen die Mehrheit durchsetzen. Dieses Entscheidungsmuster konnte bei der Papstwahl nicht praktiziert werden, weil es keine übergeordnete Stelle mehr gab, die über die Vernünftigkeit der Mehrheitsentscheidung befinden konnte. Deswegen gilt dort seit 1172 das uneingeschränkte Mehrheitsprinzip und zwar in Gestalt der Zweidrittelmehrheit.

43 *F. Schiller*, Maria Stuart, 2. Aufzug, 3. Auftritt.

notwendigen Konsenssuche oder Kompromissbildung wird jedenfalls eine breitere Zahl von Interessen abgedeckt.

#### dd) Unkompliziertheit

Ein augenscheinlicher Vorzug der Entscheidung durch die Mehrheit liegt in ihrer **technischen Einfachheit.** Eine Mehrheit ist grundsätzlich unkompliziert festzustellen, sie ist eindeutig und kann auch schnell identifiziert werden. Eine schwierige Frage mit Mehrheit zu entscheiden, ist insofern anderen Entscheidungsmodalitäten vorzuziehen, wie sie etwa aus der Antike bekannt sind. Den Vogelflug zu interpretieren oder ein Opfertier zu schlachten und in dessen Därmen zu lesen, bringt deutlich weniger eindeutige Resultate. Auch die Befragung von Orakeln war von sprichwörtlicher Unsicherheit über das Gemeinte begleitet. Wollte man nicht die Mehrheit, sondern die Minderheit entscheiden lassen, so stellt sich die Frage, welche Minderheitsgruppierung das sein solle. Unter dem Anspruch demokratischer Egalität lässt sich eine solche privilegierte Gruppe von Entscheidern nicht rechtfertigen. 48

#### ee) Durchsetzungswahrscheinlichkeit

Zwar nicht im Alltag, aber im Grenzfall der Verweigerung des Gehorsams gegenüber einer Mehrheitsentscheidung zeigt sich ein weiterer Vorteil: Sie ist von gesteigerter **Durchsetzungswahrscheinlichkeit.** Falls es hart auf hart kommt, hat die Mehrheit schon kraft Definition die stärkeren Bataillone. Die Minderheit wird sich sehr genau überlegen, ob sie den Ungehorsam riskiert, im Extremfall den Bürgerkrieg. Für die Mehrheitsentscheidung streiten also ein Effektivitäts- und ein Stabilitätsargument. Die Verlockung zum Ungehorsam gegenüber einer Mehrheitsentscheidung ist relativ klein. 49

#### ff) Veränderungsoffenheit

Nicht der kleinste Vorteil von Mehrheitsentscheidungen liegt in ihrer **Wandlungsoffenheit.** Eine Mehrheitsentscheidung ist rein formal orientiert und damit offen für alle möglichen Inhalte. Sie rezipiert nur die Auffassungen der Abstimmenden. Diese können sich indes ändern, damit können sich auch Mehrheitsverhältnisse ändern. Diese Offenheit für neue und andere Mehrheiten ist ideal für sich wandelnde Verhältnisse, unter welchen das, was früher angemessen erschien, sich heute nicht mehr als empfehlenswert darstellt. Die Mehrheitsentscheidung hat insofern ein Potenzial zur Dynamik. In der Politik erlaubt die Mehrheitsentscheidung, sich auf neue Verhältnisse einzustellen. Schließlich lässt die Mehrheitsregel der aktuell überstimmten Minderheit die Chance und damit auch die Hoffnung, sich bei einer künftigen Abstimmung durchsetzen zu können (→ Rn. 52 ff.). 50

### b) Voraussetzungen und Grenzen der Mehrheitsentscheidungen

Mehrheitsentscheidungen sind nicht immer tauglich, akzeptable Ergebnisse hervorzubringen. Die Mehrheit ist nur dann ein vernünftiges Entscheidungskriterium, wenn bestimmte Voraussetzungen erfüllt sind. Außerdem gibt es inhärente Schwächen von Mehrheitsentscheidungen. Im Einzelnen: 51

### aa) Die Minderheit muss zur Mehrheit werden können

52 Dies ist eine wesentliche Voraussetzung für die Anwendbarkeit der Mehrheitsregel. Wenn eine Gruppierung von vornherein absehbar keinerlei Chancen sieht, selbst eine Mehrheit erringen zu können, so hat sie kaum Motive, sich am Entscheidungsverfahren zu beteiligen, und wird auch die von der Mehrheit getroffene Entscheidung schwerlich als legitim ansehen können, weil sie ja selbst von einer aussichtsreichen Mitwirkung ausgeschlossen war. Umgekehrt bedeutet die Chance, bei einer künftigen Mehrheitsentscheidung selbst mit zur Mehrheit zu zählen, sowohl ein Motiv zur Akzeptanz der Entscheidung, welche man nicht wollte, und sie erhält die Loyalität zum politischen System, in dem mit Mehrheit entschieden wird. Wenn man sich guter Gründe für den eigenen Entscheidungsvorschlag sicher ist, so kann man immer hoffen, davon künftig eine Mehrheit überzeugen zu können. Das Motto der unterlegenen Bauern im Bauernkrieg mag dafür stehen: „Geschlagen ziehen wir nach Haus, die Enkel fechten's besser aus" – nur, dass der Hoffnungsbogen nicht solange gespannt sein muss, sondern etwa bei Wahlen sehr viel kürzere zeitliche Zyklen bestehen, in denen über die Mehrheiten neu befunden wird. Die oben angesprochene Reagibilität eines mit Mehrheit entscheidenden Systems gründet gerade auch in der Möglichkeit, einmal zusammengekommene Mehrheiten wieder verändern zu können, kraft besserer Einsicht oder in Ansehung veränderter Umstände.

53 Damit die Möglichkeit, dass eine gegenwärtige Minderheit zur Mehrheit wird, auch tatsächlich realisiert werden kann, bedarf es **rechtlicher Sicherungen** für die Minderheit. Insbesondere muss die Minderheit dieselben Rechte haben, sich zu versammeln, sich zu vereinigen und werbend nach außen aufzutreten. Die einschlägigen Grundrechte aus Art. 5, 8 und 9 GG sind deswegen zentral für eine gelingende Demokratie, ebenso die freie Betätigung der politischen Parteien nach Art. 21 Abs. 1 GG. Weiterhin müssen die verschiedenen Gruppierungen wie auch Einzelne **gleiche Chancen** haben, um politischen Erfolg zu erzielen. Deswegen wird die Chancengleichheit für Parteien generell und besonders auch im Wahlkampf, verfassungsrechtlich geschützt (→ Rn. 102, 143). Diese Möglichkeit, dass die Minderheit zur Mehrheit werden kann, besteht unter bestimmten Umständen von vornherein nicht. Mehrheitsentscheidungen passen schlecht, falls es Bevölkerungsgruppen gibt, die sich in wesentlichen Fragen von anderen unterscheiden und diese Unterschiede in absehbarer Zeit auch nicht abbaubar sind. Die Mehrheitsregel verträgt keine **strukturellen Minderheiten**. Damit sind hier etwa ethnische Gruppierungen gemeint, man denke beispielsweise an die Schweiz mit ihren unterschiedlichen Volks- und Sprachgruppen oder ebenso an Belgien oder auch an Zypern. Historisch ist an die beiden Konfessionen im alten Deutschen Reich zu erinnern. Für diese Umstände haben sich deswegen Entscheidungsformen herausgebildet, bei denen eben nicht die Mehrheit bestimmt. Für die Konfessionsfrage hat deswegen der Westfälische Frieden von 1648 in seinem Osnabrücker Teil, dem „Instrumentum Pacis Osnabrugense", dem Osnabrücker Friedensinstrument, bei der Regelung der konfessionellen Verhältnisse zunächst beiden Bekenntnissen vollständige Gleichheit gewährleistet (Art. 5 § 1) und vor allen Dingen Mehrheitsentscheidungen ausgeschlossen: „Eine Stimmenmehrheit in Angelegenheiten, die die Religion mittelbar oder unmittelbar betreffen, findet nicht statt" (Art. 5 § 9). Für Verhältnisse mit strukturellen Minderheiten, die existenzielle Interessen haben, empfehlen sich statt Mehrheitsentscheidungen Konsensentscheidungen. Die Mehrheitsregel führt typischerweise zu einer Wettbewerbsdemokratie, dort, wo strukturelle Minderheiten bestehen, bildet sich eher

eine sogenannte „Konkordanzdemokratie" aus, beispielhaft dafür ist die Schweiz, die seit langem eine All-Parteienregierung kennt.[44]

54 Eine andere Rechtstechnik, um mit strukturellen Minderheiten umzugehen, liegt darin, diesen mehrheitsunabhängig bestimmte Sonderrechte einzuräumen. In Deutschland gewährleistet etwa Art. 25 der Verfassung von Brandenburg Rechte der Sorben, dazu zählt auch die Mitwirkung sorbischer Vertreter bei der Gesetzgebung in Angelegenheiten, welche die Sorben betreffen (Abs. 5). In Schleswig-Holstein werden durch Art. 5 der Verfassung ebenfalls nationale Minderheiten und Volksgruppen geschützt und deren politische Mitwirkung eigens garantiert. In Erfüllung dieses Verfassungsauftrages hat das schleswig-holsteinische Wahlgesetz die dänische Minderheit von der Fünf-Prozent-Klausel ausgenommen, § 3 Abs. 1 S. 2 LWahlG SH. Auch das Bundesrecht nimmt sich nationaler Minderheiten an. So befreit § 6 Abs. 6 S. 2 BWahlG die Parteien nationaler Minderheiten von der Fünf-Prozent-Klausel. Das leuchtet ein, weil eine kleine Volksgruppe, die von vornherein die Fünf-Prozent-Klausel verfehlen wird, nicht auf die allgemeinen Wahlbedingungen verwiesen werden kann, wenn sie dort immer scheitern muss. Die Befreiung von der Fünf-Prozent-Klausel dient so der Integration auch dieser Volksgruppe in das Land.

#### bb) Schutz unverzichtbarer Positionen

55 Ein besonderes Instrument, um Positionen, die den Betroffenen überaus wichtig sind, auch in einem System der Mehrheitsentscheidungen zu sichern, liegt in der **Gewährleistung unverzichtbarer Positionen**. Die Bereitschaft, Mehrheitsentscheidungen hinzunehmen, wird umso mehr strapaziert und gefährdet, je wichtiger die von der Entscheidung getroffene Position dem Einzelnen ist. Es ist leicht vorstellbar, dass bestimmte Opfer, welche die Mehrheit auferlegt, von den Betroffenen nicht hingenommen werden, der Gehorsam also aufgekündigt wird. Diesem Problem wird begegnet durch die Gewährleistung mehrheitsfester Rechte. Zu denken ist insbesondere an die Grundrechte. Erst solche dem Mehrheitszugriff entzogene Bereiche machen die Mehrheitsregel tatsächlich funktionsfähig. Die demokratische Ordnung des Grundgesetzes kennt deswegen als unverzichtbaren Bestandteil solche Gewährleistungen der Freiheit (→ Rn. 167 f.). Auch bestimmte Bereiche der selbstverantwortlichen Ausgestaltung, die nicht allgemeinen Mehrheitsentscheidungen unterworfen sind, können die Bereitschaft, Mehrheitsentscheidungen hinzunehmen, stärken. Die deutsche Rechtsordnung kennt in Art. 28 Abs. 2 GG für die Gemeinden das Recht auf Selbstverwaltung; das leuchtet insofern ein, als die unmittelbar betroffenen Bürger einer Gemeinde sich ein sehr viel besseres Bild von den örtlichen Verhältnissen machen können als der ferne Gesetzgeber. Auch bestimmte Berufe sind mit dem Recht zur Selbstverwaltung ausgestattet worden, so können etwa Rechtsanwälte oder Ärzte in ihren Berufskammern die eigenen Angelegenheiten selbst regeln und dabei ihren spezifischen Präferenzen folgen.

#### cc) Kultureller Konsens

56 Eine funktionierende Praxis der Mehrheitsentscheidungen kennt weiter gewisse **kulturelle Voraussetzungen**. Förderlich ist jedenfalls eine bestimmte Homogenität in den Interessen und Überzeugungen der Bevölkerung, ein gewisser Grundkonsens darüber, was richtig oder jedenfalls annehmbar ist. Heftige religiöse Spaltungen, wie wir sie in

44 *A. Lijphart*, Democracy in plural societies, 1977.

Deutschland aus der Vergangenheit kennen, stehen für das Gegenteil. Die kulturelle Homogenität muss in dem Maße nicht gegeben sein, in dem die Bereitschaft zur Toleranz gegenüber anderen Überzeugungen herrscht. Bezogen auf die Religion ist also ein gewisses Abflauen der heftigsten Überzeugungen jedenfalls in dem Maße für Mehrheitsentscheidungen förderlich, als man Mitbürgern andere Überzeugungen zugesteht, mag man diese auch für irrig halten. Hilfreich für die Hinnahme von Mehrheitsentscheidungen sind auch historisch gewachsene Gemeinschaftsgefühle, also etwa die in langen Zeiträumen gewachsene Zugehörigkeit zu einem Nationalstaat. Dies wird in besonderem Maße aktuell, wenn es um Transferleistungen innerhalb der politischen Gemeinschaft geht, sei es in Form von Sozialleistungen oder von Hilfen für bestimmte Regionen. Das gemeinsame Gefühl, zu einer politischen Gemeinschaft zu gehören, das durch gute wie schlechte historische Erfahrungen immer wieder bekräftigt wurde, erlaubt es, bestimmten Bevölkerungsgruppen oder Regionen Opfer aufzuerlegen, um anderen damit zur Seite zu stehen. Dieses Problem sieht man derzeit in der Europäischen Union, es wird etwa tagespolitisch im Streit um eine sogenannte „Transferunion" ausgetragen.

#### dd) Informale Vorbereitung

57 Eine Mehrheitsentscheidung setzt voraus, dass sich eine Mehrheit der Stimmberechtigten zusammenfindet. Hierzu müssen Informationen über die Abstimmungsabsichten anderer eingeholt werden, müssen Kompromisse geschlossen werden. Eine Vielzahl dieser notwendigen Prozesse vor der offiziellen Entscheidung ist rechtlich nicht reguliert, sondern wird der freien sozialen Praxis überlassen. So wird etwa bei der Suche nach einem Konsens zwischen Koalitionspartnern im Parlament, aber auch bei der Überzeugung der Angehörigen der eigenen Fraktion intensiv gesprochen, werden Tauschgeschäfte angeboten, werden Absprachen getroffen. Gleiches gilt auch für die Entscheidungen, die ein Parteitag mit Mehrheit trifft. Hier hat sich die Praxis herausgebildet, dass sich unterschiedliche Gruppierungen am Abend vor dem Parteitag in unterschiedlichen Lokalen treffen, um solche Absprachen für die anstehenden Entscheidungen zu finden. Mehrheitsentscheidungen bringen Prozesse **informaler Vorbereitung** hervor. Dies kann man auch im Grundgesetz ablesen. Wenn Art. 63 Abs. 1 GG festlegt, dass der Bundeskanzler auf Vorschlag des Bundespräsidenten vom Bundestag ohne Aussprache gewählt wird, so ist ein solches Vorgehen nur aussichtsreich, wenn es vorherige Klärungen gibt, welcher Kandidat voraussichtlich eine Mehrheit hinter sich vereinen kann.

58 Diese Praxis der Informalisierung von Entscheidungen ist sowohl unvermeidlich als auch mit Gefahren behaftet. Die Vorklärungen und das Aushandeln von Kompromissen können nämlich den eigentlich für eine Entscheidung zuständigen Gremien entzogen werden und in andere informale Kreise ausgelagert werden. Dies geschieht in der politischen Praxis durchaus in einem Ausmaß, das zu einer Gefahr der Entparlamentarisierung politischer Entscheidungen geführt hat.[45]

45 S. eingehend zu diesem Problem und zu den tatsächlichen Motiven hierfür wie zur rechtlichen Beurteilung *M. Herdegen*, VVDStRL 62 (2003), 7 ff. und *M. Morlok*, VVDStRL 62 (2003), 37 ff.; *M. Ruffert*, DVBl. 2002, 1145 ff.

### ee) Keine Unabänderlichkeit

59 Wie bereits oben angeklungen (→ Rn. 50) verlangt die Volkssouveränität, dass Entscheidungen nicht ewig unverändert bleiben müssen. Von der Volkssouveränität her gedacht geht es darum, dass das Volk sich anders entscheiden kann oder, im Verhältnis der Generationen zueinander, die neue Generation nicht an die Entscheidungen der Älteren gebunden ist: Keine Herrschaft der Toten über die Lebenden. Die Selbstbestimmung soll jeder Generation möglich sein. Daraus folgt, dass möglichst keine **irreversiblen Entscheidungen** getroffen werden (→ Rn. 28). Dies wird auch von dem Postulat verlangt, die aktuelle Minderheit solle künftig zur Mehrheit werden können: Die ehemalige Mehrheitsgruppierung soll keine unverrückbare Fakten schaffen.

60 Deswegen werden demokratische Personalentscheidungen immer nur auf Zeit getroffen, auch die Möglichkeit der Abwahl hält Änderungen offen. Schwieriger liegen die Dinge bei sachlichen Entscheidungen. Hier gibt es im Extremfall de facto irreversible Entscheidungen, erinnert sei an die oben skizzierten Folgen der Kernkraft. Sonstige Entscheidungen sind oft nur unter hohen Kosten wieder zu verändern, auch mag ein Rückgängigmachen sehr viel Zeit beanspruchen. Ist ein Wald erst abgeholzt und eine Autobahn gebaut, so kann dies zwar wieder rückgängig gemacht werden, aber der finanzielle Aufwand ist groß und es braucht Jahrzehnte, bis der Wald wieder gewachsen ist. Deswegen gilt für Mehrheitsentscheidungen zwar ein Gebot der Zurückhaltung bei irreversiblen Entscheidungen. Angesichts dessen, dass viele Entscheidungen aber tatsächlich faktisch nur schwer umkehrbar sind, kann dem nur begrenzt gefolgt werden.

### ff) Intensitätsindifferenz

61 Eine Schwäche von Mehrheitsentscheidungen liegt darin, dass sie auf unterschiedliche Intensitäten der miteinander rivalisierenden Präferenzen nur schlecht eingehen können, und die Mehrheitsentscheidung selbst diese nicht abbildet. Mit diesem **Intensitätsproblem** ist gemeint, dass unter mehreren Entscheidungsmöglichkeiten manche Bürger eine sanfte Präferenz für die Variante a haben, aber notfalls mit der Variante b leben könnten. Andere Bürger hingegen wollen um alles in der Welt Variante a vermeiden, würden viel opfern, um eine Entscheidung nach Variante b zu erreichen. Beim Sammeln der Stimmen, um zu einer Mehrheit zu kommen, wird die unterschiedliche Dringlichkeit der Präferenzen zunächst nicht erfasst. Insofern kann Minderheitsgruppierungen mit starken Wünschen und Präferenzen durch Mehrheitsentscheidungen schwer zu Ertragendes auferlegt werden, ohne dass auf der anderen Seite ein entsprechendes Opfer verlangt würde.

62 In der Praxis der parlamentarischen Politik wird dieses Problem oft dadurch entschärft, dass beim Aufbau der notwendigen Kompromisse, um zu einer Mehrheit zu gelangen, oft mehrere Entscheidungsgegenstände miteinander verbunden werden, man spricht von „Paketen“. Die Verbindung unterschiedlicher Entscheidungsgegenstände erlaubt es, beim Aushandeln von Kompromissen starken Präferenzen eines Beteiligten entgegenzukommen, der umgekehrt stark ausgeprägten Wünschen des anderen Partners dort entgegenkommt, wo die eigenen Präferenzen eher schwach sind. Das Schnüren von solchen Kompromisspaketen kann so auf die unterschiedliche Stärke der Präferenzen eingehen.

### c) Formen der Mehrheitsentscheidung

63 Eine Mehrheitsentscheidung wird in der Grundkonstellation erzielt, wenn sich „50 % + 1“-Stimmen für einen Entscheidungsvorschlag aussprechen. Das bedeutet zugleich, dass ein oder mehrere konkurrierende Vorschläge weniger Stimmen für sich gewinnen konnten. Bei näherer Betrachtung stellt man fest, dass das Grundgesetz unterschiedliche Formen der Mehrheitsentscheidung kennt. Dabei sind zwei Bezugspunkte auseinander zu halten, zum einen geht es um die notwendige Zahl der Stimmen, man spricht hier vom erforderlichen Quorum, zum anderen geht es um die Grundgesamtheit, auf welche bei der Berechnung des Quorums abgestellt wird.

64 Die **einfache Mehrheit** meint, dass ein Antrag im Bundestag dann angenommen worden ist, wenn er „50 % + 1“-Stimmen erlangt hat, und zwar der abgegebenen Stimmen. Höhere Mehrheitserfordernisse, also **qualifizierte Mehrheiten**, werden dann verlangt, wenn eine Änderung erschwert werden soll. Dies gilt für die Bestimmungen des Grundgesetzes, hier verlangt Art. 79 Abs. 2 GG eine Mehrheit von zwei Dritteln im Bundestag und im Bundesrat. Nicht für alle Entscheidungen des Bundestages sieht das Grundgesetz allerdings eine Mehrheitsentscheidung vor, es gibt auch den Minderheiten bestimmte Rechte. Am wichtigsten ist das Recht aus Art. 44 Abs. 1 S. 1 GG, einen parlamentarischen Untersuchungsausschuss einzusetzen. Allerdings empfiehlt es sich, qualifizierte Mehrheiten nur begrenzt zu verlangen, weil sonst der Vorteil der Mehrheitsregel, nämlich Änderungsmöglichkeiten zu erhalten, eingeschränkt wird. Das Grundgesetz kennt deswegen die Zweidrittelmehrheit wesentlich nur im Fall der Verfassungsänderung, außerdem bei der Feststellung des Verteidigungsfalles nach Art. 115a Abs. 1 S. 2 GG und für den Beschluss einer Erhebung der Anklage gegen den Bundespräsidenten vor dem Bundesverfassungsgericht nach Art. 61 Abs. 1 S. 3 GG.

65 Bei der Berechnung der erforderlichen Mehrheit ist es wichtig, die Grundgesamtheit zu bestimmen, auf welche zur Berechnung der jeweils erforderlichen Mehrheit Bezug genommen wird. Hier gibt es zum einen die Zahl der abgegebenen Stimmen. Dabei bleiben ungültige Stimmen außer Betracht, ebenso aber auch Enthaltungen: Wer sich der Stimme enthält, hat eben zur Abstimmungsfrage keine Meinung und will den Ausgang der Abstimmung nicht beeinflussen. Diese einfache Abstimmungsmehrheit ist das regelmäßige Erfordernis für Beschlüsse des Bundestages, siehe Art. 42 Abs. 2 S. 1 GG. Weiter kann als Bezugsgröße abgehoben werden auf die Stimmberechtigten. Für den Bundestag meint dies die Gesamtheit der Mitglieder des Bundestages. Bei diesem Mehrheitserfordernis wirken sich auch ungültige Stimmen und Enthaltungen aus, ebenso die völlige Nichtbeteiligung an der Abstimmung. Dieses Erfordernis der Mehrheit der Mitglieder des Bundestages stellt Art. 63 Abs. 2 S. 1 GG für die Wahl des Bundeskanzlers auf, ebenso Art. 67 Abs. 1 S. 1 GG für den Erfolg eines Misstrauensvotums. Der Sinn dieses Mehrheitserfordernisses liegt darin, dass die so gefundene Mehrheit eine gewisse Stabilität verspricht, die nicht bei nächster Gelegenheit durch das Erscheinen abwesender Abgeordneter oder die Abgabe gültiger Stimmen gekippt wird. Entscheidungen des Bundesrates kommen nach Art. 52 Abs. 3 S. 1 GG ebenso nur mit den Stimmen der Mehrheit seiner Mitglieder zustande (→ § 13 Rn. 18). Das wirkt sich dann aus, wenn in Koalitionsverträgen zwischen den Parteien in den Ländern vereinbart wird, dass dann, wenn sich die Koalitionspartner in einer im Bundesrat zur Abstimmung stehenden Frage nicht einigen können, sich das Land der Stimme enthält. Dies ist eine ziemlich unbedachte Regelung, weil eine Enthaltung sich wegen des Erfordernisses der Mitgliedermehrheit als Ablehnung auswirkt.

Bei der Berechnung der Zahl der Mehrheit der Mitglieder des Entscheidungsgremiums kommt es auf die rechtliche Sollgröße an, nicht auf die aktuelle empirische Größe, für den Bundestag und die Bundesversammlung legt das Art. 121 GG fest. Das bedeutet, dass, wenn etwa ein Abgeordneter sein Mandat niedergelegt hat oder verstorben ist, die Sollgröße sich nicht ändert, auch wenn noch kein Nachfolger sein Mandat angenommen hat. Die Mehrheit der Mitglieder des Abstimmungsgremiums bezeichnet man als **absolute Mehrheit**. 66

Die **relative Mehrheit** ist die Bezeichnung für den größten Stimmenanteil bei mehr als zwei Entscheidungsvorschlägen. Aber auch hier kann sich eine absolute Mehrheit für einen Entscheidungsvorschlag abzeichnen, der die relative Mehrheit konsumiert.

Das Grundgesetz kennt auch die Kombination des Erfordernisses einer qualifizierten Mehrheit und einer bestimmten Bezugsgröße. So kann das Grundgesetz nach Art. 79 Abs. 2 GG nur geändert werden, wenn im Bundestag und im Bundesrat sich jeweils eine Mehrheit von zweidritteln der Mitglieder dieser Gremien für das verfassungsändernde Gesetz ausspricht. Wie gesehen, setzt die Präsidentenanklage nach Art. 61 Abs. 1 S. 3 GG ebenfalls diese doppelte Qualifikation voraus. Entsprechendes gilt für die Feststellung des Verteidigungsfalles nach Art. 115a Abs. 1 S. 2 GG. Das Grundgesetz kennt auch das Erfordernis einer Zweidrittelmehrheit der abgegebenen Stimmen, so für den Ausschluss der Öffentlichkeit von den Verhandlungen des Bundestages nach Art. 42 Abs. 1 S. 2 GG. 67

Weil erhöhte Erfolgsanforderungen nicht immer erreicht werden können, eine Entscheidung aber gleichwohl geboten ist, gibt es auch eine Absenkung der Erfolgserfordernisse nach missglückten Versuchen, unter höheren Anforderungen eine Entscheidung zu erzielen. Dies gilt für die Wahl des Bundespräsidenten gemäß Art. 54 Abs. 6 GG, wo nach zwei gescheiterten Versuchen, mit der Mitgliedermehrheit der Bundesversammlung einen Präsidenten zu küren, in einem weiteren Wahlgang die einfache Mehrheit genügt. Ähnliches gilt für die Wahl des Bundeskanzlers nach Art. 63 Abs. 4 GG, allerdings kommt in diesem Falle dem Bundespräsidenten das Entscheidungsrecht darüber zu, ob der Gewählte – trotz der etwas unsicheren Grundlage seiner Wahl – zum Bundeskanzler ernannt wird oder ob der Bundestag aufgelöst wird und Neuwahlen stattfinden (→ § 11 Rn. 146, § 14 Rn. 40). 68

## 2. Institutionelle Ausgestaltung der Demokratie durch das Grundgesetz

Wie gezeigt kommt eine Demokratie nur zustande durch ein Arrangement von Entscheidungsregeln, Institutionen und Verfahren, die zusammen ein konkretes Muster an Input-Strukturen bilden, um durch diese dem politischen Willen des Volkes Entscheidungsrelevanz zu verleihen. Das Grundgesetz hat dies für die Demokratie auf der Ebene des Bundes in bestimmter Weise getan. Kennzeichnend für die Demokratie gemäß dem Grundgesetz ist ihr **repräsentativer Charakter**. Die Sachentscheidungskompetenz des Volkes ist beschränkt auf Volksentscheide bei Neugliederung des Bundesgebietes nach Art. 29 GG (→ Rn. 14). Bei genauer Betrachtung wird hier nicht das Bundesvolk aufgerufen, sondern die Völker der betroffenen Länder, Art. 29 Abs. 3 S. 1 GG. Im Übrigen verweist Art. 20 Abs. 2 S. 2 GG auf die besonderen Organe der Staatsgewalt als Entscheidungsträger. Die Volkssouveränität manifestiert sich in erster Linie über die **Wahlen** zum Deutschen Bundestag (→ Rn. 85 ff.). Sie bilden das wesentliche Medium des Einflusses der Bürger auf die staatliche Entscheidungsfindung. Die so gewählte Volksvertretung, der **Deutsche Bundestag**, ist das **Zentralorgan** der Demokratie unter 69 dem Grundgesetz (→ § 11 Rn. 1 ff.). Ihm steht die **Bundesregierung** als das politische Initiativzentrum gegenüber (→ § 12 Rn. 1 ff.). Das Zusammenspiel von Bundestag und Bundesregierung wurde vom Grundgesetz als **parlamentarische Demokratie** ausgestaltet. Das bedeutet, dass die Regierung vom Vertrauen des Parlamentes abhängig ist, wie Art. 63 und 67 GG aber auch Art. 69 Abs. 2 1. Alt. GG zeigen. Wegen des bundesstaatlichen Charakters wirken die Länder an der Entscheidungsfindung des Bundes über den **Bundesrat** (→ § 13 Rn. 1 ff.) mit. Der Bundespräsident als Staatsoberhaupt (→ § 14 Rn. 1 ff.) hat eine vergleichsweise schwache Rolle inne und ist weitgehend auf Repräsentationsaufgaben beschränkt. Die Verfassungsbindung aller staatlichen Gewalt, wie sie in Art. 20 Abs. 3 GG formuliert wird, kulminiert in einer starken Verfassungsgerichtsbarkeit in Gestalt des Bundesverfassungsgerichts (→ § 17 Rn. 47 ff.).

### 3. Direkte Demokratie als Ergänzung der repräsentativen Demokratie

#### a) Selbstbestimmung als demokratisches Kernmotiv

70 Seit längerer Zeit werden in Deutschland Forderungen nach Einführung direktdemokratischer Elemente auch auf der Ebene des Bundes erhoben. Sie sind getragen vom Wunsch nach mehr und stärkeren Möglichkeiten politischer Partizipation.[46] Diese Bestrebungen lassen sich verstehen als Ernstnehmen der demokratischen Verheißung auf Selbstbestimmung (→ Rn. 57 f.) in der Gestalt der Selbstwahrnehmung von Entscheidungsrechten – und sich in den Entscheidungen nicht nur vertreten zu lassen durch die Volksvertreter. Direkte Demokratie enthält das Versprechen, eine ungeschmälerte Form der Demokratie zu sein – im Gegensatz zur repräsentativen Demokratie. Repräsentative Demokratie, also die verbindlichen Entscheidungen durch – wenn auch gewählte – Vertreter treffen zu lassen, erscheint demgegenüber als Schrumpfform der Demokratie.

#### b) Zur Terminologie

71 Mit „direkter Demokratie" oder „unmittelbarer Demokratie" sind verschiedene Formen der unmittelbaren Entscheidung durch das Volk gemeint. Hier soll es allein um die Entscheidung von **Sachfragen** gehen, der Begriff kann auch eine Ausweitung des Kreises der durch Volkswahlen zu besetzenden staatlichen Ämter umfassen, wie das in den USA der Fall ist, wo auch etwa Richter und Staatsanwälte vom Volk gewählt werden können. Für die verschiedenen Formen von Entscheidungen durch das Volk sind unterschiedliche Begriffe im Umlauf. Hier wird folgende Begrifflichkeit gewählt:[47]

- Mit **Plebiszit** soll eine Entscheidung durch das Volk bezeichnet werden, unabhängig davon, wer diese Entscheidung initiiert hat.
- Ein **Referendum** stellt den Unterfall dar, dass ein staatliches Organ dem Volk eine Frage zur Entscheidung vorlegt. Dabei sind wieder obligatorische Referenden (etwa bei Verfassungsänderungen sowie nach geltendem Verfassungsrecht bei einer Verfassungsablösung nach Art. 146 GG) von fakultativen abzuheben. Fakultativen Referenden ist mit Skepsis zu begegnen, weil ihnen ein erhebliches Manipulationspotential innewohnt, etwa bei der Formulierung der dem Volk vorgelegten Frage.

---

46 Zur Qualität direktdemokratischer Entscheidungen s. *U. Schliesky*, SchlHA 2014, 86 ff.

47 Zur Terminologie wie zu den Sachfragen siehe insb. *J. Rux*, Direkte Demokratie in Deutschland, 2009, insb. S. 38 ff.

- Dem stehen **Volksinitiativen** und **Volksbegehren** gegenüber, bei denen die Initiative bei den Bürgern liegt. Mit einer Volksinitiative kann eine bestimmte Zahl von Bürgern erreichen, dass sich das Parlament mit einer Angelegenheit auseinandersetzt. Einem Volksbegehren liegt ein ausgearbeiteter Gesetzentwurf zugrunde, über den dann das Volk entscheiden kann, falls das Parlament diesen Gesetzentwurf nicht selbst verabschiedet. Im Einzelnen kann man ein zwei- oder ein dreistufiges Verfahren der Volksgesetzgebung unterscheiden, in der Langform also beginnend mit einer Volksinitiative, einem sich daran anschließenden Volksbegehren, das bei einer höheren Zahl von Unterstützerunterschriften als für eine Volksinitiative nötig zum Erfolg führt und dann gegebenenfalls in einem Volksentscheid endet.[48]

Bei allen Formen der Demokratie ist zu sehen: Das Volk ist politisch nur entscheidungs- und handlungsfähig, wenn es durch Verfahren und Entscheidungsregeln in den Stand gesetzt wird, dass es als größeres Kollektiv auch Entscheidungen treffen kann. Diese Notwendigkeit von Organisation, Verfahren und Entscheidungsregeln besteht für die repräsentative und für die direkte Demokratie gleichermaßen. Man mag nun die Antwort auf dieses Zentralproblem der Demokratie, wie das Volk zur Entscheidungsfindung befähigt wird, „Repräsentation" nennen (→ Rn. 38 f.).[49] Dieses Verständnis des Begriffs der Repräsentation blendet die vielen Bedeutungsvarianten, mit denen dieser Begriff aufgeladen ist, aus und konzentriert sich auf die im Zentrum der Demokratietheorie liegende Unabdingbarkeit von Regeln, wie die Entscheidungen zu treffen sind; dieser Begriff von Repräsentation fasst all diese möglichen Verfahrensgestaltungen zusammen und bringt sie auf *einen* Begriff, und zwar für alle Arten von Entscheidungsmustern. Im Hinblick auf diese Notwendigkeit von geregelten Entscheidungsverfahren besteht zwischen direkter und repräsentativer Demokratie **kein kategorialer Unterschied.** Damit rückt die Frage in den Mittelpunkt, welches Organisationsmuster der Entscheidung mit welchen Vor- und Nachteilen verbunden ist. Jedes Muster hat eigene Qualitäten, die jeweils zu bewerten sind. Die Formen direkter und diejenigen repräsentativer Demokratie rücken damit einander näher. 72

Damit liegt es nahe, dass man Modelle der Entscheidungsfindung entwickelt, die unterschiedliche Regeln kombinieren, in der Hoffnung, Vorteile zu addieren und Nachteile der einen Gestaltungsvariante durch eine andere zu kompensieren. Diese Vorstellung wird bereits seit der Antike unter dem Namen der **gemischten Verfassung**[50] erörtert. 73

### c) Vorteile direkter Demokratie

Ein wesentliches Argument für direktdemokratische Instrumente liegt in der Erkenntnis, dass jede politische Organisationsform eigene **Selektivitäten** aufweist. Damit ist gemeint, dass unterschiedliche Wege der Einflussnahme auf die staatliche Entscheidungsfindung den verschiedenen gesellschaftlichen Gruppierungen und ihren Interessen unterschiedlich große Chancen eröffnen. Die Idee der gemischten Verfassung legt nun nahe, dass man die Einseitigkeiten eines bestimmten Modus der Entscheidungsfindung 74

---

48 Als Beispiel sei etwa auf die Verf NRW verwiesen: Art. 67a (Volksinitiative), Art. 68 Abs. 1, 2 (Volksbegehren), Art. 68 Abs. 2–5 (Volksentscheid).

49 Siehe so *M. Morlok*, Demokratie und Wahlen, in: FS 50 Jahre Bundesverfassungsgericht, Bd. 2, 2001, S. 559 ff.

50 Die Idee der gemischten Verfassung wird üblicherweise auf den griechischen Historiker *Polybios* zurückgeführt.

ausgleicht durch weitere **Inputkanäle**. Diese sind ihrerseits zwar ebenfalls selektiv, kennen aber andere Selektivitäten. Jede Organisationsform ist mit Vorteilen für bestimmte Interessen verbunden, mit besonderen Sensibilitäten und Zugangsmöglichkeiten. Umgekehrt stellen diese Eigenschaften eines bestimmten Entscheidungssystems besondere Hürden für andere Interessen dar, um politischen Einfluss zu erlangen. Deswegen empfiehlt es sich, eine Institutionenordnung der repräsentativen Demokratie zu ergänzen durch die weniger strukturierte und damit **offene Form der Volksinitiative** als das wichtigste Instrument der direkten Demokratie. Unter diesem Gesichtspunkt ist der entscheidende Nutzen direkter Demokratie darin zu sehen, dass das Volk **Initiativmöglichkeiten** hat, neue und andere Themen können eingeführt werden. Dies ist auch ein Mittel gegen die Zementierung des Status quo kraft non decision.[51] Damit ist gemeint, dass man bestimmte Themen gar nicht auf die Tagesordnung nimmt und den bisherigen Zustand dadurch fortschreibt. Direktdemokratische Elemente können die Lernfähigkeit des politischen Systems erhöhen.

75 Für unmittelbare Entscheidungsmöglichkeiten des Volkes spricht auch deren **expressiver Charakter**. Es geht nicht nur um die richtige Entscheidung (i.S. einer instrumentellen Sicht), sondern eben um die auch gefühlte Partizipation an der politischen Entscheidungsfindung. Dieses partizipative Moment der Demokratie, ein entscheidendes Element der Demokratie, wird bei direkter Demokratie sinnlich erfahrbar.

#### d) Probleme direktdemokratischer Entscheidungsfindung

76 Auf der anderen Seite sind mit direktdemokratischen Entscheidungsformen auch typische Probleme verbunden. Die Leistungsfähigkeit dieser Formen unmittelbarer Entscheidungsfindung durch das Volk ist begrenzt. Dies hat zunächst damit zu tun, dass Gemeinwohlentscheidungen häufig unterschiedliche Interessen berücksichtigen müssen und deswegen **Kompromisscharakter** tragen. Volksentscheide stellen aber zwangsläufig fixe Alternativen gegeneinander, zwischen denen im Entscheidungsgang kein Kompromiss möglich ist. Nur im Vorfeld, beim Entwurf eines Gesetzes, können bei dieser Entscheidungsform Kompromisse geschlossen werden. Demgegenüber ist die Gesetzgebung im Parlament durch ständige Prozesse des Aushandelns und der Kompromisssuche gekennzeichnet, wesentlich in den Ausschüssen, aber auch in den Fraktionen. Parlamentarische Kompromissfindung und plebiszitäre Entscheidung lassen sich kombinieren im Referendumsverfahren (zu Bedenken gegen fakultative Referenden → Rn. 71).

77 Als ein weiteres Problemfeld direktdemokratischer Entscheidungsmechanismen lassen sich **Kohärenz- und Kompatibilitätskonflikte** identifizieren: Die verschiedenen Entscheidungen der Politik müssen sich miteinander vertragen und ein stimmiges Gesamtbild geben. Das ist bei punktuell getroffenen Entscheidungen kaum möglich. Damit zusammen hängt das Problem der **finanziellen Machbarkeit**. Die eine – wünschenswerte – Entscheidung hat auch zu berücksichtigen, dass auch andere Vorhaben aus den begrenzten staatlichen Mitteln finanziert werden müssen. Die finanzielle Gesamtverantwortung zu wahren, erweist sich insofern als schwierig bei Entscheidungen, die nur einen Punkt in den Blick nehmen. Im Hinblick hierauf beinhalten viele Bestimmungen in den Verfassungen der Länder ein Verbot haushaltswirksame Entscheidungen im

51 Zum Konzept der Nicht-Entscheidung s. *P. Bachrach/M. S. Baratz*, The American Political Science Review 57 (1963), 632 ff.

Wege des Volksentscheids zu treffen.[52] Das wiederum verringert die Zahl der direktdemokratisch zu beeinflussenden Themenbereiche erheblich, da die meisten politischen Entscheidungen Geld kosten und damit haushaltswirksam sind.

Auch setzen gute politische Entscheidungen in einer komplizierten Welt **spezialisiertes Wissen** (→ § 11 Rn. 96) voraus. Der Einsatz besonderen Fachwissens für das Finden einer Entscheidung ist bei den Formen der direkten Demokratie schwierig. Die Publikation von Wissen ist natürlich möglich, aber die Form der Informationsverarbeitung in öffentlicher Diskussion, Debatte, ja Polemik führt zu holzschnittartigen Argumentationsmustern und wird oft der Differenziertheit der Sache nicht gerecht. Damit ist nicht gesagt, dass die Volksvertreter in repräsentativer Entscheidung unbedingt mehr Wissen hätten als der gemeine Bürger, zumal als die Gesamtheit der Bürger. Entscheidend sind aber die **Formen der Informationsverarbeitung.** Die stark arbeitsteilige Organisation der Parlamente und die dort praktizierte Mehrstufigkeit eines Erwägungs- und Entscheidungsganges kann größere Komplexität bewältigen, mehr Information verarbeiten und auch Bewertungen besser vorbereiten als dies in der Debatte über die Breite der Bevölkerung hin möglich ist. 78

Auch ist zu sehen: Ein geringeres Informationsniveau führt eher zu einem konservativen Stimmverhalten. Neuerem steht man regelmäßig mit Angst, Unsicherheit und jedenfalls Zurückhaltung gegenüber, weshalb Neuerungen per Volksentscheid wenig wahrscheinlich sind. Die Schweizer Erfahrungen mit dem Gesetzesreferendum belegen deutlich, dass eine Veränderung des Status quo durch Gesetze dadurch schwieriger wird.[53] Das hat auch damit zu tun, dass diejenigen, die etwas zu verlieren haben, eher aktiv werden und zur Abstimmung gehen, wohingegen eine in Aussicht gestellte Verbesserung häufig nicht sehr motivationskräftig ist, auch weil sie oft blasse Konturen hat. Überhaupt ist es im Allgemeinen leichter, Veränderungsentscheidungen zu verhindern als zu erreichen. Die Profiteure des Status quo können sich auf die Beibehaltung des Bisherigen leichter einigen als Befürworter einer Änderung, die sich verständigen müssen, welche Veränderung unter den vielen möglichen es denn sein soll. Kurz: eine Verhinderungskoalition ist typischerweise leichter zu Wege zu bringen als eine Bewirkungskoalition. 79

Bei der direkten Demokratie stimmen die Bürger entsprechend ihren Interessen und Überzeugungen und bringen diese unmittelbar in den Entscheidungsgang ein, damit werden diese ungemildert wirksam. Demgegenüber sind repräsentative Gremien eher geeignet und zur Mehrheitsfindung auch darauf verwiesen, durch Kompromiss in Form der Bündelung von Interessen und der Zumutung von Abstrichen an Forderungen einzelner Positionen dem Gemeinwohl eher gerecht zu werden. Hinzu tritt ein weiteres: Die Abgeordneten als Repräsentanten des Volkes müssen sich öffentlich verantworten, was tendenziell zu verantwortlichem Handeln führt. Sie stehen unter Begründungs-und Rechtfertigungspflichten. Demgegenüber kann der einzelne Bürger unter dem Schutz des Abstimmungsgeheimnisses sein „schlechtes Ich" ausleben und öffentlich nicht darstellbare Vorurteile oder Egoismen ausleben. Der Zwang zur öffentlichen Verantwortung wirkt insofern veredelnd. 80

52 Diese Bestimmungen variieren, sie nennen den „Haushalt" oder sprechen von „Finanzfragen" oder von „haushaltswirksamen Gesetzentwürfen"; zu den Haushaltsvorbehalten insb. in den Verfassungen der neuen Bundesländern: *J. Rux*, LKV 2002, 252 ff; allgemein zu thematischen Begrenzungen direkter Demokratie: *K. Ritgen*, NVwZ 2000, 129 ff.

53 Dazu *A. Christmann*, In welche politische Richtung wirkt die direkte Demokratie?, 2009.

### e) Ausgestaltungsfragen

81 Die erste Frage, die es bei der Einführung direktdemokratischer Elemente im Bereich des Bundes zu klären gilt, ist diejenige nach der **verfassungsrechtlichen Zulässigkeit.** Hier ist festzustellen, dass der Einführung solcher Entscheidungsformen vom Grundgesetz her nichts Entscheidendes entgegensteht:[54] Art. 20 Abs. 2 S. 2 GG (→ Rn. 9 ff.) anerkennt neben Wahlen, welche die Organe der repräsentativen Demokratie ins Amt bringen, auch „*Abstimmungen*". Damit ist der Weg für Abstimmungen des Volkes über Sachfragen nicht verschlossen. Durch Verfassungsänderung könnte neben der Gesetzgebung gemäß Art. 76 ff. GG (→ § 15) ein zweiter Modus der Rechtssetzung festgelegt werden. Nach herrschender Ansicht steht eine so fundamentale Frage wie die Ausformung der Volksgesetzgebung unter Verfassungsvorbehalt.[55] Freilich erhalten die Repräsentationsorgane dadurch die Möglichkeit, die Realisierung der in Art. 20 Abs. 2 GG vorgesehenen Option der direkten Demokratie durch eine Sperrminorität dauerhaft zu blockieren, weshalb die Notwendigkeit einer Verfassungsänderung z.T. auch abgelehnt wird.[56] Bei der Ausgestaltung der Volksgesetzgebung ist zu klären, ob und wie die Länder (durch den Bundesrat → § 13) mitwirken. Dies ist mit Blick auf die Mitwirkungsgarantie für die Länder bei der Gesetzgebung in Art. 79 Abs. 3 GG zu beachten.

82 Jenseits der Frage, ob direktdemokratische Entscheidungsformen wünschenswert sind, gibt es einen **umfangreichen Fragenkreis der technischen Ausgestaltung,** also des „Wie" der direkten Demokratie. Hier hat der Gesetzgeber seine Aufgabe, aber es bedarf auch einer Dogmatik der Rechtsinstitute der direkten Demokratie. So ist über die **Höhe der Teilnahmequoren** für Volksinitiativen und Volksentscheide zu befinden, auch darüber, ob Verfassungsänderungen eine höhere Beteiligung erfordern sollen. Es ist zu klären, **ob bestimmte Bereiche von der Volksgesetzgebung auszunehmen sind** (Haushaltsfragen, Besoldungsfragen). Angesichts des Informationsproblems kommt in Betracht, dass die Bürger durch eine staatliche Broschüre über die zur Abstimmung stehenden Positionen informiert werden; damit ist dann allerdings ein *Neutralitätsproblem* verbunden: Es soll nicht mit Steuermitteln einseitig auf die Meinungsbildung der Bürger eingewirkt werden. Damit ist das Problem der **Chancengleichheit** aller Positionen angesprochen. Auch bei direktdemokratischen Entscheidungen ist mit einer gesteigerten Durchsetzungsfähigkeit finanz- und organisationsstarker Interessen zu rechnen. Der über die politischen Parteien laufende politische Prozess der repräsentativen Demokratie versucht durch ein rechtliches Reglement den Einfluss des Geldes auf demokratische Entscheidungen zu begrenzen (→ Rn. 154 ff.). Entsprechend bedürfen auch direktdemokratische Entscheidungsformen einer Regelung der Finanzen, zu den-

---

54 Dazu etwa *A. Paulus*, Direkte Demokratie wagen – Möglichkeiten und Grenzen direkter Demokratie im Grundgesetz, in: FS Bryde, 2013, S. 273, 280.

55 *M. Möstl*, VVDStRL 72 (2013), 355, 366 ff.; zuletzt etwa die in der 17. Wahlperiode von der SPD eingebrachten Gesetzentwürfe zur Ergänzung des Grundgesetzes um Volksinitiative, Volksbegehren, Volksentscheid und Referendum (BT-Drucks. 17/13873) mit entsprechender einfachgesetzlicher Ausgestaltung (BT-Drucks. 17/13874).

56 *H. Meyer*, JZ 2012, 538, 542; gegen einen Verfassungsvorbehalt zur Regelung der Verfassungsablösung *L. Michael*, in: Dolzer/Vogel/Graßhof, BK-GG, 163. Lfg., Art. 146 Rn. 410.

ken ist an Obergrenzen für Kampagnenausgaben, an die Offenlegung von Aufwendungen und Spenden und anderes mehr.[57]

Allerdings sind Regelungen für den Einsatz finanzieller Mittel bei der Volksgesetzgebung deutlich schwieriger zu realisieren als bei dem Versuch, den finanziellen Einfluss auf die Parteipolitik zu disziplinieren und transparent zu machen. Die Parteien haben einen eigenen verfassungsrechtlichen Status, insofern kann man ihnen durch Gesetz besondere Pflichten auferlegen (→ Rn. 131 ff.). Gegenüber dem normalen Bürger, der sich bei Kampagnen für oder gegen eine Gesetzgebungsinitiative einsetzt, ist dies problematischer. Man könnte also von einem *Adressatenproblem* solcher Finanzregelungen sprechen. Solche Regelungen werden erst tatsächlich wirksam, wenn sie auch mit Sanktionen bewehrt sind. Das führt wiederum zu der Frage, ob man Bürger unter Strafdrohung dazu zwingen kann, den Einsatz ihrer Mittel für oder gegen ein Vorhaben der Volksgesetzgebung publik zu machen. Neben diesem *Sanktionsproblem* stellt sich schließlich ein *Identifikationsproblem*: Es ist nämlich keineswegs immer eindeutig auszumachen, ob ein Beitrag in der Öffentlichkeit gezielt platziert wurde, um in einer Kampagne für oder gegen ein Vorhaben der Volksgesetzgebung zu wirken oder ob der Autor nur eine ohnehin von ihm – gegebenenfalls seit langem – vertretene Auffassung kundtut. 83

Schließlich bedarf die Kombination der herkömmlichen parlamentarischen Gesetzgebung mit der Volksgesetzgebung der Ausgestaltung. Dabei geht es etwa darum, ob eine laufende Volksinitiative oder ein laufendes Volksbegehren eine Sperrwirkung für den parlamentarischen Gesetzgeber entfaltet, ob ein vom Volk beschlossenes Gesetz eine gewisse Zeit lang nicht verändert werden darf, also eine gewisse Bindungswirkung des Parlaments an ein erfolgreiches Volksbegehren besteht.[58] 84

## IV. Verfahren: Die Wahlen zum Deutschen Bundestag

### 1. Besonderheiten des Wahlrechts und unterschiedliche Wahlsysteme

Die Wahlen zur Volksvertretung, dem Bundestag, sind das zentrale Verfahren der Demokratie des Grundgesetzes. Sie bilden den Hauptstrang des Einflusses der Bürger auf die politische Entscheidungsfindung des Staates, und zwar auch durch ihre Vorwirkung in dem Sinne, dass die handelnden Politiker ihre Entscheidungen an den artikulierten oder mutmaßlichen Wünschen der Bürger orientieren, um bei den nächsten Wahlen deren Stimme zu erhalten. Es ist eine anspruchsvolle Aufgabe, Millionen von Stimmen der Wähler in eine bestimmte Mandatsverteilung im Parlament zu transformieren. Hierfür haben sich grundsätzlich unterschiedliche **Wahlsysteme** herausgebildet, zwischen denen zu wählen ist. 85

57 Siehe dazu *Th. Schiller*, Finanzierungsregeln: Offenlegungspflichten, Spendenbegrenzung, Kostenerstattung, in: Mörschel/Efler, Direkte Demokratie auf Bundesebene, 2013, S. 131 ff.; ausführlich *N. Braun Binder/H. K. Heußner/Th. Schiller*, Offenlegungsbestimmungen, Spenden- und Ausgabenbegrenzungen in der direkten Demokratie, FES-Gutachten, 2014, abrufbar unter: http://library.fes.de/pdf-files/dialog/10793.pdf (30.7.2014).

58 Zu solchen Fragen *P. Cancik*, Konfrontation oder Kooperation: Zur Verschränkung von direktdemokratischem und parlamentarischem Abstimmungsverfahren, in: Mörschel/Efer, Direkte Demokratie auf Bundesebene, 2013, S. 53 ff.; *M. Rossi/S.-C. Lenski*, DVBl. 2008, 416 ff.

Idealtypisch[59] werden üblicherweise zwei Wahlsysteme unterschieden: die **Verhältniswahl** und die **Mehrheitswahl**.

86 Bei einer **Verhältniswahl** wird das ganze Wahlgebiet als ein Wahlkreis verstanden, in dem die politischen Parteien ihre Kandidaten auf einer Liste präsentieren und mit dieser um die Gunst der Wähler konkurrieren. Die Sitze im Parlament werden vergeben entsprechend dem Stimmanteil an der Gesamtzahl der gültigen Stimmen, den die Parteien erhalten, man spricht daher auch von einem „Proportionalsystem" oder kurz von der „Proporzwahl". Der entscheidende **Vorteil** der Verhältniswahl liegt in der genauen Widerspiegelung der politischen Präferenzverteilung der Wähler, wie sie sich in deren Stimmabgabe niedergeschlagen hat, in der Volksvertretung. Insofern ist die Verhältniswahl das gerechteste Wahlsystem. Sein **Nachteil** liegt in der möglicherweise erheblichen Zersplitterung der Gruppierungen im Parlament. Dies erschwert die Mehrheitsfindung bei anstehenden Entscheidungen, beginnend bereits bei den Schwierigkeiten, eine Regierung zu bilden und zu wählen, die für ihre Vorschläge eine Mehrheit im Parlament finden kann. Um dieser Schwierigkeit zu begegnen, hat man das Verhältniswahlrecht oft um eine wahlrechtliche **Sperrklausel** ergänzt, welche Parteien von der Sitzverteilung ausschließt, die nicht einen bestimmten Mindestanteil der Stimmen erreichen konnten. In der Bundesrepublik hat sich eine Sperrklausel in Höhe von 5 % bei den Wahlen zum Bundestag (siehe § 6 Abs. 6 BWahlG) und zu den Landesparlamenten (siehe z.B. § 33 Abs. 2 LWahlG NW) etabliert. Die Fünf-Prozent-Klauseln des Landesrechts für die kommunalen Volksvertretungen wurden für verfassungswidrig erklärt;[60] bei kommunalen Vertretungskörperschaften ist eine solche Einschränkung nicht notwendig, weil bei der mittlerweile überall bestehenden Direktwahl des Bürgermeisters die Gemeinde eine funktionsfähige Exekutive hat, auch wenn die Mehrheitsfindung im Rat schwierig ist.[61] So wurde auch bezüglich der Wahlen zum EU-Parlament sowohl eine Fünf-Prozent-[62] wie eine Drei-Prozent-Sperrklausel[63] für verfassungswidrig erklärt vor dem Hintergrund der unterschiedlichen Funktionsweise der gewählten Vertretungskörperschaften.[64]

87 Bei der **Mehrheitswahl** wird das Wahlgebiet – jedenfalls im Idealtypus – aufgeteilt in so viele Wahlkreise, wie Parlamentssitze zu vergeben sind. Derjenige Kandidat erringt das Parlamentsmandat, der in seinem Wahlkreis obsiegt. Hierbei gibt es zwei Varianten, die relative Mehrheitswahl und die absolute Mehrheitswahl. Bei Ersterer geht der Parlamentssitz an denjenigen Kandidaten, der unter allen Kandidaten die meisten Stimmen auf sich vereinigen konnte, auch wenn sein Stimmenanteil unter 50 % liegt. Dieses System wird etwa im Vereinigten Königreich praktiziert. Bei der absoluten Mehrheitswahl erringt man nur ein Mandat, wenn man eine absolute Mehrheit der Stimmen erreicht. Geschieht dies beim ersten Wahlgang nicht, findet zwischen den bei-

59 Idealtypen sind „reine" Modelle, die ein gedankliches Konstruktionsprinzip unverfälscht zum Ausdruck bringen, d.h. ohne die Mischungen mit anderen Konstruktionsprinzipien und ohne die Abschwächungen, welche wir in der Wirklichkeit im Normalfall vorfinden. Es handelt sich also um eine Konstruktion, die durch gedankliche „Steigerung bestimmter Elemente der Wirklichkeit gewonnen ist". Der Begriff geht zurück auf *Max Weber*, Die „Objektivität" sozialwissenschaftlicher und sozialpolitischer Erkenntnis, in: Weber, Gesammelte Aufsätze zur Wissenschaftslehre, 3. Aufl. 1968, S. 148, 190 ff.

60 S. nur BVerfGE 120, 82, 110 ff.

61 Zum Zusammenhang zwischen der Rechtfertigung einer wahlrechtlichen Sperrklausel und den Aufgaben einer Volksvertretung s. *M. Morlok/H. Kühr*, JuS 2012, 385, 390 ff.

62 BVerfGE 129, 300 ff.

63 BVerfG 26.2.2014, 2 BvE 2/13; *K. Bews*, DVBl. 2014, 737 ff.

64 S. dazu *M. Morlok*, JZ 2012, 77 ff.; *M. Morlok/H. Kühr*, JuS 2012, 385 ff.; a.A. *W. Frenz*, NVwZ 2013, 1059 ff.

den erfolgreichsten Kandidaten eine Stichwahl statt. Dies ist die Praxis etwa in Frankreich. Der **Vorzug** einer Mehrheitswahl liegt darin, dass sie typischerweise zu eindeutigen Mehrheitsverhältnissen im Parlament führt. Eine Partei, die zum Zeitpunkt der Wahlen einen Sympathievorsprung genießt, gewinnt mit einiger Wahrscheinlichkeit viele umstrittene Wahlkreise und erreicht damit im Parlament eine komfortable Mehrheit. Man spricht deswegen von der Mehrheitswahl als von einem „mehrheitsbildenden Wahlrecht". Außerdem setzt ein Mehrheitswahlrecht starke Anreize, um die Gunst der Wähler in den Wahlkreisen zu kämpfen. Das führt dazu, dass jeder Abgeordnete sein Ohr stärker am Volk hat und sich weniger an allgemeinen Strömungen und deren Spiegeln durch die Parteien orientiert. Der **Nachteil** dieses Wahlsystems liegt auf der Hand: Die Stimmen, die für Kandidaten und Parteien abgegeben werden, die in einem Wahlkreis nicht die Mehrheit ausmachen, fallen unter den Tisch, bleiben unberücksichtigt. Dieses Prinzip des „The winner takes it all" verzerrt die Präferenzverteilung in der Bevölkerung erheblich. So kann es sogar vorkommen, dass eine Partei eine Mehrheit der Parlamentssitze erhält, obschon sie nur eine Minderheit der Wählerstimmen erringen konnte, dann nämlich, wenn sie viele Wahlkreise sehr knapp gewonnen hat, die anderen Parteien hingegen die Wahlkreise, die sie erobert haben, mit recht großer Mehrheit gewonnen haben. Für die Wähler ist es außerdem unbefriedigend, wenn sie in einem Wahlkreis leben, der von seiner Sozialstruktur und der politisch-kulturellen Prägung her überwiegend einer Partei zuneigt. Die Anhänger der politischen Minderheit in diesem Wahlkreis haben von vornherein nach aller Wahrscheinlichkeit keine Chance, dass ihre Stimme zählen wird, dies möglicherweise ihr Leben lang.

Die Repräsentationsfunktion der Wahl ist bei der Mehrheitswahl deutlich eingeschränkt, ihre Effektivität zur Installierung eines mehrheitsfähigen Parlaments hingegen groß. Dies hängt auch zusammen mit den **Rückwirkungen auf das Parteiensystem.**[65] Ein Mehrheitswahlrecht enthält starke Anreize zur Ausbildung größerer Parteien, so dass also kleinere Gruppierungen benachbarter politischer Auffassungen sich um des Wahlerfolges willen zusammenschließen. Das Mehrheitswahlrecht enthält mithin eine Tendenz zum Zweiparteiensystem. In der Folge wird eine Mehrheitsbildung im Parlament durch das Schließen von Koalitionen zwischen mehreren Parteien nicht notwendig. Für den Wähler bedeutet dies, dass er mit seiner Wahlentscheidung direkten Einfluss darauf ausüben kann, welche Partei die Regierung stellen kann. Unter dem Verhältniswahlrecht haben hingegen auch kleinere Parteien gute Chancen, ihre Position mit Abgeordneten im Parlament vertreten zu können. Ein Verhältniswahlsystem führt deswegen in der Regel zur Ausbildung eines Mehrparteiensystems, was im Parlament oft die Notwendigkeit von Koalitionen nach sich zieht. Je mehr Parteien es gibt, desto ungewisser wird, wie die Koalitionsbildung aussehen wird, der Einfluss der Wähler auf die Bildung der Regierung ist hier geringer – weil mediatisiert durch die Koalitionsbildung. 88

Zwischen den beiden Grundtypen der Verhältniswahl und der Mehrheitswahl sind die verschiedensten Mischungen und Kombinationen möglich. So können etwa größere Wahlkreise gebildet werden, in denen nicht nur ein Kandidat das Mandat erringt, sondern entsprechend der Stimmverteilung auch zwei, drei oder bei größeren Wahlkreisen 89

65 *M. Duverger*, Die politischen Parteien, 1959, S. 221 ff. vertrat die Auffassung, dass die Wahl maßgeblich für die Entwicklung eines Parteiensystems sei. Dem wurde kritisch begegnet, dass zwischen Parteiensystem und Wahlsystem kein monokausaler Zusammenhang bestehe; für die Entwicklung eines Parteiensystems sei die Wahl nur einer der beeinflussenden Faktoren. Hierzu s. *D. Nohlen*, Wahlrecht und Parteiensystem, 6. Aufl. 2009, S. 412 ff.

noch mehr Kandidaten ins Parlament einziehen können. Innerhalb dieser größeren Wahlkreise wird damit ein Verhältniswahlsystem praktiziert. Je größer die Wahlkreise sind und je mehr Sitze dort zu vergeben sind, desto stärker wird die Annäherung an das Proportionalsystem. Umgekehrt kann eine Verhältniswahl um Elemente der Mehrheitswahl ergänzt werden, wenn nur ein Teil der Parlamentssitze proportional zum Stimmergebnis verteilt wird, ein anderer – größerer oder kleinerer – Anteil der Sitze an die Sieger in den einzelnen Wahlkreisen geht. In der Bundesrepublik haben wir im Grundsatz ein Verhältniswahlsystem, was die Stärke der verschiedenen Parteien im Bundestag anlangt; die personelle Zusammensetzung des Bundestages wird hingegen zur Hälfte nach dem Mehrheitswahlrecht bestimmt.

90 Auch innerhalb eines Wahlsystems sind Regelungen erheblicher Technizität notwendig, um die Stimmen für die Parteien und Kandidaten in Parlamentssitze zu übersetzen. Das geltende Recht enthält dazu Regelungen im Bundeswahlgesetz und in der Bundeswahlordnung (→ Rn. 114 ff.). Angesichts dessen, dass Wahlen das größte Massenverfahren sind, das wir kennen, an dem Millionen von Bürgern teilnehmen und in welchem auch zahlreiche Laien, sei es als Wahlhelfer, sei es bei der Kandidatenaufstellung in den Parteien, teilnehmen, ist das Wahlrecht von gesteigerter Fehleranfälligkeit. Dem begegnet das Grundgesetz mit einem eigenen Wahlprüfungsverfahren gemäß Art. 41 GG, in dem die Folgen von Wahlfehlern eng begrenzt werden (→ Rn. 122 ff.).

91 Das Wahlrecht enthält die Regeln der politischen Machtverteilung. Es ist deswegen von großer Brisanz. Das Grundgesetz selbst enthält kein ausgearbeitetes Wahlrecht, legt sich auch nicht auf ein Wahlsystem fest (→ Rn. 122 ff.). Der einfache Gesetzgeber wird in Art. 38 Abs. 3 GG ermächtigt und beauftragt, das Wahlrecht festzulegen. Das Grundgesetz selbst beschränkt sich auf die Vorgabe essenzieller **Wahlrechtsgrundsätze** in Art. 38 Abs. 1 S. 1 GG. Die Wahlrechtsgrundsätze gelten nur für die Wahlen zum Bundestag. Für die Volksvertretungen in den Ländern und Gemeinden enthält Art. 28 Abs. 1 S. 2 GG die gleichen Gewährleistungen. Wegen der Bedeutung des Wahlrechts – und der Versuchung, das gesetzliche Wahlrecht zugunsten der eigenen Partei zu gestalten – ist eine strenge verfassungsgerichtliche Prüfung des einfachen Wahlrechts an den Wahlrechtsgrundsätzen des Grundgesetzes geboten.[66]

## 2. Die Wahlrechtsgrundsätze des Art. 38 Abs. 1 S. 1 GG

92 Die Wahl zum Deutschen Bundestag bildet den wichtigsten Ausdruck der Volkssouveränität. Die Wahlrechtsgrundsätze[67] lassen sich verstehen als **Instrumente zur Verwirklichung der Volkssouveränität**. Sie sind in dieser oder ähnlicher Form Gemeingut der demokratischen Tradition. Die Wahlrechtsgrundsätze sind gültiges Verfassungsrecht, nicht nur Programmsätze. Das Grundgesetz gewährleistet sie vorbehaltlos, Art. 38 Abs. 3 GG stellt keinen Gesetzesvorbehalt dar, der eine Einschränkung rechtfertigt. Nach allgemeinen Regeln können diese Wahlrechtsgrundsätze nur eingeschränkt werden im Falle der Kollision mit einem anderen gleichrangigen Verfassungsrechtsgut; beispielsweise gefährdet die Möglichkeit der Briefwahl die strikte Geheimhaltung der Wahlentscheidung des Wählers. Sie dient aber der Allgemeinheit der Wahl, indem auch Wahlberechtigten, die sich am Wahltag nicht in ihrem Wahlbezirk

---

66 S. als Beispiel die Entscheidung des BVerfGE 129, 300 ff., in der die Fünf-Prozent-Klausel im Wahlrecht zum Europäischen Parlament für verfassungswidrig erklärt wurde, dazu *M. Morlok/H. Kühr*, JuS 2012, 385 ff.

67 *A.-K. Kaufhold/A. Voßkuhle*, JuS 2013, 1078 ff.

aufhalten,[68] die Möglichkeit der Wahlteilnahme eröffnet wird. Außerdem gibt es einige Verfassungsbestimmungen, die selbst Wahlrechtsgrundsätze einschränken. So stellt das Mindestalter für die Wahlberechtigung nach Art. 38 Abs. 2 GG eine Einschränkung der Allgemeinheit der Wahl dar. Art. 137 GG erlaubt (fordert nicht!) Einschränkungen der Wählbarkeit von Angehörigen des öffentlichen Dienstes. Der ungehinderte und unverfälschte Ausdruck der Volkssouveränität in den Wahlen wird auch strafrechtlich durch §§ 107 ff. StGB geschützt. Die Wahlrechtsgrundsätze sind subjektive Rechte der Bürger, die gemäß Art. 93 Abs. 1 Nr. 4a GG auch mit der Verfassungsbeschwerde verteidigt werden können. Dies umfasst entsprechend ihrer Bedeutung als Instrument der Volkssouveränität auch den Schutz substanzieller Entscheidungsbefugnisse des Deutschen Bundestages gegen die Abwanderung an die Institutionen der Europäischen Union (→ § 10 Rn. 30 ff.).[69] Neben den Wählern und den Bürgern, die bei Wahlen zum Bundestag kandidieren, genießen auch die politischen Parteien den Schutz der Wahlrechtsgrundsätze, insbesondere die Gleichheit der Wahl spielt hier eine Rolle. Diese können die Parteien mit dem Organstreitverfahren gegen gesetzliche Beschränkungen verteidigen.[70] Beim Rechtsschutz gegen Wahlrechtsverletzungen ist allerdings das Monopol des **Wahlprüfungsverfahrens** gemäß § 49 BWahlG zu beachten (→ Rn. 122 ff.).[71] Rechtsschutz wird richtigerweise künftig auch im Vorfeld der Wahl durch die Ergänzung des Art. 93 Abs. 1 Nr. 4c GG möglich sein. Ferner ist begrüßenswert, dass die Verletzung subjektiver Rechte, nicht bloß die Gültigkeit der Wahl, festgestellt wird.[72]

### a) Die Allgemeinheit der Wahl

Die **Allgemeinheit der Wahl** bezieht sich auf die Extension des politischen Volkes: Alle 93
Angehörigen des Volkes sind wahlberechtigt. Die oben skizzierte Ausweitung des Volksbegriffes (→ Rn. 31 ff.) lässt sich an der Erweiterung der Wahlberechtigten in konkreten Schritten nachvollziehen, sukzessive wurden Voraussetzungen für die Wahlberechtigung, wie berufliche Selbstständigkeit, Grundbesitz oder eine bestimmte Steuerkraft aufgegeben. Die letzten großen Ausweitungsschritte waren die Einführung des Frauenwahlrechtes, das durch Art. 22 WRV ausdrücklich garantiert wurde, und die 1970 erfolgte Absenkung des Wahlalters[73] von 21 auf 18 Jahre. Die Zuerkennung des Wahlrechts an jeden Bürger neutralisiert alle Unterschiede in der gesellschaftlichen Existenz, es kommt weder auf Beruf, Wohlstand, Bildung, Religion oder sonstige Qualitäten an. Die Allgemeinheit des Wahlrechts formt also die **Staatsbürgerrolle** aus, die sich gegenüber den verschiedensten Eigenschaften der gesellschaftlichen Zugehörigkeit neutral verhält. Die Allgemeinheit des Wahlrechts erfasst das ganze Volk in seiner Heterogenität und steht von daher in enger Beziehung zur Gleichheit der Wahl. Diese

68 Sogar die 2008 erfolgte Ermöglichung der Briefwahl ohne Angabe von Gründen, wie sie seit 2008 für Bundestags- und Europawahlen vorgesehen ist, ist verfassungskonform: BVerfG 9.7.2013, 2 BvC 7/10; für Einzelheiten s. §§ 14 Abs. 2, 36 BWahlG.

69 Zu dieser Aufladung des Wahlrechts BVerfGE 89, 155, 171 f.; E 123, 267, 330; E 129, 124, 167 f.; E 132, 195, 238 f.

70 So die st. Rspr.: BVerfGE 1, 208, 233 ff.; E 4, 27 ff.; E 84, 290, 299.

71 S. dazu kritisch *M. Morlok*, in: Dreier, GG, Bd. 2, 2. Aufl. 2006, Art. 41 Rn. 11 ff.

72 Zu alledem BT-Drucks. 17/9391; 17/9392; 17/9733.

73 Das Wahlalter lag früher deutlich höher, so setzte die Bayerische Verfassung von 1818 das Mindestwahlalter auf 30 Jahre fest, das Wahlgesetz des norddeutschen Bundes von 1887 kannte ein Wahlrecht ab dem 25. Lebensjahr, die Preußische Verfassung von 1848 verlieh das passive Wahlrecht erst jenseits des 40. Lebensjahres.

Neutralisierungsleistung gesellschaftlicher Unterschiede dient der Ausdifferenzierung eines politischen Systems in der Gesellschaft[74] und damit der demokratischen Egalität.

94 Die Allgemeinheit der Wahl gilt für das **aktive** wie für das **passive** Wahlrecht.[75] Sie wirkt auch objektivrechtlich und strahlt auf das Privatrecht in der Weise aus, dass vertragliche Verpflichtungen, das Wahlrecht nicht auszuüben, nichtig sind.

Technische Voraussetzungen wie die Eintragung in das Wählerverzeichnis oder der Besitz eines Wahlscheines, wie ihn § 14 BWahlG aufstellt, sind nicht nur zulässig, sondern sogar geboten, weil nur so sichergestellt werden kann, dass das Wahlrecht nur einmal ausgeübt wird. Solche formalen Voraussetzungen dürfen allerdings nicht so hoch angesetzt werden, dass sie die Wahlberechtigung unnötig erschweren. Wenn die Wahlberechtigung daran geknüpft wird, dass man drei Monate ununterbrochen eine Wohnung in der Bundesrepublik Deutschland innegehabt hat (§ 12 Abs. 1 Nr. 2 BWahlG), so soll dies eine Vertrautheit mit den Verhältnissen im Lande gewährleisten; eine Voraussetzung, die beim Stande der gegenwärtigen Informationstechnologie und der auch internationalen Mobilität weniger einleuchtet, allerdings mildert § 12 BWahlG in seinen Absätzen 2 und 4 diese Anforderung ab. Auslandsdeutsche können nun nach der vom Bundesverfassungsgericht[76] geforderten notwendigen Novellierung auch unabhängig vom Kriterium der Sesshaftigkeit wählen, wenn sie aus anderen Gründen persönliche und unmittelbare Vertrautheit mit den politischen Verhältnissen in der Bundesrepublik Deutschland erworben haben und von ihnen betroffen sind, § 12 Abs. 2 Nr. 2 BWahlG.[77] Immerhin ist für im Ausland lebende Deutsche die Erlangung eines Wahlscheines nach wie vor mit nicht unerheblichen bürokratischen Schwierigkeiten verbunden.[78] Die Beschränkungen des Wahlrechts nach § 13 BWahlG sind nicht alle unbedenklich, insbesondere ist der Verlust von Stimmrecht und Wählbarkeit aufgrund der Verurteilung eines Verbrechens zu einer Freiheitsstrafe von mindestens einem Jahr (§ 45 Abs. 1 StGB) fragwürdig, demgegenüber begegnet der Verlust des Wahlrechts als Nebenfolge einer Freiheitsstrafe wegen einer Straftat aus dem Bereich der Staatsschutzdelikte keinen Bedenken.

### b) Die Unmittelbarkeit der Wahl

95 Die **Unmittelbarkeit der Wahl** soll den unverfälschten Einfluss der Wähler auf die personelle Zusammensetzung des Parlamentes sicherstellen. Der Wähler soll bei seiner Wahlentscheidung erkennen können, wie sich die Stimmabgabe auf den Erfolg der Wahlbewerber auswirken kann.[79] Das Volk soll mithin das „letzte Wort“ bei der Auswahl der Kandidaten haben.[80]

96 Die Unmittelbarkeit der Wahl bedeutet, dass die personelle Zusammensetzung der Volksvertretung nur bestimmt werden darf durch die Wahlentscheidung der Bürger, allenfalls verändert durch eine negative Wahlentscheidung eines Gewählten in der Ge-

74 Vgl. zur notwendigen Ausdifferenzierung der Politik *N. Luhmann*, KZfSS 20 (1968), 705 ff.; *N. Luhmann*, Die Politik der Gesellschaft, 2000, S. 69 ff.; *N. Luhmann*, Politische Soziologie, 2010, S. 64 ff., 106 ff.

75 S. nur BVerfGE 40, 296, 317.

76 BVerfGE 132, 39 ff.

77 S. zur Thematik *M. Morlok/A. Bäcker*, MIP 19 (2013), 5 ff.; a.A. *T. Felten*, DÖV 2013, 466 ff.

78 S. § 16 Abs. 2 S. 1b i.V.m. § 17 Abs. 2 S. 5 und § 18 BWahlO.

79 S. zu diesem Aspekt BVerfGE 95, 335, 350.

80 BVerfGE 3, 45, 49 f.; E 7, 63, 68.

stalt, dass er sein Mandat nicht annimmt oder später darauf verzichtet.[81] Zwischen die Entscheidung der Wähler und die personelle Zusammensetzung des Parlaments darf keine weitere politische Willensentscheidung treten.[82] Der Grundsatz der Unmittelbarkeit schließt also jede Mediatisierung, etwa durch Wahlmänner, aus. Weiterhin muss das Wahlrecht **höchstpersönlich** ausgeübt werden. Auch aufseiten der Wähler besteht ein grundsätzliches Mediatisierungsverbot. Allerdings gibt es hiervon zulässige Ausnahmen. Wer wegen einer körperlichen Behinderung oder weil er des Lesens unkundig ist, den Wahlakt selbst nicht vollziehen kann, kann sich nach § 33 Abs. 2 BWahlG einer Hilfsperson bedienen. Diese Einschränkung der Unmittelbarkeit ist gerechtfertigt, weil sie die Allgemeinheit der Wahl stärkt.

Die Wahlen nach den von Parteien aufgestellten Listen sind mit der Unmittelbarkeit 97
vereinbar, wenn die Reihenfolge der Kandidaten auf der Liste von den Parteien nach der Wahl nicht mehr verändert werden kann (sogenannte starre Liste).[83] Je nach dem Wahlerfolg der Partei kommen die Kandidaten nach ihrer Reihung auf der Liste zum Zuge. Eine weitergehende Gestaltungsmacht der Wähler durch offene Listen in der Weise, dass sie die Reihenfolge der Kandidaten auf der Liste verändern können, Kumulieren, oder auch Kandidaten von anderen Listen übernehmen können, Panaschieren, ist mit der Unmittelbarkeit der Wahl ohne Weiteres vereinbar, bleibt es dabei doch beim Einfluss der Wähler.

Unzulässig ist das sogenannte **ruhende Mandat**, das meint, dass das Abgeordneten- 98
mandat während der Amtszeit eines Abgeordneten als Minister ruht und für diese Zeit ein Nachrücker für ihn ins Parlament kommt. Bei dieser Gestaltung wird die Unmittelbarkeit unterbrochen, sei es durch den Rücktritt des Ministers oder durch dessen Entlassung seitens des Bundeskanzlers. Diese Entscheidungen berühren das Mandat des Nachfolgers.[84] Wenn ein Bewerber, der auf einer Parteiliste steht, nach der Wahl aus der Partei ausscheidet, so bleibt er gemäß § 48 Abs. 1 S. 3 BWahlG bei der Nachfolge aus der Liste unberücksichtigt. Beim freiwilligen Austritt aus der Partei ist dies von vornherein unproblematisch, der Fall entspricht dem Verzicht eines Abgeordneten auf sein Mandat. Überdies ist bei realistischer Betrachtung die parteipolitische Zugehörigkeit das entscheidende Motiv der Wähler bei der Wahl einer bestimmten Liste. Die parteienstaatliche Prägung der Wahl ist durch Art. 21 GG gerechtfertigt. Entsprechendes muss auch gelten bei einem **Parteiausschluss** nach der Wahl und vor Eintreten des Nachrückfalles. Hier ist die Unmittelbarkeit tangiert, aber eben wegen der Erwartungen der Wähler, Angehörige einer bestimmten Partei ins Parlament zu schicken, gerechtfertigt. Der Wählerwille würde stärker verdreht, wenn eine Stimme einem Bewerber zugutekäme, der sich mittlerweile von der Partei distanziert hat oder sich in der Partei als kooperationsunwillig erwiesen hat. Dabei ist auch zu berücksichtigen, dass ein Parteiausschluss nach § 10 Abs. 4, 5 PartG nur unter wohldefinierten Bedingungen möglich ist und die Entscheidung auch gerichtlich nachprüfbar ist. Anders liegen die Dinge bei einem Abgeordneten, hier ist ein Parteiaustritt oder ein Parteiausschluss un-

---

81 Zur Unschädlichkeit einer solchen Entscheidung unter dem Gesichtspunkt der Unmittelbarkeit BVerfGE 3, 45, 50.

82 BVerfGE 3, 45, 50; E 47, 253, 279 f.

83 Wegen des mangelnden Einflusses der Wähler auf die Zusammensetzung der Listen wird die starre Liste für unzulässig gehalten, s. insb. *H. H. v. Arnim*, JZ 2002, 578 ff. Das Bundesverfassungsgericht hält sie aber in ständiger Rechtsprechung für gerechtfertigt, s. jetzt zuletzt BVerfG JZ 2012, 90 ff., s. dort auch Nachweise auf die frühere Rechtsprechung.

84 Zum ruhenden Mandat Hess. StGH NJW 1977, 2065, 2066; *E. L. Nell*, JZ 1975, 519, 520; *S. Mückl*, Jura 2001, 704 ff.

schädlich, die Freiheit des Mandates (→ § 11 Rn. 69 ff.) nach Art. 38 Abs. 1 S. 2 GG geht der Parteibindung vor.

### c) Die Freiheit der Wahl

99 Die **Freiheit der Wahl** soll dafür sorgen, dass es die eigenen Präferenzen der Wähler sind, die die Wahlentscheidung tragen, und sich nicht fremder Wille durch Zwang oder Drohung durchsetzt. Unter der Geltung der Volkssouveränität ist die Freiheit der Wahl ein ebenso selbstverständlicher wie notwendiger Wahlrechtsgrundsatz. Er meint, dass die Wahlentscheidung frei von Zwang oder sonstiger unzulässiger Beeinflussung getroffen wird. Dies gilt zunächst für die Stimmabgabe selbst.[85] Der entscheidende Schutz der Wahlfreiheit bei der Stimmabgabe selbst liegt in der Geheimheit der Wahl (→ Rn. 111 ff.). Die Wahlfreiheit nach deutschem Recht bedeutet auch, dass es keine **Wahlpflicht** geben darf; angesichts der Geheimheit der Wahl wäre eine solche auch sinnlos, da der Bürger jedenfalls unter den Schutz der Geheimheit der Wahl sich der Stimme enthalten oder ungültig wählen kann.[86]

100 Die Freiheit der Wahl erstreckt sich über den Wahlakt hinaus auch auf die **Wahlvorbereitung**. Der Wahlakt selbst ist erst der Kulminationspunkt einer Reihe von vorangehenden Handlungen und Entscheidungen, die ebenfalls unter dem Schutz der Wahlrechtsfreiheit stehen. So umfasst diese auch das Recht, **Wahlvorschläge** aufzustellen,[87] ein Monopol der Parteien für Wahlvorschläge wäre unzulässig.[88] Das Bundeswahlgesetz behält die Aufstellung von Landeslisten nach § 47 (§ 27 Abs. 1 S. 1) den Parteien vor, man spricht insofern von einem **Listenprivileg** der Parteien. Diese Einschränkung der Wahlrechtsfreiheit ist zu rechtfertigen durch die über Art. 21 GG hervorgehobene Stellung der politischen Parteien, sie dient auch der Arbeitsfähigkeit des Parlamentes, weil die innerparlamentarische Arbeitsteilung sinnvollerweise nach gemeinsamen politischen Grundüberzeugungen strukturiert wird.[89] Im Übrigen ist der Status einer politischen Partei auch leicht zu erlangen, insbesondere durch die Teilnahme an Wahlen.[90] Auch für die **Kandidatenaufstellung** gilt die Wahlrechtsfreiheit, und zwar auch im innerparteilichen Bereich.[91] In den Parteien müssen mehrere Bewerber antreten können. Es muss möglich sein, konkurrierende Wahlvorschläge zur Abstimmung zu stellen. Ferner muss die Entscheidung über die Kandidaten, seien es Einzelkandidaten im Wahlkreis, seien es Kandidaten für Listenplätze, Mindestgeboten demokratischer Fairness entsprechen (siehe für die Aufstellung von Bewerbern und für die Bundestagswahl

---

85 BVerfGE 7, 63, 69 f.; E 47, 253, 282 f.; E 95, 335, 350.

86 Eine Wahlpflicht erscheint nicht unter allen Umständen unangebracht zu sein. Sie kann zur Inklusion von stark benachteiligten und am Rande der Gesellschaft lebenden Bevölkerungsgruppen führen, man denke etwa an die Bewohner der brasilianischen Favelas. Die Einführung der Wahlpflicht auch für diese Bevölkerungsgruppen, die sich sonst überwiegend nicht an der Wahl beteiligen, soll die Politik zwingen, sich auch um die Interessen dieser Bevölkerungsgruppierungen zu kümmern. Daran kann man sehen, dass das angemessene institutionelle Arrangement einer Demokratie immer in Ansehung der Umstände des jeweiligen Landes zu bestimmen ist und es nicht ein für alle Verhältnisse passendes Idealmodell gibt; s. zur Einführung einer Wahlpflicht *C. Labrenz*, ZRP 2011, 214 ff.

87 BVerfGE 41, 399, 417; E 47, 253, 282; E 89, 243, 251.

88 BVerfGE 41, 399, 416 f.; E 47, 253, 282.

89 S. unter diesem Aspekt § 10 Abs. 2 GO BT.

90 Wenn politische Vereinigungen, die sich als Wählervereinigungen verstehen, an Landtags- oder Bundestagswahlen teilnehmen, so werden sie dadurch zu Parteien im Rechtssinn; nach *M. Morlok/H. Merten*, DÖV 2011, 125 ff.; die maßgebende Norm ist § 2 Abs. 1 S. 1 PartG (→ Rn. 127).

91 BVerfGE 89, 243, 251 f.; *M. Morlok/H. Merten*, DÖV 2011, 125 ff.; *M. Morlok*, NVwZ 2012, 913 ff.

§ 21 Abs. 3 und § 27 Abs. 5 BWahlG).[92] Die Wahlrechtsfreiheit wird außerdem im Tatsächlichen abgesichert, Art. 48 Abs. 1 GG gibt zusammen mit §§ 2 f. AbgG einen Rechtsanspruch auf Urlaub zur Wahlvorbereitung für Kandidaten.

101 Der Willensbildungsprozess der Bürger wird unter der Freiheit der Wahl schließlich auch vor **unzulässigen Wahlbeeinflussungen** geschützt. Hier gilt es, zwei Seiten der Bedrohung auseinanderzuhalten: Einflussnahmen seitens des Staates und solche seitens anderer Bürger. Den **staatlichen Organen** ist eine **starke Zurückhaltung** auferlegt. Die demokratische Legitimation wächst von „unten nach oben" und darf nicht verkehrt werden in einen Prozess der Legitimationsorganisierung durch den Staat selbst. Die Unzulässigkeit staatlicher Wahlbeeinflussung erklärt sich darüber hinaus aus zwei Vorteilen, welche staatliche Stellen im Wahlkampf haben. Sie können ihren Amtsbonus einsetzen, welcher Glaubwürdigkeit verspricht und jedenfalls Aufmerksamkeit verschafft. Des Weiteren verfügen staatliche Stellen über Steuermittel, deren Einsatz die Chancengleichheit derjenigen Wahlbewerber beeinträchtigt, die keinen Zugriff auf diese staatlichen Stellen haben. Insofern sind staatliche Einflussnahmen auf die Wahl vor allen Dingen auch ein Problem der Gleichheit der Wahl (→ Rn. 102 ff.). Die Einflussnahme durch andere Bürger ist grundsätzlich zulässig. Der gesellschaftliche Meinungsbildungsprozess soll im Diskurs die politischen Alternativen erörtern. Die Grundrechte, insbesondere aus Art. 5 Abs. 1 GG, sichern hier die verschiedensten Bemühungen ab, Mitbürger zu einer bestimmten Wahlentscheidung zu bewegen. Die Grenze liegt erst dort, wo eine Zwangswirkung entfaltet wird. Auch scharfe und polemische Äußerungen sind zulässig. In der früher umstrittenen Frage nach der Zulässigkeit von Wahlwerbung durch die Kirchen[93] ist mittlerweile Beruhigung und Gelassenheit eingekehrt. Auch diese Aktivitäten sind grundrechtlich abgesichert (Art. 4 Abs. 1 u. 2 GG, Art. 140 GG i.V.m. Art. 137 Abs. 3 WRV). Die Befürchtung, dass das Wort des Geistlichen Zwangswirkung habe, wird jedenfalls kaum mehr geteilt. Kleinere **Geschenke** an die Wähler als Instrumente, um Sympathie und Aufmerksamkeit zu gewinnen – man denke etwa an Kugelschreiber oder Schneidebrettchen[94] –, sind zulässig, weil ihnen kein wesentlicher Einfluss auf die Wahlentscheidung zukommt. Die Grenze wird jedenfalls durch die Strafbarkeit der Wählerbestechung nach § 108 StGB gezogen.

Demoskopische Umfragen sind ebenso zulässig wie deren Veröffentlichung vor der Wahl, anderes gilt für die Veröffentlichungen von Nachwahlbefragungen vor Ablauf der Wahlzeit, § 32 Abs. 2 BWahlG.[95] Damit soll erreicht werden, dass alle Wähler, gleichgültig, wann sie ihre Stimme abgeben, einen potenziell gleichen Informationsstand haben und nicht auf die Wahlentscheidung der früheren Wähler reagieren können. Auch ist in der Kürze eines Wahltages kaum nachprüfbar, ob die veröffentlichten Ergebnisse von Nachwahlbefragungen tatsächlich zutreffen oder zu Manipulationszwecken eingesetzt wurden. Meinungsumfragen vor der Wahl zu untersagen, nähme den Bürgern wichtige Informationen für ihre Wahlentscheidung. Es ist nur legitim, das eigene Stimmverhalten an den voraussichtlichen Wahlchancen der verschiedenen

92 Anlass für diese Bestimmungen waren Vorkommnisse bei der Kandidatenaufstellung in Hamburg, dazu HamVerfG DVBl. 1993, 1070, 1071 f., weswegen die Wahl zur Hamburger Bürgerschaft seinerzeit für ungültig erklärt wurde; s. weiter BVerfGE 89, 243, 250 ff., 260 (zur Redezeit).

93 Sog. „Kanzelwerbung", dazu BVerwGE 18, 14, 17; *H. H. Klein*, DÖV 1967, 615, 620 ff.

94 S. BVerfGE 21, 196, 197 unter Bezug auf den Beschluss des Bundestages im Wahlprüfungsverfahren.

95 Der VerfGH Saarland NVwZ-RR 2012, 169, 178 f. ordnete Twittermeldungen über angebliche Ergebnisse von Wählerbefragungen nicht als Verstoß gegen das Verbot des dem § 32 Abs. 2 BWahlG gleichen § 29 Abs. 2 SaarlWahlG ein. Zu Twittermeldungen über Wahlergebnisse insgesamt s. *C. Hientzsch*, DÖV 2010, 357 ff.

Wahlbewerber zu orientieren. Vor allen Dingen spricht gegen ein Verbot solcher Informationen dessen fehlende Durchsetzbarkeit: Über ausländische Medien und das Internet kommen solche Informationen unvermeidlicherweise ins Land. Ferner begründete ein Verbot eine erhöhte Manipulationsgefahr: Aus undurchsichtigen Quellen stammende Aussagen über die Ergebnisse von Meinungsbefragungen können nicht kontrolliert werden, auf sie kann nicht mit methodischer Kritik reagiert werden.[96]

#### d) Die Gleichheit der Wahl

102 Die rechtliche Gewährleistung der **Gleichheit der Wahl** dient zwei Zwecken. Zum einen soll das ganze Volk gleichermaßen die Politik mitbestimmen können, gerade auch in Ansehung seiner Heterogenität (→ Rn. 93). Insofern steht die Wahlrechtsgleichheit in engem Bezug zur Allgemeinheit der Wahl. Die Integrationsfunktion der Wahl setzt nicht nur voraus, dass alle Bürger daran teilnehmen dürfen, sondern alle auch politisch gleichberechtigt sind. Eine Abstufung des Stimmgewichts etwa nach der bezahlten Steuer, wie es im preußischen Zensuswahlrecht der Fall war, scheidet damit jedenfalls aus. In soziologischer Betrachtung ist nochmals daran zu erinnern, dass das gleiche Wahlrecht eine Staatsbürgerrolle formiert, die gegen die sonstigen gesellschaftlichen Umstände, Einbindungen und Rollen indifferent ist. Gleichviel, was man auch sonst in der Gesellschaft ist, für die politische Einflussnahme gilt „one man – one vote".[97] Bei der Wahrnehmung der politischen Input-Strukturen gilt ein strikter Gleichheitssatz, und zwar nicht nur für das Wahlrecht, sondern auch für andere Aspekte, etwa bei der Chancengleichheit der politischen Parteien. Damit klingt bereits der zweite Zweck an: Die Gleichheit der Wahl soll einen fairen Wettbewerb gewährleisten. Es ist ein Anwendungsfall des allgemeinen Rechtes auf politische Chancengleichheit, die unverzichtbar ist in einer Demokratie, die als Wettbewerbsordnung ausgestaltet ist. **Wahlrecht** ist insofern auch politisches **Wettbewerbsrecht**. Die Chancengleichheit für alle Wettbewerber im politischen Wettbewerb ist legitimationskritisch: Ungleiche Chancen im Wettbewerb mindern die Legitimationswirkung von Wahlen.

Diese Dimension der Wahlrechtsgleichheit betrifft wesentlich die Kandidaten und die politischen Parteien, die mit Wahlvorschlägen antreten. **Träger** der Wahlrechtsgleichheit sind zum einen die Wähler, zum anderen aber und nicht zuletzt die Wahlbewerber und die sie tragenden Vereinigungen, im Normalfall also die politischen Parteien. Der **Anwendungsbereich** der Wahlrechtsgleichheit erstreckt sich zum einen auf das Wahlverfahren selbst, und zwar in all seinen Etappen von der Aufstellung von Kandidaten bis zur Ermittlung des Ergebnisses, zum anderen aber auch auf das wahlbezogene Vorfeld der politischen Willensbildung.[98] Die Chancengleichheit soll den wahlrechtlich greifbaren Kontext **wettbewerblich relevanten Verhaltens** dominieren.[99] Wegen dieses weiten Erstreckungsbereiches ist dieser Wahlrechtsgrundsatz der mit Abstand am häufigsten gerichtlich verteidigte.

103 Der genaue Gehalt der **Wahlrechtsgleichheit** ist in mancher Hinsicht nicht einfach zu bestimmen. Das Wahlrecht arbeitet unvermeidlicherweise mit rechtstechnischen De-

96 Richtigerweise muss nach Rundfunkrecht bei der Veröffentlichung von Meinungsumfragen deren Basis angegeben werden, s. etwa § 12 LRG NW.

97 Zu dieser Ausdifferenzierung der Wählerrolle *N. Luhmann*, Politische Soziologie, 2010, S. 75, 410 ff.; *N. Luhmann*, Die Politik der Gesellschaft, 2000, S. 69 ff.

98 BVerfGE 8, 51, 68; E 14, 121, 132; E 69, 62, 107; *M. Morlok*, NVwZ 2012, 913 ff.

99 *M. Morlok*, in: Dreier, GG, Bd. 2, 2. Aufl. 2006, Art. 38 Rn. 95.

tailbestimmungen, die in einem komplexen Gefüge zusammenwirken. Ob die Auswirkung einer bestimmten Einzelvorschrift noch gleichheitskonform ist, erfordert bisweilen schwierige Überlegungen. Unkompliziert und einfach ist eine Bedeutung der Wahlrechtsgleichheit: Jede Stimme hat den gleichen **Zählwert**. Stimme ist gleich Stimme.

Schwieriger ist es im Hinblick darauf, welche politische Erfolgsträchtigkeit einer Stim- 104
me bei einer bestimmten Ausgestaltung des Wahlrechts zukommt. Man spricht in dieser Hinsicht vom **Erfolgswert** der Stimmen. Der Erfolgswert einer Stimme bezieht sich also darauf, die Mandatsverteilung im Parlament mitzubestimmen, man kann auch von der mandatsverschaffenden Kraft sprechen. Nimmt man dies beim Wort, so variiert der Erfolgswert einer Stimme mit dem Wahlsystem. Im Mehrheitswahlsystem haben diejenigen Stimmen, die in einem Wahlkreis für einen unterlegenen Bewerber abgegeben wurden, keinerlei mandatsverschaffende Wirkung. Im Hinblick hierauf soll nach dem Bundesverfassungsgericht die Wahlrechtsgleichheit bei der Mehrheitswahl beschränkt sein auf den gleichen Zählwert.[100] Der Erfolgswert spiele nur bei der Verhältniswahl eine Rolle. Diese Negation der Bedeutung des Erfolgswertes kann nicht überzeugen. Die Stimmabgabe ist kein Selbstzweck, sondern soll sich auf die Zusammensetzung des Parlaments auswirken. Zur verfassungsrechtlichen Verteidigung eines Mehrheitswahlrechtes wird deswegen vorgetragen, im Mehrheitswahlrecht komme es – bei ex-ante-Betrachtung – auf die Chance einer Stimme an, mandatserheblich zu sein.[101] Methodisch erscheint es problematisch, einen Wahlrechtsgrundsatz bei einem bestimmten Wahlsystem für unbeachtlich zu erklären. Richtigerweise hängt die Bedeutung eines Wahlrechtsgrundsatzes nicht von der Ausgestaltung des Wahlrechtes ab, sondern die Zulässigkeit wahlrechtlicher Regelungen bemisst sich daran, ob sie mit den Wahlrechtsgrundsätzen in Einklang stehen.[102] Von daher ergibt sich eine **Vermutung zugunsten des Verhältniswahlrechts**.[103] Die Rechtsprechung des Bundesverfassungsgerichts zu diesem Punkt kann auch deswegen nicht überzeugen, weil sie es dem Gesetzgeber ermöglichte, gleichheitsverzerrende Effekte in das Wahlrecht einzubauen und sie als Annäherung an das Mehrheitswahlrecht auszuflaggen und damit zu rechtfertigen. Selbst wenn man sich auf den Standpunkt des Bundesverfassungsgerichts stellt, so ist jedenfalls **kein Quervergleich der Wahlsysteme** mit der Wirkung zulässig, dass eine Verzerrung des Erfolgswertes der Stimmen bei einer bestimmten Gestaltung des Wahlrechts damit gerechtfertigt wird, im – zum gedanklichen Vergleich herangezogenen – Mehrheitswahlrecht sei der Erfolgswert noch sehr viel stärker beeinträchtigt.[104] Einschränkungen des Erfolgswertes der Stimmen sind zulässig, sie müssen aber gerechtfertigt werden durch die Notwendigkeit des Schutzes anderer Rechtsgüter von Verfassungsrang (→ Rn. 92), eine Notwendigkeit, die dargetan werden muss. Die Behauptung, unter einem Mehrheitswahlrecht sei die Einbuße einer Erfolgswertgleichheit noch viel größer, genügt jedenfalls nicht.

Die Erfolgswertgleichheit spielt auch bei einer Reihe von weiteren Fragen eine Rolle. 105
Im Mehrheitswahlrecht ist die **Größe der Wahlkreise** entscheidend. Aus der Sicht der

100 BVerfGE 1, 208, 244; E 13, 127, 129; E 47, 253, 257; E 95, 335, 353, tragende Auffassung, st. Rspr.
101 So *W. Pauly*, AöR 123 (1998), 232, 246 ff.; *C. Lenz*, AöR 121 (1996), 337, 355 ff.
102 Zu den Widersprüchen der personalisierten Verhältniswahl *S.-C. Lenski*, AöR 134 (2009), 473 ff.
103 *H. Meyer*, Demokratische Wahl und Wahlsystem, in: HStR, Bd. III, 3. Aufl. 2005, § 45 Rn. 31 ff.; *H. Dreier*, in: Dreier, GG, Bd. 2, 2. Aufl. 2006, Art. 20 (Demokratie) Rn. 101; *U. Mager/R. Uerpmann*, DVBl. 1995, 273, 276 f.; *C. Möllers*, RuP 48 (2012), 1 ff.
104 Dieses Argument benutzen in ihrem *Sondervotum* aber die Richter *Di Fabio* und *Mellinghoff*, BVerfGE JZ 2012, 90, 98 ff.; insgesamt dazu *C. Schönberger*, JZ 2012, 80 ff.; *M. Morlok*, JZ 2012, 76 ff.

Bürger betrachtet, geht es darum, welchen Bruchteil einer mandatserheblichen Stimmenzahl der einzelne Wähler hat. Hat beispielsweise ein Wahlkreis 100 000 Wahlberechtigte, so hat ein Bürger ein hunderttausendstel an Mandatsbestimmungsmacht. In einem Wahlkreis mit 150 000 Wahlberechtigten sinkt der Einfluss der einzelnen Stimme entsprechend. Im geltenden Wahlrecht zum Deutschen Bundestag (→ Rn. 114 ff.) gilt für die Erststimme das relative Mehrheitswahlrecht. Um der möglichsten Gleichheit des Erfolgswertes der Erststimme willen darf deswegen die Bevölkerungszahl der Wahlkreise nur begrenzt voneinander abweichen. Wegen der unvermeidlichen Bevölkerungsschwankungen in den einzelnen Teilen des Bundesgebietes kann eine exakt gleiche Bevölkerungszahl der Wahlkreise nicht gewährleistet werden, das BWahlG setzt als Zielgröße aber an, dass die Bevölkerung der Wahlkreise nicht mehr als 15 % voneinander abweicht, bei mehr als 25 % ist eine Neuabgrenzung der Wahlkreise vorzunehmen (siehe § 3 Abs. 1 S. 1 Nr. 3 BWahlG). Das Bundesverfassungsgericht billigte grundsätzlich eine Mitberücksichtigung von Minderjährigen bei der Wahlkreiseinteilung, obwohl dies die Wahlrechtsgleichheit ebenfalls tangiert.[105]

106 Evident ist die Bedeutung einer wahlrechtlichen Sperrklausel, etwa der **Fünf-Prozent-Klausel** für die Erfolgswertgleichheit der Stimmen. Eine solche Einschränkung bedarf der Rechtfertigung durch einen Wert von Verfassungsrang (→.Rn. 86) Schließlich betrifft auch das **Mandatszuteilungsverfahren** die Erfolgswertgleichheit der Stimmen. Die große Zahl der Wählerstimmen muss in eine sehr viel kleinere Zahl von Parlamentssitzen übersetzt werden. Dabei ist die Proportionalität zwischen Stimmenanteil und Parlamentssitzen zu wahren. Dies ist deswegen keine leichte Aufgabe, weil keine Bruchteile von Mandaten vergeben werden: Es gibt nur ganze Abgeordnete. Damit wird die Umrechnung der von einer Partei erzielten Stimmen in Parlamentssitze nicht ideal lösbar. Es gibt verschiedene mathematische Verfahren, die für diese Mandatszuteilung herangezogen werden, wurden oder herangezogen werden können. Jede Methode enthält bestimmte Verzerrungen. Deswegen werden die üblicherweise praktizierten nach *D'Hondt*, nach *Hare/Niemeyer* und nach *Sainte-Laguë/Schepers* sämtlich für verfassungsgemäß gehalten. Letztere Methode dürfte der Forderung nach Erfolgswertgleichheit am ehesten entsprechen.[106]

107 Die Wahlrechtsgleichheit generell wird auch beeinträchtigt durch das **Listenprivileg** der politischen Parteien, wie es § 27 Abs. 1 S. 1 BWahlG aufstellt. Der Zugang zur Kandidatur ist für Einzelbewerber und für Parteien, die in der Vergangenheit wenig erfolgreich waren, sprich im Bundestag oder in einem Landtag seit deren letzter Wahl nicht mindestens mit fünf Abgeordneten vertreten waren, abhängig von einer bestimmten Zahl von Unterstützerunterschriften. Diese **Unterschriftsquoren** nach §§ 20 Abs. 2 S. 2, Abs. 3, 27 Abs. 1 i.V.m. § 18 Abs. 2 BWahlG beeinträchtigen zwar die passive Wahlrechtsgleichheit, sie sind aber gerechtfertigt[107] unter dem Gesichtspunkt, dass von Anfang an aussichtslose Bewerber nicht auf dem Wahlzettel aufgeführt werden sollen, um diesen einigermaßen übersichtlich zu halten. Dem Wähler soll so die Möglichkeit gegeben werden, eine rationale Entscheidung zu treffen. Die verfassungsrechtliche Rechtfertigung liegt auch darin, dass eine niedrige Zahl von Unterschriften gefordert wird – gemessen an der für einen Wahlerfolg nötigen Anzahl von Stimmen.

105 BVerfGE 130, 212, insb. 234 ff.

106 S. dazu aus mathematischer Perspektive *F. Pukelsheim*, DÖV 2004, 405, 409 f.; umfassend zu dieser Methode *F. Pukelsheim*, DVBl. 2008, 889, 890.

107 S. etwa BVerfGE 3, 19, 27; E 383, 392 ff.; E 60, 162, 167 f.; E 82, 353, 364, st. Rspr.; ausführlich *J. Lege*, Unterschriftenquoren zwischen Parteienstaat und Selbstverwaltung, 1996.

Die Wahlrechtsgleichheit stellt eine **strikte und formale Gleichheit** dar.[108] Die Strenge des Gleichheitssatzes bedeutet, dass Beeinträchtigungen nur zu rechtfertigen sind durch den Schutz konkurrierender Rechtsgüter von Verfassungsrang.[109] Die Formalität der Handhabung des Gleichbehandlungssatzes meint, dass „Partei gleich Partei" ist, inhaltliche Wertungen der Parteien oder Wahlbewerber haben zu unterbleiben. 108

Der **Anwendungsbereich** der Wahlrechtsgleichheit nach Art. 38 Abs. 1 S. 1 GG ist auf die Wahlen zum Deutschen Bundestag beschränkt. Die Wahlrechtsgleichheit bei den Landtags- und Kommunalwahlen wird bundesverfassungsrechtlich durch Art. 28 Abs. 1 S. 2 GG gefordert und ist landesverfassungsrechtlich jeweils gewährleistet. Die strenge Wahlrechtsgleichheit unterscheidet sich vom allgemeinen Gleichheitssatz in Art. 3 Abs. 1 GG. Eine Verletzung der Wahlrechtsgleichheit auf Landesebene, also bei Wahlen zum Landesparlament oder zur kommunalen Volksvertretung, kann deswegen nicht mit der Verfassungsbeschwerde beim Bundesverfassungsgericht gerügt werden.[110] Entsprechende Rechtsschutzbegehren sind an die Landesverfassungsgerichte zu richten. 109

Die Legitimationswirkung der Wahlen hängt wie gesehen davon ab, dass die Legitimation von unten nach oben erfolgt. Deswegen dürfen **staatliche Stellen keine Einflussnahme** auf die Wahlen ausüben. Sie sind zu strikter Neutralität verpflichtet (→ Rn. 101). Insbesondere die **Öffentlichkeitsarbeit der Regierung,** aber auch die **Öffentlichkeitsarbeit von Fraktionen** ist trotz ihrer grundsätzlichen Zulässigkeit während des Wahlkampfes zu besonderer Zurückhaltung verpflichtet.[111] Die Abgrenzung des Unzulässigen von der erlaubten Information der Öffentlichkeit mag schwierig sein, das Kriterium lautet: „Zulässige Öffentlichkeitsarbeit findet [...] dort ihre Grenze, wo die Wahlwerbung beginnt."[112] Die Abgrenzung erfolgt also anhand eines sachlichen (werbender Charakter) wie eines zeitlichen Kriteriums (Vorwahlzeit). 110

### e) Die Geheimheit der Wahl

Die **Geheimheit der Wahl** ist das entscheidende Instrument zum Schutz der **Freiheit der Wahl.** Anders als die sonstigen vier Wahlrechtsgrundsätze ist sie nicht unmittelbar auf die Volkssouveränität bezogen, sondern dient nur mittelbar ihrer Verwirklichung. Das Fehlen sicherer Kenntnis über die Wahlentscheidung des Einzelnen – dieser kann in einer Äußerung über sein angebliches Wahlverhalten die Unwahrheit sagen – macht Einflussnahmen auf die Wähler durch Druck oder Versprechungen zu einem erfolgsungewissen Unterfangen. Die Geheimheit der Wahl ist sowohl ein **subjektives Recht** als auch ein **objektiv-rechtliches Gebot.** Eine Reihe von Bestimmungen soll gewährleisten, dass die Wahlentscheidung tatsächlich für andere nicht erkennbar ist. So müssen Wahlkabinen vorhanden sein und Wahlurnen benutzt werden (siehe § 33 Abs. 1 BWahlG, §§ 50 f. BWahlO). Weiter ist dafür zu sorgen, dass die Wähler sich einzeln in 111

108 BVerfGE 11, 266, 272; E 34, 81, 98 f.; E 75, 335, 353; E 95, 408, 417; jüngst in der Entscheidung zur Fünf-Prozent-Klausel im Europawahlrecht BVerfGE 129, 300, 320; *H. H. von Arnim*, DÖV 1984, 85 ff.; *W. Pauly*, AöR 123 (1998), 232, 250.

109 So jetzt das Bundesverfassungsgericht mit der Formulierung „Gründe [...], die durch die Verfassung legitimiert und von einem Gewicht sind, das der Wahlgleichheit die Waage halten kann", BVerfGE 129, 300, 320.

110 So BVerfGE 99, 1, 8 ff.; hinter dieser Entscheidung steht auch das Bemühen um Entlastung des Karlsruher Gerichtes.

111 BVerfGE 44, 125, 144 ff.; E 63, 230, 243; VerfGH Saarland, NVwZ-RR 2010, 785 ff.; zuletzt NVwZ-RR 2012, 169, 176 f.

112 BVerfGE 63, 230, 243.

der Wahlkabine aufhalten (§ 56 Abs. 2 S. 2 BWahlO). Wegen der objektiv-rechtlichen Bedeutung ist das Wahlgeheimnis auch **unverzichtbar.** Der Wähler darf also nicht für andere sichtbar den Wahlzettel ausfüllen oder ausgefüllte Wahlzettel fotografieren. Eben dieses Verbot schützt den Wähler: Er kann nicht unter Druck gesetzt werden, offen zu wählen. Das Wahlgeheimnis wird auch strafrechtlich durch § 107c StGB geschützt. Die Geheimheit der Wahl richtet sich gegen Kenntnisnahme von der Stimmabgabe durch staatliche Stellen wie durch Private. Nachwahlumfragen (sog. „exit polls") verstoßen nicht gegen die Geheimheit der Wahl, weil die Möglichkeit zum Beweis der Wahrheit der Aussage der Wähler fehlt.

112 Einige Beeinträchtigungen der Geheimheit der Wahl sind durch andere Verfassungsrechte gerechtfertigt. So sind die Briefwahl und die Inanspruchnahme von Hilfspersonen zulässig zur Sicherung der Allgemeinheit der Wahl, auch wenn hierbei die Geheimheit der Wahlentscheidung gefährdet ist. Zulässig ist auch der Vermerk im Wählerverzeichnis, dass ein bestimmter Wähler seine Stimme abgegeben hat (§ 56 Abs. 4 S. 3 BWahlO). So kann sichergestellt werden, dass jemand nicht mehrfach wählt und damit die Wahlrechtsgleichheit verletzt wird.

#### f) Öffentlichkeit der Wahl

113 Das Gebot der Öffentlichkeit der Wahl ist ein vom Bundesverfassungsgericht[113] erstmals im Zusammenhang mit dem Einsatz von Wahlcomputern in den Fokus geratener **ungeschriebener Wahlrechtsgrundsatz.**[114] Dieser aus Art. 38 i.V.m. Art. 20 Abs. 1 und 2 GG fließende Grundsatz leitet sich im Kern aus dem Öffentlichkeitspostulat der Volkssouveränität (→ Rn. 27) ab und verlangt, dass die verschiedenen Etappen des Wahlverfahrens von den Bürgern kontrolliert werden können (siehe etwa §§ 10 Abs. 1 S. 1, 31 S. 1 BWahlG, § 54 BWahlO). Damit sichert er die Funktionsfähigkeit der Demokratie und deren Legitimation durch Schaffung des notwendigen Vertrauens in den ordnungsgemäßen Ablauf der Wahl, indem die Publizität dem Bürger die Möglichkeit eröffnet, den Wahlvorgang nachzuvollziehen. Das Gebot der Öffentlichkeit schränkt die Möglichkeit des Einsatzes technischer Geräte, insbesondere von Wahlcomputern, weitreichend ein, da bei diesen Techniken die wesentlichen Verarbeitungsvorgänge zumeist im Verborgenen ablaufen: in einer Art „black box" und sich der Wahrnehmbarkeit durch den Wähler entziehen. Unter Beachtung bestimmter Maßgaben ist ein Gebrauch von technischen Geräten jedoch denkbar.[115] Beim Einsatz von Wahlcomputern ist bislang aber nicht für die Öffentlichkeit nachvollziehbar, dass keine manipulativen Programmierungen in den Geräten enthalten sind.[116] Die legitimitätsschaffende Anschauung der öffentlichen Auszählung der Stimmen ist bislang unübertroffen. Zudem wird ein verfassungsrechtlich zulässiges elektronisches Wahlsystem wohl in der Art auszugestalten sein, dass es seinen Anreiz, etwa im Bereich der vereinfachten Stimmenerfassung, weitreichend einbüßen wird.

Der Einsatz von **Wahlcomputern** wirft ebenfalls Probleme bezüglich anderer Wahlrechtsgrundsätze auf. So muss um der Geheimheit der Wahl willen sichergestellt sein, dass die Wahlentscheidung des Einzelnen nicht ermittelbar ist. Zugleich muss verhin-

---

113 BVerfGE 123, 39 ff.

114 Bereits vormals angesprochen in VerfGH NRW, NVwZ 1991, 1175 ff. sowie BVerfGE 121, 266, 291 ff.

115 S. dazu *M. Henning/J. Budurushi/M. Volkamer*, MMR 2014, 154 ff.

116 Kritisch auch *M. Will*, NVwZ 2009, 700, 701 f.

dert werden, dass mehrfach abgestimmt wird. Diese Probleme sind aber wohl technisch lösbar.[117]

### 3. Das Wahlrecht zum Deutschen Bundestag

Das Wahlrecht zum Deutschen Bundestag ist traditionell kompliziert, dafür sind unter 114
anderem zwei Faktoren verantwortlich: bundesstaatliche Elemente, die ins Wahlrecht hineinspielen, und die Tatsache, dass jeder Wähler **zwei Stimmen** hat. Mit der **Erststimme** wird nach den Regeln der **Mehrheitswahl** gewählt, die **Zweitstimme** wird entsprechend der **Verhältniswahl** ausgewertet. Letztlich sollen die Zweitstimmen den Ausschlag für die parteipolitische Zusammensetzung des Bundestages geben.

Grundlage für die Regelungen im BWahlG ist die Ermächtigung in Art. 38 Abs. 3 GG 115
zur Ausgestaltung des Wahlrechts durch den Bundesgesetzgeber. Dass das Wahlrecht in die Hand des einfachen Gesetzgebers gelegt worden ist, ist durchaus bemerkenswert, weil das Wahlrecht eben die Regelungen zur politischen Machtverteilung enthält (→ Rn. 91). Wegen dieses fundamentalen Charakters wird das Wahlrecht auch als materielles Verfassungsrecht bezeichnet (→ § 2 Rn. 38). Für die einfachgesetzliche Normierung des Wahlrechts spricht die notwendige Technizität seiner Ausgestaltung. Nicht sämtliche Feinheiten des Wahlrechts gehören in die Verfassung, man denke etwa an die Festlegung der Wahlkreise, die mit der unterschiedlichen Bevölkerungsentwicklung variieren muss. Dem besonders machtaffinen Charakter des Wahlrechts entspricht es aber, wenn die jeweilige parlamentarische Mehrheit es nicht gegen den Willen der parlamentarischen Minderheit durchsetzt – die Versuchung, das Wahlrecht zum eigenen Vorteil zu gestalten, ist offenbar. Dem entsprach auch die bisherige Praxis in der Bundesrepublik Deutschland, wonach das Wahlrecht nur im Konsens der großen Parteien beschlossen wurde. Die im Juli 2012 in zentralen Punkten aufgehobene[118] Novellierung des Bundeswahlgesetzes von November 2011[119] brach mit dieser Tradition. Das als Reaktion auf die Bundesverfassungsgerichtsentscheidung im Mai 2013 erlassene, momentan gültige, neue Wahlrecht kehrte wieder zu dieser Tradition zurück.

Die Bundestagsmandate werden nach dem Wahlrecht 2013 wie folgt ermittelt: Das ge- 116
samte Bundesgebiet bildet gemäß § 2 Abs. 1 BWahlG das **Wahlgebiet**. Die Regelgröße des Bundestages umfasst nach § 1 Abs. 1 S. 1 BWahlG 598 Abgeordnete. Die Hälfte davon wird nach den Regeln der Mehrheitswahl in den Wahlkreisen gewählt; deswegen werden 299 Wahlkreise gebildet. Die andere Hälfte der Abgeordneten wird nach **Landeslisten** gewählt (§ 1 Abs. 2 BWahlG), und zwar nach dem Verhältniswahlrecht. Jeder Wähler hat zwei Stimmen, eine Erststimme für die Wahl des Wahlkreisabgeordneten und die Zweitstimme für die Wahl einer Landesliste, so § 4 BWahlG. Im **Wahlkreis** entscheidet die **relative Mehrheit,** § 5 BWahlG.

Die über die **Landeslisten** der Parteien zu vergebenden Mandate werden proportional 117
zu den Stimmanteilen der Parteien vergeben. Dabei werden allerdings die Stimmen der Partei nicht berücksichtigt, die weniger als 5 % der gültigen Zweitstimmen im gesamten Wahlgebiet erhalten haben, § 6 Abs. 1 S. 2 BWahlG. Diese Regelung ist nicht unproblematisch, weshalb parallele Regelungen für das Europa- und Kommunalwahl-

117 Bezüglich der Vereinbarkeit mit den anderen Wahlrechtsgrundsätzen s. *M. Will*, NVwZ 2009, 700 ff.; *S. Schiedermair*, JZ 2009, 572 ff.; *M. Eßer*, MIP 16 (2010), 69 ff.

118 BVerfGE 131, 316 ff.

119 BGBl. I 2011, 2313.

recht bereits für verfassungswidrig erklärt und aufgehoben worden sind.[120] Hiervon gibt es eine Ausnahme für Parteien, die mindestens drei Direktmandate errungen haben. Die Verfassungsmäßigkeit dieser sogenannten **Grundmandatsklausel** wird lebhaft bestritten.[121] Das Bundesverfassungsgericht hat allerdings die Ausnahme von der Fünf-Prozent-Klausel für verfassungsgemäß erklärt.[122] Zur Rechtfertigung der Grundmandatsklausel wird die integrative Funktion der Wahlen angeführt, also deren Fähigkeit, das Volk im ganzen Bundesgebiet politisch einzubinden.

Dem ist zu entgegnen, dass es nicht einleuchtet, weshalb eine Partei, deren Anhänger sich über das gesamte Bundesgebiet einigermaßen gleichmäßig verteilen, im Hinblick auf die Sperrklausel schlechter gestellt sein soll als eine Partei, deren Anhängerschaft regional konzentriert ist. Bundesweit gestreute Stimmen sollten den gleichen Erfolgswert haben wie lokal konzentrierte. Wenn das Bundesverfassungsgericht außerdem auf die Tradition der Grundmandatsklausel verweist,[123] so ist dem entgegenzuhalten, dass Tradition selbst kein Grund von Verfassungsrang ist, im Gegenteil, es kann auch verfassungswidrige Traditionen geben.[124]

118 Die Zahl der Sitze, die jede Partei erhält, wird nach dem in § 6 Abs. 2 bis 6 BWahlG beschriebenen Verfahren ermittelt. Sie richtet sich grundsätzlich nach dem Anteil der erhaltenen Wahlstimmen. Dabei wird den Ländern nun nach der Novellierung ein festgelegtes Kontingent von Sitzen zugeordnet, das sich nach der Bevölkerungszahl richtet, § 6 Abs. 2 S. 1 BWahlG[125] Die zuvor vorgesehene Verrechnung des Mandatsanteils zwischen den einzelnen Landeslisten (sog. Listenverbindung, § 7 BWahlG a.F.) ist entfallen. Betrachtet man die Änderungen insgesamt, muss der Gesetzgeber sich die Frage gefallen lassen, ob das Wahlrecht in dieser Ausformung für den Wähler noch verständlich ist. Durch die jüngsten Änderungen wird die Berechnung – mit häufigen Querverweisen und umständlichen Formulierungen – jedenfalls insgesamt noch komplexer. Dass der Gesetzgeber in eine Komplexitätsfalle getappt ist, verdeutlicht insbesondere die Formulierung des vom Bundesverfassungsgericht für verfassungswidrig erklärten § 6 Abs. 2a BWahlG mit seinem erheblichen rechnerischen Aufwand. Diese Norm verstieß nach Ansicht des Gerichts gegen die Wahlrechtsgleichheit und die Chancengleichheit der Parteien, da sie nur die bei der Abbildung vieler Wählerstimmen auf wenige Mandate unvermeidlichen Abrundungsverluste ausgleiche, ohne die ebenfalls auftretenden Aufrundungsgewinne zu verrechnen.

119 Falls eine Partei mehr Direktmandate errungen hat, als ihr nach dem Verhältnis der Zweitstimmen zukamen, so bleiben ihr diese Mandate vollständig erhalten. Diese **Überhangmandate** sind verfassungsrechtlich höchst problematisch.[126] Sie verfälschen

---

120 Zur Kommunalwahl s. nur BVerfGE 120, 82, 110 ff.; zur Europawahl BVerfGE 129, 300 ff. sowie BVerfG 26.2.2014, 2 BvE 2/13; zur Thematik *M. Morlok/H. M. Heinig*, ZG 2000, 371 ff.; *M. Morlok*, JZ 2012, 76 ff.; *M. Morlok/H. Kühr*, JuS 2012, 385 ff.; *S. Roßner*, NVwZ 2012, 22 ff.; *S. Roßner*, KommunalPraxis Wahlen 2012, 10 ff.

121 Dazu *W. Hoppe*, DVBl. 1995, 265 ff.; m.w.N. *H. Meyer*, Wahlgrundsätze, Wahlverfahren, Wahlprüfung, in: HStR, Bd. III, 3. Aufl. 2005, § 46 Rn. 44.

122 BVerfGE 95, 408, 421 f.; bereits früher E 6, 84, 96.

123 BVerfGE 95, 408, 423.

124 *M. Morlok*, JZ 1989, 1035, 1041.

125 Vgl. hierzu insgesamt auch BVerfGE 121, 266 ff.

126 Für die Verfassungsmäßigkeit sprechen sich u.a. aus *H. Jakob*, Überhangmandate und Gleichheit der Wahl, 1998; *U. Mager/R. Uerpmann*, DVBl. 1995, 273 ff.; *W. Pauly*, AöR 123 (1998), 232, 244 ff., 262 ff.; für verfassungswidrig halten sie *H. Meyer*, Wahlgrundsätze, Wahlverfahren, Wahlprüfung, in: HStR, Bd. III, 3. Aufl. 2005, § 46 Rn. 47; *J. Ipsen*, JA 1987, 232, 235; *S.-C. Lenski*, AöR 134 (2009), 473 ff.

ohne Ausgleich das Kräfteverhältnis, wie es sich nach dem Zweitstimmergebnis ergibt. Daher wurde auch § 6 Abs. 5 BWahlG a.F. für verfassungswidrig erklärt, da ab einer gewissen Anzahl[127] ein Verfassungsverstoß aufgrund der Missachtung der Wahlrechtsgleichheit vorliege,[128] sofern die Überhangmandate nicht durch auf die übrigen Parteien zu verteilende Mandate ausgeglichen werden, um so den Zweitstimmenproporz wiederherzustellen. Nicht überzeugend ist es allerdings, dass das Gericht weiterhin bis zu 15 Überhangmandate ausgleichslos zulässt: Die Rechtfertigung von Überhangmandaten durch das vom Gesetzgeber gewollte Element der Persönlichkeitswahl ist fragwürdig. Ein Direktmandat bedeutet nämlich, dass ein dem Wähler bekannter Kandidat einer Partei den Sitz erringt anstelle eines dem Wähler nicht bekannten Kandidaten derselben Partei auf der Landesliste. Eine Entscheidung, bei der dem Wähler gar nicht bekannt ist, zulasten welcher Person sich seine Entscheidung auswirkt, kann schwerlich als Persönlichkeitswahl gedeutet werden. Der auch für das Bundesverfassungsgericht entscheidende Einwand gegen die Überhangmandate liegt aber darin, dass sie eine Verletzung der Erfolgswertgleichheit der Stimmen darstellen. Eine Partei, die Überhangmandate erlangt, braucht pro Sitz weniger Stimmen als eine Partei ohne Überhangmandate.[129]

Gemäß dem neuen Wahlrecht 2013 wird ein Ausgleich der anfallenden Überhangmandate geschaffen, § 6 Abs. 5 BWahlG.[130] Die Kompensation der Überhangmandate durch einen proportionalen Zuwachs an Mandaten für andere Parteien bis zum Proporzausgleich führt jedoch zu Folgeproblemen wie etwa die Vergrößerung des Parlaments, welche dessen Arbeitsfähigkeit ggf. beeinträchtigen könnte. Während in der Vergangenheit die Zahl der Überhangmandate verhältnismäßig klein blieb, ist für die Zukunft mit einer deutlich größeren Zahl zu rechnen, die auch die Zahl der erforderlichen Ausgleichsmandate steigen lässt. Das liegt an der größeren Zahl von Parteien, die mit Wahlerfolgen rechnen können; heute ist mit fünf bis sechs Parteien im Bundestag zu rechnen, früher gab es de facto ein Drei-Parteien-System. Das bedeutet, dass früher ein Wahlkreis mit einem Ergebnis um die 45 % gewonnen werden konnte. Wenn aber fünf oder sechs Parteien deutliche Wahlerfolge erzielen, so kann ein Wahlkreis schon mit einem Stimmanteil von 30 bis 35 % gewonnen werden. Diese Entstehung von Überhangmandaten wird verstärkt durch die Möglichkeit des **Stimmensplittings**. Dieser Begriff umschreibt das Phänomen, dass Wähler ganz bewusst nicht der Partei ihrer Präferenz die Erststimme geben, sondern einer größeren anderen Partei, die als Koalitionspartner infrage kommt. Diese Wähler hätten damit eine, vom Wahlsystem nicht intendierte, doppelte Einwirkung auf die Kräfteverhältnisse im Bundestag gäbe es keine Ausgleichsmandate. 120

127 Ab einer Anzahl, die etwa der Hälfte der für die Bildung einer Fraktion erforderlichen Zahl von Abgeordneten, etwa 15, überschreitet, BVerfGE 131, 316, 357.

128 BVerfGE 131, 316, 357 ff. Das BVerfG konnte 1997 die Verfassungswidrigkeit von § 6 Abs. 5 BWahlG nicht feststellen: Vier Richter hielten die Norm für noch mit der Verfassung vereinbar, die vier anderen Richter des Senats für verfassungswidrig (zu dieser Konstellation s. § 15 Abs. 4 S. 3 BVerfGG → § 17 Rn. 71), BVerfGE 95, 355 ff. und das *Sondervotum* 367 ff.

129 Bei der Landtagswahl 2009 in Schleswig-Holstein (dort werden für Überhangmandate Ausgleichssitze gewährt) benötigte die CDU 14 870,91 Stimmen pro Landtagsmandat, die LINKE hingegen 19 152,80 Stimmen, s. *M. Morlok*, JZ 2011, 234, 236 zu LVerfG SH, JZ 2011, 254 ff., 261 ff.

130 Zu weiteren Möglichkeiten s. etwa BVerfGE 95, 355, 367, 400 ff., *F. Pukelsheim*, DÖV 2004, 412 ff.; *D. Lübbert/F. Arndt/F. Pukelsheim*, ZParl 42 (2011), 426 ff.; *H. Meyer*, DVBl. 2009, 137 ff.

121 Das Bundesverfassungsgericht hat bereits in seiner Entscheidung vom 3.7.2008[131] dem Gesetzgeber aufgegeben, die Folgen des sog. **negativen Stimmgewichts** zu beseitigen. Darunter versteht man den Effekt, dass der Zuwachs an Zweitstimmen zu einem Verlust an Sitzen der Landeslisten bzw. ein Verlust an Zweitstimmen zu einem Zuwachs an Sitzen der Landeslisten führen kann. Das Bundesverfassungsgericht sieht darin eine Verletzung der Gleichheit und Unmittelbarkeit der Wahl. Daraufhin hat der Gesetzgeber das BWahlG im November 2011 novelliert und etwa die in § 7 BWahlG a.F. normierte Verbindung der Landeslisten einer Partei abgeschafft. Auch diese Regelung schließt aber das Auftreten des negativen Stimmgewichts nicht mit hinreichender Sicherheit aus, wie das Gericht in seiner jüngsten Entscheidung – untermauert von Beispielrechnungen – festgestellt hat.[132] Das im Mai 2013 in Kraft getretene Wahlrecht entkoppelt die Anzahl der durch Zweitstimmen zu erreichenden Sitze pro Land von der dynamischen Größe der Wahlbeteiligung, wie sie 2011 vorgesehen war, und beseitigt damit einen Nährboden für die Entstehung des negativen Stimmgewichtes. Nach Einschätzung von Mathematikern wird damit der Effekt des inversen Erfolgswertes weitestgehend vermieden.[133]

### 4. Die Wahlprüfung

#### a) Funktion und Verfahren

122 Die Wahlen zum Parlament sind der wichtigste Akt zur Realisierung der Volkssouveränität (→ Rn. 92). Die ordnungsgemäße Durchführung der Wahlen zum zentralen Verfassungsorgan ist dementsprechend zu begreifen als ein spezifisches **Sicherungsinstrument für die Volkssouveränität**. Gegenüber der sonstigen Prüfung der Rechtmäßigkeit von Entscheidungen ist die Wahlprüfung durch einige Besonderheiten ausgezeichnet. Wahlen sind die größten Massenverfahren, die wir kennen. Angesichts von Millionen von Teilnehmern, darunter auch viele Laien in tragenden Rollen, kommt es fast unvermeidlich zu Rechtsfehlern. Andererseits verdient ein gewähltes Parlament einen besonderen Schutz. Wenn wegen jedes aufgetretenen Wahlfehlers Neuwahlen abzuhalten wären, so wäre dies nicht nur überaus kostenträchtig, sondern eben auch deswegen problematisch, weil Neuwahlen wiederum das Risiko bergen, selbst mit Fehlern behaftet zu sein. Ein gewähltes Parlament verdient deswegen **gesteigerten Bestandsschutz.**[134] Diese Besonderheiten haben dazu geführt, dass die Überprüfung von Fehlern in einer Wahl in einem besonders ausgestalteten Verfahren mit eigenen Maßstäben erfolgt, eben dem Wahlprüfungsverfahren.

123 Der Begriff der Wahlprüfung meint dabei die Kontrolle der Gültigkeit der Wahl im Hinblick auf aufgetretene Wahlfehler. Sie ist in Art. 41 GG geregelt und im Wahlprüfungsgesetz.[135] Die erste Besonderheit im Hinblick auf die Kontrolle der Rechtmäßigkeit der Wahlen liegt darin, dass diese Kontrolle weitgehend im Wahlprüfungsverfahren monopolisiert ist, das heißt, dass auch vor der Wahl bekannt gewordene (mutmaßliche) Wahlfehler nicht mit den üblichen Rechtsmitteln angefochten werden können: § 49 BWahlG will alle Entscheidungen und Maßnahmen, die sich unmittelbar auf das

131 BVerfGE 121, 266 ff.
132 BVerfGE, 131, 316 (340 f.).
133 So etwa *H. Holste*, NVwZ 2013, 529, 531; a.A. *M. C. Hettlage*, DÖV 2012, 970, 971; *C. Hesse*, ZParl 44 (2013), 177, 196.
134 S. *T. Koch*, GVBl. 2000, 1039 ff.
135 BGBl. I 1951, 166; zuletzt geändert durch BGBl. I 2011, 2313.

Wahlverfahren beziehen, auf die im Bundeswahlgesetz vorgesehen Rechtsbehelfe und das Wahlprüfungsverfahren konzentrieren. Soweit es um den Schutz subjektiver Rechte geht, etwa das Wahlrecht eines Bürgers oder das Recht einer Partei zur Wahlteilnahme, so stellt dies eine Beeinträchtigung des durch Art. 19 Abs. 4 GG gewährleisteten Rechtsschutzes durch die staatlichen Gerichte dar und ist deswegen in seiner Verfassungsmäßigkeit problematisch. Gegenüber der früheren Striktheit dieser Ausschließlichkeit der Rechtskontrolle in den genannten Verfahren hat der Gesetzgeber jetzt richtigerweise auch Rechtsschutzmöglichkeiten vor der Wahl eröffnet.[136] Dazu wurde das Grundgesetz geändert und in Art. 93 Abs. 1 eine entsprechende Nummer 4c eingefügt. Politische Parteien, die vom Bundeswahlausschuss zur Wahl nicht zugelassen wurden, können dies künftig vor dem Bundesverfassungsgericht anfechten.

Das eigentliche Wahlprüfungsverfahren erfolgt zweistufig: Zuerst ist die Wahlprüfung **Sache des Bundestages**, Art. 41 Abs. 1 S. 1 GG und §§ 1 ff. WPrüfG. Diese Wahlprüfung wird eingeleitet durch einen Einspruch, der auch vom Bundestagspräsidenten erhoben werden kann. Nach einer Vorprüfung durch den Wahlprüfungsausschuss entscheidet der Bundestag selbst über die Gültigkeit der Wahl. Das ist insofern ungewöhnlich, als das betroffene Organ selbst die Kontrolle über seine rechtmäßige Zusammensetzung ausüben darf. Dieser Verstoß gegen das Prinzip, dass niemand Richter in eigener Sache sein darf, erklärt sich nur historisch. Das Parlament ist als ein Organ der Bürger entstanden, das dem Monarchen abgetrotzt wurde und das sukzessive der Exekutive Kompetenzen entwand. In der Formierungsphase des Parlamentarismus war es bedroht von Eingriffen des Monarchen. Dem wurde in der Verfassung dadurch entgegengewirkt, dass wesentliche Entscheidungen über die Volksvertretung in die Hand der Volksvertretung selbst gelegt wurden. Im Grundgesetz zeigt sich das etwa in Art. 39 Abs. 3, Art. 40 und eben auch Art. 41. Auch Art. 46 GG ist von daher zu verstehen. Die Gefahr einer Entscheidung in eigener Sache wird bekämpft durch die Möglichkeit der **Beschwerde an das Bundesverfassungsgericht** nach Art. 41 Abs. 2 GG und §§ 13 Nr. 3, 48 BVerfGG. Die letzte Entscheidung über die Gültigkeit einer Wahl liegt also beim Bundesverfassungsgericht. Eine vormals irritierende Besonderheit in diesem Verfahren, dass die Beschwerde neben dem Beschwerdeführer von 100 weiteren Wahlberechtigten unterstützt werden musste,[137] wurde vom Gesetzgeber gestrichen.[138] Besonderheiten der Wahlprüfung bestehen schließlich in der Regelung der **Fehlerfolgen.** Wegen des gebotenen Bestandsschutzes einer gewählten Volksvertretung führt nicht jeder aufgetretene Fehler ohne Weiteres zur Unwirksamkeit der Wahl.[139] Das Wahlrecht ist das klassische Gebiet der **Fehlerfolgenbegrenzung.** 124

### b) Fehlerfolgenbegrenzung

Ein Wahlfehler hat nur dann Bedeutung, wenn er **mandatsrelevant** ist. Das meint, ein Wahlfehler hat nur dann Auswirkungen, wenn er sich möglicherweise auf die Mandatsvergabe ausgewirkt hat. Da man nicht wissen kann, wie die Wähler sich entschieden hätten, wenn ein bestimmter Fehler nicht aufgetreten wäre, hebt man auf die po- 125

136 Gesetz zur Verbesserung des Rechtsschutzes in Wahlsachen v. 12.7.2012 (BGBl. I, 1501); zur Notwendigkeit und Möglichkeiten solchen Rechtsschutzes s. *M. Morlok/A. Bäcker*, NVwZ 2011, 1153 ff.; *L. Bechler/S. Neidhardt*, NVwZ 2013, 1438 ff.

137 S. § 48 BVerfGG a.F.

138 Gesetz zur Verbesserung des Rechtsschutzes in Wahlsachen v. 12.7.2012 (BGBl. I, 1501).

139 Im Verwaltungsverfahren kennen wir eine solche Beschränkung von Fehlerfolgen in der Regelung von § 46 VwVfG.

tenzielle Kausalität ab. Wenn beispielsweise 43 Wähler zu Unrecht an der Wahl nicht teilnehmen durften, der Vorsprung des Siegers im Wahlkreis aber 1212 Stimmen betrug, war der rechtswidrige Ausschluss dieser Wähler nicht mandatserheblich, das Wahlergebnis bleibt bestehen. Ist eine Auswirkung eines Fehlers auf das Wahlergebnis nicht auszuschließen;[140] so wird die Fehlerhaftigkeit nach Möglichkeit begrenzt, etwa auf den betroffenen Wahlkreis, eine Wahl wird also nur für teilweise ungültig erklärt, wenn die Auswirkung des Fehlers zu begrenzen ist.

### V. Politische Parteien

126 Die Demokratie des Grundgesetzes wollen wir hier verstehen als aus drei Komponenten bestehend (→ Rn. 8). Mit den politischen Parteien geht es in diesem Abschnitt um zentrale Organisationen des politischen Prozesses, und zwar einer Art von Organisation, die im gesellschaftlichen Bereich wurzelt.[141]

#### 1. Aufgaben und Funktionen der politischen Parteien

##### a) Aufgaben und Geschichte

127 Auf der Volkssouveränität beruhende demokratische Entscheidungsstrukturen dürfen sich nicht auf den staatlichen Bereich beschränken. Es geht ja gerade darum, das Volk als das Gegenüber der staatlichen Herrschaft zu aktivieren und dessen Interessen und Überzeugungen in den staatlichen Entscheidungsgang einzuspeisen. Dafür braucht es Organisationen, und zwar im vorstaatlichen, also im gesellschaftlichen Bereich. Die politischen Parteien sind die wichtigsten dieser Organisationen, die die politische Willensbildung des Volkes betreiben und auf die staatlichen Entscheidungsstrukturen hin ausrichten. In der Geschichte war eine entscheidende rechtliche Voraussetzung für die politische Aktivierung der Bürger die **Vereinigungsfreiheit**. Die Vereinigung in Parteien war das Mittel der Bürger, um gezielt den Staat zu beeinflussen. Man hat die Parteien demgemäß auch als „das der bürgerlichen Gesellschaft wesensadäquate Mittel zur Vergesellschaftung des Staates" bezeichnet.[142] Mit „Vergesellschaftung" ist hier die Überwindung der monarchischen Dominanz gemeint. Die Parteien haben die wesentliche Aufgabe der **Vermittlung** zwischen dem gesellschaftlichen Pluralismus an Meinungen und Interessen auf der einen Seite und dem staatlich-institutionellen Bereich auf der anderen Seite. Eine institutionalisierte Demokratie hat Rezeptionsstrukturen ausgebildet für die Einflussnahme durch die Bürger, an erster Stelle sind das die Parlamente. Demgemäß ist die Teilnahme an Wahlen die zentrale Aufgabe der Partei. Konsequenterweise macht das Recht die Absicht der Teilnahme an Parlamentswahlen in § 2 Abs. 1 PartG zum wesentlichen Unterscheidungsmerkmal politischer Parteien gegenüber anderen Vereinigungen mit politischen Zielsetzungen.

Historisch entstanden Parteien zunächst aus den gewählten Parlamenten heraus. Abgeordnete ähnlicher Ausrichtung haben sich zur parlamentarischen Arbeit zusammengeschlossen – vor allem, um die für die Durchsetzung ihrer Anliegen nötigen Mehrheiten leichter erreichen zu können und nicht jedes Mal in der unstrukturierten Gesamtheit der Abgeordneten nach Bündnispartnern suchen zu müssen. Ursprünglich lose Verbin-

140 Das BVerfG zieht für diese Einschätzung einen Maßstab der praktischen Wahrscheinlichkeit an und hebt nicht auf die theoretischen Denkbarkeiten ab, BVerfGE 89, 291, 304.

141 *M. Morlok*, Innere Struktur und innerparteiliche Demokratie, in: Tsatsos, Auf dem Weg zu einem gesamtdeutschen Parteienrecht, 1991, S. 89, 94.

142 *E. R. Huber*, Deutsche Verfassungsgeschichte, Bd. II, 1988, S. 322.

dungen von Abgeordneten verfestigten sich allmählich zu Fraktionen und begannen sich auch im außerparlamentarischen Bereich den Wählern gemeinsam zu präsentieren. Diese **historischen Wurzeln der Parteien** reichen in England bis ins 17. Jahrhundert zurück. In Deutschland finden wir solche Prozesse der Parteientstehung bei der Nationalversammlung von 1848/49.[143] Dieser Aspekt der Geschichte der Parteien erweist sich als **Annexentwicklung zur Geschichte des Parlaments**. Diese Art der Parteientstehung zeigt sich in der Gegenwart wieder im Europäischen Parlament, aus dessen Fraktionen heraus sich europäische politische Parteien gebildet haben, die es dann auch zur Ehre der Erwähnung in den Europäischen Verträgen gebracht haben, siehe jetzt Art. 10 Abs. 4 EUV und Art. 224 AEUV. Daneben gab es einen zweiten Zweig der Parteientwicklung, der unmittelbar im gesellschaftlichen Bereich wurzelte. Die zunächst unterdrückten Organisationen der Arbeiterbewegung und in Deutschland auch des politischen Katholizismus entwickelten sozusagen „von unten" her politische Organisationen, die Parteicharakter annahmen und ins Parlament drängten.[144] Die Parteien wurden vom monarchisch dominierten Staat verständlicherweise bekämpft und jedenfalls beargwöhnt.[145] Ein bekanntes Zitat von *H. Triepel* bringt dies auf die prägnante Formel, dass die Parteien zuerst bekämpft, dann ignoriert, geduldet und schließlich anerkannt wurden.[146]

### b) Funktionen

Die **Funktionen** der Parteien sind in § 1 Abs. 2 PartG ausführlich (und in werbender Sprache) dargestellt. Im Kern geht es um die Bündelung und Organisation der Interessen und Überzeugungen des Volkes, um dadurch die Volkssouveränität erst praktisch wirksam zu machen. Sie sollen von der Gesellschaft hin zum Staat vermitteln. Man bezeichnet die Parteien deswegen auch als „Transmissionsriemen", welche gesellschaftliche Kräfte und Interessen auf den Staat übertragen. Die Politikwissenschaft bevorzugt heute den Begriff der „Linkage-Funktion" der Parteien.[147] Demokratischer Anspruch muss sein, dass die maßgebliche Einflussrichtung diejenige von unten nach oben ist. Gleichwohl ist nicht zu bestreiten, dass den Parteien auch eine Rolle zukommt bei der Erläuterung der Vorstellungen der politischen Eliten und dem Versuch, hierfür Zustimmung zu gewinnen. 128

Die vielfältigen Aktivitäten der Parteien kann man zu **drei Grundfunktionen** bündeln[148]: 129

- Zum einen sammeln und bündeln sie die vielfältigen Interessen im Volk. Die Bündelung (sog. „Aggregation") ist dabei insofern wichtig, als benachbarte Anliegen zusammengefasst werden und damit die Chance steigt, Mehrheiten zu erzielen. Die Vorwirkungen der Mehrheitsentscheidung zeigen sich also auch hier. Diese zusammengefassten Interessen und Überzeugungen werden dann durch die Parteien in staatlichen Entscheidungsverfahren angemeldet und durchzusetzen versucht.

143 S. hierzu *L. Bergsträsser*, Geschichte der politischen Parteien in Deutschland, 11. Aufl. 1995, S. 79 ff.
144 *O. Dann*, in: Reinalter, Politische Vereine, Gesellschaften und Parteien in Zentraleuropa 1815–1848/49, 2005, S. 11 ff.
145 Zur Geschichte der Parteien s. noch *H. Kaack*, Geschichte und Struktur des deutschen Parteiensystems, 1971; *G. A. Ritter*, Die deutschen Parteien 1833 bis 1914, 1985.
146 *H. Triepel*, Die Staatsverfassung und die politischen Parteien, 2. Aufl. 1930, S. 12.
147 Dieser Begriff geht zurück auf *K. Lawson*, in: Lawson, Political Parties & Linkage, 1980, S. 3 ff.
148 Eine Übersicht zur Funktionsdiskussion bietet *S. Roßner*, Parteiausschluss, Parteiordnungsmaßnahmen und innerparteiliche Demokratie, 2014, S. 25 ff.

- Zum Zweiten betreiben die Parteien das politische System. Sie stellen politische Programme auf, formulieren darin staatlich zu verfolgende Ziele, entwerfen Vorschläge zur Lösung konkreter Sachfragen. Nicht zuletzt kritisieren sie die Vorschläge der konkurrierenden Parteien und beobachten kritisch deren Verhalten.
- All dies wird wesentlich versucht durch die Durchsetzung eigenen Personals. Beginnend mit der Beschickung der Parlamente mit möglichst vielen eigenen Abgeordneten, fortgesetzt wird dies, falls man die notwendigen Mehrheiten erreicht hat, durch die Stellung der Regierung und auch die Besetzung der politischen Spitzenämter in der Verwaltung. Dass das Bestreben der Parteien, ihre Anliegen mithilfe eigener Gefolgsleute auf Entscheidungspositionen durchzusetzen, auch zu unerwünschten Weiterungen führt in Form der sog. Ämterpatronage,[149] also der Besetzung von Stellen des öffentlichen Dienstes mit Parteigängern, und dabei auch Gefahr läuft, die Vorgaben aus Art. 33 Abs. 2 GG zu verletzen, darf nicht verschwiegen werden.

Diese drei Funktionen kann man im Ergebnis dahin zusammenfassen, dass die Parteien **Spezialorganisationen zur Nutzung der demokratischen Input-Strukturen** des Staates sind. Es sind Organisationen, die sich spezialisiert haben auf die Wahrnehmung dieser ausgeformten demokratischen Beeinflussungsmöglichkeiten. Sie unterliegen insoweit auch dem allgemeinen Gesetz der Spezialisierung, wonach die spezialisierte Wahrnehmung einer Aufgabe Leistungsvorteile erbringt. So wie Automobilunternehmen, Krankenhäuser oder die Feuerwehr ihre spezifischen Aufgaben haben und sich in ihren Strukturen hierauf ausgerichtet haben, so haben auch die Parteien ein aufgabenspezifisches Gepräge erhalten. Man kann dies dahin gehend ausdrücken, dass sie „selbstsubstitutive Organisationen"[150] sind, also Organisationen, die nur durch Organisationen des gleichen Typus ersetzt werden können. Immer wieder gibt es ein Ungenügen an politischen Parteien, aus dem heraus neue Organisationen gegründet werden, die anders sein möchten, die einen „alternativen" Typus von politischer Organisation darstellen möchten. Dementsprechend war etwa der Titel der sogenannten „Statt-Partei", einer Partei, die eben nicht eine Partei sein wollte. Ähnliches gilt für die Freien Wähler, sogenannte Wählervereinigungen, die damit werben, keine Partei sein zu möchten, aber mit ihrem Erfolg sich eben auch dem Muster der Parteien annähern.[151] Dies lässt sich damit erklären, dass die institutionalisierten Möglichkeiten demokratischer Einflussnahme strukturelle Erfolgsbedingungen kennen, die einen Anpassungsdruck ausüben, wenn man politischen Erfolg haben möchte.

### 2. Rechtsstellung

130 Dieser Vermittlungsfunktion der Parteien entspricht die Rechtsnatur der politischen Parteien. Von ihrem Ausgangspunkt her sind sie in der Gesellschaft wurzelnde Vereini-

149 *H. H. v. Arnim*, Ämterpatronage durch politische Parteien, 1980. Die Ämterpatronage hat zwei Seiten. Auf der einen Seite kann es sich um einen illegitimen und gegebenenfalls an den Kriterien von „Eignung, Befähigung und fachlicher Leistung" gemessen illegalen Zugriff auf den öffentlichen Dienst handeln, andererseits ist die Durchsetzung der politischen Ziele einer Partei, welche staatliche Regierungspositionen legal besetzt, auch darauf angewiesen, dass die Angehörigen des öffentlichen Dienstes diese Ziele nicht konterkarieren. Dem wird die Rechtsordnung insofern gerecht, als Spitzenpositionen der Verwaltung als sog. Politische Beamte ausgestaltet sind; das sind Beamte, die jederzeit in den einstweiligen Ruhestand geschickt werden können, damit ihre Positionen mit Personen besetzt werden können, die das uneingeschränkte Vertrauen der politischen Führung genießen.

150 Zu diesem Begriff *N. Luhmann*, in: Luhmann, Soziologische Aufklärung, Bd. 2, 1981, S. 198 ff.

151 Zur Rechtsnatur von Vereinigungen als politische Parteien *M. Morlok/H. Merten*, DÖV 2011, 125 ff.; *S. Roßner*, Parteien wider Willen, in: Morlok/Poguntke/Walther, Politik an den Parteien vorbei, 2012, S. 125 ff.

gungen. Demgemäß sind sie **Vereine bürgerlichen Rechtes** und unterliegen den Regelungen der §§ 21 ff. BGB. Wegen ihrer demokratienotwendigen Funktion und weil das Zielgebiet ihrer Anstrengungen die Sphäre der staatlichen Entscheidungen ist, wird ihre rechtliche Ausgestaltung aber durch das öffentliche Recht überlagert. Die Verfassung gibt ihnen in Art. 21 GG eine Funktionsgarantie und stattet sie mit den dazu notwendigen Rechten aus. Einfach-gesetzlich wird dieser besondere Rechtsstatus im Parteiengesetz in einigen Details ausgestaltet.

Wegen ihrer Vermittlungsaufgabe haben die Parteien eine **systematische Zwischenstellung** zwischen dem von grundrechtlicher Freiheit geprägten Bereich des gesellschaftlichen Geschehens und dem verfassten Bereich der staatlichen Institutionen inne. Das Recht der Parteien und der hier faktisch verbundenen Fraktionen im Parlament changiert zwischen der gesellschaftlichen und staatlichen Sphäre. Die dichotomisierenden Kategorien für den staatlichen und den gesellschaftlichen Bereich passen hier nur begrenzt. So sind die Fraktionen die parlamentarische Speerspitze der Parteien, deren Anstrengungen sich wesentlich darauf richten, als eine starke Fraktion im Parlament vertreten zu sein. Der englische Ausdruck „party in parliament" macht diesen Bezug zur Partei plastisch. Gleichwohl werden die Fraktionen als Teil des Staatsorgans Parlament dem Parlamentsrecht und damit dem staatlichen Recht unterstellt. Friktionen und Unschärfen solcher Art machen die Schwierigkeit wie den Reiz des Rechtes des politischen Prozesses aus.

Das **Verfassungsrecht** anerkennt und garantiert in Art. 21 Abs. 1 S. 2 GG die Funktio- 131
nen der politischen Parteien. Während bei der Verabschiedung des Grundgesetzes Parteienartikel in den Verfassungen noch eine seltene Ausnahme waren, gehören Bestimmungen über die politischen Parteien mittlerweile zum Standardinventar einer Verfassung.[152] Art. 21 GG enthält dann weitere Rechte wie Pflichten der Parteien, die ihrer Funktionserfüllung dienen. Parteienrecht ist von seiner Wurzel her funktionsorientiertes Recht. Die Ausgestaltung der Rechtsstellung der Parteien durch das Grundgesetz lässt sich beschreiben als ein **vierfältiger Status:**[153] Die Parteien haben von Verfassung wegen einen Status der Freiheit (→ Rn. 139 ff.), der Gleichheit (→ Rn. 143 ff.), der Öffentlichkeit (→ Rn. 148 f.) und der innerparteilichen Demokratie (→ Rn. 150 ff.). Dieser vierfache Status der Parteien stellt eine abgekürzte Bezeichnung für wesentliche Rechte und Pflichten der Parteien dar, die im Einzelnen noch zu skizzieren sind.

Die vier verfassungsrechtlichen Gewährleistungen zielen auf unterschiedliche Bezugs- 132
probleme. Der Status der Freiheit richtet sich gegen den Staat: Um die Volkssouveränität auch wirksam werden zu lassen, müssen die Parteien frei agieren können, dürfen nicht vom Staat gegängelt oder beeinflusst werden. Die Parteien sollen die Willensbildung in der demokratischen Richtung von unten nach oben ins Werk setzen. Der Status der Gleichheit zielt auf das Verhältnis zwischen den Parteien. Demokratie als eine Wettbewerbsordnung verlangt Chancengleichheit. Parteienrecht lässt sich von daher als Wettbewerbsrecht verstehen (→ Rn. 143).[154] Der Status der Öffentlichkeit nimmt die Bürger in den Blick. Diese sollen darüber Bescheid wissen, was in den Parteien vorgeht, wer in ihnen das Sagen hat und welche Kräfte hinter ihnen stehen. Die innerpar-

152 *M. Morlok*, Politische Parteien, in: Korioth/Vesting, Der Eigenwert des Verfassungsrechts, 2011, S. 333, 335, 342 f.

153 Diese Vier-Status-Lehre setzt die Drei-Status-Lehre von *K. Hesse*, Grundzüge des Verfassungsrechts in der Bundesrepublik Deutschland, 20. Aufl. 1999, Rn. 172 ff.; *P. Häberle*, JuS 1967, 64, 71 ff. fort und ergänzt sie um die Verpflichtung auf die innerparteiliche Demokratie in Art. 21 Abs. 1 S. 3 GG.

154 *M. Morlok*, Parteienrecht als Wettbewerbsrecht, in: FS Tsatsos, 2003, S. 408 ff.

teiliche Demokratie schließlich ist nötig, damit die Parteien ihre Funktion als Organe des Volkes auch erfüllen können und nicht nur Instrumente in der Hand einer Funktionärsclique oder gar nur einer Führungsperson in der Partei sind.

133 **Einfach-rechtlich** richten sich die Parteien nach den Bestimmungen des zivilen Vereinsrechts, also nach §§ 21 ff. BGB. Allerdings werden die dortigen Regeln zum Teil ergänzt und abgeändert durch die spezialgesetzlichen Vorschriften des **Parteiengesetzes.** Diese dienen den besonderen Funktionen der Parteien und konturieren die vier Status in verschiedener Hinsicht näher. So ist etwa § 7 Abs. 3 PartG zu verstehen als Konkretisierung des Öffentlichkeitsstatus und § 15 Abs. 3 PartG als Teilbestimmung der innerparteilichen Demokratie. Das Parteiengesetz hat keinen Kodifikationscharakter, das bedeutet, das Parteienrecht ist dort nicht abschließend normiert. Es bedarf immer auch des Rückgriffs auf das BGB und auf Art. 21 GG selbst. Das führt auch dazu, dass das zivile Vereinsrecht gegebenenfalls im Lichte von Art. 21 GG zu modifizieren ist. **Parteienrecht** ist insofern **besonderes Vereinsrecht.**

134 Der **Parteibegriff** wird in § 2 PartG legal definiert. Das Vorliegen der Rechtseigenschaften als politische Partei eröffnet den Anwendungsbereich des Parteienrechts. Verfassungsrechtlich geht mit ihm einher die Anwendung der vier Status der Parteien, einfach-rechtlich die Anwendbarkeit des Parteiengesetzes und einiger weiterer Bestimmungen, die spezifisch für die politischen Parteien gelten. Die Funktionsorientierung des Parteienbegriffs wird sowohl beim gesetzlichen Begriff nach § 2 PartG deutlich und ist auch bei der Interpretation des Parteibegriffs zu beachten. Dieser soll gewährleisten, dass all diejenigen Organisationen den Parteistatus erhalten, die zur Erfüllung der Funktion der politischen Parteien beitragen. Bemerkenswerterweise gibt es in Deutschland **kein Anerkennungs- oder Registrierungsverfahren**, in dem die Parteieigenschaft verbindlich zuerkannt oder festgestellt würde. Eine staatliche Verleihung der Parteieigenschaft beeinträchtigte die Freiheit der Parteien, ohne ein solches Verfahren kann ohne jede staatliche Mitwirkung eine Partei gegründet werden.

Der Parteibegriff nach § 2 PartG ist ein solcher des einfachen Rechtes und kann damit nicht den Verfassungsbegriff der politischen Partei festlegen. Das Bundesverfassungsgericht hat den Parteibegriff des § 2 Abs. 1 PartG für verfassungsmäßig erklärt,[155] daran gibt es in der Literatur aber insofern lebhafte Kritik, als die **kommunale Ebene** dort ausgegrenzt wird.

135 Die Definition, die § 2 PartG für eine politische Partei gibt, kann man sich durch **drei Elemente** erläutern, ein Strukturelement, ein Zielelement und das Erfordernis der Ernsthaftigkeit. In **struktureller** Hinsicht muss eine Partei so organisiert sein, dass die Mitglieder wesentliche Bestimmungsmacht innehaben. Nur dann kann die Partei ihre Funktion bei der Realisierung der Volkssouveränität erfüllen. Das Gebot innerparteilicher Demokratie nach Art. 21 Abs. 1 S. 3 GG hat insofern rechtsformerhebliche Bedeutung. Organisationsformen, in denen die Mitglieder nicht das entscheidende Wort haben, scheiden als Partei im Rechtssinne aus. Das Gesetz drückt dies aus in den Worten „Vereinigungen von Bürgern, die […] Einfluss nehmen wollen“. Auch die Beschränkung auf natürliche Personen als Mitglieder (§ 2 Abs. 1 S. 2 PartG) soll der Unmittelbarkeit des Einflusses der Bürger dienen. Die Einschränkung für Mitgliedschaft und Sitz nach § 2 Abs. 3 PartG ist in einer Zeit formuliert worden, in der es noch keine

155 So etwa in BVerfGE 47, 198, 222; E 89, 266, 269 ff. m.w.N.; E 91, 262, 266 f., st. Rspr.

Direktwahl zum Europäischen Parlament gab und in der es auch noch keine europäischen politischen Parteien gab. Sie ist insofern nicht mehr haltbar.

Das **Zielelement** ist das Entscheidende: Parteien müssen auf die Entsendung von Repräsentanten in einem Parlament zielen. Die Funktion als Spezialorganisationen zur Wahrnehmung der demokratischen Input-Strukturen hat hier rechtlichen Ausdruck gefunden. Allerdings kann die Beschränkung auf Land und Bund und die damit einhergehende Ausgrenzung der kommunalen Ebene nicht überzeugen.[156] Politische Vereinigungen, die nur in den Gemeinden und Landkreisen tätig werden, sog. Rathausparteien, zählen nicht zu den Parteien im Rechtssinne. 136

Schließlich soll die Rechtsform der politischen Partei nur solchen Organisationen zustehen, die tatsächlich auch die Parteifunktion erfüllen wollen, dafür steht das Element der **Ernsthaftigkeit**, das in den Anforderungen in § 2 Abs. 1 PartG am Ende unter dem Sammelbegriff des Gesamtbildes der tatsächlichen Verhältnisse näher beschrieben ist. Das Gesetz stellt hier **objektive Kriterien** auf; die Behauptung oder der Wille allein, eine Partei zu sein, genügen nicht. Zu fordern sind in Übereinstimmung mit § 6 PartG eine Satzung und ein Programm, darüber hinaus auch ein ernsthaftes Bemühen um Anhängerschaft, insbesondere ein werbendes Hervortreten in der Öffentlichkeit.[157] Objektiv greifbar ist das zentrale Kriterium der Wahlteilnahme mit eigenen Kandidaten. Allerdings billigt man einer Partei eine Zeit des Aufbaues (oder der Besinnung und Neuorganisation) zu, § 2 Abs. 2 PartG verlangt nur eine Wahlteilnahme während der letzten sechs Jahre. 137

Für die Erfüllung der Parteieigenschaft ist die **Verfassungstreue** nicht notwendig, eine Organisation, die verfassungswidrige Ziele verfolgt, kann gegebenenfalls nach Art. 21 Abs. 2 GG verboten werden, ist aber bis dahin Partei. Auch eine Verpflichtung auf das Gemeinwohl gehört nicht zu den Voraussetzungen für eine politische Partei. Beides zeigt, dass der **Parteibegriff inhaltlich neutral** gefasst ist. 138

### 3. Der Status der Freiheit der Parteien

Die Freiheit der Parteien wird verfassungsrechtlich gewährleistet durch Art. 21 Abs. 1 S. 1 u. 2 GG in Verbindung mit den Grundrechten. Art. 21 GG selbst ist kein Grundrecht,[158] Grundrechte im Grundgesetz finden sich nur in den Art. 1 bis 19, auch stellt Art. 21 GG kein grundrechtsgleiches Recht dar, wie sich aus Art. 93 Abs. 1 Nr. 4a GG ergibt, wonach Art. 21 GG nicht mit der Verfassungsbeschwerde verteidigt werden kann. Art. 21 GG stellt vielmehr eine **Gewährleistungsgarantie** für die Institution der politischen Partei dar, die subjektiv-rechtlich durch die Grundrechte, auf die sich die Parteien wie die Bürger fraglos berufen können, ergänzt wird. Das Zusammenspiel der 139

156 Aus der Kritik *K. Hesse*, Grundzüge des Verfassungsrechts der Bundesrepublik Deutschland, 20. Aufl. 1999, Rn. 165; *P. Kunig*, Parteien, in: HStR, Bd. III, 3. Aufl. 2005, § 40 Rn. 13; *B. Pieroth*, in: Jarass/Pieroth, GG, 13. Aufl. 2014, Art. 21 Rn. 7; *J. Ipsen*, in: Sachs, GG, 6. Aufl. 2011, Art. 21 Rn. 19; *J. Ipsen*, in: Ipsen, Parteiengesetz, 2008, § 2 Rn. 6; *S.-C. Lenski*, Parteiengesetz, 2011, § 2 Rn. 12 f.

157 Daran fehlte es in zwei Fällen, über die das BVerfG zu judizieren hatte: BVerfGE 91, 262, 266; E 91, 276, 287 f.

158 Andere Auffassung etwa *W. Henkel*, in: Dolzer/Vogel/Graßhof, BK-GG, 139. Lfg., Art. 21 Rn. 216: „Ein echtes Grundrecht"; diese Diskussion um die Grundrechtsqualität leidet daran, dass die Befürworter der Grundrechtsqualität von Art. 21 GG regelmäßig auch Grundrechte, oft Art. 9 Abs. 1 GG, mit anführen. Im praktischen Ergebnis besteht deswegen kein Unterschied zur hier vertretenen Auffassung: Art. 21 GG in Verbindung mit einem Grundrecht gewährleistet Freiheit grundrechtlicher Qualität.

**Einrichtungsgarantie**[159] des Art. 21 GG mit den Grundrechten kann zu Modifizierungen des Gehalts der Grundrechte führen, die teils verstärkend, teils einschränkend sind. Es geht dabei immer um die Funktionserfüllung der Parteien: Parteienrecht ist funktionssichernd.

140 Als Grundrechte, welche die Parteitätigkeit schützen, kommen insbesondere die Meinungsäußerungs- und die Versammlungsfreiheit in Betracht, aber auch die weiteren Grundrechte, etwa aus Art. 10, 11, 13 oder 14 GG.

141 **Träger der Parteienfreiheit** sind sowohl die Parteien als Organisationen als auch die Individuen. Das, was bei Art. 9 Abs. 1 GG für die allgemeine Vereinigungsfreiheit gilt,[160] trifft auch auf die Parteienfreiheit zu. Die **Bürger** haben als Individualrecht ein **Recht auf parteipolitische Betätigung.** Dazu zählt die Gründung einer Partei, welche in Art. 21 Abs. 1 S. 2 GG ausdrücklich erwähnt wird, der Beitritt zu einer schon bestehenden Partei, die parteitypische Betätigung, aber auch der Austritt aus einer Partei. Dieser wird durch § 10 Abs. 2 S. 3 PartG gegenüber dem allgemeinen Vereinsrecht insoweit stärker geschützt, als dass der Austritt jederzeit möglich ist, was sonst durch Vereinssatzungen eingeschränkt werden kann. § 39 Abs. 2 BGB sieht eine Kündigungsfrist vor. Der Schutzbereich für die **Partei als Organisation** umfasst das Recht, sich ein Programm nach eigenen Vorstellungen zu geben, über die Organisationsform frei zu befinden und sich auf selbst gewählte Weise zu finanzieren. Die Finanzierungsfreiheit ist allerdings durch die Vorgabe von Art. 21 Abs. 1 S. 4 GG und die einschlägigen Bestimmungen des Parteiengesetzes eingeschränkt (→ Rn. 154 ff.). Insbesondere sind die Parteien darin frei, sich werbend an die Öffentlichkeit zu wenden, um Einfluss auf die politische Willensbildung zu nehmen. Nicht zuletzt ist die Freiheit der Parteien auch dazu da, sich auf Kosten anderer Parteien zu profilieren. Die Parteienfreiheit ist Wettbewerbsfreiheit.[161]

142 Parteien sind Tendenzorganisationen, das bedeutet, sie existieren, um gemeinsame politische Überzeugungen zu vertreten und zu verbreiten. Dem wird die Parteifreiheit in ihrer Ausprägung als **Tendenzfreiheit**[162] gerecht. Kraft dieser Freiheit darf eine Partei das interne Geschehen auf ihre ideologische Prägung ausrichten, sich etwa stärker basisdemokratisch organisieren, Geschlechterquoren einführen oder Anhänger bestimmter anderer Auffassungen fernhalten. Die Tendenzfreiheit umfasst auch das Recht zur **Tendenzreinheit.** Das bedeutet, dass die Anerkennung der Grundausrichtung der Partei Grundlage aller innerparteilichen Kommunikation sein darf. Kraft dieser Tendenzreinheit hat eine Partei die Möglichkeit, nur Mitglieder an der innerparteilichen Willensbildung teilnehmen zu lassen – sie ist dazu allerdings nicht gezwungen.[163] Die Möglichkeit zum Parteiausschluss (siehe § 10 Abs. 4 PartG) sichert dieses Recht ab (→ Rn. 150 ff.). Die Außenseite der Parteifreiheit erfasst etwa Wahlkampfaktivitäten wie Informationsstände und Plakatwerbung. Die **objektiv-rechtliche Bedeutung** der Parteienfreiheit wirkt sich hier im Sinne einer Ausstrahlungswirkung derart aus, dass straßenrechtlich erforderliche Sondernutzungsgenehmigungen den Parteien im Wahl-

159 Dazu *A. Mauersberger*, Die Freiheit der Partei, 1964, S. 32 ff.; zum Konzept der Einrichtungsgarantie *L. Michael/M. Morlok*, Grundrechte, 4. Aufl. 2014, Rn. 44.

160 Dazu *L. Michael/M. Morlok*, Grundrechte, 4. Aufl. 2014, Rn. 295: „Doppelgrundrecht".

161 S. *K.-H. Seifert*, Die politischen Parteien im Recht der Bundesrepublik Deutschland, 1975, S. 115; *J. Ipsen*, in: Sachs, GG, 6. Aufl. 2011, Art. 21 Rn. 32.

162 Dazu *M. Morlok*, NJW 1991, 1162, 1163; *C. Gusy*, in: Denninger/Hoffmann-Riem/Schneider/Stein, AK-GG, 2001, Art. 21 Rn. 64.

163 Zu Möglichkeiten und Grenzen der Mitwirkung von Nichtmitgliedern *A. Bäcker*, RuP 47 (2011), 151 ff.

kampf regelmäßig zu erteilen sind.[164] Die Parteifreiheit hat nicht zuletzt zum Inhalt, dass staatlicherseits eine **Bewertung** der Parteien, an die ja rechtliche Konsequenzen geknüpft werden, **unzulässig** ist. Wegen der Tendenz einer Partei darf deswegen die von einer Partei organisierte Demonstration nicht verboten werden; darf eine Stadthalle einer Partei nicht verweigert werden.

### 4. Der Status der Gleichheit

Die Demokratie des Grundgesetzes ist als Wettbewerbsordnung ausgestaltet. Dies ist etwa daran abzulesen, dass das Grundgesetz in Art. 21 Abs. 1 GG ein Mehrparteiensystem voraussetzt („Die Parteien" – im Plural) und auch die Gründungsfreiheit für neue Parteien gewährleistet. Ein Wettbewerb kann die von ihm erwarteten nützlichen Wirkungen nur dann erbringen, wenn es eine Wettbewerbsordnung gibt, die eine faire und für alle Teilnehmer chancengleiche Konkurrenz gewährleistet. Im Bereich der Politik wirkt die Wettbewerbsveranstaltung der Wahlen nur unter dieser Voraussetzung legitimierend, inhaltlich ist die Offenheit des Wettbewerbs Voraussetzung, um Verkrustungen überwinden zu können und neuen Ideen eine Realisierungschance zu geben. Im Hinblick hierauf fungiert das **Parteienrecht als Wettbewerbsrecht.**[165] Die parteirechtliche Chancengleichheit wurzelt in Art. 21 Abs. 1 i.V.m. Art. 3 Abs. 1 GG. Auch das Demokratieprinzip streitet für einen offenen chancengleichen Wettbewerb,[166] im Hinblick auf Wahlen ist auch auf Art. 38 Abs. 1 S. 1 GG abzustellen. Dieser Gleichheitssatz ist **streng und formal** zu handhaben. Die Strenge meint, dass es starke Gründe, also solche von Verfassungsrang braucht, um eine Einschränkung der Gleichbehandlung zu rechtfertigen, die Formalität verlangt das Absehen von der inhaltlichen Ausrichtung der Parteien. 143

**Träger** des Rechts auf parteipolitische Chancengleichheit sind zum einen die Parteien als Organisationen, aber auch die Bürger in ihrer Wahrnehmung des Rechts auf parteipolitische Betätigung. Die parteipolitische Chancengleichheit hat also zwei Bezugspunkte, die gegebenenfalls miteinander kollidieren können. 144

Der politische Wettbewerb soll Sieger und Verlierer produzieren.[167] Das Ziel des Status der Gleichheit der Parteien ist es nicht, die Gleichheit der parteipolitischen Kräfte zu erreichen, sondern nur die **Chancengleichheit im gesellschaftlichen Wettbewerb.** Der politische Wettbewerb zwischen den Parteien bringt Unterschiede hervor, schafft unterschiedliche Stärkeverhältnisse, die der Staat zu respektieren hat. Das Bundesverfassungsgericht bringt das auf die Formel, die „vorgefundene Wettbewerbslage" dürfe staatlicherseits nicht beeinflusst werden.[168] Ein Anwendungsfall dieses Gebotes zur staatlichen Neutralität gegenüber dem Parteienwettbewerb bildet die sogenannte **abgestufte Chancengleichheit**, die § 5 Abs. 1 S. 2, 3 PartG für staatliche Leistungen an die Parteien vorsieht. Zugleich wird an dieser Norm der Widerspruch des Bezuges des Gleichheitssatzes auf die Parteien einerseits, auf die Bürger andererseits sichtbar. Wür- 145

164 Dazu etwa BVerwGE 56, 56, 58 ff.; OVG Lüneburg NdsVBl. 2001, 43 f.

165 *M. Morlok*, Parteienrecht als Wettbewerbsrecht, in: FS Tsatsos, 2003, S. 408 ff.; Instruktiv auch die Betonung der Offenhaltung des Wettbewerbs für neue Wettbewerber in BVerfGE 111, 382 ff., insb. etwa S. 404; dazu *M. Morlok*, NVWZ 2005, 157 ff.; *M. Morlok*, Jura 2006, 696 ff.

166 Einen Überblick über die verschiedenen Begründungen gibt *A. Kieslinger*, Das Recht auf politische Chancengleichheit, 1998, S. 27 ff.; s. weiter *H. H. Klein*, in: Maunz/Dürig, GG, 64. Lfg., Art. 21 Rn. 304 f.; *M. Morlok*, in: Dreier, GG, Bd. 2, 2. Aufl. 2006, Art. 21 Rn. 76.

167 Vgl. BVerfGE 111, 382, 398.

168 BVerfGE 20, 56, 118; E 41, 399, 414; E 73, 40, 89; E 85, 264, 297; E 111, 382, 398; st. Rspr.

de man nur die Parteien als Bezugspunkt der Chancengleichheit nehmen, so müssten alle Parteien staatliche Leistungen im selben Umfang erhalten. Das bedeutet etwa, dass vor Wahlen alle Parteien exakt gleichviel Rundfunkwerbezeiten zugeteilt bekämen, also die „Deutsche Biertrinkerpartei" ebenso viel Sendezeit erhielte wie die bekannten und sehr viel größeren bisher erfolgreichen Parteien. In der Sache bedeutete dies eine Bevorzugung der kleinen Parteien und der Bürger, die hinter diesen stehen. Ein solcher Eingriff in die Wettbewerbslage ist dem Staat aber gerade untersagt. Die Orientierung an den Bürgern als Träger der Chancengleichheit erlaubt, ja verlangt sogar eine Differenzierung nach dem Erfolg, den eine Partei bei den Bürgern findet. Als Kriterium für die „Bedeutung der Parteien" (§ 5 Abs. 1 S. 2 PartG) kommt, auch mangels anderer sicher ermittelbarer Kriterien, in erster Linie der Erfolg bei den letzten Wahlen in Betracht. Allerdings: Eine Orientierung an vergangenen Wahlerfolgen birgt die Gefahr einer Zementierung der politischen Kräfteverhältnisse. Zur Offenhaltung des politischen Prozesses ist es deswegen richtig, bei der Vergabe von staatlichen Leistungen an die Parteien die Unterschiede im bisherigen Wahlerfolg nur in abgeschwächter Form als Vergabekriterium heranzuziehen.[169] Der Bezug auf die Bürger ist also zu ergänzen um den Bezug auf die Parteien als Organisationen. In welcher Weise eine Abstufung vorgenommen wird, ist verfassungsrechtlich nicht vorgegeben, der Gesetzgeber hat hier einen Spielraum. Nach unten ist er dadurch begrenzt, dass er kleinen Gruppierungen das notwendige Mindestmaß für eine erfolgreiche Teilnahme am Wettbewerb zur Verfügung stellt, nach oben endet er dort, wo eine Nivellierung der Kräfteverhältnisse eintritt, welche die tatsächliche Lage verdreht. Insofern sind die Bestimmungen in § 5 Abs. 1 S. 1 bis 3 PartG verfassungskonform.[170]

146 Praktisch häufig ist der Streit um die Vermietung von Stadthallen und ähnlichen Einrichtungen an Parteien. Sofern eine Partei am jeweiligen Ort mit einer Parteigliederung vertreten ist, hat sie auf Nutzung dieser Hallen im Rahmen der kommunalrechtlichen Anspruchsgrundlagen[171] ein Recht, parteirechtlich haben die Parteien als Anspruchsgrundlage § 5 Abs. 1 S. 1 PartG. Diese Anspruchsgrundlage führt aber nur dann zum Erfolg, wenn die öffentliche Einrichtung auch für Parteiveranstaltungen gewidmet ist; eine Widmungsänderung aus Anlass der Anfrage einer bestimmten Partei wirkt erst für die Zukunft[172] – damit soll einer missbräuchlichen Versagung entgegengewirkt werden. In § 5 Abs. 1 S. 1 PartG muss nicht zwischen „Einrichtungen" und „anderen öffentlichen Leistungen" unterschieden werden, es geht um alle wettbewerbserheblichen Vergünstigungen. Die Erteilung einer Genehmigung fällt nicht darunter, die Erlangung staatlicher Erlaubnisse ist regelmäßig grundrechtlich abgesichert. Nur bei begrenzten Kapazitäten, etwa für Plakataktionen, die eine Sondernutzung darstellen, kommt eine Einschränkung in Betracht, bei größerer Nachfrage kann auf § 5 Abs. 1 PartG zurückgegriffen werden.

---

169 S. *M. Morlok*, in: Dreier, GG, Bd. 2, 2. Aufl. 2006, Art. 21 Rn. 89; *U. Volkmann*, Politische Parteien und öffentliche Leistungen, 1993, S. 221 f.; *R. Schwartmann*, Verfassungsfragen der Allgemeinfinanzierung politischer Parteien, 1995, S. 42 f.

170 Problematisch ist aber § 5 Abs. 1 S. 4 PartG. Dass eine Partei, die im Bundesstaat in Fraktionsstärke vertreten ist, auch bei Kommunalwahlen mindestens halb so viel an staatlichen Leistungen erhält wie jede andere Partei, wird der Eigenständigkeit von Bund, Land und Gemeinde als politische Arenen nicht gerecht. Die Bestimmung ist deswegen verfassungskonform dahin auszulegen, dass die Bezugseinheit in einem Land oder einer Gemeinde der Landtag oder die kommunale Vertretungskörperschaft ist.

171 S. z.B. § 8 GO NW; Art. 21 GO Bayern; §§ 19 f. GO Hessen.

172 BVerwGE 31, 368, 370; VGH Mannheim DVBl. 1995, 927, 928; OVG Niedersachsen, Beschluss v. 14.4.2011, 10 ME 47/11 (juris).

Eine **unterschiedliche Behandlung** der Parteien darf nur bei **staatlichen Leistungen** erfolgen. Für alle Aktivitäten, die die Parteien und ihre Anhänger aus eigener Kraft erbringen, gilt das Nivellierungsverbot. Wenn eine Gemeinde also etwa es den Parteien freistellt, im Wahlkampf eigene Plakate anzubringen, dürfen diese Eigeninitiativen nicht gebremst oder quotiert werden. Alle genießen die **gleiche Freiheit.** 147

### 5. Der Status der Öffentlichkeit

Die Öffentlichkeitsunterworfenheit der Parteien soll dem Bürger – nicht zuletzt als Wähler – die Informationen darüber zur Verfügung stellen, welche Ziele die Parteien verfolgen und welche Personen in ihnen die entscheidenden Positionen innehaben. Der Bürger soll nicht „die Katze im Sack" kaufen müssen. Der Status der Öffentlichkeit begründet **Pflichten** für die Parteien, die über diejenigen hinausgehen, welche die sonstigen Vereine nach Zivilrecht treffen. Verfassungsrechtlich sind sie in Art. 21 Abs. 1 S. 4 GG für die Finanzen der Parteien umfassend begründet, sie werden konkretisiert in §§ 23 ff. PartG. Über den Finanzbereich hinaus ist die Öffentlichkeitsunterworfenheit der Parteien aus dem **allgemein demokratischen Prinzip der Öffentlichkeit** (→ Rn. 27) zu begründen. Die Parteien unterliegen ihr als notwendige Organisationen der politischen Willensbildung des Volkes. In Ausführung dessen hat beispielsweise § 6 Abs. 3 PartG vorgesehen, dass Programm und Satzung einer Partei ebenso wie die Namen der Vorstandsmitglieder dem Bundeswahlleiter mitzuteilen sind, wo sie von jedermann eingesehen werden können. Auch **innerparteilich** gilt das – auf die Parteimitglieder eingeschränkte – Öffentlichkeitsprinzip. Die Mitglieder müssen wissen können, was in ihrer Partei vor sich geht. Ausformungen dessen finden sich wieder im Parteiengesetz, so etwa in der Pflicht zu einem Tätigkeitsbericht des Vorstandes gegenüber dem Parteitag (§ 9 Abs. 5 PartG). Aus dem innerparteilichen Öffentlichkeitsprinzip ist weiter etwa zu folgern, dass die Verhandlungen der Parteischiedsgerichte für die Mitglieder öffentlich sind, unter Wahrung der auch bei den staatlichen Gerichten üblichen Einschränkungsmöglichkeiten.[173] 148

Wie bereits an der Verfassungsbestimmung des Art. 21 Abs. 1 S. 4 GG abzulesen ist, kommt der Information der Öffentlichkeit in Bezug auf die Parteifinanzen besondere Bedeutung zu. Der Bürger soll informiert sein können, wer über finanzielle Zuwendungen an eine Partei auf diese Einfluss gewinnt oder jedenfalls gewinnen kann – und sich gegebenenfalls darauf seinen eigenen Reim machen. Im deutschen Recht sind die Spenden an politische Parteien nicht begrenzt, wie dies in manchen anderen Ländern der Fall ist; umso wichtiger ist die Offenlegung der Finanzquellen. Die Öffentlichkeit der Finanzen dient damit auch der Chancengleichheit der Parteien. Auch innerparteilich ist Finanztransparenz wichtig, die Verfügung über Geldmittel gibt auch innerparteilich Macht. 149

### 6. Der Status der innerparteilichen Demokratie

Die Erfüllung der Funktionen der Parteien als Instrumente der Volkssouveränität macht innere Demokratie notwendig: Art. 21 Abs. 1 S. 3 GG ist eine Folgerung aus Art. 21 Abs. 1 S. 1 GG. Die Parteien sollen ihren Mitgliedern die Möglichkeit der politischen Einflussnahme geben und diese nicht auf Führungsgruppen beschränken. Die 150

173 Dazu etwa *T. Graf Kerssenbrock*, Der Rechtsschutz des Parteimitgliedes vor Parteischiedsgerichten, 1994, S. 96 f.; *F. Grawert*, Parteiausschluss und innerparteiliche Demokratie, 1987, S. 137, 142 f.; *J. Risse*, Der Parteiausschluss, 1985, S. 209.

Erfahrung lehrt, dass die innerparteiliche Demokratie gefährdet ist, die Vermachtungstendenzen in Parteien sind sprichwörtlich in der Formel vom „ehernen Gesetz der Oligarchie".[174] Zu Recht hat das Grundgesetz der innerparteilichen Demokratie deswegen rechtlichen Schutz gegeben. Die **demokratischen Grundsätze** nach Art. 21 Abs. 1 S. 3 GG sind nicht identisch mit dem Demokratieprinzip des Grundgesetzes für den staatlichen Bereich. Sie geben Raum, um ebenso den Besonderheiten des Organisationstypus der politischen Partei gerecht zu werden wie den unterschiedlichen programmatischen Vorstellungen der Parteien, die sich auch in Organisations- und Verfahrensmustern niederschlagen können, etwa in einem Mehr an direkt-demokratischer Willensbildung. Auch kann man in den Möglichkeiten innerparteilicher Partizipation eine Gegengewichtsfunktion zu den überwiegend repräsentativen staatlichen Willensbildungsstrukturen erkennen.[175] Die Verpflichtung auf die innerparteiliche Demokratie hat den Charakter eines Prinzips (→ § 3 Rn. 30 ff.), was Demokratie innerhalb einer Partei bedeutet, ist also ausgestaltungsfähig.

151 Art. 21 Abs. 1 S. 3 GG verlangt einige **unverzichtbare Elemente**. Hierzu zählt grundlegend, dass die Willensbildung von unten nach oben zu erfolgen hat. Weiter ist auch innerparteilich die demokratische Öffentlichkeit geboten, die Transparenz des Geschehens soll die Kontrollmöglichkeiten für die Basis sichern. Demokratie meint auch innerparteilich, dass Herrschaftspositionen nur auf Zeit eingeräumt werden. § 11 Abs. 1 PartG hat dies insofern streng verwirklicht, als der Vorstand nur eine zweijährige Amtsperiode hat. Die innerparteiliche Geltung des Mehrheitsprinzips sollte ebenso selbstverständlich sein wie Vorkehrungen dafür, dass die Minderheit auch zur Mehrheit werden kann (→ Rn. 52, wo bereits in dieser Hinsicht auf § 15 Abs. 3 PartG als Beispiel hingewiesen wurde). Eine Ordnung innerparteilicher Demokratie kann man als das Vorhandensein einer Vielzahl voneinander unabhängiger Zentren der Willensbildung charakterisieren.[176] Die demokratischen Grundsätze legen den Parteien eine **objektiv-rechtliche Verpflichtung** auf, ihre Binnenstruktur und ihre Verfahren dem Demokratieprinzip entsprechend auszugestalten. Das Parteiengesetz hat diese Pflichten in einigen Punkten konkretisiert, instruktiv ist etwa § 7 Abs. 1 S. 3 PartG, wonach die Organisationsstruktur soweit ausdifferenziert sein muss, dass die Mitglieder realistische Möglichkeiten der wirksamen Teilhabe vorfinden. Ein zentrales Element zur Sicherung innerparteilicher Demokratie ist ein **Parteitagsvorbehalt** für wichtige Entscheidungen,[177] siehe § 9 Abs. 3 und 4 PartG. Nicht unwichtig für die Handhabung der Demokratie ist eine **rechtliche Fixierung** der Verfahrensregeln und der Mitgliederrechte in einer Satzung, so dass deren Einhaltung kontrolliert und gegebenenfalls der Rechtsweg beschritten werden kann.[178] Dieses Gebot der Verrechtlichung gilt auch für sogenannte unverbindliche Mitgliederbefragungen, um deren manipulativen Einsatz entgegenzuwirken: Es soll vor einer konkreten Entscheidung feststehen, auf welche Weise sie zu

---

174 *R. Michels*, Zur Soziologie des Parteiwesens in der modernen Demokratie, 4. Aufl. 1989; aus der jüngeren Forschung *O. Niedermayer*, Innerparteiliche Demokratie, in: Niedermayer/Stöss, Stand und Perspektiven der Parteienforschung in Deutschland, 1993, S. 230 ff.; *U. von Alemann*, Das Parteiensystem der Bundesrepublik Deutschland, 4. Aufl. 2010, S. 165 f.

175 So *D. Th. Tsatsos/M. Morlok*, Parteienrecht, 1982, S. 36 ff.

176 Dazu *M. Morlok*, Innere Struktur und innerparteiliche Demokratie, in: Tsatsos, Auf dem Weg zu einem gesamtdeutschen Parteienrecht, 1991, S. 89, 94 f.

177 *M. Morlok*, in: Das Deutsche Bundesrecht – Kommentar zum Gesetz über die politischen Parteien, 1024. Lfg., 2007, § 9 Rn. 11 ff.; *S.-C. Lenski*, Parteiengesetz, 2011, § 9 Rn. 1; *S. Augsberg*, in: Kersten/Rixen, Parteiengesetz, 2009, § 9 Rn. 1.

178 *M. Morlok*, RuP 2012, 65 ff.

treffen ist und nicht in Ansehung einer Entscheidung ein Entscheidungsverfahren gewählt werden, das von den Initiatoren dieses Verfahrens als möglichst aussichtsreich für die eigene Option angesehen wird. Die Trennung von konkreter Entscheidung und Festlegung eines Entscheidungsverfahrens gehört zu den Grundelementen juridischer Rationalität.

Das Gebot zur innerparteilichen Demokratie hat auch **subjektiv-rechtliche Gehalte**, in 152
der Form von **Rechten der Mitglieder**. Mit der Ausformung subjektiver Mitgliedschaftsrechte wird die innerparteiliche Demokratie wehrfähig. Diese Mitgliedschaftsrechte sind aus der zivilrechtlichen Basis der Parteimitglieder als Vereinsmitglieder[179] im Zusammenspiel mit dem Gebot aus Art. 21 Abs. 1 S. 3 GG zu begründen. Die innerparteilichen Teilhaberechte der Mitglieder sind entgegen manchen Versuchen nicht aus den Grundrechten der Mitglieder abzuleiten, die Parteien sind nämlich keine Grundrechtsadressaten, vielmehr als Vereinigungen von Bürgern selbst Träger von Grundrechten.

Zu diesen Mitgliedschaftsrechten zählt ein **grundsätzliches Recht auf Beitritt** in eine 153
politische Partei. Nur wenn eine Partei gute Gründe gegen die Aufnahme eines bestimmten Bewerbers hat, darf sie dessen Aufnahme verweigern, etwa zur Erhaltung der Tendenzreinheit der Partei.[180] Weiter haben alle Parteimitglieder **gleiches Stimmrecht** nach § 10 Abs. 2 S. 1 PartG. Die Chancen einer aktuellen Minderheit werden ergänzt um wirksame Antragsrechte und faire Rederechte. Weil realistischerweise auch die innerparteiliche Demokratie nicht nur eine Veranstaltung von Einzelnen ist, sondern wesentlich auf Gruppierungen beruht,[181] dürfen auch innerparteiliche organisatorische Verfestigungen als wesentliche Träger des politischen Prozesses gebildet werden. Es gibt ein Recht auf **innerparteiliche Opposition.**[182] Diese Verfestigungen haben sich allerdings innerhalb der rechtlichen Organisationsstrukturen der Parteien zu bewegen, es gibt kein Recht auf förmliche Parallelorganisation, es geht insoweit um informale Gruppierungen. Auch gibt es ein Spannungsverhältnis zur Tendenzreinheit der Parteien. Das **innerparteiliche Wahlsystem** muss geeignet sein, unterschiedlichen Strömungen in der Partei Ausdruck zu geben, eine Orientierung an den Wahlrechtsgrundsätzen des Art. 38 Abs. 1 S. 1 GG liegt insofern nahe.[183] Weil die Basis aller innerparteilichen Mitwirkungsmöglichkeiten die Mitgliedschaft ist, braucht diese rechtlichen Schutz. § 10 Abs. 4 PartG schützt deswegen eine bestehende Mitgliedschaft vor willkürlichem Ausschluss.[184] Der Ausschluss ist materiell an das Vorliegen eines der drei gesetzlich vorgesehenen Ausschlussgründe geknüpft, die jeweils vitale Interessen der Partei schützen. Prozedural ist der Parteiausschluss gemäß § 10 Abs. 5 PartG in die Hand eines Parteischiedsgerichts gelegt, das nicht von den Mitgliedern des Parteivorstandes be-

179 Dazu etwa *M. Habersack*, Die Mitgliedschaft – subjektives und sonstiges Recht, 1996.

180 *M. Morlok*, Der Anspruch auf Zugang zu den politischen Parteien, in: FS Knöpfle, 1996, S. 231 ff.; ebenso *D. Grimm*, Politische Parteien, in: Handbuch des Verfassungsrechts, § 14 Rn. 41; *C. Gusy*, in: Denninger/Hoffmann-Riem/Schneider/Stein, AK-GG, 2001, Art. 21 Rn. 75; *B. Pieroth*, in: Jarass/Pieroth, GG, 13. Aufl. 2014, Art. 21 Rn. 25. Folgt man dieser Auffassung, ist § 10 Abs. 1 S. 2 PartG nicht haltbar. Die h.M. sieht dies aber anders und akzeptiert eine begründungslose Verweigerung des Zugangs zu einer Partei, so BGHZ 101, 193, 200; *U. Stoklossa*, Der Zugang zu den politischen Parteien im Spannungsfeld zwischen Vereinsautonomie und Parteienstaat, 1989 m.w.N.; *H. H. Klein*, in: Maunz/Dürig, GG, 64. Lfg., Art. 21 Rn. 368 ff.

181 S. für Verbände schlechthin *G. Teubner*, Organisationsdemokratie und Verbandsverfassung, 1978, S. 91 ff., 197 ff.; s. weiter *C. Gusy*, in: Denninger/Hoffmann-Riem/Schneider/Stein, AK-GG, 2001, Art. 21 Rn. 69.

182 Dazu *D. Th. Tsatsos*, Ein Recht auf innerparteiliche Opposition?, in: FS Mosler, 1983, S. 97 ff.

183 BVerfGE 89, 243, 251; VerfG Hamburg DVBl. 1993, 1070, 1071; BGHZ 106, 67, 74. Quotierungen für bestimmte Gruppen der Mitglieder sind zulässig, auch aus Gründen der Tendenzfreiheit.

184 Einen Überblick bietet *S. Roßner*, ZG 23 (2008), 335 ff.

schickt sein darf, siehe § 14 Abs. 2 PartG. Überhaupt ist mit der Einrichtung der **Parteischiedsgerichtsbarkeit** eine Einrichtung zur Sicherung der innerparteilichen Demokratie vorgesehen. Dies ist insofern bemerkenswert, als der Staat die Verfassungsverpflichtung aus Art. 21 Abs. 1 S. 3 GG damit durchsetzbar macht, er zugleich aber die Freiheit der Parteien achtet und sich nicht selbst in innerparteiliche Streitigkeiten einmischt. Gegen die letztinstanzliche Entscheidung eines Parteischiedsgerichtes kann zwar das staatliche Gericht angerufen werden, dieses ist aber in seiner Kontrollintensität beschränkt; soweit es um Tendenzfragen der Partei geht, findet lediglich eine Willkürkontrolle statt.[185]

### 7. Die Finanzierung der politischen Parteien

154 Die Tätigkeit der politischen Parteien setzt wie die anderer Organisationen auch hinreichende Finanzmittel voraus. Mitarbeiter müssen entlohnt werden, Büromieten gezahlt, Sachkosten bestritten werden.[186]

155 Grundsätzlich sind zwei Quellen der Parteienfinanzierung zu unterscheiden, die **private** und die **staatliche**. Als private Finanzquellen spielen Mitgliedsbeiträge und Spenden eine Rolle, in geringerem Maße auch selbst erwirtschafte Mittel. Vonseiten des Staates können die Parteien direkte Zuwendungen erhalten, sie können von Sachleistungen profitieren, man denke etwa an die kostenlose Zurverfügungstellung von Rundfunksendezeiten im Wahlkampf, weiter gibt es eine indirekte staatliche Unterstützung für die Parteien durch die Gewährung von Steuerabzugsmöglichkeiten für Zuwendungen Privater an die Parteien.

Die verschiedenen Quellen der Parteienfinanzierung sind mit unterschiedlichen Problemen behaftet. Die **Grundprobleme der Parteienfinanzierung** liegen in der Chancengleichheit und der Staatsabhängigkeit. Die **Chancengleichheit** der Parteien und Bürger ist in einem gesellschaftlichen Umfeld, das durch erhebliche Ungleichheit, gerade auch in finanzieller Hinsicht, gekennzeichnet ist, strukturell bedroht. Diejenigen Parteien, die kapitalkräftige Kreise ansprechen, haben in einem System privater Parteienfinanzierung deutliche Vorteile. Hinzu kommt, dass, wenn die Parteien von privaten Zuwendungen leben, sie in die Abhängigkeit ihrer Geldgeber geraten (können). Die politische Macht soll aber aus der Wahlurne und nicht aus der Geldbörse kommen. Insofern ist es eine staatliche Aufgabe, für die politische Chancengleichheit aller Bürger zu sorgen. Angesichts der Unverzichtbarkeit eines funktionierenden Parteiwesens ist auch zu sehen, dass ungewiss ist, ob bei rein privater Finanzierung die Parteien hinreichende finanzielle Mittel erhalten. Schließlich verschärft die indirekte Parteienfinanzierung des Staates in der Form von Steuerabzugsmöglichkeiten für Parteispenden die Problematik der Chancengleichheit. Wenn nämlich Spenden an politische Parteien steuerlich begünstigt werden, so profitieren sowohl die Parteien, die wohlhabende Kreise ansprechen, sehr viel stärker davon als auch komplementär dazu diejenigen Bürger, die den Parteien größere Geldsummen zukommen lassen können. Die Progression im Steuersatz verschärft dies noch in der Weise, dass die Bürger mit einer höheren prozentualen

185 Vgl. dazu differenzierend *S. Roßner*, Parteiausschluss, Parteiordnungsmaßnahmen und innerparteiliche Demokratie, 2014, S. 187 ff.; weiterhin *H. H. Klein*, in Maunz/Dürig, GG, 64. Lfg., Art. 21 Rn. 362; *M. Morlok*, in: Dreier, GG, Bd. 2, 2. Aufl. 2006, Art. 21 Rn. 104.

186 Die politischen Parteien haben im Jahr 2012 beispielsweise folgende Mittel verausgabt: CDU – 122,2 Millionen EUR; SPD – 133,3 Millionen EUR; Bündnis 90/DIE GRÜNEN – 30,7 Millionen EUR; FDP – 28,8Millionen EUR; Die Linke – 25,8 Millionen EUR; siehe BT-Drucks. 18/400 für die Bundestagsparteien, BT-Drucks. 18/401 für die übrigen anspruchsberechtigten Parteien.

steuerlichen Belastung von Steuerabzugsmöglichkeiten stärker profitieren als Bürger mit einem niedrigeren Steuersatz.[187] Im Hinblick auf solche Probleme hat sich deswegen in Deutschland wie auch in anderen Ländern eine mindestens teilweise staatliche Parteienfinanzierung weitgehend durchgesetzt.[188]

Indes ist eine Finanzierung der Parteien vonseiten des Staates auch nicht ohne Proble- 156
me, hier ist insbesondere ihre **Staatsabhängigkeit** zu fürchten. Die politische Willensbildung soll aber von unten nach oben erfolgen, der Staat – konkreter die aktuellen Inhaber der staatlichen Machtpositionen – soll nicht in der Lage sein, durch finanzielle Zuwendung zu ihrer eigenen Legitimation beitragen zu können. Bildhaft gesprochen: Die Parteien sollen nicht am „Goldenen Zügel" geführt werden. Deswegen hat das Bundesverfassungsgericht im Jahre 1966 eine allgemeine staatliche Parteienfinanzierung für verfassungswidrig erklärt.[189] Die Parteien müssten staatsfrei bleiben. So richtig der Grundsatz der Staatsfreiheit der Parteiarbeit ist, so ist eine staatliche (Teil-)Finanzierung der Parteien nicht ohne Weiteres identisch mit einer Abhängigkeit der Parteien vom Staat. Es kommt vielmehr auf die Art und Weise der staatlichen Finanzierung an. Die staatliche Finanzierung darf keinen Einfluss auf die Parteitätigkeit erlangen. Völlige Staatsabstinenz ist nicht gleichbedeutend mit der Freiheit des politischen Prozesses.[190] Demgemäß hat das Bundesverfassungsgericht nach mancherlei Wendungen seine Rechtsprechung umgestellt und eine teilweise Finanzierung der politischen Parteien mit Haushaltsmitteln für zulässig erklärt.[191]

In Ansehung dieser Probleme bedarf es einer **rechtlichen Regulierung der Parteifinan-** 157
**zen.** Ohne eine solche wäre nicht nur die Chancengleichheit der Parteien und aller Bürger auf politische Einflussnahme in höchstem Maße bedroht, auch die Freiheitlichkeit und die Öffentlichkeit der Parteien wären gefährdet und wegen der Rückwirkungen der Parteienfinanzierungen auf das innerparteiliche Geschehen auch die innerparteiliche Demokratie.

Die geltende Ordnung der Parteienfinanzierung sieht ein gemischtes System aus unter- 158
schiedlichen Finanzquellen vor, staatliche und private Mittel stehen in einem ausbalancierten Verhältnis zueinander. Die **staatliche Komponente** der aktuellen Parteienfinanzierung ist am selbstbewirkten Erfolg der verschiedenen Parteien orientiert. Damit wird die „vorgefundene Wettbewerbslage" (→ Rn. 145) nicht verzerrt. Die staatlichen Zuwendungen sind also **erfolgsabhängig.** Der Erfolg der Parteien wird zum einen und überwiegend an den von ihnen errungenen Wählerstimmen gemessen, zum anderen jedoch auch an den eingeworbenen Zuwendungen, siehe § 18 Abs. 3 S. 1 PartG. Für jede Wählerstimme erhalten die Parteien 0,70 EUR, für jeden eingeworbenen Euro 0,38 EUR. Um der Chancengleichheit begüterter und weniger begüterter Bürger willen ist diese staatliche Aufstockung von Zuwendungen begrenzt auf Zuwendungen bis zur Höhe von 3.300 EUR und außerdem auf Spenden von natürlichen Personen, § 18 Abs. 3 S. 1 Nr. 3 PartG. Mit der Anknüpfung am relativen Erfolg der Parteien wird

187 Auf diese Problemdimension der steuerlichen Abzugsfähigkeit von Leistungen an Parteien hat das BVerfG früh und eindringlich hingewiesen, BVerfGE 8, 51 ff.; s. auch E 85, 264, 313. Außerdem erhalten Bürger, die nicht einkommenssteuerpflichtig sind, keine staatliche Förderung ihrer Parteispenden.

188 S. etwa *D. Th. Tsatsos*, Politikfinanzierung in Deutschland und Europa, 1997; *Ch. Landfried*, Parteifinanzen und politische Macht, 2. Aufl. 1994, S. 13 ff., 282 ff.; *K.-H. Nassmacher*, Parteienfinanzierung im internationalen Vergleich, in: Bitburger Gespräche,1993, S. 97 ff.

189 BVerfGE 20, 56, 97 ff.

190 S. *P. Häberle*, JuS 1967, 64, 68 ff.

191 BVerfGE 85, 264 ff., diese Entscheidung hat die geltende Rechtslage maßgeblich geprägt und die Grundelemente der geltenden Parteienfinanzierung dem Gesetzgeber vorgegeben.

einer Verzerrung des Wettbewerbs zwischen den Parteien entgegengewirkt. Die klaren Finanzierungskriterien, Stimmen und eingeworbene Mittel, erlauben auch keine staatlichen Manipulationen. Dem Problem einer übergroßen Staatsabhängigkeit wird außerdem entgegengewirkt durch die **relative Obergrenze** der staatlichen Parteienfinanzierung. Damit die Parteien nicht eine vom Bürger losgelöste Existenz führen können, erhalten sie staatliche Mittel nur in der Höhe, in der sie auch eigene Einnahmen erzielen, § 18 Abs. 5 S. 1 PartG. Dies ist eine vernünftige Regelung, weil sie die Parteien von den Bürgern abhängig macht. Ehe der Bürger für eine Partei den Geldbeutel öffnet, möchte er, dass diese sich seiner Sorgen annimmt. Insofern stellt die relative Obergrenze ein Instrument dar, um die Parteien zur Bürgernähe zu veranlassen. Die staatlichen Mittel für die Parteien sind außerdem durch eine **absolute Obergrenze** gemäß § 18 Abs. 2 PartG limitiert. Die Gesamtsumme pro Jahr betrug 2013 154,1 Millionen EUR und wird jährlich an die Teuerung angepasst. Mit dieser Regelung soll einer „Selbstbedienung" der Parteien über ihren Einfluss auf den Gesetzgeber begegnet werden. Wir begegnen hier einer Erscheinungsform der **Entscheidungen in eigener Sache**, die wir im Bereich des Parteienrechts und des Abgeordnetenrechtes wie auch bei den Fraktionen finden. Richtigerweise ist das Problem nicht darin zu sehen, dass Abgeordnete über Angelegenheiten entscheiden, die sie auch selbst als Parteimitglieder, als Abgeordnete oder als Fraktionsmitglieder betreffen, sondern darin, dass es zu wenig andere Akteure gibt, die an solchen Entscheidungen ein lebhaftes Interesse haben und sich deswegen kontrollierend und gegebenenfalls öffentlich kritisch einmischen. Es handelt sich um **Entscheidungen mit einem strukturellen Kontrolldefizit.**[192] Die Lösung dieses Problems darin zu suchen, dass über solche Fragen nicht das Parlament entscheidet,[193] führt in die Irre, weil es gerade Kern der Demokratie ist, dass die Bürger direkt oder über ihre Repräsentanten in eigenen Angelegenheiten entscheiden. Steuerrecht, Straßenverkehrsregeln, Ladenschlusszeiten usw. – all diese Regeln betreffen auch die Abgeordneten und sind insofern Entscheidungen in eigener Sache. Die Besonderheit etwa des Parteienrechts liegt darin, dass nicht viele andere Betroffene vorhanden sind, die ihren politischen Einfluss geltend machen.

159 Um der Chancengleichheit kleiner Parteien willen, insbesondere auch um den Zutritt zur politischen Konkurrenz nicht zu erschweren, darf die Mindestvoraussetzung, um in den Genuss staatlicher Mittel zu kommen, nicht zu hoch angesetzt werden.[194] Kleinere Parteien sollen auch dadurch in ihrer Wettbewerbsfähigkeit gestärkt werden, dass gemäß § 18 Abs. 3 S. 2 PartG die Parteien für die ersten 4 Millionen errungener Stimmen jeweils 0,85 EUR pro Stimme erhalten. Dies ist zwar eine Ungleichbehandlung, sie kann aber gerechtfertigt werden,[195] denn größere Parteien haben bei ihrer Tätigkeit ohnehin ökonomische Größenvorteile und damit würden die kleinen Parteien benachteiligt. Allerdings leidet diese an sich einleuchtende Variation des normalen Verteilungsmaßstabes zum einen daran, dass auch die größeren Parteien diesen Extrabonus

---

192 So *Th. Streit*, Entscheidung in eigener Sache, 2006, S. 179 ff.

193 So *W. Henke*, in: Dolzer/Vogel/Graßhof, BK-GG, 139. Lfg., Art. 21 Rn. 322.

194 So erklärte das BVerfG (E 111, 382 ff.) das damals neu eingeführte „Drei-Länder-Quorum" in § 18 Abs. 4 PartG für verfassungswidrig: Nur Parteien, welche mindestens bei drei Landtagswahlen 1 % der Stimmen (oder bei einer Wahl 5 % der Stimmen) erreichten, sollten staatliche Mittel bekommen. Mit der Verfassung im Einklang steht die vorherige und nun wieder aktuelle Version des § 18 Abs. 4 PartG, welche staatliche Finanzierung bereits dann gewährt, wenn die Partei nur bei einer Landtagswahl 1 % der Stimmen erreicht. Dazu *M. Morlok*, NVWZ 2005, 157 ff.; *M. Morlok*, Jura 2006, 696 ff.

195 S. *J. Ipsen*, ZParl 25 (1994), 401, 405 ff.; *W. Rudzio*, ZParl 25 (1994), 390, 397 ff.

erhalten, zum anderen daran, dass die Grenze von 4 Millionen Stimmen wohl zu hoch liegt.

Die indirekte staatliche Finanzierung der Parteien durch **Steuerabzugsmöglichkeiten** für Mitgliedsbeiträge und Parteispenden möchte der Chancengleichheit aller Bürger wie der Parteien im Hinblick auf ihre wirtschaftlichen Möglichkeiten dadurch gerecht werden, dass die steuerliche Begünstigung **progressionsunabhängig** ist, also unabhängig vom relativen Steuersatz der Bürger, und zugleich in der Höhe des steuerlichen Vorteils begrenzt ist. Wer mehr spenden kann, wird nicht stärker steuerlich unterstützt. Nach § 34g Abs. 1 EStG wirken Mitgliedsbeitrag und Spenden an die Parteien zu 50 % steuermindernd, dieser Betrag ist auf 825 EUR begrenzt. Nach § 10b Abs. 2 EStG sind pro Kopf weiter 1650 EUR als Sonderausgaben abzugsfähig, diese Möglichkeit ist allerdings progressionsabhängig und insofern unter dem Gesichtspunkt der politischen Chancengleichheit zweifelhaft, immerhin ist er in der Höhe begrenzt. **Spenden von Organisationen** dürfen nicht zu einer Steuerminderung führen, weil anderenfalls Manager oder Vereinsvorstände, Bürger also, die über die Finanzmittel von Organisationen verfügen können, in ihren politischen Präferenzen steuerlich unterstützt würden im Gegensatz zu anderen Bürgern.[196] 160

Die private Finanzierung durch Mitgliedsbeiträge und Spenden ist nur in Randgebieten begrenzt. Anders als in anderen Ländern gibt es keine Obergrenzen für Parteispenden, auch sind Spenden von Unternehmen zulässig. Die darin liegende Gefahr einer die Chancengleichheit verzerrenden Einflussnahme auf die Parteien versucht das deutsche Modell durch strikte Regeln der Offenlegung der Parteispenden zu beherrschen. Für einige Geldquellen der Parteien gelten allerdings **Spendenannahmeverbote**. Hinter den einzelnen Bestimmungen in § 25 Abs. 2 PartG stehen unterschiedliche Gründe, zum einen dürfen staatliche Stellen keine Parteispenden leisten, weil damit die Obergrenzen der staatlichen Parteienfinanzierung umgangen würden und auch der Unterschied zwischen staatlicher und privater Finanzierung verwischt würde. Außerdem soll verhindert werden, dass die Inhaber politischer Machtpositionen darauf hinwirken, dass die eigene Partei mit Spenden bedacht wird.[197] Auch sollen Spenden nicht über zwischengeschaltete Organisationen steuerlich begünstigt werden.[198] Anonyme Spenden müssen unzulässig sein, um dem Gebot der Rechenschaftslegung gerecht werden zu können, § 25 Abs. 2 Nr. 6 PartG. Schließlich sollen eine finanzielle Einflussnahme auf die deutsche Politik aus dem Ausland[199] und Zuwendungen in korruptiver Absicht[200] vermieden werden. Wenn eine Partei sich nicht an dieses Spendenannahmeverbot hält, so greifen die in § 31c Abs. 1 S. 1 PartG statuierten **Sanktionen**. Die Partei muss die zu Unrecht angenommen Mittel und weiter das Doppelte dieses Betrages an den Präsidenten des Deutschen Bundestags abführen, insgesamt also den dreifachen Betrag der illegalen Spende. 161

Die politischen Parteien sind Zweckorganisationen[201] für die Nutzung der institutionalisierten demokratischen Mitwirkungsmöglichkeiten der Bürger. Von daher ist es nicht 162

196 S. BVerfGE 85, 264, 314 f.; anders noch E 73, 40, 79 f. In diesem Fall hat die Kritik des *Sondervotums* (E 73, 40, 105 ff.) der Richter *Böckenförde* und *Mahrenholz* überzeugt und sich später durchgesetzt.

197 Dieser Grund steht hinter den Spendenannahmeverboten in § 25 Abs. 2 Nr. 1 und Nr. 5 PartG.

198 Das ist die Ratio hinter § 25 Abs. 2 Nr. 2 und 4 PartG.

199 Dazu § 25 Abs. 2 Nr. 3 PartG.

200 Es gilt § 25 Abs. 2 Nr. 7 PartG. Außerdem soll einer Kommerzialisierung des Parteispendenwesens durch § 25 Abs. 2 Nr. 8 entgegengewirkt werden.

201 Dazu *M. Morlok*, Handlungsfelder politischer Parteien, in: Ipsen, 40 Jahre Parteiengesetz, 2009, S. 53, 58 ff.

völlig selbstverständlich, dass sie auch zu wirtschaftlicher Betätigung berechtigt sind. Unbedenklich sind Einnahmen aus parteitypischen Aktivitäten wie dem Verkauf von Schriften oder der Erhebung von Eintrittsgeldern.[202] Darüber hinaus umfangreichere Wirtschaftstätigkeit wird kontrovers beurteilt. Wegen des spezifischen Charakters der Rechtsform „politische Partei“ wird vertreten, dass der Gesetzgeber zu einer Beschränkung der wirtschaftlichen Betätigung der Parteien befugt sei.[203] Andererseits ist zu sehen, dass die Parteien in Abhängigkeit von ihrer unterschiedlichen sozialen Basis unterschiedliche Anteile ihres Finanzvolumens aus Spenden bestreiten können.[204] Aus Gründen der Chancengleichheit im Wettbewerb sollte deswegen eigene Wirtschaftstätigkeit erlaubt sein, um ein Einnahmedefizit gegenüber anderen Parteien zu vermeiden. An dieser Stelle wird sichtbar, dass die Parteienfinanzierung aus Gründen der Chancengleichheit unterschiedliche Typen von Parteien und unterschiedliche soziale Hintergründe der Anhängerschaft bedenken muss.[205] Im Übrigen geht bei einer Dominanz der Wirtschaftstätigkeit die Parteieigenschaft verloren.[206]

163 Ein wesentliches Regulierungsinstrument der Parteienfinanzierung im deutschen Recht ist deren **Öffentlichkeitsunterworfenheit**. Sie ist in Art. 21 Abs. 1 S. 4 GG verfassungsrechtlich begründet und wird durch §§ 23 ff. PartG konkretisiert. Das entscheidende Mittel hierfür ist die Pflicht einer Partei, dem Präsidenten des Deutschen Bundestages einen **Rechenschaftsbericht** über ihre Finanzen zukommen zu lassen. Wie bereits benannt, soll die Offenlegung der privaten Spender mögliche Abhängigkeiten einer Partei aufzeigen und gegebenenfalls auch präventiv darauf hinwirken, dass eine Partei keine größeren Spenden entgegennimmt, die sie in den Verdacht der politischen Abhängigkeit von seinem Geldgeber bringen. Es gelten also keine Obergrenzen für Parteispenden, aber ein Publizitätsgebot. Spenden in einer Höhe jenseits von 10.000 EUR pro Jahr müssen mit dem Namen des Spenders im Rechenschaftsbericht genannt werden, § 25 Abs. 3 S. 1 PartG. Großspenden, also solche über 50.000 EUR, sind sogar unverzüglich anzuzeigen, § 25 Abs. 3 S. 3 S. 2 PartG. Diese Veröffentlichungspflicht schränkt zwar die Rechte der Spender ein, ihre politische Meinung nicht offenlegen zu müssen: die negative Meinungsäußerungsfreiheit und das Recht auf informationelle Selbstbestimmung. Die Verfassungsnorm von Art. 21 Abs. 1 S. 4 GG rechtfertigt dies indes. Die Einhaltung der Pflicht zur Rechenschaftslegung wird vom Bundestagspräsidenten überprüft. Verstöße gegen die Rechenschaftspflicht werden mit **Sanktionen** nach § 31b–d PartG geahndet.

### 8. Die prozessuale Stellung der Parteien

164 Die politischen Parteien können ihre Rechte wie andere Bürger auch vor Gericht durchsetzen. Umgekehrt können sie auch von Bürgern, die Ansprüche gegen die Parteien haben, vor Gericht gebracht werden. Dabei ist zu differenzieren, um welche Rechtsverhältnisse es geht.[207]

202 Zu dieser Art von Einnahmen § 24 Abs. 5 Nr. 7 PartG.

203 So *A. Schindler*, Die Partei als Unternehmer, 2006, S. 114 f.

204 Vgl. Berichte des Bundestagspräsidenten zu den Rechenschaftsberichten etwa für 2008/2009 – Drucks. 17/8200, S. 47 f.

205 *K.-H. Adams*, Parteienfinanzierung in Deutschland, 2005, S. 489 ff. spricht im Hinblick auf die Finanzierung von einem Typendualismus im Parteiensystem.

206 S. dazu *H. H. Klein*, in: Maunz/Dürig, GG, 64. Lfg., Art. 21 Rn. 283 f.

207 Zu den „politischen Parteien im Prozeß“ *H. Maurer*, JuS 1992, 296 ff.

Gegen Stellen der **staatlichen Verwaltung** können die Parteien ihre Rechte vor den Verwaltungsgerichten durchsetzen. Als mit eigenen Rechten ausgestattete Vereinigungen sind sie nach § 61 Nr. 2 VwGO beteiligtenfähig. Vor dem Verwaltungsgericht werden etwa Streitigkeiten um die Erteilung einer Sondernutzungserlaubnis für Informationsstände oder die Nutzung einer Stadthalle ausgetragen. Die **Zivilgerichte** sind für alle bürgerlich-rechtlichen Streitigkeiten zuständig, die Partei kann hierbei auf der Aktivwie auf der Passivseite stehen. § 3 PartG hat dies in S. 1 ausdrücklich normiert, was angesichts dessen, dass die meisten Parteien als nicht rechtsfähige Vereine organisiert sind, im Hinblick auf § 50 Abs. 2 ZPO nicht notwendig war. Nach Rechtsprechung des BGH[208] können auch nicht rechtsfähige Vereine vor dem Zivilgericht klagen und verklagt werden. Ein Beispiel ist etwa der Streit über die Miete für das Parteibüro. Streitigkeiten der Mitglieder gegen ihre Partei, die nach Durchlaufen der Schiedsgerichtsbarkeit vor die staatlichen Gerichte gebracht werden können, werden ebenfalls vor dem Zivilgericht geführt, hier geht es etwa um die Anfechtung parteiinterner Wahlen oder einen Parteiausschluss.

Die Parteien haben wie andere Bürger auch die Möglichkeit, ihre Grundrechte vor dem 165
**Bundesverfassungsgericht** mit der Verfassungsbeschwerde zu verteidigen, Art. 93 Abs. 1 Nr. 4a GG. Allerdings ist hier eine Besonderheit zu berücksichtigen: Wenn eine Partei ihren spezifischen verfassungsrechtlichen Status als politische Partei gegen ein Verfassungsorgan verteidigt, dann ist die Verfassungsbeschwerde ausgeschlossen, sie kann stattdessen ein **Organstreitverfahren** nach Art. 93 Abs. 1 Nr. 1 GG i.V.m. §§ 13 Nr. 5, 63 ff. BVerfGG initiieren. Diese Möglichkeit setzt also zweierlei voraus: zum einen, dass die verteidigte Rechtsposition den besonderen verfassungsrechtlichen Status der Partei betrifft, zum anderen, dass die gerügte Verletzung gerade durch ein Verfassungsorgan geschah, nicht etwa durch eine Verwaltungsbehörde. Diese Konstellation liegt beispielsweise vor, wenn eine Partei eine Beeinträchtigung ihrer Chancengleichheit durch eine bestimmte gesetzliche Regelung der Parteienfinanzierung rügt oder wenn eine Oppositionspartei gegen illegale Wahlkampfaktivitäten der Regierung (→ § 17 Rn. 79) vorgehen möchte. Diese Besonderheit der Rechtsschutzform wurde vom Bundesverfassungsgericht früh entwickelt[209] und trotz lebhafter Kritik aus der Literatur durchgehalten.[210] Das Bundesverfassungsgericht war damals stark der Lehre des damaligen Verfassungsrichters *Leibholz* verbunden, wonach die Parteien quasi Staatsorgane seien.[211] Der Kritik daran ist zuzugeben, dass es dieser prozessualen Besonderheit anders als in der Weimarer Republik nicht mehr bedarf, weil die Parteien das Instrument der Verfassungsbeschwerde haben. Allerdings ist zu sehen, dass ein Organstreitverfahren gegenüber dem Weg über die Verfassungsbeschwerde wesentliche Vorteile hat: Wichtige Streitfragen, die das Recht des politischen Prozesses betreffen, müssen nicht jahrelang durch den Instanzenzug geschleppt werden – die Verfassungsbeschwerde ist gem. § 90 Abs. 2 BVerfGG erst nach Erschöpfung des Rechtsweges zulässig –, sondern können schnell und letztverbindlich geklärt werden. Ein Beispiel für die Bedeutung dieser Möglichkeit gibt der bereits benannte Streit um die sog. Drei-Länder-Klausel in § 18 Abs. 4 PartG. Wegen der Zulässigkeit eines Organstreitverfah-

208 BGH NJW 2008, 69, 74.
209 BVerfGE 1, 208, 223 ff.; E 4, 27 ff.
210 S. etwa BVerfGE 79, 379 ff., st. Rspr.; dazu etwa *K. Schlaich/S. Korioth*, Bundesverfassungsgericht, 8. Aufl. 2010, Rn. 92; *H. Maurer*, Staatsrecht, Bd. 1, 6. Aufl. 2010, Rn. 24 f.
211 Zu dieser sog. Parteienstaatslehre s. *G. Leibholz*, Strukturprobleme der modernen Demokratie, Neuausgabe der 3. Aufl. 1967, 1974.

rens musste ein verfassungswidriger Ausschluss kleinerer Parteien von der staatlichen Parteienfinanzierung nicht über Jahre hingenommen werden.

## VI. Vorkehrungen zur Sicherung der Freiheit

### 1. Demokratie als freiheitliche Ordnung

166 Die Demokratie nach dem Grundgesetz ist eine freiheitliche Ordnung. Die gute Ordnung, welche die Verfassung errichten will (→ § 2 Rn. 40 ff.), umfasst notwendigerweise Gewährleistungen der Freiheit des Einzelnen. Darüber hinaus fordert das der Demokratie inhärente Mehrheitsprinzip als unverzichtbare Voraussetzungen zwei Arten von Freiheitssicherungen:

- Der Minderheit darf von der Mehrheit nichts Unzumutbares aufgebürdet werden. Es bedarf des Schutzes mehrheitsfester Positionen.
- Die Minderheit darf in ihren Ausdrucksmöglichkeiten und in der chancengleichen Teilnahme am politischen Wettbewerb nicht beeinträchtigt werden. Deswegen braucht es den Schutz der Freiheit und Gleichheit der Teilnahme am politischen Prozess.

Diese Unverzichtbarkeit der Freiheit meinte der Schriftsteller *Ludwig Börne*, wenn er 1832 schreibt: „Und wenn alle die 30 Mio. Franzosen in der Kammer säßen und sie alle stimmten Mann für Mann für ein Gesetz, das der Regierung gestattete, die persönliche Freiheit, die Freiheit der Presse aufzuheben, das heilige Asyl des Hauses zu verletzten – sie hätten das Recht nicht dazu.“[212] Eine demokratische Ordnung nach unserem Verständnis liegt also nur dann vor, wenn die Bürger geschützt sind gegen einen übermäßigen Zugriff der Mehrheit. Es bedarf der **Sicherungen gegen die „Tyrannei der Mehrheit“**.[213] Es war ein historischer Fehler des sogenannten real existierenden Sozialismus, diese Sicherungen der Freiheit unterzugewichten oder gar völlig aufzugeben. Die Vorstellung, wenn das Volk herrsche, solle es auch ungeschmälert herrschen, führte in die Diktatur.[214]

Die „gleiche Freiheit“ aller ist eine integrale dritte Komponente der Demokratie nach dem Grundgesetz neben der Volkssouveränität und den organisatorischen und prozeduralen Einrichtungen zu ihrer Verwirklichung. Zu Recht spricht das Grundgesetz deswegen auch von der „freiheitlichen demokratischen Grundordnung“, siehe Art. 18 S. 1 und Art. 21 Abs. 2 S. 1 GG.

### 2. Instrumente der Freiheitssicherung

167 Die dem Bürger am nächsten stehenden und ihm auch zur eigenen Mobilisierung verfügbaren Freiheitssicherungen sind die **Grundrechte**.[215] Mit ihren beiden Spielarten der Freiheitsrechte und der Gleichheitsrechte wollen sie die gleiche Freiheit aller sicherstellen, und zwar in den verschiedenen Lebensbereichen: im persönlichen, im wirtschaftlichen, im religiösen und eben auch im Hinblick auf die politischen Aktivitäten. Für die politische Teilhabe besonders wichtig sind die Grundrechte aus Art. 5 Abs. 1, Art. 8 und Art. 9 GG. Unverzichtbar ist auch der Schutz der persönlichen Freiheit nach Art. 2

212 *L. Börne*, Briefe aus Paris, Bd. 5–6, 1834, S. 106 f.
213 Dazu *J. S. Mill*, Über die Freiheit (All liberty (1895)), 2. Aufl. 2011, S. 8 f.
214 *W. Assmann*, Staatsrecht der DDR, 1977, S. 269 ff.
215 Dazu eingehend *L. Michael/M. Morlok*, Grundrechte, 4. Aufl. 2014, Rn. 1 ff.

Abs. 2 S. 2 GG i.V.m. Art. 104 GG. Die Bedeutung gerade dieser Gewährleistung wurde auf den prägnanten Begriff gebracht: Im Schatten des Konzentrationslagers gedeiht keine Demokratie.[216] Die Bedeutung dieser Freiheitsrechte für eine Demokratie wird ex negativo daran sichtbar, dass die erste Maßnahme Hitlers nach der Machtergreifung 1933 nach dem Reichstagsbrand am 28. Februar 1933 die Suspendierung eben dieser Grundrechte zum Inhalt hatte.[217]

Die Gleichheitsrechte, im Grundgesetz also insbesondere diejenigen aus Art. 3, 38 Abs. 1 S. 1, 33 Abs. 1 bis 3 und Art. 140 GG i.V. mit Art. 136 Abs. 1 und 2 WRV dienen neben der gerechtigkeitswahrenden Gleichbehandlung als solcher auch der egalitären Prägung der modernen Demokratie seit der Französischen Revolution. 168

Die **Gewaltenteilung** ist eine seit der Antike bekannte Technik[218] der Machtdomestizierung. Für das alte Rom sei hier nur darauf verwiesen, dass die Staatsleitung im Wesentlichen auf zwei Konsuln und den Senat verteilt war, dass es daneben das Amt der Volkstribunen gab und auch die Volksversammlung mit ihren Rechten. 169

Die Grundidee der Gewaltenteilung ist einfach: Um die Macht in Schach zu halten, bedarf es der Gegenmacht. Damit liegt es nahe, die gesamte Macht nicht in eine Hand zu legen, sondern auf verschiedene Träger zu verteilen, die sich wechselseitig in Schach halten können. Die klassische Formulierung lautet: „Le pouvoir arrête le pouvoir."[219] In der angelsächsischen Tradition spricht man ebenso anschaulich von einem System von „checks and balances". Die klassische Form der Gewaltenteilung bezieht sich auf die Legislative, die Exekutive und die Judikative. Dieses System ist im Grundgesetz nicht in dieser idealtypischen Reinheit verwirklicht, vielmehr sind die verschiedenen staatlichen Aufgaben und Funktionen in differenzierter Weise auf die einzelnen Staatsorgane verteilt, wie im Einzelnen bei diesen dargestellt wird.

Darüber hinaus kommt die Grundidee der Gewaltenteilung auch in der **Bundesstaatlichkeit** (→ § 8 Rn. 8) zum Ausdruck. Die politische Macht wird zwischen der Bundesebene und derjenigen der Länder verteilt. Hinzu tritt noch die in Deutschland relativ starke Selbstverwaltung der Gemeinden. Damit ist auch in politischer Hinsicht regelmäßig ein politisches Gesamtsystem vorhanden, in dem nicht eine Partei oder eine Koalition „durchregieren" kann, sondern die Mehrheit auf Bundesebene mit Ländern rechnen muss, die unter der Führung einer politisch anderen Mehrheit stehen. Diese bundesstaatliche Gewaltenteilung lag deutlich in der Intention der drei Westalliierten, die den Auftrag zur Ausarbeitung des Grundgesetzes gaben (→ § 4 Rn. 6 ff.).

Die Grundkonzeption der Gewaltenteilung lässt sich schließlich auch in personellen Unvereinbarkeiten, man spricht hier von **Inkompatibilitäten**, wieder erkennen. Bestimmte Machtrollen dürfen nicht in einer Person vereint werden. So darf nach Art. 55 Abs. 1 GG der Bundespräsident weder der Regierung noch einem Parlament auf Bundes- oder Landesebene angehören.[220]

216 *M. Kriele*, Einführung in die Staatslehre, 6. Aufl. 2003, S. 289 ff.
217 Verordnung des Reichspräsidenten zum Schutz von Volk und Staat vom 28. Februar 1933, RGBl. I 1933, 83.
218 Zur Theoriegeschichte s. etwa *Th. Tsatsos*, Zur Geschichte und Kritik der Lehre von der Gewaltenteilung, in: Tsatsos, Peri Politeias,1972, S. 103 ff. (zuerst 1968).
219 *C. Montesquieu*, De l'esprit des lois (1748), Livre XI Chapitre IV.
220 Weitere Beispiele bilden die Beschränkung der Wählbarkeit von Angehörigen des öffentlichen Dienstes nach Art. 137 Abs. 1 GG, wo es um die Abgrenzung von Exekutive und Legislative geht, das Berufsverbot für Angehörige der Bundesregierung nach Art. 66 GG, aber auch ungeschriebene Unvereinbarkeiten, so zwischen der Mitgliedschaft im Bundesrat und dem Bundestag, etwa bei *D. Th. Tsatsos*, Die Vereinbarkeit von parlamentarischem Mandat und Regierungsamt in der Parteiendemokratie, 1996.

Bei all diesen Verteilungen von Kompetenzen und Rechten auf unterschiedliche Träger darf allerdings eine gegenläufige Bewegung nicht übersehen werden, nämlich die parteipolitische Einfärbung des politischen Betriebes. So spricht man von einem „Unterlaufen" der Gewaltenteilung durch die Parteipolitik.[221] Dies ist eine im Ansatz zutreffende Beobachtung (siehe bei den drei Grundfunktionen der Parteien die zweite Funktion → Rn. 129), die Auswirkungen dieses Phänomens halten sich aber in Grenzen. Man kann die parteipolitische Harmonisierung nämlich auch als notwendiges Gleitmittel betrachten, um die Reibereien zwischen den verschiedenen Trägern der Staatsgewalt nicht zu störend werden zu lassen, um notwendige Koordinationsleistungen und Konsense wahrscheinlicher zu machen. Das Zusammenspiel von institutioneller Separierung und gegebenenfalls parteipolitischer Harmonisierung wird insgesamt zu einer vernünftigen Ausbalancierung von Gewaltenhemmung und Effektivität.

170 Freiheitssichernd wirkt weiter die **Rechtsbindung** aller Staatsgewalt, wie sie Art. 20 Abs. 3 GG (→ Rn. § 7 Rn. 17 ff.) vorsieht und wie Art. 1 Abs. 3 GG für die Grundrechte nochmals eigens feststellt.

Das Funktionieren des Gesamtsystems der Freiheitssicherungen wird schließlich durch die Institutionalisierung von **Kontrollrechten** gewährleistet. Dazu zählt insbesondere die Unabhängigkeit der Gerichte nach Art. 97 GG und die gesicherte Möglichkeit der Bürger, gegen den Zugriff der Staatsgewalt diese Gerichte auch anrufen zu können, Art. 19 Abs. 4 GG. Im Verhältnis der Verfassungsorgane untereinander dient die Verfassungsgerichtsbarkeit (→ § 17 Rn. 47 ff.) der Einhaltung der jeweiligen Rechte und Pflichten dieser Organe, hier ist insbesondere das Organstreitverfahren nach Art. 93 Abs. 1 Nr. 1 GG zu erwähnen.

### 3. Wehrhafte Demokratie

#### a) Konzeptionelle Grundlagen

171 Neben den einzelnen Instrumenten zur Sicherung der Freiheit kennt das Grundgesetz auch eigene Bestimmungen, um Gefahren für die Demokratie als solche abzuwehren. Zu nennen sind Art. 9 Abs. 2, 18, 21 Abs. 2 und auch Art. 87 Abs. 1 S. 2 GG mit seiner Begründung einer Verfassungsschutzbehörde auf Bundesebene und die Kompetenz in Art. 73 Abs. 1 Nr. 10 b GG. Im weiteren Sinne dient auch die erschwerte Abänderbarkeit des Grundgesetzes nach Art. 79 Abs. 2 GG und die Festschreibung änderungsfester Gehalte nach Art. 79 Abs. 3 GG dem Verfassungsschutz.

Die leitende Vorstellung der wehrhaften Demokratie[222] lautet: „Keine Freiheit für die Feinde der Freiheit". Wer die Freiheit wirklich möchte, darf eine Freiheit nicht geben: diejenige zur Abschaffung der Freiheit. Umfasste nämlich die grundgesetzlich gewährleistete Freiheit auch die Möglichkeit, die Voraussetzungen eines freiheitlichen politischen Prozesses abzuschaffen, so stellte dies eine Selbstparadoxität der Freiheitsgarantie dar. Es liegt mithin in der Konsequenz einer freiheitlichen Ordnung, dass die Freiheit nicht zur Aufhebung dieser Ordnung selbst missbraucht werden darf. Zu diesem Zweck gibt das Grundgesetz die Möglichkeit der Verwirkung der Grundrechte nach

221 *H. H. von Arnim*, APuZ, 1993, Nr. 11, S. 14 ff.

222 Das Konzept lässt sich zurückführen auf *K. Loewenstein*, Militant Democracy and Fundamental Rights, in: American Political Science Review 31 (1937), 417, 638 ff.; s. dazu weiter *M. Thiel*, Die „wehrhafte Demokratie" als verfassungsrechtliche Grundentscheidung, in: Thiel, Wehrhafte Demokratie, 2003, S. 1 ff.

Art. 18 GG,[223] das Vereinsverbot nach Art. 9 Abs. 2 GG[224] und die Möglichkeit eines Parteiverbotes nach Art. 21 Abs. 2 GG. Dieser Schutz der Demokratie durch Verbotsmöglichkeiten ist zwar einleuchtend, zugleich ist eine Einschränkung der Freiheit zum Schutze der Freiheit aber gleichfalls problematisch. Die Instrumente der wehrhaften Demokratie begründen ihrerseits ein Paradoxon. Wir haben es also mit einer doppelten Paradoxie zu tun, der Verzicht auf die Wehrhaftigkeit der Demokratie ist ebenso selbst widersprüchlich wie der Einsatz ihrer Mittel.[225]

### b) Das Parteiverbot

172 Das Parteiverbot[226] stellt insofern ein gefährliches Instrument dar, als es eingesetzt werden kann, um missliebige politische Gegner zu bekämpfen. Diese Gefahr ist nicht so fernliegend, weil bekanntlich in der politischen Auseinandersetzung die Überzeugungen oft stark sind und der zutage tretende Eifer groß. Da mag eine politische Gegenauffassung als verfassungsgefährdend und verbotswürdig erscheinen. Dies gilt vor allen Dingen auch im Hinblick darauf, dass das, was in der Stube des politischen Philosophen ersonnen wird, in der Anwendung im Landratsamt ganz anders aussehen mag. Dieser **Missbrauchsgefahr** wirkt das Grundgesetz auf zweierlei Weise entgegen, zum einen durch anspruchsvolle Voraussetzungen für ein Parteiverbot (→ Rn. 177 ff.), und zum anderen durch die Ausgestaltung des Verbotsverfahrens (→ Rn. 173 ff.).

#### aa) Das Verbotsverfahren

173 Das **Verbotsverfahren**, welches das Grundgesetz und daran anschließend das einfache Gesetz vorsieht, dient auch dem Schutz der politischen Parteien[227] und der Offenheit des politischen Prozesses selbst.

Eine wesentliche Eingrenzung der Risiken eines Parteiverbots liegt in der Konzentration dieser Entscheidung beim Bundesverfassungsgericht. Es besteht ein Entscheidungsmonopol des Bundesverfassungsgerichts. Das bedeutet praktisch, dass die Exekutive und die darauf einwirkenden politischen Kräfte nicht über dieses Instrument verfügen können. Dies ist insofern ein „Parteienprivileg", als dass sonstige Vereinigungen von der Exekutive verboten werden können, etwa dem zuständigen Landes- oder dem Bundesinnenminister.[228] Eine zweite Bedeutung des Begriffs **„Parteienprivileg"** liegt darin, dass vor Ausspruch einer Verbotsentscheidung durch das Bundesverfassungsgericht keine rechtlichen Folgen aus der behaupteten Verfassungswidrigkeit resultieren dürfen.[229] Es besteht insofern ein **Anknüpfungsverbot.**[230] Bei genauer Betrachtung ist die Bezeichnung dieser Sperrwirkung als „Privileg" unangemessen, weil im Rechtsstaat generell vor der verbindlichen Feststellung einer Tatsache oder eines Rechtszustandes daran nichts geknüpft werden darf. Vor dem Ausspruch eines Parteiverbotes genießt jede

---

223 Dazu *L. Michael/M. Morlok*, Grundrechte, 4. Aufl. 2014, Rn. 547 ff.
224 Dazu *L. Michael/M. Morlok*, Grundrechte, 4. Aufl. 2014, Rn. 665 ff.
225 S. zur Widersprüchlichkeit *U. Volkmann*, DÖV 2007, 577 ff.; *M. Morlok*, NJW 2001, 2931 ff.
226 S. zur Thematik *M. Morlok*, Jura 2013, 317 ff.
227 So *J. Ipsen*, in: Sachs, GG, 6. Aufl. 2011, Art. 21 Rn. 149.
228 S. § 3 VereinsG, nach § 2 Abs. 2 Nr. 1 VereinsG sind politische Parteien von der Regelung dieses Gesetzes ausgenommen.
229 BVerfGE 5, 85, 140; E 39, 334, 357; E 133, 100, 107; BVerwGE 31, 368, 369; E 137, 275, 281 f.; BGHSt 19, 311, 313; *H. H. Klein*, in: Maunz/Dürig, GG, 64. Lfg., Art. 21 Rn. 571.
230 BVerfGE 5, 85, 140; E 12, 296, 304; E 39, 334, 357; st. Rspr.; *H. H. Klein*, in: Maunz/Dürig, GG, 64. Lfg., Art. 21 Rn. 571; *M. Morlok*, in: Dreier, GG, Bd. 2, 2. Aufl. 2006, Art. 21 Rn. 154.

Partei die volle Freiheit und die ungeschmälerte Chancengleichheit. Die Parteien, denen man nachsagt, sie seien verfassungswidrig, dürfen deswegen auch Stadthallen bekommen, ihre Versammlungen sind geschützt und sie nehmen teil an der Verteilung von Rundfunksendezeiten im Wahlkampf. Die oft benutzte Wendung von der „Verfassungsfeindlichkeit" einer Partei ist kein Rechtsbegriff, sondern eine Vokabel der politischen Auseinandersetzung. Die öffentliche Bezeichnung einer Partei durch staatliche Stellen als verfassungsfeindlich stellt einen Eingriff in deren Freiheit und – im Hinblick auf ihre werbenden Aktivitäten – ihrer Chancengleichheit dar und bedarf sowohl einer gesetzlichen Grundlage wie des Vorliegens materieller Rechtfertigungsgründe.[231] Die gesetzliche Grundlage besteht in den Verfassungsschutzgesetzen des Bundes und der Länder.

174 Rechnet man ernstlich mit der Verfassungswidrigkeit einer Partei, so kommt man nicht um die **Beobachtung durch den Verfassungsschutz** herum. Erst auf der Grundlage hinlänglicher Informationen kann man sich ein hinreichendes Bild über die Zielsetzung einer Partei machen. Dabei können auch **nachrichtendienstliche Mittel** eingesetzt werden, also eine Beobachtung, die dem Beobachteten nicht offengelegt wird, vgl. etwa § 8 Abs. 2 S. 1 BVerfSchG, der von einer „heimlichen Informationsbeschaffung" spricht. Wenn eine Partei verfassungswidrige Ziele verfolgt und von der Existenz der Verbotsmöglichkeit weiß, so wäre es naiv, sich allein auf deren schriftlich niedergelegte Programme oder öffentliche Verlautbarungen zu verlassen. Die Verbotsmöglichkeit legt die Konspirativität einer verfassungswidrigen Partei nahe. Die Beobachtung einer Partei mit nachrichtendienstlichen Mitteln stellt einen erheblichen Eingriff in die Freiheit der Partei dar.[232] Besonders problematisch ist der Einsatz von Vertrauensleuten (V-Leute) des Verfassungsschutzes auf den Vorstandsebenen der Partei. Angesichts eines nicht selten auftretenden Übereifers von V-Leuten[233] kann nicht mehr hinreichend auseinander gehalten werden, was eine Äußerung ist, welche der Partei zuzurechnen ist und was dem staatlichen Spitzel geschuldet ist. Während eines Verbotsverfahrens ist der Einsatz von V-Leuten besonders fragwürdig, weil das prozesstaktische Verhalten damit ausgeforscht wird. V-Leute auf Funktionärsebene sind deswegen im Vorfeld und während der Durchführung eines Verbotsverfahrens mit der Freiheit der Parteien und in rechtsstaatlichen Anforderungen an ein Verbotsverfahren unvereinbar.[234] Wann und in welchem Umfang eine Partei beobachtet werden darf, ist im Einzelnen umstritten, was auch mit der Unterschiedlichkeit der Verfassungsschutzgesetze in den Ländern zu tun hat.[235]

175 Ein weiteres Element der prozeduralen Absicherung liegt darin, dass der **Antrag** auf Einleitung eines Parteiverbotsverfahrens nur vom Bundestag, dem Bundesrat oder der Bundesregierung gestellt werden kann, § 43 Abs. 1 BVerfGG.[236] Der Antrag einer politischen Partei auf Feststellung ihrer Verfassungskonformität ist mangels Antragsbe-

231 S. zu diesen Fragen *D. Murswiek*, NVwZ 2004, 769 ff.

232 BVerfGE 107, 339, 366 unter Hinweis auf BVerwGE 110, 126 ff. S. dazu die Besprechungen von *L. O. Michalis*, NVwZ 2003, 943 ff.; *J. Ipsen*, JZ 2003, 485 ff.; *U. Volkmann*, DVBl. 2003, 605 ff.

233 Dazu bereits *M. Morlok*, NJW 2001, 2931, 2938.

234 So BVerfGE 107, 339, 362 ff., 365 ff.

235 Aus der Rechtsprechung: BVerfGE 107, 339, 366 f.; OVG Münster NVwZ 1964, 558 f.; zur Beobachtung von Abgeordneten BVerwG 137, 275 ff. Zum Gesamtproblem *L. O. Michaelis*, Politische Parteien unter Beobachtung des Verfassungsschutzes, 2000, hier bes. S. 155.

236 Wenn eine Partei nur in einem Land aktiv ist, so kann die Landesregierung den Antrag stellen, § 43 Abs. 2 BVerfGG.

rechtigung unzulässig.[237] Auch diese Beschränkung auf die obersten Staatsorgane macht klar, dass ein Parteiverbot kein alltägliches Mittel darstellt, sondern eine „Haupt- und Staatsaktion". Ob ein solcher Antrag gestellt wird, liegt im politischen Ermessen der zuständigen Verfassungsorgane,[238] bei dessen Ausübung auch zu beurteilen ist, ob eine politische Auseinandersetzung mit der in Rede stehenden Partei nicht vorzugswürdig ist. Zum Schutze der Partei wird zunächst ein **Vorverfahren** (§ 45 BVerfGG) durchgeführt, dass dazu dienen soll, dass eine Partei nicht ohne hinreichenden Anlass mit einem Verbotsverfahren überzogen wird.

Wenn das Bundesverfassungsgericht die Partei für verfassungswidrig hält, so wird dies 176 nach § 46 Abs. 1 BVerfGG festgestellt. Damit verbunden ist nach § 46 BVerfGG und §§ 32 f. PartG die Auflösung der Partei und das Verbot von Ersatzorganisationen. Die Fortführung der verbotenen Partei ist in § 84 StGB strafrechtlich bewehrt. Nach der bestehenden Rechtslage verlieren die Abgeordneten einer verbotenen Partei ihre parlamentarischen Mandate.[239] Das steht im Widerspruch zur einschlägigen Rechtsprechung des Europäischen Gerichtshofes für Menschenrechte, der darin eine Verletzung der Volkssouveränität, sprich der freien Äußerung der Meinung des Volkes bei Wahlen nach Art. 3 1. Zusatzprotokoll zur EMRK sieht.[240] In der Tat hat der vom Volk gewählte Abgeordnete ein Mandat, das ihn als „Vertreter des ganzen Volkes" (siehe Art. 38 Abs. 1 S. 2 GG) unabhängig von allen Parteibindungen stellt. Der Mandatsverlust ist damit auch verfassungswidrig.[241]

### bb) Die Voraussetzungen eines Parteiverbotes

Die **Voraussetzungen eines Parteiverbotes** sind nur begrenzt instruktiv und in ihrem 177 genauen Verständnis umstritten. Eindeutig lassen sich **zwei Schutzgüter** identifizieren, der Bestand der Bundesrepublik Deutschland und die freiheitliche demokratische Grundordnung. Das erstgenannte Merkmal meint die territoriale Integrität und die außenpolitische Handlungsfähigkeit des Bundes. In § 92 Abs. 1 StGB wird dieser Begriff des Bestandes der Bundesrepublik Deutschland näher erläutert. Dieser Verbotstatbestand hat bislang keine Rolle gespielt.

Das Verbotsverfahren kann nur durch einen Antrag der in § 43 BVerfGG abschließend 178 aufgezählten **Antragsberechtigten** eingeleitet werden: Bundestag, Bundesrat, Bundesregierung oder eine Landesregierung. Dem Kreis der Berechtigten obliegt keine Pflicht zur Antragsstellung, wenn sie von der Verfassungswidrigkeit einer Partei überzeugt sind; ihnen steht ein dahin gehendes Ermessen zu, das nur einer Missbrauchskontrolle unterzogen werden kann.[242]

---

237 BVerfGE 133, 100 ff.; *A. Windoffer*, DÖV 2013, 151 ff.

238 Eine Reihe von Autoren sieht eine Antragspflicht bei Vorliegen der Voraussetzungen eines Parteiverbotes, so bei *J. Ipsen*, in: Sachs, GG, 6. Aufl. 2011, Art. 21 Rn. 175 ff. m.w.N.

239 So BVerfGE 2, 1, 72 ff.; E 5, 85, 392; das wurde von den Wahlgesetzen nachvollzogen, s. etwa § 46 Abs. 1 Nr. 5, Abs. 4 BWahlG.

240 EGMR Urteil v. 30.1.1998, Vereinigte Kommunistische Partei der Türkei u.a./Türkei, Az. 19392/92, RJD 1998-I; EGMR Urteil v. 25.5.1998, Sozialistische Partei u.a./Türkei, Az. 21237/93, RJD 1998-III; EGMR Urteil v. 13.2.2003, Refah Partisi u.a./Türkei, Az. 41340/98, EuGRZ 2003, 206 ff.

241 S. auch *K. Hesse*, Grundzüge des Verfassungsrechts der Bundesrepublik Deutschland, 20. Aufl. 1999, Rn. 601.

242 BVerfGE 5, 85, 129; s. auch *W. Henke*, in: Dolzer/Vogel/Graßhof, BK-GG, 64. Lfg., Art. 21 Rn. 359; *H. Maurer*, AöR 96 (1971), 203, 225 f.

**Antragsgegner** ist nur eine politische Partei, deren Eigenschaften das Bundesverfassungsgericht mangels Definition im GG selbst festlegt; es kann sich dabei der Umschreibung des § 2 PartG bedienen, ist daran aber freilich nicht gebunden.

179 Bei den beiden in der Geschichte der Bundesrepublik ausgesprochenen Parteiverboten[243] und beim gescheiterten Verbotsverfahren gegen die NPD[244] sowie dem neuerlichen Verbotsantrag vom 3. Dezember 2013 ging es jeweils um den Vorwurf, die betroffene Partei habe die **freiheitliche demokratische Grundordnung** beseitigen wollen. Damit ist der Kern derjenigen Bestimmungen gemeint, welche die Freiheitlichkeit und den demokratischen Charakter der Rechtsordnung begründen. Es geht also etwa um die Gewährleistung der Grundrechte, die regelmäßige Durchführung von Wahlen und die Unabhängigkeit der Gerichte. Im Einzelnen hat das Bundesverfassungsgericht diese Formel näher bestimmt als eine Ordnung, „die unter Ausschluss jeglicher Gewalt- und Willkürherrschaft eine rechtsstaatliche Herrschaftsordnung auf der Grundlage der Selbstbestimmung des Volkes nach dem Willen der jeweiligen Mehrheit und der Freiheit und Gleichheit darstellt. Zu den grundlegenden Prinzipien dieser Ordnung sind mindestens zu rechnen: die Achtung vor den im Grundgesetz konkretisierten Menschenrechten, vor allem des Rechts der Persönlichkeit auf Leben in freier Entfaltung, die Volkssouveränität, die Gewaltenteilung, die Verantwortlichkeit der Regierung, die Gesetzmäßigkeit der Verwaltung, die Unabhängigkeit der Gerichte, das Mehrparteiensystem und die Chancengleichheit für alle politischen Parteien mit dem Recht auf verfassungsmäßige Bildung und Ausübung der Opposition."[245] An dieser Formel ist in der Sache nichts auszusetzen, abgesehen von der unsystematischen Aufzählung der einzelnen Komponenten.[246] Geschützt werden also nur die Essentialia einer freiheitlichen demokratischen Ordnung, das bedeutet, dass die Änderung der verschiedensten Verfassungsbestimmungen gefordert werden kann, ohne in den Verdacht der Verfassungswidrigkeit zu kommen.

180 Weitere Voraussetzung für ein Parteiverbot ist, dass die Partei oder ihre Anhänger **darauf ausgehen**, diese Grundordnung zu bekämpfen. Damit ist klargestellt, dass ein Parteiverbot nicht der Bekämpfung von Überzeugungen gilt, sondern auf die Unterdrückung von **Handlungen** zielt. Der Denker, der mit Plato sich eine Herrschaft der Philosophen wünscht, bleibt unbehelligt. Notwendig zur Erfüllung des Verbotstatbestandes sind also konkrete Handlungen, um die verfassungsmäßige Ordnung zu beeinträchtigen oder die darauf zielen, dies zu tun.

Das Bundesverfassungsgericht hat ausdrücklich betont, die Erfolgswahrscheinlichkeit solcher Bestrebungen spiele für den Ausspruch eines Verbotes keine Rolle.[247] Damit ist nach der bisherigen Rechtsprechung des Bundesverfassungsgerichts das Parteiverbot eine präventive Maßnahme, eine Maßnahme welche bereits im Vorfeld einer konkreten Gefahr ergriffen werden kann. Darin unterscheidet sich die deutsche Rechtsprechung von derjenigen des EGMR,[248] der im Falle des Verbotes der türkischen Refah Partisi durch die Türkei wesentlich darauf abgehoben hat, dass die Partei kurz davor stehe, wegen ihres zunehmenden Wählerzuspruches an die Macht zu kommen. Um mit

243 BVerfGE 2, 1 ff. – SRP; E 5, 85 ff. – KPD.
244 BVerfGE 107, 339 ff.
245 So BVerfGE 2, 1, 12 f.
246 Zur Kritik daran *H. Meier*, Parteiverbote und Demokratische Republik, 1993, S. 301 ff.; s. auch *H. Dreier*, JZ 1994, 741, 751 f.
247 BVerfGE 5, 85, 142 f.
248 EGMR, 13.2.2003, Nr. 41340/98 u.a.

der deutschen polizeirechtlichen Terminologie zu sprechen: Das Straßburger Gericht verlangt nach dieser Entscheidung eine konkrete Gefahr.[249]

Die Handlungen, die den Verbotstatbestand erfüllen, müssen der Partei auch zugerechnet werden können. Diese **Zurechnung** drückt Art. 21 Abs. 2 S. 1 GG mit den Worten aus: „nach ihren Zielen oder nach dem Verhalten ihrer Anhänger". Die Ziele der Partei, die sich in ihren offiziellen Schriften finden oder aber intern in der Organisation kommuniziert werden, sind weniger problematisch der Partei zuzuordnen als das Anhängerverhalten. Hier ist jeweils eine konkrete Billigung und Unterstützung der Partei als Organisation für das Verhalten bestimmter Mitglieder oder auch Anhänger ohne Parteibuch zu belegen.

Der **Ablauf** des Parteiverbots, für das der Zweite Senat zuständig ist, gliedert sich in 181
ein Vorverfahren (§ 45 BVerfGG), eine mögliche Voruntersuchung (§§ 47, 38 Abs. 2 BVerfGG) sowie die mündliche Verhandlung, in der über die Erfüllung des Verbotstatbestandes entschieden wird. Im Vorverfahren soll dem Antragsgegner die Gelegenheit gegeben werden, sich ausführlich zu den Vorwürfen zu äußern. Im Anschluss entscheidet eine Zweidrittelmehrheit des Senates darüber, ob das Verfahren fortgesetzt werden soll.

Das Verständnis der Verbotsvoraussetzungen in Deutschland wurde entscheidend ge- 182
prägt durch die Rechtsprechung des Bundesverfassungsgerichtes in den 1950er-Jahren.[250] Damals war die Bundesrepublik noch in einer tatsächlichen oder jedenfalls vorstellbar völlig anderen Bedrohungslage.

Im Jahre 1994 gab es zwei Verbotsanträge[251] gegen die „Nationale Liste" und die „Freiheitliche Deutsche Arbeiterpartei", welche nicht zu einem Verbot führten, weil das Bundesverfassungsgericht diesen Vereinigungen keine Parteieigenschaft zuerkannte. Das Verfahren gegen die NPD im Jahre 2001[252] wurde wegen Verfahrensmängeln eingestellt. Nun wurde am 3. Dezember 2013 nach langem politischen Ringen erneut ein Verbotsantrag bezüglich der NPD gestellt.[253] Der Grund für den zurückhaltenden Einsatz eines Verbotsantrags liegt in der Gefahr des Scheiterns bzw. in der Absicht, einer unbedeutenden verfassungsfeindlichen Partei nicht durch ein förmliches Verfahren mehr Aufmerksamkeit zu verschaffen und in der Fragwürdigkeit eines Parteiverbots überhaupt.

Es bleibt abzuwarten, ob und wie das Bundesverfassungsgericht die damalige Rechtsprechung 50 Jahre später modifiziert, auch im Hinblick auf eine mittlerweile gefestigte deutsche Demokratie. Außerdem wird die Möglichkeit, dass eine durch das Bundesverfassungsgericht verbotene Partei den EGMR in Straßburg anruft, vom Bundesverfassungsgericht antizipiert werden. Die Karlsruher Richter werden nicht blindlings in das offene Straßburger Messer laufen. Aus beiden Gründen ist zu erwarten, dass in einem etwaigen neuen Verbotsverfahren die Voraussetzungen für ein Parteiverbot anders interpretiert werden als seinerzeit. Die bloße Wiederholung der alten Formeln dürfte nicht genügen, um zu einer soliden Einschätzung der Erfolgschancen eines neu einzuleitenden Verbotsverfahrens zu kommen.

---

249 Zur Thematik s. *E. Seyda/H. Meier,* RuP 49 (2013), 74 ff.
250 BVerfGE 2, 1 ff. – SRP; E 5, 85 ff. – KPD.
251 BVerfGE 91, 262 ff.; E 91, 276 ff.
252 BVerfGE 107, 339 ff.
253 S. dazu *M. Morlok*, ZRP 2013, 69 ff.

## Wiederholungs- und Verständnisfragen

> Nennen Sie die drei Elemente des grundgesetzlichen Demokratieprinzips!
> In welche drei Dimensionen lässt sich die Volkssouveränität als Rechtsprinzip entfalten?
> Warum sind Organisation und Verfahren für die demokratische Willensbildung notwendig?
> Nennen Sie die wesentlichen Vorteile des Mehrheitsprinzips!
> In welchem Verhältnis stehen die Wahlrechtsgrundsätze des Art. 38 Abs. 1 S. 1 GG zum Prinzip der Volkssouveränität?
> Skizzieren Sie Aufgaben und Funktionen der politischen Parteien!

## § 6 Die Republik

▶ **Fall 3:** Der spanische Maler Picasso hatte in seinem Testament eine Verfügung über sein weltberühmtes Bild „Guernica" getroffen. Er hatte es zur Pariser Weltausstellung 1937 gemalt, und zwar noch im Auftrag der gewählten republikanischen Regierung. Zur Zeit der Weltausstellung hatte aber bereits ein Militärputsch unter Franco stattgefunden. Als Picasso sein Testament schrieb, befand sich das Bild in einem New Yorker Museum. Er verfügte, das Bild solle dort bleiben, bis Spanien wieder „Republik" sei. Dann aber solle es an sein Heimatland zurückgegeben werden. Nach dem Tod des autoritären Herrschers Franco erhielt Spanien 1975 die Regierungsform einer demokratischen konstitutionellen Monarchie. Das Königreich Spanien verlangte unter Berufung auf das Testament das Bild vom Museum zurück. Wie hatte das amerikanische Gericht zu entscheiden? ◀

### I. Republik als Staatsform

#### 1. Der Schritt zur republikanischen Verfassung in der deutschen Verfassungsgeschichte

„Das Deutsche Reich ist eine Republik." So klar und deutlich grenzte man sich in Art. 1 Abs. 1 WRV von der davor bestehenden monarchischen Herrschaft der Fürsten ab. Der Ausruf der Republik durch *Philipp Scheidemann* und *Karl Liebknecht* am 9.11.1918 machte nach dem Sturz der deutschen Fürstenhäuser den historisch bedeutenden Umbruch der Staatsform von der Monarchie zur Republik nach der Novemberrevolution von 1918 deutlich. 1

Im Bonner Grundgesetz von 1949 war die Annahme der Republik als Staatsform dagegen schon ein unumstrittenes Merkmal und so selbstverständlich, dass man die Republikeigenschaft nicht ausdrücklich feststellte. Sie findet aber Erwähnung im Staatsnamen Bundesrepublik Deutschland und wird an verschiedenen Stellen im Grundgesetz angesprochen und abgesichert, u.a. in Art. 20 Abs. 1, Art. 21 Abs. 2 und Art. 28 Abs. 1 S. 1 GG.[1] 2

In Deutschland wurde die Republiktradition der Länder fortgeführt, die sich als „Freistaat"[2] – der deutschen Übersetzung des Wortes „Republik" – bezeichneten, so Bayern, heute auch Sachsen und Thüringen.[3] Damit wird an Art. 17 Abs. 1 WRV angeknüpft: „Jedes Land muß eine freistaatliche Verfassung haben." Hamburg und Bremen gehörten schon vor der Novemberrevolution zu den Freistaaten (Freie Hansestädte). 3

Nach Art. 28 Abs. 1 S. 1 GG muss auch die verfassungsmäßige Ordnung der Länder den Grundsätzen des **republikanischen Rechtsstaats** entsprechen. Auch wenn es Art. 20 Abs. 1 GG nur im Staatsnamen zum Ausdruck bringt, gehört auch das **Republikprinzip** zu den grundlegenden Staatsstrukturnormen, die nach Art. 79 Abs. 3 GG sogar gegen eine Abschaffung durch den verfassungsändernden Gesetzgeber geschützt 4

1 In der ursprünglichen Fassung des Grundgesetzes (vor dem Einigungsvertrag) war das Republikprinzip auch noch in der Präambel enthalten.

2 *W. Mager*, Republik, in: Brunner/Conze/Koselleck, Geschichtliche Grundbegriffe, Bd. 5, 1984, S. 549 ff., 580 ff.; schon *J. A. Eberhard*, Über Staatsverfassungen und ihre Verbesserung, 1793, ND 1977, S. 118 ff., war der Auffassung, dass die politische Freiheit des Bürgers durch nicht monarchische, freiheitliche Strukturen gestärkt werde, dies gelte allerdings nicht in gleichem Maße für die bürgerliche Freiheit.

3 Art. 1 Abs. 1 Verf Bay v. 1946, Art. 1 S. 1 Verf Sa von 1992, Art. 44 Abs. 1 Verf Thür v. 1993.

sind.[4] Die Wahl einer anderen Staatsform wäre allenfalls durch eine neue Verfassung möglich (zu Art. 146 GG → § 15 Rn. 27). Dies verdeutlicht, dass das Republikprinzip Kern der verfassungsrechtlichen Selbstdefinition und Teil der politischen Identität Deutschlands und damit auch verbindliche Vorgabe für die Länder darstellt.[5] Entscheidend war die Befreiung von der Monarchie und damit einhergehend die Volkssouveränität und Demokratie (griechisch. „demos kratein" = Herrschaft durch das Volk). Obwohl das Republikprinzip seinen im 18. Jahrhundert liegenden Höhepunkt überschritten hat, war es weiterhin für viele Staaten ein zentrales Element des politischen Selbstverständnisses, wie es sich in der Namensgebung ausdrückt.[6]

Die Struktur der EU muss gem. Art. 23 Abs. 1 S. 1 GG dagegen nicht republikanischen – wohl aber demokratischen – Grundsätzen entsprechen. Zahlreiche ihrer Mitgliedstaaten sind konstitutionelle Monarchien.

### 2. Republik als Gegensatz zur Monarchie

5 Die historische und zugleich wesentliche Bedeutung des Begriffs liegt zunächst darin, dass die Republik den Gegensatz zur Monarchie (griechisch. „monos kratein" = Alleinherrschaft) darstellt, d.h., es darf weder ein erblich bestimmtes noch ein auf Lebenszeit gewähltes Staatsoberhaupt geben, auch nicht, wenn dieses durch eine Verfassung gebunden ist oder die politische Herrschaft demokratisch bestimmt wird, wie etwa in Spanien. Das Staatsoberhaupt muss vielmehr aus der Gesamtheit des Volkes kommen und durch dieses legitimiert sein. Jeder muss grundsätzlich Staatsoberhaupt werden können. Dies folgt letztendlich aus der Volkssouveränität.

Während **Monarchie** früher dadurch gekennzeichnet war, dass der Monarch sämtliche Staatsgewalt innehatte, so bedeutet sie im modernen Sinne nur noch, dass es ein erb- oder familienrechtlich bestimmtes bzw. durch Gottes Gnade legitimiertes Staatsoberhaupt auf Lebenszeit gibt. Dem gegenüber wird das Staatsoberhaupt in einer Republik unmittelbar oder mittelbar vom Volk legitimiert. Bei vielen heutigen Monarchien handelt es sich nur formell um solche: Zwar gibt es ein Staatsoberhaupt auf unbegrenzte Zeit; diesem kommt aber nur symbolische repräsentative Funktion zu, inhaltlich handelt es sich um eine Herrschaft durch das Volk, da die eigentlichen Entscheidungen durch vom Volk gewählte Parlamente getroffen werden. Umgekehrt findet bei einigen Staaten, die Republik im Namen tragen, keine Herrschaft durch das Volk statt, selbst **Diktaturen** können im modernen Verständnis Republiken sein (vgl. DDR, Volksrepublik China). Während in der Tradition vieler Verfassungsstaaten der Schritt zur Republik gleichsam zwingend mit der Demokratisierung als Konsequenz verknüpft war, gibt es auch demokratisierte Monarchien und Republiken, die nach unserem Verständnis nicht demokratisch sind. Die im Vergleich zur Begriffsgeschichte heute verhältnismäßig geringe Rolle lässt das Republikprinzip laut *Isensee* zum „verfassungsrechtlichen Fossil" werden.[7]

4 *G. Robbers*, in: Dolzer/Vogel/Graßhof, BK-GG, 136. Lfg., Art. 20 Abs. 1 Rn. 263 f.; *Stern* wirft die Frage auf, ob die Länder für sich die Staatsform der Monarchie einführen dürften oder ob dies gegen Art. 20 Abs. 1 GG verstoße: *K. Stern*, Staatsrecht I, 2. Aufl. 1984, S. 582.

5 A.A. *K. Löw*, DÖV 1979, 819 ff., nach dem die Republik nicht zu den Grundsätzen des Art. 20 Abs. 1 GG gehört.

6 Z.B. die Französische Republik, die Islamische Republik Iran oder die Volksrepublik China.

7 *J. Isensee*, JZ 1981, 1, 1 f., wobei *Isensee* auch Anzeichen einer Renaissance des Begriffs zu erkennen vermag; ergänzend zu Isensee: *W. Henke*, JZ 1981, 249 ff., ebenfalls für eine nur noch geringe Bedeutung des Begriffs *K. Löw*, DÖV 1979, 819, 822; für den „großen" Republikbegriff *R. Gröschner*, Republik, in: FS Kirchhof, 2013, S. 263 ff.

6 Das Republikprinzip erfährt seine weitere Konkretisierung durch die Vorschriften über den Bundespräsidenten, Art. 54 ff. GG. Insbesondere die **zeitliche Begrenzung der Herrschaftszeit** nach Art. 54 Abs. 2 S. 2 GG, wonach nur eine einmalige unmittelbar anschließende Wiederwahl möglich ist, und die Möglichkeit der Absetzung durch das Bundesverfassungsgericht in Art. 61 GG – wenn auch nur unter engen Voraussetzungen – sichern die Legitimation des Staatsoberhauptes und garantieren, dass dieser sich nicht der Stellung eines Monarchen annähern kann. Versteht man das Republikprinzip formal, sind die praktischen Konsequenzen und Rechtsprobleme allein mit dem Demokratieprinzip zu lösen.

## II. Großer emphatischer Republikbegriff

7 Das Verständnis des Begriffs im engeren Sinne ist heute unproblematisch. Über die Tatsache, dass Republik Ablehnung der Monarchie bedeutet, herrscht Konsens.

Über die bloße Negation der Monarchie hinaus[8] werden dem Begriff der Republik aber weiter greifende Bedeutungsdimensionen zugeschrieben: In weit zurückreichender Tradition beschreibt die Republik den Gegensatz zum Obrigkeitsstaat und zur Diktatur, ihr wird nicht nur der Sinn „nichtmonarchisch", sondern auch „freiheitlich" und „antidiktatorisch" zugeschrieben. Historisch werden dem Begriff der Republik Gehalte zugeordnet, die wir gegenwärtig eher im Demokratie-[9] und im Rechtsstaatsprinzip[10] verorten. Der Reichstagsabgeordnete W. *Hasenclever* beschreibt in seinem Gedicht eben diesen pathetischen Republikbegriff mit Elementen der Freiheit, der Ehre, des Glücks und des Rechts mit Anklängen an die Volkssouveränität:

„Das schönste Wort wohl auf der Welt,
Das Wort vom besten Klang,
Das Wort, das mir so wohl gefällt,
Voll Kraft und Sturmesdrang.
Dies Wort, der Völker Ruhm und Glück,
Ich will es rufen: Republik!

Und Freiheit, Männerehr' und Recht
Und Pflicht und Mannesmut,
Die Worte klingen deutsch und echt,
Sie klingen recht und gut.
Doch fort, ihr Worte all', zurück!
Euch macht erst wahr die Republik.

8 Hierauf beschränken die meisten Grundgesetzkommentare den Begriff, so *R. Herzog*, in: Maunz/Dürig, GG, 63. Lfg., Art. 20 Rn. 5 f.; ebenso *M. Sachs*, in: Sachs, GG, 6. Aufl. 2011, Art. 20 Rn. 9; *F. E. Schnapp*, in: v. Münch/Kunig, GG, Bd. 1, 6. Aufl. 2012, Art. 20 Rn. 9; *B. Pieroth*, in: Jarass/Pieroth, GG, 13. Aufl. 2014, Art. 20 Rn. 3; vgl. auch sonstige Literatur: *G. Anschütz*, Die Verfassung des Deutschen Reichs vom 11. August 1919, 1933, ND 1987, S. 37; *F. Giese*, Die Verfassung des Deutschen Reiches, 1931, S. 40; *E. Bernatzik*, Republik und Monarchie, 1919, S. 33.

9 Für die begriffliche Verbundenheit des Begriffs mit der Demokratie *R. Hübner*, Die Staatsform der Republik, 1919, S. 18 f., der mit den Vorbildern der USA, Frankreichs und der Schweiz argumentiert.

10 *K. A. Schachtschneider*, Res publica res populi, 1994, S. 520 ff.

Ja, wenn die volle Volkeskraft
Es frisch und freudig wagt
Und Glück und Frieden selbst sich schafft,
Furchtslos und unverzagt:
Dann macht ein Volk sein Meisterstück,
Sein Meisterstück – die Republik.“[11]

Während sich für die formalistische Auffassung und Reduzierung des Begriffs keinerlei Begründung finden lässt, ergeben sich bei Betrachtung der Begriffsgeschichte durchaus Argumente aus der Traditionslinie der Republik für eine auch inhaltliche Aufladung des Begriffs.

### 1. Begriffsgeschichte

8 Um das weitere Begriffsverständnis nachvollziehen zu können, lohnt es sich, einen Blick auf die Entstehungs- und Wirkungsgeschichte des Begriffs Republik zu werfen.[12]

Die Traditionslinie des Republikverständnisses wird üblicherweise auf die römische Antike, hier besonders auf *Ciceros* Formel „est igitur res publica res populi“[13] zurückgeführt. Republik wird verstanden als die „Sache des Volkes“, als Ordnung, die die „öffentliche Angelegenheit“, das **Gemeinwohl** verfolgt. Hier schwingt mit, dass eine Republik sich dem Wohl aller verpflichtet und unabhängig von Partikularinteressen zum Besten aller handelt. Voraussetzung hierfür war aber nicht die Staatsform Republik, wie wir sie heute kennen, sondern allgemein eine „gute Verfassungsordnung“, unabhängig davon, ob es sich um eine Monarchie oder Republik handelt. „Res populi“ bedeutet nur „Herrschaft für das Volk“, diese muss nicht über die Demokratie („Herrschaft durch das Volk“) erfolgen. Der positive und ursprüngliche Sinn des Wortes, res publica, öffentliche Angelegenheit, legt ein weites Verständnis des Begriffs nahe.[14]

9 Die Republik kam in der frühen Neuzeit wieder auf. In der italienischen Renaissance unternahm *Macchiavelli* („Il Principe“) eine Zweiteilung in Monarchie (Einherrschaft) und Republik (Mehrherrschaft). Es etablierten sich italienische Stadtrepubliken, wohl das bekannteste Beispiel ist Florenz.

10 In der Staatsphilosophie des späten Mittelalters und der Renaissance, die an die Lehren der griechischen und römischen Antike anknüpfte, bedeutete res publica auch und vor allem ein wohlgeordnetes Gemeinwesen eines freien Staates unter einer guten Verfassung.[15]

---

11 *W. Hasenclever*, Liebe, Leben, Kampf, 1876, S. 158.

12 Ausführlich zur Geschichte des Republikbegriffs *W. Mager*, Republik, in: Brunner/Conze/Koselleck, Geschichtliche Grundbegriffe, Bd. 5, 1984, S. 549 ff.

13 *Cicero*, De re publica (Über den Staat), K. Büchner (Hrsg.), 1979, S. 131 (25, 39): „Es ist also das Gemeinwesen Sache des Volkes.“

14 *R. Thoma*, Das Reich als Demokratie, in: HStR, Bd. I, 1930, S. 186, 186 f.; *K. Hesse*, Grundzüge des Verfassungsrechts der Bundesrepublik Deutschland, 20. Aufl. 1999, Rn. 120.

15 In diesem weiten Sinne auch bei *J. Bodin*, Six Livres de la République (1577); heute: *K. Hesse*, Grundzüge des Verfassungsrechts der Bundesrepublik Deutschland, 20. Aufl. 1999, Rn. 120 f.; *K. Stern*, Staatsrecht I, 2. Aufl. 1984, S. 581.

11 Im 18. Jahrhundert wurde die Republik als Gegensatz zur Willkürherrschaft der Despotie angesehen, so durch *Montesquieu*,[16] in Deutschland durch *Kant*: Nach ihm sollte „die bürgerliche Verfassung in jedem Staat [...] republikanisch sein".[17] Alle öffentliche Gewalt soll auf die Gemeinschaft zurückzuführen sein und dem gemeinen Besten (salus publica) dienen, in dem die Menschen frei und gleich sind und keinen anderen als den verfassungs- und gesetzmäßigen Gehorsam schulden und in dem den Bürgern öffentliche Rechte, insbesondere Mitwirkung bei der gemeinsamen Gesetzgebung, zukommen. Im Gegensatz zur Despotie sollte also eine freiheitliche politische Ordnung geschaffen werden, in der „das Gesetz selbst herrschend ist, und an keiner besonderen Person hängt".[18] An die Stelle der Privatwillkür der Despotie tritt bei der Republik nach *Kant* also die **Herrschaft des Gesetzes.** Durch wen die Herrschaft ausgeübt wird, ist damit nicht vorgegeben. Die Republik ist also nicht mehr Gegensatz der Monarchie, sondern allein der Despotie. Damit verbunden sind die Bindung an Gesetze, das Amtsethos, die Gewaltenteilung[19] und die Gemeinwohlorientierung. Die Elemente dieses Republikbegriffs gingen im 19. Jahrhundert weitgehend im Begriff des Rechtsstaats bzw. auch im Demokratiebegriff auf.[20]

12 Die Verantwortung wird dabei in die Hände von Beamten gelegt, die **treuhänderischen Dienst am Volk** leisten (sog. Ämter- oder Dienstdenken). *Kant* befürwortete die Republik als repräsentatives System im Gegensatz zur Demokratie, die aber in seinem Verständnis unmittelbare Demokratie bedeutete. Im Kern entspricht seine Republikauffassung dem heutigen System der mittelbaren repräsentativen Demokratie:[21] „Alle wahre Republik aber ist und kann nichts anderes sein als ein repräsentatives System des Volkes, um im Namen desselben durch alle Staatsbürger vereinigt, vermittelst ihrer Abgeordneten (Deputierten) ihre Rechte zu besorgen."[22]

## 2. Konsequenzen und Ausblick

13 Der Begriff der Republik hat, wie gesehen, eine komplexe Geschichte, in welcher ihm unterschiedliche Bedeutungsvarianten zuwuchsen und teilweise wieder entschwanden. Diese begrifflichen Unschärfen und Überschneidungen mit den Begriffen Demokratie und Rechtsstaat verkomplizieren den Umgang mit dem Terminus Republik. Der Republikbegriff ist zur Projektionsfläche aller politischen Wünsche geworden und wird je nach gewolltem Verständnis unterschiedlich ausgelegt. Republik ist auch ein Name für „politische Hoffnungen, Revolutionsziele, Utopien".[23] *Isensee* sieht in der angeblichen „Sinnlosigkeit" des Begriffs eine Einladung, ihm Inhalt und Sinn zurückzugeben.[24]

14 Der engere Begriff hat den Vorteil größerer Klarheit auf seiner Seite, da keine Vermengung mit Demokratie und Rechtsstaat zu befürchten ist, die den Republikbegriff über-

16 *C. Montesquieu*, De l'esprit des lois (1748), Zweites Buch, Kapitel I.
17 *I. Kant*, Zum ewigen Frieden (1795), über Republik in der deutschen Diskussion bei Kant *W. Mager*, Republik, in: Brunner/Conze/Koselleck, Geschichtliche Grundbegriffe, Bd. 5, 1984, S. 549 ff., 607 ff.; *K. A. Schachtschneider*, Res publica res populi, 1994, S. 253 ff.
18 *I. Kant*, Metaphysik der Sitten (1797), § 52 A 212.
19 Zur Gewaltenteilung *C. Montesquieu*, De l'esprit des lois (1748), Elftes Buch, Kapitel VI.
20 Zu Demokratie und Rechtsstaat im 19. Jahrhundert *v. Mohl*, Enzyklopädie der Staatswissenschaften, 1859, S. 324 ff.
21 Vgl. *I. Kant*, Zum ewigen Frieden (1795), BA 26.
22 *I. Kant*, Metaphysik der Sitten (1797), § 52 A 213.
23 *K. Stern*, Staatsrecht I, 2. Aufl. 1984, S. 575; *J. Isensee*, JZ 1981, 1, 7.
24 *J. Isensee*, JZ 1981, 1, 3.

flüssig machen könnte.[25] Dass die Republik im Sinne unseres Grundgesetzes aber nicht nur als Ablehnung der Monarchie, sondern als freiheitliche Staatsform mit demokratischen und rechtsstaatlichen Prinzipien verstanden wird, zeigt sich deutlich in den Beratungen des Parlamentarischen Rats 1948–1949.[26] Diese wurden wie folgt zusammengefasst: „Der Hauptausschuß schlägt Ihnen den Namen Bundesrepublik Deutschland vor. In diesem Namen kommt zum Ausdruck, dass ein Gemeinwesen bundesstaatlichen Charakters geschaffen werden soll, dessen Wesensgehalt das demokratische und soziale Pathos der republikanischen Tradition bestimmt."[27] Betrachtet man die Verfassungsgenese, so bestand beim Verfassunggeber Konsens darüber, dass mit der Aufnahme des Republikbegriffs in das Grundgesetz nicht nur formalistisch die Staatsform geregelt und der Monarchie eine Absage erteilt werden sollte, sondern damit auch soziale, freiheitliche, demokratische, rechtsstaatliche Erwartungen verknüpft werden sollten.[28]

15 Auch wenn die Entscheidung zwischen weitem und engem Begriff kaum praktische Konsequenzen hat, da das, was früher Republik war, heute durch Wertentscheidungen wie Sozialstaatsprinzip, Demokratie und Rechtsstaat abgedeckt wird,[29] ist der weite Begriff vorzuziehen.[30] Angesichts der Relevanz der weiteren Gehalte des **„großen Republikbegriffs"** und seiner stolzen Tradition und Bedeutung als politischem Kampfbegriff sind Überschneidungen mit dem Demokratie- und dem Rechtsstaatsprinzip kein Grund ihn aufzugeben. Verfassungsrechtliche Errungenschaften dürfen durchaus mehrfach und auch durch Vergegenwärtigung ihrer Geschichte abgesichert werden. Die Bedeutung des Republikprinzips zeigt auch die nach wie vor beliebte Selbstbezeichnung als Republik bei vielen Staaten. Selbst wenn man Republik nur als Ablehnung einer monarchischen, unbeschränkten lebenslangen Alleinherrschaft begreift, schwingt bei dem Begriff heute immer die Vorstellung einer freiheitlichen bürgerlichen Ordnung mit, die sich gegen Machtkonzentration richtet.

16 Erhaltenswerte Gehalte des weiten Republikprinzips sind jedenfalls die eindeutige Absage an die Monarchie, weiterhin der Gedanke einer fremdverantwortlichen Herrschaft, also der Amts- bzw. Dienstgedanke sowie Demokratie- und Rechtsstaatlichkeitselemente. Darüber hinaus steht der Republikbegriff für Freiheitlichkeit, wie auch die synonyme Verwendung des Begriffs „Freistaat" in Deutschland verdeutlicht.

17 Nicht zuletzt bedeutet der Begriff die Absage an jedes metaphysische Staatsdenken, d.h., das staatliche System soll nicht auf sakralen, religiösen oder ideologischen Fundamenten ruhen, sondern auf einer vernunftorientierten politischen Ordnung, für die man die Verantwortung übernimmt. Die Verfassung wird entglorifiziert und nüchtern lediglich als Grundlage der Herrschaft und der Regierung betrachtet.

---

25 *H. Dreier*, in: Dreier, GG, Bd. 2, 2. Aufl. 2006, Art. 20 Rn. 19; Gegenkritik von *R. Gröschner*, Die Republik, in: HStR, Bd. II, 3. Aufl. 2004, § 23 Rn. 44.

26 *C. Schmid*, in: Der Parlamentarische Rat 1948–1949, Akten und Protokolle, Bd. V/1, S. 170 f., 280, 283; *H. v. Mangoldt*, in: Der Parlamentarische Rat 1948–1949, Akten und Protokolle, Bd. V/1, S. 171, 280; *H. Renner*, in: Der Parlamentarische Rat 1948–1949, Akten und Protokolle, Bd. V/1, S. 279; *T. Heuss*, in: Der Parlamentarische Rat 1948–1949, Akten und Protokolle, Bd. V/1, S. 281.

27 *C. Schmid*, JöR 1 (1951), 20 ff.

28 *J. Isensee*, JZ 1981, 1, 8.

29 *K. Stern*, Staatsrecht I, 2. Aufl. 1984, S. 576.

30 So auch *R. Gröschner*, Die Republik, in: HStR, Bd. II, 3. Aufl. 2004, § 23; *R. Gröschner*, Republik, in: Evangelisches Staatslexikon, 2006, Sp. 2042.

▶ **ZU FALL 3:** Nach dem Verständnis von „Republik" als Nichtmonarchie hätte das Bild in New York bleiben müssen. Ersichtlich hatte Picasso aber auf die Wiederherstellung freiheitlicher demokratischer Verhältnisse in seinem Vaterland gehofft. Unter Zugrundelegung des „großen Republikbegriffs" gab das Gericht dem Anspruch auf Herausgabe statt. Das Bild ist heute in Madrid im Museum Reina Sofia zu sehen. ◀

## WIEDERHOLUNGS- UND VERSTÄNDNISFRAGEN

> Kann das Republikprinzip durch den verfassungsändernden Gesetzgeber abgeschafft werden?

> Welche Staatsform herrschte vor Ausruf der Republik im Jahr 1918? Was sind die wesentlichen Unterschiede beider Staatsformen?

> Welche Schwierigkeiten ergeben sich bei Zugrundelegung des weiten Republikbegriffs? Warum ist dieser dennoch vorzugswürdig?

# § 7 Der soziale Rechtsstaat

## I. Der Rechtsstaat als sozialer Rechtsstaat

1 *Anatole Frances* ironisches Zitat über das Gesetz in seiner „majestätischen Gleichheit [...], das Reichen wie Armen verbietet, unter Brücken zu schlafen, auf den Straßen zu betteln und Brot zu stehlen“,[1] verdeutlicht das Dilemma des liberalen Rechtsstaats, der zwar formale Gleichheit, aber keine reale Freiheit des Einzelnen gewährleistet. Was hat aber der Bürger von formaler Gleichheit, wenn sie nicht mit Inhalt gefüllt wird? Die formale Rechtsstaatlichkeit ist in der sozialen Dimension blind. Dem heutigen Sozialstaat genügt die allein formalrechtliche Gleichbehandlung nicht mehr. Er gewährleistet die Möglichkeit tatsächlicher Inanspruchnahme von Freiheit und sorgt für die materielle Erfüllung des freiheitlichen Rechtsstaats.[2]

2 Von diesem Blickwinkel aus betrachtet, kann die These *Forsthoffs*, dass Sozialstaat und Rechtsstaat sich ausschließen und der Sozialstaat kein Rechtsbegriff sei,[3] nicht mehr vertreten werden. Im Gegenteil: *Forsthoff* übersieht, dass es sich um verfassungsrechtliche Grundentscheidungen in Form von Prinzipien handelt. Prinzipien sind **Optimierungsgebote**: Bei sich widersprechenden Prinzipien geht es darum, beide optimal zu verwirklichen, ohne das andere Prinzip vollständig zu verdrängen (→ § 3 Rn. 30 ff.). Auf den ersten Blick scheinen Rechtsstaat und Sozialstaat zwar miteinander unvereinbar, ist doch der Rechtsstaat formell zu verstehen als statischer Grundsatz, der auf Erhaltung des Besitzstandes abzielt, während der Sozialstaat materiellrechtlich aufgeladen ist und für dynamische Anpassung an soziale Entwicklungen sorgt.[4] Die beiden Prinzipien stehen im Spannungsverhältnis zwischen Freiheit (Rechtsstaat) und Gleichheit (Sozialstaat). Die Erweiterung der Freiheit auf der einen Seite kann zu Freiheitsbeschränkung auf der anderen Seite führen.

3 Rechtsstaat und Sozialstaat greifen ineinander und verschmelzen zur Symbiose des **sozialen Rechtsstaats**:[5] Der Sozialstaat erfüllt das rechtsstaatliche Versprechen von Freiheit und macht reale Freiheit erst möglich. Der Rechtsstaat – der selbst ein Versprechen auf inhaltliche Gerechtigkeit enthält – wird ergänzt um eine weitere Garantie inhaltlicher materieller Gerechtigkeit. Andersherum muss sozialstaatliches Handeln auch in rechtsstaatlichen Bahnen ablaufen, d.h., der Grundrechtsschutz muss gewährleistet, der Gleichheitssatz und der Gesetzesvorbehalt beachtet und Rechtsschutz gewährleistet werden. Kurz: Es muss ein rechtsstaatliches Verfahren gewahrt werden. Soziale Sicherheit bedeutet auch Rechtssicherheit. Der Bürger weiß, dass ihm in einer Bedarfssituation – zumindest dem Grunde nach, bei der Rente auch der Höhe nach – auf jeden Fall ein Anspruch zusteht, etwa auf Sozialhilfe. Er ist nicht rechtloser Bittsteller.[6]

---

1 *A. France*, Die rote Lilie, 1925, S. 116.

2 Zum Verhältnis von Sozialstaat und Freiheit *H. M. Heinig*, Der Sozialstaat im Dienst der Freiheit, 2008.

3 *E. Forsthoff*, VVDStRL 12 (1954), 8 ff. im Anschluss an *H. Triepel*, VVDStRL 7 (1932), 197 ff. und im Gegensatz zu *H. P. Ipsen*, VVDStRL 10 (1952), 74 ff.

4 *F. Schnapp*, JuS 1998, 873, 877.

5 Diese Doppelformel wurde geprägt von *H. Heller*, Rechtsstaat oder Diktatur?, Recht und Staat in Geschichte und Gegenwart, Bd. 68, 1930, S. 11; zur Spannung zwischen Rechtsstaat und Sozialstaat auch *F. Zacher*, Das soziale Staatsziel, in: HStR, Bd. II, 3. Aufl. 2004, § 28 Rn. 109 ff.; *K. Stern*, Staatsrecht I, 2. Aufl. 1984, S. 886 ff., 922 ff.; *K. Hesse*, Grundzüge des Verfassungsrechts der Bundesrepublik Deutschland, 20. Aufl. 1999, S. 83 ff.; *D. Suhr*, Der Staat 9 (1970), 67 ff.

6 BVerwGE 1, 159, 161 f.

Die vereinende Klammer des Art. 1 Abs. 1 GG mit dem Bezug auf die nachfolgenden Grundrechte verlangt nicht nur Rechtsstaatlichkeit, sondern auch Sozialstaatlichkeit um der realen Freiheit willen. Aufgrund der Einsicht, dass Gleichheit, Freiheit und Individualität nicht gelebt werden können, wenn nicht die Voraussetzungen für die tatsächliche Inanspruchnahme geschaffen werden, wandelte sich der formale liberale Rechtsstaat des 19. Jahrhunderts zum sozialen Rechtsstaat des 20. Jahrhunderts. Zu Recht ist die Doppelformel „sozialer Rechtsstaat" als Kompromiss zwischen unbegrenztem Liberalismus und Kollektivismus sozialistischer oder kommunistischer Natur heute ein Grundmuster westlicher Demokratien. 4

## II. Rechtsstaat

Der Rechtsstaat ist ein Staat, der sowohl allgemein verbindliches Recht schafft als auch seine eigenen Organe an das Recht bindet. Im Verfassungsstaat wird das dadurch deutlich, dass auch der Gesetzgeber an die verfassungsmäßige Ordnung gebunden ist. Das Rechtsstaatsprinzip mit seinen verschiedenen Bestandteilen strebt nach einer durch das Recht geschaffenen „staatsgewährleisteten Friedensordnung".[7] Das Prinzip des Rechtsstaates zielt also in zwei Richtungen: Es will einerseits staatliches Handeln durch das Medium des Rechts mäßigen und formen, andererseits aber auch gewährleisten, dass im Verhältnis der Bürger untereinander Gerechtigkeit herrscht und „die Willkür des einen mit der Willkür des anderen unter einem allgemeinen Gesetz der Freiheit"[8] vereint wird. Die Idee des Rechtsstaats begrenzt somit staatliches Handeln, rechtfertigt es aber auch insofern, als der Staat der Verpflichtung nachkommt, eine Rechtsordnung zu errichten. 5

### 1. Die doppelte Kompensationsfunktion des Rechtsstaatsprinzips

„Der Rechtsstaat ist begrifflich ein der deutschen Sprache eigentümliches Wort und sachlich ein zentraler Kristallisationspunkt der deutschen Verfassungsentwicklung."[9] Betrachtet man die deutsche Verfassungsgeschichte der letzten 200 Jahre, so diente dieses spezifisch deutsche Verfassungsprinzip immer wieder dazu, anderweitige Defizite der Verfassungsentwicklung zu kompensieren. Zwei Defizite fallen ins Auge: im 19. Jahrhundert war es die versäumte Demokratisierung, im 20. Jahrhundert die Erfahrung mit Unrechtsregimen des Nationalsozialismus und der DDR. Auf diese beiden Defizite versucht der Rechtsstaat eine Antwort zu sein. Deshalb kommt ihm eine doppelte Kompensationsfunktion in der deutschen Verfassungsentwicklung zu. 6

Auch in Deutschland stellte sich nach der Aufklärung, der Französischen Revolution und der Verfassungsentwicklung in den Vereinigten Staaten immer drängender die Frage nach einer Demokratisierung. Doch das 19. Jahrhundert ist in dieser Hinsicht eine Geschichte gescheiterter Versuche (1848) und zaghafter Ansätze (kommunale Selbstverwaltung, punktuelle und schwankende Grundrechtsgewährleistungen in den Staaten). Die Gründung des Deutschen Reichs erfolgte als Kaiserreich, ohne dass seine Verfassung sich auf die Souveränität des Volkes gestützt und die generelle Gewährleistung der Grundrechte begründet hätte. 7

---

7 *E. Schmidt-Aßmann*, Der Rechtsstaat, in: HStR, Bd. II, 3. Aufl. 2004, § 26 Rn. 1 ff.

8 *I. Kant*, Die Metaphysik der Sitten (1797), in: Weischedel (Hrsg.), Werkausgabe Immanuel Kant, Bd. VIII, Frankfurt am Main 1968, S. 337.

9 *H. Schulze-Fielitz*, in: Dreier, GG, Bd. 2, 2. Aufl. 2006, Art. 20 (Rechtsstaat) Rn. 10.

Namhafte Juristen des **19. Jahrhunderts** haben gefordert, die souveräne Herrschaft der Monarchen „wenigstens" rechtsstaatlich einzubinden. So ist die Gesetzesbindung des Staates im Ausgangspunkt eine Gesetzesbindung des Monarchen.[10] Sie ist damit Machtbeschränkung. Der einst „absolute", d.h. von jeglicher gesetzlicher Bindung gelöste (legibus absolutus), Souverän musste sich nunmehr selbst an das Recht halten, konnte Letzteres freilich im nicht demokratischen Staat selbst setzen. Der Monarch konnte aber nicht mehr willkürlich den Einzelfall entscheiden. Auch der Grundsatz der Verhältnismäßigkeit als Mäßigung staatlicher Gewalt steht in dieser Tradition.[11] Erst allmählich setzte sich die Forderung durch, dass auch die Bindung des Staates an das Recht nur dann effektiv ist, wenn sie auch gerichtlich durchgesetzt werden kann.[12] Anfangs war die Unterwerfung des Staates unter eine Gerichtsgewalt noch als geradezu sinnwidrig bestritten worden, sind doch die Gerichte selbst staatliche Institutionen.[13] Historisch sind einige wesentliche Elemente der Rechtsstaatlichkeit – so etwa der Verhältnismäßigkeitsgrundsatz – im Verwaltungsrecht entstanden und „von unten her" in das Verfassungsrecht hineingewachsen.[14]

Mit dem Übergang vom Kaiserreich zur Weimarer Republik, deren Verfassung die Souveränität des Volkes, Demokratie und Grundrechte gewährleistete, stellt sich die Frage, ob sich das Rechtsstaatsprinzip nur zur Beschränkung monarchischer Gewalt eignet und somit ein vorübergehendes Phänomen ist. Die Verfassungsgeschichte des **20. Jahrhunderts** zeigt uns jedoch: Die Monarchen gingen und das Rechtsstaatsprinzip blieb. Seine starke Betonung auch im Grundgesetz greift einerseits die Traditionen des 19. Jahrhunderts auf und reagiert zugleich auf den Nationalsozialismus. Nicht nur die Monarchen, sondern auch die Demokratie bedarf der rechtsstaatlichen Zähmung, die zugleich auch eine Sicherung ist. Eine zentrale Botschaft des Grundgesetzes ist es, den Rechtsstaat als Antithese zum Unrechtsstaat zu begreifen. Während *Hans Kelsen* noch formal argumentierte, jeder Staat sei ein Rechtsstaat, indem er Recht setze, wurde der Glaube an die Gerechtigkeitsgewähr durch Gesetze im Nationalsozialismus tief erschüttert. So erklärt sich die Formel des Art. 20 Abs. 3 GG, nach der die Verwaltung und Rechtsprechung an „Recht und Gesetz" gebunden sind. Der Rechtsstaat steht für ein formales Prinzip, für die materielle Gerechtigkeitsidee und für eine „Verfassung als Gerechtigkeitsreserve"[15] (→ § 3 Rn. 20 ff.). Er fügt somit dem aus dem 19. Jahrhundert stammenden formalen Gedanken der Selbstregulierung des Staates durch Gesetze die materielle Komponente inhaltlicher Gerechtigkeit hinzu. Man könnte zugespitzt formulieren, dass das Rechtsstaatsprinzip des Grundgesetzes nicht nur auf die Verfahren, sondern auch auf die Ergebnisse blickt.

---

10 *F. J. Stahl*, Die Philosophie des Rechts, Band 2: Rechts- und Staatslehre auf der Grundlage christlicher Weltanschauung, 2. Aufl. 1846, S. 446: „Die Regierung des Staates greift mit ihrer Funktion überall in die Rechtssphäre des Unterthanen, in sein Vermögen, in seine Freiheit, in sonst ihm besonders zugestandene Befugnisse, und muss hierbei [...] innerhalb der Gesetze verfahren; sonst büßt der Staat seinen Charakter als Rechtsstaat ein [...]."

11 Dies ist ein zentraler Gedanke bei *R. v. Mohl*, Die Polizei-Wissenschaft nach den Grundsätzen des Rechtsstaates, 1832.

12 Grundlegend *R. v. Gneist*, Der Rechtsstaat,1872; programmatisch betitelte er dieses Werk in der 2. Auflage 1879: Der Rechtsstaat und die Verwaltungsgerichte in Deutschland.

13 *J. K. Bluntschli*, Allgemeines Staatsrecht, 1852, S. 500: „Die Hoheitsrechte des Staates selbst sind nicht der gerichtlichen Competenz unterworfen."

14 Vgl. *E. Schmidt-Assmann*, Allgemeines Verwaltungsrecht als Ordnungsidee, 2. Aufl. 2006 (unv. Nachdruck der 2. Aufl. 2004), S. 12 Rn. 20.

15 *M. Morlok*, Was heißt und zu welchem Ende studiert man Verfassungstheorie?, 1988, S. 91 ff.

Die Frage liegt nahe: Welche Bedeutung hat das Rechtsstaatsprinzip zu Beginn des 21. Jahrhunderts? Keineswegs scheint seine Bedeutung mit der Zeit zu verblassen. Es bleibt dabei: Das Rechtsstaatsprinzip schränkt wie einst die monarchische Willkür heute den demokratischen Willen der Mehrheit ein. Eine einzigartig stark ausgeprägte Verfassungsgerichtsbarkeit kann der Gesetzgebung Grenzen setzen und hat dies immer wieder getan. Der Rechtsstaat ist heute wesentlich Justizstaat, dessen Grenze zur Politik gerade deshalb so schwer zu finden ist, weil an der Spitze dieses Justizstaates die Verfassungsgerichtsbarkeit steht. Dabei sollte freilich kein prinzipieller Gegensatz zwischen Demokratie und Rechtsstaat heraufbeschworen werden: Gerade auch der Schutz demokratischer Strukturen und die Stärkung parlamentarischer Rechte gehört zu den Akzenten, die das Bundesverfassungsgericht immer wieder setzt. Es schützt also nicht nur die Bürger gegen demokratisch beschlossene, aber unverhältnismäßige Grundrechtsbeschränkungen, sondern auch die Politik vor der Selbstaufgabe in Zeiten der Privatisierung, Europäisierung und Internationalisierung. 8

Bemerkenswert ist auch, dass das Rechtsstaatsprinzip heute auch in das europäische Verfassungsrecht eingegangen ist – als Element mit eben spezifisch deutschen Wurzeln. So gehört nach Art. 2 EUV das Rechtsstaatsprinzip auch zu den gemeinsamen Werten der Europäischen Union. Das bestätigt ein drittes Mal die Kompensationsfunktion, die das Rechtsstaatsprinzip haben kann. Denn die Europäische Union ringt weiter um ihre Demokratisierung. So beruht das Europäische Parlament auf zwar direkter, aber nicht gleicher Wahl und es ist auch nicht das primäre, sondern das sekundäre Rechtsetzungsorgan neben dem Rat, in dem die Regierungen der Mitgliedstaaten vertreten sind. Tatsächlich wiederholt sich sowohl die starke Bedeutung der Rechtssetzung (Recht schaffende EU) als auch die starke Bedeutung des EuGH (Rechtsbindung), der auf andere Weise an die Grenzen der Politik rührt, indem er sich gelegentlich auch als Motor eines dynamischen Prozesses der europäischen Einigung begreift.

Schließlich: Wie ist diese „Erfolgsgeschichte" des Rechtsstaatsprinzips einzuordnen und zu bewerten? Es ist fast schon die Gretchenfrage des Staatsorganisationsrechts, ob man die Kompensationsleistung des Rechtsstaats als positive Errungenschaft feiern mag oder ihr eine Vertröstungsfunktion beimisst, die wünschenswerte Demokratisierung nur verzögert. Vor- und Nachteile schließen sich indes nicht aus. Einerseits sollte gesehen werden, dass das Rechtsstaatsprinzip als eines neben anderen Prinzipien nicht im Widerspruch zur Demokratie und zum Sozialstaat steht, sondern jene sowohl relativiert als auch stärkt. Auch demokratische und soziale Rechte können mit Mitteln des Rechtsstaats effektiv geschützt werden. Andererseits sollte man sich bewusst machen, dass Verfassungsgerichte ein „aristokratisches Element"[16] des Verfassungsstaates darstellen und die Politik auch in die Versuchung bringen, hochpolitische, aber unangenehme und schwierige Entscheidungen in die Hände des Verfassungsgerichts zu legen. 9

Freilich ist der Rechtsstaat von seinen einzelnen Elementen her kein rein deutsches Phänomen. Vielmehr werden im Rechtsstaatsgedanken verschiedene Entwicklungsstränge normativ zusammengebunden.[17] Leitender Grundgedanke ist die Herrschaft des Rechts als Gegenentwurf zur Herrschaft einzelner Menschen. Gemeinsamer politischer Nenner der historischen Rechtsstaatskonzeptionen ist die Ablehnung der Will- 10

16 *P. Häberle*, Verfassungslehre als Kulturwissenschaft, 2. Aufl. 1998, S. 1016.

17 Zum Folgenden *S. Roßner*, Verfassungsgeschichte, in: Krüper, Grundlagen des Rechts, 2. Aufl. 2013, S. 110, 119 ff.

kürherrschaft eines Einzelnen oder einer Clique von Mächtigen.[18] In der Neuzeit von besonderer historischer Bedeutung sind die 1215 vom englischen *König Johann* auf politischen Druck des Adels erlassene „Magna Charta“ und die 1689 ebenfalls in England geschaffene „Bill of Rights“, die staatliche Eingriffe in Leben, Leib, Freiheit und Eigentum unter den Vorbehalt eines nach den Grundsätzen eines fairen Verfahrens zustande gekommenen Urteils stellen. Zugleich wird die Gesetzgebung an die Mitwirkung des Parlaments gebunden, das gemeinsam mit dem König tätig werden muss. Die englische Entwicklung der „Rule of Law“, die hier ihren Ausgang nimmt, fügt also dem Gedanken der Rechtsstaatlichkeit ein demokratisches Element hinzu, da über die Herrschaft des Gesetzes das Parlament zu einem zentralen Akteur staatlicher Herrschaft wird.

11 Die Aufklärung fügt dem Rechtsstaatsgedanken Wesentliches hinzu. Hervorzuheben sind hier *Montesquieu*, der dem Gedanken der Gewaltenteilung theoretisch zum Durchbruch verhalf und *Rousseau*, der die Herrschaft und Legitimation des Gesetzes mit der Selbstbestimmung der Allgemeinheit, also dem Gedanken der Volkssouveränität (Volkssouveränität → § 5 Rn. 9 ff.) verknüpft.[19] Der grandiose Art. 16 der französischen „Déclaration des droits de l'homme“ von 1789[20] fügt dann den Rechtsstaatsgedanken in die Idee des (demokratisch zu denkenden) Verfassungsstaates ein.

12 In der deutschen Rechtsgeschichte wird der Rechtsstaat, anders als in der englischen oder französischen Tradition, erst spät mit dem Gedanken der Demokratie verbunden. Im Vordergrund stand lange der Gedanke der Justizgewährung, der bereits 1495 etwa mit der Errichtung des ständig tagenden Reichskammergerichts durch Kaiser *Maximilian I.* einen sichtbaren Ausdruck fand.

### 2. Funktionen der Rechtsstaatlichkeit

13 Das Prinzip des Rechtsstaates ist von großer praktischer wie theoretischer Bedeutung, da es einen Funktionsmodus des Staates darstellt, der für sein gesamtes Handeln verbindlich durch die Verfassung vorgeschrieben ist.

#### a) Funktionelle Aspekte

14 Grundgedanke des Rechtsstaatsprinzips ist die Bindung staatlicher Machtausübung an das Recht und dadurch ihre Mäßigung. Da das Recht im Verfassungsstaat nicht zur freien Disposition des Staates steht – so etwa vor allem die Grundrechte und besonders die in Art. 79 Abs. 3 GG geschützten Grundsätze – bedeutet Rechtsstaat im modernen, verfassungsstaatlichen Sinne auch Begrenzung staatlicher Macht.

---

18 So schon bei *Solon* in seiner Elegie „Eunomia“ (etwa „Gute Herrschaft des Rechts“) aus dem 6. Jhdt. v.Chr., *Solon*, in: Fraenkel, Dichtung und Philosophie des frühen Griechentums: eine Geschichte der griechischen Epik, Lyrik und Prosa bis zur Mitte des fünften Jahrhunderts, 2. Aufl. 1962, S. 253 ff.

19 Vgl. knapp *S. Roßner*, Verfassungsgeschichte, in: Krüper, Grundlagen des Rechts, 2. Aufl. 2013, S. 110, 116; ausführlicher *P. Erbentraut*, Volkssouveränität – Ein obsoletes Konzept?, 2009, S. 51; *G. Mensching*, Rousseau zur Einführung, 2000.

20 „Toute Société dans laquelle la garantie des Droits n'est pas assurée, ni la séparation des Pouvoirs déterminée, n'a point de Constitution.“.

### b) Prinzip und Einzelelemente

15 Außer in Art. 28 Abs. 1 S. 1 GG fällt der Begriff des Rechtsstaates im Grundgesetz nicht und wird dort inhaltlich bereits vorausgesetzt.[21] Daneben kennen Art. 16 Abs. 2 S. 2, Art. 23 Abs. 1 S. 1 GG den Verweis auf „rechtsstaatliche Grundsätze", der aber gleichfalls nicht instruktiv ist. Daraus ergibt sich die Frage, wie das Rechtsstaatsprinzip mit Inhalten zu füllen und wo es normativ verankert ist. Das Bundesverfassungsgericht hat in einer frühen Entscheidung die Rechtsstaatlichkeit aus der Gesamtkonzeption des Grundgesetzes gefolgert.[22] Dies trifft wohl zu, denn Elemente des Rechtsstaatsprinzips finden sich außer in Art. 20 Abs. 2 S. 2, Abs. 3 GG auch etwa in Art. 19 Abs. 4 GG, Art. 34 S. 1 GG, Art. 80 Abs. 1 GG, Art. 97 Abs. 1 GG, Art. 101 GG, Art. 103 GG, Art. 104 GG, ohne dass diese Aufzählung erschöpfend wäre.[23]

16 Ob angesichts der Vielzahl an Konkretisierungen das allgemeine Prinzip des Rechtsstaates erforderlich ist, wird teilweise bestritten.[24] An der Geltung eines allgemeinen Rechtsstaatsprinzips ist aber in Hinblick auf die notwendige Ordnung und Anwendung der Einzelelemente wie auf neuartige, von den Konkretisierungen nicht erfasste Konstellationen festzuhalten.[25] Der Begriff „Rechtsstaatsprinzip" bezeichnet danach zwei Schichten von Normen:[26] die Konkretisierungen, die als spezielle Normierungen vorrangig anzuwenden sind und das allgemeine Prinzip, welches die Auslegung der Konkretisierungen leitet und aufeinander abstimmt oder aber, falls eine einschlägige Konkretisierung fehlt, unmittelbar angewandt wird.

## 3. Einzelelemente

### a) Primat des Rechts

17 Konstitutiv für das Rechtsstaatsprinzip ist das Primat des Rechts. Mit diesem Begriff sind die beiden Teilelemente Rechtsbindung und Gesetzesvorbehalt staatlichen Handelns zusammengefasst. Beide dienen im demokratischen Staat aber auch der Verwirklichung der Volkssouveränität und des Demokratieprinzips, indem sie das Verhalten aller staatlichen Organe an den Entscheidungen des Gesetzgebers ausrichten, der direkt vom Volk legitimiert ist. Die Rechtsbindung ist generell normativ verankert in Art. 20 Abs. 3 GG und wird in Hinblick auf die Materie der Grundrechte in Art. 1 Abs. 3 GG, in Bezug auf die rechtsprechende Gewalt in Art. 97 Abs. 1 GG wiederholt.

18 **Rechtsbindung** heißt im Kern Herrschaft durch Gesetze oder – mit mehr Pathos – Herrschaft des Gesetzes. Rechtsbindung in diesem Sinne ist eine Bedingung bürgerlicher Freiheit und markiert eine Grenze zur Willkürherrschaft, zur Despotie.[27] Mit der Herrschaft durch Gesetze löst sich die Herrschaft von der Person des Herrschers: Der Wille des Gesetzes, den der Jurist nach den Regeln seiner Kunst zu ermitteln sucht, tritt an die Stelle des Willens des Herrschers.

21 So etwa *P. Kunig*, Das Rechtsstaatsprinzip: Überlegungen zu seiner Bedeutung für das Verfassungsrecht der Bundesrepublik Deutschland, 1986, S. 68 ff.
22 BVerfGE 2, 380, 403; zu den weiteren Herleitungsbemühungen des Gerichts s. *H. Schulze-Fielitz*, in: Dreier, GG, Bd. 2, 2. Aufl. 2006, Art. 20 Rn. 36 m.w.N.
23 S. *K. Sobota*, Das Prinzip Rechtsstaat, 1997, S. 27 ff., 253 ff., 461 ff., 471 ff.
24 *P. Kunig*, Rechtsstaatsprinzip, 1986, S. 85 ff., 109 f., 463.
25 Vgl. *H. Schulze-Fielitz*, in: Dreier, GG, Bd. 2, 2. Aufl. 2006, Art. 20 Rn. 45.
26 S. dazu *E. Schmidt-Aßmann*, Der Rechtsstaat, in: HStR, Bd. II, 3. Aufl. 2004, § 26 Rn. 8 f.
27 So bereits *C. Montesquieu*, De l'esprit des lois (1748), Elftes Buch, Kapitel III.

19 Rechtsbindung hat im modernen Verfassungsstaat verschiedene Bezugsobjekte: Sie bedeutet für den parlamentarischen Gesetzgeber Bindung an das Grundgesetz, für den verfassungsändernden parlamentarischen Gesetzgeber Verpflichtung auf die von Art. 79 Abs. 3 GG geschützten Grundsätze. Diese zweistufige Verfassungsbindung ist mit der Bindung des Gesetzgebers an die „verfassungsmäßige Ordnung" in Art. 20 Abs. 3 gemeint und begründet einen **Vorrang der Verfassung.** Daraus ergibt sich die Verfassungswidrigkeit von parlamentarischen Gesetzen, die gegen Bestimmungen des Grundgesetzes verstoßen. Ihre Nichtigkeit wird vom Bundesverfassungsgericht festgestellt (→ § 17 Rn. 92).[28] Für die Exekutive wie für die Judikative gelten nach Art. 20 Abs. 3 GG die Bindung an „Gesetz und Recht". Damit sind diese an rechtliche Vorschriften aller Rangstufen gebunden, vom Grundgesetz über die formellen Gesetze, sonstige geschriebene Normen (Rechtsverordnungen und Satzungen) bis hin zum Gewohnheitsrecht, das nicht schriftlich fixiert ist. Auch jede Missachtung der EMRK einschließlich der dynamischen Rechtsprechung des EGMR stellt gegebenenfalls einen Verstoß gegen die Gesetzesbindung dar.[29] Gemeinsames Merkmal all dieser Normen ist ihre Zugehörigkeit zum Bereich des Außenrechts.[30] Darin zeigt sich, dass das Rechtsstaatsprinzip zwar ein objektives Prinzip ist, aber sein Sinn im Schutz derjenigen liegt, die dem vom Rechtsstaat geschaffenen Recht unterworfen sind: Das Rechtsstaatsprinzip schützt nicht den Staat, sondern vor dem Staat. Die verfassungsrechtliche Bindung nach Art. 20 Abs. 3 GG bezieht sich danach nicht auf Normen des staatlichen Innenrechts (vor allem Verwaltungsvorschriften, aber auch Geschäftsordnungen). Umso wichtiger ist die Grenze, an der innenrechtliche Vorschriften auch Außenwirkung entfalten, indem z.B. der allgemeine Gleichheitssatz willkürliche Abweichungen von der Verwaltungspraxis verbietet. Im Bereich des sogenannten einfachen (d.h. nicht auf Verfassungsebene gewährleisteten) Rechts gilt der **Vorrang des Gesetzes** vor nachrangigen Normen (zu Verordnungen und Satzungen→ § 17 Rn. 92 ff.).

20 Vorrang der Verfassung und Vorrang des Gesetzes meinen aber keineswegs, dass die nachrangigen Normen nur subsidiär zur Anwendung kommen. Im Gegenteil wird der Vorrang nur im Kollisionsfall relevant: Exekutive und Judikative gemeinsam ist die Pflicht, zunächst die einschlägige Norm der niedrigsten Rangstufe heranzuziehen, also etwa Rechtsverordnung vor Parlamentsgesetz, dieses wiederum vor der Verfassung. Damit wird sichergestellt, dass die vermutlich sachnächste Norm mit dem meist auch höchsten Grad an Detailliertheit zur Anwendung kommt. Besondere Bedeutung hat dieser **Anwendungsvorrang des nachgeordneten Rechts** für die Verwaltung, deren Handeln weitgehend programmiert ist. Für das Handeln der Regierung gibt es demgegenüber weitaus größere Spielräume, da es sich um die Wahrnehmung von Aufgaben der Staatsleitung handelt (→ § 12 Rn. 9), die selbst programmierenden Charakter trägt.

21 Die Art der Bindung unterscheidet sich für die ausführende und die rechtsprechende Gewalt in Hinblick auf ihr Ausmaß: Während die Exekutive grundsätzlich keine Ver-

28 Eine Ausnahme von der Pflicht zur Nichtigkeitserklärung gilt dann, wenn sie ungeeignet ist, den Verfassungsverstoß zu beseitigen oder ihrerseits einen neuen Verstoß erzeugen würde (→ § 17 Rn. 93).

29 BVerfGE 111, 307 ff.

30 Vgl. *H. Schulze-Fielitz*, in: Dreier, GG, Bd. 2, 2. Aufl. 2006, Art. 20 Rn. 93; *H. Maurer*, Staatsrecht I, 6. Aufl. 2010, § 8 Rn. 16 f.

werfungskompetenz hat,[31] sondern die jeweils einschlägigen Normen anzuwenden hat, darf die Rechtsprechung Normen, welche höherrangigen Gesetzen widersprechen, unangewendet lassen. Nachkonstitutionelle formelle Gesetze, bei denen ein Widerspruch zur Verfassung vorzuliegen scheint, hat ein Gericht nach Art. 100 Abs. 1 GG dem Bundesverfassungsgericht vorzulegen (→ § 17 Rn. 95 ff.).

Der **Vorbehalt des Gesetzes** geht über die Bindung an bestehendes Recht hinaus. Hier geht es darum, ob die Verwaltung in einer noch ungeregelten Materie von sich aus tätig werden darf, also eine Befugnis hat, ohne gesetzliche Ermächtigung tätig zu werden.[32] Der Vorbehalt des Gesetzes wird teilweise direkt aus Art. 20 Abs. 3 GG hergeleitet,[33] teilweise als allgemeiner Grundsatz – der aber auch etwa in Art. 80 Abs. 1 S. 1 GG ausgeprägt ist – aus dem Rechtsstaats- und dem Demokratieprinzip hergeleitet.[34] Der letzteren Ansicht ist angesichts des Wortlautes von Art. 20 Abs. 3 GG und des engen Bezuges des Gesetzesvorbehalts zu den Zielen vorhersehbaren Verwaltungshandelns und demokratischer Herrschaft der Vorzug zu geben. 22

Die **Reichweite des Vorbehalts des Gesetzes** ist in Teilen umstritten. Unstreitig ist die Geltung des Gesetzesvorbehaltes zunächst in allen Eingriffskonstellationen: Will der Staat in die Grundrechte des Bürgers eingreifen, so muss dieser Eingriff in seinen wesentlichen Zügen durch ein Parlamentsgesetz determiniert sein. Deshalb steht am Beginn der Prüfung der Rechtmäßigkeit eines Eingriffsverwaltungsaktes die Suche nach einer in Betracht kommenden gesetzlichen Ermächtigungsgrundlage. Für den Bereich der Leistungsverwaltung sind Geltung und Inhalt des Gesetzesvorbehaltes hingegen umstritten. Die Lehre vom Totalvorbehalt, nach der sich der Gesetzesvorbehalt auch auf begünstigende oder leistende Maßnahmen ausdehnt,[35] hat sich nicht durchgesetzt.[36] 23

Das Bundesverfassungsgericht zieht für die Lösung des Problems vielmehr die **Wesentlichkeitstheorie** heran, nach der der parlamentarische Gesetzgeber die wesentlichen Fragen des Verhältnisses zwischen Bürger und Staat, vor allem die Fragen der Grundrechtsausübung und -eingriffe, durch Gesetz zu regeln hat.[37] Genau betrachtet, hat diese Theorie zwei Auswirkungen: Erstens geht es um die Fragen der Reichweite des Vorbehalts des Gesetzes, da auch wesentliche Entscheidungen im Bereich der Leistungsverwaltung einer gesetzlichen Grundlage bedürfen. Zweitens geht es um die Intensität des Prinzips, also darum, wie präzise das formelle Gesetz die Materie regeln muss und welche Aspekte auch durch nachrangiges Recht (z.B. Verordnungen) präzisiert werden können. Während schwere Grundrechtsbeeinträchtigungen einer intensiven Form des Gesetzesvorbehalts unterliegen, soll für den Bereich der Leistungsgewährung bereits die Bereitstellung von Haushaltsmitteln im gesetzlich beschlossenen Haushaltsplan 24

31 Eine gewisse Ausnahme bildet nur das Recht der EU: Sofern die Exekutive zu einer Auslegung gelangt, nach der eine deutsche Norm einer solchen der EU widerspricht, darf sie die fragliche deutsche Norm für den konkreten Fall nicht anwenden. Vgl. *M. Ruffert,* in: Calliess/Ruffert, EUV/AEUV, 4. Aufl. 2011, Art. 1 AEUV Rn. 16 ff., insb. Rn. 21.

32 Instruktiv dazu BVerfGE 78, 179, 197; darin hat das BVerfG die Verfassungswidrigkeit eines Verbotes der Ausübung des Heilpraktikerberufes durch Ausländer, das ohne gesetzliche Ermächtigung ausgesprochen wurde, festgestellt.

33 Etwa BVerfGE 49, 89, 126.

34 Vgl. *H. Jarass,* in: Jarass/Pieroth, GG, 13. Aufl. 2014, Art. 20 Rn. 46 m.w.N.

35 Dazu *H. Schulze-Fielitz,* in: Dreier, GG, Bd. 2, 2. Aufl. 2006, Art. 20 Rn. 108; *J. Dietrich,* Gesetz und Verwaltung, 1. Aufl. 1961, S. 92 ff., 124 ff., 166 ff., 204 ff.

36 Bereits BVerfGE 8, 155, 167; s. *B. Grzeszick,* in: Maunz/Dürig, GG, 51. Lfg., Art. 20 VI Rn. 108 ff.

37 So etwa BVerfGE 108, 282, 312; E 101, 1, 34; E 49, 89, 126.

hinreichend sein. In diesem Bereich soll grundsätzlich eine bloß formelle gesetzliche Regelung ausreichen, eine nähere gesetzliche Bestimmung etwa der Zwecke oder der Verfahren der Leistungsgewährung hingegen entbehrlich sein. Anderes gilt allerdings, wenn durch die Leistungsgewährung in die Grundrechte Dritter oder auch in Wettbewerbsverhältnisse[38] eingegriffen wird.[39] Ein ähnliches Muster findet sich auch für das Feld der Organisation der Verwaltung: Dieses ist vom Gesetzesvorbehalt nicht erfasst, es sei denn, dass die Regelungen – wie etwa die Festlegung der Zuständigkeit von Behörden oder ihrer Verfahren[40] – für die Grundrechtsausübung des Bürgers von Bedeutung sind.

25 Damit ergibt sich eine Skala der Wesentlichkeit, auf der sich alle Maßnahmen nach ihrer Relevanz für den Bürger, insbesondere für die Grundrechtsausübung, anordnen lassen. Die besonders wesentlichen Angelegenheiten muss der parlamentarische Gesetzgeber abschließend regeln, bei weniger wichtigen Fragen kann er sich auf die gesetzliche Ermächtigung für eine Rechtsverordnung nach Art. 80 GG (→ § 15 Rn. 37) beschränken. In dieser Hinsicht Unwesentliches kann der Verwaltung überlassen werden. Dies betrifft vor allem die Leistungsverwaltung, die allerdings mittlerweile ohnedies weitgehend gesetzlich geregelt ist, auch wenn dies nach der Rechtsprechung des Bundesverfassungsgerichts nicht erforderlich wäre.

### b) Grundrechte

26 Die Grundrechte verpflichten die staatliche Gewalt zur Gewährung, Garantie und Förderung gleicher Freiheit für die Bürger.[41] Im auf Individualrechtsschutz ausgerichteten deutschen Gerichtswesen spielen sie als Individualrechte höchsten Ranges mit zugleich objektiver Bedeutung[42] die Rolle der „Hefe im Teig" und tragen zur Anpassung des Rechts an sich ändernde Lebensbedingungen bei. Die Grundrechte haben dabei vielfältige Bezüge zu den in Art. 20 GG niedergelegten Verfassungs- und Staatsprinzipien: Während sich etwa aus Art. 1 Abs. 1 i.V.m. Art. 2 Abs. 1 GG ein Leistungsanspruch gegen die staatliche Gemeinschaft für denjenigen ergibt, der seinen Lebensunterhalt nicht selbst sichern kann, schaffen Art. 5 Abs. 1 und Art. 8 Abs. 1 GG wesentliche Voraussetzungen für einen freien und potenziell öffentlichkeitswirksamen Diskurs auch über heikle politische Fragen. Die genannten Normen weisen also enge Verbindungen zum Sozialstaats- und Demokratieprinzip auf und geben ihnen Konturen.

27 Diese konturierende und konkretisierende Funktion der Grundrechte trifft in besonderer Weise für das Rechtsstaatsprinzip zu: Praktisch alle Elemente des Rechtsstaatsprinzip werden bei der Ausübung und dem Schutz der Grundrechte aktiviert oder gehen ihrerseits, wie die Staatshaftung, auf die Grundrechte zurück. Besonders hervorgehoben werden muss Art. 3 Abs. 1 GG, der einen besonders engen Bezug zur Idee der Gerechtigkeit aufweist,[43] die insbesondere auch für das Rechtsstaatsprinzip zentral ist. Daneben ist etwa Art. 19 Abs. 4 GG zu nennen, der das für den Rechtsstaat wichtige Element des gerichtlichen Rechtsschutzes zu großen Teilen konturiert.

---

38 Als instruktives Beispiel OVG Berlin/Brandenburg, NVwZ 2012, 1265 ff.
39 S. etwa BVerfGE 90, 107, 126.
40 So BVerfGE 83, 130, 552 ff.
41 *L. Michael/M. Morlok*, Grundrechte, 4. Aufl. 202014, Rn. 1 f.
42 *L. Michael/M. Morlok*, Grundrechte, 4. Aufl. 2014, Rn. 863.
43 *L. Michael/M. Morlok*, Grundrechte, 4. Aufl. 2014, Rn. 748.

### c) Gewaltenteilung

28 Die Gewaltenteilung ist ein **tragendes Organisations- und Funktionsprinzip**. Klassischerweise wird daraus der Grundsatz der Gewaltentrennung abgeleitet. Daraus folgt: Ein und dieselbe Institution darf grundsätzlich nicht verschiedene Gewaltenfunktionen (Legislative, Exekutive und Judikative) ausüben (**Intraorganperspektive**). Dieselbe Person darf nicht verschiedenen Institutionen angehören (**personelle Perspektive** der Inkompatibilität). Die Konsequenz ist: Die drei Gewaltenfunktionen müssen auf je spezifische Organe verteilt werden (**Interorganperspektive** folgt der Funktionstrennung).

Das Prinzip der Gewaltenteilung ist jedoch im Grundgesetz **nicht rein verwirklicht**,[44] sondern wird in vielfältiger Weise ausdrücklich durchbrochen. Deshalb sind die o.g. Grundsätze nur insoweit verwirklicht, als die **Ausgestaltung im GG** dem nicht entgegensteht. So erlaubt z.B. Art. 80 GG partiell eine Rechtsetzung durch die Exekutive, und auch die Inkompatibilitätsregeln sind im Grundgesetz nur punktuell ausgeprägt und schließen es nicht aus, dass ein Mitglied des Bundestages auch Mitglied der Regierung ist.

Als **Verfassungsprinzip** beinhaltet das Prinzip der Gewaltenteilung nicht einseitig im negativen Sinne Machtbeschränkung, sondern prägt zugleich auch positiv sinnvolle Machtbegründung.[45] So gebietet die Gewaltenteilung in ihrer konkreten Ausgestaltung durch das Grundgesetz eine **Zuordnung** nach folgenden drei Gesichtspunkten. Der Gedanke der **Effektivität** streitet für eine sachdienliche Zuordnung entsprechend der Arbeitsweise der Institutionen. In diesem Zusammenhang der **Funktionalität** sollen die Kernbereiche der jeweiligen Gewalten und ihre demokratische Legitimation gewahrt bleiben. Auch jenseits dieser Kernbereiche soll die **Proportionalität** gewahrt bleiben, so dass die gegenseitige (v.a. parlamentarische und richterliche) Kontrolle möglich sein muss und eine Machtkonzentration ausgeschlossen wird.

29 Die Gewaltenteilung umfasst mithin verschiedene Elemente mit unterschiedlichen Zweckrichtungen. Zusammenfassend kann man sagen, dass die Gewaltenteilung staatliche Macht zugleich bändigt wie auch wirksam macht. Diese scheinbare Paradoxie löst sich auf, wenn man die demokratisch gesetzten Ziele staatlichen Handelns, die in der Verfassung und in den Gesetzen formuliert werden, in die Betrachtung einführt: Dann wird die Bändigung staatlicher Macht zu einer wirksamen Verpflichtung auf diese Ziele. Effektiviert wird staatliche Macht in dieser Hinsicht durch den funktionalen Aspekt der Gewaltenteilung, der darauf zielt, die jeweils am besten geeigneten Organe des Staates mit der Wahrnehmung einer Aufgabe zu betrauen. In Bezug auf die Rechtsstaatlichkeit ist vor allem die willkürbegrenzende Wirkung der Gewaltenteilung von Bedeutung: Diese Wirkung tritt ein durch die organisatorische Aufteilung des Staates in die drei Teilgewalten, wie sie an klassischer Stelle von *Montesquieu* formuliert wurde,[46] und durch ihre wechselseitige Kontrolle und Begrenzung[47] (→ § 15 Rn. 168). Rechtsstaatliche Gewaltenteilung bedeutet also Trennung wie kontrollierende Verschränkung der Gewalten.[48]

---

44 BVerfGE 95, 1, 15.

45 *K. Hesse*, Grundzüge des Verfassungsrechts der Bundesrepublik Deutschland, 20. Aufl. 1999, Rn. 482; deutlich auch BVerfGE 124, 78, 120, Rn. 120.

46 *C. Montesquieu*, De l'esprit des lois (1748), Elftes Buch, Kapitel VI.

47 So bereits die klassische Formulierung bei *C. Montesquieu*, De l'esprit des lois (1748), Elftes Buch, Kapitel IV a.E.: „Pour qu'on ne puisse abuser du pouvoir, il faut que, par la disposition des choses, le pouvoir arrête le pouvoir."

48 *H. Maurer*, Staatsrecht I, 6. Aufl. 2010, § 12 Rn. 2.

30 In Fällen der parlamentarischen sowie der gerichtlichen Kontrolle der Exekutive wird das Ziel der Machtbegrenzung besonders deutlich. Unter der Volkssouveränität soll grundsätzlich eine Kontrolle für das Volk durch seine Vertreter stattfinden. Insoweit zielt das Demokratieprinzip in dieselbe Richtung. Das heißt aber nicht, dass die Gewaltenteilung dann optimiert ist, wenn eine unbegrenzte Kontrolle etwa seitens des Parlaments stattfindet. Der funktionelle Aspekt der Gewaltenteilung streitet eben auch für die Funktionsfähigkeit der zu kontrollierenden Gewalt, z.B. der gestaltenden Regierungstätigkeit. Parlamentarische Kontrolle hat dort Grenzen, wo sie das Regierungshandeln schon in seiner Entstehung behindern würde. Kontrolle darf nicht zu einer Gängelung führen.[49] Die Rechtsprechung umschreibt das als Funktionsschutz der Regierungsgewalt mit dem Begriff des „**Kernbereichs exekutiver Eigenverantwortung**",[50] der einen unausforschbaren Initiativ-, Beratungs- und Handlungsbereich umfasst. Negativ ließe sich das auch so ausdrücken, dass das Parlament nicht selbst Regierungsfunktionen übernehmen soll. Nach Struktur und Größe ist es dazu nicht geeignet. Das Grundgesetz kennt keinen Parlamentsmonismus (→ § 11 Rn. 4). Die parlamentarische Kontrolle setzt also ein zu verantwortendes Regierungshandeln voraus. Andererseits darf der Schutz eines Kernbereichs exekutiver Eigenverantwortung aber auch nicht so verstanden werden, dass er dem Parlament die ihm zustehende, letztlich umfassende Kontrolle entzöge. Was diesen Kernbereich ausmacht, kann nur im Zusammenspiel mit dem Gebot einer wirksamen Kontrolle ermittelt werden.[51]

#### d) Gerichtlicher Rechtsschutz

31 Zum Rechtsstaat gehört, dass der Bürger nicht nur Rechte hat, sondern sie auch durchsetzen kann, und zwar – darin liegt die Pointe – gegenüber jedermann, also auch gegenüber dem wirtschaftlich und sozial überlegenen Kontrahenten, ja sogar gegenüber dem Staat selbst: Der Rechtsstaat lässt sich selbst jederzeit einer rechtlichen Überprüfung unterziehen und zeigt sich gerade darin als Rechtsstaat. Man kann die willkürbegrenzende und friedensstiftende Wirkung dieser Errungenschaft kaum überschätzen.

32 Der Anspruch des Bürgers auf Rechtsschutz gründet in Art. 19 Abs. 4 GG,[52] soweit es um den Schutz individueller Rechte gegenüber Maßnahmen der öffentlichen Gewalt geht. Das Bundesverfassungsgericht versteht dabei unter öffentlicher Gewalt lediglich Akte der Exekutive, nicht aber solche der Judikative[53] oder Gesetzgebungsakte der Legislative.[54]

33 Art. 19 Abs. 4 GG fordert – im Rahmen seines Anwendungsbereichs, also jedenfalls gegenüber Akten der Exekutive – **lückenlosen Rechtsschutz**, und zwar durch ein Gericht. Damit gibt es keine per se justizfreien Exekutivakte, soweit diese nicht von der Verfassung selbst bestimmt worden sind, so in Art. 10 Abs. 2 S. 2 GG und Art. 44 Abs. 4 GG. Damit ist freilich nicht gesagt, dass gegenüber allen Exekutivakten Rechts-

49 In ähnlicher Weise sollen Gerichte zwar Ermessensentscheidungen der Verwaltung kontrollieren können, diese aber nicht durch eigene Ermessensausübung ersetzen.

50 BVerfGE 67, 100, 139; E 124, 78, 120.

51 Ein Beispiel hierfür ist BVerfGE 124, 78 ff.

52 Hierzu *L. Michael/M. Morlok*, Grundrechte, 4. Aufl. 2014, Rn. 867, 878.

53 St. Rspr. BVerfGE 8, 274, 326; E 49, 329, 340; E 96, 27, 39; hierzu und zum Ganzen ausführlich *L. Michael/M. Morlok*, Grundrechte, 4. Aufl. 2014, Rn. 878 ff., 882.

54 Etwa BVerfGE 95, 1, 22; E 45, 297, 322, 334. Dazu kritisch *H. Maurer*, Staatsrecht I, 6. Aufl. 2010, § 8 Rn. 29; ausführlicher *E. Schmidt-Aßmann*, in: Maunz/Dürig, GG, 42. Lfg., Art. 19 Abs. 4 Rn. 93 ff.

schutz zu gewähren ist, denn Art. 19 Abs. 4 GG garantiert nur die Verteidigung individueller Rechte. Soweit eine Maßnahme der ausführenden Gewalt keine Individualrechte berührt, garantiert Art. 19 Abs. 4 GG deshalb keinen Rechtsschutz. Ob die Rechtsschutzgarantie eingreift, bestimmt sich also nach der Wirkung des Hoheitsaktes, nicht aber nach einer besonderen, gerichtsfreien Natur dieser Maßnahme.

Ähnliches gilt auch für die **Intensität der gerichtlichen Prüfung**: Sie richtet sich nach dem zu verteidigenden Recht. Dieses kann der Exekutive Beurteilungs- oder Prognosespielräume einräumen, die dann die gerichtliche Überprüfung einschränken[55]. 34

Soweit aber das zu verteidigende Recht reicht, garantiert Art. 19 Abs. 4 GG einen **effektiven Rechtsschutz**. Der Bürger muss in zumutbarer Weise und hinreichend rasch einen wirksamen Schutz seiner Rechte durch ein Gericht erlangen können. Damit wehrt Art. 19 Abs. 4 GG überzogene Zugangsvoraussetzungen zu den Gerichten ab und garantiert – besonders wichtig – rechtzeitigen Rechtsschutz,[56] der in den Prozessordnungen als vorläufiger Rechtsschutz ausgestaltet ist, so §§ 123, 80 VwGO oder §§ 916 ff. ZPO. 35

Ein weiterer, bisweilen wenig beachteter Aspekt des Prinzips des sozialen Rechtsstaats ist die Gewährleistung eines **gleichen Zugangs zu den Gerichten**: Wenn der Staat eine Gerichtsbarkeit errichtet, um eine gerechte und friedliche Lösung von Konflikten zu ermöglichen, ist es ein Gebot der Gerechtigkeit, den Zugang zu den Gerichten auch den armen und weniger begüterten Bürgern zu ermöglichen, die sogar in besonderer Weise auf den staatlichen Schutz ihrer Rechte angewiesen sind. Eine geringe wirtschaftliche Leistungsfähigkeit darf daher nicht generell zum Ausschluss von gerichtlichem Rechtsschutz führen. Die Antwort des positiven Rechts ist **Prozesskostenhilfe**,[57] die unter der kumulativen Bedingung der Bedürftigkeit und der hinreichenden Erfolgsaussicht des Rechtsschutzbegehrens einen Anspruch auf finanzielle Unterstützung des Staates gibt. Zunächst leitete das Bundesverfassungsgericht diesen Anspruch aus dem allgemeinen Gleichheitssatz nach Art. 3 Abs. 1 GG[58] und dem Sozialstaatsgebot her,[59] zog dann aber auch das Rechtsstaatsprinzip zur Begründung mit heran.[60] Jedenfalls soweit es um die Verteidigung von grundrechtlich fundierten Rechten des Bürgers geht, wird sich der Anspruch auf Prozesskostenhilfe auch aus dem jeweiligen Freiheitsrecht herleiten lassen, welches gleiche Freiheit für jedermann und damit auch gleiche Möglichkeiten seiner rechtlichen Verteidigung garantiert. Das Prinzip des sozialen Rechtsstaats strahlt auch in das Vorfeld gerichtlicher Verfahren aus. Ausdruck dessen ist das Beratungshilfegesetz, nach dem bedürftigen Rechtssuchenden Unterstützung für anwaltliche Beratung gewährt wird. 36

Neben Art. 19 Abs. 4 GG ergibt sich aus dem Rechtsstaatsprinzip die Pflicht des Staates, auch außerhalb des Verhältnisses zwischen Bürger und Staat ein System wirksamen Rechtsschutzes bereitzustellen,[61] um Streitigkeiten zwischen den Bürgern zu entscheiden. Auch diese Gewährleistung garantiert dem Bürger effektiven Rechtsschutz in gleicher Weise wie gegenüber Maßnahmen der öffentlichen Gewalt (→ § 17 Rn. 2).[62] 37

55 Vgl. *L. Michael/M. Morlok*, Grundrechte, 4. Aufl. 2014, Rn. 965 ff.
56 BVerfGE 93, 1. 13; E 35, 263, 274 f.
57 Etwa § 166 VwGO. Für den Bereich des bürgerlichen Rechts §§ 114 ff. ZPO.
58 *L. Michael/M. Morlok*, Grundrechte, 4. Aufl. 2014, Rn. 889.
59 BVerfGE 9, 124, 131.
60 BVerfGE 78, 104, 111 ff.; E 81, 347, 356.
61 BVerfGE 85, 337, 345; E 54, 277, 291.
62 Vgl. BVerfGE 85, 337, 345.

### e) Bestimmtheits- und Klarheitsgebot

38 Ein weiterer Ausdruck des Rechtsstaatsprinzips ist das Bestimmtheits- und Klarheitsgebot. Diese beiden Teilelemente haben zwei Zielrichtungen: Sie sollen die Verständlichkeit einer Norm für den Bürger sichern und zugleich „Gummiparagrafen" verhindern, die Verwaltung und Justiz allzu große Auslegungsspielräume eröffnen und damit zu für den Bürger nicht vorhersehbaren Ergebnissen führen würden. Es geht also um die Frage der **Vorhersehbarkeit** des Rechts, die eine Bedingung der Erträglichkeit von Rechtsunterworfenheit ist und einen wesentlichen Unterschied zwischen Rechtsstaatlichkeit und Willkürherrschaft markiert (→ Rn. 6 ff.). Ein Gesetz ist daher verfassungswidrig, falls es zu unbestimmt oder unklar ist.[63]

39 Die Bestimmtheit der Norm ist als Ausprägung des Rechtsstaatsprinzips eine Voraussetzung für gerichtliche Kontrolle und damit auch für den Vorrang des Gesetzes (→ Rn. 19 f.). Hergeleitet wird das Bestimmtheitserfordernis aus Art. 20 Abs. 3 GG[64] oder auch aus anderen Bestimmtheitsanforderungen, wie Art. 80 Abs. 1 S. 2 GG, Art. 103 Abs. 2 GG oder Art. 104 Abs. 1 GG,[65] es ist aber auch eine grundrechtliche Kategorie.[66]

40 Gesetze sollen ausdrücken, was sie anordnen wollen. Andererseits werden Normen mit dem Mittel der Sprache geschaffen und sind daher notwendig vage. Die Exaktheit logischer Kalküle oder mathematischer Sätze kann folglich von einem Gesetz nicht verlangt werden, vielmehr ist seine Auslegungsbedürftigkeit anzuerkennen.[67] Das Verständnis des seinerseits auslegungsbedürftigen Bestimmtheitserfordernisses hat sich an dessen Zweck zu orientieren. Eine Norm ist, allgemein gesprochen, dann unbestimmt, wenn die Normadressaten nicht erkennen können, was von ihnen verlangt wird oder auf welche Folgen der Vorschrift sie sich einzurichten haben.[68] Angesichts der häufigen, grundsätzlich zulässigen[69] und angesichts der Abstraktheit von Normen oft auch unvermeidlichen Verwendung von unbestimmten Rechtsbegriffen und Generalklauseln[70] stellt sich die Frage nach der Grenze zur mangelnden Bestimmtheit mit besonderer Dringlichkeit.

41 Hilfreich für das Verständnis des Bestimmtheitsgebots ist es, sich seinen Charakter als Optimierungsgebot zu vergegenwärtigen, das mit anderen Zielen von Verfassungsrang in Einklang zu bringen ist: Eine Norm soll demnach so bestimmt sein wie möglich, aber unter Berücksichtigung der „zu ordnenden Lebenssachverhalte und mit Rücksicht auf den Normzweck".[71] Der Grad der jeweils erforderlichen Bestimmtheit hängt also ab vom sachlichen Kontext der Norm, insbesondere auch ihrer Grundrechtsrelevanz.[72]

42 Bei aller Variabilität des Bestimmtheitsmaßstabes im Einzelnen markiert die Möglichkeit, mit dem allgemein anerkannten juristischen Auslegungsinstrumentarium den In-

63 S. BVerfGE 65, 1, 64, darin hat das BVerfG § 9 Abs. 1 S. 1 Volkszählungsgesetz 1983 auch deshalb für verfassungswidrig erklärt, weil sein „Inhalt unklar und daher in ihrer Tragweite für den Bürger unverständlich" ist.

64 So BVerfGE 87, 234, 263; E 86, 288, 311.

65 Vgl. *H. Schulze-Fielitz*, in: Dreier, GG, Bd. 2, 2. Aufl. 2006, Art. 20 Rn. 129.

66 Dazu ausführlich *L. Michael/M. Morlok*, Grundrechte, 4. Aufl. 2014, Rn. 564 ff.

67 BVerfGE 21, 245, 261; *G. Roellecke*, in: Umbach/Clemens, GG, Bd. 1, 2002, Art. 20 Rn. 81.

68 Vgl. BVerfGE 87, 234, 263; E 31, 255, 264.

69 BVerfGE 31, 255, 264; E 21, 73, 79. Dies gilt sogar für den Bereich des Strafrechts, s. etwa BVerfGE 103, 21, 33 f.

70 Zur polizeilichen Generalklausel BVerfGE 54, 143, 144 f.; zu § 1 UWG: BVerfGE 102, 347, 361.

71 BVerfGE 49, 168, 181; wortgleich in E 78, 205, 212.

72 BVerfGE 56, 1, 12 f.; E 48, 210, 221 f.

halt der Rechtsnorm zu ermitteln, die äußerste Grenze zwischen hinreichender Bestimmtheit einerseits und Unbestimmtheit andererseits.[73] Die Orientierung an den Erkenntnismöglichkeiten des ausgebildeten Juristen ist aber kaum vermeidbar, wie theoretisch[74] gezeigt wurde und auch praktisch, etwa am Beispiel des „Allgemeinen Landrechts für die Preußischen Staaten" (ALR) von 1794, das an seinem Anspruch gescheitert ist, ein ohne juristische Auslegung anwendbares Gesetz zu sein.

Betrachtet man beispielsweise die Vorschrift des § 242 BGB, eine Leistung sei so zu bewirken „wie Treu und Glauben mit Rücksicht auf die Verkehrssitte es erfordern", so wird sie zwar in der großen BGB-Kommentierung, dem „Staudinger", auf über 360 Seiten erläutert. Sie genügt jedoch dem Bestimmtheitsgebot, da ihre Bedeutung durch eine Flut gerichtlicher Einzelentscheidungen und juristischer Abhandlungen hinreichend geklärt ist. Eine Strafnorm hingegen, die bestimmt „Wer sich ungebührlich verhält, wird nach Gebühr bestraft", verstieße gegen das im Bereich des Strafrechts geltende besondere Bestimmtheitsgebot aus Art. 103 Abs. 2 GG, das deshalb besonders streng ist, weil es dem Bürger in Fragen des Strafrechts noch weniger zugemutet werden kann, über die Rechtslage im Unklaren zu sein. 43

Neben das Bestimmtheitsgebot tritt der Grundsatz der **Klarheit der Norm**. Normen sollen danach widerspruchsfrei, verständlich und praktikabel[75] sein.[76] Das setzt zunächst die Publizität der Norm voraus, die durch ihre Verkündung gewährleistet wird. Bei gerichtlichen Entscheidungen und Verwaltungsakten gilt mit Verkündung oder Bekanntgabe dasselbe.[77] 44

Während die Elemente der Verständlichkeit und der Praktikabilität starke Überschneidungen mit dem Bestimmtheitsgrundsatz aufweisen, erweitert die Widerspruchsfreiheit die Perspektive und stellt die einzelne Norm in den Zusammenhang des gesamten Regelungswerkes: Eine Regelung darf nicht anderen Regelungen widersprechen, die den Normadressaten gleichfalls betreffen. Dabei sind allerdings die verschiedenen Regeln zur Auflösung von Konflikten zwischen Normen zu beachten, deren Anwendung meist dazu führt, dass kein Widerspruch bestehen bleibt. 45

### f) Vertrauensschutz und Rückwirkungsverbot

Eine rechtliche Forderung, die sich an einen freien, d.h., sich autonom steuernden Bürger richtet, darf nicht rückwirkend Ansprüche an ihn stellen. Denn ein Recht, das auf den Schutz der individuellen Selbstbestimmung verpflichtet ist, so Art. 1 Abs. 3 GG mit der Bindung der öffentlichen Gewalt an die Grundrechte, muss dem Bürger ermöglichen, seine Handlungsentscheidungen in Kenntnis der rechtlichen Anforderungen zu treffen. Ein letztlich menschenverachtender Zustand permanenter Rechtsunsicherheit ist kennzeichnend für Willkürherrschaften und läuft dem Rechtsstaatsgedanken diametral zuwider. Die Bedeutung des Rückwirkungsverbots ist auch in praktischer Hinsicht sehr groß, denn der Schutz von berechtigten rechtlichen Erwartungen macht Investitionen von Arbeit, Zeit und Geld erst sinnvoll. 46

73 Vgl. *W. Henke*, in: Dolzer/Vogel/Graßhof, BK-GG, 63. Lfg., Art. 21 Rn. 47.

74 *M. Morlok*, Neue Erkenntnisse und Entwicklungen aus sprach- und rechtswissenschaftlicher Sicht, in: Ehrenzeller/Gomez/Kotzur/Thürer/Vallender, Präjudiz und Sprache, 2008, S. 28 ff.

75 BVerfGE 25, 216, 226 f.

76 *H. Schulze-Fielitz*, in: Dreier, GG, Bd. 2, 2. Aufl. 2006, Art. 20 Rn. 141 m.w.N.

77 Vgl. BVerfGE 84, 133, 159; E 65, 283, 291.

Ein in seiner juristischen Handhabung bisweilen schwieriges Problem stellt der Schutz vor der Rückwirkung von Recht und insbesondere von (belastenden) Normen dar.[78] Grundsätzlich gibt es keinen verfassungsrechtlichen Schutz vor gesetzlicher Neuregelung. Der Gesetzgeber ist nicht an allgemeine Kontinuitätserwartungen der Bürger gebunden.[79] Dies ergibt sich normativ aus dem Demokratieprinzip, das die Möglichkeit einer neuen Mehrheitsentscheidung impliziert, welche eine ältere Entscheidung ersetzt (→ § 5 Rn. 50). In praktischer Hinsicht erfordern die wechselnden tatsächlichen Verhältnisse die Möglichkeit, das Recht anzupassen.

47 Während es also kein geschütztes Vertrauen in den Bestand von Normen an sich gibt,[80] besteht grundsätzlich ein Schutz des Vertrauens in den Bestand der rechtlichen Regelung eines abgeschlossenen Lebenssachverhalts. Aus dem Verwaltungsrecht ist dies als die Bestandskraft eines Verwaltungsaktes geläufig, dessen Aufhebung unter Vertrauensschutzvorbehalten steht, vgl. §§ 48, 49 VwVfG. In Bezug auf gerichtliche Urteile taucht derselbe Gedanke unter dem Namen der Rechtskraft in strengerer Form wieder auf.[81]

48 Auch für Gesetze greift grundsätzlich Vertrauensschutz, der sich auf Dispositionen der Bürger in der Vergangenheit bezieht, die diese in Hinblick auf eine bestimmte Regelung getroffen haben. Hier ist zu unterscheiden: Das **besondere Rückwirkungsverbot** aus **Art. 103 Abs. 2 GG** für den Bereich des Strafrechts **gilt absolut**. Der allgemeine und unmittelbar aus dem Rechtsstaatsprinzip fließende Vertrauensschutz gegenüber der Rückwirkung von Gesetzen gilt hingegen nicht uneingeschränkt, sondern ist mit anderen Verfassungsgütern abzuwägen und in Einklang zu bringen,[82] wobei verschiedene Konstellationen zu differenzieren sind. Eingebürgert hat sich die Unterscheidung zwischen echter und unechter Rückwirkung einer Norm.[83]

49 Eine **echte Rückwirkung** liegt vor, wenn ein Gesetz nachträglich ändernd in abgewickelte, der Vergangenheit angehörende Tatbestände eingreift,[84] wenn also der von einer Neuregelung betroffene Lebenssachverhalt nicht nur schon begonnen hat, sondern bereits abgeschlossen wurde.

▶ **Beispiel:** Veranlagungszeitraum für die Einkommenssteuerpflicht ist das Kalenderjahr, § 38 AO, § 36 Abs. 1 und § 25 Abs. 1 EStG. Wird ein Steuergesetz im Oktober 2014 mit Wirkung ab dem 1. Januar 2013 geändert, greift das neue Gesetz in einen bereits mit dem Ende des Jahres 2012 abgeschlossenen Tatbestand der Steuerpflichtigkeit ein. Es handelt sich um einen Fall der echten Rückwirkung. ◀

50 Die echte Rückwirkung ist **grundsätzlich unzulässig**, denn das Vertrauen des Bürgers in den Fortbestand von Normen, die bereits abgewickelte Tatbestände geregelt haben, schließt eine nachträgliche Verschlechterung der Rechtslage grundsätzlich aus. Allerdings gibt es Ausnahmen vom Rückwirkungsverbot, und zwar dann, wenn das Vertrauen auf den Fortbestand der alten Regelung ausnahmsweise durch überwiegende,

78 Eine kompakte Einführung in die Judikatur des BVerfG zu diesem Problemkreis bietet *K. Fischer*, JuS 2001, 861 ff.

79 *B. Grzeszick*, in: Maunz/Dürig, GG, 48. Lfg., Art. 20 VII Rn. 71.

80 Eine Ausnahme kann etwa die Verkürzung der Geltungsperiode befristeter Gesetze darstellen, BVerfGE 102, 68, 96 ff.

81 Vgl. *H. Maurer*, Staatsrecht I, 6. Aufl. 2010, § 8 Rn. 53.

82 *B. Grzeszick*, in: Maunz/Dürig, GG, 48. Lfg., Art. 20 VII Rn. 85, 88.

83 Etwa BVerfGE 72, 175, 196; E 63, 152, 175; *E. Schmidt-Aßmann*, Der Rechtsstaat, in: HStR, Bd. II, 3. Aufl. 2004, § 26 Rn. 86.

84 BVerfGE 101, 239, 263; E 95, 64, 86; E 88, 384, 403 f.; *B. Pieroth*, Rückwirkung und Übergangsrecht, 1981, S. 27.

zwingende Gründe des Gemeinwohls für eine echte Rückwirkung überwunden wird.[85] Das Bundesverfassungsgericht[86] nimmt an, dass nicht erst mit dem Inkrafttreten eines Gesetzes, sondern schon mit dem Beschluss des Bundestages über das Änderungsgesetz das Vertrauen in die alte Rechtslage erschüttert werden kann und schafft dadurch erst eine weitere Schwebesituation. Ob der Bürger auf ein Gesetz noch vertrauen darf, dessen beschlossene Änderung – man denke nur an eine Blockade im Bundesrat – ja keinesfalls sicher ist, ist danach eine Frage der Zumutbarkeit im Einzelfall (z.B. Verschiebung einer Investition).

Eine **unechte Rückwirkung** ist gegeben, wenn die neue Norm zwar nur für die Zukunft gilt, dabei jedoch auf „gegenwärtige, noch nicht abgeschlossene Sachverhalte und Rechtsbeziehungen für die Zukunft einwirkt und damit zugleich die betroffene Rechtsposition nachträglich entwertet".[87] 51

▶ **Beispiel:** Der Landesgesetzgeber führt auch für bereits eingeschriebene Studenten Studiengebühren ein.[88] Der Lebenssachverhalt (das Studium) hat zwar bereits begonnen, aber die Belastung durch die Gebührenpflicht tritt nicht für die Vergangenheit, sondern erst für die Zukunft ein. ◀

Die unechte Rückwirkung ist dagegen grundsätzlich zulässig. Allerdings muss eine **Güterabwägung** zwischen dem Vertrauen des Bürgers in die bestehende Rechtslage und dem Interesse der Allgemeinheit an einer Rechtsänderung durchgeführt werden. Eine solche Abwägung erfordert zunächst die Feststellung tatsächlich bestehenden Vertrauens und seiner grundsätzlichen Schutzwürdigkeit, sodann die Ermittlung von Abwägungsgesichtspunkten. Um das Gewicht des Vertrauens zu bestimmen, ist vor allem zu berücksichtigen, mit welcher Intensität in die meist grundrechtlichen Rechtsgüter des Betroffenen eingegriffen wird. Für die Gewichtung des öffentlichen Rückwirkungsinteresses lassen sich keine allgemein gültigen Gesichtspunkte angeben, zu beachten ist aber stets die Möglichkeit, dass auch die Rückwirkung ihrerseits dem Schutz von Grundrechten Dritter dienen kann. 52

Der Zweite Senat des Bundesverfassungsgerichts hat 1986 versucht, den in der Praxis immer wieder auftretenden Abgrenzungsschwierigkeiten zwischen echter und unechter Rückwirkung durch die Einführung der Unterscheidung zwischen **Rückbewirkung von Rechtsfolgen** und **tatbestandlicher Rückanknüpfung** zu begegnen. Eine Rechtsnorm entfaltet danach eine Rückbewirkung von Rechtsfolgen, „wenn der Beginn ihres zeitlichen Anwendungsbereichs normativ auf einen Zeitpunkt festgelegt ist, der vor dem Zeitpunkt liegt, zu dem die Norm [...] gültig geworden ist".[89] Bei der tatbestandlichen Rückanknüpfung geht es hingegen darum, ob die Norm „den Eintritt ihrer Rechtsfolgen von Gegebenheiten aus der Zeit vor ihrer Verkündung abhängig macht".[90] 53

Der wesentliche Unterschied zwischen der vom Ersten Senat weiterhin praktizierten Unterscheidung zwischen echter und unechter Rückwirkung und der Rechtsprechung des Zweiten Senates des Bundesverfassungsgerichts liegt darin, dass einmal die Beendigung eines von der Norm erfassten **Lebenssachverhaltes**, das andere Mal **Normwirkungen**, nämlich der zeitliche Beginn der Rechtsfolgen einer Norm (vor oder nach Ver- 54

85 Vgl. *B. Grzeszick*, in: Maunz/Dürig, GG, 48. Lfg., Art. 20 VII Rn. 82 ff. mit verschiedenen Fallgruppen.
86 BVerfGE 97, 67, 82.
87 Etwa BVerfGE 101, 239, 263; E 95, 64, 86.
88 S. BVerwGE 115, 32, 47 ff.
89 BVerfGE 72, 200, 241 f.
90 BVerfGE 72, 200, 241 f.

kündung) zum Differenzierungskriterium gemacht werden. In der Praxis haben sich die Unterschiede zwischen beiden Konzepten als gering erwiesen.[91] Der Zweite Senat ist daher seit längerer Zeit dazu übergegangen, die Rückbewirkung von Rechtsfolgen mit der echten Rückwirkung und die tatbestandliche Rückanknüpfung mit der unechten Rückwirkung gleichzusetzen.[92] Praktisch relevant ist hingegen die nicht immer leicht zu treffende Unterscheidung zwischen den beiden mehr oder weniger streng wirkenden Grenzen. Hier ist einer materiellen, wertenden Betrachtung der Bedeutung des Vertrauens der Vorzug zu geben.

▶ **Beispiel:** Wird ein Steuergesetz im Oktober 2014 mit Wirkung ab dem 1. Januar 2014 geändert, kann es sich ebenfalls um echte Rückwirkung handeln, wenn der Steuerpflichtige auf eine Steuererleichterung vertraut und im Vertrauen auf die alte Rechtslage Investitionen getätigt hatte.[93] ◀

55 Alle Fälle der Rückwirkung von Gesetzen lassen sich nach dem bisher Gesagten also einer von drei Stufen mit je eigenen Rechtfertigungsmöglichkeiten zuordnen: Erstens – Strafnormen, die rückwirkend eine Tat unter Strafe stellen. Zweitens – Normen, die eine echte Rückwirkung entfalten. Drittens – Normen, die eine unechte Rückwirkung entfalten. Gesetze der ersten Stufe sind wegen Art. 103 Abs. 2 GG verfassungswidrig. Gesetze der zweiten Stufe sind grundsätzlich verfassungswidrig, lassen sich jedoch in Ausnahmefällen rechtfertigen. Bei Gesetzen der dritten Stufe gibt eine Abwägung zwischen dem Vertrauensschutz und dem öffentlichen Rückwirkungsinteresse den Ausschlag dafür, ob die Norm – wie dies regelmäßig der Fall ist – verfassungsgemäß ist oder nicht. Wen dies an die traditionell vom Bundesverfassungsgericht zur Rechtfertigung von Eingriffen in Art. 12 Abs. 1 GG vertretene Dreistufentheorie[94] erinnert, den täuscht sein juristisches Gespür nicht: Ähnlich wie dort, handelt es sich bei den drei Rückwirkungskonstellationen nicht um streng voneinander zu scheidende Kategorien, sondern eher um markante Punkte auf einer Skala der unterschiedlich intensiven Beeinträchtigung von Vertrauen in bestehende rechtliche Zustände. Allerdings ist die erste Stufe durch Art. 103 Abs. 2 GG normativ herausgehoben: Die Verfassung bestimmt damit, die Abwägung verbindlich typisierend, dass das Vertrauen auf den Fortbestand der Straflosigkeit einer vergangenen Handlung sich in einer Abwägung mit einem öffentlichen Interesse an der Rückwirkung von Strafnormen immer durchsetzt.[95] Im weiteren Verlauf der Skala verschieben sich mit typischerweise abnehmender Intensität der Beeinträchtigung des Vertrauens über die Stufen zwei und drei hinweg die Gewichte immer mehr zugunsten des Rückwirkungsinteresses. So kommen Rechtsprechung wie Literatur – implizit oder ausgesprochen – zu einer an Fallgruppen orientierten und einzelfallbezogenen Lösung, deren zentrales Element eine Abwägung zwischen Vertrauensschutz und Rückwirkungsinteresse ist.[96]

56 Eine „echt" rückwirkende Rechtssetzung kann mithin als Ergebnis einer Abwägung zwischen Vertrauensschutz und öffentlichem Interesse zulässig sein. Diese Abwägung

91 *H. Schulze-Fielitz*, in: Dreier, GG, Bd. 2, 3. Aufl. 2006, Art. 20 Rn. 156 m.w.N.

92 BVerfGE 97, 67, 78 f.

93 So inzwischen auch BVerfGE 97, 67, 80 m.w.N. zur älteren Rspr.

94 Hierzu *L. Michael/M. Morlok*, Grundrechte, 4. Aufl. 2014, Rn. 673 ff.

95 Wobei „immer" bei juristisch brisanten Themen immer mit Vorsicht zu gebrauchen ist. So auch hier: Zum Problem der rechtlichen Verarbeitung des von Stellen der DDR begangenen Unrechts und den dabei entstehenden Schwierigkeiten im Umgang mit Art. 103 Abs. 2 GG vgl. *H. Schulze-Fielitz*, in: Dreier, GG, Bd. 2, 3. Aufl. 2006, Art. 20 Rn. 57 m.w.N.

96 *K. Fischer*, JuS 2001, 861, 865; *H. Schulze-Fielitz*, in: Dreier, GG, Bd. 2, 3. Aufl. 2006, Art. 20 Rn. 155, jeweils m.w.N.

wurde typisierend zu vier Fallgruppen geordnet: Erstens: Die Rechtslage ist ohnedies unklar und verworren. In dieser Situation gibt es bereits kein taugliches Objekt des Vertrauens, da es an allgemein geteilten, konsolidierten Rechtserwartungen fehlt, mit der Folge, dass die rückwirkende Änderung der Rechtslage möglich ist, die sich hier als deren Klärung darstellt. Zweitens: Die Rechtsänderung war aufgrund bestimmter Anhaltspunkte zu erwarten. In dieser Konstellation besteht zwar eine hinreichend klar konturierte Rechtslage, so dass Vertrauen möglich ist. Sobald aber eine Rechtsänderung absehbar wird, fällt von diesem Zeitpunkt an die Schutzwürdigkeit des Vertrauens weg. Drittens: Ein Rechtssatz leidet an einem formellen Fehler und wird mit identischem Inhalt erneut erlassen. In dieser Konstellation wirkt zwar ein neuer Rechtssatz in abgeschlossene Sachverhalte zurück. Die Rechtswirkung ist aber identisch mit derjenigen des alten Rechtssatzes, so dass es materiell zu keiner Enttäuschung des Vertrauens kommt. Viertens: In den verbleibenden Konstellationen kommt eine echte Rückwirkung nur in Betracht, falls die eine Rückwirkung fordernden Gemeinwohlinteressen gegenüber dem Vertrauensinteresse am Bestand der alten Rechtslage überwiegen. Hier kommt es daher zu einer Abwägung im Einzelfall.

### g) Verordnungsermächtigung: Art. 80 GG

Einen Anwendungsbereich des Rechtsstaatsprinzips von besonderer praktischer Bedeutung stellen die **Rechtsverordnungen** dar, die schon rein zahlenmäßig den bedeutsamsten Normtypus bilden.[97] Inhaltlich sind die Rechtsverordnungen beachtenswert, weil sie als Normen des Außenrechts, die von der Exekutive erlassen werden, eine zügige und kenntnisreiche Regulierung insbesondere von technisch geprägten Materien ermöglichen. Dies führt idealerweise zu einer besonders sachadäquaten Regulierung und jedenfalls zu einer deutlichen Entlastung des Parlaments von aufwendigen Gesetzgebungsverfahren. Von ihrem Normcharakter her sind sie abzugrenzen von den Verwaltungsvorschriften, die zwar auch von der Exekutive geschaffen werden, aber als Normen des Innenrechts lediglich deren interne Abläufe regulieren[98] und sich nicht auf eine besondere gesetzliche Ermächtigung zur Rechtsetzung stützen können (→ § 15 Rn. 36 ff.). 57

Auch müssen die Rechtsverordnungen von den Satzungen unterschieden werden, die zwar ebenfalls von der Exekutive geschaffene Normen des Außenrechts sind, aber nicht auf ein punktuell ermächtigendes Gesetz zurückgehen, sondern auf die vom Gesetzgeber verliehene Befugnis, die eigenen Angelegenheiten innerhalb des gesetzlichen Rahmens autonom zu regeln, wie dies etwa bei Kommunen oder Hochschulen der Fall ist. 58

Mit dem relativ einfachen Verfahren und der Sachnähe der Regulierung per Rechtsverordnung verbindet sich zugleich das Problem, das Primat des Rechts (→ Rn. 17 ff.) und die Geltung der Volkssouveränität zu sichern. Für beides stellt das Recht Mittel bereit, die miteinander verbunden wirksam werden: Der Vorrang des (formellen) Gesetzes stellt zunächst über eine Stufung der Normenhierarchie sicher, dass sich der in Gesetzesform gegossene Wille des Parlaments gegenüber einem entgegenstehenden Willen der Exekutive rechtlich durchsetzt. Dies wäre aber für sich nicht ausreichend, um dem Willen des parlamentarischen Gesetzgebers stets Vorrang vor exekutivischen Entschei- 59

97 *T. v. Danwitz*, Jura 2002, 93 ff.
98 *H. Maurer*, JZ 2005, 895 ff.

dungen zu sichern. Hinzutreten muss die Bindung der Rechtsverordnung an ein ermächtigendes Parlamentsgesetz, das Zweck und Reichweite der auf seiner Grundlage erlassenen Rechtsverordnung bestimmt, so Art. 80 Abs. 1 GG. Rechtsverordnungen sind unter dem Grundgesetz gesetzesakzessorisch, d.h., es gibt kein selbständiges, nicht an eine spezielle gesetzliche Ermächtigung gebundenes Verordnungsrecht.[99] Rechtsverordnungen können ohne gültige gesetzliche Ermächtigungsgrundlage nicht ins Leben treten.

60 Dabei verliert der Gesetzgeber mit Erteilung einer gesetzlichen Ermächtigung nicht das Recht, die fragliche Materie weiterhin auch gesetzlich zu regeln, so dass es zu einer Änderung von Rechtsverordnungen durch formelles Gesetz kommen kann. Die durch Gesetz geänderten Teile tragen dann Gesetzesrang. Selbstverständlich kann der Gesetzgeber auch einmal erteilte Ermächtigungen ändern oder aufheben. Dies beeinträchtigt allerdings die Gültigkeit einer im Zeitpunkt ihres Erlasses ordnungsgemäß geschaffenen Rechtsverordnung grundsätzlich nicht.[100]

61 Das Parlament als primär berufenes Rechtssetzungsorgan sieht im ermächtigenden Gesetz in der Praxis häufig Mitwirkungs-, Aufhebungs-, Zustimmungs- und Änderungsvorbehalte zu seinen Gunsten vor. Dadurch kommt es teilweise zu einer arbeitsteiligen Rechtsetzungstätigkeit von Parlament und Exekutive, die primär der Sicherung von Kontroll- und Einflussmöglichkeiten des Parlaments dient.[101] Hier bestehen, wie auch bei Art. 80 Abs. 4 GG, eigene, teilweise noch ungeklärte Probleme (→ § 11 Rn. 12). Nach dieser Norm erhalten die Länder die Möglichkeit zur gesetzlichen Regelung, soweit Landesregierungen aufgrund von Bundesrecht zur Verordnungsgebung ermächtigt sind.[102]

62 Art. 80 Abs. 1 GG stellt besondere Anforderungen an die materielle Verfassungsmäßigkeit des zur Verordnungsgebung ermächtigenden Parlamentsgesetzes. Zunächst ist der Kreis der möglichen Ermächtigungsadressaten nach S. 1 begrenzt auf die Bundesregierung, einen Bundesminister oder eine Landesregierung.[103] Zwar ist gemäß Art. 80 Abs. 1 S. 4 GG eine Subdelegation möglich, diese muss aber in einem formellen Gesetz[104] und in der Rechtsverordnung des Erstdelegatars vorgesehen sein, so dass in dieser Hinsicht der Wille des Gesetzgebers mit demjenigen des Verordnungsgebers übereinzustimmen hat.

63 Besondere Bedeutung hat das sogenannte **Bestimmtheitsgebot** nach Art. 80 Abs. 1 S. 2 GG,[105] welches das Rechtsstaats- und Demokratieprinzip in Hinblick auf das zur Verordnungsgebung ermächtigende Gesetz konkretisiert. Danach muss das Gesetz „Inhalt, Zweck und Ausmaß der erteilten Ermächtigung" bestimmen. Das Bundesverfassungsgericht sieht diese drei Begriffe aufgrund ihrer Überschneidungen und wechselseitigen

99 Anders etwa die Verfassung Frankreichs, die in Art. 34 und 37 ein selbständiges Verordnungsrecht für die nicht dem parlamentarischen Gesetzgeber vorbehaltenen Sachgebiete enthält.

100 So etwa BVerfGE 78, 179, 198; E 44, 216, 226. Etwas anderes gilt selbstverständlich, wenn die Rechtsverordnung im inhaltlichen Widerspruch zum geänderten Gesetz steht.

101 Vgl. im Einzelnen *H. Bauer*, in: Dreier, GG, Bd. 2, 2. Aufl. 2006, Art. 80 Rn. 27 ff. m.w.N.

102 Hierzu *H. Bauer*, in: Dreier, GG, Bd. 2, 2. Aufl. 2006, Art. 80 Rn. 64 ff. m.w.N.

103 Die Einschränkung auf die Landesregierung als Ganzes erklärt sich durch die Trennung der Verfassungsordnungen von Bund und Ländern: Der Bund soll nicht bestimmten Landesorganen eine Ermächtigung erteilen können und so in die interne Organisation des Landes eingreifen können, BVerfGE 11, 77, 85 f.

104 Dieses Gesetz muss nicht notwendig das zur Verordnungsgebung ermächtigende Gesetz sein, *H. Bauer*, in: Dreier, GG, Bd. 2, 2. Aufl. 2006, Art. 80 Rn. 38 m.w.N.

105 Dieses ist nicht identisch mit dem allgemeinen rechtsstaatlichen Bestimmtheitsgebot (→ Rn. 38 ff.), sondern speziell.

Bezüge als einheitliche verfassungsrechtliche Anforderung an die Ermächtigung an[106] und hat zur Handhabung **drei Formeln** entwickelt, die das Problem von verschiedenen Seiten betrachten:

Die **Selbstentscheidungsformel** nimmt die Perspektive des Gesetzgebers ein: Er muss danach selbst entscheiden, welche Fragen er durch die Rechtsverordnung regulieren lassen möchte, und zwar hinsichtlich des Inhalts, hinsichtlich der Grenzen einer solchen Regelung (Ausmaß) und hinsichtlich des Ziels der Regelung (Zweck).[107] 64

Die **Vorhersehbarkeitsformel** betrachtet die gesetzliche Ermächtigung aus dem Blickwinkel des Bürgers: Aus dem ermächtigenden Gesetz muss ermittelt werden können, in welchen Fällen und mit welcher Tendenz von der Ermächtigung Gebrauch gemacht werden wird und welchen Inhalt aufgrund der Ermächtigung erlassene Verordnungen haben können.[108] Es geht also um die Sicherung der Vorhersehbarkeit für die Adressaten einer zukünftigen Rechtsverordnung.

An die Exekutive schließlich richtet sich die **Programmformel**: Aus dem Gesetz muss sich ermitteln lassen, welches vom Gesetzgeber gesetzte Programm nach der Rechtsverordnung erreicht werden soll.[109] Diese Formel rückt die Eigenschaft der Rechtsverordnung als gesetzlich programmierte Rechtsetzung in den Mittelpunkt und verweist darauf, dass die Grundzüge der Regulierung vom parlamentarischen Gesetzgeber zu bestimmen sind.

Die nach den drei Formeln erforderlichen Inhalte der Ermächtigung müssen sich nach den allgemeinen Regeln der Auslegung ermitteln lassen. Es ist also keine explizite Nennung etwa bestimmter mit der Verordnung zu verfolgender Zwecke erforderlich, sondern es reicht, wenn sich dies mit juristischen Auslegungsmethoden feststellen lässt. Die Anforderungen an die Bestimmtheit nach Art. 80 Abs. 1 GG variiert das Bundesverfassungsgericht nach Sachgebieten und Intensität des mittels der Rechtsverordnung möglichen Eingriffs in die Freiheit des Bürgers.[110] 65

Nicht nur das ermächtigende Gesetz muss nach Art. 80 GG bestimmte Anforderungen erfüllen, sondern auch die Rechtsverordnung selber. Sie muss sich zunächst natürlich auf eine gültige Ermächtigungsgrundlage stützen können und sich in ihrem Rahmen bewegen. Dabei sind auch in dem Gesetz aufgestellte Verfahrensanforderungen an die Verordnungsgebung zu beachten. Art. 80 Abs. 1 S. 3 GG ordnet an, dass die Rechtsverordnung ihre Rechtsgrundlage anzugeben hat. Diese formale Rechtmäßigkeitsanforderung nimmt das Bundesverfassungsgericht ernst und gibt sich nicht mit einem Verweis auf das ermächtigende Gesetz zufrieden, sondern verlangt die Angabe der genauen Stelle, einschließlich Paragraf, Absatz, Satz und ggfs. Nummer, Buchstabe usw.[111] Damit soll sowohl eine Selbstkontrolle des Verordnungsgebers[112] wie auch eine externe Rechtmäßigkeitskontrolle durch die Normadressaten und Gerichte gefördert werden.[113] 66

106 BVerfGE 38, 348, 357 f.
107 BVerfGE 2, 307, 334; E 19, 354, 361 f.; E 23, 62, 72.
108 BVerfGE 1, 14, 60; E 78, 249 ff.
109 BVerfGE 85, 97. 105; E 5, 71, 77.
110 S. etwa BVerfGE 76, 130, 143; E 62, 203, 210; *H. Bauer*, in: Dreier, GG, Bd. 2, 2. Aufl. 2006, Art. 80 Rn. 35; *T. v. Danwitz*, Jura 2002, 93 ff.
111 BVerfGE 101, 1, 41.
112 *H. Bauer*, in: Dreier, GG, Bd. 2, 2. Aufl. 2006, Art. 80 Rn. 43.
113 *T.v. Danwitz*, Jura 2002, 93, 100.

67 Die Verfassungswidrigkeit der Ermächtigungsnorm beraubt die Rechtsverordnung ihrer gesetzlichen Grundlage und macht sie verfassungswidrig. Ein Verstoß gegen die gesetzliche Ermächtigung führt zur Gesetzeswidrigkeit der Rechtsverordnung. In beiden Fällen ist die Rechtsverordnung nichtig.

#### h) Verhältnismäßigkeit

68 Der Grundsatz der Verhältnismäßigkeit hat zentrale Bedeutung jedenfalls im öffentlichen Recht,[114] indem er als Prüfinstrument der Rationalität rechtlicher Beanspruchungen dient. Er wehrt Eingriffe ab, die in einem ungünstigen Verhältnis zum erzielten Nutzen stehen. Historisch entstammt der Verhältnismäßigkeitsgrundsatz als juristisches Phänomen dem Feld der Eingriffe in Leben, Freiheit und Eigentum,[115] geht rechtsphilosophisch aber auf weit ältere Wurzeln zurück.[116]

69 In der deutschen Jurisprudenz durchgesetzt hat sich ein viergliedriger Aufbau der Verhältnismäßigkeitsprüfung.[117] Auf der ersten Stufe des legitimen Zweckes werden Belastungen ausgeschieden, die einem vom Recht nicht gestatteten Zweck dienen. Die zweite Stufe, die Prüfung der Geeignetheit, scheidet Belastungen aus, die für den legitimen Zweck keinen Nutzen erzielen. Durch die Prüfung der Erforderlichkeit werden Maßnahmen eliminiert, deren Nutzen sich auch mit weniger belastenden Maßnahmen erzielen ließe. Die vierte und letzte Stufe der Angemessenheitsprüfung[118] verbietet Maßnahmen, deren Nutzen im Verhältnis zur Belastung zu gering ist.

70 Die Geltung des Verhältnismäßigkeitsgrundsatzes wird allgemein anerkannt im Verhältnis von Bürger und Staat, und zwar bei Belastungen des Bürgers durch den Staat. Dahinter stehen die Grundrechte des Bürgers, die ihre möglichst schonende Behandlung fordern. Ob daneben weitere Anwendungsbereiche, etwa im innerstaatlichen Bereich oder zwischen Bürgern bestehen, ist nicht sicher geklärt.[119]

71 Im Verhältnis Bürger – Bürger lässt sich die Geltung des Verhältnismäßigkeitsgrundsatzes aus dem Rechtsstaatsprinzip heraus begründen, soweit die Einwirkung auf dieses Verhältnis durch staatliches Recht reicht und das Verhältnis nicht durch privatautonome Rechtsbindung bestimmt wird, da insoweit auch in die Freiheitssphäre der Bürger eingegriffen wird.[120] Danach gilt der Verhältnismäßigkeitsgrundsatz etwa grundsätzlich im nur auf staatliche Rechtssetzung zurückgehenden Deliktsrecht – s. etwa § 251 Abs. 2 BGB – jedoch grundsätzlich nicht in frei verhandelten Vertragsverhältnissen. Dabei ist jedoch zu beachten, dass es praktisch keinen Raum frei von staatlicher Rechtsetzung gibt: Dies gilt generell für die Vollstreckung aus vertraglichen Ansprüchen. Aber auch die inhaltliche Gestaltung vertraglicher Verpflichtungen unterliegt zumindest generalklauselartigen Normen wie dem Grundsatz von Treu und Glau-

114 Zur Frage der Geltung des Verhältnismäßigkeitsgrundsatzes auch im Zivilrecht *H. Hanau*, Der Grundsatz der Verhältnismäßigkeit als Schranke privater Gestaltungsmacht, 2004.

115 Vgl. etwa PrOVGE 10, 322, 326 zu Eingriffen in Eigentum. Zur Entwicklung *K. Stern*, Staatsrecht III/2, 1994, S. 765 ff.

116 Ideengeschichtlich wesentlicher Ausgangspunkt sind in dieser Hinsicht die Überlegungen des Aristoteles, *Aristoteles*, Nikomachische Ethik, in: Höffe, Nikomachische Ethik, 2003, S. 126 (1131a 1 ff.) zur verteilenden Gerechtigkeit.

117 Hierzu *L. Michael/M. Morlok*, Grundrechte, 4. Aufl. 2014, Rn. 611 ff.

118 Dazu *T. Reuter*, Jura 2009, 511 ff.

119 Vgl. *A. Heusch*, Der Grundsatz der Verhältnismäßigkeit im Staatsorganisationsrecht, 2003; *H. Hanau*, Verhältnismäßigkeit, 2004.

120 Vgl. *H. Hanau*, Verhältnismäßigkeit, 2004, S. 20, 139.

ben (§ 242 BGB) oder dem Verbot sittenwidriger Geschäfte (§ 138 BGB). Bezeichnend für die Verbreitung von Elementen des Verhältnismäßigkeitsgrundsatzes im Recht ist, dass die angeführten Regelungen ihrerseits auf Mäßigung zielen und so eine gewisse Überschneidung mit dem Verhältnismäßigkeitsgrundsatz aufweisen.

In rein innerstaatlichen Verhältnissen lässt sich die Geltung des Verhältnismäßigkeits- 72
gebotes nicht durch den – und sei es auch indirekten – Rückgriff auf die Grundrechte begründen. Teilweise kann eine Geltung in innerstaatlichen Verhältnissen sich auf Prinzipien wie die Bundestreue (→ § 8 Rn. 91) oder den Interorganrespekt[121] stützen, die eine unsinnige, weil unnötig intensive Inanspruchnahme der anderen staatlichen Stelle untersagen. Allerdings ist die Ratio dieser Grundsätze primär die Erhaltung der Funktionsfähigkeit der beteiligten staatlichen Stellen und des Staates als Ganzem. Im Übrigen bleibt die tautologische Begründung, dass die Geltung des Verhältnismäßigkeitsgebotes als Rationalprinzip eben vernünftig ist.

### i) Missbrauchsverbot und Kopplungsverbot

Aus dem Rechtsstaatsgebot ergibt sich das **allgemeine Verbot des Rechtsmissbrauchs.** 73
Dieses verbietet – auf den Kern reduziert – den zweckwidrigen Gebrauch einer eigentlich zustehenden Rechtsposition. Einfach-gesetzliche Spezifizierungen dieses Gedankens sind § 242 BGB und besonders § 226 BGB, der die Ausübung eines Rechts verbietet, welches **nur** den Zweck hat, einem anderen Schaden zuzufügen. Es wird also nicht die Schadenszufügung als solche untersagt, aber als einzige Zweckbestimmung ist sie für Rechtshandlungen unzulässig. Nun gibt es nach den Vorschriften des BGB Rechte im engen Sinne, mit denen der Inhaber grundsätzlich nach Belieben verfahren darf; § 226 BGB zieht also für den Rechtsgebrauch eine sehr weite Grenze: Man könnte formulieren, dass für den zulässigen Rechtsgebrauch irgendein vernünftiger Grund erkennbar sein muss, wobei aber die bloße Lust am Zufügen des Schadens kein solcher Grund ist.

Das öffentliche Recht gewährt den Stellen öffentlicher Gewalt keine Rechte im Sinne 74
des BGB, sondern verleiht ihnen Kompetenzen und Befugnisse, die meist zur Verfolgung eines bestimmten, gesetzlich determinierten Zweckes dienen,[122] sei es die Abwehr von Gefahren für die öffentliche Sicherheit, sei es die Leistungsfähigkeit der sozialen Sicherungssysteme oder die berufliche Qualifikation von deutschen Handwerkern. Auch öffentlich-rechtliche Befugnisse werden rechtsmissbräuchlich gehandhabt, wenn sie zweckwidrig ausgeübt werden. Nur sind die Zwecke, regelmäßig vom Gesetzgeber vorgegeben, weitaus enger gefasst als im Zivilrecht und ihre Verfolgung damit überhaupt positiv in einem gerichtlichen Verfahren nachprüfbar.

Das **Kopplungsverbot** betrifft Konstellationen, die mit denjenigen des Missbrauchsver- 75
bots eng zusammenhängen. Es geht darum, Rechtsverhältnisse nicht in Abhängigkeiten voneinander zu bringen, die von ihrem Sinn und Zweck her voneinander unabhängig

121 Dazu umfassend *R. A. Lorz*, Interorganrespekt im Verfassungsrecht, 2001, passim.

122 Wesentliche Ausnahmen bilden die staatsorganisatorischen Normen, welche die Staatsleitung – etwa durch die Bundesregierung und den Bundestag – betreffen: Die Wahl des Bundeskanzlers durch den Bundestag (→ § 12 Rn. 19) lässt sich nicht mit der Behauptung anfechten, der Kandidat sei fachlich nicht befähigt (anders grundsätzlich etwa die Auswahl von Beamten, bei der ein Konkurrent um die Stelle geltend machen kann, einen höheren Grad an Befähigung aufzuweisen; hier gilt Art. 33 Abs. 2 GG). Hier bleibt nur die Kontrolle von Verfahrensvorschriften. Es gibt also im öffentlichen Recht einen Bereich von Maßnahmen, die nach politischem Ermessen vorgenommen werden, welches sich der rechtlichen Beurteilung weitestgehend entzieht.

sein sollen. Es geht also darum, die Spezifität der jeweiligen Rechtsverhältnisse zu schützen. So soll etwa die Erteilung einer Genehmigung zur industriellen Abwassereinleitung für ein Unternehmen nicht abhängig gemacht werden von dem Verkauf eines Firmengrundstücks an die Stadt, das diese für die Errichtung neuer Verwaltungsgebäude nutzen möchte. Die Normen des Umweltschutzrechts verfolgen eigene Ziele: Erhaltung der natürlichen Lebensgrundlagen, Vereinbarung wirtschaftlicher Entwicklungen mit Belangen des Naturschutzes, also letztlich Herstellung der praktischen Konkordanz von Art. 12, 14 GG auf der einen und Art. 20a GG auf der anderen Seite. Diese weisen mit dem Ziel der Errichtung neuer Verwaltungsgebäude keine normativ begründete Verbindung auf. Eine Kopplung beider Rechtsverhältnisse – Genehmigung und Grundstückskauf – ist daher unzulässig.

#### j) Staatshaftung

76 Aus dem Rechtsstaatsprinzip ist auch die Verpflichtung des Staates abzuleiten, eine rechtswidrige Belastung des Bürgers, die nicht mehr abgewehrt oder rückgängig gemacht werden kann, zumindest auszugleichen. Man kann von einem allgemeinen Grundsatz der **Rechtsrestitution**[123] sprechen, der auf drei Stufen wirksam wird. Danach ist zunächst die Abwehr der rechtswidrigen Maßnahme anzustreben, falls dies ausscheidet, die Wiederherstellung des vorherigen Zustandes. Ist auch dies nicht möglich, kommt es zur Kompensation der Folgen rechtswidrigen Staatshandelns in Geld. Dies dient verschiedenen Zwecken, so vor allem dem Schutz der Grundrechte der Bürger, die auch bei irreversiblen Beeinträchtigungen weiterhin Geltung haben und der effektiven Verpflichtung des Staates auf rechtmäßiges Handeln, indem der Anreiz zu illegalem, aber eventuell besonders einfachem und schnellem Vorgehen gemindert wird: Eine Rechtsverletzung wird ja wieder ausgeglichen, was für die Behörde mit weiterer Arbeitsbelastung verbunden ist.

77 Die Aufgaben der zweiten und der dritten Stufe werden vom Staatshaftungsrecht wahrgenommen. Da das Rechtsrestitutionsprinzip umfassend gilt, fordert das Rechtsstaatsprinzip ein entsprechend ausgebautes Staatshaftungsrecht. Eine spezielle Gewährleistung des Staatshaftungsrechts findet sich in Art. 34 S. 1 GG, welche Norm nach Ansicht des Bundesverfassungsgerichts allerdings nur die in § 839 BGB normierte Amtshaftung vom Beamten auf den Staat überleitet.[124] Diese Auslegung trifft gewiss zu, schöpft aber auch die Norm nicht aus, sondern lässt die wichtigste Funktion von Art. 34 S. 1 GG, eine spezielle, dem Bereich des Rechtsstaatsprinzips zugehörige Garantie für eine Unrechtshaftung des Staates zu sein, ungenannt.[125]

78 Das gegenwärtig geltende Staatshaftungsrecht kann hier nicht dargestellt werden; dazu bedarf es eines eigenen Buches[126] oder zumindest einiger längerer Kapitel in einem um-

123 Zum folgenden *M. Morlok*, Allgemeine Elemente der Einstandspflichten für rechtswidriges Staatshandeln, in: Hoffmann-Riem/Schmidt-Aßmann/Voßkuhle, Grundlagen des Verwaltungsrechts, Bd. 3, 2. Aufl. 2012, § 52 Rn. 7 ff.

124 BVerfGE 61, 149, 198 f.

125 *M. Morlok*, Allgemeine Elemente der Einstandspflichten für rechtswidriges Staatshandeln, in: Hoffmann-Riem/Schmidt-Aßmann/Voßkuhle, Grundlagen des Verwaltungsrechts, Bd. 3, 2. Aufl. 2012, § 52 Rn. 7 ff.

126 *S. Detterbeck/K. Windthorst/H-D. Sproll*, Staatshaftungsrecht, 2000, und immer noch *F. Ossenbühl/M. Cornils*, Staatshaftungsrecht, 6. Aufl. 2013.

fangreichen Gesamtwerk.[127] Wichtig aber vor dem Hintergrund des Rechtsstaatsprinzips: Das geltende Staatshaftungsrecht ist in verschiedener Hinsicht verbesserungsbedürftig. Unter dem Gesichtspunkt des Bestimmtheits- und Klarheitsgebotes (→ Rn. 38 ff.) ist zunächst die Zersplitterung des Staatshaftungsrechtes problematisch, das sich in Deutschland vor allem aus Normen des BGB, der Landespolizeigesetze, weiteren verwaltungsrechtlichen Normen und richterrechtlich geschaffenen Vorschriften speist. Hinzu tritt die zunehmend bedeutsamere Überwölbung des deutschen Staatshaftungsrechts durch ein wiederum deutlich richterrechtlich geprägtes Staatshaftungsrecht der Europäischen Union, die einen weiteren Komplexitäts- und Unsicherheitsgrad hinzufügt. Der Versuch, ein einheitliches deutsches Staatshaftungsgesetz zu schaffen, ist 1982 wegen fehlender Bundeskompetenz vom Bundesverfassungsgericht gestoppt worden.[128] Zwar ist eine entsprechende Gesetzgebungskompetenz mittlerweile in Form von Art. 74 Abs. 1 Nr. 25 GG geschaffen worden, eine vereinheitlichende Neuregelung scheint aber nicht anzustehen.

Dies ist umso bedauerlicher, als das gegenwärtige Staatshaftungsrecht auch inhaltliche 79
Defizite aufweist und insofern lückenhaft ist: Die Zentralnorm des § 839 BGB gibt i.V.m Art. 34 S. 1 GG einen vollen Schadensersatzanspruch für die schuldhafte Verletzung von auf den Schutz von Bürgern gerichteten Amtspflichten durch einen staatlichen Amtsträger (des „Beamten im haftungsrechtlichen Sinne"). Die Komplexität dieses Regelungsgeflechts ist nur historisch zu verstehen und heute unnötig. Vor allem entstehen Haftungslücken durch den Bezug auf die Verletzung von Amtspflichten, die eigentlich nur im Innenverhältnis zwischen dem Beamten und seinem Dienstherren bestehen (Problem der Wirkung zugunsten des Bürgers), und durch die Einengung auf eine Verschuldenshaftung. Die Rechtsprechung hat darauf mit Anpassung der Auslegung von § 839 BGB und mit der Schaffung weiterer Haftungsinstitute reagiert. In der Sache hat die Rechtsprechung mit der Schaffung des enteignungsgleichen Eingriffs und des aufopferungsgleichen Eingriffs die Haftung des Staates auf rechtswidrige, aber unverschuldete Eingriffe in Eigentum, Leben, Gesundheit und Freiheit, also in die Schutzgüter von Art. 2 Abs. 2 GG und Art. 14 Abs. 1 GG, ausgedehnt. Eine Ausweitung auf die Schutzbereiche anderer Grundrechte hingegen hat der BGH bislang nicht vorgenommen.[129]

Insgesamt wird das geltende Staatshaftungsrecht also den Anforderungen des Grundsatzes der Rechtsrestitution nicht gerecht, der prinzipiell auf Ausgleich staatlich zu verantwortender Rechtswidrigkeit zielt.

---

127 So etwa *W. Höfling*, Vom überkommenen Staatshaftungsrecht zum Recht der staatlichen Einstandspflichten, in: Hoffmann-Riem/Schmidt-Aßmann/Voßkuhle, Grundlagen des Verwaltungsrechts, Bd. 3, 2. Aufl. 2012, § 51 Rn. 1 ff.; *M. Morlok*, Allgemeine Elemente der Einstandspflichten für rechtswidriges Staatshandeln, in: Hoffmann-Riem/Schmidt-Aßmann/Voßkuhle, Grundlagen des Verwaltungsrechts, Bd. 3, 2. Aufl. 2012, § 52 Rn. 1 ff.; *C. Enders*, Abwehr und Beseitigung rechtswidriger hoheitlicher Beeinträchtigungen, in: Hoffmann-Riem/Schmidt-Aßmann/Voßkuhle, Grundlagen des Verwaltungsrechts, Bd. 3, 2. Aufl. 2012 § 53 Rn. 1 ff.; *M. Morlok*, Retrospektive Kompensation der Folgen rechtswidrigen Hoheitshandelns, in: Hoffmann-Riem/Schmidt-Aßmann/Voßkuhle, Grundlagen des Verwaltungsrechts, Bd. 3, 2. Aufl. 2012, § 54 Rn. 1 ff.; *L. Osterloh*, Retrospektive und prospektive Kompensation der Folgen rechtmäßigen Hoheitshandelns, in: Hoffmann-Riem/Schmidt-Aßmann/Voßkuhle, Grundlagen des Verwaltungsrechts, Bd. 3, 2. Aufl. 2012, § 55 Rn. 1 ff.

128 BVerfGE 61, 149 ff.

129 BGHZ 65, 96, 206; vgl. BVerfG NVwZ 1998, 271, 272.

## Wiederholungs- und Verständnisfragen

> Welches sind die verschiedenen Formen der Rückwirkung von Gesetzen? Welches sind die jeweiligen Rechtfertigungsanforderungen?

> Nennen Sie mindestens vier Einzelelemente des Rechtsstaatsprinzips und erläutern ihren Inhalt!

> Bedarf es angesichts der einzelnen Ausprägungen des Rechtsstaatsprinzips im Grundgesetz noch eines eigenständigen, übergeordneten Prinzips des Rechtsstaates? Begründen Sie Ihre Ansicht!

## III. Sozialstaatsprinzip

80 Der formale liberale Rechtsstaat gewährleistet den Bürgern rechtlich gesicherte Freiheit. Er bedarf aber der Ergänzung durch das Sozialstaatsprinzip um der realen Freiheit willen.

### 1. Historische Entwicklung

81 Der Sozialstaatsgedanke hat verschiedene historische Wurzeln.[130] Zum einen entstand er aus der christlich geprägten Caritas-Tradition:[131] Aus den seit den Anfängen des Christentums bestehenden Anliegen der Mitmenschlichkeit und Nächstenliebe entwickelten sich karitative Tätigkeiten. Insbesondere umfasste der diakonische Auftrag der Kirche Kranken- und Altenpflege, Hilfe für Menschen in Not und Solidarität mit anderen Bürgern. Insofern ist der Schritt zum Sozialstaat die säkularisierte Zielformulierung einer christlichen Tradition und (nach wie vor auch kirchlichen) Aufgabenerfüllung. Obwohl es in einem freiheitlichen Sozialstaat primär Aufgabe der Gesellschaft sein sollte, das Soziale zu bewirken und der Staat nur die Voraussetzungen schaffen und lediglich subsidiär eingreifen sollte, leistet der Sozialstaat heute letztendlich das, was eigentlich Aufgabe der Zivilgesellschaft ist. Kommunitaristische Stimmen fordern daher wieder größeres bürgerliches Engagement und die Stärkung der gesellschaftlichen Eigenverantwortung.

Der Sozialstaat entstand aber zum anderen auch aus den Arbeiter- und Revolutionsbewegungen als Antwort auf die „soziale Frage" des 19. Jahrhunderts. Die Idee des Sozialstaats ist dabei eng verknüpft mit den Grundrechten, da Freiheitsrechte und rechtsstaatliche Garantien immer auch von sozialer Relevanz sind. Historisch wurden Forderungen nach Freiheits- und Grundrechten mit sozialen Forderungen verbunden: Die „Virginia Declaration of Rights" verpflichtete den Staat auf das allgemeine Wohl und darauf, auf Glück und Sicherheit hinzuwirken. In der Französischen Revolution wurden Forderungen nach einem Recht auf Arbeit und auf Bildung laut. Auch die Paulskirchenverfassung von 1849 enthielt z.B. zahlreiche Rechte bezüglich des Zugangs zu Bildung.[132] In der Präambel der Reichsverfassung von 1871 wird das Reich zur „Pflege der Wohlfahrt des Deutschen Volkes" verpflichtet.[133] In Abwehr der Arbeiterbewegung sollten die bismarckschen Sozialversicherungen für Besänftigung der Bevölkerung und damit Sicherung der Herrschaft sorgen. Die Weimarer Reichsverfassung schließ-

130 S. hierzu umfassend *M. Stolleis*, Geschichte des Sozialrechts in Deutschland, 2003.

131 Vgl. hierzu *P. Manow*, Religion und Sozialstaat: Die konfessionellen Grundlagen europäischer Wohlfahrtsregime, 2008.

132 Ausführlich zu den sozialen Grundrechten in der Paulskirche *H. Scholler*, Der Staat 13 (1974), 51 ff.

133 Die sozialpolitische Entwicklung begann freilich schon vor 1871 in Preußen und in anderen Ländern.

lich enthielt in Art. 151 ff. umfassende Sozialregelungen,[134] Gleiches galt für viele Landesverfassungen vor dem Grundgesetz.[135]

Der Herrenchiemseer Entwurf zum Grundgesetz enthielt dagegen keine Aussagen über den Sozialstaat. Auch wenn die Mehrheit des Parlamentarischen Rats mit diesem Vorgehen übereinstimmte, führte der Grundsatzausschuss des Parlamentarischen Rates schließlich die soziale Komponente ein. Nach mehreren Änderungsvorschlägen[136] einigte man sich auf Vorschlag von Theodor Heuss auf die heute bestehende Fassung des Art. 20 Abs. 1 GG. Die Nachkriegslandesverfassungen ergeben kein einheitliches Bild, enthalten aber zum Teil eine umfangreiche soziale Programmatik, insbesondere in den neuen Bundesländern.

## 2. Normative Grundlagen

Die **Sozialstaatlichkeit** wird im Grundgesetz in Form einer schlichten Feststellung verankert. Zentrale Vorschrift ist Art. 20 Abs. 1 GG („sozialer Bundesstaat"). Damit ist die Sozialstaatlichkeit gegen eine Änderung durch den verfassungsändernden Gesetzgeber gesichert. Die mit der Sozialstaatlichkeit in Art. 20 Abs. 1 GG aufgeführten anderen Charakteristika betreffen primär Organisations- und Verfahrensweisen in der staatlichen Sphäre, die der Staat für sich selbst gewährleisten kann, während das Sozialstaatsprinzip in den gesellschaftlichen Bereich hineinwirkt (→ § 2 Rn. 24 ff.), weshalb die Erfüllung des Sozialstaatsprinzips durch den Staat selbst nur begrenzt realisierbar ist. Für die Länder gilt Art. 28 Abs. 1 S. 1 GG, der impliziert, dass es „Grundsätze des [...] sozialen Rechtsstaats" gibt, an die sie gebunden sind. 82

Auch jenseits von Art. 20 Abs. 1 GG weisen zahlreiche Vorschriften des Grundgesetzes soziale Bezüge auf wie z.B. der Schutz- und Fürsorgeanspruch der Mutter gegenüber der Gemeinschaft, Art. 6 Abs. 4 GG oder die Sozialpflichtigkeit des Eigentums, Art. 14 Abs. 2 GG. Aspekte des Sozialstaatsprinzips finden sich auch in Art. 7 Abs. 4, 5 GG, Art. 9 Abs. 3 GG und Art. 15 GG sowie in Art. 12 GG. 83

Die Gesetzgebungskompetenzen in Art. 74 Nr. 6, 7, 9, 10, 12, 13, 16, 19, 19a, 20 und 24 GG zeugen von sozialstaatlicher Aktivität des Staates. Die Vorschrift des Art. 74 Abs. 1 Nr. 7 GG („öffentliche Fürsorge") fungiert dabei häufig als Generalklausel, da nur wenige Spezialzuständigkeiten existieren. 84

Die Herstellung gleichwertiger Lebensverhältnisse im Bundesgebiet in Art. 72 Abs. 2 GG zielt ebenfalls auf eine **Unitarisierung** und damit eine **soziale Gleichbehandlung** der Bürger ab. Finanzprogramme und der sektorale Ausgleich bei Gemeinschaftsaufgaben spielen ebenfalls hier mit hinein. Die Finanzwirtschaft wird verpflichtet, für die Förderung des gesamtwirtschaftlichen Gleichgewichts zu sorgen bzw. unterschiedliche Wirtschaftskraft im Bundesgebiet auszugleichen, Art. 104b Abs. 1 Nr. 1 und 2 GG, Art. 104a Abs. 1 S. 1 GG, Art. 109 Abs. 2, 4 GG, Art. 115 Abs. 1 S. 2 GG.

Die Menschenwürdegarantie des Art. 1 Abs. 1 GG verknüpft Rechts- und Sozialstaat: 85
Der Sozialstaat füllt das Rechtsstaatsprinzip inhaltlich aus mit sozialer Gerechtig-

134 Vgl. die Aufzählung bei *H. F. Zacher*, Das soziale Staatsziel, in: HStR, Bd. II, 3. Aufl. 2004, § 28 Rn. 11, Fn. 28.

135 Nähere Ausführungen hierzu bei *H. F. Zacher*, Das soziale Staatsziel, in: HStR, Bd. II, 3. Aufl. 2004, § 28 Rn. 11, Fn. 28, Rn. 12 f. mit Nachweisen in Fn. 31 bis 52.

136 Vgl. näher zur Entstehung der heutigen Fassung *K. Stern*, Staatsrecht I, 2. Aufl. 1984, S. 878; *H. F. Zacher*, Das soziale Staatsziel, in: HStR, Bd. II, 3. Aufl. 2004, § 28 Rn. 11, 15, Fn. 28.

keit[137] und versteht menschliche Würde auch als soziale Würde – beispielsweise durch Gewährleistung des Existenzminimums. Der **allgemeine** wie auch die **speziellen Gleichheitssätze** stellen dagegen in erster Linie Diskriminierungsverbote und Ansprüche auf formale Gleichbehandlung vor dem Gesetz dar, auch wenn ihnen ein sozialstaatlicher Gehalt nicht abgesprochen werden kann.

86 Zahlreiche Einzelgesetze konkretisieren das Sozialstaatsprinzip, etwa Sozialversicherungsgesetze, das Ausbildungs- und Arbeitsrecht sowie das Verbraucherschutzrecht. Ausgangspunkt jeder Sozialgesetzgebung sind die elementaren Grundvorschriften unserer Verfassung, allen voran die Menschenwürde, die Gleichheit, Freiheit und Individualität des Einzelnen, aber auch Rechtsstaats-, Bundesstaats- und Demokratieprinzip.

### 3. Sozialstaat und Marktwirtschaft

▶ **Fall 4:** Der ausgebildete Kfz-Mechaniker M ist schon seit langer Zeit arbeitsuchend. Er ist der Auffassung, der Staat habe wegen seines Gewaltmonopols auch dafür Sorge zu tragen, dass Menschen, die arbeiten wollen, eine Arbeitsstelle bekommen. ◀

87 Auf den ersten Blick fällt die Zurückhaltung des Grundgesetzes bei der konkreten Ausgestaltung des Sozialstaatsprinzips auf. Es findet vorwiegend mittelbar Ausdruck in anderen Verfassungsbestimmungen, Art. 20 Abs. 1 GG selbst gewährleistet keine konkreten objektiven Garantien und erst recht nicht bestimmte subjektive Rechte. Frappierend ist dieser Befund insbesondere im Vergleich zur **Weimarer Reichsverfassung** (Art. 151 ff.) und zu zahlreichen Landesverfassungen, die ausdrücklich soziale Rechte festschrieben bzw. festschreiben.[138]

88 Der Grund liegt vor allem darin, dass man auch und gerade in der Verfassung keine „leeren Rechte" gewährleisten wollte, die nicht unmittelbar gelten. Was rechtlich zugesichert wird, soll auch durchsetzbar sein. Bei einem Recht auf Arbeit müsste der Staat beispielsweise entweder Arbeitsplätze schaffen oder Arbeitgeber dazu verpflichten. Das Erste könnte bis zum Staatsbankrott führen, das Zweite würde einen erheblichen Eingriff in die wirtschaftliche Freiheit bedeuten. Aus diesem Grund ist der Staat zwar verpflichtet, Arbeitsmarktpolitik zu betreiben, die auf Schaffung von Arbeitsplätzen abzielt, aber es besteht kein konkreter rechtlicher Anspruch auf einen Arbeitsplatz. Als Staatsziel bezieht sich der Sozialstaat primär auf die Gesellschaft und nützt dabei freilich mittelbar den Individuen, während die Grundrechte umgekehrt primär subjektive Rechte jedes Einzelnen garantieren.

89 Die unterschiedlichen Ansichten hinsichtlich der Wirtschaftspolitik zur Zeit der Entstehung des Grundgesetzes trugen sicherlich ebenfalls zur vagen Ausgestaltung bei. Auch wenn die **wirtschaftspolitische Neutralität des Grundgesetzes** schon früh vom Bundesverfassungsgericht vertreten wurde,[139] lassen sich marktwirtschaftsfreundliche Tendenzen ausmachen. Insbesondere die Freiheitsgrundrechte der Art. 2 Abs. 1 GG, Art. 12 Abs. 1 GG, Art. 14 Abs. 1 GG und Art. 9 Abs. 3 GG streiten für die Marktwirtschaft. Die wirtschaftliche Freiheit wird aber nicht grenzenlos gewährleistet: Der Staat ergreift Maßnahmen zur Verhinderung unlauteren Wettbewerbs und von Kartel-

137 BVerfGE 40, 121, 133; E 82, 60, 80, 85; BVerwGE 1, 159, 161 f.

138 Recht auf Arbeit z.B. in Art. 18 S. 1 Verf Berl; Art. 24 Abs. 1 S. 3 Verf NRW, zahlreiche Arbeiterschutzbestimmungen z.B. in Art. 24 Abs. 3, 26 Verf NRW; Art. 17, 18 S. 3 Verf Berl.

139 Vgl. Entscheidung zum Investitionshilfegesetz, BVerfGE 4, 7, 17 f., bestätigt in zahlreichen Urteilen wie z.B. zum Mitbestimmungsgesetz, BVerfGE 50, 290, 338.

len und Monopolen. Grenzen werden zudem durch das Sozialstaatsprinzip gesetzt. Eine Gegentendenz enthält Art. 15 GG.[140] Jedenfalls legt das Grundgesetz sich nicht ausdrücklich auf eine Wirtschaftsordnung fest und es wäre durchaus denkbar – je nach konkreter Auslegung der Grundrechte – zu einem gemäßigten Sozialismus überzugehen.[141] Angesichts der zunehmenden Verflechtung innerhalb der EU, welche klar marktwirtschaftlich orientiert ist, besteht aber nur ein geringer Gestaltungsspielraum. Die Europäische Union hat sich eindeutig in Art. 3 Abs. 3 EUV für das System einer sozialen Marktwirtschaft entschieden, welches auch durch die Grundfreiheiten in Art. 28 ff. AEUV abgesichert wird. Die Mitgliedsstaaten sind nach Art. 120 AEUV an diese Systementscheidung insofern gebunden, als sie nach Art. 120 S. 1 AEUV zu dieser beizutragen haben und nach Art. 120 S. 2 AEUV im Einklang mit dem Grundsatz einer offenen Marktwirtschaft mit freiem Wettbewerb zu handeln haben. Insofern findet die nationale Wirtschaftsordnung einen Rahmen in der unionsrechtlichen Zielsetzung.

Die Zurückhaltung des Verfassungsgebers bedeutet aber keinesfalls eine Absage an die 90
Sozialstaatlichkeit; vielmehr handelt es sich um eine vorrangig objektive Verbürgung, deren Konkretisierung dem einfachen Gesetzgeber überlassen bleibt. Gleichwohl stellt das Sozialstaatsprinzip eine verbindliche Staatsaufgabe dar, die allerdings abstrakt und ausfüllungsbedürftig ist. Auf abstrakter Ebene besteht dabei ein breiter Konsens: Im Grundsatz stimmt jeder für soziale Gerechtigkeit; schwieriger wird es, wenn man dafür erhebliche Freiheitseinbußen hinnehmen muss. Die Konflikte des Sozialstaatsprinzips treten häufig erst im konkreten Ausgleich zwischen liberalem Rechtsstaat und Sozialstaat auf, bei dem sich unterschiedliche Präferenzen und Schwerpunkte zeigen.

Dass das Sozialstaatsprinzip von Verfassungs wegen verbindlich zu beachten ist, ist da- 91
bei keineswegs selbstverständlich im weltweiten Vergleich. Es handelt sich vielmehr um eine typisch europäische Tradition. In einigen Staatsordnungen spielt das Sozialstaatliche nur eine sehr geringe Rolle, während es in anderen Ländern zwar existiert, allerdings nicht so stark materiell aufgeladen ist. So besitzen auch in westlichen Demokratien, wie z.B. den USA, bislang zahlreiche Bürger keine Krankenversicherung. Auch in der europäischen Tradition bestehen kulturelle Unterschiede. Die europäische Integration führt verschiedene wohlfahrtsstaatliche Traditionen und soziale Ansätze der Mitgliedstaaten zusammen.

▶ **Zu Fall 4:** Ein Recht auf Arbeit ergibt sich nicht aus Art. 12 GG – auch nicht in Verbindung mit dem Sozialstaatsprinzip. Zwar ist die Behauptung des M, der Staat habe das Gewaltmonopol inne, korrekt. Dieses umfasst aber nicht ein staatliches Verfügungsrecht über Produktionsmittel und Arbeitsplätze. Dem Staat fehlt es also an einem Arbeitsplatzmonopol. Würde er Private zur Schaffung von Arbeitsplätzen verpflichten, stellte dies einen erheblichen Grundrechtseingriff dar. Eine Pflicht, selbst Arbeitsplätze zu schaffen, könnte zu einer erheblichen wirtschaftlichen Schwächung und schließlich zum Staatsbankrott führen. Zudem hätte die staatliche Arbeitsplatzschaffung ein Verfügungs- und Verteilungsmonopol des Staates zur Folge, welches mittelbar zu einer Pflicht zur Arbeit führen würde. Eine solche Pflicht wird von Art. 12 GG gerade nicht geregelt, womit es an einer rechtlichen Vor-

140 Im verfassungsrechtlichen Gesamtzusammenhang sind über Art. 15 GG aber allenfalls partielle Sozialisierungen möglich, die sich nicht gegen Einzelne richten dürfen und verhältnismäßig sein müssen; Art. 15 GG ist heute als antiquiert anzusehen und man greift auf Aufsichts- und Kontrollmaßnahmen, Wettbewerbsregelungen, Arbeitnehmermitbestimmung u.a. zurück.

141 *H. H. Hartwich*, Sozialstaatspostulat und gesellschaftlicher status quo, 3. Aufl. 1978, S. 352 ff.; dazu auch *W. Weber*, Der Staat 4 (1965), 415, 435 ff.; *H. C. Nipperdey*, Soziale Marktwirtschaft und GG, 2. Aufl. 1961, S. 13 ff.; *J. Wieland*, VVDStRL 59 (2000), 13 ff., 33 ff.; *R. Scholz*, in: Maunz/Dürig, 47. Lfg., Art. 12 Rn. 6, 85 ff.

aussetzung für ein soziales Grundrecht auf Arbeit fehlt. M hat keinen Anspruch darauf, vom Staat eine Arbeitsstelle zu erhalten. ◀

### 4. Funktionen und Ziele des Sozialstaats

▶ **Fall 5:** A bezieht Sozialleistungen zur Sicherung des Lebensunterhaltes. Diese sind so gering, dass er seit Jahren dieselben Kleider tragen muss, um genug Geld für eine ausgewogene Ernährung zu haben. Theater- oder Museumsbesuche konnte sich der A das letzte Mal in der Schule leisten. A ist der Meinung, jeder verdiene ein Minimum an Lebenshaltung. Die derzeit geltenden einschlägigen Gesetze könnten dies nicht gewährleisten. Hat M einen Anspruch auf Erhöhung der Leistungen? ◀

92 Da der Begriff „Sozialstaat“ keiner Verfassungstradition folgt, die über das Jahr 1949 zurückreicht, obgleich er schon im 19. Jahrhundert in der Literatur erwähnt wurde,[142] herrscht Uneinigkeit im konkreten Verständnis. Aus der Interpretationsoffenheit und Mehrdeutigkeit des Begriffs resultieren Justitiabilitätsschwächen und Diskrepanzen über Art und Umfang der Staatsaufgabe.[143] Die Aufnahme des Sozialen wurde wohl auch deshalb ohne Diskussion akzeptiert, weil jeder etwas Unterschiedliches darunter verstand. Die Formel stellte einen klassischen Formelkompromiss dar. Um zu bestimmen, was der Sozialstaat erfüllen und leisten muss, haben sich aber einige Funktionen herauskristallisiert, die bei der Konkretisierung helfen.[144]

#### a) Freiheitsermöglichung

93 Die Hauptbedeutung auf normativer Ebene liegt in der **Freiheitsermöglichung** und Freiheitserweiterung für sozial Schwächere. Die Bürger sollen tatsächlich von ihren verfassungsrechtlich verbürgten Ansprüchen Gebrauch machen können. Dies führt naturgemäß zu einer Freiheitsbegrenzung für die Leistungsträger der Gesellschaft. Für die sozial schwachen Glieder der Gesellschaft trägt das Sozialstaatsprinzip aber entscheidend dazu bei, dass Freiheitsrechte nicht nur formal-rechtlich, sondern auch tatsächlich gewährleistet werden.[145]

#### b) Sicherheit

94 Ein weiterer wichtiger Aspekt des Sozialstaatsprinzips ist die Erfüllung der Staatsaufgabe **Sicherheit**,[146] und zwar in zweierlei Hinsicht: Zum einen werden durch die Existenzsicherung kriminelle Taten verhindert bzw. eingedämmt. Wenn man sozial versorgt wird, besteht keine Not bzw. weniger Anreiz, sich finanzielle Mittel über Straftaten zu beschaffen. Zum anderen ist es Aufgabe des Staates, für eine gute gesellschaftliche Ordnung zu sorgen, die (soziale) Sicherheit schafft gegenüber den Ungewissheiten

142 Z.B. durch *L. v. Stein*, der schon die „soziale Demokratie“ erwähnte in: Die Geschichte der sozialen Bewegung in Frankreich von 1789 bis auf unsere Tage, Bd. 3, 1855, herausgegeben von G. Salomon, 1921, S. 207, oder *J. Ofner*, der 1894 in „Studien Sozialer Jurisprudenz“ Demokratie, Rechtsstaat und Sozialstaatlichkeit verband (S. 76); auch *G. W. F. Hegel*, *R. v. Mohl*, *F. J. Stahl* und später *K. Marx* und *F. Engels*, die die soziale Frage thematisierten, schließlich prägte *H. Heller* die Doppelformel des sozialen Rechtsstaats: Rechtsstaat oder Diktatur?, Recht und Staat in Geschichte und Gegenwart, Bd. 68, 1930, S. 11.

143 Eingehend zu den unterschiedlichen Verständnismöglichkeiten des Begriffs *H. F. Zacher*, Das soziale Staatsziel, in: HStR, Bd. II, 3. Aufl. 2004, § 28 Rn. 21 oder *K. Stern*, Staatsrecht I, 2. Aufl. 1984, S. 880 f., 891 f.

144 Zu den Zielen und Funktionen des Sozialstaats: *K. Obermayer*, RdA 1979, 8 ff.; *K. Stern*, Staatsrecht I, 2. Aufl. 1984, S. 891 ff.; *P. Badura*, DÖV 1989, 491 ff.; *K.-J. Bieback*, Jura 1987, 229 ff.

145 S. hierzu *H. M. Heinig*, Der Sozialstaat im Dienst der Freiheit, 2008.

146 BVerfGE 21, 363, 375; E 36, 247, 250.

der gesellschaftlich-wirtschaftlichen Entwicklung, auch jenseits von Militär und Polizei.

In der objektiv-rechtlichen Dimension von Art. 2 Abs. 2 GG und Art. 1 Abs. 1 GG treffen den Staat **Schutzpflichten.** Er muss für den Fall von Krankheit, Alter, Arbeitslosigkeit oder anderen Schicksalsschlägen Vorkehrungen treffen. Für die Absicherung des Bürgers sorgen soziale Netze, Sozialversicherungen und Sozialhilfe, aber auch Sicherheitsregelungen wie Arbeitsschutzbestimmungen. Innerhalb des Systems erwachsen daraus gegebenenfalls auch konkrete, subjektive Leistungsansprüche des Bürgers. So hat das Bundesverfassungsgericht[147] in Fällen lebensgefährlicher Erkrankung Leistungsansprüche gegen die gesetzliche Krankenkasse unmittelbar verfassungsrechtlich aus Art. 2 Abs. 1 GG i.V.m. dem Sozialstaatsprinzip und aus Art. 2 Abs. 2 S. 1 GG hergeleitet. Die Argumentation ist die folgende: Wenn der Staat seine Bürger zwangsversichert, ist das zwar als Eingriff in Art. 2 Abs. 1 GG gerechtfertigt, muss aber im Rahmen der Leistungsfähigkeit dieser staatlichen Versicherung dem Einzelnen in der Not auch zur Verfügung stehen. 95

Grundsätzlich soll jeder Bürger seinen Unterhalt selbst erwirtschaften. Der Staat soll nur für die Schaffung der dafür notwendigen Rahmenbedingungen sorgen, Gefährdungen entgegenwirken bzw. bei Eintritt der „Wechselfälle des Lebens“[148] einen Ausgleich bereitstellen. Der Bürger wird dabei auch „vor sich selbst geschützt“, d.h., ihm werden zu seiner eigenen Absicherung Zwangsversicherungen in Form der Sozialversicherungen auferlegt, die er selbst eventuell nicht vornehmen und seine finanziellen Mittel anderweitig verwenden würde. Natürlich bedeutet dies eine Freiheitseinbuße. 96

### c) Legitimitätssicherung

Auch wenn dies kein offiziell von Regierungsseite vertretener Grund ist, ist mit dem Sozialstaatsgedanken auch die **Sicherung von Herrschaft und Gesellschaftsordnung** verbunden. Bismarcks Sozialgesetze etwa entstanden 1884 aus der Angst vor der Arbeiterbewegung. Man versprach sich durch die soziale Absicherung Akzeptanz und Stabilisierung der politischen Verhältnisse und wollte die Unzufriedenheit der Bürger und damit verbundene Proteste vermeiden. 97

Auch heute noch ist der Sozialstaat **faktische Legitimationsvoraussetzung.** Er verschafft sich Legitimität durch die Berücksichtigung sozialer Belange und indem er für die Folgen seines Handelns Verantwortung übernimmt. Grundsätzlich sollte er sich am Konsens der Gesellschaft orientieren, um sich diese Legitimität zu sichern.[149] Die Leistungen des Staates müssen den Bürger überzeugen. Die sozialstaatliche Verpflichtung und die hinlängliche Erfüllung der Forderungen nach „sozialer Gerechtigkeit“ als einem leitenden Prinzip aller staatlichen Maßnahmen[150] und die Pflicht des Staates, für eine gerechte Sozialordnung zu sorgen,[151] sind unabdingbar geworden. Wenn diese Ansprüche erfüllt werden, schafft dies Zustimmung, bei Verfehlen des erwarteten Erfolgs erleidet die Legitimität Einbußen. Der tatsächliche Verfassungskonsens speist sich 98

147 BVerfGE 115, 25 ff.
148 *H. F. Zacher*, Das soziale Staatsziel, in: HStR, Bd. II, 3. Aufl. 2004, § 28 Rn. 43 m.w.N. in Fn. 232.
149 BVerfGE 85, 198 ff.; E 69, 272, 314; *M. Wallerath*, JZ 2004, 949 ff.
150 BVerfGE 5, 85, 198.
151 BVerfGE 69, 272, 314.

aus der Anerkennungswürdigkeit der Inhalte der Verfassung. Die Verfassung lebt also vom eigenen Erfolg (→ § 3 Rn. 14).[152]

99 Man sollte meinen, dass sich Sozialstaat und Demokratieprinzip hier harmonisch ergänzen: Die Demokratie sorgt für formelle Legitimation durch Wahlen, der Sozialstaat für materielle Legitimation durch **soziale Gerechtigkeit.** Jedoch muss deren Konkretisierung dem demokratischen Gesetzgeber überlassen bleiben, will man das Demokratieprinzip nicht gefährden.[153] Problematisch ist dabei die faktische prinzipielle Ungleichheit zwischen sozialer Dringlichkeit und demokratischer Durchsetzungsmacht. Dringende soziale Interessen am äußeren Rand des Wählerspektrums sind oft schlecht artikulierbar, während die Interessen der Mittelwähler Gehör finden.

#### d) Nebenwirkungsverantwortung des Staates

100 Der Sozialstaat kompensiert weiterhin die negativen Konsequenzen einer freien Marktwirtschaft. Die soziale Frage ist eng mit der Ökonomie verbunden,[154] denn auch eigentlich für sich gesehen nicht ökonomische Interventionen des Staates hängen notgedrungen mit wirtschaftlichen Aspekten zusammen. Den Staat trifft hier eine Art **Nebenwirkungsverantwortung.** Wenn er eine marktwirtschaftlich orientierte Wirtschaftsordnung schafft, muss er die damit verbundenen sozial nachteiligen Nebenwirkungen und „Kollateralschäden“ auffangen und eindämmen und für die Folgen Verantwortung übernehmen. Das notwendige Komplement zur „kalten“ Marktwirtschaft stellt die soziale Komponente dar.[155]

101 Der Staat soll mit staatlichen Interventionen für steigenden **wirtschaftlichen Wohlstand** und Gedeihen und Leistungsfähigkeit der Wirtschaft sorgen, aber auch für die Ausbreitung der Teilhabe daran, d.h. die Inklusion aller Bürger bzw. die Verhinderung des dauerhaften Ausschlusses von bestimmten Gruppen aus dem gesellschaftlichen Leben.[156]

#### e) Soziale Gerechtigkeit und Chancengleichheit

102 Das Sozialstaatsprinzip nimmt für sich in Anspruch, für **soziale Gerechtigkeit** oder einen sozialen Ausgleich zu sorgen. Es strebt nach größerer **Gleichheit** durch den Abbau von Divergenzen zwischen Personen, Situationen, Regionen oder Sachbereichen und die Kontrolle von Abhängigkeitsverhältnissen.[157] Dabei geht es nicht um die Beseitigung aller Verschiedenheiten durch finanzielle Umschichtungen, sondern um die Herstellung von **Chancengleichheit** im Hinblick auf Ausbildung und Bildung für Personen aus unterschiedlichen Schichten. Allerdings kann das Ziel nicht die absolute Gleichheit sein.

152 *M. Morlok*, Was heißt und zu welchem Ende studiert man Verfassungstheorie?, 1988, S. 96 ff.
153 BVerfGE 59, 231, 263.
154 *H. F. Zacher*, Das soziale Staatsziel, in: HStR, Bd. II, 3. Aufl. 2004, § 28 Rn. 72.
155 Vgl. ausführlich zur Sozialstaatlichkeit innerhalb der sozialen Marktwirtschaft *H. F. Zacher*, Das soziale Staatsziel, in: HStR, Bd. II, 3. Aufl. 2004, § 28 Rn. 55.
156 *K. Stern*, Staatsrecht I, 2. Aufl. 1984, S. 902, *T. H. Marshall*, Class, Citizenship and Social Development, 1964, ND 1973, S. 235 ff., zum „Wohlfahrtsstaat“ auch *T. H. Marshall*, Bürgerrechte und soziale Klassen, 1992.
157 BVerfGE 1, 97, 105; E 22, 180, 204; E 93, 121, 163; E 100, 271, 284; E 45, 376, 387; E 8, 242, 255; E 100, 271, 284; vgl. auch den Katalog der Methoden, Gleichheit zu bewirken bei *H. F. Zacher*, Das soziale Staatsziel, in: HStR, Bd. II, 3. Aufl. 2004, § 28 Rn. 36.

Der Versuch einer Differenzierung, die jegliche Ungleichheit beseitigt, ist von vornherein zum Scheitern verurteilt angesichts der Vielzahl denkbarer Ungleichheiten, und mit jedem Versuch, Ungleichheit zu überwinden, wird wiederum neue geschaffen.

Nicht zuletzt würde absolute Gleichheit aber – und das ist entscheidend – die Freiheit einer Gesellschaft aufheben. Freiheit heißt, dass die Menschen sich unter gleichen Voraussetzungen kraft ihrer Freiheit unterschiedlich entwickeln können und dürfen, d.h., gleiche Möglichkeiten können ungleiche Wirkungen hervorbringen. Menschenwürde bedeutet auch individuelle Freiheit und individuelles Schicksal, „Risiko des Unglücks, [und die] Chance des Glücks".[158]

Jedenfalls muss der Staat aber dafür Sorge tragen, dass sich Ungleichgewichtungen nicht perpetuieren und in die nächste Generation weitergegeben werden, sondern dass Chancen auf einen „Neuanfang" bestehen. Der Gleichheitssatz des Art. 3 Abs. 1 GG zielt dabei in erster Linie auf rechtliche Gleichheit, er ist aber verknüpft mit der Forderung nach sozialer Gleichheit.[159]

Auf **faktischer** Ebene ermöglicht und erleichtert der Sozialstaat **gesellschaftlichen Wandel**. Ungleichheiten und Risiken des Marktes werden durch das Sozialstaatsprinzip eingeebnet und durch Schaffung „sozialer Netze" die „sozialen Kosten" bei den Betroffenen reduziert. Dies trägt zur Entschluss- und Risikofreudigkeit bei und kann gesellschaftlich-wirtschaftliche Umstrukturierungsprozesse ermöglichen: Wenn man weiß, dass nicht gleich die Versorgung gefährdet ist, wenn das eigene Unternehmen insolvent wird, ist man natürlich bereit, höhere Risiken einzugehen. Der Sozialstaat muss daher nicht – wie aber häufig behauptet wird – ein Hemmnis für wirtschaftlichen und gesellschaftlichen Wandel bedeuten. Entscheidend ist, das richtige Maß zu finden: Wie viel Sozialstaat braucht man zur Sicherung gesellschaftlich-wirtschaftlicher Entwicklung? 103

#### f) Auffangzuständigkeit

Neben seinen konkreten Funktionen kommt dem Sozialstaatsprinzip eine Art **Auffangzuständigkeit** für die Lösung von Problemen verschiedenster Art zu[160] – wegen der Wirkung auf Menschen ist fast alles, was im gesellschaftlichen Prozess geschieht, auf eine sozialstaatliche Bedeutung zurückzuführen. 104

### 5. Charakter als Staatsaufgabe

#### a) Prinzipiencharakter

Das Sozialstaatsprinzip ist **Prinzip** im rechtstheoretischen Sinne und damit ausgestaltungs- und konkretisierungsbedürftig. Adressat ist deshalb in erster Linie der Gesetzgeber, der eine Konkretisierung herbeiführen muss.[161] Gerade das Sozialstaatsprinzip, das – im Vergleich z.B. zum Rechtsstaatsprinzip, das schon im Grundgesetz weitere Konkretisierung erfährt – relativ schwach verfassungsrechtlich ausgestaltet ist, erfordert zu seiner Verwirklichung eine umfassende einfach-rechtliche Gesetzgebung, die im öffentlichen Prozess durch politischen Druck zustande kommt. Die genaue Ausgestal- 105

158 *H. F. Zacher*, Das soziale Staatsziel, in: HStR, Bd. II, 3. Aufl. 2004, § 28 Rn. 42; vgl. hierzu auch *K. Stern*, Staatsrecht I, 2. Aufl. 1984, S. 930 f.
159 BVerfGE 38, 187, 198; E 39, 316, 327; zum Verhältnis des Sozialstaatsprinzips und Art. 3 Abs. 1 GG *V. Neumann*, DVBl. 1997, 92, 93 f.; über die diesbezügliche Rspr. des BVerfG s. *H. F. Zacher*, AöR 93 (1968), 341 ff.
160 Zur Grenzenlosigkeit des Sozialstaatsprinzips *K. Stern*, Staatsrecht I, 2. Aufl. 1984, S. 909.
161 Allgemein zu den Adressaten des Sozialstaatsprinzips *K. Stern*, Staatsrecht I, 2. Aufl. 1984, S. 915.

tung ist dabei eine politische Entscheidung, die abhängig ist von neuen Abwägungen, insbesondere auch der verschiedenen Verwendungsmöglichkeiten der (immer) knappen staatlichen Mittel.

106 Aber auch die **Verwaltung** kann Adressat des Sozialstaatsprinzips sein. Zwar stellt das Sozialstaatsprinzip weder eine unmittelbare Ermächtigungsgrundlage für Eingriffe der Exekutive dar, noch lässt sich aus ihm eine unmittelbare Anspruchsgrundlage für Leistungsansprüche des Bürgers herleiten. Aber das Sozialstaatsprinzip ist bei der Auslegung unbestimmter Rechtsbegriffe und bei der Ermessensausübung zu berücksichtigen. Die Verwaltung unterliegt dabei jedoch strikter Gesetzesbindung, d.h., bei im Einzelfall unbillig oder hart erscheinenden Ergebnissen darf keine Korrektur über das Sozialstaatsprinzip erfolgen.[162] Soziale Gerechtigkeit herzustellen, ist vielmehr (politische) Aufgabe des Gesetzgebers. Auch in der Judikative wirkt sich das Sozialstaatsprinzip über Richterrecht oder die Kompetenz des Bundesverfassungsgerichts zur Verwerfung verfassungswidriger Gesetze aus.[163]

### b) Mittel und Instrumente des Sozialstaates

107 Dem Sozialstaat stehen zahlreiche Mittel zur Steuerung der Sozialpolitik zur Verfügung: Er kann zunächst einmal **Leistungen** an sozial Schwächere gewähren. Die Leistungsgewährung wird dabei häufig von der Erfüllung von Auflagen abhängig gemacht.[164] Obwohl der Gehalt des Sozialstaatsprinzips eigentlich ein objektiv-rechtlicher ist, verdichten sich die Ansprüche des Sozialstaatsprinzips in einigen Fällen zu subjektiven Rechten des Bürgers und damit **konkreten Leistungspflichten des Staates**.[165] Der Bürger kann die Erfüllung des Sozialstaatsprinzips selbst zwar prinzipiell nicht einklagen, gleichwohl kann sich eine Klagebefugnis aus Art. 20 Abs. 1 GG i.V.m. einem Grundrecht ergeben.[166]

108 Vor allem muss der Staat – einfach-gesetzlich abgesichert in § 9 SGB I – ein **Existenzminimum** gewährleisten,[167] was sich schon aus der Schutzpflicht des Staates aus Art. 2 Abs. 2 GG, Art. 1 Abs. 1 GG i.V.m. dem Sozialstaatsprinzip ergibt. Diese Schutzpflicht hat das Bundesverfassungsgericht im sog. „Hartz IV-Urteil“ zu einem „Grundrecht auf Gewährleistung eines menschenwürdigen Existenzminimums“[168] aus Art. 1 Abs. 1 GG i.V.m. Art. 20 Abs. 1 GG verdichtet. Dadurch werden dem Bürger diejenigen materiellen Voraussetzungen gewährleistet, die „für seine physische Existenz und für ein Mindestmaß an Teilhabe am gesellschaftlichen, kulturellen und politischen Leben unerlässlich sind“.[169] Das Bundesverfassungsgericht hatte dem Gesetzgeber konkrete Vorgaben zur Ermittlung des Existenzminimums vorgegeben und ihm eine Neuregelung der

---

162 BVerfGE 50, 57, 108; E 51, 115, 125; E 54, 277, 296; E 59, 231, 263; E 69, 272, 315 m.w.N.

163 *H. F. Zacher*, Das soziale Staatsziel, in: HStR, Bd. II, 3. Aufl. 2004, § 28 Rn. 81; Beispiele hierfür bei *K. Stern*, Staatsrecht I, 2. Aufl. 1984, S. 917.

164 So wird z.B. die Vergabe von Stipendien regelmäßig an bestimmte Bedingungen, wie z.B. den erfolgreichen Abschluss eines Studiums oder einer Forschungsarbeit geknüpft.

165 Dies bedeutet nach st. Rspr. des BVerfG nicht, dass ein Anspruch auf eine ziffernmäßig bestimmte Leistung bestünde, vgl. nur BVerfGE 94, 243, 263.

166 Eine Bestätigung dieser gesetzlich ausgeformten Rechte z.B. in BVerwGE 1, 159, 161.

167 Schon früh BVerfGE 1, 97, 105, 107; E 23, 141, 153 ff.; BSGE 25, 170, 175; E 73, 10, 18; E 74, 233, 293 f.; E 82, 198, 208; *R.-U. Schlenker*, Soziales Rückschrittsverbot und Grundgesetz, 1986, S. 91 ff.; zu Menschenwürde und Existenzminimum *V. Neumann*, NVwZ 1995, 426 ff.

168 BVerfGE 125, 175 ff., Ls. 1.

169 BVerfGE 125, 175 ff., Ls. 1.

Hartz IV-Gesetze aufgegeben. Daraufhin sind entsprechende Gesetzesänderungen[170] beschlossen worden.[171]

109 Der Staat muss die **Daseinsvorsorge** gewährleisten, d.h., Wasser, Strom und öffentliche Verkehrsmittel zur Verfügung stellen. Auch die Schaffung **kultureller und sozialer Einrichtungen**, wie Schulen und Hochschulen, Jugend- und Sporteinrichtungen, Krankenhäuser, Altersheime, Theater und andere Freizeiteinrichtungen, ist Aufgabe des Staates. Der Staat kann die Zurverfügungstellung dieser Einrichtungen selbst gewährleisten oder Privaten übertragen,[172] wobei hier zu bedenken ist, dass dies zu einer Erhöhung der Eintrittsgelder und Gebühren führen kann. Der Staat muss daher dafür sorgen, dass die Nutzung dieser Einrichtungen allen Bürgern unter zumutbarem finanziellem Aufwand möglich ist, auch wenn er sie dafür selbst mit wirtschaftlichem Verlust betreiben muss.

110 **Subjektive Rechte** des Bürgers ergeben sich auch durch Grundrechte in Verbindung mit dem Sozialstaatsprinzip.[173] So kann sich zum Beispiel aus Art. 3 GG i.V.m. dem Sozialstaatsprinzip ein Recht auf Gleichbehandlung ergeben, wenn eine differenzierende Regelung dem Sozialstaatsprinzip widerspricht bzw. umgekehrt ein Recht auf Differenzierung besteht.[174] Auch aus Art. 6 Abs. 1 GG i.V.m. dem Sozialstaatsprinzip können sich Ansprüche ergeben.[175] Art. 12 Abs. 1 GG i.V.m. Art. 3 Abs. 1 GG i.V.m. dem Sozialstaatsprinzip kann ein Recht auf Zulassung zum Hochschulstudium begründen bzw. einen Anspruch auf Ausschöpfung der Studienplatzkapazitäten.[176] Ebenfalls hieraus folgt der Anspruch auf finanzielle Ausbildungsförderung.[177] Art. 14 Abs. 1 GG i.V.m. dem Sozialstaatsprinzip kann z.B. eingreifen bei Kürzung sozialversicherungsrechtlicher Ansprüche. Diese eigentumsrechtliche Verfestigung erfolgt aber nur bei Ansprüchen und Anwartschaften, für die man selbst vorher finanzielle Mittel aufgewendet hat,[178] nicht bei Sozialhilfe und anderen Ansprüchen, die einem von Geburt an zustehen ohne Erbringung eigener Leistung.[179]

111 Das Sozialstaatsprinzip begründet jedoch nicht nur Ansprüche in Verbindung mit den Grundrechten, sondern dient umgekehrt auch als **Rechtfertigungsgrund** bei Grundrechtseingriffen. So wurde das Sozialstaatsprinzip vom Bundesverfassungsgericht als Rechtfertigungsgrund für den Eingriff in die Berufsausübungsfreiheit und die Eigentumsfreiheit privater Krankenversicherer herangezogen.[180] Auch der Eigentümer eines Mietobjektes unterliegt Einschränkungen in seiner Eigentumsfreiheit durch das Mietrecht, die durch das Sozialstaatsprinzip gerechtfertigt sind, ebenso wie der Unternehmer Eingriffe in seine wirtschaftliche Betätigung, z.B. durch Arbeitnehmermitbestim-

170 BGBl. I 2011, 453 ff.

171 Zur Bewertung dieser Neuregelungen s. *A. Lenze*, NVwZ 2011, 1104 ff.; *S. Rixen*, Sozialrecht aktuell 2011, 121 ff.

172 Die Gemeindeordnungen sind hier eher marktwirtschaftlich ausgerichtet, vgl. z.B. § 107 ff. GO NRW.

173 Eine Übersicht zu Ansprüchen aus Grundrechten i.V.m. dem Sozialstaatsprinzip bei *K. Stern*, Staatsrecht I, 2. Aufl. 1984, S. 925 ff.; zum Verhältnis des Sozialstaatsprinzips zu den Grundrechten *V. Neumann*, DVBl. 1997, 92 ff.

174 Z.B. BVerfGE 94, 241, 262.

175 Ein Beispiel ist die Gewährung des Familienlastenausgleichs, BVerfGE 82, 60, 79 f.

176 BVerfGE 33, 303, 332 ff.; *R. Scholz*, in: Maunz/Dürig, GG, 47. Lfg. Art. 12 Rn. 70 ff.

177 Vgl. BVerfGE 102, 142, 147; E 115, 32, 37, zurückhaltend E 96, 330, 339 zum Anspruch auf Studienabschlussförderung durch Darlehen.

178 Hierzu *L. Michael/M. Morlok*, Grundrechte, 4. Aufl. 2014, Rn. 388.

179 Vgl. zu Art. 14 Abs. 1 i.V.m. dem Sozialstaatsprinzip BVerfGE 53, 257, 289 ff.; E 69, 272, 300 ff.; E 76, 256, 293 f.

180 BVerfGE 123, 186, 242 f. mit Verweis auf BVerfGE 103, 197, 221.

mung[181] und Arbeitsschutzrecht, hinnehmen muss. Noch allgemeiner betrachtet, müssen alle Bürger Grundrechtseingriffe akzeptieren bei der Zahlung von Steuern, die u.a. auch der Erfüllung der Ziele des Sozialstaatsprinzips dienen. In der Leistungsverwaltung erweitert der Sozialstaat somit die Rechte des Bürgers, während er bei Rechtfertigung von Grundrechtseingriffen freiheitsbeschränkend tätig wird.

112 Zu den wichtigsten Mitteln und Errungenschaften des modernen Sozialstaats gehören sicherlich die **Sozialversicherungen**. Der Staat muss für die soziale Versorgung seiner Bürger im Falle von Krankheit, Alter, Arbeitslosigkeit oder Pflegebedürftigkeit sorgen. Auf europäischer Ebene treten in der Kohl-Decker-Rechtsprechung Tendenzen zutage, die auf die Entwicklung eines sozialen Europas hindeuten.[182]

113 Allgemein kann der Staat **Regelungen** treffen, die zwar keine konkreten Leistungen gewähren, aber dem Schutz sozial Schwacher dienen. Der gesetzgeberische Auftrag besteht dabei in allen Rechtsbereichen, sei es im Zivilrecht, hier insbesondere beim Mieterschutz,[183] im Bürgschaftsrecht[184] oder im Prozessrecht,[185] aber auch im Straf- und Strafvollzugsrecht, im Schul- und Ausbildungs- oder im Steuerrecht. In einigen Fällen erlegt der Staat den Bürgern auch gewisse **Verhaltenspflichten** auf, wie z.B. die Gurtpflicht von Autofahrern und Insassen oder zahlreiche Arbeitsschutzbestimmungen, man denke nur an die Helmpflicht bei gefährlichen Tätigkeiten.

114 Durch das Sozialstaatsprinzip ist der Staat generell zu **sozial- und wirtschaftspolitischer Steuerung** verpflichtet durch Erlass von Steuern, Gewährung von Subventionen und Bereitstellung von **sozialer Infrastruktur**. Auch wenn sich hieraus keine konkreten Ansprüche wie ein Recht auf Arbeit ergeben, so muss der Staat doch auf die Erreichung sozialstaatlicher Ziele hinwirken, also beispielsweise die Arbeitsmarktpolitik möglichst so steuern, dass Arbeitsplätze geschaffen werden und die Rechte von Arbeitnehmern gestärkt werden.

115 Insgesamt betrachtet, wird der Staat zum **(Um-)Verteilerstaat**, der auf soziale Gerechtigkeit hinwirkt,[186] d.h., er verwendet die Einnahmen der Leistungsträger, z.B. Steuern und Gebühren, zur Finanzierung von Leistungen an sozial Schwächere. Dabei geht es aber i.d.R. nicht darum, allen durch Umverteilung gleich viele finanzielle Mittel zur Verfügung zu stellen, sondern um die Herstellung von Chancengleichheit in der Bildung, der Wirtschaft, auf dem Arbeitsmarkt.

116 Da es sich bei der Ausgestaltung des Sozialstaatsprinzips um einen primär politischen Prozess handelt, ist das wichtigste Instrument des Bürgers das demokratische allgemeine **Wahlrecht**, mit dem er Einfluss auf die Sozialpolitik nehmen kann. Das gleiche Wahlrecht sorgt daher für politische Dynamik.

▶ **Zu Fall 5:** Wenn ein Mensch die zur Gewährleistung eines menschenwürdigen Daseins notwendigen materiellen Mittel nicht selbst aufbringen kann, weil er weder erwerbstätig

---

181 BVerfGE 50, 290 ff.

182 EuGH 28.4.1998, Rs. C-158/96; EuGH 28.4.1998, Rs. C-120/95; in den Fällen ging es um den Kostenersatz für Leistungen der Gesundheitsversorgung im europäischen Ausland durch die inländische Krankenversicherung.

183 BVerfGE 79, 283, 289 ff.; E 79, 292, 302 ff.; E 85, 219, 223 ff.

184 BVerfGE 89, 214, 229 ff.

185 Hier gilt es, die Chancengleichheit der Prozessbeteiligten zu gewährleisten und ggf. staatliche Unterstützung durch Prozesskostenhilfe zur Verfügung zu stellen, vgl. BVerfGE 63, 380, 394 f.

186 BVerfGE 5, 85, 198; E 69, 272, 314; kritisch zur Verwirklichung des Ziels der sozialen Gerechtigkeit *F. A. Hayek*, The Mirage of Social Justice, 1976, Kap. 8 und 9; *F. A. Hayek*, The Constitution of Liberty, 1960, Kap. 6.

ist, noch über eigenes Vermögen verfügt, ist der Staat im Rahmen seines Auftrags zum Schutz der Menschenwürde aus Art. 1 Abs. 1 GG und in Ausfüllung seines sozialstaatlichen Gestaltungsauftrags verpflichtet, dafür Sorge zu tragen.[187] Aus dieser Pflicht erwächst ein Leistungsanspruch des hilfebedürftigen Grundrechtsträgers, da das Sozialstaatsgebot des Art. 20 Abs. 1 GG dem Gesetzgeber den Auftrag erteilt, jedem ein menschenwürdiges Existenzminimum zu gewährleisten. Aus der Zusammenschau beider Artikel ergibt sich das einklagbare Grundrecht auf Gewährleistung eines menschenwürdigen Existenzminimums aus Art. 1 Abs. 1 GG i.V.m. dem Sozialstaatsprinzip des Art. 20 Abs. 1 GG. Kann das geltende Gesetz diesen Mindeststandard nicht garantieren, ist es mit dem genannten Grundrecht unvereinbar. Zu dem Mindestniveau gehört nicht nur die Versorgung mit Unterkunft, Kleidung und Ernährung, sondern auch die Möglichkeit, zwischenmenschliche Kontakte zu pflegen und am gesellschaftlichen, kulturellen und politischen Leben teilzunehmen.[188] Die geltende Gesetzeslage führt dazu, dass A weder das alltägliche Leben bewältigen kann, noch in der Lage ist, seinen kulturellen Interessen in einem Mindestumfang nachzugehen. A hat somit einen Anspruch auf Erhöhung der Zahlungen, welcher mit der Änderung der Rechtslage einhergehen muss. ◀

### 6. Grenzen und Gefahren

Die Sozialstaatlichkeit[189] setzt staatliche Leistungskraft und Leistungsfähigkeit voraus. 117
In Anbetracht des steigenden Umfangs der Sozialausgaben und der Abhängigkeit von der finanziellen Potenz der Leistungsträger stellt sich aber die Frage nach der Finanzierbarkeit. Der Sozialstaat ermöglichte Entwicklungen, die ihn nun selbst gefährden bzw. überfordern wie die Überalterung der Gesellschaft und steigende medizinische Kosten. Das Bestreben nach sozialem Ausgleich darf nicht zu einer Überbelastung der Steuer- und Beitragszahler führen.[190]

In diesem Zusammenhang zu sehen ist zum Beispiel der Streit um das Verhältnis der 118
Löhne zur Sozialhilfe (Lohnabstandsgebot) und die flächendeckende Einführung von Mindestlöhnen, mit denen abgesichert werden soll, dass der Bürger eine entsprechende Bezahlung für seine Vollzeitbeschäftigung bekommt, die deutlich über den Sozialhilfesätzen liegt. Dies bedeutet natürlich wiederum einen erheblichen Eingriff in die Wirtschaftsgrundrechte, Art. 2 Abs. 1 GG, Art. 14 GG, insbesondere aber in die Tarifautonomie, Art. 9 Abs. 3 GG.

Auch die Förderung des gesellschaftlichen und wirtschaftlichen Wandels ist ein zweischneidiges Schwert, denn die Beseitigung von Risiken des Marktes kann nicht nur zur Entwicklung beitragen, sondern zu viel Staat kann auch individuelle Verantwortung ersticken. Es gilt daher, ein Gleichgewicht zu schaffen zwischen kollektiver Vorsorge und individueller Selbstverantwortung, wie es im System der sozialen Marktwirtschaft

---

187 BVerfGE 125, 175, 222.

188 BVerfGE 125, 175, 223.

189 Zu den Grenzen/Problemen des Sozialstaats *K. Stern*, Staatsrecht I, 2. Aufl. 1984, S. 918 ff.; *H. F. Zacher*, Das soziale Staatsziel, in: HStR, Bd. II, 3. Aufl. 2004, § 28 Rn. 129 ff.; *H. P. Bull*, Sozialstaat – Krise oder Dissens?, in: FS Badura, 2004, S. 57 ff.

190 Das Sozialbudget umfasste 2013 immerhin 812.242 Mrd. Euro (29,7 % des Bruttoinlandsprodukts). Zum Vergleich: 1960 betrugen die Sozialleistungen dagegen nur 20,9 %, im Jahr 1970 rund 23,9 %, http://www.bmas.de/SharedDocs/Downloads/DE/PDF-Publikationen/a230-13-sozialbudget-2013.pdf?__blob=publicationFile (31.07.2014).

verwirklicht wird. „Sozialstaat heißt mehr als [...] Fürsorgestaat, aber weniger als totaler Wohlfahrtsstaat zu sein.“[191]

119 Das Sozialstaatsprinzip ist einem steten Wandel unterworfen und muss angesichts aktueller Entwicklungen und der Dynamik der Werteauffassungen immer neuen Herausforderungen gerecht werden. Der Gesetzgeber darf nicht bei der Orientierung an vergangener sozialpolitischer Entwicklung verweilen, er darf und muss umfassender konkretisieren und offen für neue Entwicklungen sein. Der Sozialstaat ist somit ein offener Prozess[192] und beinhaltet **kein Rückschrittsverbot.**[193]

Eine wichtige Rolle spielt dabei die europäische Integration, die verschiedene soziale Traditionen und Ansätze zusammenführt. Hier tritt das Spannungsverhältnis zwischen nationaler Sozialpolitik und den Notwendigkeiten der Integration zutage. Beispielsweise verstoßen deutsche Arbeitnehmerschutzvorschriften häufig gegen Grundfreiheiten des Binnenmarktes, so dass das hohe Niveau Deutschlands zwangsläufig auf ein niedrigeres gemeinsames Niveau sinkt. Auch das soziale und wirtschaftliche Gefälle der Mitgliedstaaten spielt hier eine Rolle. Jedenfalls ist nicht zu erwarten, dass der deutsche Sozialstaat im Zuge der europäischen Integration in der gleichen Weise fortbestehen kann. Auf die weltweite Sicht bezogen, sorgt die Globalisierung für neue Herausforderungen und Wechselwirkungen unterschiedlicher sozialer Systeme.

## Wiederholungs- und Verständnisfragen

> Erklären Sie das Spannungsverhältnis zwischen Rechtsstaat und Sozialstaat!
> Warum gewährleistet das GG keine konkreten sozialen Rechte?
> Inwiefern trägt Sozialstaatlichkeit zur Legitimität des Staates bei?
> Nennen Sie (subjektive) Rechte, die sich aus dem Sozialstaatsprinzip ergeben können!
> Kann das Sozialstaatsprinzip auch Eingriffe in die Freiheit der Bürger rechtfertigen?

191 *K. Stern*, Staatsrecht I, 2. Aufl. 1984, S. 911.

192 *M. Kotzur*, Sozialstaat, in: Evangelisches Staatslexikon, 2006, Sp. 2245, 2246; *M. Wallerath*, JZ 1994, 949, 950 ff.; *H. F. Zacher*, Was können wir über das Sozialstaatsprinzip wissen?, in: FS Ipsen, 1977, S. 207 ff., 239 ff.; *F.-X. Kaufmann*, Sozialpolitik und Sozialstaat. Soziologische Analysen, 2002, S. 129 ff.

193 BVerfGE 39, 302, 315; zum sozialen Rückschrittsverbot *R.-U. Schlenker*, Soziales Rückschrittsverbot und Grundgesetz, 1986, S. 59 ff., 71 ff., 224 ff., der allerdings eine Verpflichtung auf einen sozialen Mindeststandard einräumt, S. 75 ff.; *M. Kotzur*, Sozialstaat, in: Evangelisches Staatslexikon, 2006, Sp. 2245, 2250.

# § 8 Der Bundesstaat

## I. Historische Hintergründe und Funktionen der deutschen Bundesstaatlichkeit

### 1. Typologie und historischer Kontext

Die Entscheidung für einen Bundesstaat ist eine Entscheidung für eine regionale Verteilung staatlicher Gewalt in der Fläche des Gesamtstaates. Das Grundgesetz trifft diese Entscheidung in Art. 20 Abs. 1, Art. 28 und Art. 79 Abs. 3. Während Einheitsstaaten wie Frankreich die Staatsgewalt bei den Organen des Gesamtstaates zentralisieren und nur rechtlich nachgeordnete Verwaltungseinheiten kennen, teilen Bundesstaaten die Ausübung staatlicher Gewalt zwischen den Verfassungsorganen des Gesamtstaates und denen der Gliedstaaten auf. In diesem Sinne ist Bundesstaatlichkeit eine Form vertikaler Gewaltenteilung und stellt ein Gegenmodell zum Einheitsstaat dar, das sich immer dort anbietet, wo sich aufgrund größerer sozialer, ökonomischer, geografischer oder kultureller Unterschiede eine Vergemeinschaftung unter dem Rubrum eines einheitlichen Staates nicht anbietet. Dementsprechend variiert auch der jeweilige Ausgestaltungsmodus von Bundesstaaten, die einmal mehr, einmal weniger starke Gliedstaaten begründen.[1] 1

Der Gedanke regional verwurzelter staatlicher Organisation wird vom Grundgesetz auch über die Einrichtung des Bundes und der staatlich selbständigen Länder hinaus weitergeführt. Dies geschieht insbesondere dadurch, dass unterhalb der Länder die Gemeinden und Gemeindeverbände als institutionelle Träger der kommunalen Selbstverwaltung verfassungsrechtlich in Art. 28 Abs. 2 GG abgesichert sind – ohne dass diese damit allerdings Teil der verfassungsrechtlichen Ordnung des Bundesstaates im engeren Sinne würden. Organisatorisch oberhalb des Bundes angesiedelt sind die Verflechtungen des Staates innerhalb der Europäischen Union und den diversen völkerrechtlichen Organisationen. Bundesstaatlichkeit bildet also ein Element in der Organisation und Verflechtung staatlicher Gewalt in einem **Mehrebenensystem**. 2

Dem Rechtsprinzip des Bundesstaates übergeordnet ist das politische Prinzip des **Föderalismus** (von lat. foedus = Bündnis). Föderalismus ist ein Ordnungsprinzip, das auf einer regional definierten Gliederung und Verteilung öffentlicher Gewalt fußt und verschiedene, einerseits miteinander verbundene und andererseits rechtlich selbständige Organisationseinheiten kennt.[2] Ein föderaler Staat, der Bundesstaat ist, ist gekennzeichnet durch die **Eigenstaatlichkeit** seiner Mitglieder, die ihren Ausdruck in deren Verfassungshoheit gewinnt.[3] Sie ist das einzige feststehende gemeinsame Merkmal aller Bundesstaaten. In diesem Sinne sind die 16 deutschen Bundesstaaten (wie auch die Schweizer Kantone oder die „united states") ebenso Staaten im Sinne der tradierten Drei-Elemente-Lehre *Georg Jellineks* (→ Rn. 3) wie der Gesamtstaat, den sie konstituieren. In der Neuzeit ist der Bundesstaat vor allem mit der Gründung der USA 1788 wieder in Erscheinung getreten.[4] Die Gründung des amerikanischen Bundesstaates war 3

1 Zur Organisationstheorie der „loosely coupled systems", s. *K. E. Weick*, Administrative Science Quarterly, 21 (1976), 1 ff.; zu den Varianten *P. Häberle*, § 10 Föderalismus, Regionalismus und Präföderalismus als alternative Strukturformen der Gemeineuropäischen Verfassungskultur, in: Handbuch Föderalismus, Bd. 1, 2012, S. 251 ff.

2 *S. Korioth*, Föderalismus, in: Evangelisches Staatslexikon, 2006, Sp. 596.

3 *H. Nawiasky*, Bundesstaat als Rechtsbegriff, 1920, S. 8 ff.

4 Bereits in hellenistischer Zeit gab es z.B. in Griechenland mit den „koina" genannten Städtebünden, etwa dem Ätolischen oder dem Achäischen Bund, staatliche Gebilde, die die wesentlichen Merkmale heutiger Bundesstaaten aufwiesen.

von erheblichen verfassungspolitischen Auseinandersetzungen begleitet, die sich in den bis heute verfassungsrechtlich relevanten Federalist Papers von *Alexander Hamilton*, *James Madison* und *John Jay* niedergeschlagen haben.[5]

4 Eine andere Organisationsform ist der **Staatenbund**, in dem einzelstaatliche Mitglieder sich zur Verfolgung bestimmter Zwecke zusammenschließen, ohne dabei aber einen eigenen, souveränen Gesamtstaat zu bilden. Der sog. Deutsche Bund (1815–1866) ist ein verfassungsgeschichtliches, die sog. Afrikanische Union ein zeitgenössisches Beispiel für einen Staatenbund.

Eine Sonderrolle nehmen – vor allem in Gestalt der Europäischen Union (EU) – **supranationale Zusammenschlüsse** von Staaten ein. Als supranational werden solche staatlichen Gemeinschaften bezeichnet, deren Mitglieder Zuständigkeiten an die übergeordnete Ebene abtreten, ohne dass diese selbst staatliche Qualität erlangt. Das Bundesverfassungsgericht hat die EU in seiner Rechtsprechung daher einen **Staatenverbund** genannt, um die gesteigerte Bedeutung der zentralen europäischen Ebene gegenüber einem reinen Staatenbund zu betonen: „Der Unions-Vertrag begründet einen Staatenverbund zur Verwirklichung einer immer engeren Union der – staatlich organisierten – Völker Europas [...], keinen sich auf ein europäisches Staatsvolk stützenden Staat."[6] Durch den Vertrag von Lissabon ist die supranationale Verbindung der Mitgliedstaaten der EU noch weiter gestärkt worden – der Vertrag hat die Gemeinschaft also weiter **integriert**. Dies geschieht institutionell wie politisch besonders durch die Einrichtung des Amtes eines ständigen Ratspräsidenten gemäß Art. 15 Abs. 5 S. 1 EUV und eines „europäischen Außenministers", Art. 18 EUV.

5 In der deutschen Verfassungsgeschichte spielen Föderalismus und Bundesstaatlichkeit eine herausgehobene Rolle. Vor allem seit dem 19. Jahrhundert gingen die politischen Bemühungen dahin, die zersplitterten unabhängigen deutschen Klein- und Kleinststaaten zu einem deutschen Gesamtreich zu einigen, was endgültig erst mit der Reichseinigung 1871 gelang, die eine Einigung in einem Bundesstaat war.

Zuvor hatte es auf Initiative Napoleons bereits Ansätze zu einer partiellen Einigung auf dem Gebiet des alten Reiches gegeben, als sich 1806 einige deutsche Fürsten im sogenannten **Rheinbund** (1806–1813) zusammenschlossen. Die Rheinbundstaaten, die vor allem deutsche Mittel- und Kleinstaaten ohne Preußen und Österreich waren, bemühten sich – unter dem Protektorat Napoleons – um innenpolitische Reformen und Modernisierungen, wie Preußen sie (in Gestalt des aufgeklärten Absolutismus) bereits vollzogen hatte.[7] Verfassungsrechtlich und verfassungspolitisch rang der Rheinbund um seine innere Konstitution, beispielsweise um die Reichweite des Gesetzgebungsrechts und letztlich (vergeblich) um eine Rheinbundverfassung. Im Zentrum der Auseinandersetzungen standen das Konzept der (einzelstaatlichen) Souveränität und seine Bedeutung im Kontext der politischen Situation des Rheinbundes.

Abgelöst wurde der Rheinbund durch den sog. **Deutschen Bund**, der 1815 auf dem Wiener Kongress durch die Deutsche Bundesakte (sowie die Wiener Schlußakte von 1820) errichtet wurde. Bundesakte und Schlussakte prägten die Natur des Deutschen Bundes als Staatenbund, der die Staatsgewalt im Wesentlichen bei den Mitgliedern beließ.[8] Auch die Geschichte des Deutschen Bundes kennzeichnet die Auseinandersetzung

5 *B. Zehnpfennig* (Hrsg.), Die Federalist Papers, 2007.
6 BVerfGE 89, 155, Ls. 8.
7 *M. Stolleis*, Geschichte des öffentlichen Rechts in Deutschland, Bd. 2, 1992, S. 62 f.
8 *W. Frotscher/B. Pieroth*, Verfassungsgeschichte, 12. Aufl. 2013, Rn. 247 ff., 255.

des „Vormärz" um eine innere politische wie verfassungsrechtliche Ordnung, die sich vor allem mit dem Scheitern der **Paulskirchenverfassung** im Zusammenhang mit der Märzrevolution 1848/49 verbindet. Die Verfassung war durch die erste frei gewählte gesamtdeutsche Volksvertretung, die in Frankfurt tagende Nationalversammlung, ausgearbeitet worden, trat aber nie in Kraft,[9] weil sich der preußische König Friedrich Wilhelm IV. weigerte, die ihm von der Nationalversammlung angetragene Kaiserkrone (von ihm als „Reif, aus Dreck und Letten gebacken" bezeichnet) zu übernehmen.

Als erster, vollgültiger Bundesstaat auf deutschem Territorium gilt, lässt man die Vorstufe des Norddeutschen Bundes (1866–1871) einmal unberücksichtigt, das **Deutsche Reich**, das mit der Reichsgründung 1871 entstand. Die Reichsverfassung kannte keine dezidierte Bundesstaatsklausel, das geeinte Reich war aber politisch zur damaligen Zeit nur als föderaler Verband denkbar.[10] Die strukturelle verfassungsrechtliche Ausformung des Deutschen Reiches war allerdings deutlich bundesstaatlich geprägt, so kannte sie eine Verteilung der Staatsaufgaben zwischen dem Reich und den Ländern,[11] postulierte, wie heute Art. 31 GG, den Vorrang der Reichs- vor den Landesgesetzen[12] und sah eine Reichsaufsicht ebenso vor wie eine Mitwirkung der Einzelstaaten an der Reichsgesetzgebung und der Verwaltung des Reiches.[13] Die bundesstaatliche Struktur des Reiches von 1871 setzte sich auch fort, als mit der **Weimarer Reichsverfassung** ein grundlegender Systemwechsel von der Monarchie zur republikanischen Ordnung vollzogen wurde. Einen bundesstaatlichen Programmsatz kannte auch die Weimarer Reichsverfassung nicht, übernahm jedoch zentrale bundesstaatliche Elemente der Reichsverfassung von 1871 und verfasste einen unitarisch geprägten, demokratischen und republikanischen Bundesstaat.[14] Dabei räumte die Weimarer Reichsverfassung dem bundesstaatlichen Grundverhältnis zwischen Reich und Ländern jedenfalls symbolisch insoweit eine exponierte Stellung ein, als dass sie deren verfassungsrechtliches Verhältnis gleich zu Beginn mit den Artikeln 1–19 regulierte.

Der Nationalsozialismus, wiewohl er unter der formalen Fortgeltung der Weimarer Reichsverfassung agierte, höhlte die bundesstaatliche Struktur des Reiches aus, schaltete die Länder vom Frühjahr 1933 an gleich und hob ihre eigenständige verfassungsrechtliche Existenz mit dem „Gesetz über den Neuaufbau des Reiches" auf. Die Volksvertretungen in den Ländern wurden aufgelöst und die Hoheitsrechte der Länder gingen auf das Reich über.

Nach Maßgabe der sowjetischen Besatzungsmacht implementierte die DDR ebenfalls das Modell eines Einheitsstaates unter der Führung der SED, der die fünf Länder, die auf dem Gebiet der sowjetischen Besatzungszone lagen, auflöste und sie durch 15 Verwaltungsbezirke mit je etwa 14 nachgeordneten Kreisen und Gemeinden ersetzte.[15] Erst nach der deutschen Wiedervereinigung 1990 kam es zu einer Neugründung der fünf Länder.

---

9 *W. Frotscher/B. Pieroth*, Verfassungsgeschichte, 12. Aufl. 2013, Rn. 335, 345 ff.

10 *H. Bauer*, in: Dreier, GG, Bd. 2, 2. Aufl. 2006, Art. 20 Rn. 2.

11 *R. Herzog/B. Grzeszick*, in: Maunz/Dürig, GG, 61. Lfg., Art. 20 Rn. 6; *A. Uhle*, in: Maunz/Dürig, GG, 61. Lfg., Art. 70 Rn. 7 ff.

12 Art. 2 RVerf 1871, s. zum Verfassungstext in Original, *J. Limbach*, Die deutschen Verfassungen, 1999.

13 Art. 4 RVerf 1871.

14 *G. Anschütz*, Die Verfassung des Deutschen Reiches vom 11. August 1919, 14. Aufl. 1933, Art. 1 Ziff. 4: „Das Deutsche Reich ist auch nach seiner neuen Verfassung ein Bundesstaat".

15 *M. Stolleis*, Sozialistische Gesetzlichkeit, 2009, S. 24.

6 Die Grundlegung der heutigen bundesstaatlichen Ordnung setzte unmittelbar nach dem Zweiten Weltkrieg durch eine Neugründung der Länder ein, die ihrerseits auf die Neubegründung eines Bundesstaates – unter maßgeblichem Einfluss der alliierten Besatzungsmächte – hinwirkten. Zentral war dabei die Zerschlagung Preußens, unter dessen massivem Einfluss die kleineren Länder nicht allein in der Weimarer Republik, sondern schon im Deutschen Reich und auch früher standen. Der als „Bund deutscher Länder" im **Verfassungskonvent von Herrenchiemsee** konzipierte deutsche Bundesstaat, den der Parlamentarische Rat sodann als Bundesrepublik Deutschland bezeichnete, spiegelt sich in der verfassungsrechtlichen Grundentscheidung des Art. 20 Abs. 1 GG, die sogar durch die Ewigkeitsklausel des Art. 79 Abs. 3 GG abgesichert wurde. Freilich war die seit dem 19. Jahrhundert stets angestrebte politische Einheit Deutschlands auch nach dem Krieg und dem Inkrafttreten des Grundgesetzes nicht hergestellt. Die vor allem unter dem Einfluss der sowjetischen Besatzungsmacht manifestierte deutsche Teilung in zwei selbständige, sich schließlich auch wechselseitig anerkennende Staaten, wurde erst durch die **friedliche Revolution von 1989** in der DDR und die daraus folgende deutsche **Wiedervereinigung** 1990 überwunden, mit der die Nachkriegszeit politisch-historisch zu einem Ende kam und die bundesstaatliche Einheit Deutschlands hergestellt war.

### 2. Funktionale Aspekte des Bundesstaates

7 Der bundesstaatlichen Organisationsform werden unterschiedliche Funktionen zugeschrieben. Zuerst und zunächst dient sie der Wahrung und Ermöglichung **regionaler Vielfalt** unter dem Dach einer gemeinschaftlich geteilten staatlichen Organisation.[16] Gemeinschaftliche Erfüllung von Staatszielen bei gleichzeitiger, insofern auch demokratisch inspirierter organisatorischer Pluralität des Staates steht im Vordergrund der bundesstaatlichen Ordnung.[17]

8 Im Hinblick auf die Grundfunktion der Verfassung als Ordnung zur Beschränkung staatlicher Gewalt (→ § 2 Rn. 3 ff.) wird die Bedeutung des Bundesstaates als **Einrichtung der Gewaltenteilung**, der Gewaltengliederung und der Gewaltenbalance deutlich. Das Grundgesetz verwirklicht den Grundsatz der Gewaltenteilung nicht allein in organisatorisch-organspezifischer Hinsicht, sondern auch in territorialer Hinsicht. Dies verdeutlicht das dogmatische Konzept der **Einheit der Verfassung**, nach dem (hier) die Staatsstrukturprinzipien des Art. 20 Abs. 1 GG in vielfältiger Hinsicht miteinander verschränkt werden.[18] Der Bundesstaat modifiziert in diesem Sinne das Zusammenspiel von Demokratie und Rechtsstaat. Er ergänzt diese Prinzipien, „indem er Formen eines Einbaus der Opposition in die demokratische Ordnung, der Auflockerung der inneren Ordnung der Parteien und Verbände, der Aufgliederung in kleinere staatliche Einheiten mit ihrer rationalisierenden Wirkung schafft, indem er durch vertikale und horizontale Gewaltenteilung machthemmende, namentlich aber Funktionen zuordnende Wirkung entfaltet".[19] Das Bundesverfassungsgericht führt dazu aus: „Die Kompetenzaufteilung [...] ist eine wichtige Ausformung des bundesstaatlichen Prinzips im Grundgesetz und zugleich ein Element zusätzlicher funktionaler Gewaltenteilung. Sie verteilt politische Macht und setzt ihrer Ausübung einen verfassungsrechtlichen Rahmen, der

16 *H. Bauer*, in: Dreier, GG, Bd. 2, 2. Aufl. 2006, Art. 20 Rn. 19.
17 *G. Robbers*, in: Dolzer/Vogel/Graßhof, BK-GG, 139. Lfg., Art. 20 Abs. 1 Rn. 1019.
18 *K. Hesse*, Grundzüge des Verfassungsrechts der Bundesrepublik Deutschland, 20. Aufl. 1999, Rn. 271.
19 *K. Hesse*, Grundzüge des Verfassungsrechts der Bundesrepublik Deutschland, 20. Aufl. 1999, Rn. 273.

diese Machtverteilung aufrechterhalten und ein Zusammenwirken der verschiedenen Kräfte sowie einen Ausgleich der widerstreitenden Belange ermöglichen soll."[20]

In diesem Blickwinkel lässt sich dem Bundesstaat auch die Funktion der **Verstärkung der demokratischen Ordnung** zuschreiben, weil durch die territoriale Teilung politischer Macht unterschiedliche politische Strömungen die Gelegenheit haben, über die Beteiligung an der Regierung in den Ländern auch Einfluss auf die Politik des Bundes über den Bundesrat zu nehmen. Politische Parteien können in den Ländern eigene politische Konzepte umsetzen, durch Beteiligung an Regierungen Erfahrungen in der operativen Staatsleitung gewinnen und nicht zuletzt politische Führungskräfte heranziehen und erproben. Vom Standpunkt des Bundesvolkes als dem Souverän der Bundesebene lässt sich die Bundesstaatlichkeit freilich auch als Beschränkung des demokratischen Prinzips verstehen, da über den Bundesrat, der von den **Regierungen** der Länder beschickt wird, der unmittelbare Einfluss des Souveräns zugunsten exekutiver Mitwirkung zurückgedrängt wird. 9

Der Gedanke der Maximierung der politischen Selbstbestimmung des Volkes durch Bundesstaatlichkeit lässt sich begrifflich und konzeptionell auch fassen im Sinne des **Subsidiaritätsprinzips**, nach dem nur solche Aufgaben vom größeren und übergeordneten Gemeinwesen erfüllt werden sollen, die nicht von den nachgeordneten Gemeinschaften erfüllt werden können.[21] Organisationstheoretisch lässt sich dies auch als Gedanke der **Dezentralisierung** formulieren, die dem Staat eine größere „Individualisierung, Sachbezogenheit und Personennähe" seines Handelns und seiner Entscheidungen ermöglicht. Darin liegen gleichzeitig Elemente der Freiheitssicherung sowie der Effizienz und Stabilität der staatlichen Ordnung.[22]

In kultureller Hinsicht unterstützt die Bundesstaatlichkeit die **kulturstaatliche Prägung** der Bundesrepublik Deutschland, indem sie den Gesamtverband regional strukturiert und die Länder als „Ausdruck gewachsener und überkommener Kultur"[23] anerkennt und durch die Einräumung eigener staatlicher Qualität absichert.[24] 10

Die **Dimension innerer Befriedung**, die dem Bundesstaat vor allem in regional geprägten und kulturell heterogenen Ländern zukommt, ist im deutschen Verfassungsrecht kaum noch virulent.[25] Verfassungsgeschichtlich kommt ihr allerdings nach außen insoweit Bedeutung zu, als dass durch die Zerschlagung des das Deutsche Reich flächenmäßig, wirtschaftlich und militärisch dominierenden Staates Preußen nach dem Zweiten Weltkrieg die Alliierten eine politische Dominanz Deutschlands in Europa unterbinden wollten. Von diesem Standpunkt aus war die Gründung der Bundesrepublik auf Grundlage nicht historisch, sondern willkürlich zugeschnittener Ländergrenzen unter der Auflösung des Staates Preußen ein Widerspruch gegen die regionale und landsmannschaftliche Dimension des Bundesstaatsprinzips. Die Grenzen der Länder der heutigen Bundesrepublik sind damit nur teilweise „historisch gewachsen". Werden bis heute die Größenunterschiede der Länder als Problem beklagt, sei darauf hingewiesen, dass dieses Problem vormals noch viel größer war. Und nicht nur Neuschaffungen sogenannter „Bindestrich-Länder" (z.B. Nordrhein-Westfalen) haben ihre Identität erst 11

20 BVerfGE 108, 169, 181.
21 *G. Robbers*, in: Dolzer/Vogel/Graßhof, BK-GG, 139. Lfg., Art. 20 Abs. 1 Rn. 1028; *R. Herzog*, Der Staat 2 (1963), 399 ff.
22 *G. Robbers*, in: Dolzer/Vogel/Graßhof, BK-GG, 139. Lfg., Art. 20 Abs. 1 Rn. 1029 f.
23 G. *Robbers*, in: Dolzer/Vogel/Graßhof, BK-GG, 139. Lfg., Art. 20 Abs. 1 Rn. 1022.
24 Zur Kulturstaatlichkeit im Bundesstaat s. *P. Häberle*, AöR 124 (1999), 549 ff.
25 G. *Robbers*, in: Dolzer/Vogel/Graßhof, BK-GG, 139. Lfg., Art. 20 Abs. 1 Rn. 1032.

finden müssen. Auch ein Land wie der Freistaat Bayern hat durch die große Zahl von Vertriebenen, die ohne Land ihre Existenz dort aufbauten, eine neue Prägung erfahren, auf der seine Entwicklung vom Agrar- zum Bildungs- und Dienstleistungsstandort wesentlich beruht.

### 3. Entwicklungsdynamiken der Bundesstaatlichkeit am Beispiel Deutschlands

12 Die verfassungsrechtliche Entscheidung für einen Bundesstaat ist ihrer Natur nach nicht statisch, wie es beispielsweise die Vorschriften über die Einrichtung und Organisation staatlicher Organe oder zum Teil auch die Verteilung von Kompetenzen zwischen diesen Organen sind. Vielmehr setzt die verfassungsrechtliche Grundentscheidung für den Bundesstaat einen äußeren Rahmen, dessen Ausfüllung politisch und ökonomisch determiniert ist. Die Verwirklichung des Bundesstaates ist also ein dynamischer Vorgang, der im Wesentlichen von zwei widerstreitenden Strömungen beherrscht wird, nämlich der **Unitarisierung** auf der einen Seite und dem Bemühen um **Subsidiarität, Pluralität und Regionalität** auf der anderen Seite. Kurz gesagt, ist der Bundesstaat gekennzeichnet durch eine permanente Spannung von Einheit und Vielfalt.

Dieses Spannungsverhältnis liegt in der Natur des Bundesstaates selbst begründet. Als Staat zielt er notwendig auf die Herstellung und Gewährleistung einer politischen Einheit, vor allem in rechtlicher, aber auch in ökonomischer, sozialer und kultureller Hinsicht. Als **Bundes**staat zielt er auf eine föderale Organisation der staatlichen Gemeinschaft, auf Verteilung staatlicher Gewalt, auf Pluralität und regionale Differenz. Welche der beiden Seiten Oberhand gewinnt, hängt von der konkreten verfassungsrechtlichen Ausgestaltung ab.

13 Die verfassungsrechtliche Entwicklung in der Bundesrepublik war und ist durch eine starke Tendenz zur bundesstaatlichen Vereinheitlichung gekennzeichnet. Mit *Konrad Hesse* spricht man daher auch vom **unitarischen Bundesstaat.**[26] Dieser ist gekennzeichnet durch eine starke Konzentration der staatlichen Aufgaben, vor allem der Außenvertretung nach Art. 32 Abs. 1 GG und der Rechtsetzung beim Bund. Anders als die Ausgangsregel des Art. 70 Abs. 1 GG nahelegt, bildet die Bundesgesetzgebung einen Schwerpunkt der legislativen Tätigkeit des Staates. Insbesondere im Bereich der sogenannten konkurrierenden Gesetzgebung (→ § 8 Rn. 33) wird regelmäßig nicht der Landesgesetzgeber, sondern der Bundestag als Gesetzgebungsorgan des Gesamtstaates tätig, mit der Folge, dass die Ausübung der Länderkompetenz nach Art. 72 Abs. 1 GG insoweit gesperrt wird. Zudem hatte der Bund über lange Zeit intensiv von der durch die Föderalismusreform des Jahres 2006 abgeschafften Rahmengesetzgebungskompetenz Gebrauch gemacht, was zu einer erheblichen Beschneidung der legislativen Gestaltungsmöglichkeiten der Länder geführt hatte.

Die **Bedeutung der Länder** liegt danach weniger in eigener Gesetzgebung (so im Polizei-, Kommunal- oder Schulrecht), sondern vor allem im **Vollzug** der Gesetze und d.h. auch der Bundesgesetze nach Art. 83 GG und in der Mitwirkung an der Bundesgesetzgebung vermittels des **Bundesrates.** Diese Mitwirkung spitzt sich in den Bereichen zu, in denen der Bundesrat den Bundesgesetzen zustimmen muss und so eine Vetoposition hat. Politisch wurde diese enge, verfassungsrechtlich nur zum Teil beabsichtigte Verflechtung der bundesstaatlichen Ebenen noch verschärft durch die parteienstaatliche

26 *K. Hesse*, Der unitarische Bundesstaat, 1962, vor allem S. 14 ff.

Überformung des politischen Systems, die vor allem bei divergierenden Mehrheiten in Bundestag und Bundesrat einen Zwang zur überparteilichen Konsensfindung institutionalisierte (→ § 13 Rn. 2 ff.). Diese verfassungsrechtlich nicht beabsichtigte Umkehrung von an sich günstigen verfassungsorganisationsrechtlichen Ausgangsbedingungen des dezentralen Systems Bundesstaat wird bezeichnet als **Politikverflechtungsfalle.**[27] Die damit verbundenen politischen Blockademöglichkeiten vor allem zwischen Bundestag und Bundesrat waren wesentlicher Beweggrund für die sogenannte **Föderalismusreform** des Jahres 2006, die zu einer Neuordnung und Umstrukturierung vor allem des Systems der Gesetzgebungskompetenzen zwischen Bund und Ländern geführt hat. Leitmotiv dieser Reform war der Gedanke, die Gesetzgebung von Bund und Ländern durch eine deutlichere Zuordnung der Gesetzgebungskompetenzen und die Abschaffung der Kompetenz zur Rahmengesetzgebung zu stärken oder wechselseitige Blockaden durch die Änderung der Zustimmungsbedürftigkeit von Bundesgesetzen aufzuheben sowie verfassungsrechtliche Mischfinanzierungstatbestände für Vorhaben im Bundes- und Landesinteresse abzubauen.[28] Gleichzeitig sollte durch die Einführung der neuen, sogenannten **Abweichungsgesetzgebung**[29] in Art. 72 Abs. 3 GG den Ländern größerer Spielraum für eigenständige gesetzgeberische Gestaltungen bestimmter Sachbereiche eingeräumt werden (→§ 8 Rn. 33). Ziel war dabei, den unitarischen Bundesstaat zwar nicht abzuschaffen, ihn aber durch **Elemente des Wettbewerbs und der Konkurrenz** zu ergänzen und zu dynamisieren. Bislang ist von der politisch und juristisch viel beachteten Möglichkeit der Abweichungsgesetzgebung durch die Länder allerdings nur sehr spärlich Gebrauch gemacht worden.

### Wiederholungs- und Verständnisfragen

- Grenzen Sie folgende Begriffe voneinander ab: Bundesstaat, Einheitsstaat, Staatenbund und Staatenverbund.
- Sind die Länder der Bundesrepublik Staaten? Wenn ja, warum?
- Erläutern Sie die Funktion des Bundesstaats im Hinblick auf Gewaltenteilung und Demokratieprinzip!

## II. Überblick über die fünf Regelungsfelder der Bundesstaatlichkeit

Trifft eine Verfassung die Entscheidung für einen Bundesstaat, so ist es mit einer bloßen verfassungsrechtlichen Deklaration nicht getan. Der Bundesstaat bedarf vielmehr bereits verfassungsunmittelbar einer Ausgestaltung und Konkretisierung. Verfassungsrechtliche Ausgestaltungsvorschriften für den Bundesstaat betreffen dabei typischerweise verschiedene Regelungsbereiche, nämlich **Bestandsschutzregelungen** für die Glieder des Bundes, **Autonomieregelungen**, die das Verhältnis der Glieder zueinander zum Gegenstand haben, Regelungen über das Mindestmaß an **Homogenität** zwischen den Gliedern des Bundes, die deren rechtlichen und politischen Aktionsradius beschränken, sowie schließlich Vorschriften über die **Geltung und den Vorrang von Normen** der höheren Ebene gegenüber denen nachgeordneter Ebenen. 14

---

27 Grundlegend *F. W. Scharpf*, PVS 1985, 323 ff.; s. auch *A. Hohler*, Kompetition statt Kooperation, 2009, S. 50 ff., 59 ff.

28 BT-Drucks. 16/813, 7 f.

29 S. dazu *L. Beck*, Die Abweichungsgesetzgebung der Länder, 2009; *C. Franzius*, NVwZ 2008, 492 ff.; *L. Michael*, JZ 2006, 884 ff.

15 Die bundesstaatliche Ordnung des Grundgesetzes hat diesen verfassungsrechtlichen „Ausgestaltungsauftrag“ angenommen und das Verhältnis zwischen Bund und den Ländern in insgesamt fünf verschiedenen Sachbereichen geregelt, die das verfassungsrechtliche Gesicht des deutschen Bundesstaates nachhaltig prägen. Es handelt sich dabei um **Kompetenzzuweisungsvorschriften**, davon umschlossen und darüber hinausgehend auch Regelungen, nach denen Bund und Länder **wechselseitig aufeinander einwirken** oder **kooperieren** können. Außerdem bedarf es der Vorschriften über das erwartete bzw. vorausgesetzte **Maß an Homogenität** innerhalb des Bundesstaates sowie der Regelungen für das Finanzwesen.

### III. Verteilung der Kompetenzen

16 Das Grundgesetz sieht einen **Staatsaufbau von unten nach oben** vor. Grundregel dieser „vertikalen Gewaltenverteilung“ ist Art. 30 GG. Danach ist die Ausübung aller staatlichen Befugnisse sowie die Erfüllung von Staatsaufgaben grundsätzlich Sache der Länder. Nur dann, wenn das Grundgesetz etwas anderes bestimmt, ist der Bund zum Handeln berufen. Diese Regel wird für die drei Gewalten wiederholt, für die Gesetzgebung in Art. 70 ff. GG, für die Verwaltung in Art. 83 ff. GG und für die Rechtsprechung in Art. 92 GG. Die **methodische Konsequenz** dieser Zuständigkeitsverteilung liegt darin, dass man im Grundgesetz nach einer Kompetenz des Bundes für die jeweilige Staatstätigkeit sucht; findet sich keine, so sind die Länder zuständig.

#### 1. Bundesstaatlicher Kontext und allgemeine Grundsätze der Kompetenzverteilung

17 Für einen funktionierenden Bundesstaat kommt es darauf an, dass mit den Ländern starke politische Entscheidungszentren mit einer garantierten Verfassungsautonomie bereitstehen. An dieser Stelle überschneiden sich Bundesstaats- und Demokratieprinzip: Ein funktionierender Bundesstaat sichert die Möglichkeit einer Staatswillensbildung von unten nach oben ab und konkretisiert insoweit die demokratischen Grundlagen des Staates. Die Länder haben demgemäß bestimmte Gesetzgebungskompetenzen. Die Ausführung der Gesetze – und zwar auch der Bundesgesetze – und damit ihre sach- und ortsnahe Fortentwicklung durch Verwaltungspraxis, durch Auslegung und Ermessensbetätigung liegen bei den Ländern. Schließlich liegt der Aufbau der Rechtsprechung in Länderhand, sofern nicht das Grundgesetz die Einrichtung von Bundesgerichten vorsieht (Art. 92 ff. GG).

18 Die Bundeskompetenzen sind als Ausnahme zu Länderzuständigkeiten durchweg **enumerativ beschränkt.** Dies bedeutet aber nicht, dass das Schwergewicht verfassungsrechtlicher Befugnisse bei den Ländern liegt. Dem Bund sind vor allem in den Bereichen der Gesetzgebung durch Aufzählung maßgebliche Tätigkeitsbereiche zugewiesen (Art. 73, 74 GG), den Ländern sind sie teilweise sogar vollständig entzogen (Art. 71, 72 Abs. 1 GG). Im Bereich der Verwaltung (Art. 83 ff. GG) dagegen behalten die Länder breite Befugnisse. Sie kooperieren im Bereich der Gemeinschaftsaufgaben (Art. 91a ff. GG → §.16 Rn. 16) mit dem Bund. Einen qualifizierten Schutz erhalten die Gemeinden und Gemeindeverbände durch Art. 28 Abs. 2 GG. Sie sind als **mittelbare Staatsverwaltung** Teil der Landesstaatsgewalt, genießen aber ein verfassungsrechtlich garantiertes Selbstverwaltungsrecht für alle Angelegenheiten der örtlichen Gemeinschaft. Der Bund darf Gemeinden und Gemeindeverbänden keine Aufgaben übertragen – dies ist allein den Ländern vorbehalten (Art. 84 Abs. 1 S. 7, 85 Abs. 1 S. 3 GG). Im Bereich der Rechtsprechung schließlich üben die Länder durch die Instanzgerichte

bis hin zu den Oberlandesgerichten und Oberverwaltungsgerichten Landesstaatsgewalt aus. Die Rechtsprechung der Bundesgerichte ist dagegen prägend für eine vereinheitlichte Fortentwicklung bundesweit anwendbaren Rechts.

Für die Kompetenzverteilung bestehen zwei Grundsätze. Erstens der Grundsatz der **ausschließlichen Zuordnung.** Das System der Kompetenzen ermächtigt entweder nur den Bund oder nur die Länder. Eine parallele Ermächtigung ist die Ausnahme (Art. 72 Abs. 3, 84 Abs. 1 S. 2–4, 91a ff. GG). Zweitens der Grundsatz der **eindeutigen Zuordnung** einer Staatsaufgabe zu einem Kompetenztitel: Die Ausfüllung einer Staatsaufgabe (vgl. Art. 30 GG) oder Ausübung einer Befugnis lässt sich nie auf zwei Kompetenztitel in Kombination stützen, sondern muss durch Interpretation letztendlich einem Kompetenztatbestand zugeordnet werden. Dies verlangen die rechtsstaatlichen Grundsätze der Zuordnungsfähigkeit und Vorhersehbarkeit staatlichen Handelns. 19

An dieser Stelle überschneiden sich Bundesstaats- und Rechtsstaatsprinzip: Zuordnungsfähigkeit, Vorhersehbarkeit und Abgrenzbarkeit von Kompetenzen konkretisieren das Rechtsstaatsprinzip im Bundesstaat.

Dies alles macht Kompetenzabgrenzungsfragen – vor allem im Bereich der Gesetzgebung (Art. 70 ff. GG), aber auch der Verwaltung (Art. 83 ff. GG) – **klausurrelevant.** Anhand dieser Normen wird die Frage nach der **Verbandskompetenz** erörtert: Ist der Bund oder sind die Länder handlungsbefugt? Als solche ist in der Fallbearbeitung die Erarbeitung der Verbandskompetenz der Frage nach der **Organkompetenz** vorgelagert und von ihr zu trennen. 20

## 2. Gesetzgebung

▶ **FALL 6:** Das Land N beabsichtigt, sein Landesnaturschutzgesetz zu novellieren. Eingefügt wird folgende neue Bestimmung:

„§ 15a

(1) Erhebliche Beeinträchtigungen von Natur und Landschaft sind vom Verursacher vorrangig zu vermeiden.

(2) Nicht vermeidbare erhebliche Beeinträchtigungen sind durch Ersatz in Geld zu kompensieren. Die Gemeinden und der Vorhabenträger können gemeinsam flexible und einzelfallangemessene Lösungen erarbeiten, um eine den Bedürfnissen eines wirksamen Naturschutzes gerechte Kompensation für den Eingriff zu erreichen."

Der Gesetzentwurf enthält keinen weiteren Hinweis auf das Naturschutzrecht anderer Länder oder auch § 13 BNatSchG. Die Landesregierung begründet den Entwurf damit, dass das Land N „weg von der Flächenkompensation" kommen müsse, um die Landwirtschaft von den wirtschaftlichen Belastungen durch „bürokratischen Naturschutz" zu befreien. Auch die Belange der Flächennutzung müssten berücksichtigt werden. Ist das Gesetz verfassungsmäßig?

Hinweis: § 13 BNatSchG besagt:

„Allgemeiner Grundsatz

Erhebliche Beeinträchtigungen von Natur und Landschaft sind vom Verursacher vorrangig zu vermeiden. Nicht vermeidbare erhebliche Beeinträchtigungen sind durch Ausgleichs-

oder Ersatzmaßnahmen oder, soweit dies nicht möglich ist, durch einen Ersatz in Geld zu kompensieren.“ ◀

21 Die Art. 70 ff. GG bestimmen die Verteilung der Gesetzgebungskompetenzen. Sie verleihen die Kompetenz zum Erlass **förmlicher Bundes- und Landesgesetze**, also von Parlamentsgesetzen. Dies ergibt sich nicht nur aus dem Wortlaut maßgeblicher Vorschriften (Art. 72 Abs. 1 GG: „durch Gesetz“), sondern auch aus der Systematik: Art. 70 ff. GG sind mit dem förmlichen Gesetzgebungsverfahren gemäß Art. 76 ff. GG als „Gesetzgebung des Bundes“ unter einem Titel zusammengefasst. Der Erlass sonstiger generell abstrakter Regelungen, die man auch als materielle Gesetze bezeichnet (→ § 15 Rn. 36 ff.), richtet sich nach anderen Rechtsgrundlagen. Auf Bundesebene ist der Erlass von Rechtsverordnungen abschließend in Art. 80 GG geregelt. Für den Erlass **materieller** Gesetze in Form von Rechtsverordnungen und Satzungen sind die Bestimmungen in Art. 70 ff. GG nicht positive Grundlage, sondern nur negative Schranke; so darf etwa ein Land nicht durch Rechtsverordnung auf eine dem Bund vorbehaltene Kompetenz übergreifen,[30] und die Gemeinden sind in der Ausübung ihres Selbstverwaltungsrechts ebenfalls durch die Kompetenzordnung des Grundgesetzes beschränkt.[31]

Die Gesetzgebung ist Sache der Länder, soweit nicht das Grundgesetz dem Bund Gesetzgebungskompetenzen verleiht, Art. 70 Abs. 1 GG. Diese können gemäß dem **Zweiteilungsmodell** des Art. 70 Abs. 2 GG ausschließliche und konkurrierende Bundeskompetenzen sein.

### a) Ausschließliche Bundeszuständigkeiten

22 **Ausschließliche Bundeskompetenz** bedeutet, dass die Länder auf den jeweiligen Sachgebieten von jeglicher Gesetzgebungszuständigkeit ausgeschlossen sind, es sei denn, dass sie durch Bundesgesetz ermächtigt werden (Art. 71 GG). Ausschließliche Zuständigkeiten des Bundes sind im Wesentlichen in Art. 73 GG enthalten. Einige der dort aufgeführten Materien gelten als **das Minimum eines integrierten Staatswesens**: auswärtige Angelegenheiten, Staatsangehörigkeit, Verteidigung, Freizügigkeit (Nr. 1–3). Weitere Kompetenzen sind auf die EU übergegangen und daher nur beschränkt ausübungsfähig (Währung, Zoll und Handel, Nr. 4–5, vgl. Art. 3 Abs. 1 lit. a), c) AEUV).[32]

Andere Zuständigkeiten sind aufgrund neuer Notwendigkeiten aufgenommen worden (Nr. 9a: Terrorismusabwehr) oder im Rahmen der Bundesstaatsreform 2006[33] in die ausschließliche Zuständigkeit des Bundes überführt worden (Nr. 3 a. E., 5a, 9a, 12–14). Weitere ausschließliche Bundeskompetenzen sind über das Grundgesetz hinweg verteilt und etwa durch die Formulierung „Das Nähere regelt ein Bundesgesetz“ kenntlich gemacht. Auch sie bilden eine von Art. 71 GG vorgesehene Ausnahme zu Art. 70 Abs. 1 GG und sind ggf. zur Falllösung heranzuziehen. Dabei handelt es sich um u.a. Art. 4 Abs. 3 GG (ZDG), Art. 21 Abs. 3 GG (PartG), Art. 38 Abs. 3 GG (BWahlG, BWahlO), Art. 41 Abs. 3 GG (WahlPrüfG), Art. 48 Abs. 3 GG (AbgG), verschiedentlich in Art. 87 ff. GG, 91a Abs. 2, 93 Abs. 3 GG (BVerfGG), Art. 94 Abs. 2 GG (GVG), Art. 95 Abs. 3, 98 Abs. 1 GG (RiG) sowie

30 Allgemein aus Rücksichtnahme- und Treuegesichtspunkten BVerfGE 81, 310, 339 f.
31 BVerfGE 98, 106, 125 f.
32 *A. Uhle*, in: Maunz/Dürig, GG, 58. Lfg., Art. 73 Rn. 84, 101.
33 Föderalismusreformgesetz v. 28.8.2006 (BGBl. I, 2034); vgl. BT-Drucks. 16/813, 12.

Art. 109 Abs. 4 GG. Eine Übergangsvorschrift für neue Materien ausschließlicher Bundeszuständigkeit enthält Art. 125a Abs. 3 S. 2 GG. Art. 125a Abs. 3 S. 2 GG ist bzw. war Kompetenzgrundlage für den erstmaligen Erlass von Bundesrecht aufgrund der neuen Kompetenzmaterien des Art. 73 GG, insbesondere Nr. 9a.

### b) Konkurrierende Bundeszuständigkeiten

23 Die zweite Gruppe bilden konkurrierende Bundeskompetenzen. „Konkurrenz" bedeutet nicht, dass sich Bund und Länder nebeneinander bestehende Gesetzgebungskompetenzen teilen. Vielmehr sind die Länder grundsätzlich nur zuständig, „solange und soweit" der Bund nicht von seiner Gesetzgebungskompetenz Gebrauch gemacht hat, Art. 72 Abs. 1, 2 GG. Ein Bundesgesetz auf einem dieser Bereiche sperrt also in seinem Regelungsfeld die Landesgesetzgeber. Lediglich im Bereich des Art. 72 Abs. 3 GG ergibt sich ein Raum für echte Parallelkompetenzen. Die Sachbereiche konkurrierender Gesetzgebungskompetenzen sind – mit Ausnahme des Art. 105 Abs. 2 GG – abschließend in Art. 74 Abs. 1 GG aufgeführt. Hervorzuheben sind Nr. 1, 11–13, 16, Nr. 18, 31, Nr. 22 sowie 24, 29 und Nr. 28, 32, 33. Allein Art. 74 Abs. 1 Nr. 1 GG zeigt, welche quantitative Bedeutung die konkurrierende gegenüber der ausschließlichen Gesetzgebung hat, sind doch von dieser Nummer das gesamte bürgerliche Recht, das Strafrecht und dass Prozessrecht erfasst.

Art. 72 GG eröffnet drei Spielarten der konkurrierenden Gesetzgebung: die **Vorrangkompetenz** (Abs. 1) und die **Bedarfskompetenz** (Abs. 2) des Bundes sowie den Bereich der **Abweichungsgesetzgebung** (Abs. 3).[34] Zu beachten bleiben die Übergangsregelungen: Art. 125a Abs. 1 GG für vormalig konkurrierende Bundeskompetenzen, nun ausschließliche Landeskompetenzen, Art. 125a Abs. 2 GG für die verschärfte Erforderlichkeitsklausel des Art. 72 Abs. 2 GG und Art. 125b Abs. 1 GG für die Einführung des Art. 72 Abs. 3 GG.

#### aa) Die Vorrangkompetenz des Bundes

24 Im Bereich der Vorrangkompetenz des Bundes haben gemäß Art. 72 Abs. 1 GG „die Länder das Recht zur Gesetzgebung, solange und soweit der Bund von seiner Gesetzgebungszuständigkeit nicht durch Gesetz Gebrauch gemacht hat". Danach sind grundsätzlich Bund und Länder konkurrierend zuständig. Nimmt der Bund aber seine Kompetenz wahr, so werden die Länder von ihrem Gesetzgebungsrecht ausgeschlossen, **soweit** das Bundesgesetz reicht und **solange** es besteht. Gesonderte materielle Anforderungen an das Gesetz sind hier nicht erforderlich. Die Vorrangkompetenz gilt für alle nicht in Art. 72 Abs. 2 GG genannten Ziffern des Art. 74 Abs. 1 GG.

25 **„Gebrauch gemacht"** setzt voraus, dass der Bund eine positive Regelung trifft. Ein ansonsten inhaltsloses, pauschales „Sperrgesetz" ist wirkungslos und schließt die Länder nicht von ihrer Kompetenz aus.[35] „Soweit" bedeutet dabei, dass die Länder auch teilweise von ihrer Gesetzgebungskompetenz ausgeschlossen werden können, etwa durch eine Teilregelung. Für die Reichweite der Sperrwirkung kommt es auf eine sorgfältige Auslegung des Bundesgesetzes im Lichte des einschlägigen Kompetenztitels an. So kann auch eine punktuelle Gesetzeslücke die Sperrwirkung auslösen, wenn Systematik

34 Instruktiv nun und als Empfehlung zur Vertiefung *C. Gröpl/A. Loth*, Ad Legendum, 2012, 73 ff.
35 BVerfGE 34, 9, 27; *K.-D. Schnapauff*, in: Hömig, GG, 10. Aufl. 2013, Art. 72 Rn. 2.

und Zweck des Bundesgesetzes ergeben, dass das Bundesgesetz die betreffende Materie abschließend regelt („beredtes Schweigen").[36]

26 **„Durch Gesetz"** bedeutet, dass der Bund durch förmliches Gesetz von seiner Kompetenz Gebrauch gemacht haben muss. **„Gebrauch gemacht"** hat der Bund von seiner Kompetenz mit **Abschluss** des Gesetzgebungsverfahrens.[37] Dies ist die Verkündung des Gesetzes, Art. 82 Abs. 2 GG.

#### bb) Die Bedarfskompetenz des Bundes

27 Für die in Art. 72 Abs. 2 GG genannten Materien des Art. 74 Abs. 1 GG dürfen Bundesgesetze nur unter erhöhten materiellen Voraussetzungen ergehen. Diese sogenannte „Erforderlichkeitsklausel" ist 1994 in das Grundgesetz aufgenommen worden und verschärfte die Vorgängerfassung deutlich, die ein Tätigwerden des Bundesgesetzgebers lediglich an ein politisches **Bedürfnis** anknüpfte. Wann ein solches Bedürfnis vorlag, galt als eine vom Bundesverfassungsgericht nicht kontrollierbare politische Ermessensentscheidung des Bundesgesetzgebers.[38] Die Verschärfung und Präzisierung des Wortlauts und die Einführung eines besonderen Normenkontrollverfahrens zur Überprüfung der Erforderlichkeit eines Bundesgesetzes gemäß Art. 72 Abs. 2 GG in Art. 93 Abs. 1 Nr. 2a GG im Jahre 1994 wirkten einer weiteren Erosion der Länderkompetenzen entgegen.[39]

28 Das Bundesverfassungsgericht hat zügig seine neue Rolle als Hüter des Kompetenzrechts wahrgenommen. In jüngeren Entscheidungen[40] konkretisierte es Art. 72 Abs. 2 GG zu einer justiziablen Kompetenzschranke. In den Entscheidungen zu Juniorprofessur und Studiengebühren verwarf es Bundesgesetze, weil nicht hinreichend dargetan wurde, dass diese Bundesgesetze zur Erreichung der in Art. 72 Abs. 2 GG aufgeführten Ziele erforderlich waren. Dies warf aber das Problem auf, dass weite Teile der Bundesgesetzgebung im Streitfall der abschließenden Beurteilung durch das Bundesverfassungsgericht unterworfen sein würden. Unter den Gesichtspunkten effektiver politischer Gestaltung durch Gesetzgebung und angesichts der Möglichkeit der verfassungsgerichtlichen Verwerfung von Gesetzen barg diese Möglichkeit einen Problemherd: Viele wichtige politische Vorhaben des Bundesgesetzgebers hätten unter dem Vorbehalt der verfassungsgerichtlichen Überprüfung der Erforderlichkeitsklausel gestanden.[41] Über der konkurrierenden Gesetzgebung schwebte ein Damoklesschwert. Daher hat die **Bundesstaatsreform 2006** den Anwendungsbereich des Art. 72 Abs. 2 GG (**Erforderlichkeitsklausel**) auf die hier aufgeführten Ziffern reduziert und Art. 72 Abs. 2 GG aufgespalten: Der Großteil der konkurrierenden Bundesgesetzgebung unterfällt nun der **Vorrangkompetenz** nach Abs. 1, ein kleiner Teil der neuen **Abweichungsgesetzgebung** nach Abs. 3.

---

36 BVerfGE 85, 134, 147; E 98, 265, 300; E 109, 190, 233; E 113, 348 ff.; *R. Sannwald*, in: Schmidt-Bleibtreu/Hofmann/Henneke, GG, 13. Aufl. 2014, Art. 72 Rn. 28.

37 Eine gute Darstellung der dazu vertretenen Ansichten findet sich bei *S. Oeter*, in: v. Mangoldt/Klein/Starck, GG, Bd. 2, 6. Aufl. 2010, Art. 72 Rn. 64 ff.

38 Vgl. die Zurückhaltung des BVerfG in BVerfGE 2, 213, 224; E 26, 338, 382; E 78, 249, 270 f. Im Überblick hierzu *C. Neumeyer*, Der Weg zur neuen Erforderlichkeitsklausel für die konkurrierende Gesetzgebung des Bundes (Art. 72 Abs. 2 GG), 1999, S. 92–109.

39 BT-Drucks. 12/6000, 33.

40 BVerfGE 106, 62, 135 ff.; E 111, 226 ff.; E 112, 226, 244.

41 *K. Benneter/A. Poschmann*, Die Neuordnung der Gesetzgebungskompetenzen im Umweltbereich aus Sicht des Bundes, in: Holtschneider/Schön, Die Reform des Bundesstaates, 2007, S. 175, 185 ff.

29 Die Prüfung des Art. 72 Abs. 2 GG erfolgt zweistufig. Nach der Feststellung, dass einer der in Art. 72 Abs. 2 GG genannten Kompetenztitel einschlägig ist, ist zu prüfen, ob ein Tätigwerden des Bundesgesetzgebers zur Erreichung einer der Ziele der **Zieltrias** in Art. 72 Abs. 2 GG (Herstellung und Erhaltung gleichwertiger Lebensverhältnisse, der Rechtseinheit und der Wirtschaftseinheit) im gesamtstaatlichen Interesse erforderlich ist. Unter jedes der drei Merkmale des Art. 72 Abs. 2 GG ist gesondert das Tatsachenmaterial zu subsumieren. Dabei ist zu beachten, dass das Bundesverfassungsgericht dem Bund nach wie vor einen Einschätzungs- und Prognosespielraum zubilligt. Während die Kompetenztitel der Art. 73, 74 GG als unbestimmte Rechtsbegriffe vollumfänglich durchzuprüfen sind, wird in Art. 72 Abs. 2 GG eine gesetzgeberische Prognoseentscheidung[42] überprüft. Diese ist gleichwohl streng: Der Gesetzgeber muss plausibel darlegen, dass er einheitliche Regelungen zur Erreichung eines der genannten Ziele für erforderlich halten musste, also keine vernünftige Alternative im Gesetzgebungsverfahren erkennbar war. Maßgeblich sind dabei die Gesetzesmaterialien und im Gesetzgebungsverfahren vorgebrachte Argumente.

30 Zur **Herstellung gleichwertiger Lebensverhältnisse** ist ein Tätigwerden des Bundes nur dann erforderlich, wenn „sich die Lebensverhältnisse in den Ländern der Bundesrepublik in erheblicher, das bundesstaatliche Sozialgefüge beeinträchtigender Weise auseinander entwickelt haben oder sich eine derartige Entwicklung konkret abzeichnet".[43] Dabei ist das Rechtsgut „Gleichwertigkeit der Lebensverhältnisse" nicht schon dann einschlägig, wenn der Bund eine Maßnahme für sozialpolitisch sinnvoll hält oder Unterschiede zwischen den Bundesländern nivellieren will. **„Gleichwertigkeit"** bedeutet **nicht „Einheitlichkeit"** der Lebensverhältnisse. Ein handfester Missstand in einem oder mehreren Bundesländern oder ein erhebliches Wohlstandsgefälle muss gerade zu dieser bundeseinheitlichen Korrektur drängen.[44]

31 Die **Wirtschaftseinheit** ist nicht schon bei ökonomischen Unterschieden zwischen den Ländern gefährdet, sondern dann, wenn „Landesregelungen oder das Untätigbleiben der Länder erhebliche Nachteile für die Gesamtwirtschaft mit sich brächten".[45] Zu denken ist an eine gravierend unterschiedliche Allokation von Personen und Gütern in den Ländern, die zum Erliegen des bundesweiten Wirtschaftskreislaufes führen können.[46] Dies ist etwa der Fall bei der Nichtanerkennung von Bildungsabschlüssen zwischen den Ländern oder der Unterbrechung beruflicher Mobilität. Nicht ausreichend sind dagegen reine ökonomische Zweckmäßigkeitserwägungen, denen auch die Länder selbst oder durch ihre Selbstkoordination entsprechen könnten.

32 Die Wahrung der **Rechtseinheit** greift ein, wenn eine untragbare Rechtszersplitterung zu besorgen ist. Die legitime Vielfalt und Verschiedenheit von Landesregelungen allein reicht nicht aus.[47] Es geht vielmehr um die Bedrohung einer „funktionsfähigen Rechtsgemeinschaft" und um gravierende Störungen des „länderübergreifenden Rechtsverkehrs",[48] wie sie etwa durch Zivil- oder Strafrechtszersplitterung zu befürchten wäre. Zu denken ist aber auch an die Besorgnis eines **Negativwettbewerbs** der Länder um die

42 BVerfGE 106, 62, 151.
43 BVerfGE 106, 62 144; E 111, 226, 253; E 112, 226, 244.
44 BVerfGE 112, 226, 245.
45 BVerfGE 111, 226, 253; E 112, 226, 246.
46 BVerfGE 106, 62, 146.
47 BVerfGE 111, 226, 253 f.; E 112, 226, 250. Vgl. auch E 110, 141, 176.
48 BVerfGE 106, 62, 144 f.

niedrigsten sozialen und ökologischen Standards,[49] etwa in den Bereichen Altenpflege oder die „allgemeinen Grundsätze des Naturschutzes" (vgl. Art. 72 Abs. 3 S. 1 Nr. 2 GG), die für alle Länder einheitlich sein sollen.

Die Bedarfsprüfung ist daher streng und gewissenhaft durchzuführen. Nur wenn eines der drei in Art. 72 Abs. 2 GG genannten Ziele einschlägig ist, ist ein entsprechendes Bundesgesetz als verfassungsmäßig anzusehen. Ist dies nicht der Fall, ist ein solches Bundesgesetz verfassungswidrig und somit nichtig.

#### cc) Die Abweichungsgesetzgebung oder parallele Gesetzgebungskompetenzen des Bundes und der Länder

33 Art. 72 Abs. 3 GG enthält eine neue, durch die Bundesstaatsreform eingefügte Variante der konkurrierenden Gesetzgebung: die **Abweichungsgesetzgebung** oder parallele Gesetzgebungskompetenzen des Bundes und der Länder.[50] Die Abweichungsgesetzgebung erlaubt es den Ländern, auf den in Art. 74 Abs. 1 Nr. 28–33, 72 Abs. 3 S. 1 Nr. 1–6 GG in Bezug genommenen Sachgebieten, eigene, von Bundesgesetzen verschiedene, Regelungen zu treffen. Hierdurch erhalten die Länder die Möglichkeit, alternative Regelungsvorstellungen in Kraft zu setzen und sie dadurch auch zu erproben. Deswegen ist auch vom „experimentellen Bundesstaat" [51] die Rede. Die Länder haben aber auch die Möglichkeit, sich mit der vorhandenen bundesgesetzlichen Regelung zu begnügen oder auch nur teilweise von ihr abzuweichen. Der Bund wiederum kann sein Recht ganz oder teilweise novellieren. Bundes- und Landesrecht bleiben **parallel in Kraft und wirksam**; im Kollisionsfall ist jedoch nur eine der Normen anwendbar.

Daraus ergibt sich die Möglichkeit **partiell anwendbaren Bundesrechts.** Bundesrecht ist in einigen Ländern anwendbar, in anderen nicht oder nur teilweise. Dadurch erhält der Bundesstaat ein asymmetrisches Element, obwohl Kompetenzen den Ländern symmetrisch zugewiesen werden.

34 Gegenüber Art. 74 Abs. 1 Nr. 28–33 GG nehmen Art. 72 Abs. 3 S. 1 Nr. 1, 2, 5 GG **abweichungsfeste Sektoren** aus. Hier bedarf es wiederum einer Abgrenzungsarbeit, die sich aber auf Indizien im einfachen Recht stützen kann: Das Recht der Jagdscheine ist von §§ 15–18a BJagdG umfasst; „allgemeine Grundsätze" des Naturschutzes sind in §§ 1, 8, 13, 20, 30 Abs. 1, 59 BNatSchG n.F. angelegt; der Artenschutz in §§ 39 ff. BNatSchG sowie stoffbezogene Regelungen des Wasserrechts in §§ 32, 39 ff. WHG n.F. Einfaches Recht kann zwar nur Indizien zur Verfassungsauslegung liefern. Die novellierten Umweltgesetze liefern aber dank ihrer sauberen Regelungstechnik starke Indizien für die Auslegung der abweichungsfesten Sektoren.

35 Art. 72 Abs. 3 S. 1 GG bewirkt drei wesentliche Rechtsfolgen.

Erstens: Ergeht ein Bundesgesetz auf den Gebieten der Abweichungsgesetzgebung, so tritt dieses regelmäßig verzögert in Kraft (Art. 72 Abs. 3 S. 2 GG). Dies erlaubt den Ländern, zwischen Verkündung und Inkrafttreten des Bundesgesetzes Gegenkonzeptionen zu erarbeiten, ohne dass es zu abrupt wechselnden Normbefehlen an die Normadressaten kommt.[52] Art. 72 Abs. 3 S. 2 GG schränkt den Bundesgesetzgeber insoweit ein, das Inkrafttreten des Gesetzes nicht frei (Art. 82 Abs. 2 S. 2 GG) bestimmen zu

---

49 Zu Recht zurückhaltend auch nach der Reform *H. Schulze-Fielitz*, NVwZ 2007, 249, 254.
50 Im Detail nun *M. Hahn-Lorber*, Parallele Gesetzgebungskompetenzen, 2012.
51 *L. Michael*, JZ 2006, 883 ff.
52 *C. Degenhart*, NVwZ 2006, 1209, 1212; *M. Kotulla*, NVwZ 2007, 489, 491.

können. Das Gesetz tritt frühestens nach sechs Monaten in Kraft. Die **Karenzzeit** gilt nur für förmliche Gesetze. Rechtsverordnungen sind nicht erfasst; ihr Inkrafttreten richtet sich abschließend nach Art. 82 Abs. 2 GG.

Zweitens haben die Länder das Recht, von diesen bundesgesetzlichen Regelungen „abzuweichen". Der Wortlaut „abweichen" suggeriert, dass die Länder dem Bundesgesetz eine positive und umfassende Alternativkonzeption entgegenzusetzen zu haben, um kompetenzgemäß zu handeln. Daher wird zum einen vertreten, dass der Erlass gleichlautender oder jedenfalls in der Rechtsfolge gleicher Normen,[53] zum anderen der Erlass reiner „Negativgesetzgebung",[54] die das Bundesrecht nur für unanwendbar erklärt, und zuletzt auch der Zugriff auf bestimmte Normen verboten sei; stattdessen müssten die Länder eine umfassende Neukonzeption vornehmen.[55] Diese Lesarten sind als zu eng abzulehnen. Der Wortlaut des Art. 72 Abs. 3 S. 1 GG enthält **keine qualifizierten inhaltlichen Anforderungen an das abweichende Landesgesetz**, weder im Hinblick auf den Zugriff auf Einzelnormen noch im Hinblick auf das Verbot einer schlichten Negativregelung.[56] 36

**Negativgesetze** sind insbesondere deshalb nicht ausgeschlossen, weil ihr Erlass unter Art. 72 Abs. 3 GG den jeweils anderen Gesetzgeber nicht dauerhaft von der Gesetzgebung ausschließt. Dies ist der entscheidende Unterschied zu Art. 72 Abs. 1 GG, der einen dauerhaften Ausschluss der Landesgesetzgeber von der Rechtsetzung („solange und soweit") vorsieht.

Den Ländern den Erlass inhaltsgleicher Normen zu verwehren, überzeugt ebenfalls nicht. Letztlich würde der Handlungsspielraum der Landesgesetzgeber dann von Detailreichtum und Formulierungskunst des Bundesgesetzgebers abhängen. Überdies kann der inhaltsgleiche Erlass einer Einzelnorm eine systematisch klarstellende Wirkung haben. Zu beachten ist, dass der wiederholende oder rechtsfolgengleiche Erlass einer Norm in einem neuen, landesrechtlichen Kontext zu anderen Rechtsfolgen führen kann. Gleiches gilt auch für den Bundesgesetzgeber. Vor dem Hintergrund des Ziels der Föderalismusreform, bundesrechtliche Vollkompetenzen zu ermöglichen und gleichzeitig den Ländern gesetzgeberische Handlungsspielräume zu eröffnen,[57] läuft Art. 72 Abs. 3 GG auf eine echte Parallelkompetenz des Bundes und der Länder hinaus.[58]

Drittens: Ist ein Land von einer bundesgesetzlichen Regelung abgewichen, ist im Verhältnis zwischen Bundes- und Landesrecht das jeweils spätere Gesetz anwendbar, Art. 72 Abs. 3 S. 3 GG. Die Norm enthält einen **Anwendungsvorrang, keinen Geltungsvorrang.** Die Unterscheidung zwischen paralleler Geltung, aber nur alternativer Anwendbarkeit ist für die Dogmatik des Art. 72 Abs. 3 GG zentral. Bundes- und Landesrecht sind parallel gültig, aber nur jeweils eine der beiden Normen ist anwendbar. Dies ermöglicht dem Normadressaten, die für ihn zutreffende Rechtsfolge zu ermitteln. 37

Aus Art. 72 Abs. 3 S. 3 GG ergeben sich die Möglichkeiten eines permanenten gesetzgeberischen Wechselspiels sowie einer bunten Gemengelage zwischen Bundes- und Landesrecht (**patchwork** oder partielles Bundesrecht). Die erste Möglichkeit 38

53 *A. Uhle*, in: Kluth, Föderalismusreformgesetz, 2007, Art. 72 Rn. 51.
54 *C. Degenhart*, in: Sachs, GG, 6. Aufl. 2011, Art. 72 Rn. 43.
55 *H. Meyer*, Die Föderalismusreform 2006. Konzeption, Kommentar, Kritik, 2008, S. 170.
56 *L. Michael*, JöR 59 (2011), 321 ff.
57 BT–Drucks. 16/813, 11.
58 Dazu *M. Hahn-Lorber*, Parallele Gesetzgebungskompetenzen, 2012, S. 132 ff.

(„Ping-Pong")[59] ist aus politisch-praktischen Gründen nicht zu befürchten.[60] Die zweite Möglichkeit des **patchwork** dagegen ist zwar in einer extremen Form unwahrscheinlich, erfordert aber eine dogmatische Antwort, auch um das Fundament für eine etwaige Ausdehnung des Art. 72 Abs. 3 GG de constitutione ferenda zu schaffen. Das Problem an komplexen Normgemengelagen ist, dass Normadressaten schwerer erkennen können, welche Normen für sie in Betracht kommen.

39 Dieses **Transparenzproblem** lässt sich durch Zitiergebote lösen: Der abweichende Landesgesetzgeber muss die Bundesrechtsnormen benennen, von denen er abweichen will.[61] Abweichungsnormen der Länder werden im Bundesgesetzblatt durch eine Fußnote markiert.

#### c) Kompetenzen kraft Annex, Sachzusammenhangs und Natur der Sache

40 Neben den expliziten Kompetenztiteln des Grundgesetzes kann zur Begründung einer Bundeskompetenz auch auf Argumente des Sachzusammenhangs oder der Natur der Sache zurückgegriffen werden, die meist als **ungeschriebene** Kompetenzen bezeichnet werden. Das ist indes methodisch bzw. systematisch nicht ganz unproblematisch, da Art. 70 GG ausdrücklich sagt, dass die Länder zuständig sind, sofern nicht „dieses Grundgesetz" dem Bund „Gesetzgebungsbefugnisse verleiht". Die Kategorie des ungeschriebenen Verfassungsrechts verdient deshalb Skepsis. Indes lassen sich die hier problematischen Kompetenzfragen durch eine teleologische Auslegung spezieller Kompetenztitel einerseits[62] (als deren Annex oder in deren Sachzusammenhang) oder aber als Konsequenz des Bundesstaatsprinzips (kraft Natur der Sache) gewinnen. Es handelt sich also um Fragen der **Verfassungsinterpretation.**

41 Mit Annex und Sachzusammenhang ist gemeint, dass Bund oder Länder aufgrund einer ihnen zugewiesenen Kompetenz tätig werden und dabei auf einen anderen Kompetenztitel übergreifen. Voraussetzung der Inanspruchnahme der Kompetenzen ist, dass der für die Hauptregelung zuständige Gesetzgeber von seiner Kompetenz Gebrauch gemacht hat und, hieran anknüpfend, auf eine ihm sonst nicht zugewiesene Kompetenz übergreift.[63] Kompetenzen kraft Annex und Sachzusammenhangs sind immer **akzessorisch** zu einem vorhandenen Kompetenztitel.

Kompetenzen **kraft Sachzusammenhangs** verlangen, dass ein Sachbereich verständlicherweise nicht geregelt werden könnte, ohne auf eine Kompetenz des an sich zuständigen, jeweils anderen Gesetzgebers überzugreifen.[64] Beispiele sind die Verknüpfung der Bundeskompetenz für das Strafrecht mit der Schwangerenberatung[65] oder der Bundeskompetenz für das Handwerksrecht mit der Altersversorgung für Schornsteinfeger.[66] Regelungen kraft Sachzusammenhangs gehen **„in die Breite"** und greifen auch auf Kompetenzbereiche eines anderen Gesetzgebers über, um die lückenhafte Regulierung eines Gegenstandes zu verhindern und eine kohärente Regelung sicherzustellen.

---

59 Zum Begriff *U. Häde*, JZ 2006, 930, 932; *L. Knopp*, NVwZ 2006, 1216, 1217.

60 *H. Schulze-Fielitz*, NVwZ 2007, 249, 255.

61 *B. Pieroth*, in: Jarass/Pieroth, GG, 13. Aufl. 2014, Art. 72 Rn. 30; *C. Degenhart*, NVwZ 2006, 1209, 1213; a.A. aber *G. Hager*, BauR 2012, 31, 34.

62 Dazu instruktiv BVerfGE 132, 1, 5 f.

63 Da dies gemeinsame Voraussetzung für Kompetenzen kraft Annex und Sachzusammenhangs ist, entfällt zunehmend die genaue Unterscheidung: *B. Pieroth*, in: Jarass/Pieroth, GG, 13. Aufl. 2014, Art. 70 Rn. 12.

64 BVerfGE 98, 268, 299 ff.; E 110, 33, 48.

65 BVerfGE 98, 268, 302.

66 BVerfGE 1, 264, 272.

**Annexkompetenzen** sollen hingegen „**in die Tiefe**" gehen: So umfasst die Regelung des Presserechts (Landeskompetenz nach Art. 70 Abs. 1 GG) trotz Art. 74 Abs. 1 Nr. 1 GG etwa auch strafrechtliche Regelungen – „Pressestrafrecht".[67] Ein Bedürfnis nach spezifischen, auf den Bereich der Presse abgestimmten Sanktionsnormen erlauben dem ermächtigten Gesetzgeber, das Presserecht durch solche Sanktionsnormen zu vertiefen und abschließend zu regeln. Die Unterscheidung zwischen Sachzusammenhang und Annex ist praktisch ohne weitere Bedeutung und kann dahinstehen. Es bleibt festzuhalten, dass „in verschiedene Dimensionen" an bestehende Kompetenzen angeknüpft werden kann, wenn es hierfür einen besonderen Grund gibt, dass ein und derselbe Gesetzgeber eine bestimmte Materie im Zusammenhang mit einer anderen regelt, etwa um Konsistenz und Gleichheit zu gewährleisten.

Dagegen sind Kompetenzen kraft „**Natur der Sache**"[68] von bestehenden Spezialkompetenzen gelöste **Ergänzungen des Kompetenzrechts.** Kompetenzen kraft „Natur der Sache" oder besser aus der „Idee des Bundes(staats)" können dem Bund jenseits einer Anknüpfung an die Kataloge der Art. 73, 74 GG zufallen. Hier geht es um Materien, die einer einzelstaatlichen Gesetzgebung „**a priori entrückt**"[69] sind und daher zwingend im Interesse des Gesamtstaates nur und allein vom Bund geregelt werden können.[70] Darin liegt letztlich eine funktionelle Bekräftigung des Verfassungsraums des Bundes außerhalb des Wortlauts der Kompetenzkataloge, aber innerhalb der Verfassungssystematik der Verfassungsprinzipien, zu denen das Bundesstaatsprinzip gehört. Beispiele sind die Bundeskompetenz für das PUAG (vgl. Art. 44 GG), die Raumordnung des Gesamtstaates,[71] der Nationalfeiertag, Bannmeilen für Bundesorgane und bis 2006 die Hauptstadt (jetzt: Art. 22 GG).[72] 42

### d) Gesetzgebungskompetenzen und Unionsrecht

Die Bundesrepublik Deutschland hat durch Zustimmungsgesetze nach Art. 23 Abs. 1 GG zu dem Vertrag über die Europäische Union (EUV) und dem Vertrag über die Arbeitsweise der Europäischen Union (AEUV) Kompetenzen des Bundes und der Länder, vor allem in den Bereichen der Gesetzgebung, an die Europäische Union übertragen. Wichtige Rechtsgebiete, etwa das Arbeits-, Umwelt- und Verbraucherschutzrecht, werden durch die europäische Rechtsetzung maßgeblich geprägt. Die Kompetenzen für die Rechtsetzung der Union enthält der Vertrag über die Arbeitsweise der Europäischen Union. Gemäß dem Prinzip der begrenzten Einzelermächtigung (Art. 5 Abs. 2 EUV) fallen alle nicht der EU zugeordneten Kompetenzen in den Zuständigkeitsbereich der Mitgliedstaaten. Der am 1.12.2009 in Kraft getretene Vertrag von Lissabon sieht in den Art. 3 und 4 AEUV Kompetenzkataloge ausschließlicher Kompetenzen der Union sowie mit den Mitgliedstaaten geteilter, konkurrierender Kompetenzen vor. Die Kataloge selbst haben eine eher systematisierende Funktion, denn der eigentliche Regelungsgehalt der einzelnen Kompetenztitel ergibt sich aus den Verträgen (etwa Art. 26 ff., 151 ff., 174 ff., 191 ff. AEUV). 43

---

67 BVerfGE 7, 29 ff.
68 Zur Kritik dieser nicht glücklichen Begrifflichkeit *M. Morlok*, Was heißt und zu welchem Ende studiert man Verfassungstheorie?, 1988, S. 66 ff.
69 BVerfGE 26, 246, 257.
70 Vgl. BVerfGE 11, 89, 99; E 98, 218, 249.
71 Str., BVerfGE 3, 407, 425 ff.; *U. Battis/J. Kersten*, DVBl. 2007, 152 ff.
72 Zum Ganzen *B. Pieroth*, in: Jarass/Pieroth, GG, 13. Aufl. 2014, Art. 70 Rn. 14.

44 Die **innerstaatliche Kompetenzverteilung** ist nicht Angelegenheit der EU. Die EU ist bundesstaatsblind. Daraus folgt, dass die rein innerstaatliche Kompetenzabgrenzung zwischen Bund und Ländern weiterhin allein auf die skizzierten Bestimmungen des GG zu stützen ist. Unionsrecht bindet und verpflichtet Bund und Länder bei der **Ausübung** ihrer Kompetenzen gleichermaßen. Es gilt der Grundsatz des **effet utile** und die damit verbundene Verpflichtung, Unionsrecht vollständig und umfassend zur Geltung zu bringen.[73] Die Bundesrepublik hat im Außenverhältnis zu gewährleisten, dass unionsrechtliche Verpflichtungen – etwa zur Umsetzung europäischen Rechts – wahrgenommen werden. Bundes- und Landesrecht sind unionsrechtskonform auszulegen.[74] Ansprüche eines Bürgers aus ihn begünstigendem, aber nicht umgesetztem europäischen Recht richten sich gegen den Mitgliedstaat als Ganzen ohne Ansehung der innerstaatlichen Kompetenzverteilung.[75] Der Verstoß auch nur eines Landes gegen Unionsrecht wird der Bundesrepublik im Außenverhältnis als mitgliedstaatlicher Verstoß zugerechnet. Im bundesstaatlichen Innenverhältnis richten sich die Haftungsfolgen nach Art. 104a Abs. 6 GG.

#### e) Auslegung und Abgrenzung der Kompetenztitel: methodische Bemerkungen

45 Zur Beantwortung der Frage, auf welche Kompetenz sich ein Bundes- oder Landesgesetz stützt, sind die kataloghaft in Art. 73, 74 GG aufgeführten und aus Art. 70 Abs. 1 GG ableitbaren Kompetenztitel durch Auslegung zu würdigen und voneinander abzugrenzen. Die Interpretation von Kompetenztiteln folgt allgemeinen Auslegungsmaßstäben, jedoch mit Modifikationen.

Der Subsumtionsvorgang beginnt mit einer assoziativen Zuordnung des streitigen Bundes- oder Landesgesetzes zu einem oder mehreren infrage kommenden Kompetenztiteln. Die Kompetenzen der Länder lassen sich aber aus Art. 70 Abs. 1 GG negativ herleiten: insbesondere[76] sind sie ausschließlich zuständig für das Bildungswesen, Polizei, Sicherheit, Ordnung, Kultur, Sport, Rundfunk, Presse, Kommunalrecht, Straßen- und Wegerecht sowie die Landesorganisation. Hinzu treten Ausklammerungen in einigen Kompetenztiteln des Art. 74 Abs. 1 GG.

46 Die Auslegung als Teil der Subsumtion setzt am Wortlaut an. Dabei sind deskriptive Kompetenztitel („Luftverkehr“, „Wirtschaft“, „Bergbau“) von normativen Kompetenztiteln, die eine Rechtsmaterie benennen („Bürgerliches Recht“, „Strafrecht“), zu unterscheiden. Die Grenzen sind fließend, jedoch ergibt sich für letztere Gruppe eine stärkere Indizwirkung aus dem aktuellen Bestand des einfachen Rechts (etwa: UrhG), insbesondere Kodifikationen (BGB, StGB, GVG, ZPO) sprechen für eine entsprechende Kompetenz.

47 Der historischen Auslegung kommt ein gewisses Gewicht zu – allerdings stärker in früheren Entscheidungen[77] als heutzutage. In der neueren Rechtsprechung des Bundesverfassungsgerichts[78] treten heute vor allem systematische und teleologische Erwägungen

73 Vgl. EuGH 11.7.2002, Rs. C-62/00, Rn. 27 m.w.N.

74 Weiterführend zum Kompetenzrecht der Europäischen Union im Verhältnis zu den Mitgliedstaaten *M. Nettesheim*, Kompetenzen, in: v. Bogdandy/Bast, Europäisches Verfassungsrecht, 2. Aufl. 2009, S. 389 ff.

75 Vgl. EuGH 3.10.1984, Rs. 279/83, Rn. 4; *W. Kahl*, in: Calliess/Ruffert, EUV/AEUV, 4. Aufl. 2011, Art. 4 EUV Rn. 54.

76 Ein umfassender Überblick findet sich bei *B. Pieroth*, in: Jarass/Pieroth, GG, 13. Aufl. 2014, Art. 70 Rn. 18 f.

77 BVerfGE 2, 213, 219 ff.; E 7, 29, 40; E 12, 205, 226 ff.

78 BVerfGE 75, 108, 146 ff.; E 92, 203, 229 ff.; E 98, 83, 98 f.; E 98, 106, 117 ff.; E 98, 265, 301 ff. sowie, durch Art. 72 Abs. 2 GG i.d.F. v. 27.10.1994 informiert: BVerfGE 110, 141, 174 ff.; E 111, 226, 247 ff.; E 112, 226, 243 ff.

in den Vordergrund. Unter systematischen Aspekten ist vor allem entscheidend, ob die fragliche Regelung in den bisher entwickelten Rahmen des durch den Kompetenztitel umschriebenen Rechtsgebiets passt. Letztlich geht es bei der Frage, ob eine ausdehnende oder einschränkende Auslegung von Kompetenzen vorzuziehen ist, vor allem darum, ob eine Materie im Licht ihrer Gesamtsystematik vernünftigerweise den Ländern zu überlassen oder besser bundeseinheitlich zu regeln ist. Hierin klingt eine Anbindung der Kompetenzauslegung an den Gedanken des Subsidiaritätsprinzips[79] – auch jenseits der textlich näheren Anknüpfung des Art. 72 Abs. 2 GG – an. Dies wird nicht direkt angesprochen, ist aber oft die unausgesprochene Zusatzüberlegung hinter der Auslegung der Kompetenzen, insbesondere durch das Bundesverfassungsgericht.[80]

Im Falle einer möglichen Mehrfachzuordnung ist auf den „Schwerpunkt" der Rege- 48
lung abzustellen,[81] da systematisch verbundene Teilregelungen eines Gesetzeswerks nicht isoliert zu betrachten sind. Regelt ein Gesetzeswerk voneinander abtrennbare Teilaspekte, die sich auf unterschiedliche Kompetenztitel stützen können („**Kompetenzmix**"), so sind für die Einzelregelungen jeweils getrennt die Zuständigkeitsnormen herauszuarbeiten.

Eine letztlich **eindeutige Zuordnung** muss aus zwei Gründen erfolgen: Erstens erfor- 49
dert das Rechtsstaatsgebot eine abschließende Benennung von Rechtsgrundlagen und Zuständigkeiten, und zweitens sind kumulative Kompetenzen für die gleiche Materie ausgeschlossen. Nicht zuletzt hat die Bundesstaatsreform 2006 das Kompetenzrecht stark differenziert: Die Kompetenztitel der Art. 70 Abs. 1, 73, 74 GG sind mit verschiedenen Kompetenzmodi verbunden, die wiederum unterschiedliche Rechts- und Verfahrensfolgen nach sich ziehen.

### f) Zusammenfassung: Derzeitiger Entwicklungsstand der Gesetzgebungskompetenzen

Vor diesem Hintergrund lässt sich festhalten: Struktur und Systematik des Kompetenz- 50
rechts sind über die grundsätzliche Zweiteilung des Art. 70 Abs. 2 GG in „ausschließliche" und „konkurrierende" Gesetzgebungskompetenzen hinausgewachsen. Die Kompetenzsystematik nähert sich einer **graduell abgestuften Fünfteilung**[82] an: ausschließliche Kompetenzen des Bundes, Vorranggesetzgebung, Bedarfsgesetzgebung, Abweichungs- oder Parallelkompetenzen sowie ausschließliche Kompetenzen der Länder.

Dieses Modell wirkt sich auch in der Fallbearbeitung aus. Ausgangspunkt einer Fall- 51
prüfung im Klausuraufbau bleibt der Grundsatz der Länderkompetenz gemäß Art. 70 Abs. 1 GG. Bundeskompetenzen sind, der allgemeinen Regel des Art. 30 GG folgend, gemäß Art. 71, 73 bzw. Art. 72, 74 GG die Ausnahme. Will der Bund gesetzgeberisch tätig werden, benötigt er deshalb einen Kompetenztitel, der die Landeskompetenz des Art. 70 Abs. 1 GG verdrängt. Greift eine parallele Gesetzgebungskompetenz der Länder gemäß Art. 72 Abs. 3 GG ein, bildet diese eine Rückausnahme zur Vorrangkompetenz des Bundes aus Art. 72 Abs. 1, 74 Abs. 1 Nr. 27–33 GG. Hiervon wiederum ausgenommen und damit in die Vorrangkompetenz des Bundes fallen die soge-

79 S. zum Subsidiaritätsprinzip *A. Waschkuhn*, Was ist Subsidiarität?, 1995.
80 In der Klausurlösung sollten derartige Überlegungen nicht ausformuliert werden, um eine zweckmäßige Beurteilung des Sachverhalts und des streitigen Regelwerks nicht zu gefährden. Diese grundsätzlichen Überlegungen können aber eine gedankliche Plausibilitätskontrolle leisten.
81 BVerfGE 98, 265, 302.
82 *M. Hahn-Lorber*, Parallele Gesetzgebungskompetenzen, 2012, S. 133 ff.

nannten abweichungsfesten Kerne, die durch Klammerzusätze in Art. 72 Abs. 3 GG klargestellt sind. Folgt man im klassischen Klausuraufbau der überkommenen Zweiteilung der Bundeskompetenzen, so wird er **mehrstufig** und **schachtelförmig**.[83] Er setzt bei Art. 70 Abs. 1 GG an, prüft als Ausnahme hiervon Kompetenzen des Bundes und, sofern eine parallele Gesetzgebungskompetenz der Länder eingreift, eine Rückausnahme zugunsten der Länder. Immer im Blick zu behalten sind Kompetenzen kraft Annex, Sachzusammenhangs und Natur der Sache (→ Rn. 40), die die hier vorgestellte Systematik ergänzen.

52 Dieser Aufbau weist Nachteile auf, entspricht aber der herrschenden Meinung und empfiehlt sich daher klausurtaktisch. Durch einen **alternativen Aufbau** lassen sich jedoch die genannten Schachtelkonstruktionen vermeiden und die Falllösung fundiert und ergebnisorientiert durchführen. Es genügt, ein erlassenes Gesetz einem bestimmten Kompetenztitel des Bundes aus Art. 73, 74 GG oder der Länder aus Art. 70 Abs. 1 GG zuzuordnen (sogenannte „Qualifikation"). Ist beantwortet, welchem Kompetenztitel ein Gesetz unterfällt, ist zugleich aufgelöst, ob das Gesetz der ausschließlichen Bundes- oder Landesgesetzgebung, der Vorrang- oder Bedarfskompetenz des Bundes oder der parallelen Gesetzgebungskompetenz des Bundes und der Länder unterfällt, so ist auch die Frage gelöst, welcher der fünf genannten Kompetenzmodi einschlägig ist. Jeder dieser Modi hat bestimmte Rechtsfolgen, die dann abgehandelt werden können. So verlangt die Bedarfskompetenz des Bundes aus Art. 72 Abs. 2 GG die Diskussion, ob ein Bundesgesetz zur Herstellung gleichwertiger Lebensverhältnisse „erforderlich" ist, und die parallele Gesetzgebungskompetenz des Bundes und der Länder aus Art. 72 Abs. 3 GG setzt für die Landesgesetzgebung ein „Abweichen von einem Bundesgesetz" voraus.

▶ **ZU FALL 6:** § 15a LNatSchG N könnte formell verfassungswidrig sein.

Die formelle Verfassungsmäßigkeit betrifft insbesondere die Kompetenzgemäßheit der Norm. Hierzu gehört neben der hier unproblematischen Organkompetenz des Landtags die Verbandskompetenz des Landes N zur Gesetzgebung. Gemäß Art. 70 Abs. 1 GG ist die Gesetzgebung Sache der Länder, soweit nicht das Grundgesetz dem Bund Gesetzgebungsbefugnisse verleiht. Dies sind Kompetenzen zur ausschließlichen (Art. 71, 73 GG) und konkurrierenden Gesetzgebung des Bundes (Art. 72, 74 GG), die nach Vorrangkompetenzen (Art. 72 Abs. 1 GG), Bedarfskompetenzen (Art. 72 Abs. 2 GG) und parallelen Gesetzgebungskompetenzen des Bundes und der Länder (Art. 72 Abs. 3 GG) abgestuft sind. Einschlägig für das Naturschutzrecht ist Art. 74 Abs. 1 Nr. 29 GG. Art. 74 Abs. 1 Nr. 29 GG unterfällt der Vorrangkompetenz des Bundes gemäß Art. 72 Abs. 1 GG. Ausnahmsweise bestimmt Art. 72 Abs. 3 S. 1 Nr. 2 GG, dass Naturschutz und Landschaftspflege der Abweichungsgesetzgebung der Länder unterfallen und die Länder nach den Maßgaben des Art. 72 Abs. 3 GG in Abweichung von Bundesgesetzen für die Gesetzgebung zuständig sind.[84]

83 Vgl. *P. S. Stöbener*, Jura 2008, 327 ff.

84 Dies ist der klassische, wohl herrschende Klausuraufbau. Leseempfehlung hierzu im praktischen Klausurfall bei *P. S. Stöbener*, Jura 2008, 327, 329. – Alternativ kann der Kompetenztitel „Naturschutz und Landschaftspflege" ohne diese Schachtelung direkt der in Art. 72 Abs. 3 S. 1 Nr. 2 i.V.m. Art. 74 Abs. 1 Nr. 29 GG niedergelegten parallelen Zuständigkeit zugeordnet werden, mit dem Ergebnis, dass der Bund und die Länder zuständig sind. Sodann weiter wie oben. In der Klausur ist keine Aufbaudiskussion zu führen, sondern eine der Möglichkeiten zu wählen!

Diese Kompetenzbereiche umfassen die Abwehr von Gefahren für Natur und Landschaft, aber auch den Schutz der Natur durch die aktive Gestaltung der natürlichen Umwelt, mithin die Bereiche des nunmehr novellierten BNatSchG. § 15a LNatSchG N regelt die Ausgleichspflicht für Eingriffe in Natur und Landschaft und unterfällt damit diesem Sachbereich.

Gemäß Art. 72 Abs. 3 S. 1 GG dürfen die Länder von Bundesgesetzen abweichen, sobald der Bund von seiner Gesetzgebungszuständigkeit Gebrauch gemacht hat. Dies war hier unproblematischerweise durch § 13 BNatSchG der Fall. Fraglich ist, ob der Landesgesetzgeber durch § 15a LNatSchG N wirksam von dieser bundesgesetzlichen Regelung abgewichen ist. „Abweichen" ist ein umstrittener Rechtsbegriff. Eine weite Lesart subsumiert unter ihn auch den inhaltsgleichen Neuerlass oder die schlichte Unanwendbarkeitserklärung von Normen, während enge Lesarten nur die Verwirklichung eigener Regelungskonzeptionen, jedenfalls aber eine von der Bundesnorm verschiedene Rechtsfolge fordern. Hier ist zu differenzieren. § 15a Abs. 1 LNatSchG übernimmt den Vermeidungsgrundsatz des § 13 S. 1 BNatSchG sogar wörtlich. Es handelt sich hier um einen inhaltsgleichen Neuerlass, der aber mit guten Gründen dem Begriff des „Abweichens" unterfällt. § 15a Abs. 2 LNatSchG N sieht dagegen von § 13 BNatSchG verschiedene Rechtsfolgen vor. Während § 13 BNatSchG Kompensationsmaßnahmen für Eingriffe in Natur und Landschaft und nur nachrangig die Kompensation in Geld für statthaft erklärt, kehrt § 15 Abs. 2 LNatSchG dieses Verhältnis um: Vorrangig gilt der Grundsatz der Kompensation in Geld, unter dem Vorbehalt ergänzender, kooperativer Findung von Ausgleichslösungen durch die Gemeinden und den Vorhabenträger. Dies ist eine durchweg eigene, weitreichende Regelungskonzeption, so dass nach jeder Auffassung das Merkmal des „Abweichens" erfüllt ist.

Dennoch ist fraglich, ob die Norm kompetenzgemäß ist. Sie könnte gegen „allgemeine Grundsätze des Naturschutzes" (Art. 72 Abs. 3 S. 1 Nr. 2 a. E. GG) verstoßen. „Allgemeine Grundsätze" sind als abweichungsfester Sektor vor dem Zugriff der Landesgesetzgeber geschützt. Zweck der „allgemeinen Grundsätze"[85] ist es, überregionale und übergreifende Belange des Naturschutzrechts vor einer Zersplitterung zu schützen. Ausgehend hiervon sind geschützt die Erhaltung der biologischen Vielfalt und die Funktionsfähigkeit des Naturhaushaltes. Daraus erschließt sich, dass konkrete Gegenstände mit ortsnahem Bezug, wie die Ausweisung von Schutzgebieten, die fachliche Praxis der Land- und Forstwirtschaft und die Mitwirkung der Naturschutzverbände regional durchaus unterschiedlich regelbar sind. Die naturschutzrechtliche Eingriffsregelung, die in § 13 BNatSchG mit „Allgemeiner Grundsatz" überschrieben[86] ist, ist jedoch keine solche regionale, ortsspezifische Ausgestaltung. Sie dient der Sicherung eines Mindestniveaus des Ausgleichs unvermeidbarer Eingriffe in den Naturhaushalt. Eine Zersplitterung der Eingriffsregelung wäre Ländergrenzen überschreitenden Belangen des Naturschutzes nicht dienlich und könnte auch zu einem Länderwettbewerb zulasten des Naturschutzes führen. Dies ist vor dem Hintergrund des Art. 20a GG bedenklich. Die naturschutzrechtliche Eingriffsregelung unterfällt damit den „allgemeinen Grundsätzen" des Art. 72 Abs. 3 S. 1 Nr. 2 a. E. GG.

§ 15a LNatSchG N ist damit wegen Verstoßes gegen Art. 72 Abs. 3 S. 1 Nr. 2 GG verfassungswidrig und nichtig[87] und kann damit nicht die Rechtsfolge des Art. 72 Abs. 3 S. 3 GG (Vorrang der **lex posterior**) auslösen. ◀

85 Umfassend und vertiefend hierzu *A. Scheidler*, WiVerw 2008, 3 ff.
86 Überschriften sind freilich nur Indizien; in der Klausur muss der Inhalt des Gesetzes gewürdigt werden!
87 Der Nichtigkeitsgrund liegt wegen des Vorrangs der Art. 70 ff. GG nicht in Art. 31 GG!

### 3. Verwaltung

53 Auch für die Verwaltung sieht das Grundgesetz Kompetenzregelungen vor, welche Aufgaben der Verwaltung dem Bund oder den Ländern zuweisen und insoweit die Grundregel des Art. 30 GG (Länderzuständigkeit) modifizieren.

#### a) Überblick

54 Mit den Verwaltungskompetenzen für die Ausführung von Bundesgesetzen schaffen die Art. 83 ff. GG die wesentlichen Kompetenzen für ein Tätigwerden der Verwaltungen. Bemerkenswerterweise werden die Bundesgesetze im Regelfall von den Ländern ausgeführt. Für Landesgesetze gelten die Art. 83 ff. GG nicht: Die Länder führen Landesgesetze in Landeseigenverwaltung nach Maßgabe ihrer Verfassungen und Landesorganisationsgesetze aus. Ebenfalls nicht anwendbar sind Art. 83 ff. GG auf die nichtgesetzesakzessorische Verwaltung. Hier greift – bei Fehlen einer speziellen Verwaltungskompetenz des Bundes – Art. 30 GG mit der Folge der Landeszuständigkeit.[88] Bundesbehörden können jedoch nach der Maßgabe des Art. 87 Abs. 3 GG eingerichtet werden. Nicht die Ausführung, sondern den Erlass von Normen durch die Exekutive erfasst abschließend Art. 80 GG, der die Ermächtigungsgrundlage und das Verfahren zum Erlass von Rechtsverordnungen enthält.

Besondere Verwaltungskompetenzen enthalten Art. 35 Abs. 2, Abs. 3 GG für den Katastrophenfall, Art. 91 GG für den Fall des inneren Notstandes und Art. 37 GG durch das nie praktisch relevant gewordene Instrument des Bundeszwangs.

Handelt die Bundesregierung nicht als oberste Bundesbehörde, sondern in ihrer **staatsleitenden, politischen** Funktion, so stützt sie sich auf Art. 65 S. 1, 2 GG (Richtlinienkompetenz des Bundeskanzlers und Ressortkompetenz der Bundesminister) sowie auf die Sätze 3 und 4. Diese enthalten laut Bundesverfassungsgericht auch die Kompetenz der Bundesregierung zur Information der Bevölkerung durch die Bundesregierung, etwa zur Warnung vor Sekten oder Gesundheitsgefahren.[89]

**Grenze jeglicher Verwaltungskompetenz sind die Gesetzgebungskompetenzen** der Art. 70 ff. GG.[90] Nicht unproblematisch ist vor diesem Hintergrund die unbedingte Annahme der Informationskompetenz der Bundesregierung aus dem Topos der Staatsleitung – auch unter Ausdehnung auf Kompetenzmaterien der Länder.

#### b) Kompetenzen zur Ausführung der Bundesgesetze

55 Die nachfolgenden Ausführungen konzentrieren sich auf Art. 83 ff. GG als weithin wichtigste Verwaltungskompetenzen. Art. 83 ff. GG betreffen die gesetzesakzessorische Verwaltung, also den Vollzug von Bundesgesetzen.

Zu diesem Zweck enthalten Art. 83 ff. GG drei Kompetenzarten: Zunächst solche für die Ausführung von Bundesgesetzen (**Exekutivkompetenzen**). Die Exekutivkompetenzen der Verfassung entscheiden, ob die Ausführung eines Gesetzes durch Bund oder Länder erfolgt. Sodann gibt es Normsetzungskompetenzen für die Einrichtung der Behörden und das Verwaltungsverfahren (**Legislativkompetenzen**): Die aufgrund der Legislativkompetenzen erlassenen Regelungen über die Behördenorganisation und das

88 BVerfGE 12, 205, 243 ff.
89 BVerfGE 105, 252, 268; E 105, 279, 306; krit. *H. Bethge*, Jura 2003, 327 ff.; *P. M. Huber*, JZ 2003, 290 ff.
90 BVerfGE 15, 1, 16; E 78, 374, 386; E 102, 167, 184.

Verfahren bestimmen, **durch welche konkrete Behörde** und **wie** das jeweilige Fachgesetz ausgeführt wird. Schließlich kennt das Grundgesetz Aufsichts- und Weisungsrechte (**Ingerenzrechte**): Durch Ingerenzrechte wird die Recht- und Zweckmäßigkeit der Ausführung des Bundesgesetzes sichergestellt. Weil sie einen Übergriff des Bundes auf die Verfassungsautonomie der Länder und ihrer Wahrnehmungskompetenz bei der Ausführung der Gesetze zur Folge haben, sind sie an bestimmte Verfahrensvoraussetzungen gebunden.

Die nicht immer einfachen Regelungen über die Verteilung dieser drei Kompetenzarten auf Bund und Länder verfolgen das Ziel, die Eigenständigkeit der Länder zu schützen. Dazu werden zwei Instrumente eingesetzt: die notwendige Mitwirkung des Bundesrats und die Abweichungsmöglichkeiten der Länder von Bundesregelungen. 56

### aa) Exekutivkompetenzen

Hinsichtlich der Exekutivkompetenzen legt die Verfassung folgende Systematik fest: Gemäß Art. 83, 84 GG führen die Länder Bundesgesetze grundsätzlich in landeseigener Verwaltung aus. Abweichungen von diesem Grundsatz muss das Grundgesetz selbst vorsehen. Wie im Bereich der Gesetzgebungskompetenzen, so gilt auch im Bereich der Verwaltungskompetenzen für Abweichungen von der Länderzuständigkeit ein **numerus clausus** oder das Enumerationsprinzip. In Bundesauftragsverwaltung (Art. 85 GG) und bundeseigener Verwaltung (Art. 86 GG) werden also nur dann Gesetze ausgeführt, wenn Bestimmungen des Grundgesetzes diese Modi explizit anordnen. 57

Die Bundesauftragsverwaltung gilt für die Verwaltung der Bundesfernstraßen (Art. 90 Abs. 2 GG),[91] sie gilt ferner in den Bereichen der Wehrersatz- und Zivilschutzverwaltung als Option (Art. 87b Abs. 2 GG), der Kernenergieverwaltung (Art. 87c GG, § 24 AtG),[92] der Luftverkehrsverwaltung (§ 31 Abs. 2 LuftVG, § 16 LuftSiG) sowie der Bundeswasserstraßenverwaltung (Art. 89 Abs. 2 S. 3 GG). Die Bundesauftragsverwaltung bestimmt das Grundgesetz in bspw. Art. 90 Abs. 2, 87b Abs. 2, 87c GG als Ausnahme zu den Art. 83, 84 GG und als maßgebliche Verwaltungsform, wo die Orts- und Sachnähe von Landesbehörden eine sachangemessene Ausführung der Bundesgesetze „vor Ort“ sicherstellen soll, zugleich aber der Bund Instrumente zentralstaatlicher Steuerung zur Ausführung der Bundesgesetze nach möglichst einheitlichen Standards absichern kann. 58

Als Ausnahme zu Art. 83, 84 GG besteht ein numerus clausus der Gegenstände der Auftragsverwaltung. Eine Öffnungsklausel enthält allerdings Art. 104a Abs. 3 S. 2 GG: Sofern der Bund bei Leistungsgesetzen – also Gesetzen zur Zuwendung von Geld- und Sachleistungen an Dritte – mehr als die Hälfte der Ausgaben trägt, wird dieses Bundesgesetz in Bundesauftragsverwaltung gemäß Art. 85 GG ausgeführt. Dies ist eine Ausprägung des Konnexitätsprinzips: Übernimmt der Bund mehr als die Hälfte der Mittel für ein Leistungsgesetz, soll er auch maßgeblichen Einfluss auf seine Ausführung erhalten. 59

Die Bundesauftragsverwaltung findet schließlich im Bereich der Finanzverwaltung Anwendung (Art. 108 Abs. 3 S. 1 GG), um einheitliche Standards der Steuerverwaltung zu gewährleisten.

91 BVerfGE 102, 167 ff.
92 BVerfGE 81, 310 ff.; E 104, 249, 260 f.

60 Die Ausführung von Gesetzen in bundeseigener Verwaltung regeln abschließend die Bestimmungen der Art. 86, 87 ff. GG. Das Grundgesetz ist deshalb zurückhaltend mit der ausschließlichen Zuweisung von Verwaltungsaufgaben zum Bund, weil die Länder über leistungsfähige Verwaltungen mit einem zwei- oder meist dreistufigen Aufbau aus obersten Landesbehörden, Landesmittelbehörden und unteren Landesbehörden – häufig Gemeinden und Landkreise – verfügen. Auf diese Struktur können Art. 83–85 GG bereits zurückgreifen; parallel hierzu arbeitende Bundesbehörden wären unzweckmäßig. Dies erklärt auch, weshalb Bundesbehörden gemäß Art. 86 ff. GG keinen Unterbau haben und nur bei „dringendem Bedarf" zur Erledigung „neuer Aufgaben" (Art. 87 Abs. 3 GG) mit einem solchen Unterbau ausgestattet werden dürfen.

Beispiele für Bundesverwaltung mit einem solchen Unterbau sind der Auswärtige Dienst mit Botschaften und Konsulaten sowie die Bundespolizei, die Bundeswasserstraßenverwaltung (Art. 89 Abs. 2 GG) und die Bundeswehrverwaltung (Art. 87b Abs. 1 GG). Gemein ist diesen Aufgaben, dass es hier gerade nicht auf eine ortsnahe Ausführung der Bundesgesetze oder – im Bereich der gesetzesfreien Verwaltung – auf ein ortsnahes Staatshandeln ankommt.

61 Gemäß Art. 87 Abs. 3 S. 1 GG darf der Bund Bundesoberbehörden ohne Verwaltungsunterbau errichten. Beispiele sind das Statistische Bundesamt, das Bundeskartellamt und das Bundesamt für Strahlenschutz.[93] Voraussetzung für die Errichtung von Oberbehörden zur Ausführung eines Gesetzes ist, dass das Gesetz auch ohne Verwaltungsmittelbau und -unterbau ausführbar ist. Benötigt der Bund einen Verwaltungsunterbau, so muss er die erhöhten Anforderungen des Art. 87 Abs. 3 S. 2 GG beachten oder sich mit der Ausführung des Bundesgesetzes durch die Länder (Art. 83–85 GG) begnügen.

62 Art. 87 Abs. 2 GG schließlich erlaubt die Ausführung von Bundesgesetzen durch mittelbare Bundesverwaltung, nämlich nicht durch Behörden des Bundes, sondern durch selbständige juristische Personen des öffentlichen Rechts. Dies gilt insbesondere für die Sozialversicherung (etwa: Bundesversicherungsanstalt für Angestellte).[94]

63 Zurückhaltung ist zu üben im Hinblick auf mögliche Verwaltungskompetenzen des Bundes aus „**Natur der Sache**". Ausreichend ist nicht bloße Überregionalität, sondern eine zwingende, begriffliche Anknüpfung einer Staatsaufgabe an den Gesamtstaat. Dies ist nicht bereits der Fall bei der Einrichtung einer gesamtdeutschen Rundfunkanstalt, die die Länder auch durch Selbstkoordination einrichten können.[95]

64 Ein Sonderproblem stellt der **Vollzug des Unionsrechts** durch deutsche Behörden dar. Art. 83 f. GG beziehen sich nur auf den Vollzug der Bundesgesetze. Werden Richtlinien der EU durch den Bundesgesetzgeber umgesetzt, liegt ein Bundesgesetz vor. Die von der EU geschaffenen Verordnungen hingegen gelten – im Gegensatz zu Richtlinien – unmittelbar, müssen aber vollzogen werden. Dies erfolgt nur ausnahmsweise durch Unionsorgane selbst (wie im Kartellrecht durch die Kommission).

93 Im Überblick *K. Stern*, Staatsrecht II, 1980, S. 828 f.

94 Vertiefend *G. Hermes*, in: Dreier, GG, Bd. 3, 2. Aufl. 2008, Art. 87 Rn. 60 ff.

95 Ablehnend BVerfGE 12, 205, 251 ff.; bejahend E 22, 180, 217; vgl. ferner OVG Berlin DVBl. 2002, 630 ff.

Nach einer verbreiteten Auffassung[96] sollen für den Vollzug von Verordnungen die Art. 83 f. GG analog gelten. Bei genauer Betrachtung bedarf es indes überhaupt keiner Analogie. Die Kompetenzverteilung durch das Grundgesetz ist lückenlos und hält auch für die vorliegende Konstellation drei gestufte Instrumente bereit: Zunächst sind nach Art. 30 GG – ohne Rückgriff auf Art. 83 GG – die Länder für den Vollzug zuständig. Weiter bleibt es für die Fälle einer entsprechenden Gesetzgebungskompetenz dem Bund unbenommen, nach Art. 87 Abs. 3 GG den Vollzug selbst in die Hand zu nehmen (wie z.B. durch die Bundesanstalt für Landwirtschaft und Ernährung auch geschehen). Und schließlich könnte der Bund in letzter Konsequenz auch zum Mittel des Bundeszwangs nach Art. 37 GG greifen, um Landesbehörden anzuweisen. Dass dieses Mittel in anderen Konstellationen als ultima ratio ein Schattendasein ohne praktische Relevanz fristet, ist kein Argument dafür, es auch an dieser Stelle außer Betracht zu lassen.

### bb) Legislativkompetenzen für die Einrichtung der Behörden und das Verwaltungsverfahren

▶ **Fall 7:** Die Bundesregierung erarbeitet nach Absprache einen Gesetzentwurf zur Änderung des AtG, um die Restlaufzeiten der Kernkraftwerke zu verlängern. § 24 AtG besagt: „Die [...] Verwaltungsaufgaben [...] werden im Auftrage des Bundes durch die Länder ausgeführt." Der Entwurf der Bundesregierung sieht keine Änderung des § 24 AtG vor. Vielmehr erhöht der Entwurf die den einzelnen Kernkraftwerken zugeordneten Reststrommengen in Anlage 3 AtG und erhöht damit die Restlaufzeiten der Kernkraftwerke.

1. Der Bundespräsident erhält das so zustande gekommene Gesetz zur Ausfertigung und möchte von Ihnen als juristische/r Mitarbeiter/in wissen, ob das Gesetz verfassungswidrig ist, insbesondere weil es an der möglicherweise erforderlichen Zustimmung des Bundesrates gefehlt hat.

2. Die Zustimmungspflichtigkeit des Gesetzes im Bundesrat vorausgesetzt: Hätte der Bund andere Möglichkeiten, die Erhöhung der Reststrommengen und damit die Verlängerung der Restlaufzeiten der Kernkraftwerke ohne Zustimmung des Bundesrates zu erreichen? ◀

Die Legislativkompetenzen sind für jeden Modus der Ausführung von Bundesgesetzen 65
gesondert geregelt. Im Bereich der Art. 83, 84 Abs. 1 GG ergeben sich deutlich höhere verfahrensrechtliche Hürden an die Bundesseite zur Regelung der Einrichtung der Behörden und des Verwaltungsverfahrens als im Bereich des Art. 85 GG und erst recht der bundeseigenen Verwaltung. Der Grund hierfür liegt je nach Modus der Exekutivkompetenz (Landeseigenverwaltung, Bundesauftragsverwaltung) in abgestuften Handlungs- und Entscheidungsspielräumen, die als **Organisationshoheit der Länder** zu wahren sind.

Art. 84, 85 GG stellen an die **Einrichtung der Behörden** und die **Regelung des Verwaltungsverfahrens** unterschiedlich hohe Anforderungen. Abgrenzungen zwischen diesen beiden Materien sind erforderlich und können – auch zur Einführung in diese Gesetz-

96 Bei *S. Broß/K.-G Mayer*, in: von Münch/Kunig, GG, Bd. 2, 6. Aufl. 2012, Art. 83 Rn. 21 irreführend unter Verweis auf BVerwGE 102, 119, 125 f. als „allg. Meinung" bezeichnet, obwohl die wohl h.L. dem widerspricht; eine für Studierende lesenswerte Aufbereitung des Meinungsstandes bei *T. Hebeler*, 40 Probleme aus dem Staatsrecht, 2. Aufl. 2008, S. 138 ff., s. auch *J. Suerbaum*, in: Epping/Hillgruber, GG, 2. Aufl. 2013, Art. 83 Rn 18 f. Für eine Einschränkung auf die Materien der Bundesgesetzgebung etwa *H.-H. Trute*, in: v. Mangoldt/Klein/Starck, GG, Bd. 3, 6. Aufl. 2010, Art. 83 Rn. 66; *G. Hermes*, in: Dreier, GG, Bd. 3, 2. Aufl. 2008, Art. 83 Rn. 10.

gebungsmaterien der Art. 84, 85 GG und zur Verdeutlichung der zentralen Unterschiede dieser Artikel – gemeinsam behandelt werden.

66 Zusammenfassend lässt sich sagen: im Bereich der Landeseigenverwaltung gemäß Art. 83, 84 GG entscheidet der Bund durch Fachgesetzgebung über das Was, die Länder durch die Einrichtung von Behörden über das Wer und durch das Verwaltungsverfahren über das Wie der Ausführung. Im Bereich des Art. 85 GG liegen Fachgesetz und Verfahren beim Bund, nur die Behördeneinrichtung verbleibt grundsätzlich bei den Ländern (Art. 85 Abs. 1 GG). Im Bereich der bundeseigenen Verwaltung regelt der Bund vollumfänglich die Ausführung des Gesetzes.

67 Die „**Einrichtung der Behörden**" unterfällt der Organisationshoheit der Länder und obliegt daher grundsätzlich ihnen, vgl. Art. 84 Abs. 1, 85 Abs. 1 GG. Trifft der Bund hier Regelungen, so haben die Länder Abweichungsrechte (Art. 84 Abs. 1 S. 2–4 GG) oder Mitwirkungsrechte im Bundesrat (Art. 85 Abs. 1 S. 2 GG). Eine „Behörde" im Sinne der Art. 83 ff. GG ist die „organisatorische Einheit von persönlichen und sachlichen Mitteln, die – mit einer gewissen Selbständigkeit ausgestattet – dazu berufen ist, unter öffentlicher Autorität für die Erreichung der Zwecke des Staates oder von ihm geförderter Zwecke tätig zu sein".[97] Die „Einrichtung der Behörden" ist Sammelbegriff für die Errichtung neuer und Umgestaltung bestehender Behörden, ihre Zuordnung zu einem bestimmten Rechtsträger, die Festlegung von Aufgabenkreisen,[98] die Regelung ihrer Rechtsstellung im Verhältnis zu anderen Behörden, die Aufsicht, das Binnenverhältnis und ihre Gliederung,[99] die Ausstattung mit Personal, die Zuweisung von Aufgaben und Befugnissen, die Festlegung von Zuständigkeiten[100] sowie die Privatisierung von Aufgaben.[101]

68 Schranke für bundesseitige Rechtsetzung ist seit 2006 die Zuweisung von Aufgaben an kommunale Einrichtungen: Es gibt keinen Durchgriff des Bundes auf die Kommunen mehr. Die Übertragung von Aufgaben auf Gemeinden und Gemeindeverbände durch den Bund ist verboten (Art. 84 Abs. 1 S. 7, 85 Abs. 1 S. 2 GG). Denn die Kommunen wären mangels einer verfassungsrechtlich garantierten Kostenübernahme durch den Bund finanziell schutzlos gestellt. Ein mit Art. 104a Abs. 2 GG vergleichbares **Konnexitätsprinzip** zwischen Bund und Gemeinden existiert nicht.[102]

69 Das „**Verwaltungsverfahren**" bezeichnet alle Vorgaben über die Art und Weise des Verwaltungshandelns,[103] die Regelungen über die Abgrenzung von (durch die Behördeneinrichtung bereits zugewiesenen) Zuständigkeiten, Beteiligung anderer und Dritter, Beteiligtenrechte und die Behördenkommunikation,[104] die Ermittlung des Sachverhalts, die innerbehördliche Willensbildung,[105] die zeitliche und inhaltliche Steuerung des Verfahrens, Formen und Förmlichkeiten sowie die Rechtsfolgen von Verfahrens-

---

97 BVerfGE 10, 20, 48.

98 BVerfGE 22, 180, 209; E 75, 108, 150.

99 Im Sinne einer „qualitativen Erweiterung des Aufgabenspektrums" einer Behörde BVerfGE 75, 108, 151.

100 BVerfGE 88, 203, 332; BVerwGE 40, 276, 281.

101 *J. F. Lindner*, NVwZ 2005, 907, 907 f.

102 Art. 84 Abs. 1 GG a.F. versagte den Durchgriff nicht, weil die Kommunen als mittelbare Staatsverwaltung der Landesstaatsgewalt zuzuordnen sind, vgl. BVerwGE 40, 276, 281.

103 BVerfGE 37, 363, 385; E 55, 274, 319; E 75, 108, 152; E 114, 196, 224; *M. Germann*, in: Kluth, Föderalismusreformgesetz, 2007, Art. 84 Rn. 31; *R. Lehmann-Brauns*, Die Zustimmungsbedürftigkeit von Bundesgesetzen nach der Föderalismusreform, 2008, S. 131; krit. *J. Ipsen*, Staatsrecht I, 25. Aufl. 2013, Rn. 366. Die Definition erfolgt genuin verfassungsrechtlich, also ohne Verengung auf § 9 VwVfG.

104 BVerfGE 55, 274, 321.

105 BVerwG NJW 2000, 3150, 3151.

fehlern[106] und das behördeninterne (nicht: verwaltungsgerichtliche) Rechtsbehelfsverfahren.[107]

Modellhaft lassen sich die Einrichtung der Behörden, das Verwaltungsverfahren und materielle Regelungsgehalte der Fachgesetze wie folgt abgrenzen. Die materielle Regelung bestimmt **„ob“**, das Verfahren **„wie“** und die Einrichtung der Behörden **„durch wen“**[108] eine Aufgabe vorgenommen werden soll. 70

Die Abgrenzung wird nach der Reform 2006 verstärkt relevant. Art. 84 Abs. 1 GG erlaubt nur die Setzung und länderseitige Abweichung von Bundesrecht, welches die Einrichtung der Behörden und die Regelung des Verwaltungsverfahrens betrifft. Daher darf der abweichende Landesgesetzgeber seine Abweichung **nicht** dazu nutzen, auf den Inhalt **materieller Fachgesetze** des Bundes **überzugreifen**. Für diese gelten abschließend Art. 70 ff. GG. Ein Übergreifen der Länder auf das Fachgesetz aufgrund des Art. 84 Abs. 1 GG ist damit kompetenzwidrig und wirkungslos. Problematisch sind daher solche Normen des Landes- und Bundesrechts, die materielle und formelle Aspekte in sich vereinigen (**„doppelgesichtige Normen“**).[109] Begründen etwa Antragserfordernisse im Verwaltungsverfahren eine Pflicht des Bürgers und sind damit materiellrechtliche Normen,[110] oder sind sie Verfahrenselement und damit formell-rechtliche Normen?[111] Eine **Schwerpunkttheorie** allein liefert keine hinreichend belastbaren Abgrenzungskriterien. 71

Formale Kriterien liefern erste Indizien und sind Beginn der Prüfung im Fallaufbau. Ist das **Außenverhältnis**[112] zwischen Behörde und Bürger geregelt, ist von **materiellem Recht** auszugehen. Beschränkt sich die Regelung auf das **Innenverhältnis** der Verwaltung, die Verteilung von Zuständigkeiten und die Informationsverarbeitung der Verwaltung, so ist das Vorliegen von **Organisations- und Verfahrensrecht** anzunehmen. Letztlich kommt es auf **Sinn und Zweck der fraglichen Norm** an: Schafft sie ein wesentliches Element für die Durchführung des Verwaltungsverfahrens oder soll sie die Rechtsposition des Bürgers maßgeblich gestalten? Freilich gibt es hier **Überschneidungen. Zum Beispiel** betreffen **Antragserfordernisse** das Außenverhältnis zwischen Bürger und Behörde, sind aber dennoch nicht als materielles Recht zu qualifizieren. Denn sie regeln nicht materiellrechtliche Pflichten des Bürgers. Vielmehr bilden sie regelmäßig ein Kernelement des förmlichen Verwaltungsverfahrens. Normen, die Antragserfordernisse enthalten, wären damit ihrem Zweck nach eher dem (abweichungsoffenen) Verfahren zuzuordnen. 72

Problematisch ist auch die Abgrenzung zwischen der Einrichtung der Behörden und dem Verfahrensrecht. Die Abgrenzungsfrage wird relevant, weil der Bund gemäß Art. 84 Abs. 1 S. 5 GG das Verwaltungsverfahren abweichungsfest regeln kann, nicht aber die Einrichtung der Behörden. Im Bereich des Art. 85 GG ist die bundesseitige Regelung des Verwaltungsverfahrens möglich. Der Bund darf – obwohl Art. 85 GG dies nicht positiv bestimmt – das Verwaltungsverfahren regeln: Grund ist, dass die Auf- 73

---

106 BVerfGE 65, 283, 289, dazu *M. Morlok*, Die Folgen von Verfahrensfehlern am Beispiel von kommunalen Satzungen, 1988.

107 BVerfGE 105, 313, 334.

108 Zum Ganzen *M. Germann*, in: Kluth, Föderalismusreformgesetz, 2007, Art. 84 Rn. 30.

109 BVerfGE 55, 274, 312; E 75, 108, 252.

110 BVerfGE 37, 363, 388 f.

111 Innerhalb derselben Entscheidung: BVerfGE 37, 363, 394; vgl. auch schon E 24, 184, 195.

112 Vgl. *R. Lehmann-Brauns*, Die Zustimmungsbedürftigkeit von Bundesgesetzen nach der Föderalismusreform, 2008, S. 185, 194.

tragsverwaltung dem Bund deutlich näher steht als die Landeseigenverwaltung gemäß Art. 84 Abs. 1 GG, die dem Bund die Regelung des Verwaltungsverfahrens erlaubt.[113] Solche Regelungen bedürfen, ebenso wie die Einrichtung der Behörden, der Zustimmung des Bundesrates.[114] Zwar ist von der Zustimmungspflicht in Absatz 1 selbst nur im Zusammenhang mit der Einrichtung der Behörden die Rede; für die Zustimmungspflicht spricht aber das systematische Argument aus Art. 85 Abs. 2 S. 1 GG und die Vermeidung von Abgrenzungsproblemen zwischen Verwaltungsorganisation und Verwaltungsverfahren. Die Föderalismusreform 2006 hat Art. 85 Abs. 1 GG – trotz ihrer Bemühungen zur Entflechtung von Bund und Ländern – unberührt gelassen.

74 Art. 84 Abs. 1 GG enthält **drei Kompetenzmodi.** Für die Landeseigenverwaltung i.S.d. Art. 84 GG obliegt es gemäß Art. 84 Abs. 1 S. 1 GG den Ländern, die Einrichtung der Behörden und das Verfahren zu regeln. Der Bund ist ermächtigt – und macht hiervon regelmäßig Gebrauch –, die Ausführungsmodalitäten durch Bundesgesetz selbst zu regeln. In diesem Fall ergibt sich eine Abweichungskompetenz der Länder (Art. 84 Abs. 1 S. 2–4 GG). Der Bund kann schließlich mit Zustimmung des Bundesrates (Art. 84 Abs. 1 S. 6 GG) gemäß Art. 84 Abs. 1 S. 5 GG das Abweichungsrecht der Länder für das Verwaltungsverfahren, nicht aber für die Einrichtung der Behörden ausschließen.

75 Von Interesse sind die parallelen Zuständigkeiten nach Art. 84 Abs. 1 S. 2–4 GG. Damit wird eine Schwäche des Art. 84 Abs. 1 S. 2 GG a.F. behoben. Danach konnte der Bund nur mit Zustimmung des Bundesrates Behördenorganisation und Verwaltungsverfahren regeln. Hieraus ergab sich die Zustimmungspflichtigkeit des Großteils der erlassenen Bundesgesetze, welche mit langwierigen Verfahren und – bei unterschiedlichen politischen Mehrheiten in Bundestag und Bundesrat – auch mit dem Risiko des Scheiterns wichtiger gesetzgeberischer Vorhaben behaftet war. Dieser Zustimmungstatbestand wurde abgeschafft. Zu einer völligen Entflechtung führt dies selbstverständlich nicht – Zustimmungstatbestände gibt es nach wie vor unter verschiedenen Voraussetzungen. Der wichtigste, 2006 neu eingeführte Zustimmungstatbestand ist Art. 104a Abs. 4 GG, der einen Gutteil neuer Zustimmungserfordernisse herbeiführen dürfte.[115]

76 Unterschiede ergeben sich hinsichtlich der Karenzzeit (Art. 84 Abs. 1 S. 3): Bundesgesetze treten nur dann mit mindestens sechs Monaten Verzögerung in Kraft, wenn sie landesrechtliche Abweichungsnormen novellieren („hierauf bezogen"). Das bedeutet, dass der erstmalige Erlass von Bundesrecht der regelmäßigen Frist des Inkrafttretens unterfällt (Art. 82 Abs. 2 GG).[116] Ferner ist die Karenzzeit **länderspezifisch**: In Ländern, die nicht abgewichen sind, treten im Sinne eines effektiven Gesetzesvollzugs Organisations- und Verfahrensrecht in der regelmäßigen Frist (Art. 82 Abs. 2 GG) in Kraft. Dies führt zu zeitlich bedingt **partiell geltendem** Bundesrecht.

77 Art. 84 Abs. 1 S. 4 verweist auf Art. 72 Abs. 3 S. 3 GG. Es handelt sich um eine **Rechtsfolgenverweisung,** mit der Folge, dass der Anwendungsvorrang der jeweils jüngeren Norm gilt. Hieraus ergibt sich die Möglichkeit partiell anwendbaren Bundes-

---

113 S. hierzu BVerfGE 26, 338, 384 f.

114 So zutreffend *G. Hermes*, in: Dreier, GG, Bd. 3, 2. Aufl. 2008, Art. 85 Rn. 29; *J. Ipsen*, Staatsrecht I, 25. Aufl. 2013, Rn. 640.

115 Krit. auch *H. Trute*, Verwaltungskompetenzen und Art. 33 Abs. 5, in: Starck, Föderalismusreform, 2007, Rn. 147, 148.

116 *M. Germann*, in: Kluth, Föderalismusreformgesetz, 2007, Art. 84 Rn. 66; *H. Trute*, Verwaltungskompetenzen und Art. 33 Abs. 5, in: Starck, Föderalismusreform, 2007, Rn. 156, 162.

rechts. Die Kombination der Sätze 3 und 4 schafft damit eine gegenüber Art. 72 Abs. 3 GG erhöhte Normdynamik.

Der Ausschluss des Abweichungsrechts nach Art. 84 Abs. 1 S. 5 GG verlangt nach 78 einem **„besonderen Bedürfnis nach bundeseinheitlicher Regelung“**. Dieses Merkmal enthält eine justiziable Verschärfung der Anforderungen an eine abweichungsfeste Regelung über eine bloße Evidenz- und Missbrauchskontrolle hinaus und ist als solches durch das Bundesverfassungsgericht nachprüfbar. Freilich ist ein Prognosespielraum des Bundesgesetzgebers zu beachten.[117] Prüfungskriterien sind die Stichhaltigkeit und Sorgfalt der Tatsachenermittlung für ein „besonderes Bedürfnis“, plausible Schlussfolgerungen und die plausible Darlegung, uneinheitliche Regelungen seien als vollzugsschädlich zu bewerten. Es muss zu besorgen sein, dass das materielle Recht seinen Zweck verfehlt.[118]

Als Gegenstand abweichungsfester, bundeseinheitlicher Verfahrensregelungen hatte 79 der verfassungsändernde Gesetzgeber insbesondere das Umweltrecht im Blick.[119] Dies ist ein stark verfahrensrechtlich geprägtes Rechtsgebiet, in dem die Wirksamkeit materiellrechtlicher Regelungen maßgeblich vom Vollzug abhängt. Aber auch für andere Rechtsgebiete erscheint ein einheitlicher Vollzug indiziert: das Beamtenrecht,[120] das Pass- und Ausweiswesen, das Ausländerrecht sowie der länderüberschreitende Verkehr und seine Kontrolle.[121] „Doppelgesichtige Normen“, die verfahrens- und materiellrechtliche Gehalte miteinander verbinden, indizieren ein solches Bedürfnis.[122] Das Indiz allein erspart aber nicht die sorgfältige Einzelfallprüfung.

Art. 84, 85 GG enthalten zwei wichtige Zustimmungstatbestände, welche die Zustim- 80 mungspflichtigkeit durch den Bundesrat auslösen. Regelt der Bund das Verwaltungsverfahren gemäß Art. 84 Abs. 1 S. 5 GG abweichungsfest, so bedarf er der Zustimmung des Bundesrates. Im Bereich des Art. 85 Abs. 1 S. 1 GG bedürfen Gesetze der Zustimmung des Bundesrates, soweit sie die Einrichtung der Behörden regeln. Für diese Zustimmungstatbestände gelten nach der bisherigen Rechtsprechung des Bundesverfassungsgerichts die folgenden zwei Grundsätze:

Für die Zustimmungspflichtigkeit vorherrschend ist bisher die sog. **Einheitsthese**. Da- 81 nach ist nicht nur die verfahrens- oder organisationsrechtliche Regelung zustimmungspflichtig, sondern das erlassene Regelwerk als Ganzes, die „gesetzgebungstechnische Einheit“.[123] Dies hatte zur Folge, dass unter Art. 84 Abs. 1 GG a.F. alle Bundesgesetze

117 *W. Kahl*, NVwZ 2008, 710, 717; *P. S. Stöbener*, Jura 2008, 329, 334. Keine Anlehnung an die abgeschaffte Bedürfnisklausel des Art. 72 Abs. 2 GG a.F.: *N. Röttgen/H. J. Boehl*, Abweichung statt Zustimmung, in: Holtschneider/Schön, Die Reform des Bundesstaates, 2007, S. 17, 25.

118 Vgl. *M. Germann*, in: Kluth, Föderalismusreformgesetz, 2007, Art. 84 Rn. 75; *A. Dittmann*, in: Sachs, GG, 6. Aufl. 2011, Art. 84 Rn. 22. Zu weit geht die „Dampfkesselentscheidung“ des BVerfG: BVerfGE 11, 6, 17. Danach sei bereits Landesverfahrensrecht verboten, das materiell unterschiedliche Anwendungen des Bundesgesetzes verursacht. Die Schärfe der Formulierung des Art. 84 Abs. 1 S. 5 und 6 GG spricht dafür, einen deutlich höheren Maßstab anzulegen.

119 BT-Drucks. 16/813, 15; BR-Drucks. 178/06, 35; Koalitionsvereinbarung zwischen CDU/CSU und SPD v. 18.11.2005, Rn. 31. Ferner *K. Benneter/A. Poschmann*, Die Neuordnung der Gesetzgebungskompetenzen im Umweltbereich aus Sicht des Bundes, in: Holtschneider/Schön, Die Reform des Bundesstaates, 2007, S. 175, insb. 193.

120 Vgl. BR-Drucks. 178/06, 32 f. Indiz: Beamtenrecht, BT-Drucks. 12/6000, 35.

121 *R. Lehmann-Brauns*, Die Zustimmungsbedürftigkeit von Bundesgesetzen nach der Föderalismusreform, 2008, S. 179.

122 *K. Gerstenberg*, Zu den Gesetzgebungs- und Verwaltungskompetenzen nach der Föderalismusreform, 2009, S. 65, 286.

123 BVerfGE 8, 274, 294; E 24, 184, 195; E 37, 363, 383 f.; E 55, 274, 326.

den Bundesrat passieren mussten, deren Ausführungsbestimmungen in die Organisationshoheit der Länder eingriffen. Würde diese Lesart fortgesetzt, so erstreckt sich die Zustimmung im Bereich des Art. 84 Abs. 1 S. 5 GG auf alle Bundesgesetze mit abweichungsfest geregeltem Verfahrensrecht und im Bereich des Art. 85 Abs. 1 GG auf alle Bundesgesetze, die auch die Einrichtung der Behörden regeln. Freilich ist die **Aufspaltung** des Bundesgesetzes in die beiden Teile erlaubt.

82 Eine Zustimmungspflicht besteht bisher auch dann, wenn der Bund nur eine **materielle Neuregelung** trifft, die aber eine **qualitative Veränderung** des den Ländern zugeordneten Verwaltungsverfahrens hinsichtlich Tragweite und Bedeutung nach sich zieht. Die bloß quantitative Zunahme des Geschäftsanfalls bei den Landesbehörden reicht jedoch nicht aus.[124] Es bedarf einer neuerlichen „Systemverschiebung" im bundesstaatlichen Gefüge zulasten der Länder, die der bisherigen Verwaltungszuständigkeit „inhaltlich eine wesentlich andere Bedeutung und Tragweite verleiht, die von der früher erteilten Zustimmung ersichtlich nicht mehr umfasst wird".[125]

83 Es ergibt sich also: Die Zustimmungspflicht erstreckt sich nach vorzugswürdiger Ansicht nicht auf das Gesamtregelwerk als „gesetzgebungstechnische Einheit", sondern nur auf den in Art. 84 Abs. 1 S. 5, 85 Abs. 1 S. 1 GG in Bezug genommenen Teil. Weiter reicht das Schutzbedürfnis hinsichtlich der Organisationshoheit der Länder nicht. Es bleibt abzuwarten, ob das Bundesverfassungsgericht die Kritik der Literatur aufgreift und seine bisherigen Andeutungen zu einer Rechtsprechungsänderung ausbaut. Unter systematischen und teleologischen Gesichtspunkten wäre es vorzugswürdig, die Einheitsthese aufzugeben.

84 Wie entscheidend die Abgrenzung von Gesetzgebungsbefugnissen zur Regelung des Verwaltungsverfahrens und der Einrichtung der Behörden von materiellrechtlichen Gesetzgebungskompetenzen (→ § 15 Rn. 4) sein kann, zeigt der Fall der **Verlängerung der Restlaufzeiten der deutschen Kernkraftwerke.** Politisch hat dieser Fall nur noch historische Bedeutung. Verfassungsrechtlich ist er hingegen von höchster Relevanz, denn die Ausführung des Atomgesetzes ist ein „föderalistisches Paradigma".[126] Der Streit um die richtige Auslegung des Art. 84 Abs. 1 GG anhand der Laufzeitverlängerung hat dessen Dogmatik[127] deutlich vorangebracht.

▶ **Zu Fall 7: Zu Frage 1:** Das Gesetz zur Änderung des AtG wäre dann formell verfassungswidrig, wenn die Zustimmung des Bundesrates erforderlich war. Die Zustimmungspflicht könnte sich aus Art. 87c GG ergeben. Danach kann mit Zustimmung des Bundesrates bestimmt werden, dass Gesetze auf dem Gebiet der friedlichen Nutzung der Kernenergie (Verweis auf Art. 73 Nr. 14 GG) von den Ländern im Auftrag des Bundes, also gemäß Art. 85 GG, ausgeführt werden. § 24 AtG bestimmt, dass der zweite Abschnitt des AtG, insbesondere Überwachung und Genehmigung von Kernkraftwerken, von den Ländern in Bundesauftragsverwaltung ausgeführt wird. Die Zustimmungspflichtigkeit hat folgenden Sinn: Die Länder geben einen erheblichen Teil ihrer Verwaltungsautonomie ab, wenn sie sich scharfen Einwirkungs-, Aufsichts- und Ingerenzbefugnissen des Bundes nach Art. 85 Abs. 3, 4 GG unterwerfen. Fehlte es an der Bestimmung des § 24 AtG, so erfolgte die Ausführung des AtG gemäß dem Regelfall der Art. 83, 84 GG in Eigenverwaltung der Länder – jenseits der Rechtsaufsicht des Bundes also in ihrer völligen Eigenverantwortung. Erstrebt der Bund ein

124 Vgl. BVerfGE 37, 363, 389; BVerfG, 2 BvL 8/07 vom 4.5.2010.
125 Vgl. BVerfGE 48, 127, 178.
126 *J. Ipsen*, DVBl. 2006, 585 ff.
127 Leseempfehlung zum System der Art. 83 ff. GG: *H.-J. Papier*, NVwZ 2010, 1113 ff.

qualifiziertes Aufsichtsregime, muss er die Zustimmung des Bundesrates einholen. Ähnlich liegt es mit der Bestimmung des Art. 87d Abs. 2 GG: Den Ländern dürfen Aufgaben der Luftverkehrsverwaltung nur mit Zustimmung des Bundesrates übertragen werden. Auch hier schützt die Zustimmung des Bundesrates die Einwilligung der Länder in Eingriffe in ihre Verwaltungsorganisation und ihre Aufgabenbelastung.

Problematisch am vorliegenden Fall ist, ob die **Zustimmung des Bundesrates auch für die Änderung des § 24 AtG**, nämlich die Verlängerung der Restlaufzeiten, erforderlich war. Verändert wurden durch das Gesetz nur die Reststrommengen, nicht aber die Reichweite der übertragenen Aufgaben gemäß § 24 AtG. Da **hinsichtlich des Verwaltungstyps** zunächst **keine qualitative Veränderung** des Umfangs der Bundesauftragsverwaltung erfolgte, könnte man annehmen, dass keine Zustimmungspflicht des Bundesrates eingriffe. Diese Lesart verfehlt jedoch den Sinn der Zustimmungspflichtigkeit. Art. 87c GG schützt die Verwaltungsautonomie der Länder. Werden die Reststrommengen erhöht, so wird der Zeitraum, innerhalb dessen die Länder Aufgaben in Bundesauftragsverwaltung nach Maßgabe des § 24 AtG wahrnehmen, ausgedehnt. Angesichts des Alters der Kernkraftwerke, der Häufung von meldepflichtigen Ereignissen mit wachsender Betriebsdauer und der ungelösten Entsorgungsfrage neben weiter fortdauernden Überwachungspflichten der Länder liegt in dieser zeitlichen Ausdehnung nicht eine nur quantitative Ausdehnung, sondern auch eine Veränderung der Qualität der Ausführung des AtG.[128] Auch wenn § 24 AtG unverändert bleibt, ist daher von einer Zustimmungspflicht auszugehen, wenn der zeitliche und sachliche Umfang der Auftragsverwaltung ausgedehnt wird.[129] Dafür spricht nicht nur der Schutzzweck des Art. 87c GG, sondern auch ein systematischer Vergleich mit Art. 87d Abs. 2 GG: Hier ist die Zustimmungspflicht auf die „Übertragung" neuer Aufgaben beschränkt.[130] Der Verfassunggeber hat eine solche tatbestandliche Einengung des Art. 87c GG unterlassen. Dies stützt die Annahme, dass die Zustimmungspflicht gemäß Art. 87c GG nicht nur qualitative Veränderungen – die Übertragung neuer Aufgaben – erfasst, sondern auch ihre quantitative Ausdehnung. Nicht zustimmungspflichtig war daher die Änderung des AtG 2002 („Atomausstiegsgesetz"):[131] Hier wurden die Reststrommengen zeitlich begrenzt; die Belastung der Länderverwaltungen mit Aufgaben im Rahmen der Bundesauftragsverwaltung wurde also zeitlich limitiert. Es fehlte also am Schutzbedürfnis der Länder gemäß Art. 87c GG.

**Zu Frage 2:** Der Bund kann selbstverständlich auch Alternativen zur Ausführung des AtG in Bundesauftragsverwaltung wählen (Art. 87c GG: „können bestimmen").[132] In Betracht kommt die Überführung der Ausführung des AtG in bundeseigene Verwaltung gemäß Art. 87 GG. Einem solchen Vorhaben sind jedoch tatsächliche und rechtliche Grenzen gesetzt. Für Bundesbehörden mit eigenem Verwaltungsunterbau besteht gemäß Art. 87 Abs. 1 GG ein **numerus clausus**. Gemäß Art. 87 Abs. 3 GG können weitere Bundesoberbehörden und bundesunmittelbare Körperschaften und Anstalten des öffentlichen Rechts innerhalb der Grenzen der Gesetzgebungskompetenzen des Bundes durch Bundesgesetz errichtet werden. Mangels eines Verwaltungsunterbaus wären solche Behörden je-

128 So auch *H.-J. Papier*, NVwZ 2010, 1113 ff.; *R. Geulen/R. Klinger*, NVwZ 2010, 1118 ff.; *J. E. Kendzia*, DÖV 2010, 713, 716; *J. E. Kendzia*, NVwZ 2010, 1135, 1136 sowie *O. Däuper/S. Michaels/R. Ringwald*, ZUR 2010, 451 ff.

129 So zutreffend *H.-J. Papier*, NVwZ 2010, 1113, 1116; a.A. (Auswahl): *R. Scholz*, NVwZ 2010, 1385, 1386 ff.; *R. Scholz*, atw 2010, 316 ff.; *M. Kotulla/A. Kilic*, NVwZ 2010, 1449, 1450; *C. Moench/M. Rutloff*, DVBl. 2010, 865 ff.

130 BVerfGE 126, 77, 103 ff.

131 Gesetz zur geordneten Beendigung der Kernenergienutzung zur gewerblichen Erzeugung von Elektrizität v. 22.4.2002 (BGBl. I, 1351).

132 Umfassend zu den hier besprochenen Alternativen *J. Wieland*, RuP 2011, 1 ff.

doch zur Ausführung des Atomgesetzes und zur wirksamen Überwachung von Kernkraftwerken kaum in der Lage, insbesondere nicht vor dem Hintergrund der Schutzpflicht des Staates für Leben und Gesundheit seiner Bürger (Art. 2 Abs. 2 GG) und zur Gewährleistung des Staatsziels Umwelt- und Naturschutz (Art. 20a GG). Nur ausnahmsweise – bei „dringendem Bedarf" – dürfen darüber hinaus Bundesbehörden mit eigenem Verwaltungsunterbau eingerichtet werden. „Dringender Bedarf" setzt voraus, dass die Übertragung der betreffenden Verwaltungsaufgabe auf die Länder das Bedürfnis nach zentraler Steuerung und einheitlichem Vollzug nicht befriedigen kann.[133] Dies ist bei der Ausführung des AtG aber gerade der Fall: Die Bundesauftragsverwaltung gibt dem Bund hinreichend Instrumente an die Hand, um eine zentrale Steuerung zu gewährleisten. Unabhängig hiervon verlangt Art. 87 Abs. 3 GG qualifizierend, dass dem Bund „neue Aufgaben" erwachsen – was bei der Ausführung des AtG ebenfalls nicht der Fall ist.

Eine weitere Alternative ohne Übergriff in die Landesverwaltung und somit ohne Zustimmungspflicht nach Art. 87c GG wäre die Überführung der Ausführung des AtG in die Landeseigenverwaltung gemäß Art. 83, 84 GG. Damit würde der Bund jedoch riskieren, dass die Länder bei der Ausführung des AtG politischen Präferenzen folgen, die denen des Bundes zuwiderlaufen. Der Bund könnte die Länder nicht durch Weisung gemäß Art. 85 Abs. 3 GG anhalten, kerntechnische Untersuchungen durchzuführen oder zu unterlassen und so die Sachkompetenz an sich ziehen[134] oder auch zur Vorbereitung eines solchen Schrittes im Außenverhältnis gegenüber Dritten zu handeln.[135] Er müsste ferner ein Abweichungsrecht der Länder bei der Regelung des Verwaltungsverfahrens und bei der Einrichtung der Behörden gemäß Art. 84 Abs. 1 S. 2–4 GG in Kauf nehmen, sofern er nicht, wiederum mit Zustimmung des Bundesrates, gemäß Art. 84 Abs. 1 S. 5–6 GG einheitliche Verfahrensregelungen erlassen wollte. Dies wäre der Preis für die Vermeidung einer Zustimmungspflicht des Bundesrates. ◀

#### cc) Ingerenzbefugnisse: Der Erlass von Verwaltungsvorschriften, Aufsichts- und Weisungsrechte

85 Je nach Kompetenzmodus sieht das Grundgesetz unterschiedlich intensive Einwirkungsmöglichkeiten des Bundes auf die Länder bei der Wahrnehmung ihrer Verwaltungskompetenz vor. Die Aufsichts- und Weisungsrechte folgen bundesstaatlichen Grundsätzen. So gilt das Gebot der organisatorischen Trennung der Verfassungsräume von Bund und Ländern. Keinesfalls erlaubt das Grundgesetz damit eine durchgehende Weisungshierarchie von der Bundesregierung bis zu den unteren Landesbehörden (Organisationshoheit der Länder). Weisungen sind grundsätzlich nur an die obersten Landesbehörden zu richten, die die Weisung dann im Verwaltungsaufbau der Länder durchsetzen.

86 Führen die Länder Bundesgesetze in **eigener Verwaltung** aus, gilt ein relativ schwaches Aufsichtsregime (Art. 84 Abs. 3–5 GG). Die Bundesaufsicht ist auf die **Rechtmäßigkeit** beschränkt und erstreckt sich nicht auf die Zweckmäßigkeit der Verwaltung (Art. 84 Abs. 3 S. 1 GG). Die Abgrenzung zwischen beiden ist freilich nicht immer zweifelsfrei; insbesondere Praxis und höchstrichterliche Rechtsprechung setzen Maßstäbe für die Auslegung von Gesetzen und somit auch für die Rechtsaufsicht. Maßstab

133 Vgl. *G. Hermes*, in: Dreier, GG, Bd. 3, 2. Aufl. 2008, Art. 87 Rn. 100.
134 BVerfGE 81, 310, 332 ff.
135 BVerfGE 104, 249, 267.

für die Gesetzmäßigkeit in Abgrenzung zur bloßen Zweckmäßigkeit dürfte die Rückführbarkeit normativer Wertungen auf anerkannte Rechtsquellen sein.

Vorfeldmaßnahmen der Rechtsaufsicht sind die Bitte um Bericht und die Entsendung von Beauftragten, vgl. Art. 84 Abs. 3 GG. Als „Minus" hierzu darf der Bund auch Informationen von den Ländern einholen.[136] Mängel können gerügt werden (**Mängelrüge**: Art. 84 Abs. 4 GG). Einzelweisungen darf die Bundesregierung nur auf Grundlage eines Bundesgesetzes mit Zustimmung des Bundesrates und regelmäßig nur den obersten Landesbehörden erteilen (Art. 84 Abs. 5 GG). Um gerügten Mängeln abzuhelfen, darf die Bundesregierung über die Mängelrüge hinaus nicht auf das Land einwirken; sie muss den Bundesrat als Mittler einschalten: Gemäß Art. 84 Abs. 4 GG beschließt der Bundesrat auf Antrag des Landes oder der Bundesregierung, ob das betreffende Land das geltende Recht verletzt hat. Letztes Mittel ist der Bundeszwang (Art. 37 GG). Bislang ist derartiges jedoch noch nicht relevant geworden. 87

Im Bereich des Art. 84 Abs. 2 GG kann die Bundesregierung allgemeine Verwaltungsvorschriften erlassen, jedoch nur mit Zustimmung des Bundesrates. Bundesgesetze ergehen in der Regel mit „Ermessensrichtlinien", die eine gewisse Bundeseinheitlichkeit in der Rechtsanwendung absichern sollen. Zwar sind Verwaltungsvorschriften zunächst nur Verwaltungsbinnenrecht: Sie sind aber entscheidend für Auslegung und Anwendung der Bundesgesetze und entfalten, in Verbindung mit der Verwaltungspraxis, über den allgemeinen Gleichheitssatz mittelbar Außenwirkung (antizipierte Selbstbindung der Verwaltung).[137] Allgemeine Verwaltungsvorschriften sind daher ein deutlicher Übergriff des Bundes in die Organisations- und Verwaltungsautonomie der Länder und erfordern daher die Zustimmung des Bundesrates als Kompensation. 88

Stark ausgeprägt ist das **Aufsichtsregime der Bundesauftragsverwaltung.** Anders als Art. 84 Abs. 5 GG sieht Art. 85 Abs. 3 S. 1 GG eine unbedingte Weisungsgebundenheit der obersten Landesbehörden vor. Der Bundesrat ist nicht, wie unter Art. 84 Abs. 4 GG, als Mittler einzuschalten. Die obersten Landesbehörden sind verpflichtet, den Vollzug der Weisung sicherzustellen (Art. 85 Abs. 3 S. 3 GG). Sachkompetenz und Wahrnehmungskompetenz liegen bei den Ländern. Die Wahrnehmungskompetenz liegt auch weithin unentziehbar bei den Ländern.[138] Der Bund kann aber im Einzelfall die Ausübung seiner Sachkompetenz durch Handeln im Außenverhältnis, Kontakte und Informationsbeschaffung stützen.[139] Durch die Ankündigung einer Weisung zieht der Bund jedoch die Sachkompetenz an sich. 89

Die Aufsicht erstreckt sich im Unterschied zu Art. 84 Abs. 3 S. 1 GG auf die **Gesetz- und Zweckmäßigkeit** (Art. 85 Abs. 4 GG). Die Bundesregierung kann Beauftragte zu allen Behörden entsenden, nicht nur zu den obersten Behörden (Art. 85 Abs. 4 S. 2 GG im Vergleich zu Art. 84 Abs. 3 S. 2 GG). Sie hat darüber hinaus ein Akteneinsichtsrecht und kann Berichte von den Ländern verlangen.

Die Ausübung der Bundesaufsicht ist an Verfahrensmerkmale gebunden, die sich aus dem weiteren Verfassungszusammenhang ergeben.

Klausurträchtig ist der Maßstab der Überprüfung der **Ausübung von Weisungsrechten.** 90
Die Länder können nur die Inanspruchnahme des Weisungsrechts rügen, nicht aber,

136 *G. Hermes*, in: Dreier, GG, Bd. 3, 2. Aufl. 2008, Art. 84 Rn. 97.
137 BVerwGE 52, 193 ff.; BVerwG DVBl. 1982, 195 ff.
138 BVerfGE 104, 249, 264 f.
139 BVerfGE 104, 249, 267.

dass die Ausübung des Weisungsrechts inhaltlich rechtswidrig sei.[140] Auch die rechtswidrige Weisung hat das Land auszuführen; die politische und haftungsrechtliche (Art. 104a Abs. 5 S. 1 GG) Verantwortung dafür trägt kraft Inanspruchnahme der Sachkompetenz der Bund. Weiterhin kann das Land nicht geltend machen, dass der Inhalt der Weisung allgemein verfassungswidrig sei, also etwa gegen Grundrechte verstoße. Die Länder sind nicht Träger und auch nicht kraft Garantenstellung Sachwalter von Grundrechten.[141] Das Land kann nur gröbste Verfassungsverstöße, wie etwa kollektive Existenzgefährdung durch mangelhafte Atomaufsicht, durch substantiierte Darlegung verfassungsgerichtlich rügen.[142]

91 Für die Ausübung des Weisungsrechts selbst ist der Bund an den Grundsatz der **Bundestreue** (→ § 7 Rn. 72) gebunden.[143] Der Bund muss dem Land vorher Gelegenheit zur Stellungnahme geben und dessen Standpunkt erwägen. Er muss dem Land im Streitfall erklären, dass er das Instrument der Weisung in Anspruch nehmen werde. Erst dann kann er die Sachkompetenz durch Weisung an sich ziehen. Schließlich gilt das Gebot der Weisungsklarheit (Bestimmtheit).[144] Weitere verfassungsrechtliche Anknüpfungspunkte bestehen nicht – dies ist der abschließende Prüfungsmaßstab des Bundesverfassungsgerichts für die Verfassungsmäßigkeit einer aufsichtsrechtlichen Weisung.

92 Grenze jeglicher Verwaltungskompetenz sind die Gesetzgebungskompetenzen. Steht dem Bund für eine Materie keine Gesetzgebungskompetenz zu, so kann er einem Land keine diesbezügliche Weisung erteilen.[145]

#### c) Verbot der Mischverwaltung

93 Die Kompetenzordnung der Art. 83 ff. GG wahrt die Organisationshoheit und Autonomie des Bundes und der Länder sowie die organisatorische Trennung der Verfassungsräume. Diese ist zwar durch Bund-Länder-Verwaltung aufgeweicht, weshalb der Begriff „Mischverwaltung" präzisiert werden müsste, etwa „Gemeinsame Verwaltung". Es gibt keinen hierarchischen Durchgriff des einen auf den anderen Verfassungsraum, etwa durch Weisung. Kompetenzen sind nicht disponibel. Daher ist das Modell einer Mischverwaltung, welches öffentliche Aufgaben Gemeinschaftsbehörden des Bundes und der Länder zuordnet, verboten – zuletzt die Errichtung von „Hartz-IV-Arbeitsgemeinschaften" des Bundes und der Kommunen.[146] Das ergibt sich auch aus dem Gedanken demokratischer Legitimation: Die Bundesverwaltung ist der Bundesregierung und diese letztlich dem Bundestag, eine Landesverwaltung ist ihrer Landesregierung und diese letztlich dem Landtag verpflichtet. Mischverwaltungen würden dazu führen, dass Verantwortlichkeiten nicht mehr transparent lokalisierbar und politisch zurechenbar wären. Nicht jegliche Bund-Länder-Kooperation ist bereits „Mischverwaltung", etwa die Betrauung einer Landesverwaltung mit der Geschäftsführung eines Sozialversicherungsträgers im Wege der Organleihe.[147] Gemeinsame Einrichtungen der

140 BVerfGE 81, 310, 332 f.
141 BVerfGE 81, 310, 333.
142 BVerfGE 81, 310, 334.
143 BVerfGE 81, 310, 337 f.
144 BVerfGE 81, 310, 336.
145 Art. 74 Abs. 1 Nr. 22 GG als Grenze der Abstufung von Fernstraßen nach Art. 90 Abs. 2 GG: BVerfGE 102, 167, 174.
146 BVerfGE 63, 1, 40 ff.; E 119, 331, 367 ff.
147 *D. Hömig*, in: Hömig, GG, 10. Aufl. 2013, VIII Vorb. zu Art. 83 ff. Rn. 9.

Länder, etwa die ZVS, sind aufgrund von Staatsverträgen zulässig, sofern der Zuständigkeitsbereich der Länder gewahrt bleibt.[148] Durchbrochen wird das strikte Verbot der Mischverwaltung von den Bestimmungen der Art. 91a ff. GG (→ § 16 Rn. 16 ff.).

### 4. Rechtsprechung

Art. 92 GG bestimmt, dass die rechtsprechende Gewalt durch das Bundesverfassungsgericht, die Bundesgerichte sowie die Gerichte der Länder ausgeübt wird. Hierin zeigt sich eine Konkretisierung des Art. 30 GG: **Bundesgerichte** sind durch einen **numerus clausus** begrenzt und ergänzen die Landesgerichtsbarkeit im Sinne einer bundeseinheitlichen Rechtsprechung, soweit erforderlich. 94

Grundsatz der Gerichtsbarkeit ist ein dreistufiger Gerichtsaufbau. In der ordentlichen Gerichtsbarkeit, der Zivil- und Strafrechtsprechung, bilden die Amtsgerichte (§§ 23 ff. GVG) bzw. die Landgerichte (§§ 71 ff. GVG) die erste Instanz. Höhere Instanzen sind die Oberlandesgerichte und der Bundesgerichtshof. Ähnlich gestaltet sich der Gerichtsaufbau hinsichtlich der Verwaltungsgerichtsbarkeit, der Sozialgerichtsbarkeit und der Arbeitsgerichtsbarkeit. Zweistufig aufgebaut ist die Finanzgerichtsbarkeit (§§ 35 f. FGO).

Die verfassungsrechtliche Grundlage für die Einrichtung der Bundesgerichte dieser Zweige der Gerichtsbarkeit enthält Art. 95 GG. Bundesgerichte sind hier Revisionsinstanz. Sie gewähren die **einheitliche Auslegung** von Bundesrecht und werden damit der Anforderung gerecht, dass – soweit Bundesrecht für die Entscheidung einschlägig ist (vgl. etwa § 137 Abs. 1 Nr. 1 VwGO) – einer vereinheitlichenden Auslegung zugeführt werden sollte. Aufgrund der richterlichen Unabhängigkeit und der inter-partes-Wirkung entfalten Entscheidungen der Bundesgerichte freilich keine strikte präjudizielle Wirkung; allerdings ergibt sich in der Praxis eine tatsächliche Orientierung auf die höchstrichterliche – und damit bundesgerichtliche Rechtsprechung. Im Bundesstaat kommt damit den Bundesgerichten eine die Rechtsprechung vereinheitlichende Wirkung zu.

Die Errichtung von Bundesgerichten als Instanzgerichte erlaubt Art. 96 GG. Es handelt sich um das Bundespatentgericht für Fragen des gewerblichen Rechtsschutzes (§§ 66 ff. MarkenG). Revisionsinstanz ist der BGH (Art. 96 Abs. 3 GG). Zu nennen sind ferner Truppendienstgerichte (Art. 96 Abs. 4 GG). Staatsschutzsachen nehmen Gerichte der Länder (Oberlandesgerichte) als Gerichtsbarkeit des Bundes wahr, vgl. § 120 GVG.

Das Bundesverfassungsgericht ist kein Gericht des Instanzenzuges. Es entscheidet nur „spezifisches Verfassungsrecht" und ist nur für verfassungsrechtliche Streitigkeiten (vgl. dazu auch die Abgrenzung in § 40 VwGO) gemäß Art. 93 Abs. 1, 2 GG, aufgrund des BVerfGG (Art. 93 Abs. 3 GG) und aufgrund der übrigen Zuweisungen des GG (Art. 18, 21 Abs. 2, 41 Abs. 2, 61 Abs. 2, 84 Abs. 4, 98 Abs. 2, 126 GG) zuständig.

## Wiederholungs- und Verständnisfragen

> An welche grundsätzliche Systematik lehnt sich die Verteilung der Gesetzgebungskompetenzen, der Verwaltungskompetenzen und der Ausübung der rechtsprechenden Gewalt zwischen Bund und Ländern an?

148 BVerfGE 50, 137 ff.

> Welche Kompetenzmodi sind im Bereich der Gesetzgebungskompetenzen gemäß Art. 70 ff. GG zu unterscheiden?
> Enthalten Art. 83 ff. GG nur Verwaltungszuständigkeiten oder auch Gesetzgebungskompetenzen? Welcher Art von Gesetzen und Normen kann sich der Bund bedienen, um die Einrichtung der Behörden und das Verwaltungsverfahren zu regeln?
> Was bezeichnet die sogenannte „Einheitsthese" im Hinblick auf die Zustimmungspflichtigkeit von Gesetzen?

### IV. Einwirkungsmöglichkeiten der Länder auf den Bund

95 Weil in der bundesstaatlichen Konzeption des Grundgesetzes im Grundsatz ein Gleichordnungsverhältnis zwischen Bund und Ländern besteht, kann nicht allein der Bund auf die Länder einwirken, sondern die Länder auch auf den Bund.

96 Bei den Einwirkungsmöglichkeiten der Länder auf den Bund kann zwischen der Mitwirkung auf **gesamtstaatlicher Ebene** und der **Mitwirkung einzelner**, betroffener Länder unterschieden werden.[149] Die Mitwirkung auf gesamtstaatlicher Ebene erfolgt im Wesentlichen über den Bundesrat (→ § 13 Rn. 1 ff.), daneben aber auch über weitere Bundesorgane, etwa den Gemeinsamen Ausschuss (Art. 53a GG), die Bundesversammlung (Art. 54 Abs. 3 GG) oder im Rahmen des Art. 95 Abs. 2 GG. In Bezug auf EU-Fragen sichert Art. 23 Abs. 6 GG die Mitwirkung der Länder (→ § 13 Rn. 35).

97 Konkret betroffene Länder sind zu beteiligen, etwa bei einer Neugliederung des Bundesgebietes (Art. 29 Abs. 2 GG) oder in den Fällen des Art. 32 Abs. 2 GG, des Art. 89 Abs. 3 GG, des Art. 108 Abs. 1 S. 3 GG oder des Art. 139 GG. Außerdem sind die einzelnen Länder antragsberechtigt vor dem Bundesverfassungsgericht (Art. 93 Abs. 1 Nr. 2, 2a, 3, 4, Abs. 2 GG). Über die im GG genannten Beteiligungsmöglichkeiten hinausgehend steht dem einzelnen Land jedoch kein Beteiligungsrecht an Bundesangelegenheiten zu.[150] Es bleibt daher auf eine mittelbare Beteiligung im Rahmen des Bundesrates beschränkt.

#### 1. Bundesrat

98 Der Bundesrat wird vom GG als das maßgebliche Organ der Ländermitwirkung ausgestaltet. Die Mitwirkung bezieht sich gem. Art. 50 GG dabei sowohl auf die Bundesgesetzgebung als auch auf die Verwaltung des Bundes und die Angelegenheiten der Europäischen Union. Hier wird jedoch noch keine Mitwirkungsbefugnis normiert. Die einzelnen Kompetenzen befinden sich in konkreten Einzelvorschriften des GG (vgl. z.B. Art. 76 Abs. 1 GG für das Initiativrecht, Art. 73 Abs. 2 GG).

Obwohl die Länder über den Bundesrat mitwirken, handelt es sich bei ihm trotzdem um ein **Bundesorgan** (→ § 13 Rn. 8).[151] Einfließen sollen daher nicht die rein länderspezifischen Interessen, sondern die Länder sollen die Belange des Bundes aus ihrer Sicht wahrnehmen.[152] Diese Forderung bleibt aber mehr rechtliches Ideal als politische Wirklichkeit: Dagegen ist verfassungsrechtlich allerdings auch nichts einzuwenden. Das „Bundesgemeinwohl" wird, wie Gemeinwohl überhaupt, nur als Produkt aus ver-

---

149 *M. Sachs*, in: Sachs, GG, 6. Aufl. 2011, Art. 20 Rn. 61 f.
150 BVerfGE 94, 297, 311.
151 BVerfGE 1, 299, 311; E 8, 104, 120; *B. Schöbener*, in: Dolzer/Vogel/Graßhof, BK-GG, 148. Lfg., Art. 50 Rn. 11.
152 *B. Schöbener*, in: Dolzer/Vogel/Graßhof, BK-GG, 148. Lfg., Art. 50 Rn. 11; *W. Krebs*, in: von Münch/Kunig, GG, Bd. 1, 6. Aufl. 2012, Art. 50 Rn. 5.

schiedenen, widerstreitenden Interessen generiert. Dass die Länder also den Bundesrat als Einfallstor ihrer eigenen Interessen nutzen, ist funktionsadäquat.

Besetzt wird der Bundesrat über die Landesregierungen, nicht über die Landesparlamente, vgl. Art. 51 Abs. 1 GG. Genau betrachtet, ist es daher die Exekutive der Länder, die über den Bundesrat mitwirkt.

### 2. Europäische Integration: Art. 23 GG

99 Ein wichtiger Bereich länderspezifischer Einflussmöglichkeiten auf den Bund findet sich im Kontext des Art. 23 GG. Der kooperative Verfassungsstaat, der zahlreich mit inter- und supranationalen Institutionen verflochten ist und Hoheitsrechte an diese abgibt, betrifft auch den Bestand der Länder als autonome Staaten. Da die außenpolitische Vertretung des Gesamtstaates aber über den Bund läuft, bedürfen die Länder hier besonderen Schutzes.[153] Diesen Schutz unternimmt Art. 23 GG, der im Rahmen dieser Darstellung im Abschnitt über den kooperativen Verfassungsstaat behandelt wird (→ § 10 Rn. 1 ff.).

### 3. Mitwirkung in Personalfragen

100 Wichtigen Einfluss auf Personalfragen können die Länder im Bereich der Richterbestellung nehmen. So werden die Richter des Bundesverfassungsgerichts zur Hälfte vom Bundesrat gewählt, Art. 94 Abs. 1 S. 2 GG. Dass das Zusammenwirken von Bund und Ländern in diesem Bereich stark parteienstaatlich überformt ist, ist dabei bekannt: Wer Richterin oder Richter am Bundesverfassungsgericht wird, entscheiden faktisch zu diesem Zweck bestellte Emissäre der politischen Parteien[154] (→ § 10 Rn. 66 ff.).

Für die Bestellung von **Richtern an Bundesgerichten** sieht Art. 95 Abs. 2 GG mit dem Richterwahlausschuss ein gesondertes Gremium vor, das aus Vertretern der Ministerien der Länder und Bundestagsabgeordneten besteht.

101 Art. 36 GG trifft eine für moderne Verfassungen eher ungewöhnliche, anachronistisch anmutende Regelung. Danach sind, dem Grundsatz der **proportionalen föderalen Parität** folgend,[155] bei den obersten Bundesbehörden Stellen nach einem landsmannschaftlichen Schlüssel zu besetzen, um eine gleichmäßige Repräsentation aller Ländervölker in der Bundesverwaltung zu gewährleisten. Das bedeutet: Bei den obersten Bundesbehörden, d.h. solchen Verwaltungsbehörden des Bundes, die keinem Exekutivorgan mehr unterstehen (etwa Bundeskanzleramt, Bundesministerium, Verwaltungen des Bundestages, des Bundesrates, des Bundespräsidialamtes, des Bundesrechnungshofes und der Bundesbank),[156] sind die Beamten aus allen Ländern in angemessenem Verhältnis zu besetzen. Jenseits einer demokratisch inspirierten Parität der Landesvölker hat die gleichmäßige Repräsentation aber auch sachliche Gründe. Die Verwendung von Beamten aus allen Ländern hat den Sinn, dass sie ihre jeweiligen Kenntnisse aus ihrem Land mit in die Behörde einbringen.[157] Zudem soll so das Vertrauen der Bürger

153 S. etwa *H. Sauer*, Staatsrecht III, 2. Aufl. 2013, S. 27 ff.

154 Siehe auch zur Verfassungsmäßigkeit der Wahl der Bundesverfassungsrichter, BVerfGE 131, 230 ff.

155 *U. Battis*, in: Sachs, GG, 6. Aufl. 2011, Art. 36 Rn. 4.

156 Art. 36 Abs. 1 GG wird auch auf die Verwaltungsbeamten (nicht Richter!) des BVerfG und der obersten Bundesgerichte angewendet.

157 *K.-B. von Doeming/R.-W. Füßlein/W. Matz*, JöR 1 (1951), 331 ff.; *T. von Danwitz*, in: von Mangoldt/Klein/Starck, GG, Bd. 2, 6. Aufl. 2010, Art. 37 Rn. 4.

in die Bundesverwaltung gesteigert werden, da so „einer von ihnen" in der Verwaltung tätig ist.[158]

### V. Einwirkungsmöglichkeiten des Bundes auf die Länder

102 Jenseits der Einflussrechte, die dem Bund im Rahmen des Gesetzesvollzugs zustehen, räumt ihm das Grundgesetz noch weitergehende Rechte ein.

#### 1. Bundeszwang: Art. 37 GG

103 Kommt es im Verhältnis zwischen Bund und Ländern zu unüberbrückbaren Differenzen, in deren Verlauf ein Land die ihm nach dem Grundgesetz oder einem anderen Bundesgesetz obliegenden Pflichten nicht erfüllt, so steht dem Bund als **ultima ratio** das Mittel des Bundeszwangs zu. Aufgrund der Schärfe der Bundesintervention, die den Bundeszwang auszeichnet, ist er an die Zustimmung des Bundesrates gekoppelt.[159]

104 Die verletzte Bundespflicht muss nicht ausdrücklich im Grundgesetz oder einem Bundesgesetz verankert sein, sie muss aber methodisch aus der Verfassung oder dem einfachen Recht ableitbar sein.[160] Die als verletzt bezeichnete Pflicht muss nicht dem Kontext der Art. 84, 85 GG entstammen, jegliche Pflichten können Gegenstand des Bundeszwangs werden,[161] auch solche unionsrechtlicher Art. Bloße Hinweise oder Empfehlungen des Bundes an ein Land konstituieren in diesem Sinne aber noch keine bundeszwangfähige Verpflichtung eines Landes. [162] Bundespflichten der Länder ergeben sich insbesondere aus dem Prinzip der Bundestreue, soweit es sich hinreichend konkretisieren lässt.[163] Durch die Haushaltsnotlage eines Landes wird keine Bundespflicht verletzt.[164]

Welche Maßnahmen ergriffen werden dürfen, setzt Art. 37 Abs. 1 GG selbst nicht fest. Es handelt sich dabei also gewissermaßen um eine verfassungsrechtliche „Generalklausel" der Bundesregierung, die so ihr Handeln nach dem speziellen Einzelfall richten kann.[165] Jedenfalls ist aber eine Beschränkung auf die „notwendigen" Maßnahmen gegeben, d.h., der Grundsatz der Verhältnismäßigkeit muss gewahrt werden.[166]

Für die Ausübung des Weisungsrechts ist keine Zustimmung des Bundesrates erforderlich, weil die Weisung lediglich den Zwang aus Abs. 1, für den ja das Zustimmungserfordernis besteht, realisieren soll und nicht eine eigene Maßnahme i.S.d. Abs. 1 darstellt.[167]

---

158 *V. von Stralenheim*, DÖV 1951, 628, 629; *U. Battis*, in: Sachs, GG, 6. Aufl. 2011, Art. 36 Rn. 1.

159 *W. Erbguth*, in: Sachs, GG, 6. Aufl. 2011, Art. 37 Rn. 2; *M. Gubelt*, in: von Münch/Kunig, GG, Bd. 1, 6. Aufl. 2012, Art. 37 Rn. 1.

160 *T. von Danwitz*, in: von Mangoldt/Klein/Starck, GG, Bd. 2, 6. Aufl. 2010, Art. 37 Rn. 16.

161 *K. Stern*, Staatsrecht I, 2. Aufl. 1984, S. 714 f.

162 *H. H. Klein*, in: Maunz/Dürig, GG, 57. Lfg., Art. 37 Rn. 47.

163 Dafür *W. Erbguth*, in: Sachs, GG, 6. Aufl. 2011, Art. 37 Rn. 8; *M. Bothe*, in: Denninger/Hoffmann-Riem/Schneider/Stein, AK-GG, 2001, Art. 37 Rn. 12; *T. von Danwitz*, in: von Mangoldt/Klein/Starck, GG, Bd. 2, 6. Aufl. 2010, Art. 37 Rn. 16; skeptisch etwa *B. Pieroth*, in: Jarass/Pieroth, GG, 13. Aufl. 2014, Art. 37 Rn. 2; *H. Bauer*, in: Dreier, GG, Bd. 2, 2. Aufl. 2006, Art. 37 Rn. 10.

164 *W. Pauly/C. Pagel*, DÖV 2006, 1028, 1032 ff.

165 *W. Erbguth*, in: Sachs, GG, 6. Aufl. 2011, Art. 37 Rn. 10.

166 *M. Bothe*, in: Denninger/Hoffmann-Riem/Schneider/Stein, AK-GG, 2001, Art. 37 Rn. 22; *B. Pieroth*, in: Jarass/Pieroth, GG, 13. Aufl. 2014, Art. 37 Rn. 3; skeptisch u.a. *H. Bauer*, in: Dreier, GG, Bd. 2, 2. Aufl. 2006, Art. 37 Rn. 12.

167 *M. Gubelt*, in: von Münch/Kunig, GG, Bd. 1, 6. Aufl. 2012, Art. 37 Rn. 21; *W. Erbguth*, in: Sachs, GG, 6. Aufl. 2011, Art. 37 Rn. 21.

### 2. Notstandsrechte

105 Sowohl Art. 35 Abs. 3 GG wie auch Art. 91 GG regeln Fälle eines bundesstaatlichen Notstands. Art. 91 Abs. 1 GG setzt dabei eine Gefahr für den Bestand oder die freiheitlich demokratische Grundordnung des Bundes oder (eines) der Länder voraus, knüpft also die Ausübung des Notstandsrechts durch den Bund an denkbar hohe Voraussetzungen. Art. 91 GG räumt dem Bund bei Vorliegen der Voraussetzungen weitreichende Zugriffsrechte auf die Polizeikräfte des Bundes und der Länder ein.

106 Art. 35 Abs. 3 GG regelt für den Fall einer Naturkatastrophe oder eines Unglücksfalls die Möglichkeit, auf Polizeikräfte der Länder zuzugreifen bzw. sogar Mitglieder der Bundeswehr zur Bekämpfung der Notlage einzusetzen.[168] Die Formulierung des Art. 35 Abs. 3 GG macht, etwa durch die ausdrückliche Bezugnahme auf den Erforderlichkeitsgrundsatz (Verhältnismäßigkeit), dabei deutlich, dass auch dieses Recht restriktiv zu interpretieren bzw. auszuüben ist. Führte diese Vorschrift in der Vergangenheit überwiegend eher ein Schattendasein, so wird seit einiger Zeit der Anwendungsbereich des Art. 35 Abs. 3 GG im Hinblick auf die Bekämpfung etwaiger Terrorgefahren diskutiert und neu vermessen.[169]

## VI. Kooperationsformen

107 Die Regel im deutschen Bundesstaat geht dahin, dass Bund und Länder ihre Aufgaben getrennt voneinander erfüllen. Für die Kostentragung drückt dies Art. 104a Abs. 1 GG aus. Daneben sind nur ausdrücklich erlaubte und damit begrenzte Formen der Zusammenarbeit zulässig.

Im Gesetzgebungsverfahren ist für ein Zusammenwirken von Bundestag und Bundesrat der **Vermittlungsausschuss** vorgesehen (→ § 13 Rn. 24). Für die Verwaltung besteht grundsätzlich ein Verbot der Mischverwaltung (→ Rn. 93), von dem die Gemeinschaftsaufgaben Ausnahmen vorsehen (→ § 16 Rn. 16). In der Gerichtsbarkeit gibt es nur die Delegation von der Wahrnehmung der Gerichtsbarkeit des Bundes durch die Länder nach Art. 96 Abs. 5 GG.

108 Die **Kooperation zwischen den Ländern**, auch durch Staatsvertrag, ist grundsätzlich zulässig, vorausgesetzt, die Materie fällt in den Regelungsbereich der Länder. Ein Beispiel ist der Staatsvertrag der Länder über die Gründung des Zweiten Deutschen Fernsehens (ZDF)[170] als eine gemeinsame Einrichtung der Länder. Auch ohne die Errichtung gemeinsamer Einrichtungen gibt es Staatsverträge und Verwaltungsabkommen zur einheitlichen Vorgehensweise der Länder.[171]

Darüber hinaus gibt es eine breite Praxis des **kooperativen Föderalismus**,[172] in der sich die Länder absprechen, etwa durch Fachministerkonferenzen – am bekanntesten ist

168 Eine Erörterung der Rechtsprobleme im Umfeld des Art. 35 bei *H. Sattler*, Gefahrenabwehr im Katastrophenfall, 2008.
169 Etwa bei *M. Ladiges/R. Glawe*, DÖV 2011, 621 ff.
170 Hierzu BVerwGE 22, 299 ff.
171 So etwa der Staatsvertrag für Rundfunk und Telemedien, zuletzt geändert am 15.12.2010.
172 Siehe dazu *K. Hesse*, Grundzüge des Verfassungsrechts der Bundesrepublik Deutschland, 20. Aufl. 1999, Rn. 234.

hier die Kultusministerkonferenz – bis hin zu verabredeter Gesetzgebung durch Musterentwürfe.[173]

### VII. Homogenitätssicherung

109 Die verfassungsrechtliche Entscheidung für den Bundesstaat trägt ein Spannungsverhältnis in den Verfassungsraum: Die Idee jeder menschlichen Vergemeinschaftung in Familien, Vereinen, Verbänden, Religionsgesellschaften oder auch Staaten ist vom Einheitsprinzip gekennzeichnet, das die Gemeinschaft konstituiert und nach außen abschließt. Einheit und Identität sind dabei die prägenden Leitideen. Demgegenüber ist der Bundesstaat ein Modell der organisatorischen Differenz. Staatsgewalt wird regional geordnet und geteilt. Damit Einheitsprinzip und Differenzstruktur harmonisch zusammenwirken, sieht das Grundgesetz Instrumente vor, die ein Mindestmaß an Gleichklang zwischen Bund und Ländern vorsehen. **Locus classicus** dieses Denkens ist dabei die Vorschrift des Art. 28 Abs. 1 S. 1 GG, die sogenannte Homogenitätsklausel.

#### 1. Grundaussage des Art. 28 Abs. 1 S. 1 GG

110 Art. 28 Abs. 1 GG hat eine Doppelfunktion:[174] Einerseits bringt er das für das Verständnis des grundgesetzlichen Bundesstaats zentrale Motiv der Eigenstaatlichkeit der Länder zum Ausdruck. Sie sind – im Sinne der konventionellen Drei-Elemente-Lehre – Staaten eigenen Rechts, die über Staatsgebiet, Staatsvolk und eine originäre, also nicht vom Bund abgeleitete Staatsgewalt verfügen. Damit verbunden ist, dass der „pouvoir constituant", also die verfassunggebende Gewalt, grundsätzlich frei darin ist, die jeweilige Länderverfassung auszugestalten. Es besteht **Verfassungsautonomie.** Diese wird, und dies ist die zweite Funktion des Art. 28 Abs. 1 GG, allerdings bundesstaatlich relativiert, indem die Länder auf eine „gewisse Homogenität durch Bindung an die leitenden Prinzipien"[175] verpflichtet werden. Aus der Kombination von „Grundsätzen" und Entsprechensklausel, wie sie der Art. 28 Abs. 1 S. 1 GG vorsieht, wird – vor allem im Gegensatz zu Art. 28 Abs. 1 S. 2 GG („muß haben") – gefolgert, dass die Verfassungsordnung der Länder nicht dem Grundgesetz gleich sein muss, sondern ihm eben nur „entsprechen"[176] soll. Auch hier gilt aber: Bundesstaatliche Theorie und Bundesstaatspraxis sind nur bedingt kongruent[177].

#### 2. Wirkungsweise von Art. 28 Abs. 1 S. 1 GG

111 Der Art. 28 Abs. 1 S. 1 GG ist nicht, wie zunächst auch vom Bundesverfassungsgericht angenommen wurde, selbst unmittelbarer Bestandteil der Landesverfassungen. Die Vorschrift bildet gewissermaßen eine verfassungsspezifische Kollisionsnorm des Bundesrechts, an der sich die Länderverfassungen orientieren müssen.[178] Sie weist strukturelle Parallelen zur allgemeineren Kollisionsnorm des Art. 31 GG auf, geht aber durch die materielle Verpflichtung auf bestimmte Verfassungsprinzipien noch über Art. 31

173 Z.B. Musterbauordnung, *D. Böckenförde/H.-G. Temme/W. Krebs*, Musterbauordnung für die Länder der BRD, 6. Aufl. 1999. Zum VwVfG des Bundes, das auf einem Musterentwurf einer gemeinsamen Bund-Länder-Kommission basiert und von den Ländern meist übernommen wurde, siehe *Th. v. Danwitz*, Jura 1994, 281 ff.

174 *M. Nierhaus*, in: Sachs, GG, 6. Aufl. 2011, Art. 28 Rn. 7.

175 BVerfGE 9, 268, 279; E 24, 367, 390 f.; E 83, 37, 58; E 90, 60, 84 f.; st. Rspr.

176 Früh schon in diese Richtung BVerfGE 9, 276, 279.

177 Dazu im Ganzen *J. Krüper*, Verfassung als Homogenitätsordnung, i.E.

178 *J. Krüper*, Verfassung als Homogenitätsordnung, i.E., S. 250 f.

GG hinaus. Allerdings gilt: Da die Verpflichtung auf die „Grundsätze" der Verfassungsprinzipien überaus abstrakt ist, kommt es für die Bestimmung der tatsächlichen Prägekraft des Homogenitätsprinzips sehr auf seine Operationalisierung in der Verfassungspraxis an. Verfolgt man diese in der Rechtsprechung des Bundesverwaltungs- und Bundesverfassungsgerichts, so zeigt sich, dass die Gerichte entgegen der „differenzfreundlichen" Rhetorik, dass nur Homogenität, nicht aber Identität gefordert sei, praktisch durchweg auf identitäre Lösungen setzen. Die Gründe dafür sind nicht selten begründungsökonomischer Natur: **„Differences that make a difference"** zu identifizieren, Abweichungsmöglichkeiten zu begründen und Abweichungsgrenzen zu beschreiben, macht Arbeit. Leichter und, angesichts der regelmäßig sehr grundlegenden Fragen, die im Rahmen des Art. 28 Abs. 1 S. 1 GG verhandelt werden, näher bei der Hand sind Lösungen, die auf einheitliche Verhältnisse drängen. Gerade die Rechtsprechung des Bundesverfassungsgerichts zeichnet sich dadurch aus, eine echte Begründung, warum bestimmte Fragen bundeseinheitlich geregelt sein müssen, kaum je zu liefern.[179]

Hauptanwendungsbereich des Art. 28 Abs. 1 S. 1 GG sind Rechtsfragen im Kontext des Demokratieprinzips. Dazu zählen etwa Fragen der Einführung eines Kinderwahlrechts,[180] Fragen der direkten Demokratie in den Ländern[181] und aus dem Bereich des Kommunalrechts etwa Fragen der Ausschussbesetzung in den Kommunen.[182]

### 3. Falllösungspraxis

Für die Falllösungspraxis ergibt sich daraus Folgendes: Um Fälle im Umfeld des Art. 28 Abs. 1 S. 1 GG lösen zu können, ist zunächst eine gute Kenntnis der Verfassungsprinzipien und der zu ihnen ergangenen Rechtsprechung hilfreich. Im Anwendungsbereich des Art. 28 Abs. 1 S. 1 GG geht es sodann darum, Argumente dafür zu finden, dass eine vom Bundesverfassungsrecht abweichende Rechtslage in den Ländern innerhalb oder außerhalb des „Entsprechensrahmens" liegt. Im Anwendungsbereich des Art. 28 Abs. 1 S. 2 GG, der bereits eine Konkretisierungsstufe über dem Art. 28 Abs. 2 S. 1 GG liegt, wird der Begründungsaufwand für eine Abweichung in der Tendenz höher. Aber auch hier gilt: Die Wahlrechtsgrundsätze selbst sind verfassungsrechtliche Prinzipien (→ § 3 Rn. 30 ff.), also der Konkretisierung bedürftig und zugänglich. Diese Konkretisierung und insbesondere der Ausgleich zwischen den verschiedenen Prinzipien müssen dabei nicht in gleicher Weise ausfallen wie auf Bundesebene.[183] 112

## VIII. Finanzen

Ein verfassungsrechtlich stabiles Bund-Länder-Gefüge muss schließlich bestimmte Regelungen über die Strukturen der Generierung, Verteilung und Verwaltung von Finanzmitteln treffen. Die Gebiete des Finanzverfassungs- und Haushaltsrechts haben diese Fragen zum Gegenstand. Finanzverfassungs- und Haushaltsrecht sind dabei zu einem guten Teil Bundesstaatsrecht. Unter Durchbrechung des ansonsten vom Grund- 113

179 *J. Krüper*, Verfassung als Homogenitätsordnung, i.E., S. 243 ff. mit einer eingehenden Analyse der wesentlichen Entscheidungen.
180 Etwa bei *J. Krüper*, Wenn ihr nicht wählet wie die Kinder ..., in: v. Alemann/Morlok/Godewerth, Jugend und Politik, 2006, S. 97 ff.
181 Überblick bei *M. Klatt*, Der Staat 50 (2011), 3 ff.
182 BVerwG 119, 305 ff.; *J. Krüper*, Verfassung als Homogenitätsordnung, i.E., S. 279 ff.
183 *J. Krüper*, Verfassung als Homogenitätsordnung, i.E., S. 263 ff.

gesetz gewählten Systems der Trennung von Gesetzgebungs- und Verwaltungskompetenzen handelt der zehnte Abschnitt der Verfassung beide Gebiete unter dem sachlichen Ordnungskriterium der Zugehörigkeit zum Bereich der Finanzverfassung ab.[184]

### 1. Ausgabenzuständigkeit

114 Gemäß Art. 104a Abs. 1 GG tragen Bund und Länder gesondert die Ausgaben, die sich aus der Wahrnehmung ihrer jeweiligen Aufgaben ergeben, sog. **Konnexitätsprinzip.** Nur für den Bereich der Bundesauftragsverwaltung weist Art. 104a Abs. 2 GG dem Bund die Ausgabenlast zu. Umgekehrt gilt: Sieht ein Gesetz vor, dass mehr als die Hälfte der mit ihm verbundenen Kosten vom Bund getragen werden, handelt es sich um einen Fall der Bundesauftragsverwaltung mit den damit verbundenen intensiven Zugriffsrechten des Bundes auf die Verwaltungsführung der Länder. Anknüpfungspunkt ist insoweit, wer die ausgabenverursachenden Gesetze ausführt, nicht wer sie erlässt. Dies erklärt auch die Sonderregelungen zur Ausgabenlast bei der Bundesauftragsverwaltung.

### 2. Gesetzgebungszuständigkeit

115 Art. 105 GG verteilt die wichtige Gesetzgebungskompetenz über Zölle, Finanzmonopole und die übrigen Steuern zwischen Bund und Ländern. Während der Bund die ausschließliche Kompetenz über die Zölle und Finanzmonopole hat, Art. 105 Abs. 1 GG, kommt ihm die konkurrierende Gesetzgebungskompetenz für solche Steuern zu, die ihm ganz oder zum Teil zustehen beziehungsweise den Anforderungen des Art. 72 Abs. 2 GG genügen. Die Länder haben demgegenüber die Gesetzgebungskompetenz für örtliche Verbrauchs- und Aufwandssteuern. Die Gesetzgebungskompetenz für bestimmte Steuerarten ergibt sich also nicht unmittelbar aus Art. 105 GG selbst, sondern erst durch eine Verknüpfung mit den Vorschriften über die sogenannte Ertragshoheit.

### 3. Ertragshoheit

116 Art. 106 GG schließlich teilt die **Ertragshoheit** zwischen Bund und Ländern auf. Während das Aufkommen mancher Abgaben ausschließlich dem Bund zusteht, Art. 105 Abs. 1 GG, und anderes ausschließlich den Ländern, Art. 105 Abs. 2 GG, fallen die sogenannten Gemeinschaftssteuern für Bund und Länder gleichermaßen an: Es handelt sich dabei um die aufkommenswichtigen Steuerarten der Mehrwertsteuer, der Körperschafts- und der Umsatzsteuer, Art. 105 Abs. 3 GG. Sonderregeln bestehen für die Beteiligung der Gemeinden am Aufkommen der Einkommens- und Umsatzsteuer, Art. 105 Abs. 5 und 5a GG. Art. 105 Abs. 6 GG schließlich weist den Gemeinden das für die Gemeindefinanzierung wichtige Aufkommen von Grund- und Gewerbesteuer zu.

### 4. Finanzverwaltung und Finanzrechtsprechung

117 Art. 108 GG regelt, abweichend von den ansonsten zentral gebündelten Vorschriften zur Verwaltung und Rechtsprechung, die Einrichtung einer Finanzverwaltung und der Finanzrechtsprechung. Dabei sieht Art. 108 Abs. 1 GG für bestimmte Steuern und Ab-

184 *H. Maurer*, Staatsrecht I, 6. Aufl. 2010, § 21 Rn. 5.

gaben eine **eigenständige Bundesverwaltung** vor. Daneben bestehen eigene Landesfinanzverwaltungen, die dann im Auftrag des Bundes tätig werden, wenn sie Steuern verwalten, die ganz oder zum Teil an den Bund fließen, Art. 108 Abs. 3 GG. Art. 108 Abs. 4 GG bietet Möglichkeiten zu einer gesteigerten Kooperation zwischen Bund und Ländern auf dem Gebiet der Finanzverwaltung, die allerdings Ausnahme bleiben muss.[185]

Art. 108 Abs. 6 GG enthält einen Gesetzgebungsauftrag an den Bundesgesetzgeber, die **Finanzgerichtsbarkeit** durch Bundesgesetz einheitlich zu regeln. Diesem Auftrag ist der Bundesgesetzgeber 1965 mit dem Erlass der Finanzgerichtsordnung (FGO) nachgekommen. Diese regelt, in ihren Strukturen der VwGO ähnlich, freilich auch mit deutlichen Abweichungen im Detail, die Gerichtsverfassung und das Verfahren vor den Finanzgerichten. Offensichtliches äußeres Unterscheidungsmerkmal zwischen der Finanzgerichtsbarkeit und der Verwaltungsgerichtsbarkeit ist, dass die Finanzgerichtsbarkeit nur zwei Instanzen kennt.

### 5. Länderfinanzausgleich

Vielleicht das wichtigste Instrument bundesstaatlicher Verschränkung im Bereich des Finanzwesens ist der sogenannte Länderfinanzausgleich.[186] Er dient dazu, das Finanzaufkommen, das in den Ländern aufgrund verschiedener sozioökonomischer Gründe stark divergiert,[187] zwar nicht gleichmäßig zu verteilen, aber doch eine Annäherung zu versuchen. Art. 107 GG verweist insoweit auf ein zu erlassendes Bundesgesetz, welches die Details des Finanzausgleichs zu regeln habe. Das Finanzausgleichsgesetz etabliert ein hochkomplexes System wechselseitiger bundesstaatlicher Einstandspflichten, dessen Ziel eine bundesstaatlich und sozialstaatlich motivierte Verteilung des staatlichen Finanzaufkommens ist. Art. 106 Abs. 3 Nr. 2 GG bringt diesen Gedanken anschaulich zum Ausdruck. 118

Der Finanzausgleich setzt sich dabei aus zwei Elementen zusammen: Zunächst sind die Länder untereinander einstandspflichtig, so dass reichere Geberländer aus dem eigenen Finanzaufkommen Ausgleichszahlungen an ärmere Nehmerländer leisten müssen. Es handelt sich dabei um den sogenannten **horizontalen Finanzausgleich**, §§ 3 ff. Finanzausgleichsgesetz. Ergänzend tritt in Sonderfällen der **vertikale Finanzausgleich** hinzu, bei dem der Bund Ergänzungszahlungen an finanzschwache Länder leistet, um Lücken zu schließen, die der horizontale Finanzausgleich nicht hat schließen können. Einzelheiten regelt auch hier das Finanzausgleichsgesetz. 119

Wenig überraschend ist die Frage nach den Strukturen des Länderfinanzausgleichs ein politischer Dauerbrenner, der bereits mehrfach auch das Bundesverfassungsgericht beschäftigt hat.[188] Im Kern geht der Streit um die bundesstaatlichen Einstandspflichten dabei stets um die Frage, wie viel Differenz der Bundesstaat in sozioökonomischer Hinsicht verträgt und wie viel Einheit geboten ist. 120

185 *W. Heun*, in: Dreier, GG, Bd. 3, 2. Aufl. 2008, Art. 108 Rn. 18 f.
186 S. etwa *J. A. Kämmerer*, JuS 2004, 214 ff.
187 *J. Isensee*, AöR 115 (1990), 248, 273.
188 Etwa BVerfGE 1, 117 ff.; E 72, 330 ff.; E 86, 148 ff.; E 101, 158 ff.; E 116, 327 ff.

### 6. Haushaltswirtschaft in Bund und Ländern

121 Art. 109, 109a GG stellen für Bund und Länder gleichermaßen verbindliche Anforderungen an die Haushaltswirtschaft auf. Dem Trennungsprinzip folgend, Art. 109 Abs. 1 GG, legt Art. 109 GG verschiedene haushaltsrechtliche Grundsätze fest. Prominent ist darunter die Regelung des Art. 109 Abs. 3 GG, die im Zusammenhang mit Art. 115 GG die sogenannte **Schuldenbremse** verfassungsrechtlich festschreibt.[189] Ziel ist die Schaffung ausgeglichener, also nicht kreditfinanzierter Haushalte in Bund und Ländern, Art. 109 Abs. 3 S. 1 GG.

## Wiederholungs- und Verständnisfragen

> Welche Instrumente kann der Bund über seine Aufsichtsrechte hinaus einsetzen, um sich in Einzelfällen gegen eine abweichende Rechtsauffassung und Rechtspraxis in den Ländern durchzusetzen?

> Über welche Wege können die Länder auf die politische Willensbildung im Bund Einfluss nehmen?

> Welche verfassungsrechtliche Funktion erfüllt der Art. 28 Abs. 1 S. 1 GG?

> Beschreiben Sie die verfassungsrechtliche Praxis im Umgang mit Art. 28 Abs. 1 S. 1 GG!

> Was sind die Leitbegriffe, an denen sich die Systematik der bundesstaatlichen Finanzordnung festmachen lässt?

189 Dazu *C. Mayer*, AöR 136 (2011), 266 ff.

# § 9 Der ökologische Rechtsstaat

▶ **Fall 8:** Angesichts einer andauernden globalen Wirtschaftskrise, die in Deutschland zu zahllosen Insolvenzen, hoher Arbeitslosigkeit und dem Niedergang vieler Industriezweige geführt hat, beschließt der Bundestag ein „Gesetz zur Förderung der wirtschaftlichen Tätigkeit", in dem – neben vielem anderen – auch das Umweltrecht weitgehend „entschlackt" wird. Insbesondere werden auf breiter Front eine Reihe von vorsorgebezogenen Emissionsgrenzwerten des BImSchG sehr weit heraufgesetzt bzw. gänzlich abgeschafft. Die entsprechenden Anlagengenehmigungen werden von den zuständigen Behörden angepasst. Außerdem werden die differenzierten Eingriffstatbestände des BNatSchG abgeschafft und durch eine wirtschaftsfreundliche Einheitsregelung ersetzt. Die Landesregierung des Bundeslandes L fragt Sie, ob sie dagegen etwas tun kann. ◀

## I. Art. 20a GG als Ergebnis einer rechtshistorischen Entwicklung

1 Das Bewusstsein des Rechts für die Belange der Umwelt ist relativ jung. Zwar reichen erste Regelungen zur Zulässigkeit emittierender Gewerbebetriebe zurück zur **Preußischen Allgemeinen Gewerbeordnung von 1845** – eine spezifisch ökologische Einfärbung hatten diese Vorschriften aber nie. Sie wurzelten im Geiste der Gefahrenabwehr, des Schutzes von Arbeitern und der Nachbarschaft; den Schutz der damals weitgehend unberührten Fauna und Flora hatten sie dagegen nicht im Blick. Erst als am 1.4.1974 das Bundesimmissionsschutzgesetz an die Stelle der gewerberechtlichen Zulassungstatbestände trat, war der erste, freilich sehr kleine Schritt zu einer „Ökologisierung" des Rechts getan.[1]

In den folgenden Jahrzehnten gewannen Vorschriften, die den Schutz der natürlichen Umwelt zum Gegenstand hatten, mehr und mehr an Bedeutung, bis schließlich ein eigenes Rechtsgebiet, das Umweltrecht, entstand. Wesentliche Teile der 1970er- bis 1990er-Jahre hat die Verwaltungsrechtswissenschaft auf die Entwicklung und Ausarbeitung des Umweltrechts als „Referenzgebiet"[2] eines modernen Verwaltungsrechts verwandt. Besondere Früchte dieser Arbeit waren die Entwicklung der umweltrechtlichen Leitprinzipien, zu denen neben dem Verursacher-, dem Kooperations- und Schutzprinzip vor allem auch das umweltrechtliche **Vorsorgeprinzip** zu zählen ist.[3] In der praktischen Anwendung des Umweltrechts stellte sich indes mehr und mehr heraus, dass der Schutz der natürlichen Umwelt, vor allem verstanden als Schutz vor übermäßiger wirtschaftlicher Ausbeutung, mit den Mitteln des einfachen Rechts nur unvollkommen zu bewerkstelligen war. Gegen die starken Grundrechtspositionen von Industrieunternehmen aus Art. 12 Abs. 1, 14 Abs. 1 GG ließen sich die Belange des Umweltschutzes vor allem deshalb schlecht durchsetzen, weil für sie im deutschen verwaltungsrechtlichen Rechtsschutzsystem, das stets eine Verletzung subjektiver Rechte (Klagebefugnis) verlangt, niemand „prozessual einstand"[4] Die Nichtbeachtung umweltrechtlicher Standards führt bis heute, von Ausnahmen durch Verbandsklagen und Ähnlichem einmal abgesehen, kaum zu einem Prozessrisiko für die Unternehmen und Behörden (so die Systematik des § 42 Abs. 2 VwGO). Art. 20a GG wirkt als Staatsziel

1 S. dazu *G. Feldhaus*, DÖV 1974, 613 ff.
2 Begriff bei *E. Schmidt-Aßmann*, Das Allgemeine Verwaltungsrecht als Ordnungsidee, 2. Aufl. 2006, S. 8.
3 *M. Kloepfer*, Umweltrecht, 3. Aufl. 2004, § 4 Rn. 8 ff.
4 S. dazu *J. Krüper*, Gemeinwohl im Prozess, 2009, S. 257.

rein objektiv-rechtlich. Und erst dessen gesetzliche Ausgestaltung bewirkt gegebenenfalls, dass verwaltungsrechtliche Klagen zulässig sind.

Hinzu kommt, dass die Anwendung des Umweltrechts häufig überaus kompliziert ist und die für die Verwaltung vorgesehenen Handlungsinstrumente oft ungeeignet und kontraproduktiv sind.[5] Alles in allem führt diese Gemengelage zu einem umweltrechtlichen **Vollzugsdefizit**, das man schon in den 1970er-Jahren erkannt hatte[6] und um dessen Beseitigung bis heute gerungen wird. Dabei stand die verfassungsrechtliche Verankerung eines **„Staatsziels Umweltschutz"** auf der legislativen Wunschliste derjenigen, die für einen besseren Umweltschutz stritten, schon früh weit oben.[7]

2 Realität wurde dieser Wunsch erst im Nachgang zur deutschen Wiedervereinigung. Als 1994 einige Grundgesetzänderungen in Kraft traten, hatten es die „natürlichen Lebensgrundlagen" zu Verfassungsrang gebracht. Damit hatte mit Art. 20a GG erstmals der Umweltschutz insgesamt die Qualität eines Staatsziels.[8] Es hat also, nimmt man die Entwicklung des Umweltrechts insgesamt als Maßstab, rund 25 Jahre gedauert, bis die **Verfassungsreife des Umweltschutzes** erlangt war.

Erweitert wurde die Vorschrift bereits 2002, da sich der verfassungsändernde Gesetzgeber in Folge der Rechtsprechung des Bundesverfassungsgerichts zur Zulässigkeit des rituellen Schächtens gezwungen sah, den Tierschutz mit in den Art. 20a GG aufzunehmen.

Vom Standpunkt der Normtypologie sind der Umwelt- und der Tierschutz als **Staatszielbestimmungen** zu qualifizieren (→ § 2 Rn. 28 ff.).[9] Sie geben der staatlichen Gewalt also bestimmte Ziele vor. Diese Zielvorgaben sind dabei nicht konkret, sondern im Gegenteil auf hohem Abstraktionsniveau. Die Staatsziele Umwelt- und Tierschutz sind damit normtheoretisch als **Rechtsprinzipien** zu verstehen, deren Konkretisierung vor allem dem Gesetzgeber aufgegeben ist.[10]

## II. Grundaussage des Art. 20a GG

3 Anders als die Fachgesetze des Umweltverwaltungsrechts, die sich überwiegend auf den Schutz eines bestimmten Umweltmediums richten, z.B. also den Boden, die Luft, das Wasser schützen, bezieht sich Art. 20a GG transmedial auf die Umwelt als Schutzgut insgesamt.[11] Schutzgut des Art. 20a GG ist – neben den Tieren – die natürliche Umwelt ebenso wie die menschlich gestaltete Kulturlandschaft.

4 Art. 20a GG spricht eine Verpflichtung des Staates aus, die natürlichen Lebensgrundlagen auch im Hinblick auf die künftigen Generationen mit den Mitteln des Rechts durch seine Gewalten zu schützen.[12] Der Schutz der natürlichen Lebensgrundlagen ist

5 *O. Lepsius*, NVwZ 2003, 1182 ff.; zur Frage des Handlungsinstrumentariums vgl. auch *N. Bernsdorff*, in: Umbach/Clemens, GG, Bd. 1, 2002, Art. 20a Rn. 44.

6 Z.B. *G. Winter*, Das Vollzugsdefizit im Wasserrecht, 1975; *R. Mayntz*, Vollzugsprobleme der Umweltpolitik, 1978.

7 *D. Hömig*, in: Hömig, GG, 10. Aufl. 2013, Art. 20a Rn. 1.

8 Immerhin aber sah Art. 150 Abs. 1 WRV den Schutz von Naturdenkmälern durch den Staat vor. Ein solcher Schutz, der heute noch in den Vorschriften des Naturschutzrechts verankert ist, bildet allerdings nur einen verschwindend kleinen Ausschnitt aus dem Spektrum natürlicher Lebensgrundlagen.

9 *N. Bernsdorff*, in: Umbach/Clemens, GG, Bd. 1, 2002, Art. 20a Rn. 5; *C. Degenhart*, Staatsrecht I, 29. Aufl. 2013, Rn. 614 f.

10 S. dazu *M. Morlok*, Was heißt und zu welchem Ende studiert man Verfassungstheorie?, 1988, S. 110 ff., 121 ff.

11 *J. Krüper*, Gemeinwohl im Prozess, 2009, S. 170.

12 Zur Thematik *E. Gassner*, DVBl. 2013, 547 ff.

also Aufgabe der Gesetzgebung ebenso wie der Verwaltung und der Rechtsprechung. Er ist damit Ausdruck eines **materiellen Rechtsstaatsbegriffs**, der den Staat nicht allein mit der und durch die Handlungsform Recht diszipliniert,[13] sondern ihm zugleich inhaltliche Vorgaben macht, welche Ziele er mit seinem Recht erreichen soll.[14] Die Kompatibilisierung allgemeiner Rechtsstaatlichkeitsgrundsätze mit denen des ökologischen Rechtsstaats ist allerdings eine sehr komplexe Aufgabe, die dem Staat durch die Einführung des Art. 20a GG besonders eindringlich gestellt worden ist.[15]

## III. Die Kontroverse in der Verfassungsreformkommission und die innere Struktur des Art. 20a GG

Weniger die Einführung an sich, sondern vor allem die Ausgestaltung des Art. 20a GG war in der Verfassungsreformkommission alles andere als unumstritten.[16] Zwei Konfliktpunkte waren dabei von besonderer Wichtigkeit, ein materiell-inhaltlicher und ein formal-regelungstechnischer.[17] 5

### 1. Anthropozentrismus und Ökozentrismus

Materiell-inhaltlich standen sich zwei (politische) Lager gegenüber: die Anthropozentristen und Ökozentristen. Sie rangen darum, welche Zielrichtung dem Art. 20a GG beigegeben werden sollte: Sollte die Vorschrift dem **Schutz der natürlichen Lebensgrundlagen** des Menschen dienen (anthropozentrischer Ansatz), die Umwelt also nicht um ihrer selbst willen geschützt werden, oder sollte es der Vorschrift um den Schutz der Umwelt unabhängig von menschlichen Bedürfnissen gehen (ökozentrischer Ansatz)? 6

Diese Kontroverse lässt sich – als Beweis der tiefgehenden **kulturellen Prägungen unseres Rechtsverständnisses** – auch in religiösen Begriffen als Streit um das Verhältnis von Mensch und natürlicher Schöpfung verstehen. Sieht man den Menschen als „Krone der Schöpfung" in einer der Natur übergeordneten Position, so wie es in der biblischen Schöpfungsgeschichte anzuklingen scheint,[18] steht die Natur ihm und seinen Zwecken zur Verfügung. Sie zu erhalten, dient damit menschlichen Zwecken. Versteht man den Menschen eher als Teil der natürlichen Schöpfung, muss er auch rechtlich zur Natur in ein Verhältnis der Gleichordnung gebracht werden.

Der Formelkompromiss der zwischen Anthropo- und Ökozentrismus geteilten Verfassungsreformkommission hat Art. 20a GG einen Textbestand beschert, dem das Schwanken zwischen diesen Polen anzumerken ist.[19] Die starke individualrechtliche Radizierung des Grundgesetzes, das die Menschenwürde und die Grundrechte an den Anfang stellt, prägt das Denken der Verfassungsanwender stark. Daher ist eine anthro- 7

13 Zur doppelten Begrenzungsfunktion des Rechts im Rechtsstaat s. *E. Schmidt-Aßmann*, Der Rechtsstaat, in: HStR, Bd. II, 3. Aufl. 2004, § 26 Rn. 17 ff.

14 *K.-P. Sommermann*, in: v. Münch/Kunig, GG, Bd. 1, 6. Aufl. 2012, Art. 20a Rn. 18 f.

15 S. dazu umfassend *C. Calliess*, Rechtsstaat und Umweltstaat, 2001; für einen Überblick s. *J. Krüper*, Gemeinwohl im Prozess, 2009, S. 260 ff.

16 Vgl. *R. Scholz*, in: Maunz/Dürig, GG, 40. Lfg., Art. 20a Rn. 22 ff.

17 S. dazu auch *H. Schulze–Fielitz*, in: Dreier, GG, Bd. 2, 2. Aufl. 2006, Art. 20a Rn. 7 ff.

18 Genesis 1, 26: „Dann sprach Gott: Lasst uns Menschen machen als unser Abbild, uns ähnlich. Sie sollen herrschen über die Fische des Meeres, über die Vögel des Himmels, über das Vieh, über die ganze Erde und über alle Kriechtiere auf dem Land."

19 *R. Scholz*, in: Maunz/Dürig, GG, 40. Lfg., Art. 20a Rn. 39 spricht aber von einer impliziten Entscheidung zugunsten der Anthropozentrik.

pozentrische Orientierung als „Grundperspektive“[20] des Art. 20a GG durchaus naheliegend, wird aber von der Gesetzgebungsgeschichte ebenso wenig eindeutig gestützt wie eine rein ökozentrische Interpretation.[21] Auf der Ebene der praktischen Durchsetzbarkeit freilich dominiert die anthropozentrische Prägung, da aufgrund der bereits angesprochenen **Subjektivierung des deutschen Rechtsschutzsystems** nur solche Interessen durchsetzungsfähig sind, die zu Individualrechten erstarkt von Menschen eingeklagt werden können. Umso mehr ist eine jedenfalls auch ökozentrische Lesart der Vorschrift des Art. 20a GG angezeigt – und sei es aus staatsedukatorischen Gründen.[22] Vor dem Hintergrund einer latent defizitären Umweltpflege gehen kompensatorisch zu verstehende wissenschaftliche Bemühungen in den letzten Jahren dahin, das Rechtsschutzdogma von der Verletzung materieller subjektiver Rechte aufzulockern, und die Einräumung sogenannter funktionaler subjektiver Rechte[23] zu ermöglichen, bei denen die Umweltinteressen „huckepack“ auf einem förmlichen Klagerecht eines Individuums aufsetzen.[24]

### 2. Ausgestaltungsauftrag und unmittelbare verfassungsrechtliche Bedeutung

8 Formal-regelungstechnisch standen sich die Lager erneut gegenüber und stritten um die Frage, ob das Staatsziel Umweltschutz unter gesetzgeberischen Ausgestaltungsvorbehalt zu stellen sei, was seine ohnehin beschränkte Wirkung noch weiter relativiert hätte. Auch hier ist man zu einem Kompromiss gekommen, nach dem der Staat die Umwelt „im Rahmen der verfassungsmäßigen Ordnung durch die Gesetzgebung und nach Maßgabe von Gesetz und Recht durch die vollziehende Gewalt und die Rechtsprechung“ schützt – was kompliziert klingt, angesichts von Art. 20 Abs. 3 GG aber eine bloße Selbstverständlichkeit zum Ausdruck bringt.[25] Es handelt sich dabei um eine „Angstklausel“, die die Aufgabe hatte, die Bedenken der Gegner eines Staatsziels Umweltschutz zu beruhigen, die durch die neue Vorschrift das Heraufziehen einer „Ökodiktatur“ fürchteten. Zugleich wird die Gestaltungsrolle des Gesetzgebers erhalten, von dessen Entscheidungen das Maß und die Mittel des Umweltschutzes weiter abhängen. Nochmals: Die Anerkennung von Verbandsklagerechten bedarf der gesetzlichen Regelung und geht in Deutschland weniger auf die Strahlkraft des Art. 20a GG, sondern auf Vorgaben des Völker- und Unionsrechts zurück.[26]

9 Damit teilt er die Stärken und Schwächen anderer Staatsziele. Das heißt aber keineswegs, dass Art. 20a GG rein symbolischer Natur wäre. Rechtsdogmatische Bedeutung (dazu sogleich näher unter IV.) erhält er etwa als verfassungsrechtlich aufgewerteter Rechtfertigungsgrund für gesetzliche Grundrechtseingriffe. Zwar begründet Art. 20a GG seinerseits keine subjektiven Rechte, aber er stellt klar, dass subjektive Rechte,

---

20 *H. Schulze-Fielitz*, in: Dreier, GG, Bd. 2, 2. Aufl. 2006, Art. 20a Rn. 29.

21 A.A. *H. Schulze-Fielitz*, in: Dreier, GG, Bd. 2, 2. Aufl. 2006, Art. 20a Rn. 30 f.; *D. Hömig*, in: Hömig, GG, 10. Aufl. 2013, Art. 20a Rn. 2 spricht davon, die Vorschrift schütze in erster Linie, aber nicht ausschließlich menschliche Interessen.

22 *D. Murswiek*, in: Sachs, GG, 6. Aufl. 2011, Art. 20a Rn. 24 f.

23 Konzept des funktionalen subjektiven Rechts bei *M. Ruffert*, Subjektive Rechte im Umweltrecht der Europäischen Gemeinschaft, 1996; *M. Ruffert*, DVBl. 1998, 69 ff.

24 Für eine nationalrechtliche Perspektive *J. Krüper*, Gemeinwohl im Prozess, 2009, passim; aus europarechtlicher Perspektive *M. Ruffert*, Subjektive Rechte im Umweltrecht der Europäischen Gemeinschaft, 1996; *B. Wegener*, Rechte des Einzelnen, 1998; *J. Masing*, Die Mobilisierung des Bürgers für die Durchsetzung des Rechts, 1997.

25 *H. Schulze-Fielitz*, in: Dreier, GG, Bd. 2, 2. Aufl. 2006, Art. 20a Rn. 41.

26 Dazu *L. Michael*, Die Verwaltung 37 (2004), S. 35 ff.

selbst wenn sie grundrechtlich geschützt sind, auf „Augenhöhe" mit dem objektiven Belang des Umweltschutzes zum Ausgleich zu bringen sind. Damit setzt Art. 20a GG einem liberal-anthropozentrischen Ansatz Grenzen. Als Auslegungs- und Gewichtungsmaxime kann das Staatsziel auch für die Verwaltung und Rechtsprechung eine Rolle spielen. Art. 20a GG programmiert also Setzung und Durchsetzung des Rechts auf den Schutz natürlicher Lebensgrundlagen hin.

### 3. Art. 20a GG und Generationengerechtigkeit

Art. 20a GG ist unmittelbarer Ausweis eines unter dem Eindruck nationaler und internationaler Debatten gewachsenen Nachhaltigkeitsbewusstseins des (verfassungsändernden) Gesetzgebers. Wiewohl eine Verfassungsordnung ihrem Wesen nach immer auf sachliche Dauer angelegt ist, also einen überzeitlichen Geltungsanspruch erhebt, bringt die Orientierung auf die Rechte und Bedürfnisse künftiger Generationen eine explizite Zukunftsorientierung in das Verfassungsrecht hinein.[27] Auch diese ist, ähnlich wie eine stärker ökologisch orientierte Interpretation des Art. 20a GG, darauf angewiesen, in der Alltagspraxis des Rechts realisiert zu werden. Da Belange intergenerationeller Gerechtigkeit – naturgemäß – auch nicht in Gestalt klagbarer Rechte begegnen, ist Art. 20a GG auch in dieser Hinsicht stärker Programmsatz als wirkungsvolle rechtliche Festlegung. 10

## IV. Rechtliche Konsequenzen aus Art. 20a GG

Aus Art. 20a GG werden verschiedene rechtliche Konsequenzen abgeleitet, deren normative Durchsetzungsfähigkeit allerdings oft nur begrenzt ist. 11

Art. 20a GG lassen sich keine subjektiven Rechte herleiten, weder für Bürger noch für Umweltverbände. Er ist allein **objektives Verfassungsrecht.**[28] Insbesondere begründet er auch keine weitergehenden staatlichen Schutzpflichten für die Grundrechte der Bürger.[29] Art. 20a GG beschert dem Rechtsanwender aber eine Anreicherung von Abwägungsgesichtspunkten auf Verfassungsebene. Das wird vor allem im Verhältnis zu den vorbehaltlos gewährleisteten Grundrechten relevant, zu deren Einschränkung ein Belang mit Verfassungsrang erforderlich ist.

Der Art. 20a GG gebietet den Schutz der natürlichen Lebensgrundlagen (des Menschen), räumt diesen aber vor anderen Belangen – man denke an wirtschaftliche Freiheit, die aus den Grundrechten fließt – keinen grundsätzlichen Vorrang ein. Man spricht insoweit von einer **„relativen Schutzgutqualität"**[30] der Umwelt. Gegen diese Konzeptualisierung ist allerdings kritisch einzuwenden, dass sie das Schutzgut der Umwelt bereits begrifflich schwächt, noch bevor es in die Abwägung mit konkurrierenden Rechtspositionen „gegangen ist". Richtig ist: Aus verfassungssystematischen Gründen gibt es für kein Verfassungsgut (von der Menschenwürde einmal abgesehen) absoluten Schutz, denn ein unbedingter Vorrang eines Rechtsguts führte stets zu einer Versteinerung der Rechtsordnung und verminderte einzelfalladäquate Lösungen. Daher gilt: Die

27 S. für den Nachhaltigkeitskontext *J. Krüper*, Gemeinwohl im Prozess, 2009, S. 298, 320 ff.; *K.-P. Sommermann*, in: v. Münch/Kunig, GG, Bd. 1, 6. Aufl. 2012, Art. 20a Rn. 25.

28 BVerwG NJW 1995, 2648, 2649; *N. Bernsdorff*, in: Umbach/Clemens, GG, Bd. 1, 2002, Art. 20a Rn. 12.

29 BVerwG BauR 2011, 1150 ff.; u.a. zu dieser Thematik *A. Voßkuhle*, NVwZ 2013, 1, 4 ff. sowie ebenfalls auch zur Frage eines grundrechtlichen Schutzes gegen umweltrechtliche Maßnahmen *F. Ekardt*, NVwZ 2013, 1105, 1106 ff.

30 *R. Scholz*, in: Maunz/Dürig, GG, 40. Lfg., Art. 20a Rn. 41.

Umwelt ist ein **Schutzgut gleichen verfassungsrechtlichen Ranges** wie beispielsweise die Grundrechte auch. Die vorschnelle Relativierung des Schutzguts Umwelt perpetuiert demgegenüber die einfach-rechtliche Durchsetzungsschwäche des Schutzguts Umwelt, die sich aus dem subjektiven Rechtsschutzsystem und dem umweltrechtlichen Vollzugsdefizit speist. Zwar führt Art. 20a GG zu einer Aufwertung der „Präsenz" ökologischer Interessen in der gesetzgeberischen und vor allem auch der exekutiven Abwägungsentscheidung – Präsenz ist allerdings nicht gleichbedeutend mit Durchsetzungskraft.[31]

12 Aufgerufen ist daher vor allem der Gesetzgeber, in den einfach-gesetzlich höchst differenziert ausgeformten Tatbeständen des Interessenausgleichs, man denke zum Beispiel an § 5 BImSchG, ökologischen Belangen ein stärkeres Gewicht einzuräumen – was ihm freilich auch schon vor Einführung des Art. 20a GG möglich gewesen wäre.[32] Insofern ist also auf die Appellfunktion der Vorschrift zu verweisen, die zwar nicht zu einer kurzfristigen Ökologisierung der Rechtsordnung geführt hat, möglicherweise aber langfristig Wirkung entfalten wird. Als Garantie eines „ökologischen Existenzminimums" statuiert Art. 20a GG jedenfalls ein **Verschlechterungsverbot** – dessen Bezugspunkt freilich unklar ist: Geht es um den tatsächlichen Zustand der Umwelt (gemessen an 1994) oder geht es um die umweltrechtliche Rechtslage, die sich nicht verschlechtern darf?[33] Ist Letzteres der Fall, bedarf es der Maßstäbe, um festzulegen, worin eine Verschlechterung, worin aber auch eine Verbesserung besteht. Die praktischen Grenzen des Verschlechterungsverbots zeigen sich vor allem auch darin, dass die (vor allem auch mittelbaren) Wirkungen von Umweltschutzmaßnahmen schwer zu messen und nicht selten ambivalent sind. So wirft ein Ausstieg aus der Kernenergie die Frage auf, welche alternativen Energiequellen zu welchen Umweltbelastungen führen.

13 Unter den verschiedenen Möglichkeiten, die Umwelt zu schützen, kommt neben der Unterlassung von Eingriffen,[34] dem Erlass von Schutzvorschriften, vor allem dem **Prinzip der Vorsorge** zentrale Bedeutung zu. Der Staat soll danach mehr tun als das, was vor allem grundrechtlich geboten ist. Wehrt das klassische Gewerberecht als Ordnungsrecht noch – bereits existierende – Gefahren ab, soll das moderne Umweltrecht bereits dem Entstehen von Gefahrenlagen vorbeugen. Hier ist zunächst der Gesetzgeber gefragt, der den Vorsorgegedanken beispielsweise durch den Erlass von (strengen) Vorsorgegrenzwerten für emittierende Anlagen umsetzen kann.[35] Dabei trifft den Gesetzgeber eine permanente **Nachbesserungspflicht** für die zahlreichen technischen Regelwerke des Umweltrechts, die an den jeweils aktuellen Stand von Wissenschaft und Technik anzupassen sind.[36]

14 Die Arbeit der Verwaltung wird durch Art. 20a GG „kleinteilig" dadurch geprägt, dass bei der Auslegung unbestimmter Rechtsbegriffe und dem Treffen von Ermessensentscheidungen den ökologischen Belangen ein besonderer, eben aber nicht zwingender Platz einzuräumen ist. Art. 20a GG hat **interpretations- und ermessensleitende** Auf-

31 Ähnlich *M. Kloepfer*, in: Dolzer/Vogel/Graßhof, BK–GG, 116. Lfg., Art. 20a Rn. 80.

32 *K.-P. Sommermann*, in: v. Münch/Kunig, GG, Bd. 1, 6. Aufl. 2012, Art. 20a Rn. 1.

33 So *H. Schulze-Fielitz*, in: Dreier, GG, Bd. 2, 2. Aufl. 2006, Art. 20a Rn. 44.

34 *C. Degenhart*, Staatsrecht I, 29. Aufl. 2013, Rn. 616.

35 *N. Bernsdorff*, in: Umbach/Clemens, GG, Bd. 1, 2002, Art. 20a Rn. 32 spricht von „vorsorgeangemessenem Recht".

36 *M. Kloepfer*, in: Dolzer/Vogel/Graßhof, BK–GG, 116. Lfg., Art. 20a Rn. 51; *N. Bernsdorff*, in: Umbach/Clemens, GG, Bd. 1, 2002, Art. 20a Rn. 36.

gaben.[37] Besonders in **planungsrechtlichen Kontexten**, die durch offene Gestaltungsspielräume des Rechtsanwenders gekennzeichnet sind, ergeben sich Möglichkeiten der Implementation umweltschützender Belange. Auch hier gilt aber: Die Präsenz des Umweltschutzes wird verstärkt, ob sich seine Belange auch durchsetzen, ist damit freilich noch nicht gesagt.

Ähnliches gilt für die rechtsprechende Gewalt, die Auslegungsspielräume in umwelt- 15
rechtlichen Normen im Lichte des Art. 20a GG umweltfreundlich ausfüllen soll. Unterschreitet ein Gesetzeswerk die Anforderungen des Art. 20a GG – was theoretisch denkbar, praktisch aber eher unwahrscheinlich ist –, kommt eine **Richtervorlage** nach Art. 100 Abs. 1 GG in Betracht.[38]

Das Normprogramm des Art. 20a GG erweist sich damit insgesamt als ambitioniert 16
und sachlich unzweifelhaft auch geboten. Durch seine Unentschlossenheit aber, die strukturelle Durchsetzungsschwäche ökologischer Belange zu lindern, wenn nicht gar zu beseitigen, verspricht die Vorschrift mit ihrer Ambition mehr, als sie mit ihren Rechtswirkungen halten kann. Auch das ist freilich eine Schwäche, die verfassungsrechtlichen Prinzipien und insbesondere Staatszielen allgemein anhaftet. Sie eröffnet allerdings einen Raum, den der Gesetzgeber durch Initiativen im Bereich des einfachen Rechts ausfüllen kann.

## V. Tierschutz und Art. 20a GG

### 1. Politischer Zweck der Tierschutzklausel – und seine Verfehlung

Tiere sind ein Teil der Lebensgrundlagen und waren insoweit schon Aspekt des 17
Art. 20a GG a.F. Als Lebensgrundlagen werden sie aber lediglich kollektiv relevant – also insbesondere in Bezug auf den Artenschutz. Beim zusätzlichen Tierschutz i.S.d. Art. 20a GG n.F. geht es hingegen um das einzelne Tier, freilich nicht um sein individuelles Lebensrecht, sondern den artgerechten Umgang.

Die Tierschutzklausel des Art. 20a GG „schaffte" es in die Verfassung, weil eine ver- 18
fassungsändernde Mehrheit in Bundestag und Bundesrat 2002 den Verwaltungsbehörden und den Gerichten, namentlich dem Bundesverfassungsgericht, die Möglichkeit aus der Hand schlagen wollte, durch eine grundrechtsfreundliche Interpretation des Tierschutzgesetzes das **rituelle Schächten** jüdischer und muslimischer Metzger zuzulassen.[39] Diesen Zweck verfehlt Art. 20a GG indes weitgehend: Das Bundesverfassungsgericht hatte in seiner Rechtsprechung schon vor der Verfassungsänderung in Betracht gezogen, die Berufs- und die Religionsfreiheit mit dem Tierschutz zur Abwägung zu bringen, den Grundrechten aber den Vorrang eingeräumt. Daran ändert auch die Verfassungsänderung letztlich nur wenig. Zwar wurde der Tierschutz damit explizit Verfassungsbelang und damit in der Abwägung nominell aufgewertet. Indes hatte das Bundesverfassungsgericht in seiner Entscheidung zum Schächten (vor der Verfassungsänderung) den Tierschutz als ethisch grundierten Gemeinwohlbelang angesehen,[40] also selbst schon argumentativ „hoch aufgehängt". Dieser richterrechtlich begründete hohe Stellenwert des Tierschutzes wird durch seine formale Aufwertung zu einem Verfassungsbelang nicht wesentlich gesteigert. Die Grundparameter des notwendigen Abwä-

37 *M. Kloepfer*, in: Dolzer/Vogel/Graßhof, BK-GG, 116. Lfg., Art. 20a Rn. 54.
38 *M. Kloepfer*, in: Dolzer/Vogel/Graßhof, BK-GG, 116. Lfg., Art. 20a Rn. 60.
39 *C. Degenhart*, Staatsrecht I, 29. Aufl. 2013, Rn. 623.
40 BVerfGE 104, 337, 347, 351.

gungsvorgangs sind damit strukturell gleich geblieben. Es bleibt dabei, einen schonenden Ausgleich der betroffenen Grundrechte und des Tierschutzes herstellen zu müssen, was die Rechtsprechung durch Ausnahmegenehmigung zugunsten der Grundrechte i.V.m. Nebenbestimmungen und Überwachung zugunsten des Tierschutzes zu erreichen sucht.[41]

### 2. Schutzgut

19 Entgegen dem weiten Wortlaut des Art. 20a GG werden nicht alle Formen tierischen Lebens von der Schutzwirkung erfasst. Voraussetzung ist, dass das jeweilige Tier schmerz- bzw. leidensfähig ist oder Ängste erfahren kann. Dies reduziert den Kreis der geschützten Tiere nicht auf Wirbeltiere. Diese sind jedoch die hauptsächlichen Schutzobjekte. Unwesentlich ist, ob sie wild leben oder domestiziert sind.[42] Einfach-rechtlich wird ihr Schutz vor allem durch die Vorschriften des Tierschutzgesetzes bewirkt.

### 3. Rechtsfolgen

20 Den Staat treffen in der Folge von Art. 20a GG Unterlassung- und Handlungspflichten, insbesondere bei der Setzung und Anwendung des Tierschutzgesetzes. Tierschutz wird außerdem, insoweit parallel zum Umweltschutz, als Belang in multipolaren Abwägungsprozessen gestärkt, setzt sich dort aber ebenso wenig unbedingt durch, wie der Umweltschutz.

▶ **Zu Fall 8:** Zu denken wäre hier an eine abstrakte Normenkontrolle nach Art. 93 Abs. 1 Nr. 2 GG, mit der die Landesregierung eine Überprüfung des Gesetzes durch das Bundesverfassungsgericht bewirken könnte. Als Prüfungsmaßstab käme dabei insbesondere Art. 20a GG in Betracht, der als Kerngehalt jedenfalls ein Verbot der Verschlechterung der Umweltsituation enthält. Ob damit eine Verschlechterung der tatsächlichen Situation oder der rechtlichen Situation gemeint ist, kann hier offenbleiben: Durch die Aufhebung einer Reihe von umweltschützenden Normen bzw. ihre sachliche Schwächung und die Umsetzung durch die Genehmigungsbehörden ist es sowohl zu einer rechtlichen wie zu einer tatsächlichen Verschlechterung der Gesamtsituation gekommen, worin ein Verstoß gegen Art. 20a GG zu sehen ist. Eine abstrakte Normenkontrolle hätte daher, die Erfüllung ihrer Zulässigkeitskriterien unterstellt, Aussicht auf Erfolg. ◀

## Wiederholungs- und Verständnisfragen

> Erläutern Sie die Genese des Art. 20a GG.

> Steht Art. 20a GG unter einem gesetzlichen Ausgestaltungsvorbehalt?

> Erläutern Sie, in welcher Hinsicht Art. 20a GG ökologischen Belangen zu stärkerer Berücksichtigung verhilft und wo seine Defizite liegen.

---

41 BVerfGE 104, 337, 355 anknüpfend an BVerwGE 112, 227, 236.

42 *H. Schulze-Fielitz*, in: Dreier, GG, Bd. 2, 2. Aufl. 2006, Art. 20a Rn. 53.

# § 10 Der kooperative Verfassungsstaat

▶ **Fall 9:** Angesichts der zunehmenden religiösen Pluralisierung in Europa soll die Europäische Union die Kompetenz zur Regelung der religionsrechtlichen Angelegenheiten übertragen bekommen. Eine entsprechende Vertragsänderung wird zwischen den Mitgliedstaaten ausgehandelt und liegt nun dem Bundestag zur Zustimmung vor. Die C-Fraktion befürchtet die Unterwerfung unter unkontrollierbare sich verselbstständigende „Brüsseler Mächte". Insbesondere befürchtet sie als eine Gruppierung, die ihre Antworten auf die Zukunftsfragen von ihrem christlichen Menschenbild ableitet, durch eine Europäisierung den Verlust christlicher Werte und religiöser Traditionen. Sie ist der Meinung, die Übertragung von Hoheitsrechten auf die Europäische Union habe spätestens bei Religionsfragen ihre Grenze. Zu Recht? ◀

Die Bundesrepublik Deutschland bekennt und verpflichtet sich durch das Grundgesetz zu einer **„offenen Verfassungsstaatlichkeit"**.[1] Diese zeichnet sich verfassungsrechtlich dadurch aus, dass sie die rechtliche Einbindung des Grundgesetzes in eine inter- und supranationale Rechtsordnung nicht nur duldet, sondern positiv bejaht. Das Grundgesetz verzichtet gegenüber supranationalen und internationalen Institutionen bewusst darauf, die Geschlossenheit und den Vorrang der deutschen Verfassungsordnung zu verlangen. Es begründet einen Staat, der nicht im überkommenen Sinne „souverän" genannt werden kann, denn danach hätte nur ein Staat volle **Souveränität**, der alleine, umfassend und abschließend über seine Angelegenheiten herrscht. Der Begriff der Souveränität hat insofern zur Beschreibung von Staatlichkeit an Bedeutung verloren. 1

An die Stelle der Souveränität treten Kooperation, Anerkennung fremder und mitunter die Aufgabe eigener Hoheitsrechte zugunsten überstaatlicher Entscheidungsträger. Staatliche Eigenständigkeit – vormals Souveränität – entwickelt das Grundgesetz weiter im Sinne einer **kooperativen Verfassungsstaatlichkeit**[2]: Es befürwortet die Einbindung der Bundesrepublik Deutschland in das Völkerrecht, das die Beziehungen zwischen den Subjekten des Völkerrechts – das sind traditionell souveräne Staaten – regelt.[3] Das Grundgesetz akzeptiert die völkerrechtliche Gleichheit der Staaten, ihre Zusammenarbeit zur Festigung des Friedens, zur Lösung wirtschaftlicher, sozialer und umweltpolitischer Fragestellungen über den Nationalstaat hinaus sowie den internationalen Menschenrechtsschutz; das zeigt sich insbesondere an den Grundrechten der EMRK, die für den innerstaatlichen Grundrechtsschutz einen „Verfassungsmehrwert"[4] erzeugen.[5] 2

Art. 23 GG sichert die Mitgliedschaft in der Europäischen Union – mit allen Konsequenzen für das Verhältnis zwischen Unionsrecht und innerstaatlichem Recht – ab.

1 Zur weiterführenden Vertiefung ist hier auf *H. Sauer*, Staatsrecht III, 2. Aufl. 2013, S. 12 ff. zu verweisen. Vgl. ferner die Beiträge in *T. Giegerich*, Der „offene Verfassungsstaat" des Grundgesetzes nach 60 Jahren, 2010.

2 Grundlegend *P. Häberle*, Der kooperative Verfassungsstaat, in: FS Schelsky, 1978, S. 141; *P. Häberle*, Verfassung als öffentlicher Prozess, 1978, S. 407 ff.

3 Eine Einführung bietet bspw. *S. Hobe*, Einführung in das Völkerrecht, 9. Aufl. 2008, S. 68 ff.

4 Vgl. *M. Payandeh/H. Sauer*, Jura 2012, 289 ff.

5 *L. Michael/M. Morlok*, Grundrechte, 4. Aufl. 2014, Rn. 89 ff., insb. 115 f.

## I. Bekenntnisse zur internationalen Kooperation im Verfassungstext des Grundgesetzes

### 1. Internationale Zusammenarbeit und Friedensgebot

3 Nach Art. 24 Abs. 1 GG kann der Bund Hoheitsrechte auf zwischenstaatliche Einrichtungen übertragen. Für Hoheitsrechte ist kennzeichnend, dass sie einen Durchgriff in den staatlichen Herrschaftsbereich erlauben, also über die politische internationale Kooperation in Form von Verträgen hinausreichen. Die Einordnung der NATO ist dabei umstritten. Das Bundesverfassungsgericht[6] hat sie als zwischenstaatliche Einrichtung eingeordnet, da ihre Befehlsstruktur „faktische Durchgriffe" auf die Armeen ihrer Mitgliedstaaten zulasse, andere Stimmen lehnen dies hingegen ab.[7]

4 Grundsätzlich führt die **Übertragung von Hoheitsrechten** zu dem Problem einer möglichen Auszehrung der Länderkompetenzen. Im Bereich des Art. 24 Abs. 1 GG ist dies jedoch längst nicht so relevant wie bei der weitreichenden Kompetenzübertragung auf die **Europäische Union** nach Art. 23 GG (→ Rn. 14). Überdies können die Länder im Bereich ihrer Kompetenzen mit ausländischen Nachbarregionen zusammenarbeiten und zwischenstaatliche Einrichtungen gründen (Art. 24 Abs. 1a GG, sog. „Euregios").

5 Art. 24 Abs. 2 GG ermächtigt den Bund, sich in ein System „**gegenseitiger kollektiver Sicherheit**" einzuordnen. Solche Systeme sind die Vereinten Nationen[8] und die NATO.[9] Früher sah man die NATO als klassisches Verteidigungsbündnis **gegen** potenzielle Gegner nicht als System gegenseitiger kollektiver Sicherheit an: Darunter verstand man nur Organisationsformen, die die potenziellen Konfliktgegner umfassten.[10]

Mittlerweile ist – eher gegen den Text – die Lesart herrschend geworden, dass auch Verteidigungsbündnisse wie die NATO Systeme „gegenseitiger kollektiver Sicherheit" seien.[11] Dies führt dazu, dass Auslandseinsätze der Bundeswehr, die nicht der Verteidigung im Sinne des Art. 87a Abs. 2 GG dienen, im Rahmen eines NATO-Mandats auf der Grundlage des Art. 24 Abs. 2 GG durchgeführt werden können. Angesichts der Forderung von Art. 87a Abs. 2 GG nach „ausdrücklicher" Erlaubnis des Streitkräfteeinsatzes durch das Grundgesetz ist hier ein bemerkenswerter Fall von schnell erfolgtem Verfassungswandel (→ § 3 Rn. 29) zu verzeichnen.

6 Art. 26 GG ergänzt die Kooperationsoffenheit durch Friedensgebote als Ziel und Grenze. Hier bekennt sich das Grundgesetz vor dem Hintergrund der deutschen Geschichte dazu, dass der Frieden unter den Völkern und das Verbot eines Angriffskrieges verfassungsgeboten sind, während der Handel mit Kriegswaffen nicht per se verboten, sondern einem Genehmigungsvorbehalt unterstellt wird.

---

6 BVerfGE 68, 1, 93 ff.

7 So m.w.N. auf die wohl h.L. *I. Pernice*, in: Dreier, GG, Bd. 2, 2. Aufl. 2006, Art. 24 Rn. 62, unklar nunmehr auch BVerfGE 104, 151, 194 ff.

8 BVerfGE 104, 151, 195; *I. Pernice*, in: Dreier, GG, Bd. 2, 2. Aufl. 2006, Art. 24 Rn. 54.

9 BVerfGE 90, 286, 349; so auch in E 104, 151, 209; E 118, 244, 261 f.

10 Vgl. *R. Wolfrum*, Die Bundesrepublik Deutschland im Verteidigungsbündnis, in: HStR, Bd. VII, 1. Aufl. 1992, § 176 Rn. 17; *D. Deiseroth*, in: Umbach/Clemens, GG, Bd. 1, 2002, Art. 24 Rn. 282 ff., insb. 290.

11 Vgl. *I. Pernice*, in: Dreier, GG, Bd. 2, 2. Aufl. 2006, Art. 24 Rn. 56 f.; *R. Wolfrum*, Die Bundesrepublik Deutschland im Verteidigungsbündnis, in: HStR, Bd. VII, 1. Aufl. 1992, § 176 Rn. 17; *D. Deiseroth*, in: Umbach/Clemens, GG, Bd. 1, 2002, Art. 24 Rn. 282 ff., insb. 290.

## 2. Völkerrecht als Bestandteil und als Auslegungsgesichtspunkt des nationalen Rechts

In Art. 25 GG erkennt das Grundgesetz die **allgemeinen Regeln des Völkerrechts** als Bundesrecht an, welches nach Art. 25 S. 2 GG den einfachen Bundesgesetzen vorgeht und unmittelbar innerstaatliche Rechte und Pflichten erzeugt. Allgemeine Regeln des Völkerrechts sind solche, die von der überwiegenden Mehrheit der Staaten akzeptiert werden.[12] Erfasst sind Regeln des universell geltenden Völkergewohnheitsrechts, die sich aus der Praxis des Umgangs der Staaten miteinander ergeben, sowie allgemeine Rechtsgrundsätze des Völkerrechts, welche im Wege der Rechtsvergleichung aus den nationalen Rechtsordnungen abgeleitet werden (etwa die Grundsätze der ungerechtfertigten Bereicherung, Verjährung oder Verwirkung).[13] Besondere Bedeutung kommt dabei dem zwingenden Völkerrecht (**ius cogens**) als Teil des Gewohnheitsrechts zu, das wenige grundlegende Regeln wie etwa das völkerrechtliche Gewaltverbot, die Achtung elementarer Menschenrechte, das Verbot des Völkermords, des Menschenhandels und der Sklaverei sowie der Rassendiskriminierung enthält. 7

Darüber hinaus wird aus einer Gesamtschau der Präambel und Art. 23–26 GG der Grundsatz der **Völkerrechtsfreundlichkeit des Grundgesetzes** hergeleitet.[14] Dieser Grundsatz geht über die Summe der Einzelgewährleistungen hinaus. Er betrifft die Auslegung des nationalen Rechts. Danach ist dieses nach Möglichkeit so auszulegen, dass die Bundesrepublik nicht gegen eingegangene völkerrechtliche Verpflichtungen verstößt. Methodisch gibt es gewisse Parallelen der völkerrechtsfreundlichen Auslegung zur verfassungskonformen Auslegung (→ § 3 Rn. 8) sowie zur unionsrechtskonformen Auslegung. Ist eine solche konformitätsschaffende Auslegung nicht möglich, greifen die geltenden Kollisionsregeln, mithin der Vorrang der Verfassung (→ § 3 Rn. 6 ff.), der Vorrang des Unionsrechts (→ Rn. 20) und der Vorrang des Grundgesetzes gegenüber dem Völkerrecht. 8

In Anwendung dieser Auslegungsmaxime erkennt das Bundesverfassungsgericht eine herausgehobene Bedeutung der **Europäischen Menschenrechtskonvention** (EMRK) an.[15] Dies führt faktisch zu einer Rangerhöhung. Formal hat die EMRK durch das Umsetzungsgesetz in der Form des Art. 59 Abs. 2 GG nur den Rang eines einfachen Bundesgesetzes. Über die völkerrechtsfreundliche Auslegung sollen ihre Gewährleistungen aber – wenn schon keinen Verfassungsrang – so doch den Vorrang vor den Bundesgesetzen nach Art. 25 GG genießen. Dementgegen verlangt das Bundesverfassungsgericht für die Aufnahme von Rechtsgehalten in den Gewährleistungsbereich von Art. 25 GG deren weltweite Verbreitung.[16] Gleichwohl praktiziert das Bundesverfassungsgericht eine Auslegung der deutschen Rechtsordnung – insbesondere auch des Grundgesetzes – im Lichte der EMRK, was auch die Berücksichtigung der Rechtsprechung des EGMR mit einschließt. 9

12 BVerfGE 118, 124, 134; schon in E 15, 25, 34; E 75, 1, 26.

13 Zu den verschiedenen Rechtsquellen des Völkerrechts *T. Stein/Ch. v. Buttlar*, Völkerrecht, 13. Aufl. 2012, Rn. 23 ff.

14 Aus der Rechtsprechung: BVerfGE 6, 309, 362; E 111, 307 ff.; aus der Literatur: *M. Payandeh*, JöR 57 (2009), S. 465 ff.

15 BVerfGE 111, 307 ff. zu Grundrechten im Mehrebenensystem ausführlich *L. Michael/M. Morlok*, Grundrechte, 4. Aufl. 2014, Rn. 61 ff.; *H. Sauer*, EuGRZ 2011, 195 ff.

16 BVerfGE 75, 1, 26 und dagegen *I. Pernice*, in: Dreier, GG, Bd. 2, 2. Aufl. 2006, Art. 25 Rn. 20.

### 3. Kompetenzen zur Ausübung der auswärtigen Gewalt

10 Die Kooperation mit anderen Staaten ist schließlich in die bundesstaatliche Kompetenzordnung integriert. Die Verbandskompetenz des Bundes und der Länder zur Pflege von Beziehungen mit auswärtigen Staaten regelt Art. 32 GG. Diese Befugnis liegt grundsätzlich beim Bund. Gemäß Art. 32 Abs. 3 GG dürfen die Länder, nach zutreffender Ansicht aber auch der Bund auf den Gebieten der Landesgesetzgebung mit auswärtigen Staaten Verträge abschließen.[17] Der Bund muss dann im Vorhinein jedoch, um den Gesamtstaat nicht in einen völkerrechtlichen Vertragsbruch zu führen, auf Grundlage des **Lindauer Abkommens** vom 14.11.1957[18] die Zustimmung der Länder einholen, während die Länder im Streitfall mit dem Bund trotz ihrer Abschlusskompetenz nach Art. 32 Abs. 3 GG die Abschlusskompetenz des Bundes akzeptieren.

11 Art. 59 GG regelt die Organkompetenz zum Abschluss völkerrechtlicher Verträge, die gemäß Art. 59 Abs. 1 GG beim Bundespräsidenten liegt (→ § 14 Rn. 38). Dieser vertritt, so Art. 59 Abs. 1 GG, die Bundesrepublik völkerrechtlich nach außen. Dadurch ist er im verfassungsrechtlichen Außenverhältnis – völkerrechtlich – legitimiert. Im verfassungsrechtlichen Innenverhältnis hat er sich im Rahmen der Außenpolitik der Bundesregierung (→ § 12 Rn. 6, 57 ff.) und, soweit es um die Richtlinien der Außenpolitik geht, des Bundeskanzlers zu halten (→ § 12 Rn. 53 f.).[19] Da völkerrechtliche Erklärungen für die Bundesrepublik im Außenverhältnis verbindlich sind, besteht im Bereich des Art. 59 GG ein besonderes **Organtreuebedürfnis** zwischen Bundespräsident, Bundesregierung, Bundeskanzler und den Gesetzgebungsorganen.

12 Die Verhandlungen werden regelmäßig durch einen Vertreter der Bundesregierung geführt. Nach Abschluss der Verhandlungen und Einigung auf einen Vertragstext wird dieser mit den Initialen der Verhandlungsführer abgezeichnet (sog. **Paraphierung**). Im Anschluss muss die innerstaatliche Zustimmung der gesetzgebenden Körperschaften nach Art. 59 Abs. 2 S. 1 GG eingeholt werden, die zugleich auch dem Vertrag innerstaatlich Wirkung verleiht und den Bundespräsidenten zur **Ratifikation** des Vertrages ermächtigt. Sie ist die völkerrechtliche Erklärung an die andere Partei, an den Vertrag gebunden zu sein. Durch den Austausch der Ratifikationsurkunden wird der völkerrechtliche Vertrag wirksam und bindet die Bundesrepublik an dessen Inhalt.[20]

13 Ohne förmliche Vertragsänderung – mit erneuter Ratifikation – können völkerrechtliche Verträge auf Grundlage des Art. 24 Abs. 2 GG nach Maßgabe der Rechtsprechung des Bundesverfassungsgerichts durch die Bundesregierung gemeinsam mit den Vertragspartnern fortentwickelt werden. Allerdings bedürfen einschneidende Änderungen des Sicherheitskonzeptes, etwa jenes der NATO, einer Beteiligung des Bundestages und letztlich dessen Zustimmung.[21] Der Einsatz der Streitkräfte im Rahmen der NATO unterliegt, der deutschen Verfassungstradition folgend, dem **Zustimmungsvorbehalt** des Bundestages (→ § 11 Rn. 5, 11).[22]

17 *I. Pernice*, in: Dreier, GG, Bd. 2, 2. Aufl. 2006, Art. 32 Rn. 43.
18 Vertiefend *H.-J. Papier*, DÖV 2003, 265 ff.
19 *K. Hesse*, Grundzüge des Verfassungsrechts der Bundesrepublik Deutschland, 20. Aufl. 1999, Rn. 663.
20 Deshalb sind Zustimmungsgesetze zu völkerrechtlichen Verträgen ausnahmsweise bereits vor ihrer Verkündung im Bundesgesetzblatt zulässiger Antragsgegenstand im Rahmen der abstrakten Normenkontrolle (→ § 17 Rn. 84 ff.).
21 BVerfGE 104, 151, 199 ff.
22 BVerfGE 121, 135, 154.

## II. Das Bekenntnis zur Europäischen Integration

### 1. Verfassungsrechtlich relevante Besonderheiten der Europäischen Integration

14 Die Europäische Integration stellt einen Sonderfall dar, der mit anderen völkerrechtlichen Institutionen nicht zu vergleichen ist. Diese Entwicklung begann mit den Verträgen zur Gründung der Europäischen Gemeinschaften (EG) 1957 (sog. **Römische Verträge**). Über verschiedene Vertragsänderungen, zuletzt der **Vertrag von Lissabon,** sind heute der **Vertrag über die Europäische Union** (EUV) und der **Vertrag über die Arbeitsweise der Europäischen Union** (AEUV) die maßgeblichen vertraglichen Rechtsgrundlagen der Europäischen Union. Sie bilden das **Primärrecht.**

Dieser besonderen Entwicklung wurde mit der Neufassung von Art. 23 GG im Jahr 1992 Rechnung getragen. Zu den Fragen und Grenzen der sich weiterentwickelnden **Europäischen Integration** hat das Bundesverfassungsgericht in einer Reihe wichtiger Entscheidungen Stellung genommen.

#### a) Die Europäische Union als supranationale Organisation

15 Die Besonderheiten der Europäischen Union lassen sich am besten unter dem Oberbegriff der **Supranationalität** zusammenfassen. Eine supranationale Organisation steht zwischen der Organisationsform eines souveränen Staates und dem völkerrechtlichen Zusammenschluss von Staaten. So stellt die Europäische Union keine staatlich verfasste Demokratie dar,[23] geht aber hinsichtlich der Integration deutlich über die herkömmlichen internationalen Zusammenschlüsse wie zum Beispiel die Vereinten Nationen oder NATO hinaus und konstituiert somit eine „neue Entwicklungsstufe des Rechts der internationalen Organisationen".[24]

Dementsprechend konnte die Europäische Union nicht unter die traditionellen Begriffe des **Bundesstaates** oder **Staatenbundes** gefasst werden, weshalb das Bundesverfassungsgericht den Begriff „Staaten**verbund**" prägte.[25]

16 Die **Supranationalität** der Europäischen Union wird durch verschiedene Merkmale konstituiert. Zunächst zeichnet sie sich durch die eigenen Hoheitsbefugnisse aus. So hatten die Europäischen Gemeinschaften von Beginn an originäre gesetzgeberische, exekutivische und rechtsprechende Hoheitsbefugnisse, die sie durch eigene unabhängige Organe ausübten. Art. 13 Abs. 1 EUV benennt diese Organe: Das unmittelbar von den Unionsbürgern gewählte Europäische Parlament (Art. 14 EUV), der aus den Staats- und Regierungschefs der Mitgliedstaaten sowie seinem vom ihm gewählten Präsidenten und dem Präsidenten der Kommission bestehenden Europäischen Rat (Art. 15 EUV), der aus vertretungsberechtigten Regierungsvertretern auf Ministerebene bestehende Rat (Art. 16 EUV), die durch den Europäischen Rat und das Europäische Parlamente bestimmte Kommission (Art. 17 EUV), der im gegenseitigen Einvernehmen der Mitgliedstaaten besetzte Gerichtshof der Europäischen Union (Art. 19 EUV), die Europäische Zentralbank und der Rechnungshof. Das von diesen Organen gesetzte Recht wird **Sekundärrecht** genannt.

17 Diese Übertragung von Hoheitsrechten unterliegt dem **Prinzip der begrenzten Einzelermächtigung,** Art. 5 Abs. 1 S. 1 EUV. Danach hat die Europäische Union **keine Kompe-**

23 BVerfGE 123, 267, 349 f.
24 *R. Streinz*, Europarecht, 9. Aufl. 2012, Rn. 127.
25 BVerfGE 89, 155, 181.

**tenz-Kompetenz.** Sie kann sich also selbst keine neuen Kompetenzen verleihen – anders als der Bund im Bundesstaat, der durch Verfassungsänderung (→ § 15 Rn. 26 ff.) Länderkompetenzen an sich ziehen kann. Wenn Kompetenzen der Europäischen Union erweitert werden sollen, müssen dies die Mitgliedstaaten **konsensual** beschließen und jeder einzelne Mitgliedstaat muss diese Änderung ratifizieren.

18 Freilich existieren seit dem Lissabon-Vertrag nach Art. 48 Abs. 7 (1), (2) EUV sog. **Brückenklauseln.** Sie erlauben dem Europäischen Rat ergänzende Vertragsänderungen, ohne dass die Parlamente der Mitgliedstaaten zustimmen müssen. Diese haben bzgl. einer solchen Initiative aber ein Ablehnungsrecht, welches aber aktiv wahrgenommen werden muss, Art. 48 Abs. 7 (3) EUV. Schweigen gilt insofern als Zustimmung. Damit ist der Europäischen Union ein Stück Kompetenz-Kompetenz zugewachsen – allerdings mit einem **Widerspruchsvorbehalt** der nationalen Parlamente. Die Zustimmung oder Enthaltung des deutschen Vertreters im Europäischen Rat zu einer solchen Beschlussfassung setzt gleichwohl nach § 4 Abs. 1 IntVG ein Gesetz gem. Art. 23 Abs. 1 GG voraus.

19 Auch darf der Begriff der „Einzelermächtigung" nicht darüber hinwegtäuschen, dass sich der Umfang der geschriebenen EU-Kompetenzen vervielfacht hat. Des Weiteren sind Zweifel angebracht, inwieweit diese Kompetenzen rechtlich wirksam „begrenzt" sind, da jedenfalls einzelne Ermächtigungen sehr unbestimmt formuliert sind und einer dynamischen, weichen Handhabung offenstehen. Insbesondere hat die EU mit Art. 352 AEUV eine **Vertragsabrundungskompetenz**, die eine Kompetenz kraft Sachzusammenhangs begründet.

### b) Vollzug des Unionsrechts und Sekundärrechtsetzung europäischer Organe

20 Die Supranationalität und die Wirksamkeit des Vollzugs des Unionsrechts verlangen dessen **Vorrang vor dem nationalen Recht.** Nur in Fällen der Kollision einer Unionsrechtsnorm mit einer Norm des nationalen Rechts wird, sofern der Pflicht des Mitgliedstaates zur unionsrechtskonformen Auslegung[26] der nationalen Regelung nicht nachgekommen werden kann, letztere nicht angewendet, sog. **Anwendungsvorrang.** Dieser unterscheidet sich von dem üblichen Geltungsvorrang einer Norm, den etwa Art. 31 GG für das Bundesrecht im Verhältnis zum Landesrecht begründet, dadurch, dass die zurücktretende Norm nicht nichtig ist, sondern nur – begrenzt auf Kollisionsfälle – unangewendet bleibt.

21 Im Rahmen der **Sekundärrechtsetzung** stehen den europäischen Organen mit Verordnungen, Richtlinien, Beschlüssen, Empfehlungen und Stellungnahmen (Art. 288 Abs. 1 AEUV) Rechtsakte unterschiedlicher Qualität zur Verfügung. Kraft der Übertragung der Hoheitsrechte nach Maßgabe des Art. 23 GG sind bestimmte Rechtsakte, nämlich **Verordnungen** nach Art. 288 Abs. 2 AEUV sowie **Beschlüsse** nach Art. 288 Abs. 4 AEUV verbindlich und entfalten **unmittelbare Geltung** in den Mitgliedstaaten bzw. für bestimmte Adressaten. Bei dieser sog. Durchgriffswirkung bedürfen solche Normen anders als völkerrechtliche Verträge keines innerstaatlichen Umsetzungsaktes mehr und sind von den Organen der Mitgliedstaaten zu vollziehen. Die zweite Hauptgruppe des Sekundärrechts, die **Richtlinien** nach Art. 288 Abs. 3 AEUV, richten sich an die

26 *W. Kahl*, in: Calliess/Ruffert, EUV/AEUV, 4. Aufl. 2011, Art. 4 EUV Rn. 92.

Mitgliedstaaten und sind für diese „hinsichtlich des zu erreichenden Ziels verbindlich, überlässt jedoch den innerstaatlichen Stellen die Wahl der Form und der Mittel".[27]

22 Bei der **Rechtsetzung auf europäischer Ebene** haben die Gewalten ein anderes Gewicht als im nationalen Zusammenhang (→ § 15). Maßgebliche Akteure der unionalen Rechtsetzung sind das Europäische Parlament (Art. 14 Abs. 1 S. 1 EUV) und die Gubernative (Art. 16 Abs. 1 S. 1, Abs. 2 EUV) in Gestalt des Rates. Sie entscheiden nach Art. 289 Abs. 1 AEUV im Rahmen des „ordentlichen Gesetzgebungsverfahrens" gemeinsam über Verordnungen, Richtlinien und Beschlüsse. Die Europäische Rechtsetzung stützt sich dabei auf zwei verschiedene Legitimationsstränge: Das Europäische Parlament ist unmittelbar durch die Unionsbürger legitimiert, der Rat bezieht seine Legitimation über die von den nationalen Volksvertretungen getragenen Regierungen.

Eine zentrale Rolle bei der Rechtsetzung kommt auch der Kommission zu: Nach Art. 17 Abs. 2 S. 1 EUV, Art. 289 Abs. 1 S. 1, 2 i.V.m. Art. 294 Abs. 2 AEUV hat sie – unter Ausschluss des Parlamentes (zu Art. 76 GG → § 15 Rn. 9 ff.) – das alleinige unmittelbare Initiativrecht für Verordnungen, Richtlinien und Beschlüsse des Europäischen Parlaments und Rates inne. Europäischem Parlament und Rat stehen nach Art. 225, 241 AEUV lediglich ein indirektes, mittelbares Initiativrecht zu, mit dem sie die Kommission zu Untersuchungen und der Ausarbeitung eines geeigneten Vorschlags auffordern können. Die Entscheidung, ob sie dieser Aufforderung nachkommt, obliegt gleichwohl der Kommission, eine Ablehnung ist jedoch entsprechend zu begründen (Art. 225 S. 2; 241 S. 2 AEUV).

23 Eine weitere Besonderheit der Supranationalität besteht in der Möglichkeit, die Mitgliedstaaten auch gegen deren Willen durch verbindliche Beschlüsse zu einem bestimmten Verhalten zu verpflichten.[28] So können im Rat Entscheidungen nach dem Mehrheitsprinzip getroffen werden (Art. 16 Abs. 3 EUV), wodurch die Auswirkungen der gegebenenfalls unmittelbaren Geltung des Sekundärrechts verschärft werden. Außerdem existieren mit der Kommission und dem Europäischen Gerichtshof (EuGH) unabhängige Beschlussorgane, deren Entscheidungen unmittelbar für die Mitgliedstaaten und ihre Bürger verbindlich sind. Man denke nur an die Bedeutung der Kommission als Kartellbehörde.

24 Insgesamt ist der Entwicklungsstand der Europäischen Union als supranationale Organisation institutionell wie inhaltlich beispiellos. Auch die finanzielle Selbstständigkeit durch Eigenmittel (Art. 311 AEUV) hebt die Europäische Union von anderen internationalen Organisationen ab.

### c) Die Europäische Union auf dem Weg zu einem europäischen Bundesstaat?

25 Diese Ausgestaltung der supranationalen Ordnung kennt einerseits deutliche **verfassungsstaatliche Elemente**. So wird etwa das Europäische Parlament seit 1979 direkt gewählt und so ist die Grundrechte-Charta seit 2009 Bestandteil des Primärrechts. Art. 2 EUV benennt wesentliche Kernelemente des Verfassungsstaates als Werte der Union. Auch zeigt die Gliederung des Unionsvertrages deutlich die Orientierung an den klassischen Verfassungen (→ § 3).

---

27 Ausführlich zu den Rechtsquellen des Europarechts und ihren Wirkungen im innerstaatlichen Recht *H. Sauer*, Staatsrecht III, 2. Aufl. 2013, S. 126 ff.

28 *R. Streinz*, Europarecht, 9. Aufl. 2012, Rn. 130.

Trotz der Annäherung an einen europäischen Bundesstaat erreicht die Europäische Union nicht das demokratische Legitimationsniveau eines nationalen Verfassungsstaates. Nach wie vor sind **Demokratiedefizite** festzustellen. So wird der Wahlrechtsgrundsatz der Gleichheit bei der Wahl zum Europäischen Parlament nicht gewahrt, da das Stimmgewicht der Unionsbürger von der Bevölkerungszahl der Mitgliedstaaten abhängt (degressiv proportionale Vertretung, Art. 14 Abs. 2 EUV). Das führt dazu, dass kleinere Mitgliedstaaten größeren Einfluss auf die Entscheidungsfindung haben. Daran zeigt sich, dass die Europäische Union gerade keine eigenständige staatlich verfasste Demokratie ist, sondern das gemeinsame Werk souveräner demokratischer Staaten.[29] Die Unionsbürgerschaft führt nicht zur Schaffung eines europäischen Staatsvolkes, da sie an die Staatsangehörigkeit zu einem Mitgliedstaat gekoppelt ist.

26 Zur Verteidigung des klassischen Nationalstaats wird weiter vorgebracht, es fehle der Union bereits an der demokratienotwendigen europäischen Öffentlichkeit.[30] Außerdem beruhe das Primärrecht nicht auf Verfassunggebung, sondern auf einzelstaatlicher Ratifikation und die EU habe keine staatliche Allkompetenz. Da es sich also nicht um einen Staat handele, müsse auch das Legitimationsniveau nicht dem einer staatlich verfassten Demokratie entsprechen. Ein Demokratieproblem entsteht indes dadurch, einer solchen Institution immer weiterreichende und z.T. auch dynamische und unbestimmte Kompetenzen zu übertragen (→ Rn. 15 ff.), soweit nicht in hinreichendem Maße auch das Legitimationsniveau gesteigert wird.

Freilich darf die Kritik am Zustand der Union nicht schlicht den nationalen Verfassungsstaat als Maßstab heranziehen. Es bedarf der Entwicklung eigener, **unionsadäquater normativer Maßstäbe**. Auch ist der **Prozesscharakter** der Europäischen Einigung zu beachten. So lässt sich etwa mit Blick auf die europäische Finanzkrise durchaus das Entstehen einer europäischen politischen Öffentlichkeit[31] beobachten – im Sport ist diese fest etabliert.[32]

Sowohl die Übertragung von Kompetenzen als auch der Ausbau verfassungsstaatlicher Elemente der Unionsrechtsordnung haben sich in den letzten Jahrzehnten stetig weiterentwickelt. Ob diese beiden Entwicklungslinien in einem angemessenen Verhältnis stehen, ist die Kernfrage des Art. 23 Abs. 1 GG.

### 2. Verfassungsrechtliche Grenzen der Europäischen Integration

27 Vor diesem Hintergrund sind die Grenzen zu betrachten, die das Grundgesetz der Europäischen Integration setzt; besser: der Mitwirkung der Bundesrepublik Deutschland an diesem Prozess setzt.

28 Als verfassungsrechtliche Grundlage „für die europäische Integration und deren Fortgang“[33] dient Art. 23 Abs. 1 GG. Darin zeigt sich zunächst einmal die Integrationsoffenheit als **positives Verfassungsbekenntnis**. Für die Verwirklichung des vereinten Europas sind aber entsprechend der **Struktursicherungsklausel** aus Art. 23 Abs. 1 S. 1 Hs. 2 GG wichtige Verfassungsgrundsätze postuliert. So soll die Europäische Union neben rechtsstaatlichen, sozialen und föderativen Grundsätzen den Grundsatz der Subsidiarität wahren und einen Grundrechtsschutz gewährleisten, der dem des Grundge-

29 BVerfGE 123, 267, 249 f.
30 BVerfGE 89, 155, 185.
31 Zur grundrechtlichen Dimension *L. Michael/M. Morlok*, Grundrechte, 4. Aufl. 2014, Rn. 271.
32 Vgl. *P. Häberle*, Europäische Verfassungslehre, 7. Aufl. 2011, S. 163 ff., 186.
33 BVerfGE 89, 155, 172.

setzes zumindest vergleichbar ist. Unter dem Grundsatz der Subsidiarität ist der Vorrang der dezentralen Aufgabenerfüllung zur Sicherung der Selbstverantwortlichkeit des Mitgliedstaates zu verstehen. Art. 23 Abs. 1 S. 1 GG formuliert somit nach „oben" hin in gleicher Weise wie Art. 28 Abs. 1 GG (→ § 8 Rn. 109 ff.) nach „unten" hin Homogenitätsanforderungen. Eine Mitwirkung Deutschlands in der EU setzt die Erfüllung dieser Postulate voraus. Rechtlich maßgeblich – auch im Mehrebenensystem – ist hiernach also die Ebene der nationalen Verfassungen. Mit der Forderung nach einem dem Grundgesetz vergleichbaren Grundrechtsschutz ist die Struktursicherungsklausel an die Formulierung der Solange-Rechtsprechung des Bundesverfassungsgerichts[34] angelehnt.

Angesichts der Supranationalität der Europäischen Union hat vor allem die generell 29
wirkende Übertragung weiterer Hoheitsrechte weitreichende Konsequenzen. Dafür sehen die Sätze 2 und 3 des Art. 23 Abs. 1 GG bestimmte Verfahren vor. Die Übertragung von Hoheitsrechten auf die Europäische Union kann nur durch ein Bundesgesetz mit Zustimmung des Bundesrates stattfinden. Wenn der Erlass oder die Änderung des Primärrechts zu einer materiellen Änderung oder Ergänzung des Grundgesetzes führt, ist sogar Art. 79 Abs. 2 und 3 GG zu beachten (→ § 15 Rn. 30 ff.).

Das Grundgesetz ist durch das rein repräsentative Gesetzgebungsverfahren dabei integrationsfreundlicher als die Verfassungen anderer Mitgliedstaaten, die an dieser Stelle ein Plebiszit (→ § 5 Rn. 70 ff.) vorsehen. Gleichzeitig impliziert es jedoch die Überprüfbarkeit der Integrationsschranken des Art. 79 Abs. 3 GG (→ Rn. 33 ff.) durch das Bundesverfassungsgericht, indem das Gericht gestützt auf Art. 38 Abs. 1 S. 1 GG einem jeden Staatsbürger die Möglichkeit einer Verfassungsbeschwerde eröffnet.

Für den Staatsbürger wird so der Gang nach Karlsruhe zum Surrogat eines Ganges zu den Abstimmungslokalen. Derartige Verfassungsbeschwerden haben aber bei weitem nicht nur Ventilfunktion und sollen auch keineswegs die politische Diskussion noch weiter vom Parlament in das Gericht verlagern. Vielmehr werden die Hürden des Art. 79 Abs. 3 GG seit der Maastricht-Entscheidung sichtbar und seit der Lissabon-Entscheidung zu einer praktisch erheblichen Integrationsschranke.

### a) Exkurs: Art. 38 Abs. 1 S. 1 GG als „grundrechtsgleiches Recht auf Demokratie"

Nach Art. 38 Abs. 1 S. 1 GG steht den wahlberechtigten Bürgern das subjektive Recht 30
zu, durch den Wahlakt auf die Legitimation der Staatsgewalt Einfluss zu nehmen (→ § 5 Rn. 84 ff.). Diese politische Bestimmungsmacht des Volkes darf nicht durch eine zu weitgehende Verlagerung von Kompetenzen des gewählten nationalen Parlaments auf eine supranationale Organisation entleert werden. Die fehlende Bestimmungsmacht eines nur noch mit unwesentlichen Kompetenzen ausgestatten Bundestages würde insofern ein Verstoß gegen das nach Art. 20 Abs. 1 und 2 i.V.m. Art. 79 Abs. 3 GG für unantastbar erklärte Demokratieprinzip darstellen.[35] Hierauf basierend räumt das Bundesverfassungsgericht seit der Maastricht-Entscheidung[36] – bezogen auf den Anwendungsbereich von Art. 23 GG – jedem einzelnen Bürger unter Berufung auf Art. 38 Abs. 1 S. 1 GG die Möglichkeit der Initiierung einer Überprüfung der Übertragung von

34 BVerfGE 37, 271, 285; E 73, 339, 387.
35 BVerfGE 89, 155, 172; E 123, 267, 330.
36 BVerfGE 89, 155, 171 f.; E 123, 267, 329 ff.; E 129, 124, 167 f.; BVerfG NJW 2014, 907, 909 f.; zuletzt BVerfG NJW 2014, 1505, 1506.

deutschen Hoheitsrechten auf die Unionsebene ein (Art. 93 Abs. 1 Nr. 4a GG). Möglich ist etwa[37]

- die Überprüfung hin auf einen weitreichenden Verlust der Kompetenzen des Bundestages,[38]
- die Geltendmachung mangelnder demokratischer Legitimation der EU,[39]
- die Geltendmachung des Verlusts der Staatlichkeit Deutschlands,[40]
- die Geltendmachung einer Aushöhlung der Wahrnehmung der Kompetenzen des Bundestages durch eine zu massive Beeinträchtigung der Haushaltsautonomie[41] sowie
- die Initiierung einer Ultra-vires- und Identitätskontrolle (→ Rn. 34) gegen einen Sekundärrechtsakt[42].

31 Unter Anwendung von Art. 38 Abs. 1 S. 1, Art. 20 Abs. 1 und 2 i.V.m. Art. 79 Abs. 3 GG ist der Kernbestand des Demokratieprinzips insofern rügefähig im Sinne eines „Anspruchs auf Demokratie“[43]. Nach der letzten Erweiterung durch das Bundesverfassungsgericht umfasst dieses Recht auch die Geltendmachung staatlichen Unterlassens, welches als Verstoß gegen die aus der Integrationsverantwortung des Bundestages und der Bundesregierung erwachsende Pflicht verstanden wird, „aktiv auf die Einhaltung des Integrationsprogramms hinzuwirken“ und „im Rahmen ihrer jeweiligen Kompetenzen mit rechtlichen oder mit politischen Mitteln auf die Aufhebung vom Integrationsprogramm nicht gedeckter Maßnahmen hinzuwirken“.[44] Hiernach lässt sich aus Art. 38 Abs. 1 S. 1 GG also das Recht des einzelnen Bürgers ableiten, „dass eine Verlagerung von Hoheitsrechten nur in den dafür vorgesehenen Formen von Art. 23 Abs. 1 Sätze 2 und 3, Art. 79 Abs. 2 GG geschieht.“[45]

### b) Zwei Wege einer weiteren Europäischen Integration

32 Ausgehend von diesen Integrationsschranken (→ Rn. 27 ff., 33 ff.) ist der Verweis des Bundesverfassungsgerichts in der Lissabon-Entscheidung auf Art. 146 GG umso bemerkenswerter.[46] Danach müssen wir ein zu Art. 23 i.V.m. Art. 79 GG alternatives Verfahren in den Blick nehmen, das den Integrationsmechanismus des Grundgesetzes in doppelter Weise relativiert: Erstens zeigt sich, dass Art. 79 Abs. 3 GG keine „Ewigkeitsschranke“ darstellt und dass die immer strengere Rechtsprechung zu Art. 79 Abs. 3 GG nur „vorletzte“ Grenzen betrifft. Zweitens stellt dies eine „Zurückverweisung“ auf das Volk dar und auf ein im Rahmen des Art. 146 GG notwendig werdendes Plebiszit. Hiernach gibt es de constitutione lata zwei Wege der Integration: einen rein repräsentativen, aber inhaltlich beschränkten, und einen plebiszitären, inhaltlich nicht an die Grenzen des Art. 79 Abs. 3 GG gebundenen Weg. Eine derartige Instru-

37 Ausführlich *H. Sauer*, Staatsrecht III, 2. Aufl. 2013, S. 166 ff., 195 ff.
38 BVerfGE 123, 267, 330 unter Verweis auf E 89, 155, 171 f.
39 BVerfGE 123, 267, 331.
40 BVerfGE 123, 267, 331 f.
41 BVerfGE 129, 124, 170 ff.
42 BVerfGE 123, 267, 353 ff.; BVerfG NJW 2014, 907, 909 f., dazu *H. Gött*, EuR 2014, 513 ff.
43 So ausdrücklich jetzt BVerfG NJW 2014, 1505, 1506 (Rn. 125).
44 BVerfG NJW 2014, 907, 908 (Rn. 49).
45 BVerfG 14.1.2014, 2 BvE 13/13, Rn. 53; kritisch die *Sondervoten Lübbe-Wolff* (Rn. 15 ff.) und *Gerhardt* (Rn. 5); umfassend zum OMT-Vorabentscheidungsbeschluss die Beiträge im German Law Journal 15 (2014), Issue Number 2.
46 BVerfGE 123, 267, 332.

mentalisierung des Art. 146 GG mag auf den ersten Blick überraschend sein und weit über dessen historischen Ursprung hinausreichen (→ § 4 Rn. 21 ff.). Plausibel wird eine solche Interpretation des Art. 146 GG indes dadurch, dass andernfalls die Regelungen des Art. 23 Abs. 1 S. 3 GG und des Art. 79 Abs. 2 und 3 GG Legitimationsdefizite hätten. Art. 79 Abs. 3 GG als „letzte Grenze" bzw. als „Ewigkeitsklausel" zu interpretieren, ließe das Ziel der Europäischen Integration nach Art. 23 Abs. 1 S. 1 GG als Sackgasse erscheinen und entmündigte das Volk. Aus diesem Blickwinkel beschreiben die in der Lissabon-Entscheidung gezogenen „Grenzen" also „Abgrenzungen" zwischen zwei grundsätzlich verschiedenen Verfahren.

### c) Materielle Grenzen der Kompetenzübertragung: die Verfassungsidentität des Grundgesetzes aus Art. 79 Abs. 3 GG

Für den repräsentativen Weg über Art. 23 Abs. 1 S. 3 GG hat das Bundesverfassungs- 33 gericht in seiner Lissabon-Entscheidung[47] materielle Grenzen für den Prozess der Europäischen Integration gezogen. Diese werden in Art. 79 Abs. 3 i.V.m. Art. 20 Abs. 1 und 2 GG verortet. Dabei geht es vor allem um das Demokratieprinzip, aber auch um die Grundsatzfrage, ob sich die dynamische Weiterentwicklung des Staatenverbundes auch der Struktur eines Bundesstaates annähern könnte. Dadurch verschärft sich die verfassungsgerichtliche Auslegung des Art. 79 Abs. 3 GG als Garantie der Wahrung der **Identität des Grundgesetzes.**[48] Freilich findet sich dieser Begriff weder im Grundgesetz selbst, noch hat er in der bisherigen Literatur Konturen gewonnen und läuft deshalb Gefahr, mit beliebigen Inhalten gefüllt zu werden. Er fügt eine dem Grundgesetz bisher unbekannte Veränderungssperre ein.

Es überrascht, welch konkrete Folgerungen das Bundesverfassungsgericht aus der von ihm postulierten Verfassungsidentität ableitet. So müssen die Mitgliedstaaten selbst noch über die grundlegende politische Ausgestaltung der „wirtschaftlichen, kulturellen und sozialen Lebensverhältnisse" verfügen können.[49] Für grundlegende Bereiche muss die Gestaltung bei den Mitgliedstaaten verbleiben. Als solche Materien benennt das Bundesverfassungsgericht beispielhaft – also nicht abschließend – Entscheidungen über das Strafrecht, die Staatsbürgerschaft, das zivile und militärische Gewaltmonopol, Einnahmen und Ausgaben einschließlich der Kreditaufnahme[50] sowie die für die Grundrechtsverwirklichung maßgeblichen Eingriffstatbestände, vor allem bei intensiven Grundrechtseingriffen in die Schutzbereiche der Freiheit der Person sowie der kulturellen Grundrechte der Art. 4, 5, 6, 7 und 8 GG (Glaubens- und Weltanschauungsfreiheit; Meinungs- und Bildungsfreiheit; Ehe und Familie; Schulwesen, Bildung; Versammlungsfreiheit).[51]

47 BVerfGE 123, 267 ff.; aus der Fülle der Anmerkungen zur Lissabon-Entscheidung hier nur *R. Streinz*, ZfP 2009, 467 ff. und *M. Ruffert*, DVBl. 2009, 1197 ff.

48 BVerfGE 58, 1, 30 f.; E 75, 223, 235, 242; E 89, 155, 188; E 123, 267, Ls. 4 S. 1.

49 BVerfGE 123, 267, Ls. 3.

50 Besondere Bedeutung erlangte die Budgethoheit des Bundestages im Rahmen der Eurokrise. In seinen Urteilen zur Griechenlandhilfe sowie zum ESM-Vertrag/Fiskalpakt übertrug das BVerfG nicht nur die Maßstäbe des Art. 23 GG für die Europäische Integration auf durch völkerrechtliche Verträge eingegangene Verbindlichkeiten und Institutionen, sondern konkretisierte die Budgethoheit als Kernelement demokratischer Selbstgestaltung. Dieses sei verletzt, wenn durch entsprechende Verträge erhebliche Belastungen des Haushalts ohne konstitutive Zustimmung des Bundestages eingegangen werden oder aber faktisch unbegrenzte Ausgabeermächtigungen erteilt werden, siehe BVerfGE 129, 124, 168 ff., 177 ff.; E 131, 152, 199 ff.; E 132, 195, 239 ff.; BVerfG NJW 2014, 1505, 1509 ff. (Rn. 161 ff.).

51 BVerfGE 123, 267, 358.

All dies sind Konkretisierungen, die sich nur schwerlich in Art. 79 Abs. 3 GG hineinlesen lassen, der aus gutem Grund lediglich die Grundsätze des Art. 1 und (nicht bis) 20 GG für unantastbar erklärt. Das Demokratieprinzip sollte es vielmehr verfassungsändernden Mehrheiten erlauben, Kompetenzen auf eine Europäische Union zu übertragen, die ihrerseits das Demokratieprinzip hinreichend verwirklicht hat. Auch spricht nichts dafür, dass Art. 79 Abs. 3 GG über Verfassungsinhalte hinaus auch einen bestimmten Grad an Staatlichkeit garantieren soll.

34 In der Lissabon-Entscheidung beschwört das Bundesverfassungsgericht noch einmal das **Prinzip der begrenzten Einzelermächtigung**[52] und reagiert auf dessen Gefährdungen und Aufweichungen. Soweit die EU im Einzelfall bei der Wahrnehmung ihrer begrenzten Ermächtigungen ihre Kompetenzen überschreitet (sogenannter **Ultra-vires-Akt**), behält sich das Bundesverfassungsgericht vor, im Ausnahmefall selbst die **Integrationsschranken** zu überprüfen. Inzwischen hat das Bundesverfassungsgericht[53] dazu eine Einschränkung entwickelt. Danach muss ein solcher Kompetenzverstoß offensichtlich sein und einen strukturellen Kompetenzverlust der Mitgliedstaaten bewirken; zudem ist vor Annahme eines Ultra-vires-Aktes zuvor der EuGH einzuschalten.[54] Äußerste Grenze der Kompetenzübertragung sei die Wahrung der Eigenstaatlichkeit Deutschlands. Danach versperrt Art. 23 Abs. 1 S. 3 i.V.m. Art. 79 Abs. 3 GG der Bundesrepublik den Beitritt zu einem europäischen Bundesstaat.[55] Dieser würde implizieren, dass ein europäisches Volk zum Legitimationssubjekt würde, das sich eine Verfassung gibt. Ein solcher europäischer Bundesstaat hätte dann auch die Kompetenz-Kompetenz und den Mitgliedstaaten und ihren Verfassungsgerichten wäre es verwehrt, die Integrationsschranken zu überprüfen. Eine derartige Entwicklung verlangt nach Auffassung des Bundesverfassungsgerichts ein Verfahren nach Art. 146 GG (→ Rn. 21 ff.).[56]

35 Neben diesen materiellen Grenzen der Europäischen Integration betont das Bundesverfassungsgericht die prozedurale Seite der Integrationsverantwortung, die Art. 23 Abs. 1 S. 2 GG dem Bundestag auferlegt. Damit hat das Bundesverfassungsgericht einmal mehr in sehr detailliert gestaltender Art und Weise Parlamentsrechte gestärkt – vergleichbar etwa mit den Fällen der Auslandseinsätze der Bundeswehr. Von praktischer Bedeutung ist vor allem, dass die Vertragsabrundungskompetenz nach Art. 352 AEUV von deutscher Seite unter den Vorbehalt eines jeweiligen Gesetzes nach Art. 23 Abs. 1 GG gestellt wurde. Diese Rechtsprechung, die in § 8 IntVG umgesetzt wurde, hat vor allem **strukturelle Konsequenzen** für das Gefüge der deutschen Staatsgewalten, freilich mit Auswirkungen auch auf die Arbeitsweise der Europäischen Union. Beides sind hochpolitische Fragen. Das Bundesverfassungsgericht hat sich dafür entschieden, der Integrationspolitik deutliche Grenzen zu ziehen, wofür es vonseiten

52 BVerfGE 123, 267, Ls. 2 a).
53 BVerfGE 126, 286, Ls. 1 a) und b).
54 Den ersten Fall bildet der am 14.1.2014 getroffene Vorabentscheidungsbeschluss des BVerfG zum OMT-Beschluss der EZB, BVerfG NJW 2014, 907 ff. Getrennt vom Hauptsacheverfahren ESM/Fiskalpakt (BVerfG NJW 2014, 1505 ff.) hat das BVerfG den EuGH um die unionsrechtliche Bewertung des seitens der EZB getroffenen Beschlusses zum OMT-Programm ersucht. Abhängig von der Entscheidung des EuGH muss sich das BVerfG dann ggf. nochmals abschließend mit der Frage befassen, ob es sich bei der in Frage stehenden Maßnahme um einen Ultra-vires-Akt handelt.
55 BVerfGE 123, 267, 331 f. (zur subjektiven Rügbarkeit), 364.
56 Dazu *L. Michael*, in: Dolzer/Vogel/Graßhof, BK-GG, 163. Lfg., Art. 146 Rn. 616 ff.; 758 ff.

der Politik[57] und aus der Wissenschaft[58] in ungewöhnlich scharfer Weise kritisiert wurde. Durch seine Rechtsprechung wird das Bundesverfassungsgericht selbst zu einer Institution, die aufgrund extrem unbestimmter Maßstäbe, die es selbst konkretisiert, über die großen Entscheidungen der Europäischen Integration richtet.[59] Aber es sei nochmals darauf hingewiesen, dass mit dem Verweis auf Art. 146 GG die Spielräume des Gesetzgebers nicht nur zugunsten des Bundesverfassungsgerichts, sondern vor allem – weil gegebenenfalls noch fundamentaler – zugunsten einer plebiszitären Integrationsverantwortung beschränkt werden.

### 3. Mitwirkung deutscher Staatsgewalt an der Ausübung der Kompetenzen der Europäischen Union

Von der Frage der Mitwirkung an der Übertragung von Hoheitsgewalt ist die Frage 36
der Mitwirkung an der Ausübung übertragener Kompetenzen an die EU zu unterscheiden. Während die erste Frage in Art. 23 Abs. 1 GG geregelt und durch die eben erörterte Rechtsprechung des Bundesverfassungsgericht weiter ausdifferenziert wurde, enthält Art. 23 Abs. 2–7 GG innerstaatliche Kompetenzbestimmungen im Rahmen der **Mitwirkung an der Europäischen Gesetzgebung** für die **Bundesregierung**, den **Bundestag** und den **Bundesrat** sowie für die Beteiligung der Länder. Art. 23 Abs. 2–6 GG verpflichtet vor allem die Bundesregierung. Sie hat gemäß Art. 23 Abs. 2 S. 2 GG Bundestag und Bundesrat zum frühest möglichen Zeitpunkt zu **unterrichten**,[60] um die Mitwirkungsrechte der Gesetzgebungskörperschaften auch effektiv abzusichern.

Diese Mitwirkungsrechte sind deshalb von zentraler Bedeutung für das innerstaatliche Kompetenzgefüge, weil die operative Europapolitik eine Aufgabe der Bundesregierung ist. Diese wirkt im Rat an der Europäischen Gesetzgebung mit. Letztere substituiert zunehmend Kompetenzen, die sonst dem Bundes- oder auch dem Landesgesetzgeber zugefallen wären. Als Versuch eines Ausgleichs für diese Gewichtsverschiebung können die Art. 23 Abs. 2–7 GG gelten. Eine rechtstechnische Schwierigkeit im Umgang mit dieser Materie besteht darin, dass diese Regelungen im Grundgesetz relativ detailliert sind, aber außerdem durch einfach-rechtliche Regelungen weiter ausgestaltet werden. Das sind das Gesetz über die Zusammenarbeit von Bundesregierung und Deutschem Bundestag in Angelegenheiten der Europäischen Union vom 4.7.2013 (EUZBBG) betreffend Art. 23 Abs. 3 GG einerseits und das Gesetz über die Zusammenarbeit von Bund und Ländern in Angelegenheiten der Europäischen Union vom 12.3.1993 (EUZBLG) betreffend Art. 23 Abs. 4–6 GG andererseits. Bei Abweichungen der einfachgesetzlichen Regelungen von den verfassungsrechtlichen genießen Letztere formal den Vorrang (→ § 3 Rn. 6 ff.), wobei andererseits vom Grundgesetz selbst nach Art. 23 Abs. 3 S. 3 und Abs. 7 GG eine Ausgestaltung durch den einfachen Gesetzgeber gewollt ist, was Modifizierungen der verfassungsrechtlichen Vorgaben und auch Ausnahmen impliziert.

---

57 Statt aller *J. Fischer*, Die ZEIT, Nr. 29 v. 9.7.2009: „rückwärtsgewandt und realitätsfremd".

58 *P. Häberle*, JöR 58 (2010), 317 ff.; *M. Nettesheim*, NJW 2009, 2867 ff.; *J. P. Terhechte*, EuZW 2009, 724 ff.

59 Dabei sei darauf hingewiesen, dass bereits die Zulässigkeit der entsprechenden Verfassungsbeschwerden auf einer weitreichenden Interpretation des Art. 38 Abs. 1 GG beruht (→ Rn. 30 ff). Das BVerfG sieht sogar Art. 146 GG als subjektives Teilhaberecht an der verfassunggebenden Gewalt an und zieht in Betracht, jenes i.V.m. Art. 38 Abs. 1 S. 1 GG für verfassungsbeschwerdefähig zu halten. Das könnte vor allem für die inhaltlichen Grenzen der Übertragung weiterer Kompetenzen Bedeutung erlangen.

60 Zur Akzentuierung dieser Unterrichtungspflichten BVerfGE, 131, 152 ff., insb. 202 ff. Das mit Fassung v. 4.7.2013 neugefasste EUZBBG (BGBl. I, 2170) setzt diese Anforderungen entsprechend um.

37 Die **politische Verantwortlichkeit** der Bundesregierung gegenüber dem Bundestag gewährleistet Art. 23 Abs. 3 GG. Gegebenenfalls sind Stellungnahmen des Bundestages zu berücksichtigen. § 8 Abs. 2 EUZBBG konkretisiert dies dahin gehend, dass die Position des Bundestages bei den Verhandlungen zugrunde zu legen sind. Diese gesetzliche Verschärfung wird kritisiert, weil die Bundesregierung zwar bei der Abstimmung nicht strikt gebunden wird, aber mit ihrer anfänglichen Position. Das würde ihre Möglichkeiten strategischer Verhandlungen in Brüssel empfindlich schwächen und den Zielen des Art. 23 GG widersprechen. Richtig verstanden, handelt es sich um eine Ausprägung des Grundsatzes der Verfassungsorgantreue. Danach ist die Bundesregierung lediglich zu einer Begründung verpflichtet, falls sie sich über eine Stellungnahme des Bundestages hinwegsetzen will.[61] § 8 Abs. 1 EUZBBG verpflichtet die Bundesregierung, dem Bundestag fortlaufend Informationen über den Beratungsverlauf zu übermitteln, um den für eine Stellungnahme geeigneten Zeitpunkt zu bestimmen.

38 Für die **Beteiligung des Bundesrates** (Art. 23 Abs. 4 GG) kommt es darauf an, ob der Bundesrat bei einem entsprechenden, hypothetischen Bundesgesetz durch Einspruchsrecht oder Zustimmungspflicht im Sinne des Art. 77 Abs. 1 GG (→ § 8 Rn. 95 ff.; → § 15 Rn. 19 ff.) mitwirken müsste oder ob die Länder hypothetisch zuständig wären. Der Bundesrat „ist" dann zu beteiligen, was durch Abstimmung zwischen der Bundesregierung und vom Bundesrat benannten Ländervertretern zur Festlegung der deutschen Verhandlungsposition im Rat geschieht.[62]

39 Wie intensiv die **Mitwirkung** des Bundesrates und der Länder auszufallen hat, regeln Art. 23 Abs. 5 und Abs. 6 GG. Sind ausschließliche Gesetzgebungsbefugnisse des Bundes (→ § 8 Rn. 22) einschlägig und **Länderinteressen berührt**, kann der Bundesrat eine Stellungnahme abgeben, welche die Bundesregierung berücksichtigt (Art. 23 Abs. 5 S. 1 GG).

Sind dagegen **Gesetzgebungsbefugnisse der Länder** sogar **„im Schwerpunkt"** betroffen, so ist die Stellungnahme des Bundesrates nach Art. 23 Abs. 5 S. 2 GG „maßgeblich zu berücksichtigen". Eine bedingungslose, ganz strikte Bindung folgt daraus indes nicht. Dagegen spricht die Relativierung, dass nach Art. 23 Abs. 5 S. 2 Hs. 2 GG „die gesamtstaatliche Verantwortung des Bundes zu wahren ist". Diese Verantwortung zu tragen, ist zwar hier auch dem Bundesrat aufgetragen. Eine organadäquate Betrachtung behält aber der Bundesregierung vor, ihre außenpolitische Primärkompetenz einzubringen, wenn die im Bundesrat kumulierten Länderinteressen der gesamtstaatlichen Verantwortung zu widersprechen drohen. § 5 Abs. 2 EUZBLG sieht für diesen Fall ein Verfahren vor, das Einvernehmen im Verhandlungswege herzustellen. Wenn das nicht gelingt, kann sich der Bundesrat nach § 5 Abs. 2 S. 5 EUZBLG mit seiner Position nur dann durchsetzen, wenn er diese mit Zweidrittelmehrheit bestätigt.[63]

Sind **ausschließliche Gesetzgebungsbefugnisse der Länder** einschlägig, so wird die Wahrnehmung der Rechte der Bundesrepublik auf einen Ländervertreter – in der Regel Landesminister – übertragen, den der Bundesrat benennt. Nach dem Wortlaut des Art. 23 Abs. 6 GG ist diese Übertragung zwingend. Der benannte Vertreter übt diese Rechte im Rat der EU in Abstimmung mit der Bundesregierung aus. Eine Ausnahme zugunsten der Bundesregierung (§ 6 Abs. 3 EUZBLG) gilt dann, wenn die Bundesrepu-

61 *R. Scholz*, in: Maunz/Dürig, GG, 56. Lfg., Art. 23 Rn. 159.
62 § 4 Abs. 1 EUZBLG.
63 Kritisch: *I. Pernice*, in: Dreier, GG, Bd. 2, 2. Aufl. 2006, Art. 23 Rn. 113 f.

blik den Vorsitz im Rat hat. Das entspricht dem Gebot der Wahrung der gesamtstaatlichen Verantwortung (Art. 23 Abs. 6 S. 2 GG).

Die Beteiligungsrechte des Bundesrates aus Art. 23 Abs. 4–6 GG sind durch das Organstreitverfahren (Art. 93 Abs. 1 Nr. 1 GG) und das Bund-Länder-Streitverfahren (Art. 93 Abs. 1 Nr. 3 GG) verfassungsrechtlich abgesichert (→ § 17 Rn. 74 ff.).

▶ **Zu Fall 9:** Das Grundgesetz bekennt sich zur Europäischen Integration. Es ermächtigt die deutschen Staatsorgane aber nicht, Hoheitsrechte derart zu übertragen, dass aus ihrer Ausübung heraus eigenständig weitere Zuständigkeiten für die Europäische Union begründet werden können. Es untersagt grundsätzlich die Übertragung der Kompetenz-Kompetenz (→ Rn. 34). Stattdessen gilt nach Art. 5 Abs. 1 S. 1 EUV das Prinzip der begrenzten Einzelermächtigung. Folglich ist das erste Bedenken der C-Fraktion hinsichtlich der „Brüsseler Mächte“ nicht begründet.

Zur zweiten Sorge: Von Bedeutung ist aber der Einwand, Europäische Integration kenne Grenzen. Trotz angestrebter Einheitlichkeit und Integration müssen den Mitgliedstaaten Bereiche verbleiben, in denen nationale demokratische Selbstbestimmung möglich bleibt. In den Worten des Bundesverfassungsgerichts gilt dies für „Grundentscheidungen, die einen starken Bezug zu den kulturellen Wurzeln und Wertvorstellungen eines jeden Staates haben“.[64] In diesen, oft sensiblen Bereichen spielen historische Traditionen und Erfahrungen eine große Rolle, die die nationalen Eigenarten geprägt haben. Hierzu gehört insbesondere die Religion. So sind in Malta 98 % der Bevölkerung römisch-katholisch, weshalb die katholische Kirche starken Einfluss hat, was sich in der Rechtsordnung etwa in Form der Strafbarkeit des Schwangerschaftsabbruchs sowie des Verbots des unbekleideten öffentlichen Badens zeigt; bis zum 29.5.2011 war die Ehescheidung verboten. Als weiteres Land, das eine Staatsreligion hat, ist Griechenland zu nennen, wo 97 % der Bevölkerung orthodox sind und sogar die Vereidigung des Premierministers durch den Erzbischof vorgenommen wird. In Großbritannien hat die Church of England den Status einer Staatskirche mit der Queen als Kirchenoberhaupt. Diese Beispiele zeigen, dass Recht und nationales Selbstverständnis oft von Religion beeinflusst sind. „Demokratische Selbstbestimmung erfordert [auf diesen Gebieten], dass die jeweilige durch solche Traditionen und Überzeugungen verbundene politische Gemeinschaft das Subjekt demokratischer Legitimation bleibt.“[65] Diese vom Bundesverfassungsgericht betonten nationalverfassungsrechtlichen Grenzen finden ihr Komplement in den Zielbestimmungen der Europäischen Union nach Art. 3 Abs. 3 (4) EUV. Im Ergebnis lässt sich also festhalten, dass die Kompetenz zur Regelung der religionsrechtlichen Angelegenheiten nicht an die Europäische Union abgetreten werden darf. ◀

## Wiederholungs- und Verständnisfragen

> Erklären Sie den Begriff der „offenen Verfassungsstaatlichkeit“.

> Was unterscheidet die demokratische Legitimität mitgliedstaatlichen Handelns von derjenigen der Europäischen Union? Bestehen Demokratiedefizite?

> Welche Grenzen der Europäischen Integration sieht das Bundesverfassungsgericht?

> Erklären Sie das in Art. 38 Abs. 1 S. 1 GG angelegte „grundrechtsgleiche Recht auf Demokratie“.

> Wo und wie ist die Mitwirkung des Bundestages und des Bundesrates bei der grundsätzlich in der Kompetenz der Bundesregierung liegenden Europapolitik geregelt?

64 BVerfGE 123, 267, 363.
65 BVerfGE 123, 267, 363.

# 3. Teil: Die Organe

## § 11 Der Bundestag

1 Der Deutsche Bundestag ist neben dem Bundesrat, der Bundesregierung, dem Bundespräsidenten, der Bundesversammlung und dem Bundesverfassungsgericht eines der **obersten Bundesorgane.** Wie alle obersten Bundesorgane verwaltet der Bundestag sich selbst, d.h., er genießt Satzungsautonomie und besitzt die Fähigkeit, an einem Organstreitverfahren teilzunehmen. Im Gegensatz zu den anderen Bundesorganen nimmt der Bundestag aber deshalb eine Sonderstellung ein, weil er das einzige **unmittelbar vom Volk legitimierte Organ** ist. Nicht zufällig wird die Legislative als „erste Gewalt" bezeichnet und der Bundestag ist das Hauptorgan der Ausübung dieser Gewalt. Genau betrachtet, ist der Bundestag freilich weder das einzige Organ, das an der Gesetzgebung beteiligt ist, noch ist er auf die Legislativfunktion beschränkt.

### I. Der Bundestag als Volksvertretung

2 Das Grundgesetz legt in Art. 20 Abs. 1 und 2 GG die **Demokratie als Staats- und Regierungsform** der Bundesrepublik Deutschland fest. Demokratie ist eine Form der politischen Herrschaft, in welcher das Volk wesentliche institutionelle Einflussmöglichkeiten besitzt (→ § 5 Rn. 8). Normative Basis ist die Volkssouveränität, also in den Worten von Art. 20 Abs. 2 GG das Ausgehen aller Staatsgewalt vom Volke. Volkssouveränität ist dabei nicht zu verstehen als Zuständigkeitsregelung, sondern als Legitimations- und Verantwortungsprinzip.[1] Jedes Organ staatlicher Gewalt und jede Ausübung der Staatsgewalt muss danach ihre Grundlage in einer Entscheidung des Volkes finden.

3 Das Volk als Träger der Staatsgewalt wird als Kollektivgröße allerdings erst durch **„Repräsentation"** handlungsfähig (→ § 5 Rn. 38).[2] Der von der Volkssouveränität verlangte Einfluss des Volkes ist in der Wahl des Bundestages als Volksvertretung institutionalisiert. Erst durch die Wahl des Parlamentes wird dem Volk die von der Volkssouveränität geforderte Möglichkeit der Einflussnahme auf die Ausübung der Staatsgewalt eröffnet.

Die unmittelbare Legitimation des Parlamentes durch das Volk hat zum einen zur Konsequenz, dass das Parlament als repräsentatives Organ der Selbstregierung der Gesellschaft im demokratisierten Staat notwendiges Glied innerhalb jeder **Legitimationskette** ist. Zum anderen hat die unmittelbare Legitimation des Parlamentes zur Folge, dass dieses unter Einhaltung eines bestimmten Verfahrens die für das Volk **wesentlichen Entscheidungen** treffen kann und damit der Idee der Volkssouveränität gerecht wird.[3] Die vom Parlament getroffenen politischen Entscheidungen finden ihre materielle Legitimationsgrundlage im Wahlakt, in welchem der Wille des Volkes unmittelbar

---

1 *P. Badura*, Die parlamentarische Demokratie, in: HStR, Bd. I, 2. Aufl. 1995, § 23 Rn. 34 f.; zur Volkssouveränität als Prinzip s. *M. Morlok*, Demokratie und Wahlen, in: FS 50 Jahre Bundesverfassungsgericht, Bd. 2, 2001, S. 559, 565 ff.

2 *M. Morlok*, Demokratie und Wahlen, in: FS 50 Jahre Bundesverfassungsgericht, Bd. 2, 2001, S. 559, 579 ff.; *M. Morlok*, in: Dreier, GG, Bd. 2, 2. Aufl. 2006, Art. 38 Rn. 31; *E. W. Böckenförde*, Demokratische Willensbildung und Repräsentation, in: HStR, Bd. III, 3. Aufl. 2005, § 34 Rn. 26.

3 *P. Badura*, Staatsrecht, 5. Aufl. 2012, Rn. D. 10.

zum Ausdruck kommt. Der Bundestag als zahlenmäßig größtes Gremium unter den Verfassungsorganen sichert durch seine „pluralistisch institutionalisierte Input-Struktur“[4] am besten die Artikulation und Einbringung der Vielfalt der Interessen und Auffassungen des Volkes.

4 Allerdings obliegt in einer Demokratie dem Parlament aus Gründen der Gewaltenteilung nicht die alleinige Kompetenz zur Ausführung der Staatsgewalt. Vielmehr steht es neben den anderen Verfassungsorganen. Auch wenn im Vergleich zu diesen der Bundestag als einziges Organ unmittelbar demokratisch legitimiert ist, folgt hieraus **keine absolute Vorrangstellung des Parlamentes** gegenüber den anderen staatlichen Organen. Trotz seiner unmittelbar demokratischen Legitimation ist das Parlament an seinen Platz im **Gewaltenteilungsgefüge** gebunden und muss die Kompetenzen der anderen Organe beachten. Der hohe Grad an Legitimation soll nicht dazu führen, dass sämtliche Entscheidungen ausnahmslos vom Parlament getroffen werden. Ansonsten bestünde ein konkrete Kompetenzzuweisungen überspielender Auslegungsgrundsatz zugunsten des Parlamentes oder gar ein Totalvorbehalt für den parlamentarischen Gesetzgeber.[5] Der Bundestag stellt aufgrund seiner unmittelbaren Legitimation durch das Volk jedoch das **Zentralorgan der Demokratie** dar.

5 Aus diesem Grund ist es richtig, von Verfassung wegen sicherzustellen, dass alle wichtigen politischen Entscheidungen vom Bundestag getroffen werden. Es gibt eine ganze Reihe von „**Parlamentsschutznormen**“, von Bestimmungen also, die sicherstellen wollen, dass die zentrale Rolle bei der Entscheidungsfindung dem Bundestag zukommt.[6] Die Gefahr einer „**Entparlamentarisierung**“, die die Vorzüge des parlamentarischen Prozesses, wie bspw. die Öffentlichkeit, die Transparenz und die breite Partizipation, verschwinden lässt, besteht zum einen in der Verlagerung der Entscheidung auf höhere Ebenen, etwa auf die der Europäischen Union,[7] zum anderen aber auch in der Verlagerung von Entscheidungen auf informale Gremien[8] und in der Einbindung Privater in den Gesetzgebungsprozess.[9] Zu den Parlamentsschutznormen, die die zentrale Rolle des Bundestages gewährleisten, gehören das Gesetzgebungsrecht und darüber hinaus die beherrschende Rolle für die Rechtsetzung im Rahmen von Art. 80 Abs. 1 GG, die maßgebliche Mitwirkung bei der Kreation anderer Bundesorgane, etwa gemäß Art. 63, 94, 54 GG, und bei der europäischen Integration, vgl. Art. 23 GG, die Beherrschung der Außenpolitik durch das Zustimmungserfordernis nach Art. 59 Abs. 2 GG, verschiedene Kontrollrechte, etwa gemäß Art. 43 ff. GG, sowie die Haushaltsgewalt gemäß Art. 110 GG und der Grundsatz des „ius belli ac pacis“, Art. 115 GG. Um Erosionen entgegenzuwirken, ist der Schutz des Parlamentes durch die Rechtsprechung des Bundesverfassungsgerichts kontinuierlich aktualisiert und fortentwickelt worden – nicht zuletzt auch durch ungeschriebene Parlamentsvorbehalte, namentlich durch den Vorbehalt des Parlamentsgesetzes für (grundrechts-)wesentliche[10] Regelungen und

4 S. *M. Morlok/J. Krüper*, NVwZ 2003, 573, 574.
5 BVerfGE 68, 1, 108 f.; E 49, 89, 125.
6 *M. Morlok/C. Hientzsch*, Das Parlament als Zentralorgan der Demokratie, JuS 2011, 1 ff.
7 S. hierzu insb. die Lissabon- und Maastricht-Entscheidung des BVerfG: BVerfGE 123, 267, 330, 340 sowie BVerfGE 89, 155, 172 und jetzt zum Euro-Rettungsschirm BVerfGE 129, 124 ff.; vgl. auch → § 10 Rn. 27 ff.
8 Zu den möglichen Gefahren *M. Morlok*, VVDStRL 62 (2003), 37 ff.
9 Zu dieser Problematik s. *L. Michael*, Rechtsetzende Gewalt im kooperierenden Verfassungsstaat, 2002.
10 BVerfGE 47, 46, 79.

durch den Parlamentsvorbehalte für Auslandseinsätze der Bundeswehr[11] sowie für die Mitwirkung an der europäischen Integration.[12]

### II. Aufgaben und Befugnisse des Bundestages

6 Die Hauptaufgaben des Bundestages sind die Beratung und der Beschluss von Bundesgesetzen (→ Rn. 7 ff.), die Wahl oder Mitwirkung bei der Bildung anderer Verfassungsorgane, sog. Kreationsfunktion (→ Rn. 15 ff.), die Kontrolle der Exekutive, insbesondere der Bundesregierung (→ Rn. 22 ff.), und schließlich die Mitwirkung an der europäischen Integration (→ Rn. 47).

#### 1. Rechtsetzung

7 Da dem formellen Gesetz die Aufgabe zukommt, die wesentlichen wirtschafts- und sozialgestaltenden Entscheidungen in abstrakt-genereller Form und rechtlich verbindlicher Weise zu regeln, bedarf es im besonderen Maße der Legitimation durch das Volk. Soweit nicht die Gesetze im Wege der Volksgesetzgebung zustande kommen, wird die größtmögliche Legitimation dadurch erreicht, dass das Hauptorgan der Gesetzgebung das unmittelbar vom Volk gewählte Parlament ist. Neben der **rechtsstaatlichen Komponente** des Gesetzes – Bestimmtheit des Gesollten – wird hier das **demokratische Element** deutlich.[13] Die Vorschriften über das Gesetzgebungsverfahren stellen den Bundestag seiner Repräsentationsfunktion entsprechend in den Mittelpunkt der legislatorischen Aktivität des Bundes (zum Gesetzgebungsverfahren im Einzelnen → § 15 Rn. 9 ff.).

8 Trotzdem besitzt der Bundestag **kein „Rechtsetzungsmonopol"**: Neben ihm als Hauptorgan der Gesetzgebung sind auch der Bundesrat und der Bundespräsident beteiligt. Im Bundesstaat sind auch die Landesparlamente zur Rechtsetzung befugt, ebenso die Exekutive über das Verordnungsrecht (→ Rn. 12) und schließlich die Organe der Selbstverwaltung. Gleichwohl kommt dem Parlament aber die **„Rechtsetzungsprärogative"**[14] für den Erlass förmlicher Gesetze zu, da nach Art. 77 Abs. 1 S. 1; 78, 82 Abs. 1 GG kein Gesetz im formellen Sinne ohne Beschluss des Bundestages zustande kommt, [15] während der Bundesrat nur in bestimmten Fällen dem Gesetz zustimmen muss. Ergänzt wird diese starke Stellung des Bundestages durch sein Initiativrecht nach Art. 76 Abs. 1 GG.

##### a) Vorrang und Vorbehalt des Gesetzes und Parlamentsvorbehalt

9 Realisiert wird die Gestaltungs- und Lenkungsprärogative des Parlamentes vorrangig mittels der Grundsätze des Vorrangs und Vorbehalts des Gesetzes. Diese haben zwar ihre Grundlage auch im Rechtsstaatsprinzip, sichern aber die Gestaltungsprärogative des Parlamentes in der Weise, dass sich zum einen durch den **Vorrang des Gesetzes** sämtliche staatlichen Entscheidungen am vom Parlament beschlossenen Gesetz auszu-

11 BVerfGE 90, 286, 381 ff.
12 BVerfGE 123, 267 ff.; E 131, 152 ff.
13 S. hierzu *F. Ossenbühl*, Vorrang und Vorbehalt des Gesetzes, HStR, Bd. V, 3. Aufl. 2007, § 101 Rn. 41.
14 Begriffe bei *M. Kriele*, Theorie der Rechtsgewinnung, 2. Aufl. 1976, S. 60 ff.
15 Ausnahmen bilden die Fälle des Art. 81 GG und Art. 115e GG.

richten haben und dass zum anderen gemäß dem **Vorbehalt des Gesetzes**[16] die Form des Gesetzes von Verfassung wegen für die materielle Legitimierung der wesentlichen Entscheidungen durch das Volk gefordert wird (→ § 7 Rn. 17).

Nach dem Verständnis der Staatsrechtslehre des 19. und 20. Jahrhunderts war dieser Vorbehalt entsprechend dem Gedanken „volenti non fit iniuria"[17] auf Eingriffe in Freiheit und Eigentum begrenzt.[18] In moderner Terminologie sprechen wir von Eingriffen in Grundrechte.[19] Mit der vom Bundesverfassungsgericht entwickelten **Wesentlichkeitstheorie** wurde später anstatt auf den Grundrechtseingriff auf die Wesentlichkeit einer Maßnahme abgestellt.[20] Demnach dürfen insbesondere Maßnahmen, die „wesentlich für die Verwirklichung der Grundrechte" sind, nur vom unmittelbar demokratisch legitimierten Parlament selbst unter Gewährleistung eines durch das parlamentarische Verfahren erreichten höheren Maßes an öffentlicher Auseinandersetzung bestimmt werden bzw. müssen auf dieses rückführbar sein.[21] 10

Beide Vorkehrungen lassen sich als Ausformung des parlamentarischen Prinzips begreifen, die auf die Sicherung des Entscheidungsmonopols des Parlamentes gerichtet sind.[22] Während der klassische Vorbehalt des Gesetzes das Parlament vor einer Entmachtung durch andere Staatsorgane bewahren will, stellt die Wesentlichkeitstheorie als Delegationsverbot einen Schutz des Parlamentes vor sich selbst dar.[23] Aufgrund der Wesentlichkeit einer Maßnahme ergibt sich die Pflicht des Parlamentes, „die wesentlichen Entscheidungen selbst zu treffen und nicht der Verwaltung zu überlassen".[24] Dieser auch als **Parlamentsvorbehalt**[25] bezeichnete Vorbehalt reicht weiter als der rein formale Vorbehalt des Gesetzes, indem die zentrale Entscheidungsgewalt auch inhaltlich allein dem Parlament zugewiesen ist. Auf der anderen Seite ist der Parlamentsvorbehalt ein Weniger im Vergleich zum Vorbehalt des Gesetzes: Dem Erfordernis des Parlamentsvorbehalts können nicht nur formelle Gesetze, also solche, die das parlamentarische Gesetzgebungsverfahren durchlaufen haben, gerecht werden, sondern auch sonstige parlamentarische Beschlüsse. Ein Beispiel bildet der sog. konstitutive Parlamentsvorbehalt für den Einsatz der Streitkräfte (→ Rn. 5). Die Kriterien für die Auslösung des Parlamentsvorbehalts sind im Grundgesetz nicht geregelt, sondern müssen aus den Funktionen des Parlamentes entwickelt werden. Argumente sind das gegebenenfalls erhöhte Legitimations- und Öffentlichkeitsbedürfnis. 11

16 Der Ausdruck „Vorbehalt des Gesetzes" und die Gegenüberstellung zum „Vorrang des Gesetzes" geht auf *Otto Mayer* zurück, s. *O. Mayer*, Deutsches Verwaltungsrecht, Bd. 1, 1895, S. 74 bzw. 3. Aufl. 1924, S. 70 ff. Der Vorbehalt des Gesetzes ist dabei begrifflich vom Gesetzesvorbehalt zu unterscheiden. Ersterer bezeichnet ein allgemeines Prinzip, wohingegen Letzterer die den Grundrechten beigefügte Beschränkungsmöglichkeit bezeichnet. Hierzu s. *L. Michael/M. Morlok*, Grundrechte, 4. Aufl. 2014, Rn. 560.

17 „Dem Einwilligenden geschieht kein Unrecht." Auf die ursprüngliche Legitimation des Vorbehalts des Gesetzes durch diesen Gedanken weist hin *G. Roellecke*, NJW 1978, 1776, 1778.

18 So noch BVerfGE 8, 155, 167. Zur Entwicklung des Vorbehalts des Gesetzes s. *R. Hermes*, Der Bereich des Parlamentsgesetzes, 1988, S. 15 ff.; *C. Seiler*, Der einheitliche Parlamentsvorbehalt, 2000, S. 40 ff.

19 *L. Michael/M. Morlok*, Grundrechte, 4. Aufl. 2014, Rn. 488, 559.

20 S. BVerfGE 47, 46, 79.

21 BVerfGE 47, 46, 79; E 40, 237, 249; E 57, 295, 321; E 68, 1, 109.

22 *M. Morlok*, in: Dreier, GG, Bd. 2, 2. Aufl. 2006, Art. 38 Rn. 34.

23 So auch *M. Kloepfer*, JZ 1984, 685, 690.

24 BVerfGE 58, 257, 268.

25 Der Begriff ist auf *P. Häberle*, DVBl. 1972, 909, 912, s. dort Fn. 49, zurückzuführen. Zur Entwicklung des weit zu verstehenden Parlamentsvorbehalts im Gegensatz zum Gesetzesvorbehalt *M. Kloepfer*, JZ 1984, 685, 693 ff.

### b) Rechtsverordnungen

12 Im demokratischen System des Grundgesetzes obliegt dem direkt vom Volk legitimierten Parlament die Befugnis, für das Volk verbindliche Rechtsnormen zu erlassen.[26] Grundsätzlich ist der Bundestag aber nur zur Rechtsetzung durch formelle Gesetze, nicht aber durch Rechtsverordnungen berufen.[27] Letztere werden ausschließlich von der Exekutive erlassen. Art. 80 Abs. 1 GG ist dabei Ausdruck eines „unausgesprochenen Effizienzgedankens arbeitsteiliger, dekonzentrierter Normsetzung".[28] Dabei steht jedoch auch der Erlass der Rechtsverordnungen unter der Verantwortung des Parlamentes (zu den Voraussetzungen von Art. 80 Abs. 1 GG → § 7 Rn. 62 ff.). Insofern kann von einer **Delegation der Rechtsetzungsgewalt** gesprochen werden.[29] Dabei ist die Delegation nur unter der Voraussetzung zulässig, dass der Bundestag die einmal erteilte Verordnungsermächtigung durch Gesetz aufheben oder abändern und die von einer Rechtsverordnung geregelte Materie selbst in einem Gesetz regeln kann.

13 Neben der Formulierung der Ermächtigungsgrundlage wird das „Primat des parlamentarischen Gesetzgebers" schon seit der Staatspraxis der Weimarer Zeit bisweilen durch darüber hinausgehende **Mitwirkungsrechte** gesichert.[30]

Dies geschieht etwa in der Form, dass der Erlass der Rechtsverordnung von der vorherigen Zustimmung des Bundestages oder eines Bundestagsausschusses abhängig gemacht wird (so etwa nach § 3 Abs. 1 S. 4 UVPG), Rechtsverordnungen auf Verlangen des Bundestages wieder aufzuheben sind (so § 20 Abs. 5 S. 2 StabG und § 4 Abs. 2 S. 3 ASG) oder dieser die Verordnung durch Beschluss selbst aufheben kann. Weiterhin ist es möglich, dass die Exekutive dazu verpflichtet wird, den Bundestag oder ein anderes Gremium vor Erlass der Verordnung anzuhören oder zumindest über die Verordnung zu informieren.

14 Schließlich ist eine Mitwirkung des Bundestages auch in der Form denkbar, dass der Bundestag eine Änderung der Verordnung durch Gesetz oder Parlamentsbeschluss vornehmen kann (siehe etwa die Regelung in § 20 Abs. 2 S. 2 UmweltHG und § 292 Abs. 4 S. 2 HGB).[31] Diese Praxis wird verfassungsrechtlich mit dem Sinn und Zweck der exekutiven Rechtsetzung gerechtfertigt. Dieser liegt darin, dass auf diesem Wege unter Ausnutzung der Erfahrung und des Sachverstandes der Verwaltung schnell auf sich ändernde Verhältnisse eingegangen werden kann und der Gesetzgeber von der Befassung mit Detail- und Spezialfragen entlastet wird.[32] Da dem Bundestag das Recht zusteht, zur eigenen Entlastung über Art und Ausmaß von Verordnungsermächtigungen zu befinden, muss ihm auch als Minus das Recht zustehen, derartige Beschränkun-

---

26 BVerfGE 34, 52, 59.

27 BVerfGE 22, 330, 346; E 24, 184, 199.

28 *M. Martini*, AöR 133 (2008), 155, 160.

29 S. auch *S. Studenroth*, DÖV 1995, 525, 527. Ein eigenständiges Verordnungsrecht der Exekutive ist im Grundgesetz nur in Art. 119 Abs. 1 S. 1; 127, 132 Abs. 4 vorgesehen, die aber sachlich wenig bedeutend sind bzw. wegen Zeitablaufs gegenstandslos sind. Darüber hinaus ist ein eigenständiges Verordnungsrecht der Exekutive nicht anzuerkennen.

30 BVerfGE 8, 274, 321.

31 BVerfGE 114, 196, 234 ff. Kritisch *S. Studenroth*, DÖV 1995, 525, 532 ff.: Die inhaltliche Änderung, also die Vorgabe eines verbindlichen Verordnungsinhalts, bedeute gegenüber der Übertragung der Rechtsetzungsgewalt nicht ein Weniger, sondern etwas anderes, s. S. 535. S. auch *C. Pegatzky*, Parlament und Verordnungsgeber, 1999, S. 149 ff.

32 *S. Studenroth*, DÖV 1995, 525, 527.

gen des der Exekutive eingeräumten Verordnungsrechts zu bestimmen.[33] Freilich darf die Mitwirkung des Parlamentes bei der exekutiven Verordnungsgebung nicht den verfassungsrechtlich abgegrenzten Handlungs- und Verantwortungsbereich im Rahmen der Rechtsetzung verwischen und zu einem verdeckten Verordnungsgebungsrecht des Parlamentes führen.[34] Zwar ist die Rechtsetzungsbefugnis der Exekutive vom Parlament abgeleitet, jedoch erhält dadurch die Verwaltung eine Kompetenz, die sie in eigener Verantwortung ausführt. Die Grenze zulässiger parlamentarischer Mitwirkung ist überschritten, soweit die Mitwirkungsbefugnisse anderer Organe, insbesondere des Bundesrates, oder die verfassungsrechtlich vorgesehenen Handlungsformen umgangen oder die Grenzen zu sehr verwischt werden.[35] Dies ist dann der Fall, wenn die Exekutive zwar formell als Verordnungsgeber erscheint, das Parlament aber in der Ermächtigungsnorm den Verordnungsinhalt gegenüber der Verwaltung dergestalt verbindlich vorgibt oder sich Mitwirkungsbefugnisse solcher Art zugesteht, dass die Verordnung der Exekutive nicht materiell zugerechnet werden kann.[36] Schließlich ergibt sich aus der Stellung des Parlamentes als Gesamtrepräsentationsorgan, dass die Mitwirkungsbefugnisse nur vom Plenum bzw. den in Art. 80 Abs. 1 S. 1 GG aufgeführten Organen wahrgenommen werden dürfen.[37]

## 2. Kreationsfunktion

Auch die Mitwirkung des Parlamentes bei der Besetzung staatlicher Organe, die sog. 15
**Wahl- bzw. Kreationsfunktion**, ergibt sich aus der unmittelbaren Legitimation des Parlamentes durch das Volk. Denn durch die konstitutive Rolle des Parlamentes erhalten die staatlichen Organe erst die von der Volkssouveränität geforderte Legitimation. Daneben dient die Wahlfunktion aber auch der Sicherung politischen Einflusses auf die staatlichen Organe. Aus diesem Grund sind die Normen, die dem Parlament Mitwirkungsrechte bei der Besetzung staatlicher Organe zusichern, auch als Gewährleistungsrechte zu verstehen.

Gemäß Art. 63 GG wird der **Bundeskanzler** durch das Parlament gewählt. Auf die Be- 16
stellung der Bundesminister hat der Bundestag keinen unmittelbaren Einfluss, da diese gemäß Art. 64 Abs. 1 GG auf Vorschlag des Bundeskanzlers vom Bundespräsidenten ernannt werden. Jedoch besitzt das Parlament vielfältige mittelbare Einflussmöglichkeiten, vor allem politischer Art, von denen der Sturz der gesamten Regierung durch ein konstruktives Misstrauensvotum nach Art. 67 GG nur die Ultima Ratio darstellt.[38]

Neben der Mitwirkung bei der Kreation der Bundesregierung ist der Bundestag auch 17
an anderen Stellen an der Schaffung staatlicher Organe beteiligt. So nimmt der Bun-

33 BVerfGE 8, 274, 319 ff. Das Bundesverfassungsgericht beschränkt die Mitwirkungsbefugnis aber dahin, dass der Gesetzgeber „nach der Art der zu regelnden Materie" ein „legitimes Interesse" daran haben muss, „einerseits die Rechtsetzung auf die Exekutive zu delegieren, sich aber andererseits wegen der Bedeutung der zu treffenden Regelungen entscheidenden Einfluss auf Erlass und Inhalt der Verordnung vorzubehalten." S. auch *M. Martini*, AöR 133 (2008), 155, 174 f.

34 Darauf wird auch verwiesen in BVerfGE 114, 196, 250 ff. – *Sondervotum Osterloh und Gerhardt.*

35 *M. Martini*, AöR 133 (2008), 155, 175.

36 *M. Martini*, AöR 133 (2008), 155, 175 f. Demnach sind Änderungsvorbehalte nicht zulässig, hierzu *K.-P. Sommermann*, JZ 1997, 434, 436 ff., der zwischen unechten (zulässigen) und echten (unzulässigen) Änderungsvorbehalten unterscheidet. S. auch BVerfGE 114, 196, 235 ff.

37 *S. Studenroth*, DÖV 1995, 525, 536 f.

38 Zu den mittelbaren Einflussmöglichkeiten des Parlamentes auf die Ministerauswahl, s. *H. H. Klein*, Aufgaben des Bundestages, in: HStR, Bd. II, 2. Aufl. 1998, § 40 Rn. 25.

destag etwa an der **Besetzung des Bundesverfassungsgerichts** durch die Richterwahl teil. Gemäß Art. 94 Abs. 1 S. 2 GG, §§ 2, 5 Abs. 1, 6, 7a, 8, 9 BVerfGG werden die Mitglieder des Bundesverfassungsgerichts zur Hälfte vom Bundestag und zur anderen Hälfte vom Bundesrat gewählt. Diese Wahl findet freilich nicht im Plenum, sondern in einem **Wahlmännerausschuss** statt, der aus zwölf nach den Regeln der Verhältniswahl unter Anwendung des d'Hondtschen Höchstzahlverfahrens gewählten Abgeordneten besteht und nicht nur vorbereitendes, sondern beschließendes Organ des Bundestages ist. Ausgehend davon, dass der Gedanke der Volkssouveränität, der durch das Parlament gewährleistet werden soll, nur verwirklicht wird, wenn der Bundestag als Vollversammlung auftritt (→ Rn. 49), ist der Wahlmännerausschuss kritisch zu betrachten (→ § 17 Rn. 66). Eine ausdrückliche Aufgabendelegation, wie sie etwa für den Europaausschuss in Art. 45 S. 2 GG vorgesehen ist, fehlt hier gerade.

18 Der Bundestag besetzt neben den für dieses Sachgebiet zuständigen Landesministern außerdem die Hälfte der Richterwahlausschüsse, die für die **Wahl der Richter der obersten Gerichtshöfe des Bundes** zuständig sind, siehe Art. 95 Abs. 2 GG. Die Ausschussmitglieder, die keine Abgeordneten sein müssen, werden nach den Regeln der Verhältniswahl auf Vorschlag der Fraktionen geheim gewählt.

19 Weiterhin beteiligt sich der Bundestag durch die Entsendung von Abgeordneten in folgenden Fällen an der Entstehung staatlicher Organe: Gemäß Art. 54 Abs. 3 GG stellen die Bundestagsabgeordneten kraft Amtes die Hälfte der Mitglieder der **Bundesversammlung**, die nach Art. 54 Abs. 1 S. 1 GG den Bundespräsidenten wählt. Ebenso müssen die den Mitgliedern der Bundesregierung zugeordneten **parlamentarischen Staatssekretäre** Bundestagsabgeordnete sein. Diese sind keine Mitglieder der Regierung.

20 Der Bundestag wählt außerdem nach § 13 WBeauftrG den **Wehrbeauftragten**, gemäß § 3 BRHG den **Präsidenten des Bundesrechnungshofs** und die **Vertreter der Bundesrepublik zur Parlamentarischen Versammlung des Europarates**, siehe Art. 1 Abs. 1 des Europaratswahlgesetzes.

21 Schließlich entsendet der Bundestag Abgeordnete in den **Vermittlungsausschuss**, der im Übrigen noch aus weiteren elf Mitgliedern und elf Stellvertretern des Bundesrates besteht (→ § 15 Rn. 21).

### 3. Kontrollfunktion

22 Das unmittelbar vom Volk gewählte Parlament hat durch seine Abgeordneten für das Volk die Kontrolle über die von diesem legitimierte Staatlichkeit auszuüben,[39] insbesondere über die Regierung. Dabei findet die Kontrolle zum einen in Form einer nachträglichen Überprüfung statt, zum anderen umfasst die Kontrollfunktion des Bundestages in einem weiteren Sinn aber auch die Einflussnahme auf das Verhalten der kontrollierten Instanz.[40]

23 Zur Gewährleistung einer effektiven parlamentarischen Kontrolle ist es erforderlich, auch parlamentarischen Minderheiten Einflussmöglichkeiten auf die Entscheidungen

39 Eine Ausnahme gilt für die verfassungsrechtlich statuierte Unabhängigkeit der Bundesbank bzw. der EZB, Art. 88 GG; auch die Unabhängigkeit der Richter, Art. 97 GG, ist hinreichend zu berücksichtigen.

40 S. hierzu *W. Krebs*, Kontrolle in staatlichen Entscheidungsprozessen, 1984, S. 31 ff.; konkret zur parlamentarischen Kontrolle s. *H. Schulze-Fielitz*, Theorie und Praxis parlamentarischer Gesetzgebung, 1988, S. 292 m.w.N.

der Mehrheitsfraktionen zu gewähren. Dies ist dann problematisch, wenn solche **Minderheitenrechte** Quoren voraussetzen, die die Oppositionsfraktionen zahlenmäßig nicht einzulösen vermögen.[41] So verfügen in der derzeitigen 18. Wahlperiode des Bundestages die Oppositionsfraktionen über 127 Sitze im Parlament, also lediglich rund 20 % aller Sitze; einige Minderheitenrechte des Grundgesetzes können jedoch nur durch mindestens 25 % der Abgeordneten wahrgenommen werden. Dazu zählt das Recht auf Einsetzung eines Untersuchungsausschusses nach Art. 44 Abs. 1 S. 1 GG (→ Rn. 117 ff.), das Recht auf Klageerhebung wegen Verstoßes gegen das Subsidiaritätsprinzip nach Art. 23 Abs. 1a S. 2 GG oder gar in Höhe eines Drittels bei der Einberufung des Bundestags nach Art. 39 Abs. 3 S. 3 GG. Gleiches gilt für entsprechende Quoren, die die Geschäftsordnung des Bundestags vorsieht, etwa ein Viertel bei der Einsetzung einer Enquetekommission nach § 56 GOBT (→ Rn. 116) oder ein Viertel bei dem Verlangen einer öffentlichen Anhörung in Ausschüssen gem. § 70 Abs. 1 S. 2 GOBT.

Zur Stärkung einer solch kleinen Opposition kommen rechtspolitisch gesehen verschiedene Möglichkeiten in Betracht: Eine verfassungsrechtliche Pflicht des Bundestags besteht insoweit hingegen nicht[42]. Der 18. Deutsche Bundestag hat mit der Einfügung des § 126a GOBT die Quoren einzelner Minderheitenrechte abgesenkt.[43] Sofern innerhalb von Ausschüssen ein Quorum maßgeblich ist, formuliert § 126a GOBT, dass die Gesamtheit der Ausschussmitglieder der Oppositionsfraktionen die maßgebliche Größe ist.[44] Auch ließe sich dem Vorbild einzelner Bundesländer folgen, in denen 2-Fraktionen-Regeln bestehen[45] oder gar die Absenkung des Quorums auf 20 % der Mitglieder des Parlaments, etwa zur Einsetzung eines Untersuchungsausschusses, geltendes Recht darstellt.[46] 24

### a) Mitwirkungskontrollrechte

Ausdrückliche Mitwirkungsrechte des Bundestages sieht das Grundgesetz in verschiedener Form vor, sei es durch die Notwendigkeit eines Gesetzes in Art. 59 Abs. 2 S. 1, Art. 110 Abs. 2, Art. 115 Abs. 1 GG oder durch das Erfordernis eines einfachen Parlamentsbeschlusses, etwa für die Feststellung des Verteidigungsfalles in Art. 115a Abs. 1 GG oder dessen Beendigung, Art. 115l Abs. 2 GG sowie den sonstigen Einsatz bewaffneter Streitkräfte. 25

### aa) Bestimmung der Grundlinien der Außenpolitik

Die Verträge der Bundesrepublik Deutschland mit auswärtigen Staaten und internationalen Organisationen werden von der Bundesregierung ausgehandelt und vom Bundespräsidenten ratifiziert. Gemäß **Art. 59 Abs. 2 S. 1 GG** unterliegen Verträge über die politischen Beziehungen der Bundesrepublik und solche, die sich auf Gegenstände der Bundesgesetzgebung beziehen, jedoch der Zustimmung der zuständigen gesetzgeben- 26

41 *P. Cancik*, NVwZ 2014, 18 ff.
42 *K.-A. Schwarz*, ZRP 2013, 226 ff.
43 Demnach können die verschiedenen Rechte bereits auf Antrag von 120 Mitgliedern des Bundestags geltend gemacht werden; im 18. Deutschen Bundestag verfügen die Oppositionsfraktionen über 127 Sitze im Parlament.
44 Vgl. etwa zum Verteidigungsausschuss nach Art. 45a Abs. 2 S. 2 GG die abweichende Regelung des § 126a Abs. 1 Nr. 2 GOBT.
45 So etwa zur Einsetzung einer Enquetekommission in Baden-Württemberg, § 34 Abs. 1 S. 2 GOLT BW.
46 Vgl. die Regelung in Hessen, Art. 92 Abs. 1 LVerf Hess, und Sachsen, Art. 54 Abs. 1 S. 1 LVerf Sa.

den Körperschaft.[47] Der Gesetzesvorbehalt ist dabei aus zwei rechtlichen Gründen notwendig: Zum einen liegt in dem Zustimmungsgesetz ein aus demokratischen Gesichtspunkten erforderliches **Mitwirkungsrecht** des Bundestages im Bereich der Außenpolitik. Zum anderen verschafft erst das Zustimmungsgesetz dem Inhalt des Vertrages **innerstaatliche Geltung,**[48] wodurch unmittelbar Rechte und Pflichten für den Bürger begründet werden können.

27 Art. 59 Abs. 2 S. 1 GG ist dabei im Lichte des Art. 20 Abs. 2 GG auszulegen.[49] Die dort festgeschriebene organisatorische und funktionelle Trennung der Gewalten zielt auf eine funktionsgerechte Aufgabenverteilung ab. Danach sollen staatliche Entscheidungen möglichst von dem Organ getroffen werden, das nach Organisation, Funktion, Zusammensetzung und Verfahrensweise über die besten Voraussetzungen dafür verfügt.[50] In Bezug auf die auswärtige Gewalt bietet allein die Regierung die Gewähr, gestützt durch einen sachkundigen Apparat von Fachdiensten, hinreichend flexibel auf unvorhergesehene außenpolitische Entwicklungen reagieren zu können.[51] Dementsprechend genießt die Regierung in diesem Bereich einen vom Parlament zu berücksichtigenden Ermessensspielraum.[52] Die Zustimmung kann sich der Sache nach nur so auf den Vertragstext beziehen, wie dieser ausgehandelt und normiert ist, siehe auch § 82 Abs. 2 GOBT, wonach Änderungsanträge nicht zulässig sind.[53] Eine Zustimmung oder Ablehnung kann nur „en bloc“ erfolgen.[54] Dabei führt dies nicht zu einem Mangel an demokratischer Legitimation, da aus dem Demokratieprinzip **kein Gewaltmonismus** in Form eines allgemeinen Parlamentsvorbehalts folgt.[55] Auch ohne das konkrete Recht des Parlamentes zur inhaltlichen Mitwirkung oder Mitgestaltung liegt eine „präventive“ Wirkung des Zustimmungsrechts des Parlamentes darin, dass die Regierung auf dessen Wünsche einzugehen hat, wenn sie die Zustimmung erreichen will.[56] Typischerweise realisiert sich die rechtliche Letztentscheidungsmacht in informalen Einflussnahmen seitens des Parlamentes und korrespondierenden Berücksichtigungen im Verhandlungsgang. Mithin lässt sich Art. 59 Abs. 2 S. 1 GG auch als Ratifikationsakt bezeichnen (zur wichtigen Mitwirkung bei Entscheidungen der Europäischen Union → Rn. 47).

28 Unabhängig von den aufgrund einer funktionsgerechten Aufgabenverteilung der Regierung im Bereich der Außenpolitik zustehenden Kompetenzen gibt es Materien, für die ein im Verfahren nach § 82 Abs. 2 GOBT zustande gekommenes Zustimmungsgesetz im Sinne des Art. 59 Abs. 2 GG nicht genügt, sondern für die es eines Gesetzgebungs-

---

47 Das BVerfG spricht in seinem Kalkar-Beschluss ausdrücklich im Zusammenhang mit Art. 59 Abs. 2 GG von einer Ausprägung des allgemeinen Gesetzesvorbehaltes, s. BVerfGE 49, 89, 127. Zur Zustimmungsbedürftigkeit von Parallelabkommen s. *S. Kadelbach/U. Guntermann*, AöR 126 (2001), 563, 574 ff.; zu den einzelnen Fällen der Zustimmungsbedürftigkeit s. *S. Hobe*, JA 1996, 818, 821 f.

48 *I. Pernice*, in: Dreier, GG, Bd. 2, 2. Aufl. 2006, Art. 59 Rn. 47.

49 Darauf verweist auch BVerfGE 68, 1, 87 f.

50 BVerfGE 68, 1, 86 f.

51 BVerfGE 68, 1, 87.

52 *U. Fastenrath*, Kompetenzverteilung im Bereich der auswärtigen Gewalt, 1986.

53 A.A. *R. Wolfrum*, VVDStRL 56 (1997), 38, 49.

54 *R. Streinz*, in: Sachs, GG, 6. Aufl. 2011, Art. 59 Rn. 51. Anerkannt ist jedoch die Möglichkeit, der Regierung als Minus zur Versagung der Zustimmung das Einbringen eines Vorbehalts bezüglich der Wirkungen einiger Rechtswirkungen aufzugeben, s. etwa *U. Fastenrath*, Kompetenzverteilung im Bereich der auswärtigen Gewalt, 1986, S. 232 ff.

55 BVerfGE 68, 1, 88 f.; E 90, 286, 388; zur historischen Begründung der Zuweisung an die Exekutive s. *S. Kadelbach/U. Guntermann*, AöR 126 (2001), 563, 568 f.

56 *C. Tomuschat*, VVDStRL 36 (1978), 7 ff., insb. 29; *R. Wolfrum*, VVDStRL 56 (1997), 38, 47.

verfahrens bedarf, das neben der bloßen Zustimmung des Parlamentes weitere Mitwirkungsmöglichkeiten vorsieht, bis hin zu Änderungsanträgen durch das Parlament.[57] Zu diesen gehören diejenigen Gegenstände, die nicht von der Regierung im Wege der delegierten Rechtsetzungsbefugnis durch Verordnung geregelt werden können. Dies sind: die Ermächtigung zur Verordnungsgebung selbst,[58] Verfassungsänderungen[59] sowie die Festsetzung von Steuertatbeständen (→ § 8 Rn. 115).

### bb) Budgethoheit

29 Die starke Stellung des Bundestages wird auch durch Art. 110 Abs. 2 S. 1 GG begründet. Diese Bestimmung schreibt die **parlamentarische Budgethoheit** in dem Sinne fest, dass der von der Regierung entworfene Haushaltsplan vom Parlament durch ein Haushaltsgesetz festzustellen ist. Der vom Parlament beschlossene Haushaltsplan enthält die Ermächtigung an die Regierung, die für bestimmte Zwecke bewilligten Ausgaben vorzunehmen. Ohne haushaltsrechtliche Ermächtigung darf die Regierung keine Ausgaben vornehmen, es sei denn, die besonderen Voraussetzungen des Haushaltsnotrechts gemäß Art. 111 oder Art. 112 GG sind erfüllt. Die Budgethoheit begründet hingegen keine haushaltsrechtliche Ausgabenverpflichtung.[60] Der haushaltsrechtliche Einfluss des Parlamentes beschränkt sich nicht auf die Verabschiedung des Haushaltsgesetzes. Es kann die Ausgabenermächtigung auch mit einem Vorbehalt verbinden, die Verwendung der vorgesehenen Mittel innerhalb des Haushaltsjahres von seiner Zustimmung oder der eines seiner Ausschüsse abhängig machen oder die Ausgaben unter Sperrvermerk stellen, den es nur selbst oder einer seiner Ausschüsse aufheben kann.[61]

30 Auch ist in dem Haushaltsplan Ermächtigungscharakter in dem Sinne zu sehen, dass er ausreichende Ermächtigungsgrundlage für die Vergabe von Leistungen ist und so eine dem Bürger gegenüber rechtsbedeutsame Handlungsgrundlage darstellt, quasi in die Rolle eines materiellen Gesetzes hineingewachsen ist.[62] Leistungen des Staates an den Bürger bedürfen daher keiner über die Festsetzung im Haushaltsplan hinausgehenden gesetzlichen Grundlage (kein sog. Totalvorbehalt des Gesetzes → § 7 Rn. 23). Ein Anspruch des Bürgers aus dem Haushaltsplan besteht hingegen nicht, auch wenn ihm nach dem Planansatz Mittel (etwa Subventionen) zukommen sollen.[63]

31 Der Haushaltsplan enthält zudem keine Grundlage für die Erzielung von Einnahmen. Steuern und sonstige Abgaben fließen dem Staat vielmehr aufgrund der einschlägigen Sachgesetze zu. Auf der Einnahmenseite ist der Haushaltsplan daher nicht rechtliche Ermächtigung, sondern „ökonomische Prognose".[64] Trotzdem kommt auch in diesem Bereich dem Parlament die entscheidende Funktion zu, da die Festsetzung von Steuer-

57 Hierzu s. *K. Vogel*, Gesetzesvorbehalt, in: FS Lerche, 1993, S. 95, 98 ff.; Dem teilweise folgend: *O. Rojahn*, in: v. Münch/Kunig, GG, Bd. 1, 6. Aufl. 2012, Art. 59 Rn. 41.

58 *H. Bauer*, in: Dreier, GG, Bd. 2, 2. Aufl. 2006, Art. 80 Rn. 19.

59 *B.-O. Bryde*, in: v. Münch/Kunig, GG, Bd. 2, 6. Aufl. 2012, Art. 79 Rn. 7.

60 S. mit Nachweisen zur herrschenden Lehre *J. Isensee*, JZ 2005, 971, 974, s. dort Fn. 36.

61 Zustimmend: *J. Isensee*, JZ 2005, 971, 973; diese parlamentarischen Vorbehalte stoßen aber auch auf Kritik, s. *K. Stern*, Staatsrecht II, 2. Aufl. 1987, S. 1225 f.; *G. Kisker*, Staatshaushalt, in: HStR, Bd. IV, 2. Aufl. 1999, § 89 Rn. 54 ff. Ausführlich *E. Moeser*, Die Beteiligung des Bundestages an der staatlichen Haushaltsgewalt, 1978.

62 So *R. Frömel*, DVBl. 1974, 65, 68.

63 *R. Zippelius/T. Würtenberger*, Deutsches Staatsrecht, 32. Aufl. 2008, S. 388.

64 *J. Isensee*, JZ 2005, 971, 974.

tatbeständen (Steuersubjekt, Steuerobjekt, Steuerbemessungsgrundlage und Steuersatz) als Eingriff in Freiheit und Eigentum nur durch formelles Gesetz erfolgen kann.[65]

32 Über die Budgethoheit ist das Parlament also in der Lage, sämtliches staatliches Handeln zu steuern, welches finanzielle Auswirkungen herbeiführt.[66] Denn ob und in welchem Umfang politische Programme realisiert werden können, ergibt sich (auch) aus dem Umfang der Mittel, die hierfür im Haushaltsplan vorgesehen werden. Neben dieser **Planungs- und Lenkungsfunktion** der Budgethoheit stellt diese daher gleichzeitig „eines der wesentlichen Instrumente der parlamentarischen Regierungskontrolle [dar], die die rechtsstaatliche Demokratie entscheidend prägt".[67] Umso mehr ist die Praxis der Verschiebung der Budgethoheit zugunsten der Exekutive kritisch zu betrachten, die sich vornehmlich in der Etablierung von Nebenhaushalten vollzieht.[68] Diese Ausgliederung darf nicht dazu führen, dass die Vorgaben der Finanzverfassung nicht eingehalten werden. Wichtigstes Organ zur Kontrolle im Finanzbereich ist der Rechnungshof als Hilfsorgan des Parlamentes, der die Wirtschaftlichkeit, die rechnerische Richtigkeit und die Rechtmäßigkeit des Finanzgebarens überprüft.[69]

33 Seine Budgetverantwortung muss der Bundestag auch in einem System intergouvernementalen Regierens – wie es in der Europäischen Union vorzufinden ist – wahrnehmen. Dies umfasst die Kontrolle über grundlegende haushaltspolitische Entscheidungen, derer er sich nicht durch die Übertragung auf andere Akteure durch unbestimmte haushaltspolitische Ermächtigungen entledigen kann. Relevant wurde dies in jüngster Zeit aufgrund von Finanzhilfen (sog. **„Euro-Rettungsschirm"**), die verschuldeten Teilnehmerstaaten der Europäischen Währungsunion zu weiterer Liquidität verhelfen sollten. Zu beachten bleibt dabei, dass der Bundestag nur durch eine vorherige konstitutive Zustimmung seine aus demokratischen Grundsätzen gebotene Dispositionsbefugnis aufrechterhalten kann.[70]

#### cc) ius belli ac pacis

34 Die Entscheidung über Krieg und Frieden ist die höchst wesentliche Entscheidung jedes Staates. Wegen ihrer faktischen Folgen und der rechtlichen Sonderregelungen, die dann greifen, gehört diese Entscheidung in die Hand der Volksvertretung. Demgemäß hat das Grundgesetz dem Bundestag die maßgebliche Rolle in diesen Fragen zuerkannt.

Die **Feststellung des Verteidigungsfalles gemäß Art. 115a Abs. 1 GG** erfolgt auf Antrag der Bundesregierung durch den Bundestag mit Zustimmung des Bundesrates. Sie bedarf im Parlament einer doppelt qualifizierten Mehrheit: zum einen der Abstimmungsmehrheit von zwei Dritteln, die zum anderen zugleich die Mitgliedermehrheit umfas-

65 BVerfGE 19, 253, 267; E 21, 209, 215; E 34, 348, 365 f.; E 49, 343, 362; *K. Tipke,* Die Steuerrechtsordnung, Bd. 1, 2. Aufl. 2000, S. 128 ff.; *H.-J. Papier,* Die finanzrechtlichen Gesetzesvorbehalte und das grundgesetzliche Demokratieprinzip, 1973, S. 93 ff.; *D. Jesch,* Gesetz und Verwaltung, 1961, S. 106 ff.; *K. Vogel,* Gesetzesvorbehalt, in: FS Lerche, 1993, S. 95, 104. Daraus folgt, dass eine Rechtsetzungsdelegation hierüber an die Regierung nicht möglich ist. Zur Bedeutung im Zusammenhang mit dem Abschluss völkerrechtlicher Verträge (→ § 10 Rn. 13).

66 Die Bundesregierung hat lediglich die Möglichkeit, Ausgabenerhöhungen durch den Bundestag durch Anwendung des Art. 113 GG entgegenzuwirken.

67 BVerfGE 70, 324, 356 unter Bezugnahme auf BVerfGE 49, 89, 125; E 55, 274, 303.

68 *J. Isensee,* JZ 2005, 971, 979.

69 *J. Isensee,* JZ 2005, 971, 980 f.; *U. Hufeld,* Der Bundesrechnungshof und andere Hilfsorgane des Bundestages, in: HStR, Bd. III, 3. Aufl. 2005, § 56 Rn. 20 f., 27 ff.

70 BVerfGE 129, 124, 178 f.; BVerfG NJW 2014, 1505, 1509 (Rn. 161 ff.).

sen muss. Ein Verteidigungsfall liegt dann vor, wenn das Bundesgebiet mit Waffengewalt angegriffen wird bzw. ein solcher Angriff unmittelbar droht. Die mit der Feststellung des Verteidigungsfalles verbundene rechtliche Schwierigkeit beruht im Wesentlichen darauf, dass seine Voraussetzungen durch Beurteilungsspielräumen unterliegende unbestimmte Rechtsbegriffe umschrieben sind. Die Feststellung des Verteidigungsfalles erfolgt aufgrund ihrer Eilbedürftigkeit nicht durch Gesetz, sondern durch **schlichten Parlamentsbeschluss**, der ausnahmsweise rechtliche Wirkung entfaltet (zum schlichten Parlamentsbeschluss als Kontrollinstrument → Rn. 45).

Wichtigste fakultative organisatorische Konsequenz der Feststellung des Verteidigungsfalles ist die Ersetzung von Bundestag und Bundesrat durch den **Gemeinsamen Ausschuss** nach Art. 53a GG als sog. **Notparlament**. Weitere organisationsrechtliche Folge ist, dass während des Verteidigungsfalls eigentlich ablaufende Wahlperioden des Bundestages und der Landtage weiter bestehen und erst sechs Monate nach Beendigung des Verteidigungsfalles enden, siehe Art. 115h Abs. 1 S. 1 GG. 35

Gemäß Art. 115l Abs. 2 GG kann der Bundestag mit Zustimmung des Bundesrates jederzeit durch einen vom Bundespräsidenten verkündeten Beschluss den Verteidigungsfall für beendet erklären. 36

Unabhängig vom Verteidigungsfall muss auch jeder **Einsatz bewaffneter Streitkräfte** vom Parlament gebilligt werden. Hierfür braucht es kein förmliches Gesetz, vielmehr wird die konstitutive Zustimmung des Bundestages durch einen schlichten Parlamentsbeschluss erteilt.[71] Das Grundgesetz selbst enthält keine ausdrücklichen Vorgaben, ob bzw. wann das Parlament dem Einsatz der Bundeswehr im Ausland zustimmen muss – hält man nicht bereits den Einsatz wegen Art. 87a Abs. 2 GG gänzlich für verfassungswidrig mangels *ausdrücklicher* Ermächtigung im Grundgesetz.[72] Den Parlamentsvorbehalt für Bundeswehreinsätze im Ausland hat die Rechtsprechung aber aufgrund einer Gesamtbetrachtung verschiedener Vorschriften dem Grundgesetz entnommen.[73] Dies überzeugt als moderne Fortentwicklung des Verfassungsrechts, da die erst spät aufgetretene Frage international koordinierter Auslandseinsätze der Bundeswehr so konstruktiv beantwortet und zugleich aber einer weiteren Entparlamentarisierung vorgebeugt wird. Einer Übergewichtung der exekutiven Verteidigungspolitik wurde dadurch wirksam vorgebeugt. Einfachgesetzlich ist der Parlamentsvorbehalt nunmehr im Parlamentsbeteiligungsgesetz geregelt: Nach § 1 Abs. 2 ParlBG bedarf der Einsatz bewaffneter deutscher Streitkräfte außerhalb des Geltungsbereichs des Grundgesetzes der Zustimmung des Bundestages. Ein großer Erkenntnisgewinn ist mit dem Gesetz jedoch – auch mit der versuchten Begriffsbestimmung in § 2 Abs. 1 ParlBG zu der Frage, wann ein Einsatz bewaffneter Streitkräfte vorliegt – nicht verbunden.[74] Denn der einfache Gesetzgeber kann die Vorgaben der Verfassung nicht authentisch definieren.[75] 37

71 BVerfGE 89, 38, 46; E 90, 286, 383 ff.; E 100, 266, 269; E 108, 34, 42 f.; E 121, 135, 154; s. auch *C. Burkiczak*, NVwZ 2008, 752 ff.; *D. Wiefelspütz*, Das Parlamentsheer, 2005, S. 188 ff.

72 S. zu dieser Problematik *R. Thalmair*, ZRP 1993, 201 ff.; *F. Kirchhof*, Verteidigung und Bundeswehr, HStR, Bd. IV, 3. Aufl. 2005, § 84 Rn. 54; *S. Oeter*, NZWehrr 42 (2000), 89, 92 ff.

73 BVerfGE 90, 286, 383 ff.

74 So auch *C. Burkiczak*, NVwZ 2008, 752, 753.

75 *T. Schaefer*, Verfassungsrechtliche Grenzen des Parlamentsbeteiligungsgesetzes, 2005, S. 189; anders wohl *D. Wiefelspütz*, Das Parlamentsheer, 2005, S. 413, der in der einfachgesetzlich vorgenommenen Legaldefinition die Verwirklichung der Definitionsmacht des Deutschen Bundestages und die Sicherung seines Beteiligungsrechtes sieht.

Die Frage, wann ein „Einsatz bewaffneter Streitkräfte im Ausland" vorliegt, ist daher aus der Verfassung selbst herzuleiten.[76]

### b) Nachträgliche Kontrollinstrumente

38 Neben den soeben aufgezeigten Kontrollrechten, die eine Mitwirkung des Bundestages an der Entscheidung anderer Bundesorgane oder auch auf europäischer Ebene vorsehen, existieren Kontrollrechte, die auf die nachträgliche Überprüfung der kontrollierten Instanz ausgerichtet sind. Bei dieser Kontrollausübung ist das Parlament auf Informationen angewiesen. Hinsichtlich der Informationsgewinnung kann unterschieden werden zwischen **Fremd- und Selbstinformationen.**[77]

39 Um Informationen von der Regierung zu erlangen, sieht das Grundgesetz verschiedene Instrumentarien vor: Gemäß **Art. 43 Abs. 1 GG** können der Bundestag und seine Ausschüsse jedes Mitglied der Bundesregierung herbeizitieren, sog. **Zitierrecht.** Nähere Vorschriften enthält die Geschäftsordnung des Bundestages, §§ 42 ff. GOBT. Zu den zitierberechtigten Ausschüssen gehören sowohl die ständigen, als auch die durch Beschluss des Plenums eingerichteten Ausschüsse, inklusive des Untersuchungsausschusses.[78] Selbst den nicht nur von Bundestagsmitgliedern besetzten Einrichtungen, der Enquetekommission und dem Vermittlungsausschuss, steht das Herbeirufungsrecht zu.[79] Weil die Informationen dem Bundestag und den Ausschüssen durch die Regierung vermittelt werden, räumt Art. 43 Abs. 1 GG ein Recht auf Fremdinformation ein.

40 Neben der Pflicht zum persönlichen Erscheinen ergibt sich aus dem Zitierrecht die Befugnis des Parlamentes, an die anwesenden Regierungsmitglieder Fragen zu stellen und Auskünfte zu verlangen.[80] Zu den Kontrollrechten des Parlamentes zählt zudem das damit zum Teil identische sog. **Interpellationsrecht,** das unmittelbar aus Art. 38 Abs. 1 S. 2 GG folgt.[81] Denn nur der umfassend informierte Abgeordnete ist in der Lage, sachgerechte politische Entscheidungen zu treffen. Das Interpellationsrecht findet seinen Ausdruck in den Großen Anfragen, den Kleinen Anfragen, den kurzen Einzelfragen zur mündlichen oder schriftlichen Beantwortung einzelner Abgeordneter und der Aktuellen Stunde, siehe §§ 100 ff. GOBT. Der wesentliche Unterschied zu dem aus Art. 43 Abs. 1 GG folgenden Fragerecht ist, dass dieses einen Mehrheitsbeschluss des Bundestages voraussetzt, was beim Interpellationsrecht gerade nicht gefordert wird.[82]

---

76 Zu den einzelnen Bestimmungsmöglichkeiten s. ausführlich *T. Schaefer*, Verfassungsrechtliche Grenzen des Parlamentsbeteiligungsgesetzes, 2005, S. 191 ff.

77 So auch *M. Morlok*, in: Dreier, GG, Bd. 2, 2. Aufl. 2006, Art. 38 Rn. 42 in Fn. 116 mit Verweis auf *H.-P. Schneider*, AöR 99 (1974), 628 ff.; *C. Teuber*, Parlamentarische Informationsrechte, 2007, S. 60 ff.; zur Bedeutung von Information für die Aufgaben des Bundestages im Allgemeinen s. S. 41 ff.

78 *M. Morlok*, in: Dreier, GG, Bd. 2, 2. Aufl. 2006, Art. 43 Rn. 9.

79 *M. Morlok*, in: Dreier, GG, Bd. 2, 2. Aufl. 2006, Art. 43 Rn. 9. Dem Ältestenrat, den Fraktionen und dem Richterwahlausschuss steht hingegen das Zitierrecht aus Art. 43 Abs. 1 GG nicht zu.

80 *M. Morlok*, in: Dreier, GG, Bd. 2, 2. Aufl. 2006, Art. 43 Rn. 11; *M. Schröder*, in: Dolzer/Vogel/Graßhof, BK-GG, 134. Lfg., Art. 43 Rn. 32 ff.; *N. Achterberg/M. Schulte*, in: v. Mangoldt/Klein/Starck, GG, Bd. 2, 6. Aufl. 2010, Art. 43 Rn. 13.

81 BVerfGE 80, 188, 218; *M. Morlok*, in: Dreier, GG, Bd. 2, 2. Aufl. 2006, Art. 38 Rn. 43, 150, Art. 43 Rn. 12; s. für die Landesebene auch VerfGH NRW NVwZ 1994, 678, 678. *Teuber* spricht sich hingegen für die Herleitung eines allgemeinen parlamentarischen Informationsanspruchs aus dem Gewaltenteilungsprinzip in seinen bundes- und landesverfassungsrechtlichen Ausgestaltungen durch die jeweiligen parlamentarischen Regierungssysteme aus, s. *C. Teuber*, Parlamentarische Informationsrechte, 2007, S. 172 ff.

82 S. für die Landesebene VerfGH NRW NVwZ 1994, 678; zu den Unterschieden im Einzelnen: *N. Achterberg/M. Schulte*, in: v. Mangoldt/Klein/Starck, GG, Bd. 2, 6. Aufl. 2010, Art. 43 Rn. 7 f.

41 Beide Informationsansprüche beinhalten gleichzeitig eine **Verpflichtung der Regierungsmitglieder**, die **Anfragen von Abgeordneten zu beantworten.**[83] Schranken des Fragerechts sind nach den Grundsätzen zu bestimmen, die auch für das wesentliche Selbstinformationsrecht des Bundestages in Form des **Untersuchungsausschusses** gelten (→ Rn. 117). Eine Antwortpflicht besteht daher nicht, soweit es um Anfragen geht, die den **„Kernbereich exekutiver Eigenverantwortung“** betreffen[84] (zum restriktiven Verständnis des Kernbereichs → Rn. 120). Auch der **Geheimnisschutz** oder entgegenstehende **Grundrechte** können einer Antwortpflicht entgegenstehen.[85] Die Geheimhaltungsbedürftigkeit muss von der Regierung jedoch hinreichend begründet werden.[86] Zudem wird das parlamentarische Informationsrecht gegenüber der Regierung nicht durch andere parlamentarische Kontrollgremien verdrängt.[87] Kommen Regierungsmitglieder ihrer Pflicht nicht nach, so ist darin eine Verfassungsverletzung zu sehen, die zum Gegenstand eines Organstreits gemacht werden kann.

42 Der **Wehrbeauftragte** ist ein ausschließlich im Verteidigungsbereich zuständiges Organ des Bundestages, der zum Schutz der Grundrechte der Soldaten sowie auf Weisung des Bundestages oder des Verteidigungsausschusses zur Kontrolle der Bundeswehr tätig wird, siehe Art. 45b GG.[88] Da hierdurch der Bundestag die Möglichkeit hat, eigene Anschauung von interessierenden Umständen zu gewinnen, ist hierin ein Recht auf Selbstinformation zu sehen. Konkret ist der Wehrbeauftragte zur Kontrolle des Bundesministers der Verteidigung als Teil der Exekutive berufen. Der Wehrbeauftragte wird sogar ausdrücklich als „Hilfsorgan des Bundestages bei der Ausübung der parlamentarischen Kontrolle“ bezeichnet. Näheres regelt gemäß Art. 45b S. 2 GG das Wehrbeauftragtengesetz. Der Wehrbeauftragte darf weder Abgeordneter noch Soldat sein und wird vom Bundestag für eine Amtsperiode von fünf Jahren gewählt.

43 Der Bundestag bestellt weiterhin einen **Petitionsausschuss**, dem die Behandlung der nach Art. 17 GG an den Bundestag gerichteten Bitten und Beschwerden obliegt, siehe Art. 45c GG. Dabei stellt der Petitionsausschuss eine besondere auf Selbstinformation basierende Einrichtung für die Kontrolle der Regierung dar, ohne sich auf diese Funktion zu beschränken.[89] Neben der Kontrollfunktion nimmt der Petitionsausschuss nämlich aus der Sicht der Bürger auch die Rolle eines „Kummerkastens“ mit Abhilfeintention ein.[90] Die Befugnisse des Ausschusses sind im Einzelnen geregelt im „Gesetz über die Befugnisse des Petitionsausschusses des Deutschen Bundestages“.

44 Für den Bundeskanzler, den Bundespräsidenten und die Bundesrichter, die unter Mitwirkung des Bundestages gewählt werden, sieht das Grundgesetz zudem jeweils **spezi-**

---

83 *C. Degenhart*, Staatsorganisationsrecht, 29. Aufl. 2013, Rn. 659; *J. Ipsen*, Staatsrecht I, 23. Aufl. 2011, Rn. 205; *R. Zippelius/T. Würtenberger*, Deutsches Staatsrecht, 32. Aufl. 2008, S. 388 f.; *M. Morlok*, in: Dreier, GG, Bd. 2, 2. Aufl. 2006, Art. 38 Rn. 150. S. für die Landesebene auch VerfGH NRW NVwZ 1994, 678, 679. Die Verfassungen von Brandenburg, Bremen, Hamburg, Mecklenburg-Vorpommern, Niedersachsen, Rheinland-Pfalz, Sachsen, Sachsen-Anhalt, Schleswig-Holstein und Thüringen (Art. 67) sehen eine entsprechende Regelung vor.

84 Vgl. etwa jüngst zum Informationsrecht des Bundestags gegenüber der Bundesregierung bei Rüstungsexporten → § 12 Rn. 59.

85 BVerfGE 110, 199, 216; s. hierzu auch *M. Kotzur*, Jura 2007, 52 ff.; *J. Lennartz/G. Kiefer*, DÖV 2006, 185, 188 ff.

86 S. dazu BVerfGE 123, 267, 316 f.

87 BVerfGE 123, 267, 314 ff.

88 Zum Wehrbeauftragten s. im Einzelnen *S. Schmidt*, BWV 2007, 97 ff.; *E. Busch*, Der Wehrbeauftragte, 5. Aufl. 1999.

89 Zum Petitionsrecht der Bürger s. *L. Michael/M. Morlok*, Grundrechte, 4. Aufl. 2014, Rn. 988 ff.

90 Die Einreichung einer Petition ist auf der Seite https://epetitionen.bundestag.de/ (04.07.2014) jederzeit online möglich.

**elle,** freilich auch an besondere Voraussetzungen geknüpfte **Sanktionsinstrumente** vor: das Misstrauensvotum nach Art. 67 GG, die Präsidentenklage nach Art. 61 GG und die Richteranklage nach Art. 98 Abs. 2 GG.

45 Schließlich kann parlamentarische Kontrolle nicht nur in Gestalt förmlicher Institute des Parlamentsrechts, sondern auch durch **schlichte Parlamentsbeschlüsse** vollzogen werden. Der Bundestag kann im Rahmen der Bundeskompetenzen mittels dieses Instrumentes zu allen Fragen Stellung nehmen und Empfehlungen aussprechen. Durch schlichten Parlamentsbeschluss kann etwa ein Minister zum Rücktritt aufgefordert oder die Bundesregierung kritisiert werden. Die Beschlüsse sind zwar **rechtlich nicht verbindlich,**[91] können aber als Ausdruck der Einschätzungen und Zielvorstellungen des Parlamentes – vor allem bei entsprechender Resonanz in der Öffentlichkeit – politisch effektiv wirken. Sie dienen also durchaus der nachträglichen parlamentarischen Kontrolle der Regierung, enthalten darüber hinaus aber auch Anregungen und Aufforderungen zu entsprechendem Tätigwerden der Regierung, üben somit eine Lenkungs- und Leistungsfunktion aus.

46 Zuletzt sei darauf verwiesen, dass wesentliches Medium zur Ausübung von Kontrolle politischer Druck und Einfluss ist. Bereits das Bestehen der rechtlichen Kontrollmöglichkeit des Parlamentes stellt ohne ihre Realisierung ein bedeutendes Druckmittel dar, welches in der politischen Realität die tatsächliche Ausübung der Kontrollinstrumente in den Hintergrund treten lässt. Sie wirken durch ihre Drohung, sie einsetzen zu können.

### 4. Mitwirkung an der europäischen Integration

47 Die Europäische Einigung, die als Grundentscheidung bereits in der Präambel enthalten ist,[92] wird als Staatsziel in Art. 23 Abs. 1 GG konkretisiert. Zur Herbeiführung der europäischen Integration sieht Art. 23 Abs. 1 S. 2 GG die **Souveränitätsübertragung auf die Europäische Union** durch Gesetz vor. Das Mitwirkungsziel ist dabei begrenzt auf eine Europäische Union, die in ihren elementaren Strukturen den durch Art. 79 Abs. 3 GG geschützten Kernprinzipien entspricht.[93] Die Ausgestaltung der Europäischen Union muss mithin demokratischen Grundsätzen entsprechen. Dies beinhaltet, dass grundsätzlich jede Äußerungsform öffentlicher Machtausübung, also nicht nur die durch nationale Staatsorgane, einer, wenn auch nur mittelbaren, konkreten demokratischen Legitimation durch das Volk bedarf (zu Besonderheiten, Ausgestaltung und Grenzen der Europäischen Integration → § 10 Rn. 14 ff.).[94]

## III. Funktionsprinzipien parlamentarischer Arbeit

48 Die Volkssouveränität soll auch in der alltäglichen Entscheidungsarbeit des Bundestages wirksam werden. Dies geschieht durch die Beachtung einiger Funktionsprinzipien

91 Davon zu unterscheiden sind die Parlamentsbeschlüsse, die aufgrund verfassungsrechtlicher Grundlage rechtliche Wirkung entfalten, s. etwa zum konstitutiven Parlamentsbeschluss (→ Rn. 34).

92 Dazu etwa *C. D. Classen*, in: v. Mangoldt/Klein/Starck, GG, Bd. 2, 6. Aufl. 2010, Art. 23 Rn. 1. So auch ausdrücklich BVerfGE 123, 267, 346 f.

93 BVerfGE 123, 267, 363 f. Hervorzuheben ist dabei, dass die demokratischen Grundsätze in der EU nicht in gleicher Weise wie im Grundgesetz verwirklicht werden können, s. BVerfGE 123, 267, 366 mit Verweis auf BT-Drucks. 12/3338, 6.

94 *P. Huber*, Die parlamentarische Demokratie unter den Bedingungen der europäischen Integration, in: Bauer/Huber/Sommermann, Demokratie in Europa, 2005, S. 105, 107 f.

in der parlamentarischen Praxis: Gesamtrepräsentation (→ Rn. 49 ff.), Öffentlichkeit (→ Rn. 52 ff.), Mehrheitsprinzip (→ Rn. 56 ff.) und Autonomie (→ Rn. 60 ff.).

### 1. Gesamtrepräsentation

Wichtigster Verhandlungsgrundsatz ist die Berufung des Gesamtparlamentes zur Entscheidung, die sog. **Unmittelbarkeit.**[95] Gemeint ist mit der Unmittelbarkeit der parlamentarischen Entscheidungen, dass das Verfahren grundsätzlich vor der Vollversammlung der Abgeordneten stattzufinden hat; d.h. also, dass Entscheidungen, die der Bundestag zu treffen hat, nicht auf Teilgremien delegiert werden können.[96] Wegen der Heterogenität des Volkes (→ § 5 Rn. 34 f.) kann nur das Gesamtparlament als Volksvertretung handeln und ist als Repräsentationsorgan ausschließlich als Ganzes demokratisch legitimiert, für das Volk verbindliche Entscheidungen zu treffen.[97] 49

Gleichwohl wird die Arbeit des Parlamentes durch eine ausgeprägte Arbeitsteilung strukturiert: Außer im Plenum findet aus Effektivitätsgründen die Parlamentsarbeit insbesondere in Ausschüssen statt.[98] Die Vorbereitung der Abstimmungen in den Ausschüssen ist möglich und auch nötig. Durch Spezialwissen oder Interessenneigungen wird die Abstimmung im Plenum für den einzelnen Abgeordneten erleichtert, der einer enormen Vielfalt an Gesetzesmaterien gegenübersteht und durch die Arbeitsteilung die Möglichkeit hat, auf die Meinung eines ihm politisch nahestehenden „Spezialisten" zu vertrauen. Außerdem erleichtern überschaubare Gremien die Sachdiskussion und schließlich lässt sich durch Arbeitsteilung Zeit – etwa für die Präsenz der Abgeordneten im Wahlkreis – gewinnen. Verbindliche Entscheidungen dürfen jedoch nur durch das Plenum getroffen werden. Dabei ist auch die Übertragung der vorbereitenden Willensbildung vom Plenum auf die Ausschüsse nur unter bestimmten Maßgaben zulässig. Zum einen muss der Ausschuss die Stärkeverhältnisse im Plenum widerspiegeln. Zum anderen gilt: Je politisch bedeutsamer eine Kompetenz ist, desto strenger ist auf die Unmittelbarkeit der Willensbildung zu achten.[99] 50

Sofern ein Parlament seine Arbeitsfähigkeit nicht einbüßen möchte, darf und muss es im Rahmen seiner Selbstorganisation auf die zunehmende Komplexität der Regelungsbedürfnisse reagieren. Das Bundesverfassungsgericht betont jedoch, dass bei der Übertragung einer Aufgabe an ein Untergremium zur selbstständigen Wahrnehmung die damit verbundene Ungleichbehandlung der Abgeordneten nicht weiter reichen darf, als dies unbedingt erforderlich ist.[100] 51

### 2. Öffentlichkeit

Ausgangspunkt für das Erfordernis der Öffentlichkeit ist das Repräsentationsprinzip (→ § 5 Rn. 38).[101] Dieses beinhaltet neben dem Handeln für das Volk auch die Verantwortlichkeit gegenüber dem Volk. Das setzt voraus: Die repräsentierten Bürger müssen über das Handeln des Parlamentes informiert sein, sollen sie von ihren Kontrollrechten 52

95 BVerfGE 44, 308, 316; E 56, 396, 405; E 70, 324, 368 – *Sondervotum Mahrenholz*; E 80, 188, 218; E 84, 304, 321; E 96, 264, 278 f.; E 102, 224, 237; E 118, 277, 324.
96 Eine Ausnahme hiervon stellt der Europaausschuss nach Art. 45 GG dar.
97 Vgl. BVerfGE 80, 188, 218.
98 Zur Zulässigkeit der Übertragung von Aufgaben des Bundestages auf Ausschüsse s. *W. Berg*, Der Staat 9 (1970), 21 ff.
99 S. *W. Berg*, Der Staat 9 (1970), 21, 33 ff.; zuletzt BVerfGE 130, 318, 344.
100 So die Entscheidung zum sog. „Neuner-Gremium", BVerfGE 130, 318, 350.
101 Vgl. *M. Morlok*, in: Dreier, GG, Bd. 2, 2. Aufl. 2006, Art. 38 Rn. 32, Art. 42 Rn. 20.

und dem Recht auf Einflussnahme Gebrauch machen können. Sie müssen den staatlichen Willensbildungsprozess verfolgen können, um entsprechende Konsequenzen, insbesondere durch ihr Wahlverhalten, zu ziehen. Information aber setzt Öffentlichkeit voraus. Die Öffentlichkeit ist daher ein in der Demokratie notwendiger Faktor,[102] um einerseits dem Bürger die Möglichkeit zu geben, das politische Handeln der Abgeordneten zu beobachten und als Grundlage für die Wahlentscheidung heranzuziehen und andererseits das Parlamentsgesetz dadurch zur legitimen Rechtfertigungsgrundlage zu machen.[103]

53 Das Bedürfnis nach Öffentlichkeit der parlamentarischen Entscheidung wird befriedigt durch die **Sitzungsöffentlichkeit** der Verhandlungen im Plenum, **Art. 42 Abs. 1 S. 1 GG.** Im Rahmen der räumlichen Kapazität ergibt sich für den Bürger aus der Vorschrift auch ein subjektives Recht auf Zugang zur Plenarsitzung.[104] Zu der Sitzungsöffentlichkeit tritt ergänzend die **Berichterstattungsöffentlichkeit** hinzu. So werden die Berichte über die parlamentarischen Verhandlungen gesammelt und veröffentlicht. Das Internet beschleunigt und erleichtert die Information und ist als Quelle der Information heute so selbstverständlich, dass die elektronische Öffentlichkeit parlamentarischer Dokumente inzwischen sogar verfassungsgeboten erscheint. Die freie Berichterstattung über die Plenarsitzungen wird in Art. 42 Abs. 3 GG zusätzlich abgesichert.

54 Allerdings kann der Bundestag für einzelne Plenarsitzungen die Öffentlichkeit ganz oder teilweise ausschließen. Dies ist dem Bundestag auf Antrag eines Zehntels der gesetzlichen Mitgliederzahl oder auf Antrag der Bundesregierung durch einen mit Abstimmungsmehrheit von zwei Dritteln gefassten Beschluss möglich, Art. 42 Abs. 1 S. 2 GG. Über den Antrag wird gemäß Art. 42 Abs. 1 S. 3 GG in nicht öffentlicher Sitzung entschieden. Der Antrag auf Ausschluss der Öffentlichkeit muss keine Begründung enthalten, zumal durch eine solche der Zweck des Ausschlusses gefährdet werden kann.[105]

55 Für die **Ausschussverhandlungen** ist gemäß § 69 Abs. 1 S. 1 GOBT grundsätzlich **Nichtöffentlichkeit** vorgeschrieben.[106] Für diese Praxis besteht jedoch ausgehend von der Volkssouveränität keine ausreichende Rechtfertigung. Als Grund wird vorgetragen, nur unter dem Ausschluss der Öffentlichkeit könne ein Ausschuss sachgerecht tätig werden, weil eine unbefangene Diskussion nur dann möglich sei, wenn die Ausschussmitglieder nicht im Blickfeld der Öffentlichkeit stünden.[107] Im Ergebnis werden jedoch auch die Ausschüsse in den Kommunikationsprozess zwischen Bundestag und Öffentlichkeit eingeschaltet.[108] Dies geschieht über die Möglichkeit der Teilnahme von Bundestagsabgeordneten an Sitzungen von Ausschüssen, in denen sie kein Mitglied

102 *H. Dreier,* in: Dreier, GG, Bd. 2, 2. Aufl. 2006, Art. 20 Rn. 83 f.; dabei ist die Öffentlichkeit zwar Modus parlamentarischer Arbeit, aber nicht Funktion. So aber *H. H. Klein,* Stellung und Aufgaben des Bundestages, in: HStR, Bd. III, 3. Aufl. 2005, § 50 Rn. 42 ff. und *H.-P. Schneider,* in: Denninger/Hoffmann-Riem/Schneider/Stein, AK-GG, 2. Lfg., Art. 38 Rn. 13. S. auch *L. Kißler,* Öffentlichkeitsfunktion, 1976.

103 So BVerfGE 40, 237, 249 für die Rechtfertigung von Grundrechtseingriffen.

104 *M. Morlok,* in: Dreier, GG, Bd. 2, 2. Aufl. 2006, Art. 42 Rn. 26; a.A. *N. Achterberg,* Parlamentsrecht, 1984, S. 567.

105 *M. Morlok,* in: Dreier, GG, Bd. 2, 2. Aufl. 2006, Art. 42 Rn. 29; *S. Magiera,* in: Sachs, GG, 6. Aufl. 2011, Art. 42 Rn. 5 f.; *H. H. Klein,* in: Maunz/Dürig, GG, 69. Lfg., Art. 42 Rn. 49; a.A.: *J. Linck,* ZParl 23 (1992), 673, 687 ff.

106 Eine Ausnahme gilt für den Untersuchungsausschuss, s. Art. 44 Abs. 1 GG, § 14 PUAG.

107 S. etwa *H. Frost,* AöR 95 (1970), 38, 61, 85; *J. Linck,* DÖV 1973, 513, 520 m.w.N. in Fn. 88; so wie hier kritisch *L. Kißler,* Öffentlichkeitsfunktion, 1976, S. 330 f.; von einer Unvereinbarkeit der Regelung mit Art. 42 Abs. 1 GG geht *F. W. Appoldt,* Die öffentlichen Anhörungen (Hearings) des Deutschen Bundestages, 1971, S. 100 f. aus.

108 *L. Kißler,* Öffentlichkeitsfunktion, 1976, S. 332.

sind gemäß § 69 Abs. 2 S. 1 GOBT, durch die schriftliche Berichterstattung des Ausschusses an den Bundestag sowie regelmäßig durch mündliche Berichterstattung. Soweit der Ausschuss daher das Plenum widerspiegeln soll, ist dies auch in Bezug auf seine Öffentlichkeit zu verlangen.[109] Den Abgeordneten bleibt es unbenommen, sich informell vertraulich auszutauschen. Bei der Ausübung ihrer Funktion als Ausschussmitglieder sollten sie dem Öffentlichkeitsstatus ihres Mandates hingegen gerecht werden.

### 3. Mehrheitsprinzip

Nach dem Demokratieprinzip sollen „grundlegende Entscheidungen nach Maßgabe der Mehrheitsregel getroffen werden" (→ Rn. 56 ff.).[110] Folglich entscheidet auch der Bundestag nach dem **Mehrheitsprinzip.** Das Erfordernis, zur Durchsetzung einer Entscheidung Mehrheiten finden zu müssen, übt einen Druck aus, Kompromisse abzuschließen, damit möglichst viele Interessen in einer politischen Entscheidung Berücksichtigung finden, um die Mehrheit der Stimmen zu erlangen.[111] Kompromisse fördern damit das Gemeinwohl und bewirken die **materielle Legitimation parlamentarischer Entscheidungen.**[112] Die mit Mehrheiten getroffenen Entscheidungen erlangen Legitimität, weil sie das Ergebnis eines Verfahrens gewesen sind, an dem sich alle Bürger und im Parlament ihre Vertreter gleichberechtigt beteiligen können und innerhalb dessen „die Minderheit von heute" die „Mehrheit von morgen"[113] sein kann. 56

Gemäß **Art. 42 Abs. 2 S. 1 GG** entscheidet der Bundestag grundsätzlich mit der **relativen Mehrheit** der abgegebenen Stimmen, um im Alltag entscheidungsfähig zu bleiben. Nicht berücksichtigt werden bei der Auszählung Stimmenthaltungen und ungültige Stimmen.[114] Eine **qualifizierte Abstimmungsmehrheit** ist erforderlich beim Ausschluss der Öffentlichkeit gemäß Art. 42 Abs. 1 S. 2 GG und bei der Feststellung des Spannungsfalles nach Art. 80a Abs. 1 S. 2 GG. 57

Auf die **absolute Mitgliedermehrheit** (Art. 121 GG) kommt es insbesondere im Rahmen der Kreationsfunktion des Parlamentes an, insbesondere bei der Wahl des Bundeskanzlers (deshalb auch „Kanzlermehrheit"), vgl. Art. 63 Abs. 2 bis 4 GG, beim konstruktiven Misstrauensvotum gemäß Art. 67 GG, und der Vertrauensfrage, geregelt in Art. 68 GG.[115] Klassischer Anwendungsfall für eine **qualifizierte Mitgliedermehrheit** ist die Verfassungsänderung gemäß Art. 79 Abs. 2 GG, die eine Zweidrittelmehrheit der Mitglieder voraussetzt. Eine qualifizierte Mitgliedermehrheit ist auch erforderlich bei der Präsidentenanklage nach Art. 61 Abs. 1 GG. Darüber hinaus ist eine **„doppelte (qualifizierte) Mehrheit"** in der Form möglich, dass sowohl die einfache Mitgliedermehrheit und zugleich eine qualifizierte Abstimmungsmehrheit erreicht wer- 58

109 *H.-P. Schneider*, in: Denninger/Hoffmann-Riem/Schneider/Stein, AK-GG, 2. Lfg., Art. 42 Rn. 5; *L.-A. Versteyl*, in: v. Münch/Kunig, GG, Bd. 1, 6. Aufl. 2012, Art. 42 Rn. 5; *M. Morlok*, in: Dreier, GG, Bd. 2, 2. Aufl. 2006, Art. 42 Rn. 24 m.w.N. in Fn. 66. Wie sich auch aus Art. 22 Abs. 2 der Verf Bay ergibt, verhandeln die Ausschüsse dort öffentlich, was bisher zu keiner Einschränkung der Arbeitsfähigkeit geführt hat.

110 BVerfGE 44, 125, 141; s. auch *U. Scheuner*, Mehrheitsprinzip, 1973, S. 42; *P. Häberle*, JZ 1977, 241, 244 f., der darüber hinaus den Bezug zur grundrechtlichen Freiheit in den Vordergrund stellt.

111 *M. Morlok*, Demokratie und Wahlen, in: FS 50 Jahre Bundesverfassungsgericht, Bd. 2, 2001, S. 559, 583.

112 S. hierzu *H. Schulze-Fielitz*, Theorie und Praxis parlamentarischer Gesetzgebung, 1988, S. 404 ff.

113 S. *P. Häberle*, JZ 1977, 241, 244 mit Bezug auf BVerfGE 2, 1, 13; E 5, 85, 199; kritisch hierzu *N. Achterberg*, Parlamentsrecht, 1984, S. 592.

114 So die h.M.: s. etwa *B. Pieroth*, in: Jarass/Pieroth, GG, 13. Aufl. 2014, Art. 42 Rn. 4; *S. Magiera*, in: Sachs, GG, 6. Aufl. 2011, Art. 42 Rn. 10; *M. Morlok*, in: Dreier, GG, Bd. 2, 2. Aufl. 2006, Art. 42 Rn. 34.

115 Aus diesem Grund hat das Bundesverfassungsgericht auch den Begriff der „Kanzlermehrheit" verwendet, BVerfGE 112, 118, 145.

den muss, so etwa gemäß Art. 77 Abs. 4 S. 2 GG bei der Zurückweisung von Einsprüchen des Bundesrates, die dieser mit Zweidrittelmehrheit beschlossen hat und der Feststellung des Verteidigungsfalles, Art. 115a Abs. 1 S. 2 GG.[116]

59 Die Geschäftsordnung des Bundestages sieht darüber hinaus auch in einigen Fällen die sog. **Anwesenheitsmehrheit** voraus, etwa in §§ 80 Abs. 2, 81 Abs. 1 S. 2, 84, 126 GOBT.[117]

### 4. Autonomie

60 Die **Parlamentsautonomie** ist Ausdruck der in Art. 20 Abs. 2 GG verankerten Prinzipien der Volkssouveränität und Gewaltenteilung. Sie soll Unabhängigkeit und Selbstständigkeit der Volksvertretung gewährleisten.[118] Andere Organe sollen nicht in die Arbeit des Bundestages intervenieren. Historisch lässt sich dies durch den Wandel von der konstitutionellen Monarchie zur parlamentarischen Demokratie begründen: Nicht der Monarch soll maßgeblich die Geschicke des Parlamentes leiten, sondern die das Volk vertretenden Abgeordneten.

61 Kernstück der Parlamentsautonomie ist Art. 40 GG. Die Vorschrift gibt dem Parlament das Recht, seine Geschäftsordnungsangelegenheiten selbstständig und unabhängig und somit in eigener Verantwortung zu regeln. Dabei ist die **Geschäftsordnungsautonomie** kein lediglich dem Parlament zustehendes Recht. Vielmehr sind alle Verfassungsorgane dadurch gekennzeichnet, dass sie grundsätzlich von keinem anderen Organ abhängig und keinem anderen Organ unterstellt sind.[119] Dies zu achten ist Teil des ungeschriebenen Grundsatzes der Verfassungsorgantreue.[120] Der Zweck des parlamentarischen Selbstorganisationsrechts besteht darin, dem Parlament die Wahrnehmung seiner verfassungsmäßigen Aufgaben zu ermöglichen. Zur Aufrechterhaltung der Selbstbestimmtheit ist es daher unzulässig, wenn das Parlament von sich aus beschließt, anderen Organen einen Einfluss auf die Regelungen seiner Geschäftsordnungsangelegenheiten einzuräumen.[121]

62 Zum Gegenstand der autonomen Regelung zählt zum einen der **Geschäftsgang**, also die Ordnung des Verfahrens, in dem das Parlament seine Geschäfte behandelt, zum anderen aber auch die **innere Organisation**. So wählt das Parlament insbesondere seine Organe selbst und organisiert sich in Form von Ausschüssen (→ Rn. 107 ff.). Schließ-

116 S. auch *W. Höfling/C. Burkiczak*, Jura 2007, 561, 564. Zu beachten ist dabei, dass *W. Höfling/C. Burkiczak* bereits die Mitgliedermehrheit als qualifizierte Mehrheit sehen und daher die Begriffsbezeichnung auf S. 563 missverständlich ist.

117 In Teilen werden diese Regelungen für verfassungswidrig erklärt: *B. Pieroth*, in: Jarass/Pieroth, GG, 13. Auflage 2014, Art. 42 Rn. 4; *H.-P. Schneider*, in: Denninger/Hoffmann-Riem/Schneider/Stein, AK-GG, 2. Lfg., Art. 42 Rn. 12. Dabei wird jedoch verkannt, dass sich Art. 42 Abs. 1 und 2 GG auf Abstimmungsvorgänge mit Außenwirkung beziehen. Ein von Art. 42 Abs. 2 GG abweichender Stimmmodus muss wegen der Geschäftsautonomie möglich sein. Vor allem wenn – wie in den genannten Fällen – die Anforderungen an die Mehrheit verschärft werden.

118 *M. Morlok*, in: Dreier, GG, Bd. 2, 2. Aufl. 2006, Art. 40 Rn. 5; *H.-P. Schneider*, in: Denninger/Hoffmann-Riem/Schneider/Stein, AK-GG, 2. Lfg., Art. 40 Rn. 2.

119 *K. F. Arndt*, Geschäftsordnungsautonomie, 1966, S. 62. S. die Bundesregierung betreffend BVerfGE 9, 268, 281 f.

120 S. dazu: *W.-R. Schenke*, Die Verfassungsorgantreue, 1977; *R. A. Lorz*, Interorganrespekt im Verfassungsrecht, 2001.

121 Ebenso *K. F. Arndt*, Geschäftsordnungsautonomie, 1966, S. 59 mit Verweis auf die 11. Sitzung vom 30.9.1949, Sten. Ber. Bd. 1, S. 207.

lich gehört zum Autonomierecht die zur Durchsetzung des Verfahrens und zur Aufrechterhaltung der Ordnung unentbehrliche **Disziplin.**[122]

Hierzu gehören vor allem die Rechte, die das Parlament vor Beeinträchtigungen der Funktionsfähigkeit von außen schützen: das **Hausrecht** und die **Polizeigewalt**, die dem Bundestagspräsidenten zustehen. Einzelheiten zum Hausrecht sind in der Hausordnung des Bundestages geregelt, vgl. § 7 Abs. 2 S. 2 und § 41 GOBT.[123]

Zum Hausrecht gehört auch, dass ohne eine Genehmigung des Bundestagspräsidenten 63
in den Räumen des Bundestages keine Durchsuchung oder Beschlagnahme stattfinden darf, Art. 40 Abs. 2 S. 2 GG (→ Rn. 137). Art. 40 Abs. 2 S. 2 GG ergänzt die Parlamentsautonomie nach außen und vervollständigt den Schutz der Arbeit des Bundestages vor möglicher Einflussnahme anderer Hoheitsträger.[124] Ebenfalls zu diesem Teilbereich gehört die Einrichtung des „befriedeten Bezirkes", früher als „Bannmeile" bezeichnet, geregelt im „Gesetz über befriedete Bezirke für Verfassungsorgane des Bundes" (BefBezG). So sind etwa öffentliche Versammlungen unter freiem Himmel und Aufzüge innerhalb dieses befriedeten Bezirkes verboten, siehe § 16 VersG. Dies gilt jedoch nicht, sofern eine Beeinträchtigung der Funktionsfähigkeit nicht zu besorgen ist, siehe § 3 Abs. 1 BefBezG.[125]

Die Polizeigewalt spricht dem Bundestagspräsidenten alle polizeilichen Aufgaben und 64
Befugnisse (insbesondere Maßnahmen, die nach der polizeilichen Generalklausel zulässig sind) zu. Die Zuständigkeit der allgemeinen Polizeibehörden wird dadurch ausgeschlossen. Diese dürfen bzw. müssen aber bei Ersuchen des Bundestagspräsidenten Amtshilfe (Art. 35 Abs. 1 GG) leisten, wobei sie den Weisungen des Bundestagspräsidenten unterstellt bleiben.

Bestimmungen über die Organisation, das Verfahren und die Disziplinargewalt des 65
Parlamentes sind vor allem in der **Geschäftsordnung** geregelt, Art. 40 Abs. 1 S. 2 GG.[126] Darüber hinaus gibt es eine Vielzahl von informellen Regeln, die je nach ihrem Grad der Verbindlichkeit als **parlamentarisches Gewohnheitsrecht** oder **bloßem Parlamentsbrauch** zu bezeichnen sind.[127]

## IV. Die Rechtsstellung des Abgeordneten

### 1. Der Abgeordnete als Volksvertreter

Die Abgeordneten des Deutschen Bundestages sind nach demokratischen Wahlrechts- 66
grundsätzen berufene Vertreter des ganzen Volkes, an Aufträge und Weisungen nicht

122 Das war in Art. 78 Abs. 1 der preußischen Verfassung von 1850 und in Art. 27 der Reichsverfassung von 1871 noch ausdrücklich ausgesprochen, erschien aber so selbstverständlich, dass seit der Weimarer Zeit auf die Erwähnung verzichtet wird, s. *K. F. Arndt*, Geschäftsordnungsautonomie, 1966, S. 68.

123 Die Hausordnung des Deutschen Bundestages ist veröffentlicht im BGBl. 2002, 3483. Eine Änderung der Hausordnung ist in BGBl. I 2004, 3386 veröffentlicht.

124 *M. Morlok*, in: Dreier, GG, Bd. 2, 2. Aufl. 2006, Art. 40 Rn. 5; BVerfGE 108, 251, 274.

125 Für eine solche Ausnahme im Sinne des Verhältnismäßigkeitsgrundsatzes plädierten bereits *D. Tsatsos/ W. Wietschel*, ZRP 1994, 211 ff.

126 Darüber hinaus ist aber auch eine Regelung der Geschäftsangelegenheiten über die Vorschriften der kodifizierten Geschäftsordnung hinaus möglich, z.B. durch Beschlüsse oder auch formlos, s. hierzu *K. F. Arndt*, Geschäftsordnungsautonomie, 1966, S. 90 ff.

127 S. zur Abgrenzung im Einzelnen: *H. Schulze-Fielitz*, Parlamentsbrauch, Gewohnheitsrecht, Observanz, in: Schneider/Zeh, Handbuch Parlamentsrecht und Parlamentspraxis, 1989, § 11 Rn. 359, 360 ff.

gebunden und nur ihrem Gewissen unterworfen, Art. 38 Abs. 1 GG.[128] In ihrer Gesamtheit stellen sie den Bundestag dar und erfüllen die Funktion der Volksvertretung.

67 Die Arbeitsweise und Legitimation des Parlamentes wird verfassungsrechtlich durch den besonderen Schutz der Abgeordneten gewährleistet, denen ein besonderer Status zuerkannt wird. „Status" meint dabei die Gesamtheit der Rechte und Pflichten, die an die Abgeordnetenposition adressiert sind. Dieser aus der Volkssouveränität abzuleitende Status lässt sich kennzeichnen als einer der **Freiheit**, der **Gleichheit** und der **Öffentlichkeit**[129] des Abgeordneten. Diese Rechte sind Funktionsfreiheiten des Parlamentes – und nicht persönliche Freiheiten, die um der Person des Abgeordneten willens gegeben sind. Als Privatperson stehen dem Abgeordneten darüber hinaus die Grund- und Freiheitsrechte wie jedermann zu (zu den Auswirkungen auf den Rechtsschutz → Rn. 93 ff.). Der Abgeordnetenstatus wird ausgestaltet durch das Grundgesetz, die Geschäftsordnung des Bundestages samt deren Anlagen, das Abgeordneten- und das Bundeswahlgesetz.

### 2. Freiheit

▶ **Fall 10:** Der Abgeordnete X gerät unter den Verdacht der Steuerhinterziehung. Auf Ersuchen der Staatsanwaltschaft ordnet der Ermittlungsrichter Durchsuchungs- und Beschlagnahmemaßnahmen an. Die Staatsanwaltschaft informiert den Bundestagspräsidenten und bittet unter Vorlage der entsprechenden Anordnungen, die Immunität des X aufzuheben. Dem Bundestag erscheinen die Vorwürfe und die Anordnungen schlüssig. Er erteilt die beantragten Genehmigungen, so dass kurze Zeit später eine Durchsuchung der Wohnung des X stattfindet. Dabei werden jedoch keinerlei Beweise gefunden, der Verdacht der Staatsanwaltschaft stellt sich als falsch heraus.

X hält die Genehmigung durch den Bundestag für rechtswidrig und meint, aus politischen Gründen verleumdet worden und dadurch in seinen Rechten aus Art. 38 Abs. 1 S. 2 GG verletzt zu sein. Er will festgestellt wissen, dass die Durchsuchung zu Unrecht erfolgte. ◀

68 Die Freiheit des Abgeordneten soll die Vertretung des Volkes gegen Einflussnahmen von anderer Seite sichern. Sie wird geschützt vor Einflussnahmen des Staates, siehe Art. 46 GG, vor gesellschaftlichen Kräften, z.B. durch Art. 48 GG, und schließlich durch Art. 38 Abs. 1 S. 2 GG vor Beeinflussungen durch die Partei und die Fraktion.

#### a) Das freie Mandat

69 Die Abgeordneten sind gemäß Art. 38 Abs. 1 S. 2 GG „Vertreter des ganzen Volkes, an Aufträge und Weisungen nicht gebunden". Damit ist das sog. **freie Mandat** des Abgeordneten umschrieben. Dieses gibt nicht nur dem Abgeordneten das für sein Mandat zentrale Recht der Unabhängigkeit, sondern gewährleistet den für die parlamentarische Demokratie auschlaggebenden Gedanken der Repräsentation.[130] Die Repräsenta-

---

128 Die Landesverfassungen umschreiben das parlamentarische Mandat mit weitgehend gleichen Formulierungen: Art. 27 Abs. 3 Verf BW; Art. 13 Abs. 2 Verf Bay; Art. 25 Abs. 4 Verf Berl; Art. 56 Abs. 1 Verf Brbg; Art. 83 Abs. 1 Verf Brem; Art. 7 Verf Hamb; Art. 77 Verf Hess; Art. 22 Ab. 1 Verf MV; Art. 12 Verf Nds; Art. 30 Abs. 2 Verf NRW; Art. 79 Verf RhPf; Art. 66 Abs. 2 Verf Saarl; Art. 39 Abs. 3 Verf Sa; Art. 41 Abs. 2 Verf SaAnh; Art. 11 Verf SchlH; Art. 53 Verf Thür; Vorbild für alle diese Regelungen ist Art. 21 WRV: „Die Abgeordneten [des Reichstags] sind Vertreter des ganzen Volkes. Sie sind nur ihrem Gewissen unterworfen und an Aufträge nicht gebunden."

129 Hierzu s. *P. Häberle*, NJW 1976, 537, 538 ff.

130 *P. Badura*, ZSE 2005, 167, 170.

tion des Volkswillens durch die Abgeordneten kann nie deckungsgleich nach Art eines auftragsgebundenen Boten oder Stellvertreters im Wege eines imperativen, also gebundenen, Mandats erfolgen. Die Freiheit von Weisungen öffnet die Abgeordneten für Wünsche und Belange aller Bürger. Nur die Freiheit im Sinne einer nicht festgelegten und einseitigen Bestimmbarkeit eröffnet ihnen die Möglichkeit, auf das Anliegen aller Bürger einzugehen und gibt ihnen dadurch die Stellung von „Vertretern des ganzen Volkes“. Hinzu tritt eine funktionelle Notwendigkeit für die Freiheit: Sie ist erforderlich für die **Kompromissfähigkeit des Parlamentes.**[131] Entscheidungen des Parlamentes müssen mit einer Mehrheit der Abgeordneten getroffen werden. Das Bilden einer Mehrheit setzt jedoch Kompromissbildung (→ § 5 Rn. 43) voraus. Die Freiheit des Mandats macht Argumentation und Kompromisssuche erst möglich, indem der Abgeordnete nicht an eine durch den Wähler vorgegebene Meinung gebunden ist. Die Freiheit ist damit Funktionsvoraussetzung einer parlamentarischen Mehrheitsentscheidung und macht das Parlament zu einer politischen **Gesamtvertretung des Volkes**, dessen unter Geltung des freien Mandats getroffene Beschlüsse auch für diejenigen verbindlich sind, deren Vertreter zur überstimmten Parlamentsmehrheit gehören.[132]

Nur das freie Mandat ermöglicht zudem flexibles, situationsgerechtes Handeln, erlaubt die Verarbeitung neuer Informationen und ein letztlich entsprechendes Abstimmungsverhalten für eine **zukunftsgerichtete Politik im Interesse des Volkes.** Neue Probleme verlangen eigenständiges, nicht an den Wählerwillen gebundenes Entscheiden. Neue Aufgaben müssen erkannt und rechtzeitig angegangen werden, ggf. auch gegen den aktuellen Willen der Wähler. Die demokratisch erforderliche Rückkopplung an den Volkswillen wird dabei durch die periodisch wiederkehrenden Wahlen gewährleistet. 70

Durch das freie Mandat wird letztlich auch die Verantwortlichkeit des Abgeordneten gestärkt. Er muss sich für sein Abstimmungsverhalten in der nächsten Wahl rechtfertigen und kann sich nicht auf eine Instruktion der Bürger berufen. Das für Erfolg und Legitimität der demokratischen Staatsform elementare Vertrauensverhältnis zu den Mitgliedern der Volksvertretung ist infolge des freien Mandats daher eine politische, wesentlich durch die Medien formierte Größe, jedoch keine durch Rechte und Pflichten bestimmte Rechtsbeziehung. 71

In der politischen Wirklichkeit erfährt das freie Mandat des Abgeordneten jedoch durch die Zugehörigkeit zu einer Partei bzw. Fraktion gewisse Einschränkungen (zum Fraktionszwang und zur Fraktionsdisziplin → Rn. 102). Die Abgeordneten kommen nur mit der maßgeblichen Hilfe einer politischen Partei in den Bundestag, deren Einfluss sich im Parlament in der jeweiligen Fraktion fortsetzt. Verfassungsrechtlich wird dieser Vorgang durch Art. 21 Abs. 1 GG anerkannt. Das **Spannungsverhältnis** zwischen dem **freien Mandat** und den **politischen Parteien** ist daher schon in der Verfassung selbst angelegt. Der Abgeordnete steht bei seinem Handeln, welches nach Art. 38 Abs. 1 S. 2 GG nur seinem Gewissen unterworfen ist, unter der potenziellen oder auch realen Drohung, ggf. vor der nächsten Wahl nicht auf einen aussichtsreichen Listenplatz aufgestellt zu werden. Freilich ist der Abgeordnete hierbei nicht schutzlos gestellt: Der Grundsatz der innerparteilichen Demokratie, der auch für die Kandidatenaufstellung gilt, begrenzt die Einwirkungsmöglichkeiten der Fraktions- oder Partei- 72

131 S. hierzu auch *M. Morlok*, Demokratie und Wahlen, in: FS 50 Jahre Bundesverfassungsgericht, Bd. 2, 2001, S. 559, 586 ff.

132 *H. Dreier*, Jura 1997, 249, 255.

führung. Bei diesem Konflikt handelt es sich letztlich um keinen rechtlichen, sondern um einen politischen Konflikt. Rechtlich ist der Abgeordnete nicht abhängig von seiner Partei. Insbesondere behält der einmal gewählte Abgeordnete auch dann sein Mandat, wenn er aus der Partei austritt oder ausgeschlossen wird.[133] Die Freiheit des Mandats dient nicht zuletzt auch der innerparteilichen Demokratie (Art. 21 Abs. 1 S. 3 GG → § 5 Rn. 150): Der Abgeordnete braucht innerparteiliche Kontroversen nicht zu scheuen, weil er keine rechtlichen Sanktionen zu fürchten braucht.

73 Über politische Bindungen hinausgehende Verpflichtungen sind rechtlich unwirksam, § 134 BGB,[134] so etwa im Vorhinein aufgestellte Mandatsverzichtserklärungen und für den Fall des Parteiaustritts unter Mitnahme des Mandats ausgestellte Schuldscheine.[135] Auch strafrechtlich wird die Freiheit des Abgeordneten – verstanden als Schutz vor einseitiger Beeinflussung – gewährleistet durch ein spezielles Nötigungsverbot in § 106 Abs. 1 Nr. 2a StGB und die Strafbarkeit der Abgeordnetenbestechung nach § 108e StGB.

74 Der Status der Freiheit wird konkretisiert durch benannte und unbenannte Abgeordnetenrechte. Bei den benannten handelt es sich um separat normierte Rechte (→ Rn. 77 ff.). Die unbenannten Rechte leiten sich unmittelbar aus dem Status des Abgeordneten aus Art. 38 Abs. 1 S. 2 GG ab und sind z.T. durch das Geschäftsordnungsrecht näher konkretisiert (→ Rn. 76). All diese Rechte setzen zwar an der Person des Abgeordneten an, sollen aber die ungestörte Amtsausübung schützen oder erleichtern.

75 Geschützt wird der Abgeordnete auch vor eher subtiler staatlicher Einwirkung. So ist in der Beobachtung eines Abgeordneten durch den Verfassungsschutz auch bei der Auswertung öffentlich zugänglicher Informationen die Mandatsfreiheit beeinträchtigt: Beobachtung verändert das beobachtete Verhalten.[136] Auch stößt eine solche Beobachtung auf grundlegende Bedenken. Die Kontrolle des Abgeordneten hat vornehmlich durch den Wähler zu erfolgen, andernfalls droht eine Umkehrung des Kontrollzusammenhangs von Legislative und Exekutive.[137]

#### b) Parlamentarische Mitwirkungsrechte

76 Aus ihrer durch Art. 38 Abs. 1 S. 2 GG verbürgten Rechtsstellung als weisungsunabhängige Vertreter des ganzen Volkes resultieren für die Abgeordneten bestimmte organschaftliche Rechte. In erster Linie sind dies demokratisch begründete **Mitwirkungsrechte**. Einzelrechte parlamentarischer Teilhabe sind in der Geschäftsordnung geregelt, so etwa das Recht, an den Verhandlungen des Bundestages durch Wortbeiträge[138] und Stimmabgabe teilzunehmen, §§ 27 Abs. 1, 31, 48 ff. GOBT. Beim Rederecht muss die Redezeit der einzelnen Abgeordneten mindestens so bemessen sein, dass eine dem Debattenthema angemessene Äußerung möglich ist.[139] Im Übrigen wird die Redezeit im Verhältnis zu der Fraktionsstärke aufgeteilt. Gleiches gilt für Gruppen im Verhältnis zu den Fraktionen und für fraktionslose Abgeordnete. Wichtig neben dem **Teilnahme-,**

133 Dies folgt aus einem Umkehrschluss aus § 46 BWahlG, der den Parteizugehörigkeitsverlust nicht als Grund für den Mandatsverlust benennt.
134 *M. Morlok*, in: Dreier, GG, Bd. 2, 2. Aufl. 2006, Art. 38 Rn. 146; *B. Pieroth*, in : Jarass/Pieroth, GG, 13. Aufl. 2014, Art. 38 Rn. 41 f.
135 Zu solchen Fällen: BVerfGE 2, 1, 74; LG Braunschweig DVBl. 1970, 591, 591 f.
136 Vgl. BVerfG NVwZ 2013, 1468 ff.
137 Zu alledem *M. Morlok/E. Sokolov*, DÖV 2014, 405 ff.
138 S. dazu grundlegend BVerfGE 10, 4, 12 ff.
139 BVerfGE 96, 264, 285.

**Rede- und Abstimmungsrecht** ist das Recht, sich angemessen zu informieren, wozu dem Abgeordneten **Frage- und Auskunftsrechte** zustehen, siehe §§ 16, 27 Abs. 2, 105 GOBT. Schließlich stehen den Abgeordneten noch diverse **Antragsrechte** mit der Möglichkeit zu, Themen zum Gegenstand parlamentarischer Debatten zu machen, §§ 20 Abs. 2 S. 3, 82 Abs. 1 GOBT. Ein weiteres in Art. 38 Abs. 1 S. 2 GG wurzelndes Mitwirkungsrecht ist das Recht der Abgeordneten, sich mit anderen Abgeordneten zu einer Fraktion zusammenzuschließen (→ Rn. 96 ff.).

Diese Mitwirkungsbefugnisse dürfen durch die Geschäftsordnung näher ausgestaltet werden. Eine Einschränkung der Rechte ist durch gleichrangiges Verfassungsrecht möglich, insbesondere durch das unter den Abgeordneten geltende Gleichheitsgebot. Paradigmatisch ist hierfür das Rederecht anzuführen: Das Rederecht des einen Abgeordneten findet seine Grenze im Rederecht der anderen Abgeordneten. Ein gänzlicher Entzug der Mitwirkungsrechte ist indes nicht zulässig.[140]

### c) Indemnität und Immunität

Die in Art. 46 GG geregelte Indemnität und Immunität ergänzen und stützen den Grundsatz des freien Mandats. 77

Art. 46 Abs. 1 GG enthält den Grundsatz der **Indemnität**, also die außerparlamentarische Verantwortungsfreiheit des Bundestagsabgeordneten für seine innerparlamentarische Tätigkeit.[141] Über die Sicherung der Freiheit und Unabhängigkeit der parlamentarischen Aktivität des Abgeordneten wird die Funktionsfähigkeit des Parlamentes als Institution geschützt. Der einzelne Abgeordnete kann daher nicht auf diesen Schutz verzichten.[142] Auch nach Ablauf der Amtszeit entfaltet dieser seine Wirkung. Die Indemnität bezieht sich auf alle Maßnahmen der **staatlichen Gerichtsbarkeit** oder solche der **Exekutive**, also etwa Entscheidungen über die Strafbarkeit gemäß den Straftatbeständen der Beleidigung (§ 185 StGB) und der üblen Nachrede (§ 186 StGB), zivilrechtliche Widerrufs-, Unterlassungs- und Schadensersatzansprüche und Disziplinarmaßnahmen. Strafrechtsdogmatisch handelt es sich bei der Indemnität um einen **persönlichen Strafausschließungsgrund.**[143] Geschützt ist allerdings nur der parlamentsinterne Bereich – Parteiversammlungen oder Wahlkampfveranstaltungen oder Äußerungen von Regierungsmitgliedern, die trotz gleichzeitigen Abgeordnetenmandats in ihrer Regierungsfunktion auftreten, fallen nicht in den Anwendungsbereich des Art. 46 Abs. 1 GG.

Die **Immunität** nach Art. 46 Abs. 2 GG sichert den personellen Bestand des Bundestages und ist aus diesem Grund auch zeitlich begrenzt auf die Dauer des Abgeordnetenmandats. Die Immunität des Abgeordneten schützt die Zusammensetzung des Parlamentes gegen einen willkürlichen Zugriff der Exekutive oder Judikative und sichert dadurch die **Funktionsfähigkeit des Bundestags.**[144] Da nur das Gesamtparlament das Volk repräsentiert und für dieses verbindliche Entscheidungen treffen kann, soll der Schutz des Abgeordneten vor staatlichen Verfolgungsmaßnahmen gewährleisten, dass die Volksvertretung in ihrer Gesamtbesetzung wirken kann. Von daher schützt die Im- 78

140 BVerfGE 80, 188, 219 ff.
141 *H. Schulze-Fielitz,* in: Dreier, GG, Bd. 2, 2. Aufl. 2006, Art. 46 Rn. 9.
142 *H. Maurer,* Staatsrecht I, 6. Aufl. 2010, § 13 Rn. 73.
143 *H. Schulze-Fielitz,* in: Dreier, GG, Bd. 2, 2. Aufl. 2006, Art. 46 Rn. 10. S. zu anderen Ansichten auch die Übersicht zum Meinungsstand bei *T. Walter,* Jura 2000, 496, 498.
144 BVerfGE 104, 310 ff.

munität vor einer strafrechtlichen Verfolgung in jeder Hinsicht, setzt also nicht voraus, dass die Straftat im Zusammenhang mit der Abgeordnetentätigkeit steht.[145] Die Immunität gilt dabei nicht nur für das Strafverfahren selbst, sondern auch schon für das polizeiliche oder staatsanwaltschaftliche Ermittlungsverfahren[146] und für Ordnungswidrigkeiten. Der Rechtsnatur nach ist die Immunität ein **höchstpersönliches Verfahrenshindernis.**[147] Weil es sich um ein Recht zum Schutz des Parlamentes handelt, kann der einzelne Abgeordnete auf seine Immunität nicht verzichten, wohl aber der Bundestag, indem er die Immunität durch Beschluss aufhebt. In der Staatspraxis hat sich das Bild, welches Art. 46 Abs. 2 GG vermittelt, verändert. Der Bundestag erteilt zu Beginn jeder Legislaturperiode eine **generelle Genehmigung** bzw. delegiert sie an den Ausschuss für Immunität, siehe § 107 Abs. 2 GOBT i.V.m. Anlage 6. Plenarentscheidungen bleiben für schwerwiegende Fälle, also Anklage wegen schwerer Delikte oder Vollstreckung von Freiheitsstrafen von mehr als drei Monaten nötig. Dem einzelnen Abgeordneten erwächst aus Art. 46 Abs. 2 i.V.m. Art. 38 Abs. 1 S. 2 GG ein **Anspruch auf Willkürfreiheit** hinsichtlich der Entscheidung über die Aufhebung der Immunität, den er im Wege des Organstreitverfahrens nach Art. 93 Abs. 1 Nr. 1 GG geltend machen kann; der Bundestag hat jedoch einen weiten Entscheidungsspielraum.[148] Erst bei eindeutig sachfremden Erwägungen ist seine Entscheidung fehlerhaft. Das Bundesverfassungsgericht hat damit eine Kontrollmöglichkeit über eventuell rein politisch motivierte Immunitätsentscheidungen des Bundestages.

### d) Zeugnisverweigerungsrecht

79 Nach Art. 47 S. 1 GG[149] genießen Abgeordnete ein Zeugnisverweigerungsrecht über mandatsbezogene Informationen. Vergleichbare Rechte nach der StPO haben Journalisten, Anwälte, Ärzte oder Geistliche. Diese dienen dem Schutz der Handlungsfreiheit des Geheimnisträgers und dem Schutz des Vertrauensverhältnisses zum Bürger, indem „Quellenschutz" gewährleistet wird.[150] Abgeordneten sollen gerade auch brisante Informationen anvertraut werden können, damit diese in die Repräsentation einfließen können. Insofern ist Art. 47 S. 1 GG als Ausdifferenzierung des in Art. 38 Abs. 1 S. 2 GG normierten freien Mandats zu sehen.[151] Für einen umfassenden Schutz ist das Zeugnisverweigerungsrecht akzessorisch auf die Mitarbeiter des Abgeordneten auszuweiten.[152]

80 Das Zeugnisverweigerungsrecht wird durch Art. 47 S. 2 GG ergänzt um ein Beschlagnahmeverbot von Schriftstücken, soweit das Zeugnisverweigerungsrecht des Art. 47 S. 1 GG reicht. Das Beschlagnahmeverbot soll vor allem verhindern, dass der Schutzzweck des Zeugnisverweigerungsrechts umgangen wird, indem anstelle des

145 Umfassend zum Anwendungsbereich der Immunität: *F. Lange*, Das parlamentarische Immunitätsprivileg als Wettbewerbsvorschrift, 2009, S. 123 ff.

146 Zum sachlichen Schutzbereich s. *F. Lange*, Das parlamentarische Immunitätsprivileg als Wettbewerbsvorschrift, 2009, S. 145 ff.

147 *H. Schulze-Fielitz*, in: Dreier, GG, Bd. 2, 2. Aufl. 2006, Art. 46 Rn. 23.

148 BVerfGE 104, 310 ff. mit Besprechung von *J. Rux*, JA 2002, 552 ff.; *D. Wiefelspütz*, NVwZ 2003, 38 ff.

149 S. auch die Vorschrift § 53 Abs. 1 Nr. 4 StPO, der wegen Art. 47 GG nur deklaratorische Bedeutung zukommt.

150 Für den Abgeordneten: *H.-H. Trute*, in: v. Münch/Kunig, GG, Bd. 1, 6. Aufl. 2012, Art. 47 Rn. 2.

151 BVerfGE 108, 251, 268 f.; *D. Wiefelspütz*, Der Staat 43 (2004), 543, 546; *N. Achterberg/M. Schulte*, in: v. Mangoldt/Klein/Starck, GG, Bd. 2, 6. Aufl. 2010, Art. 47 Rn. 2.

152 *N. Achterberg/M. Schulte*, in: v. Mangoldt/Klein/Starck, GG, Bd. 2, 6. Aufl. 2010, Art. 47 Rn. 4; *D. Wiefelspütz*, Der Staat 43 (2004), 543, 549 f.; s. auch Art. 56 Abs. 2 Verf Thür.

Zeugnisbeweises der Urkundenbeweis geführt wird.[153] Auch Art. 47 S. 2 GG schützt das Vertrauensverhältnis, das im Einzelfall zwischen dem Abgeordneten und einem Dritten zustande gekommen ist. Das Beschlagnahmeverbot stärkt daher ebenso das freie Mandat und schützt zugleich die ungestörte parlamentarische Arbeit.[154] Vom Schutzbereich des Art. 47 S. 2 GG sind jedoch nur solche Gegenstände umfasst, die in den „funktionellen Herrschaftsbereich des Abgeordneten" fallen.[155] Dazu zählen alle Räume des Bundestages, innerhalb derer der Abgeordnete Direktionsrecht ausübt, also auch die Räume seiner Mitarbeiter.[156]

Um Rechtsschutzlücken zu schließen, lässt das Bundesverfassungsgericht **Rechtsschutz** (→ Rn. 93 ff.) gegen eine Durchsuchungsanordnung eines Gerichts nach Erschöpfung des Rechtswegs im Wege der Verfassungsbeschwerde zu, da ein Organstreitverfahren mangels Verfassungsorganqualität von Staatsanwalt und Richter nicht in Betracht kommt.[157] Allein auf Art. 47 GG kann die Verfassungsbeschwerde jedoch nicht gestützt werden, da die Bestimmung in Art. 93 Abs. 1 Nr. 4a GG nicht genannt ist, wohl aber auf Art. 38 Abs. 1 S. 2 GG. 81

Soweit gegen einen Abgeordneten selbst der Verdacht einer Straftat besteht, fehlt ihm die Zeugeneigenschaft und er kann sich nicht auf Art. 47 GG berufen.[158] Eine Beschlagnahme oder Durchsuchung der Amtsräume bedarf aber nach Art. 40 Abs. 2 S. 2 GG trotzdem der Genehmigung durch den Bundestagspräsidenten. Die Genehmigung kann im Organstreitverfahren überprüft werden.[159] Der Abgeordnete hat aus Art. 47 S. 2 GG i.V.m. Art. 38 Abs. 1 S. 2 GG jedoch einen Anspruch darauf, dass der Bundestagspräsident bei Entscheidungen nach Art. 40 Abs. 2 S. 2 GG im Rahmen einer Evidenzkontrolle den Abgeordnetenstatus nicht grob verkennt und sich nicht von sachfremden, willkürlichen Motiven leiten lässt.[160] 82

### e) Behinderungsverbot und Anspruch auf angemessene Entschädigung

Mit den Rechten aus Art. 48 GG soll der „Einzugsbereich" möglicher Abgeordneter geschützt und dadurch weit und offengehalten werden. Auch das stärkt die Volkssouveränität: „Jedermann muss ohne Rücksicht auf soziale Unterschiede, insbesondere auf seine Abstammung, seine Herkunft, seine Ausbildung oder sein Vermögen die gleiche Chance haben, Mitglied des Parlamentes zu werden."[161] Die allgemeine passive Wählbarkeit macht das Parlament erst zum Gesamtrepräsentationsorgan. 83

Dabei entfaltet der Grundsatz des allgemeinen passiven Wahlrechts auch schon im Vorfeld der Wahl seine Wirkung, indem der Bewerber aus Art. 48 Abs. 1 GG einen verfassungsunmittelbaren **Anspruch auf Urlaub** zur Vorbereitung seiner Wahl hat. Der Bewerber muss dafür anhand objektiver Kriterien seine Absicht zur Kandidatur zum 84

153 *D. Wiefelspütz,* Der Staat 43 (2004), 543, 550; *N. Achterberg/M. Schulte,* in: v. Mangoldt/Klein/Starck, GG, Bd. 2, 6. Aufl. 2010, Art. 47 Rn. 10.
154 BVerfGE 108, 251, 266, 269.
155 BVerfGE 108, 251, 269 f.; kritisch hierzu *D. Wiefelspütz,* Der Staat 43 (2004), 543, 554 f.
156 Soweit sich Schriftstücke außerhalb der Räume des Bundestages bei einem Mitarbeiter befinden, ist die rechtliche und tatsächliche Beherrschungsmöglichkeit so gelockert, dass der Schutzbereich des Art. 47 GG nicht mehr eröffnet ist, BVerfGE 108, 251, 270.
157 BVerfGE 108, 251, 267.
158 BVerfGE 108, 251, 269, 274; *D. Wiefelspütz,* Der Staat 43 (2004), 543, 548.
159 BVerfGE 108, 251, 271 ff.
160 *D. Wiefelspütz,* Der Staat 43 (2004), 543, 559 ff.; BVerfGE 108, 251, 273 ff.
161 BVerfGE 40, 296, 318.

Ausdruck bringen, etwa durch die Aufnahme in einen Wahlvorschlag gemäß §§ 20, 27 BWahlG. Selbstständige[162] und Strafgefangene[163] fallen nicht in den Anwendungsbereich der Vorschrift. In beiden Fällen fehlt es an einem von Abhängigkeit geprägten Arbeitsverhältnis, aus dem sich eine mögliche Urlaubsberechtigung des Kandidaten ergeben könnte.[164] Insofern liegt in Art. 48 Abs. 1 GG auch keine Ungleichbehandlung gegenüber unselbstständigen Beschäftigten, arbeitnehmerähnlichen Beschäftigten sowie Beamten, Richtern und Soldaten.

85 Mit dem in Art. 48 Abs. 2 GG normierten Behinderungsverbot verbunden ist ein Abwehranspruch für jeden, der das Amt eines Bundestagsabgeordneten übernehmen oder ausüben will, sowohl gegenüber der öffentlichen Gewalt als auch gegenüber privaten Dritten.[165] Voraussetzung ist aber, dass das Verhalten **intentional** auf eine Behinderung gerichtet sein muss, um die Übernahme oder Ausübung des Mandats zu erschweren oder unmöglich zu machen.[166]

86 Die an den Abgeordneten nach Art. 48 Abs. 3 GG zu leistende **angemessene Entschädigung** dient insoweit der Freiheit des Mandates, als er frei von wirtschaftlichen Zwängen entscheiden kann.[167] Ein Abgeordneter, der sich um seine finanzielle Situation nicht sorgen muss, ist weniger anfällig für die Eingehung materiell vorteilhafter Interessenbindungen.

87 Aus dem Umstand, dass das Parlament das gesamte Volk repräsentieren soll und nicht nur einzelne Gruppen, in Verbindung mit dem speziellen Gleichheitssatz des Art. 38 Abs. 1 S. 1 GG, folgt, dass alle Abgeordneten eine angemessene gleiche Entschädigung für ihre Tätigkeit erhalten, um zu verhindern, dass für spezielle Berufsgruppen das Mandat größere Anreize schafft.[168] Auch innerparlamentarisch sollen alle Abgeordneten gleich behandelt werden. Keinen Gleichheitsverstoß stellen hingegen **Funktionsvergütungen für zusätzliche parlamentarische Tätigkeiten** dar. Sie werden nicht aufgrund der verfassungsrechtlichen Rechts- und Pflichtenstellung der Abgeordneten gezahlt,

162 BGHZ 94, 248, 255.
163 BVerfG NVwZ 1982, 96 ff.
164 S. auch BGHZ 94, 248, 255; BVerfG NVwZ 1982, 96 ff.; *H. Schulze-Fielitz*, in: Dreier, GG, Bd. 2, 2. Aufl. 2006, Art. 48 Rn. 14. Hinzu kommt, dass Strafgefangene in manchen Fällen auch gem. § 45 StGB ihr passives Wahlrecht verlieren.
165 *H. Schulze-Fielitz*, in: Dreier, GG, Bd. 2, 2. Aufl. 2006, Art. 48 Rn. 14. Rechtsschutz ist dabei vor den Zivil- oder Verwaltungsgerichten zu suchen. Beispielsfälle: BGHZ 43, 384, 386 ff.: Mitgesellschafter klagt gegen geschäftsführenden Gesellschafter auf Verpflichtung, seine Arbeitskraft ausschließlich in der Gesellschaft – und nicht im Bundestag einzusetzen. Der BGH lehnte einen solchen Anspruch ab. Hingegen verneinte das BVerfG einen Verstoß gegen Art. 48 Abs. 2 GG bei einer Beurlaubung eines Pfarrers für die Dauer seines Mandats nach Beamtenrecht, s. BVerfGE 42, 312, 330.
166 *H. Schulze-Fielitz*, in: Dreier, GG, Bd. 2, 2. Aufl. 2006, Art. 48 Rn. 15. Eine solche Intention verneinte das BVerwG in seiner Entscheidung bei der Nichtzahlung von Bezügen wegen Fernbleiben vom Dienst ohne Bezahlung, BVerwGE 86, 211, 216 f.
167 BVerfGE 102, 224, 239. S. hierzu auch *E. Hoven*, ZParl 2008, 233, 234. Davon zu unterscheiden ist die Aufwandsentschädigung für mandatsbedingte Aufwendungen wie z.B. Wahlkreisbüro, Übernachtungskosten am Sitz des Parlamentes, die steuerfrei an die Abgeordneten zu leisten ist.
168 BVerfGE 40, 296, 318; hierzu auch *E. Hoven*, ZParl 2008, 233, 234; *L. Determann*, BayVBl. 1997, 385, 387.

sondern mittels eines eigenen parlamentsinternen Bestellungsaktes, der sich letztlich als Ausfluss der Parlamentsautonomie darstellt.[169]

Die Brisanz der Abgeordnetendiäten liegt in der Beurteilung der Angemessenheit und der Frage, wer darüber zu entscheiden hat. Die Angemessenheit setzt voraus, dass der Abgeordnete während seiner Parlamentszugehörigkeit eine ausreichende wirtschaftliche Existenzgrundlage für sich und seine Familie zugesprochen bekommt, die der Bedeutung und dem Rang des Abgeordnetenmandats gerecht wird.[170] Das kann – muss aber nicht zwingend – eine „Vollalimentation" sein, wie das Bundesverfassungsgericht später hinzugefügt hat.[171] Konkrete Beträge lassen sich aus diesen Vorgaben jedoch nicht folgern. Bedeutend ist umso mehr, wer über die Höhe der Entschädigungen entscheidet. Nach Art. 48 Abs. 3 S. 3 GG regelt das Nähere ein Bundesgesetz. Bei der Entscheidung handelt es sich daher letztlich um eine **„Entscheidung in eigener Sache"** (→ § 5 Rn. 158).[172] Aller Kritik diesbezüglich zum Trotz wäre es mit dem Parlamentarismusprinzip und der aus diesem fließenden Maßgabe, dass grundlegende Entscheidungen des Gemeinwesens vom Parlament selbst getroffen werden müssen, nicht vereinbar, wenn das Parlament diese Entscheidung aus der Hand geben und etwa einem Gremium überlassen würde, welches die Entscheidung mit für die Abgeordneten verbindlicher Wirkung vornehmen würde.[173] Nur durch die Festlegung im parlamentarischen, also mithin öffentlichen Verfahren ist die Entscheidung über die Entschädigung hinreichend transparent getroffen. Zulässig ist jedoch die Angleichung der Entschädigung an die allgemeine Einkommensentwicklung im Wege der Indexierung.[174] Eine Abmilderung der Gefahren einer Entscheidung in eigener Sache wäre auch durch die Geltung der Anhebung erst für die kommende Legislaturperiode erreicht.[175] 88

Die Entschädigung der Abgeordneten ist im Abgeordnetengesetz geregelt. Nach § 11 Abs. 1 S. 1 AbgG erhält der Bundestagsabgeordnete eine **monatliche Entschädigung**, die sich an den Bezügen eines Bundesrichters (Besoldungsgruppe R 6) orientiert. Die monatliche Entschädigung wird gemäß § 11 Abs. 4 AbgG jährlich zum 1. Juli (erstmals zum 1. Juli 2016) angepasst. Den Bezugspunkt bildet hierbei der vom Statistischen Bundesamt ermittelte Nominallohnindex. Es handelt sich demnach um eine dy-

169 Hierzu BVerfGE 102, 224, 244 unter Rückgriff auf das Grundgesetz mit ausschließlicher Bindungswirkung für den Thüringer Landtag, vgl. dazu ThürVerfGH NVwZ-RR 2003, 793, 794. Zu differenzieren ist ferner zwischen Funktionsvergütungen aus Parlaments- und Fraktionsmitteln. Umfassend zu Funktionsvergütungen *U. Steiner*, Rechtsgutachten im Auftrag des Bayerischen Landtags, 2012; S. 9 ff.; zuletzt für Schleswig-Holstein bezüglich Parlamentarischer Geschäftsführer LVerfG SchlH NVwZ-RR 2014, 3 ff.; bezogen auf den Bundestag vgl. den Bericht der vom Ältestenrat des Bundestags eingesetzten Unabhängigen Kommission zu Fragen des Abgeordnetenrechts, BT-Drucks. 17/12500.

170 BVerfGE 40, 296, 315 f.

171 BVerfGE 76, 256, 341 f.

172 Zu Entscheidungen in eigener Sache als Entscheidungen mit strukturellem Kontrolldefizit s. *T. Streit*, Entscheidung in eigener Sache, 2006, S. 50, 140 ff. und *H. Lang*, Gesetzgebung in eigener Sache, 2007, S. 505 ff.; *H. H. v. Arnim*, JZ 2009, 813 ff.

173 So *M. Brenner*, Das Prinzip Parlamentarismus, in: HStR, Bd. III, 3. Aufl. 2005, § 44 Rn. 29; *P. Badura*, ZSE 2005, 167, 182 ff. Die Einrichtung eines besonderen Entscheidungsgremiums wurde bereits von der gemeinsamen Verfassungskommission vorgeschlagen, fand jedoch nicht die nötige Mehrheit, BT-Drucks. 12/6000, 4. Erneut aufgenommen wurde die Idee von der FDP-Fraktion s. BT-Drucks. 14/4127, die hiermit auf die Staatspraxis u.a. in Australien oder Irland zurückgreift.

174 S. *P. Badura*, ZSE 2005, 167, 175; *E. Hoven*, ZParl 2008, 233, 246; dies sehen auch verschiedene Landesverfassungen/Landesgesetze vor, s. etwa Art. 54 Abs. 2 VerfVerf Thür; § 5 Abs. 3 AbgG Hess; § 6 Abs. 1 und 2 AbgG MV und Art. 5 Abs. 3 AbgG Bay. Auf Bundesebene ist die Indexierung bereits im Rahmen der Kostenpauschalierung verwirklicht.

175 Dafür spricht sich aus *R. Zippelius/T. Würtenberger*, Deutsches Staatsrecht, 32. Aufl. 2008, S. 403 mit Bezug auf *H. Lang*, Gesetzgebung in eigener Sache, 2007, S. 505 ff.

namische Koppelung der Abgeordnetenentschädigung an die Bruttolohnentwicklung.[176] Daneben erhält der Bundestagsabgeordnete eine **„Amtsausstattung“**, die in § 12 AbgG näher bestimmt ist und steuerfrei an den Abgeordneten geleistet wird. Dazu gehören Sachleistungen, z.B. die Bereitstellung eines Büros in Berlin, die freie Benutzung der Bundesbahn und eine Kostenpauschale, ohne dass der Aufwand nachgewiesen werden muss.[177] Zusätzlich kann jeder Abgeordnete Mitarbeiter beschäftigen. Aufwendungen dafür werden gegen Nachweis (§ 12 Abs. 3 AbgG) vom Bund in Form von Vergütung direkt an den Mitarbeiter getragen.

▶ **Zu Fall 10:** Nach Art. 46 Abs. 2 GG darf ein Abgeordneter nur mit Genehmigung des Bundestages wegen einer mit Strafe bedrohten Handlung zur Verantwortung gezogen werden. Unter der Genehmigung ist eine vorherige Zustimmung zu verstehen, welche im Ermessen des Bundes-tages liegt. Art. 46 Abs. 2 GG dient dem Schutz des Bundestages gegen willkürliche Übergriffe der Exekutive in die Arbeitsfähigkeit des Parlaments. Daraus folgt, dass aus Art. 46 Abs. 2 GG kein subjektiver Anspruch bestehen kann, die Immunität nicht aufheben zu lassen. Aus der Zusammenschau mit Art. 38 Abs. 1 S. 2 GG ergibt sich aber ein Recht des Abgeordneten auf willkürfreie Entscheidungen bei Immunitätsfragen. Das Parlament ist als demokratisch legitimiertes Organ Repräsentant des Volkes und muss insoweit seine Handlungsfähigkeit in der gewählten Zusammensetzung wahren können. Der Bundestag muss also bei seiner Entscheidung die Abgeordnetenrechte berücksichtigen und darf seine Entscheidung nicht auf sachfremde und willkürliche Erwägungen stützen. Vorliegend hielt der Bundestag den Verdacht für schlüssig. Eine genaue Untersuchung muss nicht durchgeführt werden, vielmehr reicht eine Evidenzkontrolle. Für eine Rechtsverletzung durch den Bundestag bestehen somit keine Anhaltspunkte. ◀

### 3. Gleichheit

89 Das Grundgesetz verlangt, dass jeder Bürger frei und im Rechtssinne vor dem Gesetz gleich ist. Für das Demokratiegebot bedeutet dies, dass jedem wahlberechtigten Staatsangehörigen ein gleicher Anteil an der Ausübung der Staatsgewalt zusteht.[178] Die Gleichheit der Wahlbürger muss sodann auf den weiteren Stufen der Entfaltung demokratischer Willensbildung, insbesondere im Status des Abgeordneten, fortwirken. Zum Status des Abgeordneten gehört deshalb das in Art. 38 Abs. 1 S. 2 GG gewährleistete Recht auf gleiche Teilhabe am Prozess der parlamentarischen Willensbildung.[179] Hieraus ergibt sich insbesondere auch die egalitäre Rechtsstellung der Gruppen und fraktionslosen Abgeordneten (→ Rn. 104 ff.), sowie die innerparlamentarische Gleichstellung der Abgeordneten in Bezug auf ihre Diäten (→ Rn. 87).

176 Vgl. dazu *H. H. v. Arnim*, DVBl. 2014, 605 ff.; ferner BT-Drucks. 18/477 sowie BT-Drucks. 18/619.

177 Die gegen das Privileg der Nachweisfreiheit gerichtete Verfassungsbeschwerde wurde vom BVerfG erst gar nicht zur Entscheidung angenommen, BVerfG NVwZ 2010, 1429 ff. S. zur vorangegangenen Entscheidung des BFH den Beitrag von *M. Desens*, DStR 2009, 727 ff. Für einen Verstoß gegen den allgemeinen Gleichheitssatz: *R. Stalbold*, Die steuerfreie Kostenpauschale der Abgeordneten, 2004, S. 48 ff.; *K. Tipke*, FR 2006, 949, 953 ff.; a.A. *C. Waldhoff*, FR 2007, 225, 228 ff.

178 Vgl. BVerfGE 112, 118, 133.

179 Vgl. BVerfGE 43, 142, 149; E 70, 324, 354; E 80, 188, 218; E 96, 264, 278; E 112, 118, 133; E 123, 267, 342; *M. Morlok*, in: Dreier, GG, Bd. 2, 2. Aufl. 2006, Art. 38 Rn. 161 ff.; dies betrifft insb. die Mitwirkung in den Ausschüssen → Rn. 704.

### 4. Öffentlichkeit

90 Unter der Geltung der Volkssouveränität ist die Repräsentation durch Abgeordnete eine öffentliche Angelegenheit. Das Volk, welches die Abgeordneten in ihrer Gesamtheit vertreten, soll über das parlamentarische Geschehen – also das Handeln seiner Vertreter – informiert sein können. Die Verhandlungsöffentlichkeit (→ Rn. 53) ist ein Teilgehalt des Status der Öffentlichkeit.[180] Im Rahmen seiner Kontrollfunktion kann das Parlament auch das Handeln der Exekutive öffentlich machen. Nachträglich kann die Öffentlichkeit auch durch die Einsetzung eines Untersuchungsausschusses hergestellt werden (→ Rn. 117 ff.). Der Status der Öffentlichkeit begründet zugunsten der Bürger darüber hinaus einige Pflichten und Verbote (→ Rn. 52 ff.).

### 5. Pflichten des Abgeordneten

91 Den Rechten des Abgeordneten stehen Pflichten gegenüber. Freies Mandat als Freiheit des Abgeordneten bedeutet „nicht eine Freiheit von Pflichten, sondern lediglich die Freiheit in der inhaltlichen Wahrnehmung dieser Pflichten".[181] Zu erwähnen ist vor allem die sich aus dem Prinzip der repräsentativen Demokratie ergebende verfassungsrechtliche **Pflicht zur Anwesenheit und Mitwirkung im Bundestag.** Nach der einfachgesetzlich konkretisierten **Mittelpunktregelung** des § 44a AbgG muss die Ausübung des Mandats im Zentrum der Tätigkeit eines Abgeordneten stehen. § 13 Abs. 2 S. 1 GOBT regelt, dass die Mitglieder des deutschen Bundestages an dessen Arbeit teilzunehmen haben. Sonstige berufliche Tätigkeiten sind deshalb nicht generell ausgeschlossen. Die Verfassung akzeptiert – abgesehen von Art. 137 Abs. 1 GG[182] – grundsätzlich ein Nebeneinander von Mandat und Beruf des Abgeordneten. Nicht verkannt werden darf jedoch, dass ein Abgeordneter in Ausübung seines Mandats ein öffentliches Amt eigener Art ausfüllt, innerhalb dessen er in erster Linie nicht auf seinen eigenen Vorteil achten soll, sondern das von Fremdnützigkeit und Gemeinwohlorientierung geprägt ist. Es steht daher in der Verantwortung des Abgeordneten, welche beruflichen und wirtschaftlichen Beziehungen er eingeht oder beibehält. Seine Mandatstätigkeit muss aber im Mittelpunkt stehen. Die Einhaltung dieser Pflicht kann rechtlich nicht erzwungen werden; ihre Verletzung hat aber mittelbare Folgen, insbesondere die Kürzung der Kostenpauschale für die Amtsausstattung, vgl. § 14 AbgG. Die Existenz von Pflichten bei gleichzeitiger deutlicher Zurückhaltung der Kontrolle der Erfüllung durch den einzelnen Abgeordneten führt zur weitgehenden Freiheit der Selbstdefinition, wie diese Pflichten auszugestalten sind. Es bleibt jedem Abgeordneten selbst überlassen, welche Tätigkeit bei Ausübung seines Mandats den Schwerpunkt bildet – etwa die Arbeit im Wahlkreis oder in der Fraktion. Diese Rollendefinition durch den Abgeordneten steht allerdings unter der kritischen Beobachtung durch die Öffentlichkeit.[183]

---

180 *M. Morlok,* in: Dreier, GG, Bd. 2, 2. Aufl. 2006, Art. 38 Rn. 168.

181 BVerfGE 118, 277, 326.

182 Zur Inanspruchnahme dieser Ermächtigung siehe u.a. §§ 5 ff. AbgG, §§ 3 ff. BeamtStG, §§ 4 Abs. 1, 17a, 21 Abs. 2, 36 Abs. 2, 121 DRiG. Außerdem sieht Art. 55 Abs. 1 GG die Unvereinbarkeit des parlamentarischen Mandats mit dem Amt des Bundespräsidenten und Art. 94 Abs. 1 S. 3 GG mit der Tätigkeit als Richter am Bundesverfassungsgericht vor. Auch der Wehrbeauftragte ist nach § 14 Abs. 3 WBeauftrG von der gleichzeitigen Mitgliedschaft im Parlament ausgeschlossen. In klassisch parlamentarischer Weise miteinander verbunden sind das Mandat eines Abgeordneten und die Zugehörigkeit zur Bundesregierung, s. etwa *M. Morlok,* in: Dreier, GG, Bd. 2, 2. Aufl. 2006, Art. 38 Rn. 141 m.w.N. in Fn. 436. Auch das Grundgesetz geht in Art. 53a Abs. 1 S. 2 GG hiervon aus. Zu dieser Thematik s. auch: *D. Tsatsos,* Die Vereinbarkeit von parlamentarischem Mandat und Regierungsamt in der Parteiendemokratie, 1996.

183 Ein Beispiel ist etwa die Internetseite http://www.abgeordnetenwatch.de (4.7.2014).

92 Von der Frage nach der Zulässigkeit von Nebentätigkeiten von Abgeordneten zu unterscheiden ist die Frage, welche beruflichen und wirtschaftlichen Beziehungen des Abgeordneten anzeigepflichtig sind. Gemäß § 44a Abs. 4 S. 1 AbgG und §§ 1–3 Anl. 1 GOBT obliegen den Abgeordneten bestimmte **Veröffentlichungspflichten**, damit der Bürger über relevante wirtschaftliche Einflussmöglichkeiten eines Dritten auf einen Abgeordneten informiert ist.[184] Die Nichterfüllung der Offenlegungspflichten darf nach § 44a Abs. 4 S. 2 AbgG sanktioniert werden. In den Anzeigepflichten kann kein Eingriff in die Grundrechte der Abgeordneten gesehen werden. Der Ausgleich zwischen dem Interesse der Öffentlichkeit an Transparenz und den Interessen des Abgeordneten als Privatperson erfolgt ausschließlich im Rahmen des Art. 38 GG.[185] Abgeordnete sind **keine Amtsträger** im Sinne der §§ 331 ff. i.V.m. § 11 Abs. 1 Nr. 2 StGB. Statt dieser Normen statuiert § 108e StGB die Strafbarkeit der Abgeordnetenbestechung.[186] Darüber hinaus dürfen Bundestagsabgeordnete für die Ausübung des Mandats keine anderen als die gesetzlich vorgesehenen Zuwendungen annehmen, § 44a Abs. 2 S. 1 AbgG. Sofern Abgeordnete unzulässige Zuwendungen in Empfang genommen haben, sind diese dem Bundeshaushalt zuzuführen, § 44a Abs. 3 S. 1 AbgG.

### 6. Rechtsschutz in Bezug auf Abgeordnetenrechte

93 Die Statusrechte des Abgeordneten aus Art. 38 Abs. 1 S. 2 GG sind keine persönlichen Rechte, sondern Organrechte, die dem Abgeordneten als Mitglied des Bundestages eingeräumt wurden. Dies hat auch prozessuale Konsequenzen: Die Abgeordnetenrechte sind im Wege des **Organstreitverfahrens** gem. Art. 93 Abs. 1 Nr. 1 GG, §§ 63 ff. BVerfGG (→ § 17 Rn. 74 ff.) vor dem Bundesverfassungsgericht zu verteidigen.

94 Eine **Verfassungsbeschwerde** kommt nicht in Betracht, obwohl der Wortlaut des Art. 93 Abs. 1 Nr. 4a GG ohne Einschränkung den Art. 38 GG als grundrechtsgleiches Recht benennt. Es handelt sich also um eine systematisch-teleologische Reduktion, dass als verfassungsbeschwerdefähige Rechte i.S.d. Art. 93 Abs. 1 Nr. 4a i.V.m. Art. 38 GG nur die politischen Rechte des Bürgers gemeint sind. Eine Lücke entsteht dadurch nicht, soweit für die Abgeordnetenrechte aus Art. 38 Abs. 1 S. 2 GG das Organstreitverfahren greift. Für Letzteres ist im Gegenteil sogar der Zugang zum Bundesverfassungsgericht z.T. erleichtert, wenn man die Zulässigkeitsvoraussetzungen beider Verfahren miteinander vergleicht (z.B. § 64 Abs. 3 BVerfGG: sechs Monate Frist statt § 93 Abs. 1 S. 1 BVerfGG: ein Monat). Diese Auslegung soll den Abgeordneten also nicht schlechter stellen und hat ihre Grenze dort, wo Rechtsschutzlücken entstehen würden. So steht auch den Abgeordneten dann der Rechtsschutz im Wege der Verfassungsbeschwerde zu, wenn ihnen die Prozessordnung keinen passenden Rechtsbehelf zur Verfügung stellt, etwa weil der Antragsgegner nicht parteifähig in einem Organstreitverfahren ist[187] (→ § 17 Rn. 76). Auch nach Ausscheiden aus dem Bundestag ist wegen Folgerechten (z.B. Altersversorgung) die Verfassungsbeschwerde statthaft.[188]

95 Die Abgeordneten sind nicht berechtigt, Rechte des Deutschen Bundestages im eigenen Namen – als Prozessstandschafter – geltend zu machen. Die Prozessstandschaft ist eine

184 Der zweite Senat des BVerfG hält diese Regelung für verfassungsgemäß, s. BVerfGE 118, 277 ff.; vgl. demgegenüber das *Sondervotum* der Richter *Hassemer, Di Fabio, Mellinghoff* und *Landau*, BVerfGE 118, 277, 338 ff.; s. hierzu auch die Besprechung von *S. Roßner*, MIP 2007, 55 ff. Ferner BVerwGE 135, 77 ff.
185 A.A. BVerfGE 118, 277, 338 ff. – *Sondervotum Hassemer, Di Fabio, Mellinghoff* und *Landau*.
186 Zur Reform der Abgeordnetenbestechung aus Anlass der UNCAC s. *M. Peek*, ZStW 2008, 785, 794.
187 S. etwa BVerfGE 108, 251, 266 f.; *B. Pieroth*, in: Jarass/Pieroth, GG, 13. Aufl. 2014, Art. 38 Rn. 52.
188 BVerfGE 32, 157, 162.

Ausnahme von dem allgemeinen verfahrensrechtlichen Grundsatz, dass Verfahrensbeteiligte nur eigene Rechte geltend machen können und bedarf daher einer ausdrücklichen Regelung.[189] Eine solche liegt nach einer umstrittenen Rechtsprechung[190] nicht vor, da sich die Vorschriften § 63 und § 64 Abs. 1 BVerfGG nur auf die Prozessstandschaft eines Organteils für das Gesamtorgan beziehen und der Abgeordnete zwar Mitglied und mit Rechten ausgestattet, aber kein Organteil in diesem Sinne sein soll. Als Organteile sind nur die nach der Geschäftsordnung ständig vorhandenen, aber aus mehreren Abgeordneten bestehenden Gliederungen des Bundestages berufen, Rechte des Bundestages geltend zu machen; besondere Bedeutung haben in dieser Hinsicht die Fraktionen.

## V. Fraktionen, Gruppen und fraktionslose Abgeordnete

### 1. Fraktionen: Funktionen, Rechtsgrundlagen und Rechtsstellung

Fraktionen sind Zusammenschlüsse von Abgeordneten des Bundestages, die grundsätzlich der gleichen Partei oder jedenfalls gleichgerichteten Parteien angehören müssen.[191] Die Zusammensetzung aus Abgeordneten gleicher politischer Grundüberzeugungen macht sie zu Tendenzgemeinschaften.[192] Sie werden von den Parteien gebildet, sind aber keine Teile der Parteien, sondern **Untergliederungen des Parlamentes**. Fraktionen leben nach Parlamentsrecht, nicht nach Parteienrecht, sie sind – anders als die Parteien – „der organisierten Staatlichkeit eingefügt".[193] Sie nehmen im Parlament eine tragende Rolle wahr, indem sie Mehrheiten für die Umsetzung politischer Programme organisieren bzw. stabilisieren und insbesondere die Vorteile der **Arbeitsteilung** bei der parlamentarischen Arbeit ermöglichen. 96

Ohne Spezialisierung auf verschiedene Themen können die Abgeordneten der Komplexität der Aufgaben, die es zu bewältigen gibt, nicht mehr gerecht werden. In der Folge ist der Abgeordnete in vielen Politikbereichen auf den Rat anderer angewiesen, welche Vorschläge zustimmungswürdig sind. Hier bieten die nach politischer Grundüberzeugung gebildeten Fraktionen, die in thematische Arbeitskreise aufgeteilt sind, die Grundlage für die Hilfe bei der Entscheidungsfindung. Fraktionen sind daher „notwendige Einrichtungen des Verfassungslebens und maßgebliche Faktoren der politischen Willensbildung".[194] Trotzdem trifft das Grundgesetz keine eigenständige Regelung zu den Fraktionen, erwähnt sie lediglich in Art. 53a Abs. 1 S. 2 GG. Allerdings werden Fraktionen als Institution verfassungsrechtlich dadurch gewährleistet, dass aus dem freien Mandat des Abgeordneten gemäß Art. 38 Abs. 1 S. 2 GG dessen Recht entspringt, sich mit anderen Abgeordneten zusammenzuschließen – die dann die Fraktionen bilden.[195] Die Fraktionen leiten ihre Rechte folglich von den einzelnen Abgeordne-

189 Vgl. BVerfGE 60, 319, 325; E 90, 286, 343; E 123, 267, 337.

190 Vgl. BVerfGE 2, 143, 160; E 67, 100, 126; E 90, 286, 343 f.; E 117, 359, 367 f.; E 123, 267, 337; kritisch gegenüber dieser Differenzierung: *D. Ehlers*, Jura 2003, 319; *G. Sturm/S. Detterbeck*, in: Sachs, GG, 6. Aufl. 2011, Art. 93 Rn. 47; *J. Wieland*, in: Dreier, GG, Bd. 3, 2. Aufl. 2008, Art. 93 Rn. 52; Zweifel äußert *A. Voßkuhle*, in: v. Mangoldt/Klein/Starck, GG, Bd. 3, 6. Aufl. 2010, Art. 93 Rn. 110.

191 Zum Erfordernis der „politischen Homogenität" s. ausführlich *N. Görlitz*, DÖV 2009, 263 ff.

192 *M. Morlok*, in: Dreier, GG, Bd. 2, 2. Aufl. 2006, Art. 38 Rn. 172. Das wirkt sich auch auf das Arbeitsrecht aus: Fraktionen sind Tendenzträger im Sinne von § 118 BetrVG, hierzu ArbG Bonn NJW 1988, 510, 511.

193 BVerfGE 20, 56, 104.

194 BVerfGE 80, 188, 219; zu dem Urteil: *H. Schulze-Fielitz*, DÖV 1989, 829 ff.; *M. Morlok*, JZ 1989, 1035 ff.; ebenso BVerfGE 84, 304, 322.

195 Ausführlich zur Ableitung des Rechts auf Fraktionsbildung aus dem freien Mandat *S. Hölscheidt*, Das Recht der Parlamentsfraktionen, 2001, S. 238 ff.

ten ab. Es obliegt dem Parlament – als Teil seiner Autonomie – darüber zu entscheiden, die Arbeit durch die Fraktionen zu strukturieren. Maßgebliche Rechte der Fraktion regelt daher die Geschäftsordnung des Bundestages (→ § 11 Rn. 129 ff.).

97 Einfachgesetzlich finden sich zudem wichtige Vorschriften in den §§ 45 ff. AbgG, die 1994 als Fraktionsgesetz in das Abgeordnetengesetz integriert wurden.[196] Es enthält Regelungen zur finanziellen Leistung an die Fraktionen, zur Verpflichtung auf demokratische Grundsätze und zur Öffentlichkeit und Kontrolle durch den Bundesrechnungshof.

98 Nach § 46 Abs. 1 AbgG sind Fraktionen **rechtsfähige Vereinigungen** von Bundestagsabgeordneten. Diese Vorschrift lässt offen, ob Fraktionen dem öffentlichen oder dem privaten Recht zuzuordnen sind. Zutreffend ist wohl – angelehnt an die politischen Parteien (→ § 5 Rn. 130) – die Annahme einer dualen Rechtsnatur:[197] Im allgemeinen Rechtsverkehr sind die Fraktionen dem Privatrecht zuzuordnen, etwa als Arbeitgeber[198] oder Ver-/Käufer. In Bezug auf ihre parlamentsbezogenen Rechte sind sie hingegen als rechtsfähige Einrichtungen des Verfassungslebens zu qualifizieren, so dass sie hier insbesondere auch die Möglichkeit haben, ihre Rechte mittels eines Organstreitverfahrens geltend zu machen. Das Vereinsgesetz ist gemäß § 2 Abs. 2 Nr. 2 jedenfalls nicht auf Fraktionen anwendbar.

99 Nach Maßgabe von § 10 GOBT setzt die **Bildung einer Fraktion** voraus, dass ihr mindestens **5 % der Mitglieder des Bundestages** angehören, um dessen Arbeitsfähigkeit zu gewährleisten. Diese Regel wurde auf einen entsprechenden Antrag hin vom Bundesverfassungsgericht überprüft und für mit der Verfassung vereinbar erklärt.[199] In dieser Beschränkung liege keine Gefährdung der Rechtsstellung derjenigen Abgeordneten, die sich nicht in einer Fraktion zusammenschließen können, da sie ihre Rechte aus Art. 38 Abs. 1 S. 2 GG auf andere Weise hinreichend ausüben könnten. Eine über die Höhe der Sperrklausel des § 6 Abs. 6 BWahlG hinausgehende interne Sperrklausel als Hürde zur Bildung einer Fraktion wäre hingegen nicht haltbar.[200]

100 Im parlamentsinternen Bereich besitzen Fraktionen bedeutende Rechte: etwa Gesetzesinitiativrechte, siehe Art. 76 Abs. 1 2. Fall, § 76 Abs. 1 1. Fall i.V.m. § 75 Abs. 1 lit. a GOBT, Änderungsanträge zu Gesetzentwürfen in dritter Lesung, § 85 Abs. 1 S. 1 GOBT, Verlangen nach der Anwesenheit der Bundesregierung, Art. 43 Abs. 1 GG i.V.m. § 42 GOBT, Einberufung des Vermittlungsausschusses, § 89 Fall 1 GOBT, Initiierung von Großen und Kleinen Anfragen, § 76 Abs. 1 1. Fall i.V.m. § 75 Abs. 1 lit. f GOBT und die Benennung der Mitglieder der Ausschüsse, § 57 Abs. 2 S. 1 GOBT, des Ältestenrates, § 6 Abs. 1 GOBT und weiterer Gremien.

101 Bei Verletzung oder unmittelbarer Gefährdung der organschaftlichen Rechte steht den Fraktionen der **Rechtsweg** zum Bundesverfassungsgericht offen. Dafür ist das Organstreitverfahren nach Art. 93 Abs. 1 Nr. 1 GG das einschlägige Verfahren. Sie sind mit

---

196 S. hierzu im Einzelnen *M. Morlok*, NJW 1995, 29 ff.

197 *C. Gröpl*, Staatsrecht I, 3. Aufl. 2011, Rn. 1082; *J. Ipsen*, Staatsrecht I, 25. Aufl. 2013, Rn. 270; *B. Stevens*, Die Rechtsstellung der Bundestagsfraktionen, 2000, S. 78. Umfassend zur Rechtsnatur der Fraktionen s. *H. Pfeil*, Der Abgeordnete und die Fraktion, 2008, S. 64 ff., der im Ergebnis wegen der dualistischen Rechtsnatur der Fraktionen diesen einen eigenen Rechtscharakter zuspricht, s. S. 78; *A. Bäcker*, Der Ausschluss aus der Bundestagsfraktion, 2011, S. 64 ff.

198 Zu der Folge für die kollektive Interessenvertretung der Arbeitnehmer der Fraktionen entweder als Betriebsrat oder Personalrat s. *R. Singer*, NZA 2008, S. 789 ff.

199 S. BVerfGE 96, 264, 278 ff.

200 Offengelassen vom BVerfG in BVerfGE 84, 304, 325; dafür *J. Ipsen*, Staatsrecht I, 25. Aufl. 2013, Rn. 275.

eigenen Rechten ausgestattete Teile des obersten Bundesorgans Bundestag und können nicht nur eigene Rechte, sondern auch prozessstandschaftlich Rechte geltend machen, die dem Bundestag als Gesamtorgan zustehen (anders der Abgeordnete → Rn. 95). Diese Prozessstandschaft ist durch den Minderheitenschutz motiviert: Die parlamentarische Mehrheit soll nicht über die Rechte der Opposition verfügen können, ohne gerichtliche Kontrolle fürchten zu müssen (s. ferner zum Minderheitenschutz bereits oben → § 5 Rn. 52ff.).

Abgeordnete sind wegen ihres freien Mandats nicht verpflichtet, Mitglied einer Fraktion zu sein. Entscheiden sie sich für eine Mitgliedschaft, so ist eine rechtliche Bindung der Abgeordneten an den Willen der Partei bzw. Fraktion wegen Art. 38 Abs. 1 S. 2 GG ausgeschlossen, eine politische Bindung hingegen nicht. Hier ist zu unterscheiden zwischen verfassungswidrigem Fraktionszwang und verfassungskonformer Fraktionsdisziplin. 102

**Fraktionszwang** läge vor, wenn eine Fraktion unmittelbar bestimmend auf die Entscheidungsfreiheit des Abgeordneten einwirkt.[201] **Fraktionsdisziplin** beschreibt im Gegensatz dazu den Usus einer inneren und äußeren politischen Verpflichtung der Abgeordneten, ihre Entscheidungsfreiheit zugunsten einer einheitlichen Willensbildung der Fraktion, der Partei und auch im Interesse ihrer Wähler einzuschränken. Entscheidend für die Abgrenzung ist also ein unzulässiges Druck-/Disziplinarelement.[202] Zulässig sind dabei namentliche Probeabstimmungen und fraktionsinterne Sitzungen, in denen „Abweichler“ argumentativ in die Pflicht genommen werden.[203] Die Grenze des zulässigen politischen Drucks ist aber jedenfalls dann erreicht, wenn der Druck wirtschaftliche Qualitäten aufweist.[204] Praktisch wird der Abgeordnete die einheitliche politische Linie der Fraktion in der Regel nicht als disziplinarische Maßnahme empfinden. Aufgrund der arbeitsteiligen Bearbeitung und Vorbereitung von politischen Entscheidungen innerhalb der Fraktion stellt sich die Möglichkeit, sich auf das Urteil eines politisch gleich gesinnten Spezialisten zu verlassen, für den Abgeordneten als vorteilhaft dar. Das darf dem Abgeordneten aber nicht die Möglichkeit nehmen, sich ein eigenes, abweichendes Bild zu machen.

Bei nachhaltigen und schwerwiegenden Verstößen gegen die „Fraktionslinie“ kann der **Rückruf** eines Abgeordneten **aus einem Ausschuss** oder gar sein **Ausschluss aus der Fraktion**[205] gerechtfertigt sein. Begründet wird dies mit der Notwendigkeit, politische Mehrheiten im Parlament zu organisieren.[206] Erforderlich ist hierfür aber ein Verfahren, in dem der Abgeordnete seine Rechte wahrnehmen kann.[207] Zudem wird in materieller Hinsicht gefordert, dass gewichtige Gründe vorliegen, die in der Regel dann gegeben sind, wenn ein Parteiausschluss gerechtfertigt wäre.[208] Rechtsschutz ist über das 103

201 Zu den unterschiedlichen Definitionen des Fraktionszwangs s. *H. Pfeil*, Der Abgeordnete und die Fraktion, 2008, S. 169 f.
202 So auch *H. Pfeil*, Der Abgeordnete und die Fraktion, 2008, S. 170 f.
203 *C. Gröpl*, Staatsrecht I, 5. Aufl. 2013, Rn. 1023.
204 Zu den Folgen unzulässigen Fraktionszwangs s. im Einzelnen *H. Pfeil*, Der Abgeordnete und die Fraktion, 2008, S. 173 ff.
205 *A. Bäcker*, Der Ausschluss aus der Bundestagsfraktion, 2011.
206 S. BVerfGE 80, 188, 233 f. Zum Rückruf aus einem Ausschuss: *H. Pfeil*, Der Abgeordnete und die Fraktion, 2008, S. 207 ff., zum Fraktionsausschluss S. 218 ff.
207 S. hierzu etwa VerfG MV LKV 2003, 516, 518 f.
208 *H. H. Klein*, ZParl 2004, 627, 631 f.; *M. Morlok*, ZParl 2004, 633, 640 ff.

Organstreitverfahren nach Art. 93 Abs. 1 Nr. 1 GG zu suchen.[209] Dabei ist in materieller Hinsicht die verfassungsrechtliche Überprüfung auf eine Evidenz- und Willkürkontrolle beschränkt.[210]

Ein Ausschluss aus der Fraktion ist auch möglich bei Verlust der Parteizugehörigkeit durch Austritt oder durch Parteiausschluss. Denn die Parteizugehörigkeit ist ein entscheidendes Kriterium für die Fraktionsmitgliedschaft, siehe § 10 Abs. 1 GOBT.

### 2. Gruppen und fraktionslose Abgeordnete

104 Die Gruppe ist ein von der Fraktion zu unterscheidender Zusammenschluss von Abgeordneten, der die in § 10 GOBT erforderliche 5 %-Hürde nicht überwindet. Die Gruppen finden in § 10 Abs. 4 GOBT Erwähnung: Abgeordnete, die sich zusammenschließen, ohne Fraktionsstärke zu erlangen, können als Gruppe anerkannt werden. Gruppen bilden sich daher entweder aus parteilosen Direktkandidaten, aus Abgeordneten einer Partei, die über die Grundmandatsklausel (→ § 5 Rn. 117) in den Bundestag gewählt worden sind, oder aus Abgeordneten, die aus einer Partei oder Fraktion ausgetreten sind oder ausgeschlossen wurden.

105 Mit der Anerkennung als Gruppe muss die Berücksichtigung in den parlamentarischen Gremien verbunden sein, die der proportionalen Größe der Gruppe im Parlament entspricht. Ein organschaftlicher Anspruch auf Gewährung der gleichen Rechte, die den Fraktionen zustehen, ergibt sich für die Gruppen hingegen nicht.[211] Sofern Fraktionen sachliche und personelle Mittel für ihre Arbeit gewährt werden, sind diese in halber Höhe auch Gruppen zu gewähren.[212] Die Gruppe ist etwa bei der Aufteilung der Redezeit entsprechend ihrer Größe zu berücksichtigen.[213] Ihr stehen Sitz und Stimme in einem Ausschuss zu (aber kein Ausschussvorsitz), „wenn auf sie bei der gegebenen Größe der Ausschüsse und auf der Grundlage des vom Bundestag jeweils angewendeten Proportionalverfahrens ein oder mehrere Sitze entfielen".[214]

106 Wenn ein Abgeordneter aus seiner Fraktion austritt oder ausgeschlossen wird, entfallen auch seine Rechte, Möglichkeiten und Vergünstigungen, die er mit seiner und über seine Fraktion besitzt. Entsprechendes gilt, wenn ein parteiloser Kandidat über § 20 Abs. 3 BWahlG im Alleingang in den Bundestag gewählt wird. Der **fraktionslose Abgeordnete** ist in seiner politischen Handlungsfähigkeit im Bundestag stark eingeschränkt. Insbesondere die Nichtberücksichtigung in den Ausschüssen, die durch die Fraktionen besetzt werden, und in denen die wesentliche Parlamentsarbeit stattfindet, würde gegen das sich aus Art. 38 Abs. 1 S. 2 GG ergebende Recht auf gleichmäßige Beteiligung aller Abgeordneten an den Aufgaben des Parlamentes verstoßen.[215] Dem fraktionslosen Abgeordneten müssen daher zumindest die wesentlichen Mitwirkungsrechte zugestanden werden. Dazu gehören: Ein **angemessenes Rederecht im Plenum**, ein **finanzieller Ausgleich** für die Vergünstigungen, die er über eine Fraktion erhalten würde, und

209 *R. Zippelius/T. Würtenberger*, Deutsches Staatsrecht, 32. Aufl. 2008, S. 394. Mit dem Argument, das Recht auf Verbleib in einer Fraktion sei kein organschaftliches Recht, welches sich aus dem Status des Abgeordneten herleite, hält *J. Ipsen*, NVwZ 2005, 361, 363 f. das Organstreitverfahren für unzulässig. Dem tritt entschieden entgegen der BerlVerfGH NVwZ-RR 2006, 441, 442.

210 S. etwa auch BbgVerfG NVwZ-RR 2004, 161, 162.

211 BVerfGE 96, 264, 278 ff.

212 BVerfGE 84, 304, 324, 333 f.; *R. Zippelius/T. Würtenberger*, Deutsches Staatsrecht, 32. Aufl. 2008, S. 395.

213 *R. Zippelius/T. Würtenberger*, Deutsches Staatsrecht, 32. Aufl. 2008, S. 395.

214 BVerfGE 84, 304, 323 f.

215 BVerfGE 80, 188, 221 ff.; *H. Schulze-Fielitz*, DÖV 1989, 829 ff.

die **Mitgliedschaft in einem Ausschuss mit Rede- und Antragsrecht.** Zuletzt gilt auch das **Stimmrecht**[216] als Teil des strengen und formalen Status des Abgeordneten[217] für alle Mitglieder des Parlamentes gleich – unabhängig von einer Fraktionszugehörigkeit.

## VI. Ausschüsse

▶ **Fall 11:** Im Kreis der NATO-Staaten wird beraten, ob ein Truppenkontingent im auswertigen Staat L Ausbildungslager von Terroristen bekämpfen soll. Die F-Fraktion im Bundestag befürchtet, dass die Bundesrepublik erneut in einen langwierigen asymmetrischen internationalen bewaffneten Konflikt verwickelt wird. Sie möchte die Bundesregierung dazu zwingen, den Stand der Beratungen zwischen den NATO-Partnern offenzulegen. Die 180 Bundestagsabgeordneten der F-Fraktion beantragen die Einsetzung eines Untersuchungsausschusses, der klären soll, wie weit die Verhandlungen der NATO gediehen sind und welches die maßgeblichen Argumente für einen solchen Einsatz sind. Dies wird von der Mehrheit der Mitglieder des Bundestages abgelehnt. Die Bundesregierung lehnt das Informationsverlangen der F-Fraktion unter Berufung auf die gebotene Geheimhaltung ab. Es handele sich schließlich um militärische Optionen.

Die Abgeordneten der F-Fraktion wenden sich an das BVerfG. Ist der zulässige Organstreit begründet? ◀

### 1. Allgemeines

Ausschüsse sind **Untergliederungen des Bundestages**, die für einen bestimmten Gegen- 107
stand oder Geschäftsbereich der parlamentarischen Arbeit zuständig sind. Ein Organ mit rund 600 Mitgliedern wäre ohne eine solche Arbeitsteilung nicht in der Lage, die vielfältigen Aufgaben effektiv zu erfüllen. Die Sacharbeit wird daher auf eine Reihe von Fachausschüssen verlagert. Sie sind der Ort der wesentlichen Arbeit im Parlament.

#### a) Bildung und Verfahren

Ausschüsse werden durch **Parlamentsbeschluss** gebildet und dienen vor allem der Vor- 108
bereitung der Verhandlungen und Entscheidungen des Bundestages, siehe §§ 54 Abs. 1 S. 1, 56 Abs. 1 S. 1, 62 Abs. 1 GOBT. Sie sind von der Geschäftsordnungsautonomie des Parlamentes zur Regelung ihres inneren Organisationsaufbaus von Art. 40 Abs. 1 S. 2 GG erfasst.

Verfassungsrechtlich ist die Bildung folgender Ausschüsse vorgesehen: Ausschuss für 109
die Angelegenheiten der Europäischen Union (Art. 45 GG), Ausschuss für auswärtige Angelegenheiten (Art. 45a GG), Verteidigungsausschuss (Art. 45a GG) und Petitionsausschuss (Art. 45c GG). Im Übrigen enthält das Grundgesetz keine Bestimmungen über Ausschüsse, setzt deren Existenz aber voraus, so z.B. in Art. 42 Abs. 3, Art. 43, Art. 46 Abs. 1 GG. Die Bildung mancher Ausschüsse ist auch im einfachen Recht geregelt, so etwa in § 3 des Wahlprüfungsgesetzes und in § 6 Abs. 2 BVerfGG. Die Bildung anderer Ausschüsse steht im Ermessen des Bundestages. In der 18. Wahlperiode hat der Bundestag 22 ständige Ausschüsse eingesetzt.

---

216 BVerfGE 80, 188, 235 ff. – *Sondervotum Mahrenholz*; *H. Schulze-Fielitz*, DÖV 1989, 829, 833; *M. Morlok*, JZ 1989, 1035, 1041 f.; a.A. das Stimmrecht in einem Ausschuss betreffend BVerfGE 80, 188, 224 ff.

217 So ausdrücklich auch SächsVerfGH LKV 2008, 221, 222.

110 Da in den Ausschüssen die wesentliche Arbeit des Parlamentes als Gesamtvertretung stattfindet, muss jeder Ausschuss grundsätzlich ein verkleinertes Abbild des Plenums sein und in seiner Zusammensetzung das politische Kräfteverhältnis des Plenums widerspiegeln, sog. **Grundsatz der Spiegelbildlichkeit.**[218] Diese Vorgabe wird durch § 12 GOBT verwirklicht. Die Mitglieder der Ausschüsse werden von den Fraktionen benannt, § 57 Abs. 2 S. 1 GOBT. Allerdings besteht **kein** Verfassungsgebot, in jedem Ausschuss jede Fraktion mit mindestens einem Sitz zu berücksichtigen.[219] Besteht eine Gruppe im Sinne des § 10 Abs. 4 GOBT, ist sie, wie die Fraktion, bei der Sitzvergabe in den Ausschüssen zu berücksichtigen. Ausschussmitglieder, die lediglich einer Gruppe angehören, genießen den gleichen Status wie fraktionsangehörige Ausschussmitglieder.

111 Die Beratungen der Ausschüsse sind regelmäßig **nicht öffentlich**, siehe § 69 Abs. 1 S. 1 GOBT (zur Kritik daran → Rn. 55). Ausnahmen bilden die Anhörungen (sog. Hearings), in denen der Ausschuss Sachverständige und Interessenvertreter über Verhandlungsgegenstände anhört, § 70 GOBT. Ferner besteht die Möglichkeit des Ausschusses, die Öffentlichkeit regulär zuzulassen, § 69 Abs. 1 S. 2 GOBT.

112 Die Ausschüsse speisen ihre Arbeitsergebnisse in die Arbeit des Plenums durch Berichterstatter ein, die dem Bundestag einen schriftlichen Bericht erstatten, der die Beschlussempfehlungen enthalten muss, § 66 GOBT. Möglich ist auch die Beifügung eines Minderheitenberichts.

#### b) Ausschussarten

113 Neben den unterschiedlichen normativen Grundlagen für die Bildung der Ausschüsse lassen sich die Ausschüsse ihrem Inhalt nach in drei Arten unterscheiden:[220] Zum einen die Komplementärausschüsse, die an den **Aufgabenbereich eines Ministeriums** angepasst sind und sich daher für dieses als parlamentarischer Ansprechpartner erweisen, so z.B. der Auswärtige Ausschuss,[221] der Innenausschuss, der Rechtsausschuss, der Finanzausschuss, der Haushaltsausschuss und der Ausschuss für Wirtschaft und Technologie, der Ausschuss für Ernährung, Landwirtschaft und Verbraucherschutz, sowie der Ausschuss für Arbeit und Soziales.

114 Zum anderen solche, die sich mit **parlamentsinternen Aufgaben** befassen, wozu etwa der Ausschuss für Wahlprüfung, Immunität und Geschäftsordnung sowie der Petitionsausschuss zählen und solche, die an der Bildung von Organen beteiligt sind. Als Beispiel ist hier der Wahlmännerausschuss zur Wahl der vom Bundestag zu wählenden Mitglieder des Bundesverfassungsgerichts zu nennen. Eine Sonderstellung nimmt schließlich der Ausschuss für Angelegenheiten der Europäischen Union ein, der gemäß Art. 45 S. 2 GG vom Bundestag ermächtigt werden kann, anstelle des Plenums Stellungnahmen gegenüber der Bundesregierung abzugeben.

115 Neben diesen sog. ständigen Ausschüssen, die regelmäßig für die Dauer einer Legislaturperiode eingesetzt werden, bestehen auch **zeitlich begrenzte Ausschüsse**, die zur Behandlung eines bestimmten Gegenstandes bestellt werden, zu denen die Sonderausschüsse, § 54 Abs. 1 S. 2 GOBT, aber vor allem auch die Untersuchungsausschüsse,

218 BVerfGE 80, 188, 222; E 84, 304, 323.
219 BVerfGE 70, 324, 364; E 70, 366, 370 – *Sondervotum Mahrenholz.*
220 Einteilung entnommen von *N. Achterberg,* Parlamentsrecht, 1984, S. 139 f.
221 Zum Auswärtigen Ausschuss s. *V. Pilz,* Der Auswärtige Ausschuss, 2008, S. 67 ff.

§ 54 Abs. 2 GOBT i.V.m. Art. 44 GG und dem PUAG (→ Rn. 117), zählen. Dazu mag auch der sogenannte **Hauptausschuss** zählen, der jüngst zu Beginn der 18. Wahlperiode die Aufgaben der ständigen Ausschüsse und der von der Verfassung geforderten Pflichtausschüsse wahrnahm, da sich aufgrund der Koalitionsverhandlungen die Bildung der regulären Ausschüsse über einen längeren Zeitraum hinzog.[222] Er wurde mit Bildung der ständigen Ausschüsse aufgelöst.

**Enquetekommissionen,** § 56 GOBT, denen auch Sachverständige aus Wirtschaft, Wissenschaft und Gesellschaft angehören, sind hingegen keine parlamentarischen Ausschüsse im eigentlichen Sinne, da als solche nur diejenigen Gremien zu qualifizieren sind, die allein mit Bundestagsmitgliedern besetzt sind.[223] Gleichfalls keine Parlamentsausschüsse im eigentlichen Sinne sind daher solche Personenzusammenschlüsse, in die das Parlament kraft Verfassung einzelne seiner Mitglieder delegiert. Hierunter fallen etwa der **Vermittlungsausschuss** gemäß Art. 77 GG, der **„gemeinsame Ausschuss"** gemäß Art. 53a GG und der **Richterwahlausschuss** für die obersten Gerichtshöfe gemäß Art. 95 GG. 116

## 2. Insbesondere Untersuchungsausschüsse

Eine herausragende Rolle unter den Kontrollinstrumenten des Bundestages nehmen die parlamentarischen Untersuchungsausschüsse ein.[224] Anders als die Fragerechte, bei deren Wahrnehmung die Abgeordneten sich auf die Antworten der Regierung verlassen müssen, gibt der Untersuchungsausschuss dem Parlament ein **Recht auf Selbstinformation.** Wichtig in einer parlamentarischen Demokratie, in der die Mehrheit regelmäßig die Regierung stärkt, ist zudem die Ausgestaltung als ein Recht, das auch Oppositionsgruppierungen wahrnehmen können. Das Recht der Untersuchungsausschüsse ist von daher in weiten Teilen als **Minderheitenrecht** ausgestaltet. Schließlich gilt für den Untersuchungsausschuss auch der **Grundsatz der Öffentlichkeit**: Kontrolle für das Volk soll vor dem Volk ausgeübt werden. Die Einzelheiten zu Einrichtung und Verfahren der Untersuchungsausschüsse enthält das „Gesetz zur Regelung des Rechts der Untersuchungsausschüsse des Deutschen Bundestages", PUAG. 117

### a) Einsetzung

Die Einsetzung eines Untersuchungsausschusses erfolgt durch Mehrheitsbeschluss des Bundestages, § 1 Abs. 2 PUAG (sog. **Mehrheitsenquete**). Ein Einsetzungsbeschluss muss auch auf Antrag einer qualifizierten Minderheit des Bundestages (ein Viertel seiner Mitglieder) gefasst werden, sog. **Minderheitsenquete.** Voraussetzung ist jedoch in jedem Falle, dass der Untersuchungsgegenstand bestimmt genug ist. Die Bestimmtheit ist zunächst Einsetzungshürde, dient aber letztlich der Intention der Antragsteller. Die Mehrheit darf dieses Minderheitenrecht nicht dadurch unterlaufen, dass sie den Untersuchungsgegenstand verkürzt, erweitert oder sonst verändert und damit das Untersuchungsverfahren in eine andere Richtung lenkt, siehe so ausdrücklich § 2 Abs. 2 PUAG. Ein Recht auf nachträgliche Erweiterung des Untersuchungsgegenstandes wird auch im Fall der Minderheitenenquete auf deren Initiative hin anzunehmen sein, weil sie auch einen neuen Einsetzungsantrag stellen könnte.[225] 118

222 Siehe BT-Drucks. 18/101; zu den verfassungsrechtlichen Bedenken *Koschmieder*, NVwZ 2014, 852 ff.
223 *K. Stern*, Staatsrecht II, 2. Aufl. 1987, S. 53.
224 Grundfälle zum Untersuchungsausschussrecht bei *T. Hebeler/J. Schulz*, JuS 2010, 969 ff.
225 *M. Morlok*, in: Dreier, GG, Bd. 2, 2. Aufl. 2006, Art. 44 Rn. 37.

In materieller Hinsicht muss ein verfassungsrechtlich **zulässiger Untersuchungsgegenstand** gegeben sein.[226] Als Hilfsorgan des Bundestages, also eines Organs des Bundes, muss der Untersuchungsausschuss die **bundesstaatliche Kompetenzverteilung** wahren (Folge der sog. **Korollartheorie**)[227] und darf keine Vorgänge im Kompetenzbereich eines Landes überprüfen.

119 Auch die **Grundrechte**, die den privaten und gesellschaftlichen Bereich gegenüber staatlichen Einwirkungen absichern, setzen bereits der Einsetzung eines parlamentarischen Untersuchungsausschusses Grenzen.[228] In Betracht kommen vor allem das allgemeine Persönlichkeitsrecht und die wirtschaftlich relevanten Art. 12 und Art. 14 GG. Hier ist jeweils im Einzelfall der Grundsatz der Verhältnismäßigkeit anzuwenden und eine Abwägung zwischen dem Untersuchungsinteresse und dem Individualinteresse vorzunehmen.[229]

120 Schließlich darf kein Untersuchungsausschuss in die ausschließliche **Kompetenz anderer Verfassungsorgane** eingreifen. Das Parlament hat die sich aus dem Gewaltenteilungsprinzip ergebenden Schranken insbesondere in Bezug auf die selbstständige Stellung der Regierung einzuhalten. Der Exekutivbereich steht zwar der parlamentarischen Untersuchung offen und bildet deren eigentlichen Schwerpunkt. Allerdings wird hier ein **Kernbereich der Exekutive** postuliert, der einen grundsätzlich nicht ausforschbaren Initiativ-, Beratungs- und Handlungsbereich darstelle,[230] wozu alle noch nicht abgeschlossenen Vorgänge, insbesondere die interne Willensbildung der Regierung und die diese vorbereitenden Maßnahmen im Ressort- und Kabinettsbereich gehören sollen (→ § 12 Rn. 52). Diese dogmatische Figur ist dabei aber **nicht** als **bestimmter ausforschungsfreier Bereich** zu verstehen, vielmehr werden damit Funktionsinteressen der Regierung bezeichnet, die je nach Gewicht dem Aufklärungsinteresse des Untersuchungsausschusses in einer **Abwägung** auch unterliegen können.[231] Dass solche Beeinträchtigungen des Funktionsinteresses zu befürchten sind, ist von der Bundesregierung darzulegen.[232] Der Geheimnisschutz darf nicht als Instrument der Regierung gegen das Parlament eingesetzt werden. Der notwendige (nicht nur behauptete!) Geheimnisschutz ist Regierung wie Parlament gemeinsam anvertraut.[233] Staatsgeheimnisse sind also nicht vor den Repräsentanten des Volkes geheim zu halten. Wegen Art. 97 GG sind zudem **gerichtliche Urteile** dem Untersuchungsausschuss als Untersuchungsgegenstand entzogen.[234]

121 Neben den Anforderungen des § 1 PUAG muss als ungeschriebenes Merkmal zum Schutz vor den Rechten und der Privatsphäre Privater am Untersuchungsgegenstand

---

226 Vertiefend zu Untersuchungsgegenständen vgl. *M. Riede/H. Scheller*, ZParl 44 (2013), 93 ff.
227 Näheres dazu s. bei *M. Morlok*, in: Dreier, GG, Bd. 2, 2. Aufl. 2006, Art. 44 Rn. 19, 22 ff.
228 *M. Morlok*, in: Dreier, GG, Bd. 2, 2. Aufl. 2006, Art. 44 Rn. 29; *D. Wiefelspütz*, Das Untersuchungsausschussgesetz, 2003, S. 82 m.w.N. Zum Teil wird auch angenommen, dass die Grundrechte allein durch die Definition eines Untersuchungsgegenstandes in Gestalt eines Parlamentsbeschlusses nicht unmittelbar betroffen sind, sondern lediglich das Beweiserhebungsrecht einschränken können, s. etwa *A. Weisgerber*, Das Beweisverfahren parlamentarischer Untersuchungsausschüsse des Deutschen Bundestages, 2003, S. 122.
229 S. hierzu die Entscheidungen des BayVerfGH NVwZ 1995, 681 ff.; BayVerfGH NVwZ 1996, 1206 ff.
230 BVerfGE 67, 100, 139.
231 BVerfGE 124, 78, 120 f. in Bezug auf das Beweiserhebungsrecht. Hierzu die Anmerkung von *J. Hecker*, DVBl. 2009, 1239 ff.
232 BVerfGE 124, 78, 128.
233 *U. Rösch*, Geheimhaltung in der Demokratie, 1999, S. 140 ff.
234 BVerfGE 67, 100, 139.

ein **öffentliches Interesse** bestehen.[235] Jedenfalls bei Vorgängen im staatlichen Bereich liegt ein solches Interesse per se vor, da alle staatliche Gewalt dem Allgemeininteresse verpflichtet ist.[236] Werden hingegen grundrechtlich geschützte Themen aus der Sozial- oder gar Privatsphäre eines Bürgers behandelt, müssen besondere Bezüge zum Gemeinwohl bestehen, die zudem von spürbarem Gewicht sein müssen. Die Vermutung für ein solches Interesse kommt dabei mit der Antragstellung durch ein Viertel der Bundestagsmitglieder zum Ausdruck.[237]

Sind die im Einsetzungsantrag enthaltenen Fragen nur teilweise zulässig, ist dem Antrag, wenn die Fragen abgrenzbar sind, teilweise stattzugeben. Hält der Bundestag einen Einsetzungsantrag für unzulässig, kann er ihn ablehnen. In diesem Fall haben die Antragsteller die Möglichkeit, im Wege des Organstreitverfahrens eine Klärung der Frage durch das Bundesverfassungsgericht herbeizuführen.

### b) Verfahren und Ende

Der auch im Untersuchungsausschuss geltende **Grundsatz der Öffentlichkeit** ist in Art. 44 Abs. 1 GG verwirklicht. Der nach S. 2 mögliche Ausschluss der Öffentlichkeit wird in § 14 PUAG näher geregelt. Die Selbstinformation des Parlamentes durch den Untersuchungsausschuss wird mit dem Recht zur **Beweiserhebung** nach Art. 44 Abs. 2 GG ermöglicht, über die nach § 17 PUAG entschieden wird. Der Minderheitenschutz setzt sich auch hier weiter fort. So ist gem. § 17 II PUAG einem Beweisantrag eines Viertels der Mitglieder des Untersuchungsausschusses stattzugeben. Für die Beweiserhebungen als Kernstück des Untersuchungsverfahrens, gelten neben dem PUAG gemäß Art. 44 Abs. 2 S. 1 GG sinngemäß auch die Vorschriften über den Strafprozess. Der Verweis bezieht sich dabei nur auf die Modalitäten der Beweiserhebung. Die sinngemäße Anwendung fordert, dass das Strafprozessrecht nur insofern herangezogen wird, als dies mit dem vom Strafverfahren deutlich unterschiedenen Zweck eines Untersuchungsausschusses vereinbar ist.[238] 122

Die Vernehmung von Amtsträgern und Abgeordneten als Zeugen[239] setzt voraus, dass die hierfür erforderliche **Aussagegenehmigung** vorliegt, siehe § 23 Abs. 1 PUAG i.V.m. § 54 Abs. 1 StPO. Die Bundesregierung ist gemäß § 23 Abs. 2 PUAG i.V.m. § 18 Abs. 1 PUAG verpflichtet, die erforderliche Aussagegenehmigung zu erteilen. Ein Ermessen steht ihr dabei nicht zu.[240] 123

Das wichtigste Beweismittel sind Akten. Ihnen kommt gegenüber den Zeugenaussagen ein erhöhter Beweiswert zu, „weil das Gedächtnis von Zeugen aus mancherlei Gründen unergiebig werden kann".[241] Nach § 18 Abs. 1 PUAG sind vor allem die Bundesregierung und die Bundesbehörden zur **Aktenvorlage** verpflichtet. Diese Verpflichtung 124

235 S. BVerfGE 77, 1, 44; *C. Gröpl*, Staatsrecht I, 5. Aufl. 2013, Rn. 1104. Positiv verankert ist das öffentliche Interesse etwa in § 1 Abs. 1 UAusschG BW und § 1 UAusschG NRW.
236 Ebenso *C. Degenhart*, Staatsorganisationsrecht, 29. Aufl. 2014, Rn. 685.
237 *H.-P. Schneider*, NJW 2001, 2604, 2605; *R. Zippelius/T. Würtenberger*, Deutsches Staatsrecht, 32. Aufl. 2008, S. 396; dagegen *H. Maurer*, Staatsrecht I, 6. Aufl. 2010, § 13 Rn. 139 ff.
238 Zum Unterschied zwischen parlamentarischen Untersuchungsverfahren und Strafverfahren s. BVerfGE 124, 78, 116.
239 Zur Abgrenzung des Zeugen vom Betroffenen und den sich daraus ergebenden Folgen s. *B. Peters*, StraFo 2009, 96 ff.
240 BVerfGE 124, 78, 118 mit Verweis auf E 67, 100, 132.
241 BVerfGE 67, 100, 132.

ergibt sich bereits als Bestandteil des Kontrollrechts aus Art. 44 Abs. 1 S. 1 GG und dem Recht zur Beweiserhebung nach Art. 44 Abs. 2 S. 1 GG.[242]

125 Das Beweiserhebungsrecht des parlamentarischen Untersuchungsausschusses unterliegt – neben den einfachgesetzlich geregelten Begrenzungen wie etwa der Beschränkung auf den im Einsetzungsbeschluss bestimmten Untersuchungsauftrag, so § 17 Abs. 1 i.V.m. § 1 Abs. 2, § 3 PUAG – auch **grundsätzlichen Grenzen**. Diese sind als Fortwirkung der Einschränkungen zu sehen, die sich bereits in Bezug auf die Einsetzung des Untersuchungsausschusses ergeben (→ Rn. 118 ff.). Das Beweiserhebungsrecht kann demgemäß innerhalb des **exekutiven Kernbereichs** eingeschränkt werden.[243] Auch die **Grundrechte** – insbesondere das Recht auf informationelle Selbstbestimmung – können zu einer Beschränkung des Beweiserhebungsrechts führen, sofern der Untersuchungsausschuss Beweis gegenüber Privaten erhebt.[244] Die Regelung des Art. 44 Abs. 2 S. 2 GG bedeutet, dass einem Untersuchungsausschuss die Möglichkeiten des unmittelbaren Eingriffs mittels strafprozessualer Instrumente in die Grundrechte aus Art. 10 GG, also insbesondere nach den §§ 99 ff StPO, nicht zustehen.[245]

Eine weitere Grenze des Beweiserhebungsrechts bildet das Wohl des Bundes oder eines Landes (**Staatswohl**), das durch das Bekanntwerden geheimhaltungsbedürftiger Informationen gefährdet werden kann.[246] Durch die umfassenden Regelungen über den Schutz staatlicher Geheimnisse im PUAG begründet die Berufung auf die Geheimhaltungsbedürftigkeit von Informationen und die im Falle des Bekanntwerdens drohende Gefährdung des Staatswohls regelmäßig kein Recht zur Verweigerung der Vorlage von Akten. Ebenso wenig trägt sie eine Beschränkung der Aussagegenehmigung.[247] Das Repräsentationsprinzip ermöglicht und gebietet es, dass das Parlament anstelle der Öffentlichkeit gerade auch geheime Sachverhalte kontrollieren kann.

126 Der Untersuchungsausschuss findet sein **Ende**, wenn der Untersuchungsauftrag durch Vorlage eines Abschlussberichtes erfüllt ist, der Untersuchungsausschuss durch den Bundestag aufgelöst wird, was jederzeit zulässig ist, bei einer Minderheitsenquete aber eines ¾-Mehrheitsbeschlusses bedarf, oder die Wahlperiode des Bundestages endet, weil der Grundsatz der Diskontinuität (→ Rn. 142 ff.) auch die Bundestagsausschüsse erfasst.

127 Die Beschlüsse der Untersuchungsausschüsse sind gemäß Art. 44 Abs. 4 S. 1 GG gerichtlich nicht überprüfbar, worin eine Beschränkung der Rechtsschutzgarantie des Art. 19 Abs. 4 GG liegt.[248] Denn die Beschlüsse können – obwohl sie keine rechtlichen Auswirkungen haben, insbesondere Gerichte sind nicht daran gebunden – sehr wohl die persönliche oder gesellschaftliche Stellung privater Personen treffen. Abhilfe schafft hier § 32 PUAG, wonach Personen, die durch die Veröffentlichung des Abschlussbe-

---

242 BVerfGE 67, 100, 128 f.; E 76, 363, 382 ff.; E 77, 1, 48; sowie zuletzt E 124, 78, 116; s. auch *M. Morlok*, in: Dreier, GG, Bd. 2, 2. Aufl. 2006, Art. 44 Rn. 49.

243 BVerfGE 124, 78, 120; zur erforderlichen Begründungslast der Bundesregierung siehe S. 128 f.; BVerfGE 67, 100, 139; E 110, 199, 214.

244 BVerfGE 67, 100, 142 f.; E 76, 363, 387; E 77, 1, 46 f.; E 124, 78, 125 ff.; s. hierzu auch *H. Lopacki*, DÖD 2009, 85, 87 ff.

245 BVerfGE 124, 78, 126; mit Verweis auf *M. Morlok*, in: Dreier, GG, Bd. 2, 2. Aufl. 2006, Art. 44 Rn. 52; a.A. *H.-P. Schneider*, in: Denninger/Hoffmann-Riem/Schneider/Stein, AK-GG, 2. Lfg., Art. 44 Rn. 16, der auch den Verweis auf den Gesetzesvorbehalt mit umfasst sehen will.

246 BVerfGE 124, 78, 123; E 67, 100, 134 ff.

247 BVerfGE 124, 78, 124; E 76, 363, 389.

248 Teilweise wird das als verfassungspolitisch problematisch angesehen, s. etwa *H. Maurer*, Staatsrecht I, 6. Aufl. 2010, § 13 Rn. 152; einschränkend *M. Morlok*, in: Dreier, GG, Bd. 2, 2. Aufl. 2006, Art. 44 Rn. 60.

richtes in ihren Rechten erheblich beeinträchtigt werden, vor Abschluss des Untersuchungsverfahrens die Gelegenheit haben, zu den sie betreffenden Ausführungen im Entwurf des Abschlussberichtes Stellung zu nehmen. Dies gilt allerdings nur, soweit diese Ausführungen nicht mit ihnen in einer Sitzung zur Beweisaufnahme erörtert worden sind. Der wesentliche Inhalt der Stellungnahme ist dann im Abschlussbericht wiederzugeben.

Entscheidungen und sonstige Maßnahmen des Untersuchungsausschusses sind hingegen trotz Art. 44 Abs. 4 S. 1 GG gerichtlich angreifbar, etwa die Vorladung von Zeugen oder die Verhängung eines Ordnungsgeldes. Nach § 36 PUAG ist dafür durchgängig der BGH bzw. der Ermittlungsrichter des BGH zuständig.[249] Hält der BGH den Einsetzungsbeschluss für verfassungswidrig und kommt es für die Entscheidung auf dessen Gültigkeit an, so ist das Verfahren auszusetzen und die Entscheidung des Bundesverfassungsgerichts einzuholen (§ 36 Abs. 2 S. 1 PUAG). 128

▶ **Zu Fall 11:** Der Bundestag könnte durch die Nichteinsetzung des Untersuchungsausschusses gegen Art. 44 Abs. 1 GG verstoßen haben. Dieser regelt eine Pflicht des Bundestages, auf Antrag eines Viertels der Mitglieder des Bundestages (sog. Minderheitsenquete) einen Untersuchungsausschuss einzusetzen. Ein solcher Antrag darf nur abgelehnt werden, wenn der Untersuchungsgegenstand verfassungsrechtlich unzulässig ist.

Als Unterorgan des Bundestages darf der Untersuchungsausschuss nicht mehr Rechte als der Bundestag selbst haben. Insoweit ist der Untersuchungsgegenstand auf den verfassungsrechtlichen Zuständigkeitsbereich des Bundestages beschränkt. Hier könnte sich eine Schranke insb. aus dem Grundsatz der Gewaltenteilung ergeben, wenn der grundsätzlich nicht ausforschbare Initiativ-, Beratungs- und Handlungsbereich der Exekutive (Kernbereich der Exekutive) betroffen ist. Dazu gehören vor allem noch nicht abgeschlossene Vorgänge der internen Entscheidungsfindung der Regierung. Ob ein Untersuchungsgegenstand diesem Bereich unterliegt, ist allerdings durch Abwägung des Funktionsinteresses der Regierung und des Aufklärungsinteresses des Ausschusses zu ermitteln. Beim Kernbereich der Exekutive handelt es sich nämlich nicht um einen fest definierten, ausforschungsfreien Bereich. Dabei ist wegen der starken Stellung der Regierung darauf zu achten, dass die parlamentarische Kontrolle wirksam bleibt, der Untersuchungsausschuss also Regierungsmaßnahmen aufklären kann. Daher gilt es, diesen Bereich restriktiv auszulegen.

Vorliegend ist die Willensbildung der Bundesregierung hinsichtlich der NATO-Beratungen noch nicht abgeschlossen. Würde darüber informiert, könnte die Verhandlungsposition der Regierung gegenüber den NATO-Partnern beeinträchtigt werden. Ein unbefangener, alle Möglichkeiten in Betracht ziehende Beratungs- und Entschließungsprozess ist Schutzgut des Kernbereichs der Exekutive. Dieser Beratungsprozess wäre gefährdet, wenn damit gerechnet werden muss, dass unausgegorene Vorschläge bekannt werden. Wie offen die interne Kommunikation zwischen Amtsträgern stattfindet, ist spätestens seit „WikiLeaks"[250] bekannt.

Die Berufung der Regierung darauf, dass geheimhaltungsbedürftige Informationen betroffen seien, die ohnehin nicht dem Untersuchungsausschuss zur Kenntnis gelangen dürften, verschlägt demgegenüber nicht. Es gilt Geheimschutz gemeinsam zwischen Regierung und

249 Zur Abgrenzung zum Organstreitverfahren: BVerfGE 113, 113, 122 f.; mit Besprechung von *M. Sachs*, JuS 2005, 1033 ff. Kritisch zur Zuweisung an die ordentliche Gerichtsbarkeit wegen des Prinzips der fachlichen Spezialisierung der Gerichte: *M. Morlok*, in: Dreier, GG, Bd. 2, 2. Aufl. 2006, Art. 44 Rn. 58.

250 http://wikileaks.org (4.7.2014).

Untersuchungsausschuss zu praktizieren, nicht gegenüber dem Untersuchungsausschuss und Parlament. Sensible Informationen können nach den Vorschriften der Geheimschutzordnung des Bundestages behandelt werden. Die Einsetzung eines Untersuchungsausschusses wäre demnach materiell verfassungswidrig, womit der Organstreit unbegründet ist. ◀

### VII. Geschäftsordnung, Leitungsorgane und Verwaltung

#### 1. Geschäftsordnung

129 Der Bundestag ist befugt, zur Regelung der parlamentsinternen Organisation und Arbeitsweise eine Geschäftsordnung zu erlassen, Art. 40 Abs. 1 S. 2 GG. Die Geschäftsordnung ist als Teil der Parlamentsautonomie (→ Rn. 60) Ausfluss der Volkssouveränität. Die Besonderheit der Geschäftsordnung ist, dass Identität zwischen Normgebern und Normverpflichteten besteht.[251]

Die geschriebene Geschäftsordnung gibt dem Parlament ein Verfahren an die Hand, nach dem in gleich gelagerten Situationen zu verfahren ist. Die Geschäftsordnung muss insbesondere den Konflikt lösen zwischen der Arbeitsfähigkeit des Gesamtparlamentes und den Rechten der einzelnen Abgeordneten. Um die Handlungsfähigkeit in jeder Situation gewährleisten zu können, sieht § 126 GOBT die Möglichkeit vor, im Einzelfall von der Geschäftsordnung abzuweichen.

130 Die **Rechtsnatur der Geschäftsordnung** wird kontrovers erörtert. Bedeutung können die unterschiedlichen Auffassungen im Hinblick auf die statthafte gerichtliche Klage- bzw. Verfahrensart haben. Nach wohl herrschender Auffassung wird die Geschäftsordnung des Bundestages als **autonome Satzung**[252] qualifiziert. Auch vertreten wurde, dass die Geschäftsordnung lediglich eine „interne Vorschrift" sei.[253] Schließlich haben die Schwierigkeiten bei der Bestimmung der Rechtsnatur zu der Auffassung geführt, es handele sich um ein „Rechtsgebilde sui generis".[254] Die Einordnung als Regelungstyp eigener Art macht zumindest die Besonderheit einer organinternen Regelung deutlich.

131 Der Erlass der Geschäftsordnung ist ausschließlich Sache des Bundestages selbst. Sie wird mit einfacher Mehrheit des Bundestages beschlossen und kann jederzeit mit einfacher Mehrheit abgeändert werden. Bei Erlass der Geschäftsordnung bleibt das Parlament an die übergeordneten **Vorschriften des Grundgesetzes** gebunden.[255] So findet

---

251 Zu den Konsequenzen daraus s. *M. Morlok,* in: Dreier, GG, Bd. 2, 2. Aufl. 2006, Art. 40 Rn. 9. Für den Sonderfall der Geltung der Geschäftsordnung für Zuschauer parlamentarischer Debatten s. Rn. 13.

252 BVerfGE 1, 144, 148; E 44, 308, 315; *B. Pieroth,* in: Jarass/Pieroth, GG, 13. Aufl. 2014, Art. 40 Rn. 8; *K. Stern,* Staatsrecht II, 1980, S. 83; *K. Hesse,* Grundzüge des Verfassungsrechts der Bundesrepublik Deutschland, 20. Aufl. 1999, Rn. 577; *F. Schäfer,* Der Bundestag, 4. Aufl. 1982, S. 65 f., der allerdings zudem die Qualifikation als Rechtssatz eigener Art annimmt.

253 So etwa *K. F. Arndt,* Geschäftsordnungsautonomie, 1966, S. 156 ff., 163; *N. Achterberg,* Parlamentsrecht, 1984, S. 59 f.

254 *H. Frost,* AöR 95 (1970), 38, 51 nimmt dabei eine positive Kennzeichnung vor und spricht von „eigenständigem Parlamentsverfassungsrecht"; *M. Bernau,* Verfassungsrechtliche Bedeutung von Geschäftsordnungen oberster Staatsorgane, 1955, S. 96 f.; *T. Schwerin,* Der Deutsche Bundestag als Geschäftsordnungsgeber, 1998, S. 239 f.; *M. Morlok,* in: Dreier, GG, Bd. 2, 2. Aufl. 2006, Art. 40 Rn. 18; *H. H. Klein,* in: Maunz/Dürig, GG, 50. Lfg., Art. 40 Rn. 58 ff.; *H.-P. Schneider,* in: Denninger/Hoffmann-Riem/Schneider/Stein, AK-GG, 2. Lfg., Art. 40 Rn. 10; *G. Kretschmer,* in: Schmidt-Bleibtreu/Hofmann/Hopfauf, GG, 12. Aufl. 2011, Art. 40 Rn. 27 spricht von einer „Norm des Parlamentsrechts".

255 BVerfGE 44, 308, 315; E 56, 396, 405; s. auch *T. Schwerin,* Der Deutsche Bundestag als Geschäftsordnungsgeber, 1998, S. 29 ff.

das Recht auf freie Ausgestaltung der Organisation und des Geschäftsgangs insbesondere durch die geschützte Rechtsstellung des Abgeordneten seine Begrenzung.[256]

Der Bundestag darf inhaltlich in die Geschäftsordnung zu verortende Materien nicht ohne Weiteres in **formellen Bundesgesetzen** erlassen. Zwischen beiden Regelungsarten bestehen erhebliche Unterschiede. Die Geschäftsordnung wird nur durch den Bundestag erlassen, beim formellen Gesetz wirken andere Bundesorgane mit; erstere ergeht durch einfachen Beschluss, letzteres in einem strengen Verfahren; erstere kann einfacher abgeändert werden; schließlich kann von der Geschäftsordnung im Gegensatz zum Gesetz ggf. abgewichen werden. Die also höhere Flexibilität der Geschäftsordnung ist für die Selbstorganisation der Staatsorgane verfassungsgewollt. Deshalb dürfen Regelungen über das Verfahren und die innere Ordnung des Parlamentes nur ausnahmsweise in einem formellen Gesetz geregelt werden,[257] wenn eine verfassungsrechtliche Ermächtigung vorliegt (z.B. Art. 10 Abs. 2 S. 2, 45b S. 2, 45c Abs. 2, 41 Abs. 3 GG) oder wenn nicht nur Abgeordnete, sondern auch andere Rechtssubjekte berechtigt oder verpflichtet werden sollen.[258] Das Bundesverfassungsgericht hält die Regelung in einem förmlichen Gesetz dann für zulässig, wenn es nicht der Zustimmung des Bundesrates bedarf, der Kern der Geschäftsautonomie nicht berührt wird und außerdem gewichtige Gründe für ein Gesetz sprechen.[259] 132

Ein **Verstoß gegen die Geschäftsordnung** hat nur parlamentsinnenrechtliche Folgen und führt daher selbst bei Entscheidungen mit Außenwirkung, etwa im Gesetzgebungsverfahren, nicht zur Verfassungswidrigkeit der Entscheidung (konkret des Gesetzes) – so etwa bei einem Verstoß gegen die Vorschrift über die Zahl der Beratungen nach §§ 78 ff. GOBT. Anderes gilt, wenn die Geschäftsordnung Verfassungsrecht wiedergibt und der Geschäftsordnungsverstoß folglich zugleich eine Verfassungsverletzung darstellt,[260] was etwa bei § 12 GOBT der Fall ist. Genau betrachtet, ist die formelle Verfassungsmäßigkeit auch in diesen Fällen letztlich am Verfassungsrecht und nicht an der Geschäftsordnung zu messen. Prozessual ist die Geschäftsordnung also Maßstab allenfalls in Organstreitverfahren, nicht aber bei Normenkontrollen und Verfassungsbeschwerden. Teilweise wird darüber hinaus eine Entscheidung im parlamentarischen Verfahren auch wegen eines schwerwiegenden Verstoßes gegen die Geschäftsordnung als ungültig angesehen.[261] 133

Die Praxis der periodischen, in der Sache unveränderten Neuverabschiedung der Geschäftsordnung in der jeweils konstituierenden Sitzung des Bundestages folgt einem Parlamentsbrauch und ist der **Diskontinuität**[262] (→ Rn. 142 ff.) geschuldet. Schon dass die Geschäftsordnung Regeln über die Konstituierung des Bundestages enthält, widerlegt die verbreitete These, kein Parlament könne ein anderes dazu verpflichten, nach 134

256 BVerfGE 80, 188, 218 f.; s. auch *M. Morlok*, JZ 1989, 1035, 1037.

257 Ausführlich dazu: *S. Chen*, Die Zulässigkeit der Regelung des parlamentarischen Geschäftsordnungsrechts durch ein förmliches Gesetz, 1997.

258 *H. Maurer*, Staatsrecht I, 6. Aufl. 2010, § 13 Rn. 92.

259 BVerfGE 70, 324, 361; *M. Morlok*, in: Dreier, GG, Bd. 2, 2. Aufl. 2006, Art. 40 Rn. 16.

260 BVerfGE 29, 221, 233 f.

261 So etwa *V. Haug*, Bindungsprobleme, 1994, S. 144 f.; *M. Morlok*, in: Dreier, GG, Bd. 2, 2. Aufl. 2006, Art. 40 Rn. 22; a.A. *H. H. Klein*, in: Maunz/Dürig, GG, 50. Lfg., Art. 40 Rn. 57; *K. Stern*, Staatsrecht II, 1980, S. 84.

262 *L. Michael*, Folgen der Beendigung: Elemente der Diskontinuität und Kontinuität, in: HParlR, 2014 (i.E.), § 49 Rn. 58 ff.; s. zu den einzelnen Dimensionen der Diskontinuität: *T. Schwerin*, Der Deutsche Bundestag als Geschäftsordnungsgeber, 1998, S. 241 ff. und zur Diskontinuität des Selbstorganisationsrechts, S. 243 ff.

einer von ihm erlassenen Geschäftsordnung zu verfahren.[263] Das neue Parlament braucht sich keine neue Geschäftsordnung zu geben, sondern kann die frühere durch Beschluss übernehmen.[264]

## 2. Präsident, Präsidium, Ältestenrat

135 Der Präsident wird in der ersten Sitzung des Parlamentes vom Bundestag gewählt, Art. 40 Abs. 1 S. 1 GG, § 2 GOBT;[265] in der parlamentarischen Praxis ist dies der Kandidat, der von der stärksten Fraktion vorgeschlagen wird.[266] Bis zur Wahl wird der Bundestag, insbesondere die Durchführung der Wahl, vom an Lebensjahren ältesten dazu bereiten Abgeordneten geleitet, dem sog. Alterspräsidenten, § 1 Abs. 2 und 3 GOBT. Protokollarisch steht der Bundestagspräsident als Vertreter der „ersten Gewalt" direkt an zweiter Stelle hinter dem Bundespräsidenten (während Letzterer allerdings vom Bundesratspräsidenten vertreten wird (→ § 14 Rn. 11).

136 Nicht geregelt ist in der Geschäftsordnung die **Abwahl** des Bundestagspräsidenten. Grundsätzlich ist er also gemäß § 2 Abs. 1 GOBT „für die Dauer einer Wahlperiode" gewählt. Eine Abwahl kann daher nur im Wege einer Durchbrechung der Geschäftsordnung mit Zweidrittelmehrheit der anwesenden Mitglieder nach § 126 Hs. 1 GOBT[267] oder durch vorherige Änderung der GOBT mit einfacher Mehrheit erfolgen.[268]

137 Die **Aufgaben** des Präsidenten sind allgemein umrissen in Art. 40 Abs. 2 GG und § 7 GOBT und lassen sich in vier Bereiche gliedern.[269] Zunächst vertritt der Bundestagspräsident das Parlament im gerichtlichen und außergerichtlichen Rechtsverkehr mit den anderen Staatsorganen und Staatsbürgern, etwa in Streitigkeiten vor dem Bundesverfassungsgericht, in denen der Bundestag als Verfahrensbeteiligter auftritt, § 7 Abs. 1 S. 1, Abs. 3 S. 1 GOBT (**Vertretungsfunktion**). Zudem ist der Bundestagspräsident Chef der Bundestagsverwaltung (→ Rn. 140). Er ist zuständig für die Vollziehung des Haushaltsplanes und die Wahrnehmung dienstrechtlicher und verwaltungstechnischer Aufgaben, § 7 Abs. 1. S. 1, Abs. 3 S. 2, Abs. 4 und 5 GOBT (**Geschäftsführungsbefugnis**). In Bezug auf die Sitzung kommen dem Präsidenten die **Leitungsbefugnis** und die **Ordnungsbefugnis** zu, welche auch das Hausrecht und die Polizeigewalt umfassen (→ Rn. 62). Bei der Leitung der Plenarsitzungen wird der Präsident von den Schriftführern in seiner Tätigkeit unterstützt, siehe § 9 GOBT.

Neben den besonderen Befugnissen behält der Bundestagspräsident seine Stellung, sein Stimmrecht und seine sonstigen parlamentarischen Rechte als Abgeordneter.

138 Das **Präsidium** besteht aus dem Präsidenten und seinen als solchen gleichrangigen Stellvertretern, den Vizepräsidenten (mindestens einer pro Fraktion).[270] Diese haben

---

263 *N. Achterberg*, Parlamentsrecht, 1984, S. 329 f.

264 S. auch BVerfGE 1, 144, 148.

265 Umfassend zum Bundestagspräsidenten s. *T. Wilrich*, DÖV 2002, 152 ff.

266 Zur Frage, ob es sich dabei um parlamentarischen Brauch oder um parlamentarisches Gewohnheitsrecht handelt s. die Nachweise bei *T. Wilrich*, DÖV 2002, 152, Fn. 5.

267 So auch *C. Gröpl*, Staatsrecht I, 3. Aufl. 2011, Rn. 1065; *M. Morlok*, in: Dreier, GG, Bd. 2, 2. Aufl. 2006, Art. 40 Rn. 24. Nach *H. Maurer*, Staatsrecht I, 6. Aufl. 2010, § 13 Rn. 100 ist die Abwahl mit absoluter Mehrheit möglich.

268 *J. Ipsen*, Staatsrecht I, 23. Aufl. 2011, Rn. 256.

269 Eine Übersicht zu den zahlreichen Einzelbefugnissen findet sich bei *J. Bücker*, Präsident und Präsidium, in: Schneider/Zeh, Handbuch Parlamentsrecht und Parlamentspraxis, 1989, § 27 Rn. 11 ff.

270 *M. F. Feldkamp*, Datenhandbuch zur Geschichte des Deutschen Bundestages 1990 bis 2010, 2011, S. 421.

die Aufgabe, den Präsidenten – im Allgemeinen nach parlamentarischem Brauch in der Reihenfolge ihres Dienstalters – insbesondere bei der Sitzungsleitung zu vertreten, §§ 8, 7 Abs. 4 GOBT. Dem Präsidium als Kollegialorgan kommen nur geringe Aufgaben zu, wie etwa die Zustimmung zu dienstrechtlichen Maßnahmen des Präsidenten, siehe § 7 Abs. 4 GOBT.

Der **Ältestenrat** besteht aus dem Präsidenten und seinen Stellvertretern sowie weiteren 139
von den Fraktionen im Verhältnis ihrer Stärke benannten Mitgliedern. Die Mitgliederzahl ist in der Geschäftsordnung oder wird zu Beginn der Wahlperiode durch einen Parlamentsbeschluss festgelegt. Seit 1950 wird im Ältestenrat ein Bundesminister oder ein parlamentarischer Staatssekretär als Vertreter der Regierung tätig.[271] Zudem gehören in der Staatspraxis dem Ältestenrat die Geschäftsführer der Bundestagsfraktionen an. Dem Ältestenrat fällt nach § 6 Abs. 3 GOBT eine **Auffangkompetenz** zu, d.h., ihm obliegen die Aufgaben, die weder dem Präsidenten noch dem Präsidium zugewiesen sind. Daneben ist es die Aufgabe des Ältestenrates, den Präsidenten zu unterstützen, § 6 Abs. 2 GOBT. So legt der Ältestenrat etwa den Arbeitsplan des Parlamentes fest, stellt den Haushaltsplan des Bundestages auf und verfügt über die ihm vorbehaltenen Räume. Nach außen hin ist der Ältestenrat kein Beschlussorgan; vielmehr gibt es in ihm nur (interfraktionelle) Vereinbarungen der Beteiligten, die einvernehmlich getroffen werden, siehe § 6 Abs. 3 GOBT.[272]

### 3. Bundestagsverwaltung

Der Bundestag verfügt über eine eigene Verwaltung, die von dem Direktor des Bundes- 140
tages geleitet wird. Dieser untersteht unmittelbar dem Bundestagspräsidenten. Die Verwaltung ist in die Abteilungen Parlamentarische Dienste, Wissenschaftliche Dienste und Zentrale Dienste untergliedert.

## VIII. Konstituierung und Ende der Wahlperiode des Bundestages

### 1. Konstituierung des Bundestages

Die Abgeordneten des Deutschen Bundestages werden gemäß Art. 38 Abs. 1 S. 1 GG in 141
allgemeiner, unmittelbarer, freier, gleicher und geheimer Wahl gewählt (→ § 5 Rn. 92 ff.). Zur Überprüfung auf Wahlfehler besteht nach Art. 41 GG das Wahlprüfungsverfahren (→ § 5 Rn. 122 ff.). Die Legislaturperiode des Bundestages beginnt mit seinem ersten Zusammentritt – der sog. Konstituierung, die spätestens am dreißigsten Tage nach der Wahl stattfindet, Art. 39 Abs. 2 GG – und dauert vier Jahre, siehe Art. 39 Abs. 1 S. 1 GG. Die Zahl der Mitglieder des Bundestages wird nicht durch das Grundgesetz festgelegt, sondern dem Bundesgesetzgeber überlassen (Art. 38 Abs. 3 GG). Nach § 1 Abs. 1 S. 1 BWahlG besteht der Bundestag aus **598 Abgeordneten**, zu denen ggf. noch die sich nach § 6 Abs. 5 BWahlG bestimmenden Überhangmandate hinzukommen (→ § 5 Rn. 119).[273]

---

271 *M. F. Feldkamp*, Datenhandbuch zur Geschichte des Deutschen Bundestages 1990 bis 2010, 2011, S. 424 f.

272 Die Bindung dieser Vereinbarungen ist umstritten. Umfassend zur Problematik *H.-A. Roll*, Der Ältestenrat, in: Schneider/Zeh, Handbuch Parlamentsrecht und Parlamentspraxis, 1989, § 28 Rn. 46 ff., 48.

273 Zur Verfassungsmäßigkeit von Überhangmandaten BVerfGE 131, 316; *M. Morlok*, JZ 2011, 234 ff.; *J. Krüper*, Jura 2013, 1147 ff.

### 2. Ende der Wahlperiode

#### a) Ablauf der Wahlperiode

142 „Herrschaft auf Zeit“ ist Wesensmerkmal und Funktionsvoraussetzung für die Demokratie (→ § 5 Rn. 19). Die regelmäßige Neuwahl sichert den Einfluss des Volkes auf seine Repräsentanten. Aus diesem Grund setzt Art. 39 Abs. 1 S. 1 GG für den Bundestag eine Wahlperiode[274] von **vier Jahren** fest. Diese beginnt nicht mit der Wahl, sondern mit dem ersten Zusammentritt (der konstituierenden Sitzung) des neuen Bundestages.[275] Ebenso endet die Wahlperiode erst mit Zusammentritt des nächsten Bundestages, um eine „parlamentslose Zeit“[276] zu vermeiden. Das Ende der alten und der Beginn der neuen Wahlperiode fallen also in jedem Fall zeitlich zusammen.

#### b) Der Grundsatz der Diskontinuität und seine Relativierung

143 Unabhängig davon, aus welchem Grund die Wahlperiode beendet wird, gilt der ungeschriebene, in der Volkssouveränität wurzelnde **Grundsatz der Diskontinuität:**[277] Weil Demokratie Herrschaft auf Zeit (→ § 5 Rn. 19) ist, entwertet der in der Neuwahl zum Ausdruck kommende aktuelle Volkswille die bis dahin auf der vorangegangenen Wahl beruhende Legitimation der Volksvertretung und der von ihr kreierten Staatsorgane. Dieser Grundsatz wird allerdings relativiert durch Notwendigkeiten kontinuierlicher staatlicher Aufgabenerfüllung. Für die Bundesregierung legt dies Art. 69 Abs. 2 GG ausdrücklich fest. Dies gilt ungeschriebenermaßen als Grundsatz der Demokratie auch für die Landesverfassungen ohne eine entsprechende Klausel.[278] Darüber hinaus gibt es auch parlamentarische Aufgaben, die ununterbrochen wahrgenommen werden sollen. Insbesondere zu nennen sind hier der Schutz der Grundrechte sowie die Einwirkungsmöglichkeiten gegenüber der EU (Art. 23 Abs. 3 GG). Deswegen bleibt das parlamentarische Kontrollgremium auch über das Ende der Wahlperiode hinweg tätig (§§ 2 Abs. 4, 3 Abs. 3 PKGRG), fordert die Bundesregierung den Bundestag zur Stellungnahme nach Art. 23 Abs. 3 S. 1 GG auf und unterrichtet ferner den Bundestag fortlaufend. In beiden Fällen wird die personelle Dimension der Diskontinuität zugunsten der institutionellen Kontinuität zurückgenommen: Das Organ arbeitet weiter.

144 Die Diskontinuität erweist sich als mehrdimensional. Unterschieden werden muss zwischen der **sachlichen**, der **personellen** und der **institutionellen** Diskontinuität.

Die **sachliche Diskontinuität** (auch als materielle Diskontinuität bezeichnet) bezieht sich auf alle Beschlussvorlagen und besagt, dass die Anträge, Eingaben und dergleichen, die am Ende der Wahlperiode nicht abgeschlossen sind, als erledigt gelten (siehe auch § 125 GOBT). Ausgenommen von der sachlichen Diskontinuität sind unerledigte Petitionen. Die übrigen Vorhaben müssen also neu eingebracht werden. Der Grundsatz

---

274 Der Unterschied zum Begriff „Legislaturperiode“ ist erläutert bei *M. Morlok*, in: Dreier, GG, Bd. 2, 2. Aufl. 2006, Art. 39 Rn. 12.

275 *H. Maurer*, Staatsrecht I, 6. Aufl. 2010, § 13 Rn. 52; *M. Morlok*, in: Dreier, GG, Bd. 2, 2. Aufl. 2006, Art. 39 Rn. 14.

276 So die Gesetzesbegründung zur Änderung des Art. 39 Abs. 1 S. 1 GG im Jahre 1976, BT-Drucks. 7/5307, 1 und 3.

277 S. hierzu *J. Jekewitz*, JöR 27 (1978), 75 ff.; *J. Jekewitz*, Der Grundsatz der Diskontinuität der Parlamentsarbeit im Staatsrecht der Neuzeit und seine Bedeutung unter der parlamentarischen Demokratie des Grundgesetzes, 1977; zu parlamentsrechtlichen Problemen beim Wechsel der Wahlperiode die außerhalb der Diskontinuitätsproblematik liegen s. *M. Fuchs*, DÖV 2009, 232 ff.

278 Ungleich: BVerfGE 27, 44, 55 f.; zur Kritik: *P. Häberle*, JZ 1969, 613, 614 ff.; *R. Müller-Terpitz*, in: Löwer/Tettinger, Kommentar zur Verfassung des Landes NRW, 2002, Art. 34 Rn. 8 f.

der sachlichen Diskontinuität gilt nicht für andere Verfassungsorgane wie den Bundesrat oder die Bundesregierung und erstreckt sich demnach auch nicht auf die Abschnitte des Gesetzgebungsverfahrens in diesen Organen.[279] Er erstreckt sich auch nicht auf abgeschlossene Vorgänge. Insbesondere beschlossene Gesetze behalten ihre Gültigkeit und können freilich durch ein neues Gesetzgebungsverfahren aufgehoben oder geändert werden.

Die **personelle Diskontinuität** (auch als organisatorische Diskontinuität bezeichnet) erfasst die Abgeordneten, die mit Ende der Wahlperiode ihr Mandat verlieren.

Die **institutionelle Diskontinuität** betrifft schließlich die Organe des Bundestages, etwa den Bundestagspräsidenten und die Ausschüsse und Fraktionen, die mit dem Bundestag ihre konkrete Existenz verlieren. Ein nicht abgeschlossenes Untersuchungsverfahren kann daher schon wegen des Wegfalls des Untersuchungsausschusses nicht mehr weitergeführt werden.[280]

Der Grundsatz der Diskontinuität bezieht sich dabei nur auf den parlamentarischen in- **145**
ternen Bereich. Extern wirkende Rechtsakte wie etwa Prozesshandlungen im verfassungsgerichtlichen Verfahren[281] oder Verträge mit den Angestellten des Bundestages behalten ihre Wirkung. Die Diskontinuität gilt als originär parlamentarischer Grundsatz auch nicht für andere gewählte Organe, insbesondere ist er nicht auf die kommunale Ebene der Gemeinderäte übertragbar. Letztere werden vielmehr der Verwaltung zugerechnet und folgen noch weiter gehend dem Grundsatz der Kontinuität. Freilich gilt der Grundsatz der personellen Diskontinuität auch für kommunale Mandatsträger.

### c) Vorzeitige Auflösung des Bundestages

Eine vorzeitige Auflösung des Bundestages hat das Grundgesetz der Entscheidung des **146**
Bundespräsidenten vorbehalten und hat diese zudem auf zwei Fälle beschränkt:

Art. 63 Abs. 4 GG betrifft den Fall, dass die Wahl des Bundeskanzlers scheitert, weil kein Kandidat die absolute Mehrheit der Stimmen der Mitglieder des Bundestages erreicht (→ § 12 Rn. 25 f.). In dieser Situation kann der Bundespräsident den nur mit einfacher Mehrheit gewählten Kandidaten zum (Minderheiten-)Kanzler ernennen oder aber den Bundestag auflösen, was zur Folge hat, dass Neuwahlen stattfinden müssen, siehe Art. 39 Abs. 1 S. 4 GG. Ein Rücktritt des Bundeskanzlers führt nicht unmittelbar zur Auflösung des Bundestages, sondern zunächst nur dazu, dass jener einen neuen Bundeskanzler zu wählen hat. Erst wenn das reguläre Verfahren scheitert, kann dies wiederum nach Art. 63 Abs. 4 S. 3 GG zu einer Auflösung des Bundestages führen. Vorzeitige Neuwahlen sind auch möglich nach Art. 68 GG (→ § 12 Rn. 43 ff.).

### d) Selbstauflösungsrecht

Ein Selbstauflösungsrecht des Bundestages für den Fall einer Handlungsunfähigkeit des **147**
Parlamentes, etwa aufgrund einer politischen Lage der Instabilität zwischen Bundes-

279 *M. Morlok*, in: Dreier, GG, Bd. 2, 2. Aufl. 2006, Art. 39 Rn. 23.

280 *S. Magiera*, in: Sachs, GG, 6. Aufl. 2011, Art. 39 Rn. 13; *L.-A. Versteyl*, in: v. Münch/Kunig, GG, Bd. 1, 6. Aufl. 2012, Art. 39 Rn. 26.

281 *H. Maurer*, Staatsrecht I, 6. Aufl. 2010, § 13 Rn. 55; s. auch BVerfGE 79, 311, 327 für einen Antrag im Normenkontrollverfahren. Dies gilt entgegen der wohl h.M. (s. die Nachweise hierzu bei *M. Morlok*, in: Dreier, GG, Bd. 2, 2. Aufl. 2006, Art. 39 Rn. 24 Fn. 57) auch für das Organstreitverfahren, s. *R. Wernsmann*, Jura 2000, 344, 345. Hier kann es allenfalls nach Auflösung des Bundestages am Rechtsschutzbedürfnis fehlen, s. S. 346 f.; ferner BVerfGE 108, 251, 272 f.

kanzler und Bundestag, existiert nicht. Zwar hatte die Gemeinsame Verfassungskommission 1993 über ein solches Recht diskutiert, es im Ergebnis aber verworfen (→ § 12 Rn. 47). Es verbleibt daher bei der Möglichkeit, eine „auflösungsgerichtete Vertrauensfrage" nach Art. 68 GG vorzunehmen. Die Landesverfassungen sehen hingegen – unter verschiedenen Antrags- und Mehrheitserfordernissen – ein Selbstauflösungsrecht der Landesparlamente vor.[282] Dabei wäre die bestehende Verfassungssystematik wohl mit einem Selbstauflösungsrecht des Bundestages vereinbar.[283] Die Tatsache, dass eine Auflösung des Bundestages nach Art. 68 GG nur unter Mitwirkung der Bundesregierung und des Bundespräsidenten möglich ist, widerspricht der dem Parlament aufgrund seiner herausragenden Stellung zustehenden Autonomie.[284] Es muss sichergestellt sein, dass sich das Parlament bei Störungen von innen selbstbestimmt auflösen kann, um so seine Handlungsfähigkeit und dadurch die Vertretung des Volkes zu sichern.

## Wiederholungs- und Verständnisfragen

> Nennen Sie die wesentlichen Aufgaben und Befugnisse des Bundestages!

> Weshalb ist Öffentlichkeit für parlamentarische Verfahren so wichtig?

> Was versteht man unter dem Grundsatz des freien Mandats? Welches Spannungsverhältnis besteht in dieser Hinsicht zwischen Parteien und Abgeordneten?

> Welche Funktionen erfüllen Fraktionen im Parlament?

> Erläutern Sie den Grundsatz der Diskontinuität!

> Existiert ein Selbstauflösungsrecht des Parlamentes?

282 Art. 35 Abs. 1 Verf NRW, Art. 43 Verf BW, Art. 18 Abs. 1 Verf Bay, Art. 54 Abs. 2 Verf Berl, Art. 62 Abs. 2 Verf Brbg, Art. 76 Abs. 1 Verf Brem, Art. 11 Abs. 1 Verf Hamb, Art. 80 Verf Hess, Art. 27 Abs. 2 Verf MV, Art. 84 Verf RhPf, Art. 69 Verf Saarl, Art. 58 Verf Sa, Art. 60 Verf SaAnh, Art. 13 Abs. 2 Verf SchlH, Art. 50 Abs. 2 Verf Thür, Art. 10 Abs. 1 Verf Nds.

283 S. hierzu *M. Hahn*, DVBl. 2008, 151 ff.; *M. Gehrlein*, DÖV 2007, 280, 284; *C. Leggewie*, Blätter für deutsche und internationale Politik 50 (2005), 1207 ff.; a.A. *H. Maurer*, Staatsrecht I, 6. Aufl. 2010, § 13 Rn. 59; *W.-R. Schenke*, in: Dolzer/Vogel/Graßhof, BK-GG, 124. Lfg., Art. 68 Rn. 277 ff.

284 In diesem Sinne auch *M. Hahn*, DVBl. 2008, 151, 156.

# § 12 Die Bundesregierung

Der Begriff der Regierung ist schillernd: Er steht – als organisatorische Einheit – für das Zentrum der politischen Steuerung des Staates. Umgangssprachlich steht „die Regierung“ daneben häufig für „die Obrigkeit“ oder, moderner, „der Staat“. Um die leitende organisatorische Einheit, auf Ebene des Bundes, also Bundeskanzler und Bundesminister, Art. 62 GG, geht es im folgenden Abschnitt. „Regierung“ wird hier also als institutioneller Begriff verwendet, nicht als funktioneller Begriff, der die Gesamtheit des Regierungshandelns beschreibt. Es geht in diesem Kapitel primär um die Institution,[1] der im Grundgesetz vor allem der VI. Abschnitt (Art. 62–69 GG) gewidmet ist, welcher hauptsächlich von der Bildung und dem inneren Aufbau der Bundesregierung handelt. Die meisten Kompetenzen der Bundesregierung finden sich dagegen an verschiedenen anderen Orten des Grundgesetzes (→ Rn. 7). In den Kategorien des Prinzips der Gewaltenteilung, Art. 20 Abs. 2 S. 2 GG, handelt es sich bei der Bundesregierung um ein Organ der „vollziehenden Gewalt“. 1

Im Sprachgebrauch des Grundgesetzes bedeutet „Bundesregierung“ das Kollegium von Bundeskanzler und Bundesministern (→ Rn. 57). Von der Institution der „Regierung“ kann freilich nicht gehandelt werden, ohne auch die Felder der Regierungstätigkeit in Augenschein zu nehmen.

## I. Funktion und (wachsende) Bedeutung der Regierung

Mit der sprachlichen Ausdruckskraft eines großen Klassikers der verfassungsrechtlichen Literatur ordnet *Walter Bagehot* die Regierung in das Gesamtgefüge des Staates ein: „A Cabinet is a combining committee – a hyphen which joins, a buckle which fastens the legislative part of the State to the executive part of the State. In its origin it belongs to the one, in its function it belongs to the other.“[2] *Bagehot* unterscheidet dabei zwischen der Funktion des Kabinetts und seinem Ursprung. Sein Blickwinkel auf die Funktion der Regierung wirkt zunächst eigentümlich: Sie verbinde die Legislative mit der Exekutive. In der deutschen Denktradition (auch der französischen oder amerikanischen) wird im Verhältnis zwischen Regierung und Legislative eher der Antagonismus oder jedenfalls die Kontrollfunktion betont, die das Parlament gegenüber der Regierung ausübe.[3] Für einen Autor aus Großbritannien, dem Ursprungsland des parlamentarischen Regierungssystems, steht die verbindende, integrierende Funktion der Regierung im Vordergrund. *Bagehot* nimmt damit an der zitierten Stelle eine pragmatisch-politische, weniger eine staatsrechtliche, also auf Definition, Begrenzung und Trennung achtende Perspektive ein. Bei allen rechtlichen Problemen und bei dem Gewicht, das ihnen zukommt, muss man sich immer auch diesen politischen Blickwinkel vergegenwärtigen. 2

---

1 Zu den verschiedenen Regierungsbegriffen s. *S. Detterbeck*, Innere Ordnung der Bundesregierung, in: HStR, Bd. III, 3. Aufl. 2005, § 66 Rn. 1.

2 *W. Bagehot*, The English Constitution, 1867, S. 68.

3 *Th. Maunz/R. Zippelius*, Deutsches Staatsrecht, 32. Aufl. 2008, S. 282; *H. Meyer*, Der Deutsche Bundestag als Organ parlamentarische Kontrolle, in: Schneider/Zeh, Handbuch Parlamentsrecht und Parlamentspraxis, 1989, § 4 Rn. 66 ff.; *H. Schulze-Fielitz*, Das Parlament als Organ der Kontrolle im Gesetzgebungsverfahren, in: Dreier/Hofmann, Parlamentarische Souveränität und technische Entwicklung, 1986, S. 71 ff.

3 Die Bundesregierung steht auf der Kommandobrücke[4] des Staatsschiffes der Bundespolitik. Sie ist die Institution, die – gemeinsam mit dem Parlament – die Aufgabe der Staatsleitung wahrnimmt.[5] Prägnant bringt diese Aufgabe Art. 20 Abs. 1 der französischen Verfassung zum Ausdruck: „Le Gouvernement détermine et conduit la politique de la nation." Zwar fehlt dem Grundgesetz eine Vorschrift, welche die Aufgaben der Regierung in gleicher Weise pointiert beschreibt, in der Sache gilt aber auch für die Bundesregierung, dass sie die nationale Politik lenkt. Von hier gehen die meisten **politischen Initiativen** aus. Verfassungsrechtlich ist dies begründet etwa in den Initiativ- und Informationsrechten der Bundesregierung in der Gesetzgebung (→ § 15 Rn. 9), insbesondere in ihrer Zuständigkeit für die Erstellung des Haushaltsplanes (→ § 11 Rn. 29). Die Bundesregierung verfügt aber vor allem als einziges Bundesorgan auch über die materiellen Ressourcen, um mehr als nur punktuelle politische Initiativen zu ergreifen. Auf Ebene der Länder gilt Gleiches entsprechend für die Landesregierungen.

4 Daneben obliegt der Regierung die immer schon wichtige, aber mit der Verdichtung medialer Kommunikationstätigkeit an Bedeutung noch zunehmende Aufgabe der **Informationsarbeit** und der öffentlichen Vermittlung von Politik.

5 Insgesamt liegen vor allem die politische Initiative und weiterhin die **Koordinierung von Politik** bei der Regierung. Damit ist die Gefahr der Entparlamentarisierung verbunden: Auch wenn die Regierung faktisch den Ausgangspunkt und das leitende Zentrum der politischen Aktivitäten darstellt und dies auch verfassungsrechtlich so gewollt ist, soll doch die Vertretung des Volkes, das Parlament, auch außerhalb der Gesetzgebung das letzte Wort in grundlegenden politischen Entscheidungen haben (→ § 11 Rn. 4 f.).[6]

6 Die Problematik des „automatischen" Übergewichts der initiativen Stelle gegenüber der Stelle mit Genehmigungskompetenz zeigt sich an der sogenannten „**Ratifizierungslage**". Als Beispiel mögen die Übertragung von Hoheitsrechten an die Europäische Union nach Art. 23 Abs. 1 S. 2 GG oder die Zustimmung zu bestimmten sonstigen internationalen Verträgen nach Art. 59 Abs. 2 S. 1 GG dienen (→ § 10 Rn. 11, 36 ff.): Von der Regierung in das Parlament eingebrachte Entscheidungsvorschläge sind hier oft Ergebnis aufwendiger und langwieriger Prozesse unter vielen Beteiligten. Am Brüsseler Verhandlungstisch hat die Regierung das Heft in der Hand, während der Bundestag in Berlin auf Ergebnisse wartet. Der Entscheidungsvorschlag ist dann ein Kompromiss, in dessen Findung von verschiedenen Seiten viel investiert wurde und dessen Ablehnung durch den Bundestag eine Blamage für die Bundesregierung und für die Bundesrepublik insgesamt einen spürbaren Verlust politischen Kapitals bei den anderen beteiligten Staaten bedeuten würde. Angesichts der Kosten einer Ablehnung sieht sich der Bundestag, vor allem die Regierungsfraktionen, unter erheblichen Zustimmungsdruck gesetzt. Immerhin: Im Bereich der Übertragung von Hoheitsrechten auf die Europäische Union hat das Grundgesetz mit Unterrichtungs- und Anhörungspflichten reagiert, welche die Bundesregierung gegenüber dem Bundestag treffen, Art. 23 Abs. 3 GG (→ § 15 Rn. 34), und versucht so, dem Bundestag bereits bei der Kompromissfindung Einfluss zu verschaffen. Die Rechtsprechung des Bundesverfassungsgerichts ver-

4 Frz. „gouvernement" oder engl. „government" stammen ab von lat. „gubernare", wiederum entlehnt von griech. „κυβερναω", dessen ursprünglicher Wortsinn „das Ruder führen, ein Schiff steuern" lautet. Später erlangte gubernare dann die Bedeutung „regieren", es handelt sich also um eine Metapher.

5 So etwa BVerfGE 105, 279, 301; E 26, 338, 395 f.; E 11, 77, 85. Vgl. auch BVerfGE 45, 1, 46: Bestimmung der Ziele der Politik, Verwirklichung des Regierungsprogramms.

6 BVerfGE 90, 281, 386.

sucht, die Einflussmöglichkeiten des Bundestages auch und gerade in diesem Bereich so weit wie möglich zu erhalten.[7]

## 1. Tätigkeitsfeld der Regierung

Die umfassende politische Aufgabe der Regierung besteht in der Bestimmung der „Richtlinien der Politik", wie das Grundgesetz es in Art. 65 S. 1 GG ausdrückt. Diese Vorschrift betrifft zwar ausdrücklich den Bundeskanzler, aber eben in seiner Eigenschaft als Schöpfer (→ Rn. 15) und Kopf der Bundesregierung (→ Rn. 60 f.). Art. 65 S. 1 GG beinhaltet also sowohl eine Aufgabenbeschreibung der Regierung in ihrem Verhältnis nach außen, nämlich zu anderen Staatsorganen,[8] als auch eine interne Zuständigkeitsverteilung, und zwar zwischen dem Kanzler und „seinen" Ministern (→ Rn. 53 ff.). 7

In beiden Bedeutungszusammenhängen lässt sich keine randscharfe Definition dessen geben, was mit „Bestimmung der Richtlinien der Politik" gemeint ist. Im Außenverhältnis der Bundesregierung, insbesondere zum Bundestag oder auch zum Bundesrat, sind die Befugnisse anderer Verfassungsorgane zu beachten, gleichfalls an der Staatsleitung teilzuhaben (→ § 7 Rn. 72, § 11 Rn. 61). Die Bundesregierung genießt aber eine Zuständigkeitsvermutung in Fragen der politischen Führung des Staates, die zum Tragen kommt, sofern es keine besonderen Zuständigkeiten anderer Organe gibt.[9] 8

Auffällig ist die Knappheit und vor allem **Vagheit der Normierung** über die Bundesregierung. Sie ist an dieser Stelle bewusst eingesetzt, um die Offenheit, Veränderlichkeit und Dynamik der politischen Gestaltung zu gewährleisten. Dadurch soll zwei miteinander verknüpften Schwierigkeiten Rechnung getragen werden, nämlich der Unvorhersehbarkeit und der Vielgestaltigkeit politischer Aufgaben und Prozesse:[10] Regierungstätigkeit ist eine wesentliche Form der Bearbeitung gesamtgesellschaftlicher Konflikte,[11] deren Entwicklung von unabsehbar vielen Faktoren abhängt. Zukünftige Probleme der Regierungstätigkeit und damit verbundene neue politische Präferenzen sind daher kaum vorherzusehen. Dies bedingt auch die grundsätzliche Möglichkeit für die Regierung, zu neuen Instrumenten greifen zu können. Ein historisches Beispiel dafür ist etwa die Einführung einer staatlichen Lotterie als unkonventionelles Finanzierungsinstrument durch die in Geldnöten steckende englische Königin Elisabeth I. im Jahr 1569. Die Lotterieeinnahmen ersetzten Einkünfte aus Abgaben oder Anleihen, die politisch respektive am Finanzmarkt schwieriger durchzusetzen waren. Auf dem Gebiet der Finanzierung ist die – freilich gemeinsam mit dem Parlament ausgeübte – Kreativität der Regierungen bis heute ungebrochen, wovon Solidaritätszuschläge oder Lkw-Mautgebühren für die Nutzung von aus Steuermitteln erbauten Autobahnen zeugen. Sie ist aber auch auf anderen Gebieten gefordert, so etwa bei der von der Hoffnung auf insgesamt niedrigere monetäre wie politische Kosten motivierten Durchsetzung po- 9

7 Zuletzt BVerfGE 131, 152 ff.

8 BVerfGE 1, 372, 394.

9 A.A. allerdings *M. Schröder*, Aufgaben der Bundesregierung, in: HStR, Bd. III, 3. Aufl. 2005, § 64 Rn. 12. In dieser Hinsicht noch einmal der rechtsvergleichende Hinweis auf Art. 20 Abs. 1 der französischen Verfassung (→ Rn. 3).

10 Vgl. *K. Hesse*, Grundzüge des Verfassungsrechts der Bundesrepublik Deutschland, 20. Aufl. 1999, Rn. 530: Aufgaben, „die den verschiedensten Sachbereichen angehören und in der Art der aufgegebenen Bewältigung wesentliche Unterschiede aufweisen."

11 Vgl. § 15 GOBReg: „Der Bundesregierung sind zur Beratung und Beschlußfassung zu unterbreiten alle Angelegenheiten von allgemeiner innen- oder außenpolitischer, wirtschaftlicher, sozialer, finanzieller oder kultureller Bedeutung." (Zur Geschäftsordnung der Bundesregierung → Rn. 60 f.).

litischer Ziele durch Absprachen zwischen Staat und Privaten anstatt durch einseitige staatliche Regelung.[12] Art. 65 S. 1 GG in seiner Vagheit und die geringe Dichte der Normierung zur Tätigkeit der Bundesregierung insgesamt sind in dieser Perspektive eine rechtliche Anerkennung des Umstandes, dass sich Regierungstätigkeit nicht auf Teilhabe an rechtsförmigen Rechtsetzungs- und Rechtsanwendungsprozessen beschränkt. Vielmehr findet Regierungstätigkeit bereits und in entscheidendem Maße im Vor- und Umfeld der Setzung rechtsverbindlicher Entscheidungen statt.

10 Eine weitere, wichtige Funktion der Regierung besteht in ihrer Eigenschaft als **Spitze der Verwaltung** in dem jeweiligen Ressort, wobei die Ministerverantwortlichkeit, Art. 65 S. 2 GG, einen Ansatzpunkt für parlamentarische Kontrolle bietet. Diese Funktion ist für die Bundesregierung weniger bedeutsam als für die Landesregierungen, da die bundeseigene Verwaltung schmal ist und die Verwaltung im Übrigen von den Ländern getragen wird (→ § 16 Rn. 14). Daneben tritt für die Bundesregierung allerdings noch die Überwachung der Ausführung von Bundesgesetzen durch die Länder, Art. 84, 85 GG.

### 2. Ressourcen der Regierung

11 Die Ressourcen der Bundesregierung sind erheblich: So verfügt sie über eine nach Tausenden zählende **Ministerialbürokratie**, die der Vorbereitung von Rechtsetzungsvorhaben dient, aber auch der Rechtsanwendungskontrolle und Verwaltungsaufgaben im engeren Sinne. Dieser Kapazität hat der Bundestag nichts Gleichwertiges entgegenzusetzen. Angesichts der Komplexität vieler Gesetzgebungsmaterien liegt damit das Gesetz des Handelns regelmäßig auf der Seite der Bundesregierung. Dies schlägt sich etwa in den Zahlen der jeweiligen Gesetzesinitiativen nieder, bei denen die Bundesregierung ein massives Übergewicht hat.[13] Die Zahl der Gesetzesinitiativen ist jedoch nur die Spitze des Eisbergs, denn die Verfügungsmacht über Personal und Geld ermöglicht auch weiche, aber unter bestimmten Bedingungen besonders wirksame Formen der Politik, die die Ergebnisse rechtsförmiger Verfahren präjudizieren können.[14]

12 Hinzu tritt in einer von hart miteinander konkurrierenden Medien geprägten Demokratie der typischerweise deutlich höhere Bekanntheitsgrad von Angehörigen der Bundesregierung gegenüber etwa den meisten Parlamentariern: Zum einen ist die Gruppe der Bundesminister deutlich exklusiver, zum anderen haben Bundesminister die Möglichkeit, sofort „tätig" zu werden und **öffentlichkeitswirksame Maßnahmen** zu ergreifen. Dieser Bekanntheitsbonus gilt insbesondere für den Bundeskanzler und den Außenminister, die beide über zahlreiche Gelegenheiten zu Auftritten im Fernsehen verfügen. Profilierungsmöglichkeiten stehen den Ministern allgemein in einem relativ hohen Maße offen: Personalisierung der Politik bedeutet so tendenziell auch eine Gouvernementalisierung, da die Regierung im Wettbewerb um die knappe Ressource Aufmerksamkeit eine bessere Ausgangsposition hat.

---

12 Zu dieser nicht unproblematischen Figur eingehend *L. Michael*, Rechtsetzende Gewalt im kooperierenden Verfassungsstaat, 2002; *M. Morlok*, VVDStRL 62 (2003), 39, 44 ff. und 75 ff.

13 *H. Schulze-Fielitz*, Theorie und Praxis parlamentarischer Gesetzgebung, 1988, S. 284 f.

14 Vgl. *M. Morlok*, VVDStRL 62 (2003), 39, 62.

## II. Das parlamentarische Regierungssystem

13 Das Regierungssystem der Bundesrepublik Deutschland ist parlamentarisch.[15] Parlamentarische Regierungssysteme zeichnen sich traditionell mindestens durch die **Abhängigkeit des Bestandes der Regierung vom Vertrauen des Parlamentes** aus. Entzieht das Parlament der Regierung das Vertrauen, muss diese zurücktreten. Damit verbunden sind Kontrollrechte des Parlamentes gegenüber der Regierung als Instrumente, um deren parlamentarische Verantwortlichkeit zu aktualisieren, vgl. Art. 43 Abs. 1; 44 GG. Diese Betonung des Abwahlrechts hängt mit dem historischen Bemühen der Parlamente um wenigstens ein Abberufungsrecht[16] während der Epoche des Konstitutionalismus zusammen, als Regierungen gewöhnlich auch materiell vom Monarchen berufen wurden.[17] Typisch für parlamentarische Regierungssysteme ist aber mittlerweile auch das Recht des Parlamentes, die Regierung oder den Regierungschef zu wählen, wobei das Staatsoberhaupt in verschiedener Weise mitwirken kann.[18]

14 In der Bundesrepublik Deutschland ist die Legitimation der Bundesregierung vom **Bundestag** abgeleitet, der gem. Art. 63 GG den **Kanzler wählt,** welcher wiederum die Zusammensetzung des Kabinetts bestimmt. Zugleich ist die Regierung auch in ihrem Bestand vom Vertrauen des Parlamentes abhängig, denn der Bundestag kann jederzeit im Wege des sogenannten **konstruktiven Misstrauensvotum** (→ Rn. 37 ff.) nach Art. 67 GG einen neuen Bundeskanzler wählen. Für die derivative Natur der Legitimation der Bundesregierung darf man sich auch durch die politische Praxis den Blick nicht verstellen lassen, in der die großen und bisweilen auch die nicht so großen politischen Parteien sogenannte Kanzlerkandidaten aufstellen, welche sich dann in vom Fernsehen übertragenen „Kanzlerkandidatenduellen“ den Wählern präsentieren.[19] In der Wahl des Bundeskanzlers liegt, neben der Möglichkeit zu seiner Abwahl, dem Budgetrecht (→ Rn. 130 ff.) und der Gesetzgebungsbefugnis (→ § 11 Rn. 7 ff.), eines der zentralen Mittel des Bundestages, seine politischen Vorstellungen durchzusetzen.[20]

---

15 In Abgrenzung zu präsidentiellen Regierungssystemen, in denen das vom Volk gewählte Staatsoberhaupt zugleich Chef der Regierung ist, so als klassisches Beispiel in den Vereinigten Staaten, oder in semipräsidentiellen Systemen, wie Frankreich oder der Weimarer Republik, in denen der Präsident vom Volk gewählt wird, daneben aber ein Regierungschef existiert, der vom Vertrauen des Präsidenten wie des Parlamentes abhängig ist.

16 Dazu *K. v. Beyme*, Die parlamentarische Demokratie: Entstehung und Funktionsweise 1789–1999, 3. Aufl. 1999, S. 65 ff.

17 Dieser Zustand ist immer noch in den Formen der britischen Regierungsbildung erkennbar: Der Monarch beruft ein Unterhausmitglied zum Premierminister, von dem am ehesten zu erwarten ist, eine Regierung mit einer Mehrheit im Unterhaus bilden zu können. Eine Wahl im Unterhaus findet nicht statt. Die Regierung muss zurücktreten oder das Unterhaus auflösen (mit der Folge von Neuwahlen), falls sie das Vertrauen des Unterhauses verliert. Ähnlich auch in Dänemark, s. §§ 14, 15 Verf Dänemark.

18 Vgl. Art. 99 Verf Spanien: Vorschlagsrecht des Königs, Wahl durch Parlament; Art. 92, 94 Abs. 3 Verf Italien: Ernennung des Premiers durch Präsidenten, anschließende Bestätigung durch Parlament; §§ 2 Abs. 1, 4 Abs. 1 Kap. 6 Verf Schweden: Wahl durch Parlament, Übernahme der Amtsgeschäfte im Beisein des Königs.

19 Zur rechtlichen Problematik solcher Sendungen s. *M. Morlok/S. Roßner*, Parteiengleichheit und Rundfunkfreiheit. Zur rechtlichen Zulässigkeit von Fernsehduellen vor Bundestagswahlen, in: FS v. Arnim, 2004, S. 143 ff., sowie zu ihrer rechtlichen Gestaltung *M. Hahn-Lorber/S. Roßner*, NvWZ 2011, 471 ff.

20 Mit eingehender Untersuchung der Bedeutung parlamentarischer Wahlbefugnisse *U. Sieberer*, Parlamente als Wahlorgane. Parlamentarische Wahlbefugnisse und ihre Nutzung in 25 europäischen Demokratien, 2010, S. 266 ff. und passim.

### 1. Zustandekommen der Regierung

15 Eine Bundesregierung kommt zustande, indem der Bundestag einen Bundeskanzler wählt (→ Rn. 18). Dieser trägt dann die Verantwortung für den personellen und organisatorischen Zuschnitt der Bundesregierung, das heißt, er bestimmt, wer Bundesminister wird und welche Zuständigkeiten die einzelnen Ressorts erhalten.

16 Die **zentrale Figur** der Bundesregierung ist somit der **Bundeskanzler.** Nur er wird vom Bundestag gewählt und bestimmt dann seinerseits die Zusammensetzung der Bundesregierung, Art. 63; 64 GG, innerhalb derer er die bestimmende Position einnimmt (vgl. etwa die Richtlinienkompetenz Art. 65 S. 1 GG und die Abhängigkeit der Minister vom Kanzler, Art. 64 Abs. 1 GG). Daher ist in Beschreibungen des deutschen Regierungssystems auch nicht ohne Grund die Rede von der „Kanzlerdemokratie".[21] „Auf den Kanzler kommt es an!" ist nicht nur ein alter Wahlslogan,[22] sondern eine zwar verkürzende, aber den Kern treffende Beschreibung der Regierungsmechanik des Grundgesetzes.

17 Wegen seiner Schlüsselstellung für die Bundesregierung ist die Wahl des Bundeskanzlers ein wesentlicher Ausdruck der Abhängigkeit der Regierung vom Vertrauen des Bundestages. Diese Angewiesenheit auf parlamentarisches Vertrauen wird also nicht nur durch die traditionelle Möglichkeit der Abwahl eines ernannten Kanzlers aktualisiert, sondern vor allem durch die aktive Bestimmung der Person des Kanzlers. Vor diesem Hintergrund ist es zutreffend, von der Kanzlerwahl[23] als dem „Herzstück des parlamentarischen Regierungssystems"[24] zu sprechen. In dieser Wahl besteht die zentrale Kreationsbefugnis des Bundestages (→ § 11 Rn. 15).

18 Zugleich ist die Kanzlerwahl wegen der Bedeutung, die das Grundgesetz der Existenz einer funktionsfähigen Regierung beimisst, in Art. 63 GG aufwendig gesichert. Minimalziel ist, überhaupt eine Regierung zu erhalten. Dabei soll, wenn möglich, eine Minderheitenregierung verhindert werden.

#### a) Die Wahl des Bundeskanzlers

▶ **FALL 12:** Die Mehrheitsverhältnisse im Deutschen Bundestag sind nach der letzten Wahl schwierig. Schließlich kristallisiert sich aus den Gesprächen eine mögliche Koalition zwischen der A-Partei, der B-Partei und der C-Partei heraus. Die A-Partei, welche die stärkste Fraktion stellt, will ihren Spitzenkandidaten K zum Bundeskanzler küren, der allerdings, wie jedermann weiß, ein schlechtes persönliches Verhältnis zum Fraktionsvorsitzenden F der B-Partei pflegt und diesem Koalitionspartner ohnedies eher skeptisch gegenübersteht. Der Bundespräsident schlägt schließlich den verdienten M von der A-Partei als Kanzlerkandidaten vor, der als Ministerpräsident über Jahre hinweg im Land L eine Koalition aus der A-, B-

---

21 So bereits *T. Eschenburg*, Staat und Gesellschaft in Deutschland, 4. Aufl. 1963, S. 742. Der Begriff hat sich seitdem verfestigt, s. etwa *E. Holtmann*, Die Richtlinienkompetenz des Bundeskanzlers ff kein Phantom?, in: Holtmann/Patzelt, Führen Regierungen tatsächlich? Zur Praxis gouvernementalen Handelns, 2008, S. 73, 73; *R. Zippelius/T. Würtenberger*, Deutsches Staatsrecht, 32. Aufl. 2008, § 42 Rn. 31.

22 Mit diesem Satz warb bei der Bundestagswahl 1969 die CDU mit ihrem Kanzler Kurt Georg Kiesinger. Zu den Versuchen, die Bedeutung von Spitzenkandidaten und Sachfragen für die Wahl von Parteien empirisch zu bestimmen s. *O. Gabriel*, Parteiidentifikation, Kandidaten und politische Sachfragen als Bestimmungsfaktoren des Parteienwettbewerbs, in: Gabriel/Niedermayer/Stöss, Parteiendemokratie in Deutschland, 1997, S. 233 ff.

23 Einen straffen Überblick zur Wahl des Kanzlers und der Beendigung seines Amtes bietet *C. Burkiczak*, Jura 2002, 465 ff.

24 So *K. Stern*, Staatsrecht I, 2. Aufl. 1984, S. 979.

und C-Partei geführt hat, wobei ihm der damals noch in der Landespolitik tätige F als Chef des Landesverbandes der B-Partei tatkräftig zur Seite stand.

Die Fraktion der A-Partei ist empört. Sie glaubt, der Bundespräsident hätte den K als Kanzlerkandidaten vorschlagen müssen. Trifft dies zu? ◀

Art. 63 GG enthält **drei konsekutive Modalitäten** der Kanzlerwahl. Der erste Modus, geregelt in Art. 63 Abs. 1 und Abs. 2 GG, wird charakterisiert durch den Wahlvorschlag des Bundespräsidenten und das Erfordernis einer absoluten Mehrheit der Stimmen der Mitglieder des Bundestages (→ § 5 Rn. 66). Der zweite Wahlmodus nach Art. 63 Abs. 3 GG kommt nur zum Einsatz, wenn eine Wahl im ersten Modus scheitert. Während es beim Erfordernis der absoluten Mehrheit bleibt, geht das Vorschlagsrecht auf den Bundestag über, vgl. § 4 S. 2 GOBT. Der dritte Wahlmodus, Art. 63 Abs. 4 GG, hat eine Reservefunktion für den Fall eines Versagens auch des zweiten Wahlmodus und bezweckt die Vermeidung eines regierungslosen Zustandes. Das Erfordernis der absoluten Mehrheit fällt weg, allerdings kommt dem Bundespräsidenten bei einer Kanzlerwahl mit lediglich relativer Mehrheit die Entscheidung zu, ob er den gewählten Kandidaten ernennen oder den Bundestag auflösen und Neuwahlen ausschreiben will. 19

Grundsätzlich erfolgt die Wahl des Bundeskanzlers nach Art. 63 GG durch den Bundestag unter **Mitwirkung des Bundespräsidenten.** Art. 63 Abs. 1 GG – als der verfassungsrechtliche Normalfall[25] und erste der drei Wahlmodi – sieht vor, dass der Kanzler auf Vorschlag des Bundespräsidenten gewählt wird. 20

Da das Ziel der Einschaltung des Bundespräsidenten in einer Erleichterung und Beschleunigung der Kanzlerwahl liegt,[26] hat der Präsident als ermessensleitendes Kriterium für seinen Vorschlag lediglich die vermutliche Mehrheitsfähigkeit des Kandidaten. Politische Präferenzen des Bundespräsidenten in Personal- oder Sachfragen spielen hingegen keine Rolle. Entsprechende Zusagen eines Kanzlerkandidaten an den Bundespräsidenten sind daher verfassungswidrig und unwirksam.[27] 21

Der Bundespräsident ist verpflichtet, einen **Wahlvorschlag** zu machen, allerdings macht das Grundgesetz keine Aussage über Form und Frist des Vorschlages.[28] Dieses Schweigen ist eine Anerkennung der politischen Natur der Kanzlerwahl: Aufgabe des Bundespräsidenten ist es, diesen Vorgang zu erleichtern. Praktisch-politische Bedeutung erlangt das Vorschlagsrecht nur bei instabilen Mehrheitsverhältnissen im Bundestag. Der Bundespräsident leistet dann durch seinen Vorschlag „praktische Geburtshilfe".[29] Es ist daher opportun und durchgängige Praxis des Bundespräsidenten, vor der Kanzlerwahl mit den im Bundestag vertretenen Fraktionen Kontakt aufzunehmen und die Mehrheitsfähigkeit bestimmter Kandidaten zu erörtern. Dies setzt wiederum eine Verständigung der Fraktionen untereinander voraus, die sich je nach den Mehrheitsverhältnissen im Bundestag als klar und einfach oder auch schwierig und kompliziert darstellen kann. Der Zeitbedarf für diese Vorgänge lässt sich schwer abschätzen. 22

25 *K. Stern*, Staatsrecht I, 2. Aufl. 1984, S. 981; *M. Schröder*, Bildung, Bestand und parlamentarische Verantwortung der Bundesregierung, in: HStR, Bd. III, 3. Aufl. 2005, § 65 Rn. 5.

26 *G. Hermes*, in: Dreier, GG, Bd. 2, 2. Aufl. 2006, Art. 63 Rn. 17.

27 *E. Küchenhoff*, DÖV 1966, 675 ff.

28 Kommt der Bundespräsident dieser Pflicht nicht nach, kann der Bundestag nach Art. 63 Abs. 3 GG, gegebenenfalls nach Abs. 4, die Kanzlerwahl vornehmen, vgl. *G. Hermes*, in: Dreier, GG, Bd. 2, 2. Aufl. 2006, Art. 63 Rn. 18.

29 *F. Münch*, Die Bundesregierung, 1954, S. 131.

Rechtlichen Bindungen bezüglich des Inhalts seines Vorschlages unterliegt der Bundespräsident nur insofern, als er keinen Kandidaten vorschlagen darf, den er dann wegen fehlender Wählbarkeit nicht gemäß Art. 63 Abs. 2 oder Abs. 4 GG ernennen dürfte. Anerkannte Voraussetzungen sind somit die deutsche Staatsbürgerschaft nach Art. 116 GG und die Wählbarkeit zum deutschen Bundestag,[30] nicht aber die Mitgliedschaft im Bundestag.[31]

23 Für die Wahl des Kanzlers sind nach Art. 63 Abs. 2 GG die Stimmen der Mehrheit der Mitglieder des Bundestages erforderlich, Art. 69 Abs. 2 S. 2 GG. Mit dieser sogenannten **„Kanzlermehrheit"** ist nach der Legaldefinition von Art. 121 GG die Mehrheit der gesetzlichen Mitgliederzahl des Bundestages gemeint.[32] Die Verfassung geht hier über das Erfordernis der Mehrheit der abgegebenen Stimmen hinaus, um sicherzustellen, dass zum Zeitpunkt der Wahl keine Mehrheit gegen den Kanzler möglich ist. Es geht also um die Vermeidung einer Minderheitsregierung.[33] Der Bundespräsident muss einen Kandidaten, der nach Art. 63 Abs. 1, Abs. 2 GG gewählt worden ist und die Wahl angenommen hat, zum Bundeskanzler ernennen.[34]

24 Scheitert die Wahl des vom Bundespräsidenten vorgeschlagenen Kandidaten hingegen – was bisher noch nicht vorgekommen ist –so geht im **zweiten Wahlmodus** die Initiative für die Kanzlerwahl vollständig auf den Bundestag über. Der Bundestag hat nach dem gescheiterten Wahlgang 14 Tage Zeit, mit absoluter Mehrheit einen vom Bundestag selbst vorgeschlagenen Kandidaten zu wählen, Art. 63 Abs. 3 GG. Die Zahl der Wahlgänge während dieses Zeitraums ist nicht limitiert. § 4 S. 2 GOBT lässt nur Wahlvorschläge zu, die von mindestens einem Viertel der Mitglieder des Bundestages unterstützt werden. Diese Regelung, die aussichtslose Kandidaten ausscheiden soll, bewegt sich entgegen der Kritik[35] im Rahmen der Geschäftsordnungsautonomie des Bundestages (→ § 11 Rn. 61) nach Art. 40 Abs. 1 S. 2 GG und stellt eine zulässige Ausgestaltung von Art. 63 Abs. 3 GG dar.[36]

25 Versagt auch der Wahlmodus nach Art. 63 Abs. 3 GG, so greift der **dritte Wahlmodus** ein, der auf Beendigung des regierungslosen Zustandes zielt. Nach Art. 63 Abs. 4 GG hat der Bundestag „unverzüglich" einen neuen Wahlgang abzuhalten, in dem bereits die einfache Mehrheit für eine Wahl ausreicht. Das Scheitern des Wahlgangs ist daher nur in drei Konstellationen denkbar: Es steht kein Kandidat zur Verfügung, der Bundestag ist beschlussunfähig oder die beiden erfolgreichsten Kandidaten kommen auf

30 *M. Schröder*, Bildung, Bestand und parlamentarische Verantwortung der Bundesregierung, in: HStR, Bd. III, 3. Aufl. 2005, § 65 Rn. 17. Keine Wählbarkeitsvoraussetzung ist dagegen die „Verfassungstreue" des Kandidaten, die zu beurteilen Sache des Bundestages ist, *B Pieroth*, in: Jarass/Pieroth, GG, 13. Aufl. 2014, Art. 63 Rn. 1; *G. Hermes*, in: Dreier, GG, Bd. 2, 2. Aufl. 2006, Art. 63 Rn. 13; a.A. *M. Schröder*, Bildung, Bestand und parlamentarische Verantwortung der Bundesregierung, in: HStR, Bd. III, 3. Aufl. 2005, § 65 Rn. 17 m.w.N.

31 Einziges Beispiel für die Wahl eines Bundeskanzlers, der zum Zeitpunkt der Wahl kein Bundestagsmitglied war, ist Kurt Georg Kiesinger, der vor seiner Wahl am 1. Dezember 1966 das Amt eines baden-württembergischen Ministerpräsidenten bekleidete.

32 Gesetzliche Mitgliederzahl bedeutet dabei die Zahl der Mitglieder des Bundestages, die im konkreten Zeitpunkt der Abstimmung stimmberechtigt sind. Es zählen also insbesondere die sogenannten Überhangmandate dazu, *B. Pieroth*, in: Jarass/Pieroth, GG, 13. Aufl. 2014, Art. 121 Rn. 2 m.w.N. (→ § 5 Rn. 65).

33 *C. Burkiczak*, Kanzlerwahl, 2002, S. 466; *G. Hermes*, in: Dreier, GG, Bd. 2, 2. Aufl. 2006, Art. 63 Rn. 26.

34 *B. Pieroth*, in: Jarass/Pieroth, GG, 13. Aufl. 2014, Art. 63 Rn. 2.

35 *G. Hermes*, in: Dreier, GG, Bd. 2, 2. Aufl. 2006, Art. 63 Rn. 30: Verfassungswidrigkeit wegen Verkürzung des Vorschlagsrechts des einzelnen Abgeordneten.

36 So im Ergebnis mit abweichender Begründung *M. Schröder*, Bildung, Bestand und parlamentarische Verantwortung der Bundesregierung, in: HStR, Bd. III, 3. Aufl. 2005, § 65 Rn. 18; ohne Begründung *B. Pieroth*, in: Jarass/Pieroth, GG, 13. Aufl. 2014, Art. 63 Rn. 3.

dieselbe Stimmenzahl. Während im letzten Fall ein weiterer Wahlgang stattfinden muss, gelten die Vorschriften der GOBT über Vorschläge für die Kanzlerwahl und die Beschlussfähigkeit des Bundestages, §§ 4 S. 2; 45 GOBT, im Falle von Art. 64 Abs. 4 GG wegen des Widerspruchs zum Ziel der Regierungsfindung nicht, so dass die Kandidatenfindung erheblich erleichtert und eine Beschlussunfähigkeit ausgeschlossen wird.[37]

Wird ein Kandidat mit absoluter Mehrheit gewählt, so hat der Bundespräsident ihn zum Kanzler zu ernennen, Art. 63 Abs. 4 S. 2 GG. Führt aber der Wahlgang nach Art. 63 Abs. 4 GG nur mit relativer Mehrheit zum Erfolg, hat der Bundespräsident sieben Tage Bedenkzeit, um entweder den Gewählten zum Kanzler einer Minderheitsregierung zu ernennen oder den Bundestag aufzulösen. Für diese Entscheidung hat der Präsident zu bedenken, welche Alternative schneller und sicherer zum Ziel stabiler Regierungsverhältnisse führt. Es handelt sich dabei um eine der wenigen genuin politischen Funktionen des Bundespräsidenten (→ § 14 Rn. 19), deren Ausübung somit gerichtlich nicht inhaltlich überprüfbar ist.[38] 26

▶ **Zu Fall 12:** Bei der Ausübung seines Vorschlagsrechts für die Kanzlerwahl unterliegt der Bundespräsident kaum rechtlichen Restriktionen, sondern kann einen (rechtlich wählbaren) Kandidaten vorschlagen, dem er Chancen auf Erreichen der Kanzlermehrheit nach Art. 63 Abs. 2 S. 1 GG zubilligt. Dieses große Maß an Freiheit des Bundespräsidenten ist auch unschädlich, da der Bundestag in einem zweiten Wahlgang nach Art. 63 Abs. 3 GG seine Präferenzen bezüglich der Person des Kanzlers durchsetzen kann, also nicht auf den Vorschlag des Bundespräsidenten festgelegt ist. Der Bundespräsident kann somit den M zur Wahl vorschlagen. ◀

### b) Personelle Zusammensetzung der Bundesregierung

Personalfragen sind immer auch Machtfragen.[39] Das Grundgesetz ordnet die Personalauswahl für die Regierung, d.h. die **Auswahl der Bundesminister**, materiell allein dem **Bundeskanzler** zu und stärkt damit dessen Macht. Zwar ist die Ernennung eines Ministers durch den Bundespräsidenten gemäß Art. 64 Abs. 1 GG konstitutiv, dieser darf aber weder einen Minister ernennen, welcher nicht durch den Kanzler vorgeschlagen wurde,[40] noch darf er einen Vorschlag aus politischen Motiven oder mit der Begründung, dem Vorgeschlagenen fehle es an der persönlichen Eignung oder fachlichen Befähigung, ablehnen.[41] 27

Tatsächlich allerdings sind für die personelle Zusammensetzung eines Kabinetts die mit rechtlichen Begriffen nicht fassbaren politischen Kraftverhältnisse maßgeblich: In den – typischen – Koalitionsregierungen sind Ernennung und Entlassung von Ministern faktisch von der politischen Zustimmung des Koalitionspartners abhängig. Diese tatsächliche Abhängigkeit wird in letzter Konsequenz an dem rechtlichen Anker des 28

37 *M. Schröder*, Bildung, Bestand und parlamentarische Verantwortung der Bundesregierung, in: HStR, Bd. III, 3. Aufl. 2005, § 65 Rn. 21; vgl. *B. Pieroth*, in: Jarass/Pieroth, GG, 13. Aufl. 2014, Art. 63 Rn. 4.

38 Vgl. *G. Hermes*, in: Dreier, GG, Bd. 2, 2. Aufl. 2006, Art. 63 Rn. 39 ff. m.w.N.

39 Nicht aber: „Machtfragen sind Kaderfragen" (also Personalfragen), wie Stalin meinte: „Die Kader entscheiden alles", zitiert nach *H. Weber*, Geschichte der DDR, 4. Aufl. 2006, S. 9.

40 *H. Maurer*, Staatsrecht I, 6. Aufl. 2010, Rn. 21; *J. Ipsen*, Staatsrecht I, 25. Aufl. 2013, Rn. 435.

41 *H. Maurer*, Staatsrecht I, 6. Aufl. 2010, Rn. 22. Der Bundespräsident kann demnach einen Vorschlag des Kanzlers nur zurückweisen, wenn rechtliche Hindernisse für eine Ernennung vorliegen, vgl. §§ 4, 5 BMinG; Art. 66 GG: Inkompatibilitäten wegen gleichzeitiger Mitgliedschaft in einer Landesregierung oder Ausübung einer anderen beruflichen Tätigkeit.

Misstrauensvotums (→ Rn. 37 ff.) festgemacht: Bei tiefgreifenden Zerwürfnissen, kann es, wie zuletzt 1982 nach dem Bruch der sozial-liberalen Koalition, zur Ab- und der damit verbundenen Neuwahl eines Kanzlers durch einen ehemaligen Koalitionspartner im Verein mit der bisherigen Opposition kommen. Aber auch unterhalb des Misstrauensvotums wirkt die konstante Notwendigkeit, für politische Maßnahmen immer aufs Neue Mehrheiten in den verschiedenen Gremien zusammenbringen zu müssen, für die man den Koalitionspartner benötigt, mäßigend auf den Gebrauch der rechtlichen Kompetenzen des Kanzlers ein.

Die Kompetenz der Personalauswahl zur Bundesregierung muss der Bundeskanzler auch ausüben. Eine Alleinregierung des Kanzlers ist unzulässig,[42] wie sich bereits aus der Konzeption der Bundesregierung als Kollegialorgan ergibt, Art. 62 GG.

### c) Organisationsgewalt: Die sachliche Organisation der Bundesregierung

29 Kaum Regelungen enthält das Grundgesetz zu der Frage, wie die Bundesregierung organisatorisch aufgebaut sein muss, also zur Errichtung und Kompetenzzuweisung der Bundesministerien. Anerkannt ist aber unter dem Titel der „**Organisationsgewalt der Regierung**"[43] die Kompetenz der Bundesregierung, sich selbst zu ordnen.

Immerhin erwähnt das Grundgesetz einige **Pflichtministerien**, deren Einrichtung vorgeschrieben ist. Es sind das Finanz- (Art. 112 GG), das Verteidigungs- (Art. 65a GG) und das Justizministerium (Art. 96 Abs. 2 GG). Weiterhin setzt Art. 69 Abs. 1 GG die Ernennung eines **Stellvertreters** (sogenannter „Vizekanzler") durch den Bundeskanzler voraus, der die Geschäfte des Kanzlers wahrnimmt, solange dieser an der Amtsausübung gehindert ist.[44]

30 Im Übrigen kommt dem Bundeskanzler ein weitgehendes **Kabinettsbildungsrecht** zu, das sich aus seiner Personalkompetenz, Art. 64 Abs. 1 GG, und seiner Richtlinienkompetenz, Art. 65 S. 1 GG, ableiten lässt: Der Bundeskanzler hat die rechtliche Befugnis, Zahl und Geschäftsbereiche der einzelnen Ministerien zu bestimmen. Auch hier ist aber eine realistische Betrachtung geboten. Tatsächlich unterliegt der Kanzler mannigfachen Einschränkungen durch partei- und koalitionspolitische Gründe. Daneben können auch fast unabweisbare politische Bedürfnisse nach der Einrichtung neuer Ministerien von außen durch das Emporkommen neuer Themen an den Kanzler herangetragen werden.[45]

31 Das Kabinettbildungsrecht ist rechtlich kaum begrenzt und wegen der Eigenständigkeit des Verfassungsorgans „Bundesregierung" auch der Gesetzgebungsbefugnis des Parlamentes weitgehend entzogen.[46] Eine Einschränkung kommt durch gegenläufiges Verfassungsrecht – wie im Fall der Pflichtministerien – in Betracht. Dies hat der VerfGH NW für das Land Nordrhein-Westfalen recht weit ausgelegt, der für den Fall der Zusammenlegung von Justiz- und Innenministerium annahm, diese Kabinettsorganisation

42 *M. Schröder*, Bildung, Bestand und parlamentarische Verantwortung der Bundesregierung, in: HStR, Bd. III, 3. Aufl. 2005, § 65 Rn. 26.

43 *E.-W. Böckenförde*, Die Organisationsgewalt im Bereich der Regierung, 2. Aufl. 1998.

44 Dazu *M. Oldiges*, DVBl. 1975, 79 ff. und *G. Hermes*, in: Dreier, GG, Bd. 2, 2. Aufl. 2006, Art. 69 Rn. 8.

45 So beispielsweise im Fall der Errichtung des Bundesumweltministeriums am 6. Juni 1986, etwa fünf Wochen nach dem Reaktorunglück von Tschernobyl.

46 Eingehend *H. Maurer*, Zur Organisationsgewalt im Bereich der Regierung, in: FS Vogel, 2000, S. 331, insb. 345 ff.; *M. Schröder*, Bildung, Bestand und parlamentarische Verantwortung der Bundesregierung, in: HStR, Bd. III, 3. Aufl. 2005, § 65 Rn. 27; a.A. *J. Ipsen*, in: Sachs, GG, 6. Aufl. 2011, Art. 21 Rn. 439.

laufe dem Prinzip der Gewaltenteilung zuwider.[47] Dieser Fall kann allerdings so auf Bundesebene wegen Art. 96 Abs. 2 GG wohl nicht auftauchen, da in der genannten Norm die Existenz des Bundesjustizministeriums vorausgesetzt wird. Eine Begrenzung des Kabinettsbildungsrechts durch den Grundsatz der Funktionsfähigkeit der Bundesregierung ist zwar denkbar, etwa falls eine Vielzahl von Ministerien und damit Ministern die Arbeitsfähigkeit des Kabinetts erheblich einschränkte. Eine gerichtliche Nachprüfung scheitert aber an fehlenden rechtlichen Maßstäben bzw. an der Einschätzungsprärogative des Bundeskanzlers.[48]

### d) Koalitionsvereinbarungen

Auch wenn der Bundeskanzler gemäß Art. 63 Abs. 1 GG ohne Aussprache gewählt wird, d.h., eine vorherige Personaldebatte im Bundestag ausgeschlossen ist, sind Verhandlungen und Absprachen im Vorfeld der Wahl zulässig und notwendig. Dies gilt insbesondere dann, wenn durch die Mehrheitsverhältnisse im Bundestag eine Koalition erforderlich ist, die Kanzlermehrheit also erst mühsam beschafft werden muss. 32

Eine besondere Form solcher Absprachen sind die **Koalitionsvereinbarungen,**[49] die zwischen zwei oder mehr Parteien über die Bildung einer gemeinsamen Regierung, die inhaltlichen Ziele der neuen Regierung und die Verteilung von Ämtern geschlossen werden. Sie dienen also der Abstimmung der zukünftigen Regierungspolitik und enthalten darüber hinaus durchgängig die Zusage, nicht mit wechselnden Mehrheiten im Parlament abzustimmen. Dieser vertragliche Ausschluss eines politischen „Fremdgehens" soll die Koalition stabilisieren. Demselben Zweck dient auch die häufig vorgesehene Einrichtung von „Koalitionsausschüssen" als informelles Instrument zur Klärung künftiger Streitfragen.

Koalitionsvereinbarungen werden zwischen den politischen Parteien geschlossen, nicht zwischen staatlichen Organen, wie dem Bundeskanzler, den Bundestagsfraktionen oder Bundesministern. Diese Organe können folglich auch nicht rechtlich verpflichtet werden. Generell fehlt es den Koalitionsvereinbarungen an rechtlicher Bindungswirkung, da es am entsprechenden rechtlichen Bindungswillen der Koalitionspartner mangelt: Es werden wechselseitig politische Pfänder gegeben, aber es geht nicht um eine rechtliche Bindung, die ohnedies nicht justiziabel wäre.[50] Gegen solche faktische oder besser politische Bindung ist rechtlich nichts einzuwenden. Koalitionsvereinbarungen sind also weder rechtswidrig noch rechtlich verbindlich. 33

## 2. Die Amtsdauer von Bundesregierung und Bundesministern

Der Bestand der Bundesregierung hängt ab von der **Amtsdauer** ihrer zentralen Figur, nämlich des **Bundeskanzlers**. Verhindert wird damit die Abwahl einzelner missliebiger Minister durch das Parlament. Zweck ist der Schutz der Bundesregierung als eigenständiges Organ unter Leitung des Bundeskanzlers, dessen Selbständigkeit gegenüber dem Bundestag gerade auch in Personalfragen geschützt werden soll.[51] Zugleich trägt 34

47 VerfGH NW NJW 1999, 1243 ff. Dazu sehr skeptisch *J. Isensee*, JZ 1999, 1113, 1113 sowie eingehend *R. Brinktrine*, Jura 2000, 123 ff.

48 Vgl. *S. Detterbeck*, Innere Ordnung der Bundesregierung, in: HStR, Bd. III, 3. Aufl. 2005, § 66 Rn. 14.

49 Zu diesem Phänomen *H. Schulze-Fielitz*, JA 1992, 332 ff.

50 *H. Maurer*, Staatsrecht I, 6. Aufl. 2010, § 14 Rn. 31. Differenzierend dagegen *K. v. Schlieffen*, Koalitionsvereinbarungen und Koalitionsgremien, in: HStR, Bd. III, 3. Aufl. 2005, § 49 Rn. 6 ff.

51 *R. Zippelius/T. Würtenberger*, Staatsrecht, 32. Aufl. 2008, § 42 Rn. 35.

die Bindung der Bundesminister an den Bundeskanzler zur Stabilität der Bundesregierung bei, indem die Bundesregierung nur als Ganzes ausgetauscht werden kann, bei entsprechend hohen politischen Risiken und Kosten.[52] Es gibt danach **drei Konstellationen der Beendigung der Bundesregierung:**

- Mit dem Zusammentritt eines neuen Bundestages endet spätestens das Amt des Bundeskanzlers sowie eines jeden Bundesministers, Art. 69 Abs. 2 GG in Verbindung mit Art. 39 Abs. 1 S. 2 GG.
- Die Amtsperiode des Bundeskanzlers kann auch beendigt werden, indem der Bundestag gemäß Art. 67 Abs. 1 GG ihm das Misstrauen ausspricht und zugleich einen neuen Kanzler wählt, damit endet zugleich auch die Amtsperiode seiner Bundesminister, Art. 69 Abs. 2 GG.
- In der Verfassung nicht genannt, aber vorausgesetzt und allgemein anerkannt[53] sind in der Person des Bundeskanzlers liegende Gründe, das Amt zu beenden. Diese können im Tod des Kanzlers, im Verlust seiner Fähigkeit, das Amt zu führen oder in seinem Rücktritt liegen.

Einzelne Bundesminister verlieren ihr Amt, falls sie entlassen werden, Art. 64 Abs. 1 GG, etwa im Zuge einer Kabinettsumbildung, falls sie sterben, ihre Amtsfähigkeit verlieren oder ihren Rücktritt erklären.

#### a) Ablauf der Legislaturperiode

35 Der Bundeskanzler und mit ihm die gesamte Bundesregierung scheiden aus dem Amt, sobald ein neuer Bundestag zusammentritt, Art. 69 Abs. 2 GG, und so die Wahlperiode des alten Bundestages endet, Art. 39 Abs. 1 S. 2 GG. Das Amt des Bundeskanzlers und der von ihm ausgewählten Regierung überleben also nicht den Bundestag, der den Kanzler gewählt hat. Dies ist Ausdruck der parlamentarischen Natur des Regierungssystems und sichert die Abhängigkeit der Regierung vom Bundestag auch für den Fall einer Parlamentsauflösung (Diskontinuität → § 15 Rn. 17 ff.; Vertrauensfrage → Rn. 43 ff.).

#### b) Rücktritt

36 Der Bundeskanzler kann zu jeder Zeit den Bundespräsidenten bitten, ihn zu entlassen und auf diese Weise seinen Rücktritt erklären. Der Bundespräsident muss dieser Bitte entsprechen.[54] Immerhin endeten die Amtszeiten dreier Kanzler durch Rücktritt, nämlich diejenigen von *Konrad Adenauer* am 15. Oktober 1963, von *Ludwig Erhard* am 30. November 1966 und von *Willy Brandt* am 6. Mai 1974. Diese drei Beispiele sind insofern instruktiv, als sie illustrieren, dass es beim Rücktritt nicht auf die Gründe des Kanzlers für sein entsprechendes Gesuch ankommt: Der Rücktritt *Adenauers* erfolgte,

---

52 Der Bundestag hat gleichwohl Mittel, politischen Druck auf einen einzelnen Minister auszuüben, klassischerweise in der Haushaltsdebatte, aber auch durch missbilligende Beschlüsse, gegebenenfalls sogar durch Einsetzung eines Untersuchungsausschusses (→ § 11 Rn. 117 ff.). Auffallend ist, dass das Grundgesetz sich – entgegen der deutschen Tradition und auch anders als in vielen Landesverfassungen – gegen das Instrument der Ministeranklage entschieden hat. Die Verantwortlichkeit eines Bundesministers ist danach eine politische. Sanktionen erfolgen im politischen Prozess und nicht in einem Verfahren vor dem Bundesverfassungsgericht.

53 *M. Schröder*, Bildung, Bestand und parlamentarische Verantwortung der Bundesregierung, in: HStR, Bd. III, 3. Aufl. 2005, § 65 Rn. 45 m.w.N.

54 *J. Ipsen*, Staatsrecht I, 25. Aufl. 2013, Rn. 454; *H. Maurer*, Staatsrecht I, 6. Aufl. 2010, § 14 Rn. 36.

weil bereits seine Wahl durch die FDP unter der Bedingung des späteren Rücktritts noch während der Wahlperiode erfolgt war. Konkreter Anlass war dann die sogenannte Spiegel-Affäre. Der Rücktritt von *Erhard* war Folge interner Auseinandersetzungen innerhalb der CDU und der Regierungsfraktionen. Der Rücktritt *Brandts* schließlich war die Konsequenz der Spionageaffäre rund um *Günter Guillaume*, eines engen Mitarbeiters von *Willy Brandt*.

Die Entkopplung des Rücktritts von der dahinterliegenden Motivation des Kanzlers hat ihren einfachen Grund in der Einsicht, dass es nicht sinnvoll ist, einen amtsmüden Kanzler gegen seinen Willen weiter agieren zu lassen. Freilich gibt es von dieser Regel eine Ausnahme, nämlich die Einrichtung des lediglich geschäftsführenden Bundeskanzlers, Art. 69 Abs. 3 GG (→ Rn. 51).

### c) Konstruktives Misstrauensvotum

Art. 67 GG gibt dem Bundestag die Möglichkeit, aus eigener Initiative dem Bundeskanzler das Vertrauen zu entziehen. Die Vorschrift ist insofern komplementär zu Art. 63 GG, der die Befugnis zur Wahl des Bundeskanzlers beim Bundestag monopolisiert. Allerdings enthält Art. 67 GG eine für die Vorstellungen des Grundgesetzes vom guten Funktionieren des Staates charakteristische Wendung: Der Bundestag kann nicht einfach dem Kanzler das Misstrauen aussprechen, sondern wird in die Pflicht genommen, gleichzeitig einen neuen Kanzler zu wählen. Ein Misstrauensvotum kann so nicht dazu führen, dass ein Bundeskanzler und eine Bundesregierung am Ruder des Staates stehen, die nicht über das Vertrauen des Bundestages verfügen. Soweit dies mit rechtlichen Mitteln moglich ist, versucht das Recht hier, die Stabilität des demokratischen politischen Prozesses zu sichern. Denn die Funktionsfähigkeit der Bundesregierung in dem eingangs geschilderten umfassenden Sinne einer Schaltzentrale der Politik setzt ein Zusammenwirken von Regierung und Parlament voraus: Gouverner, c'est légiférer; Regieren vollzieht sich, jedenfalls unter Bedingungen der Rechtsstaatlichkeit, wesentlich in Form von Gesetzgebung. Eine Regierung ohne Stützung durch eine parlamentarische Mehrheit läuft daher Gefahr, auf ihre Funktion als Verwaltungsspitze reduziert und damit weitgehend dysfunktional zu werden. 37

Historisch-genetisch ist die besondere Form des **konstruktiven Misstrauensvotums**, für die Art. 73 der Verfassung Württemberg-Badens[55] vom 28. November 1946 Vorbild stand,[56] wohl mit der Erfahrung des Scheiterns der Weimarer Republik zu erklären.[57] Art. 54 WRV ermöglichte dem Reichstag, den Reichskanzler und die Reichsminister durch Entzug des Vertrauens zum Rücktritt zu zwingen, ohne im gleichen Zug für einen Nachfolger sorgen zu müssen.[58] Obwohl Art. 54 WRV keine große praktische Bedeutung erlangte und vor allem auch in der Endphase der Weimarer Republik gar nicht zur Anwendung kam,[59] scheint sich bei den Beratungen zum Grundgesetz der 38

55 Das heutige Bundesland Baden-Württemberg entstand 1952 aus der Vereinigung der Bundesländer Baden, Württemberg-Hohenzollern und Württemberg-Baden. S. als Reminiszenz an diesen Vorgang immer noch Art. 118 GG.

56 *G. Hermes*, in: Dreier, GG, Bd. 2, 2. Aufl. 2006, Art. 67 Rn. 3.

57 *H. Maurer*, Staatsrecht I, 6. Aufl. 2010, § 14 Rn. 38.

58 Zur Verfassungslage in diesem Punkt während der Weimarer Republik *H. Maurer*, DÖV 1982, 1001, 1002.

59 *C. Gusy*, Die Weimarer Reichsverfassung, 1997, S. 133 nennt drei Anwendungsfälle, den Sturz des zweiten Kabinetts *Stresemann* 1923, den Sturz des zweiten Kabinetts *Luther* sowie des dritten Kabinetts *Marx*, beides im Jahre 1926.

Eindruck durchgesetzt zu haben, Art. 54 WRV sei ein beachtlicher Faktor des Scheiterns der Weimarer Republik gewesen.[60]

39 Ein **Verfahren** nach Art. 67 GG wird eingeleitet durch einen Misstrauensantrag. Dieser Antrag muss gemäß § 97 Abs. 1 GOBT von einem Viertel der Mitglieder des Bundestages unterstützt werden und einen namentlich benannten Kandidaten als Nachfolger des alten Kanzlers enthalten. Nach der Einbringung des Antrages müssen gemäß Art. 67 Abs. 2 GG mindestens 48 Stunden verstreichen, bevor mit der Neuwahl über den Misstrauensantrag entschieden wird. Die Frist beginnt zu laufen, sobald die Drucksache, in der der Antrag enthalten ist, verteilt ist, §§ 77 Abs. 1; 123 Abs. 1 GOBT. Diese verfassungsrechtlich angeordnete Zwangspause soll zunächst eventuell erhitzte Gemüter sich abkühlen lassen und so einer übereilten Entscheidung vorbeugen. Vor allem aber bieten diese 48 Stunden Gelegenheit, Verhandlungen zu führen, sei es, um den Fortbestand der alten Regierung zu sichern, sei es, um einen neuen Kanzler auf den Schild zu heben.[61] Beide Varianten können mit verhandlungsintensiven Neujustierungen des Personaltableaus oder Korrekturen in der Sachpolitik verbunden sein, welche für ihre Durchführung Zeit benötigen. Auch hinter der Frist nach Art. 67 Abs. 2 GG steht also die **Ratio**, eine stabile Regierung zu erhalten. Dies ist nicht zu verwechseln mit einer etwaigen Intention des Grundgesetzes, die alte Regierung zu stützen. Es geht vielmehr um das Interesse an einer handlungsfähigen Regierung, die das Vertrauen des Bundestages genießt, gleich, ob es sich um das alte oder ein neues Kabinett handelt.

40 Vor der Abstimmung, die geheim erfolgt, § 97 Abs. 2 S. 1 GOBT i.V.m. § 49 GOBT, ist Gelegenheit zu einer Aussprache zu geben.[62] Der Entzug des Vertrauens und die Wahl eines neuen Bundeskanzlers finden **uno actu** statt, so dass die Abwahl des alten Kanzlers durch die Wahl eines neuen Kanzlers erfolgt.[63] Die Wahl des neuen Kanzlers erfolgt dabei mit der Mehrheit der gesetzlichen Mitglieder des Bundestages im Sinne von Art. 121 GG.

41 Die Konsequenz eines **erfolgreichen Misstrauensvotums** ist, dass der Bundespräsident auf Ersuchen des Bundestages den bisherigen Bundeskanzler entlassen und den neu gewählten Kandidaten zum Kanzler ernennen muss, Art. 67 Abs. 1 S. 2 GG. Der durch ein erfolgreiches konstruktives Misstrauensvotum ins Amt gelangte neue Kanzler besitzt dieselbe Legitimation und rechtliche Stellung wie ein Bundeskanzler, der nach Art. 63 GG gewählt worden ist.[64]

Nach einem **gescheiterten Misstrauensantrag** kann der Kanzler entscheiden, ob er trotz der unsicheren Mehrheitsverhältnisse weiter im Amt bleiben will, eventuell gestützt durch eine erfolgreiche Vertrauensfrage, Art. 68 GG, oder ob er die Auflösung des Bundestages im Wege einer negativ beantworteten Vertrauensfrage anstrebt.

42 Das konstruktive Misstrauensvotum nach Art. 67 GG ist ein seltenes, nämlich bisher nur zweimal praktiziertes Mittel des Parlaments. Der auf die Wahl *Rainer Barzels* ge-

60 Vgl. *R. Katz*, in: Der Parlamentarische Rat 1948–1949, Akten und Protokolle, Bd. XIV/2, S. 1560: Art. 54 WRV, der sich „in der Vergangenheit so zum Unheil ausgewirkt" habe, „wollen wir ja gerade beseitigen."

61 Vgl. *M. Schröder*, Bildung, Bestand und parlamentarische Verantwortung der Bundesregierung, in: HStR, Bd. III, 3. Aufl. 2005, § 65 Rn. 39; *G. Hermes*, in: Dreier, GG, Bd. 2, 2. Aufl. 2006, Art. 67 Rn. 15.

62 G. *Hermes*, in: Dreier, GG, Bd. 2, 2. Aufl. 2006, Art. 67 Rn. 16; *M. Schröder*, Bildung, Bestand und parlamentarische Verantwortung der Bundesregierung, in: HStR, Bd. III, 3. Aufl. 2005, § 65 Rn. 39.

63 *J. Ipsen*, Staatsrecht I, 25. Aufl. 2013, Rn. 452; *H. Maurer*, Staatsrecht I, 6. Aufl. 2010, § 14 Rn. 37.

64 BVerfGE 62, 1, 43; *M. Schröder*, Bildung, Bestand und parlamentarische Verantwortung der Bundesregierung, in: HStR, Bd. III, 3. Aufl. 2005, § 65 Rn. 39 m.w.N.

richtete Misstrauensantrag der Unionsfraktion gegen *Willy Brandt* im April 1972 scheiterte knapp. In der Folge stellte *Brandt* die Vertrauensfrage, die abschlägig beschieden wurde. Der Bundespräsident löste daraufhin den Bundestag auf und setzte für den 19. November 1972 Neuwahlen an. Der zweite Misstrauensantrag, gegen Bundeskanzler *Schmidt* und auf die Wahl *Helmut Kohls* zum Kanzler gerichtet, war am 1. Oktober 1982 erfolgreich.

### d) Vertrauensfrage

▶ **Fall 13:** Der Bundeskanzler steht einer Koalitionsregierung vor, die sich im Bundestag nur auf eine knappe Mehrheit stützen kann. Ständige Streitereien belasten die Arbeit der Koalition und es wird für die Regierung schwierig, ihre Gesetzgebungsvorhaben zu verwirklichen. Der Kanzler beschließt daher, eine besonders umstrittene Vorlage, welche die Endlagerung von atomarem Müll betrifft, mit der Vertrauensfrage zu verbinden. Er verkündet öffentlich, mit einer Niederlage zu rechnen und kündigt an, den Bundespräsidenten um Auflösung des Bundestages bitten zu wollen. Als der verbundene Antrag im Bundestag scheitert, macht der Bundeskanzler seine Ankündigung wahr und bittet den Präsidenten um Auflösung des Parlaments. Der Bundespräsident ist sich nicht sicher, ob er dem Begehren des Kanzlers nachkommen darf. Im Übrigen ist er nicht der Auffassung, dass Neuwahlen zu einer stabileren Regierungsmehrheit führen werden. Was darf oder muss der Bundespräsident tun? ◀

In parlamentarischen Regierungssystemen ist die Vertrauensfrage ein bekanntes Mittel[65] des Regierungschefs, sich der Unterstützung des Parlamentes – genauer meist: der Regierungsfraktionen – zu versichern. Inhaltlich stellt die Vertrauensfrage einen Antrag des Bundeskanzlers an den Bundestag dar, ihm das Vertrauen auszusprechen.[66] Den Antrag zu stellen, liegt daher im Ermessen des Kanzlers, der nicht an Beschlüsse des Kabinetts oder des Bundestages gebunden ist.[67] Der Begriff des „Vertrauens" weist dabei auf den politischen Charakter des Antrags hin: Es geht um die Erneuerung der Wahlentscheidung für den Bundeskanzler durch den Bundestag, in der das Parlament sich entschieden hat, erhebliche Macht in die Hand des Kanzlers zu legen. Die Summe der Motive, die den Bundestag zu dieser Entscheidung bewogen haben, nennt Art. 68 GG „Vertrauen". Die Vertrauensfrage zwingt den Bundestag, vor der Öffentlichkeit Farbe zu bekennen, ob in diesem Sinne nach wie vor Vertrauen besteht. Ist die Vertrauensfrage erfolgreich, bindet sich der Bundestag politisch erneut an den Kanzler, dessen Stellung so gestützt wird. 43

Wird der Antrag des Kanzlers negativ beschieden, eröffnen sich ihm **zwei Möglichkeiten:** Er kann versuchen, seine offenbar angeschlagene Position auf politischem Wege zu stabilisieren oder er kann gem. Art. 68 Abs. 1 S. 1 Hs. 2 GG dem Bundespräsidenten die Auflösung des Bundestages vorschlagen. Dieser hat die Entscheidung nach pflichtgemäßem Ermessen zu treffen[68] und kann binnen 21 Tagen den Bundestag auflösen, was zur Folge hat, dass binnen 60 Tagen Neuwahlen stattfinden müssen, Art. 39 44

65 In den Bundesländern etwa Art. 87 S. 1 Verf Brbg; Art. 114 Verf Hess; Art. 51 Verf MV; Art. 73 Verf SaAnh. International s. Art. 46 Abs. 1 Nr. 1 Verf Belgien.

66 So auch *J. Ipsen*, Staatsrecht I, 25. Aufl. 2013, Rn. 443; *H. Maurer*, Staatsrecht I, 6. Aufl. 2010, § 14 Rn. 40.

67 *C. Burkiczak*, Kanzlerwahl, 2002, S. 468; *W. Schreiber/K. Schnapauff*, AöR 109 (1984), 369, 380 f.; *M. Schröder*, Bildung, Bestand und parlamentarische Verantwortung der Bundesregierung, in: HStR, Bd. III, 3. Aufl. 2005, § 65 Rn. 42; *G. Hermes*, in: Dreier, GG, Bd. 2, 2. Aufl. 2006, Art. 68 Rn. 17; vgl. *H. Maurer*, Vorzeitige Auflösung des Bundestages, DÖV 1982, 1001, 1003.

68 BVerfGE 62, 1, 35.

Abs. 1 S. 4 GG. Löst der Präsident den Bundestag nicht auf, kann er auf Antrag der Bundesregierung mit Zustimmung des Bundesrates den Gesetzgebungsnotstand erklären, Art. 81 GG, der es ermöglicht, Gesetze auch ohne Zustimmung des Bundestages zu erlassen (→ § 15 Rn. 32 f.).

45 Das Instrument der Vertrauensfrage hat im Laufe der Zeit zwei wesentliche Erweiterungen erfahren: Die Verbindung mit einem weiteren Antrag sowie den Gebrauch als Mittel zu einer beabsichtigten Auflösung des Bundestages.

Zum ersten Mal hat der damalige Bundeskanzler *Gerhard Schröder* im November 2001 die **Vertrauensfrage mit einem weiteren Antrag verbunden**, nämlich dem Sachantrag, dem Einsatz der Bundeswehr in Afghanistan zuzustimmen. Seitdem ist in der Staatspraxis etabliert, dass die Vertrauensfrage mit einem weiteren Antrag in einer Sach- oder Personalfrage verbunden werden kann,[69] was sich für Gesetzesvorlagen direkt aus Art. 81 Abs. 1 S. 2 GG ergibt.

Beide Teilanträge, die Vertrauensfrage und der weitere Antrag bilden eine Einheit, über die nur insgesamt abgestimmt werden kann. Für den Gesamtantrag gilt das jeweils höhere Quorum, das für einen der beiden Teilanträge separat gelten würde: In den meisten Fällen gilt somit die von Art. 68 Abs. 1 S. 1 GG geforderte Mehrheit der Mitglieder des Bundestages. Verbindet aber der Bundeskanzler die Vertrauensfrage mit der Vorlage eines verfassungsändernden Gesetzes, so muss gemäß Art. 79 Abs. 2 GG der Gesamtantrag mit Zweidrittelmehrheit vom Bundestag angenommen werden.[70]

46 Der politische Sinn einer Verbindung von Vertrauensfrage und weiterem Antrag besteht in der Aktivierung des „Erpressungspotenzials“ des Bundeskanzlers: Ein Bundestag wird nicht leichten Herzens einen an sich missliebigen Antrag ablehnen, wenn er damit zugleich dem Kanzler das Misstrauen ausspricht. Ist die Regierungsmehrheit eigentlich stabil, aber just in der Frage des verbundenen Antrags zerstritten, bedeutet eine Ablehnung des Antrags zugleich auch das politische Ende einer Regierung, welche von der Mehrheit des Bundestages eigentlich unterstützt wird. Aber auch ein Kanzler, dessen Unterstützung im Bundestag generell brüchig ist, hat mit der drohenden Parlamentsauflösung nach Art. 68 Abs. 1 S. 1 GG noch ein Erfolg versprechendes Druckmittel in der Hand.

47 Verfassungsrechtlich umstritten ist der Gebrauch der **Vertrauensfrage als Mittel zur Auflösung des Bundestages**, indem der Kanzler die Vertrauensfrage stellt in der Absicht, nach einem erwarteten negativen Ergebnis den Bundespräsidenten zur Auflösung des Parlamentes bewegen zu können (sogenannte „unechte Vertrauensfrage“). Das Grundgesetz sieht weder die Möglichkeit einer Auflösung des Bundestages durch das Staatsoberhaupt[71] noch durch den Regierungschef[72] vor und kennt auch kein Selbst-

69 *J. Ipsen*, Staatsrecht I, 25. Aufl. 2013, Rn. 444; *G. Hermes*, in: Dreier, GG, Bd. 2, 2. Aufl. 2006, Art. 68 Rn. 18; a.A. *C. Schönberger*, JZ 2002, 211 ff.

70 *J. Ipsen*, Staatsrecht I, 25. Aufl. 2013, Rn. 448.

71 Anders als noch in der Weimarer Republik: Art. 25 WRV gab dem Reichspräsidenten die Möglichkeit, den Reichstag aufzulösen. Er benötigte zwar die Gegenzeichnung durch den Reichskanzler, Art. 50 WRV, konnte diesen jedoch nach Art. 53 WRV entlassen. Auch international finden sich Vorschriften, die dem Staatsoberhaupt die Auflösung des Parlamentes gestatten: Art. 88 Verf Italien gibt dem Präsidenten das Recht, eine oder auch beide Kammern des Parlamentes aufzulösen. Unter strengeren Voraussetzungen ebenso Art. 41 Verf Griechenland.

72 Wichtigstes Beispiel für ein Auflösungsrecht des Regierungschefs ist das Vereinigte Königreich, in dem zwar das Unterhaus durch den Monarchen aufgelöst wird, dieser jedoch an einen entsprechenden Antrag seines Premierministers gebunden ist. Ebenso auch § 32 Abs. 2 und Abs. 3 Verf Dänemark.

auflösungsrecht des Parlamentes.[73] Es ist dabei konstruktiv konsequent, dass das Grundgesetz dem insgesamt nur mit Reservekompetenzen ausgestatteten Bundespräsidenten (→ § 14 Rn. 19) kein eigenes Recht zur Auflösung des Bundestages einräumt. Das fehlende Recht der Regierung zur Auflösung des Parlamentes wiederum ist gleichsam die Kehrseite zur Konstruktion des konstruktiven Misstrauensvotums, welches dem Bundestag eine bloße Abwahl der Regierung unmöglich macht (→ Rn. 37 ff.). Immer wieder gefordert wurde zwar die Einführung eines Selbstauflösungsrechts des Bundestages,[74] bisher allerdings ohne Erfolg. Insgesamt macht es das Grundgesetz durch konstruktives Misstrauensvotum und stark eingeschränkte Auflösungsmöglichkeiten weder dem Bundestag noch der Bundesregierung leicht, sich des jeweiligen Partners und Kontrahenten zu entledigen, und erzeugt so einen starken Einigungsdruck.[75]

Das Bundesverfassungsgericht hat aus dem Umstand, dass keinem der in Betracht 48 kommenden Verfassungsorgane Bundespräsident, Bundeskanzler oder Bundestag ein Auflösungsrecht des Parlamentes zukommt sowie aus historischen Erwägungen[76] die zusätzliche und **ungeschriebene Voraussetzung** abgeleitet, dass die Regierung tatsächlich handlungsunfähig sein müsse, damit der Bundestag aufgelöst werden kann.[77] Danach ist, neben der Verweigerung des Vertrauens durch den Bundestag, für die Auflösung des Parlamentes nicht nur erforderlich, dass sowohl der Bundeskanzler wie auch der Bundespräsident die Regierung als handlungsunfähig einschätzen, sondern dass diese Handlungsunfähigkeit auch tatsächlich vorliegt (sogenannte **„materielle Auflösungslage“**).[78]

Diese Argumentation des Bundesverfassungsgerichts begegnet aber in tatsächlicher wie in rechtlicher Hinsicht einigen Bedenken: Zunächst geht es bei der Frage nach der Handlungsunfähigkeit der Regierung um eine Prognose,[79] ob nämlich in der absehbaren Zukunft die Handlungsfähigkeit der Regierung wesentlich eingeschränkt sein wird. Angesichts der Angewiesenheit der Regierung auf parlamentarische Unterstützung ist die Verweigerung des Vertrauens für den Bundeskanzler ein starker tatsächlicher Anhaltspunkt in dieser Hinsicht. Im Übrigen ist nicht zu sehen, wer diese Negativprognose besser stellen könnte als der Bundeskanzler, dessen Einschätzung darüber hinaus vom Bundespräsidenten geteilt werden muss. Eine Erforschung der „wahren“ Absichten der Bundestagsabgeordneten ist tatsächlich nicht sicher möglich und findet recht-

73 So Art. 29 Abs. 2 Bundesverfassungsgesetz Österreich. Auch eine Reihe von deutschen Bundesländern kennt ein Selbstauflösungsrecht des jeweiligen Parlamentes, s. etwa Art. 35 Abs. 1 Verf NRW; Art. 80 Verf Hess; Art. 50 Abs. 2 S. 1 Nr. 1 Verf Thür.

74 Vorgeschlagen etwa von der Enquetekommission Verfassungsreform von 1976, BT-Drucks. 7/5924, 32 ff., 39 ff.; später erneut in der Gemeinsamen Verfassungskommission erörtert, BT-Drucks. 12/6000, 87. S. auch *M. Hahn*, DVBl. 2008, 151 ff.

75 Unkomplizierter dagegen die Sichtweise der englischen Verfassungstradition, s. *W. Bagehot*, Constitution, 1867, S. 69: „The English System [...] is not an absorption of the executive power by the legislative power: it is a fusion of the two. Either the Cabinet legislates and acts, or else it can dissolve."

76 Als Beispiel für die verhängnisvolle Wirkung einer Parlamentsauflösung verweist das Gericht auf die Auflösung des Reichstages am 18. Juli 1930 und die folgenden Reichstagswahlen, in denen sowohl NSDAP wie KPD erhebliche Gewinne auf Kosten der verfassungstreuen Parteien erzielten und die dadurch ausgelöste Entwicklung, BVerfGE 114, 121, 152. Davon wollten sich die Eltern des Grundgesetzes bewusst absetzen, BVerfGE 114, 121, 152; E 62, 1, 45 ff.

77 BVerfGE 114, 121, 182 ff. – *Sondervotum Lübbe-Wolff*; E 62, 1, 36 ff.

78 Zustimmend etwa *J. Delbrück/R. Wolfrum*, JuS 1983, 758, 759; *K. Hesse*, Grundzüge des Verfassungsrechts der Bundesrepublik Deutschland, 20. Aufl. 1999, Rn. 636; *M. Schröder*, Bildung, Bestand und parlamentarische Verantwortung der Bundesregierung, in: HStR, Bd. III, 3. Aufl. 2005, § 65 Rn. 41.

79 *B. Pieroth*, in: Jarass/Pieroth, GG, 13. Aufl. 2014, Art. 68 Rn. 3.

lich Grenzen in der Freiheit des Mandats, Art. 38 Abs. 1 S. 2 GG (→ § 11 Rn. 69 ff.).[80] Das Vorliegen der materiellen Auflösungslage kann also kaum wirksam gerichtlich überprüft werden.

In seinem Urteil aus dem Jahre 2005 hat das Bundesverfassungsgericht dabei zwar dem Kanzler einen sehr weiten Einschätzungsspielraum eingeräumt,[81] an der grundsätzlichen Überprüfung des Vorliegens einer instabilen politischen Lage aber festgehalten.[82] Eine bedenkenswerte Position vertritt die Richterin *Lübbe-Wolff* in ihrem Sondervotum:[83] Danach kommt es für das Vorliegen der Voraussetzungen des Art. 68 Abs. 1 GG allein darauf an, dass der Kanzler im Parlament mit seiner Vertrauensfrage unterliegt. Eine Motivforschung in den Willen der Abgeordneten unterbleibt. Ein Nein eines freien Abgeordneten kann also nicht im Wege der verfassungsgerichtlichen Introspektion in ein Ja umgedeutet werden, Art. 38 Abs. 1 GG, das freie Mandat, konstituiert eine Art Sichtschutzblende für die Psyche des Abgeordneten: Der Wille des Parlaments und seiner Mitglieder bekundet sich also allein im Abstimmungsergebnis. Dementsprechend hat der Bundespräsident eine von verfassungsrechtlichen Vorgaben freie **Ermessensentscheidung** zu treffen, ob er den Bundestag auflöst oder nicht. Dabei mag er Überlegungen anstellen, die nach der Instabilität der politischen Lage fragen – ein Tatbestandsmerkmal des Art. 68 Abs. 1 GG, dessen Vorliegen der Bundespräsident prüfen und bejahen müsste, ist diese aber nicht. Löst der Bundespräsident also den Bundestag auf, obwohl er vom Fehlen einer instabilen politischen Lage nicht überzeugt ist, liegt darin kein eigener Verfassungsverstoß.

49 Auch die historischen Argumente des Bundesverfassungsgerichts sind von geringem Gewicht, denn man muss bedenken, dass – anders als nach Art. 25 WRV – für eine Bundestagsauflösung das konsekutive **Zusammenwirken von drei obersten Bundesorganen**, nämlich Bundeskanzler, Bundestag und Bundespräsident notwendig ist. Während mit Bundestag und Kanzler Urheber und Betroffener der Regierungskrise ihr Votum abgeben und somit ein Maximum an politischer Information in die Gesamtentscheidung einbringen, tritt mit dem Bundespräsidenten, der nicht abgewählt werden kann, eine Instanz von relativ großer politischer Unabhängigkeit hinzu, welcher die Prognose des Kanzlers plausibel erscheinen muss. In diesem Verfahren liegt die Sicherung gegenüber einer vorschnellen oder missbräuchlichen Auflösung des Bundestages.[84]

Das Bundesverfassungsgericht hat allerdings die Schwierigkeit gesehen, die Prognose des Bundeskanzlers oder des Bundespräsidenten zu überprüfen[85] und dementsprechend einen äußerst großzügigen Prüfungsmaßstab formuliert: Danach schreitet das Gericht nur dann ein, wenn Tatsachen vorliegen, die „keinen anderen Schluss zulassen als den, dass die Einschätzung des Verlusts politischer Handlungsfähigkeit im Parlament falsch ist."[86] Da dies nur im Falle eines eklatanten Missbrauchs von Art. 68 GG durch Kanzler, Parlament und Präsident vorstellbar ist, kann dem Bundesverfassungsgericht trotz der genannten Bedenken gegenüber seiner Argumentation gefolgt werden. Zudem bleibt der Bundeskanzler in einer Rechtfertigungslast – vor allem der kritischen Öffent-

80 *G. Hermes*, in: Dreier, GG, Bd. 2, 2. Aufl. 2006, Art. 68 Rn. 15.
81 BVerfGE 114, 121 ff.
82 BVerfGE 114, 121 ff., Ls. 4a und b.
83 BVerfGE 114, 121, 182 ff.
84 *G. Hermes*, in: Dreier, GG, Bd. 2, 2. Aufl. 2006, Art. 68 Rn. 16.
85 BVerfGE 114, 121, 155 ff.; E 61, 1, 50 ff.
86 BVerfGE 114, 121, 159.

lichkeit gegenüber, aber auch im vertraulichen Gespräch mit dem Bundespräsidenten. Letzterer kann und sollte auch die dem Bundesverfassungsgericht verschlossene Motivforschung betreiben, wenn er mit dem Kanzler und mit den Fraktionsspitzen, gegebenenfalls auch mit Abgeordneten, die sich an ihn wenden könnten, spricht.[87]

▶ **Zu Fall 13:** Der Fall betrifft zwei Fragen: Diejenige nach der Möglichkeit, die Vertrauensfrage mit einem Sachantrag zu verbinden, und die weitere, ob die Vertrauensfrage vom Kanzler als Mittel zur Auflösung des Bundestages eingesetzt werden darf.

Die erste Frage ist positiv zu beantworten, wie sich systematisch aus Art. 81 Abs. 1 S. 2 GG ergibt, der eine spezielle Form von Sachanträgen, nämlich Gesetzesvorlagen betrifft.

Die „unechte" Vertrauensfrage zum Zwecke der Parlamentsauflösung ist gleichfalls vom BVerfG anerkannt worden. Im Fall hat der Bundespräsident Bedenken hinsichtlich einer Stabilisierung der Mehrheitsverhältnisse durch die Neuwahl. Er sieht in einer Neuwahl kein geeignetes Mittel die Krise zu beheben. Art. 68 Abs. 1 S. 1 GG ermächtigt den Bundespräsidenten zu einer Entscheidung nach eigenem politischen Ermessen. Er kann demgemäß die Auflösung des Bundestages verweigern. ◀

### e) Bundesminister

Das Amt eines Bundesministers endet mit Entlassung durch den Bundespräsidenten auf Vorschlag des Bundeskanzlers (wobei der Bundespräsident dem Vorschlag entsprechen muss), durch Tod, durch Rücktritt, vgl. § 9 Abs. 2 S. 2 BMinG, durch Verlust der Amtsfähigkeit sowie durch jede Beendigung des Amtes des Bundeskanzlers, Art. 69 Abs. 2 GG. 50

## 3. Geschäftsführende Regierung

Die Beendigung des Amtes des Bundeskanzlers führt wegen Art. 69 Abs. 2 GG zugleich auch zum Ende der gesamten Bundesregierung. Es ist aber nicht nur einem allgemeinen horror vacui geschuldet, wenn das Grundgesetz Vorsorge gegen eine regierungslose Zeit trifft: Auf Ersuchen des Bundespräsidenten hat der bisherige Bundeskanzler die Geschäfte weiterzuführen, Art. 69 Abs. 3 GG. Er kann dies nur verweigern, falls zwingende Gründe gegen eine Weiterführung des Amtes sprechen.[88] In diesem Falle wird dem Bundespräsidenten ein außerordentliches Recht zur Ernennung eines geschäftsführenden Bundeskanzlers aus dem Kreise der Bundesminister eingeräumt.[89] 51

Ähnliches gilt auch für einen (nicht wegen Amtsunfähigkeit) aus dem Amt geschiedenen Bundesminister: Er muss auf Ersuchen des Bundeskanzlers oder des Bundespräsidenten sein Amt weiterführen, Art. 69 Abs. 3 GG. Die Befugnis des Präsidenten kann aber wegen des Rechts des Kanzlers zur Kabinettsbildung nur aktuell werden, falls kein Kanzler im Amt ist.[90]

87 Ausführlich *L. Michael*, Beendigungsgründe, in: HParlR, 2014 (i.E.), § 48 Rn. 33 ff.

88 *B. Pieroth*, in: Jarass/Pieroth, GG, 13. Aufl. 2014, Art. 69 Rn. 4; *M. Schröder*, Bildung, Bestand und parlamentarische Verantwortung der Bundesregierung, in: HStR, Bd. III, 3. Aufl. 2005, § 65 Rn. 46.

89 *G. Hermes*, in: Dreier, GG, Bd. 2, 2. Aufl. 2006, Art. 69 Rn. 20. Strenger dagegen *M. Oldiges*, Interimistische Weiterführung, 1975, S. 84: Pflicht zur Ernennung des Stellvertreters des Kanzlers, den dieser nach Art. 69 Abs. 1 GG benennen muss.

90 *G. Hermes*, in: Dreier, GG, Bd. 2, 2. Aufl. 2006, Art. 69 Rn. 21; *M. Schröder*, Bildung, Bestand und parlamentarische Verantwortung der Bundesregierung, in: HStR, Bd. III, 3. Aufl. 2005, § 65 Rn. 49.

Die Geschäftsführende Bundesregierung hat grundsätzlich dieselben Befugnisse wie eine ordentliche Regierung. Allerdings kann der geschäftsführende Kanzler nicht die Vertrauensfrage nach Art. 68 GG (→ Rn. 43 ff.) stellen, da er sein Amt nicht durch das Vertrauen des Parlaments erlangt hat.[91]

### III. Willensbildung der Bundesregierung

52 Da die Bundesregierung von der Verfassung als Kollegialorgan konstruiert ist, stellt sich die Frage nach den Regeln der inneren Entscheidungsfindung. Rechtlich lassen sich **drei** miteinander konkurrierende **Formen der Willensbildung** des Kabinetts feststellen. Nach Art. 65 S. 1 GG bestimmt der Kanzler die Richtlinien der Politik. Diese zentrale Stellung innerhalb der Regierung wird auch durch Art. 65 S. 4 GG abgestützt, wonach der Kanzler die Sitzungen des Kabinetts leitet. Innerhalb der Richtlinien führen die Bundesminister ihr Ressort jedoch eigenständig und in eigener Verantwortung, Art. 65 S. 2 GG. Für Meinungsverschiedenheiten zwischen den Bundesministerien ordnet Art. 65 S. 3 GG eine Entscheidung durch die gesamte Bundesregierung an. Im konkreten Fall ist somit zu entscheiden, welches Prinzip auf die jeweilige Entscheidung anzuwenden ist.

Daneben ist auch die Stellung der Bundesregierung als oberstes Verfassungsorgan zu beachten, welches seine eigene Arbeitsweise organisiert und in Form einer Geschäftsordnung regelt.

#### 1. Richtlinienkompetenz des Bundeskanzlers: Das Kanzlerprinzip

53 Dem Bundeskanzler ist vom Grundgesetz eine besonders starke Stellung eingeräumt, die sich im Bereich der Bundesregierung auf Personal- wie auf Sachfragen bezieht. Ausgangspunkt im Bereich der Sachfragen ist die sogenannte Richtlinienkompetenz nach Art. 65 S. 1 GG. Zweck dieser Regelung ist es, dem Bundeskanzler die Koordinierung der Regierungspolitik zu ermöglichen. Art. 65 S. 1 GG ist somit die Komplementärnorm zu Art. 64 GG,[92] da auf Ebene der Regierung Personal- und Sachfragen kaum zu trennen sind.[93]

54 Mit „**Richtlinien**" sind vor allem allgemeine Vorgaben und generelle Weisungen gemeint, die als Grundsätze den Ressorts Orientierung geben sollen.[94] Allerdings ist es denkbar, dass eine Einzelentscheidung ebenfalls grundsätzliche Bedeutung für die Regierungspolitik hat, und dann von der Richtlinienkompetenz des Bundeskanzlers erfasst ist. Diesem kommt auch die Befugnis zu, zu definieren, wann eine derartige grundsätzliche Bedeutung vorliegt.[95]

---

91 *R. Lutz*, Die Geschäftsregierung nach dem Grundgesetz, 1969, S. 75 f. Damit fehlt es auch an der Möglichkeit, von Art. 81 GG (Gesetzgebungsnotstand) Gebrauch zu machen, *M. Schröder*, Bildung, Bestand und parlamentarische Verantwortung der Bundesregierung, in: HStR, Bd. III, 3. Aufl. 2005, § 65 Rn. 50. Auch kann der Bundestag wegen der von vornherein fehlenden Vertrauensbeziehung kein Misstrauensvotum gegenüber dem geschäftsführenden Kanzler anstrengen, *G. Hermes*, in: Dreier, GG, Bd. 2, 2. Aufl. 2006, Art. 69 Rn. 23.

92 Vgl. *S. Detterbeck*, Innere Ordnung der Bundesregierung, in: HStR, Bd. III, 3. Aufl. 2005, § 66 Rn. 12 f.

93 Dies hängt mit der zu großen Teilen programmierenden Tätigkeit der Regierung zusammen, die ein hohes Maß an persönlicher Initiative und politischem Gestaltungswillen seitens der Regierungsmitglieder fordert: Die Regierung wählt sich Felder ihrer Tätigkeit selbst, anders als die Verwaltung, die ein vorgegebenes Sachgebiet nach einem bestimmten rechtlichen Programm bearbeitet.

94 Ausführlich zu Begriff und Natur der Richtlinien *W. Schenke*, Jura 1982, 337, 338 ff.

95 *G. Hermes*, in: Dreier, GG, Bd. 2, 2. Aufl. 2006, Art. 65 Rn. 21; *S. Detterbeck*, Innere Ordnung der Bundesregierung, in: HStR, Bd. III, 3. Aufl. 2005, § 66 Rn. 15.

Die einzigen Adressaten von Kanzlerrichtlinien sind die Bundesminister,[96] und zwar ausschließlich in dieser Eigenschaft, also nicht etwa, wenn sie als Abgeordnete des Bundestages an dessen Sitzungen teilnehmen. Erst recht keine Adressaten der Richtlinienkompetenz des Kanzlers sind der Bundestag, der Bundespräsident oder andere Verfassungsorgane, wie sich bereits systematisch aus der Stellung von Art. 65 GG innerhalb des Grundgesetzes im Abschnitt über die Bundesregierung ergibt.

In den bekannten Katalog der Rechtsquellen lassen sich die Richtlinien des Kanzlers nicht einordnen, man muss daher auf die wenig instruktive Qualifizierung als Rechtsakt **sui generis**[97] ausweichen. An ihrer rechtlichen Verbindlichkeit bestehen jedenfalls keine Zweifel, allerdings ist die Vorstellung eines entsprechenden Rechtsstreits zwischen einem Bundesminister und dem Bundeskanzler realitätsfern.

Hieran zeigt sich auch, dass die Richtlinie des Kanzlers – trotz rechtlicher Verbindlichkeit – primär politischer Natur ist:[98] Sie wird befolgt, solange der Kanzler über politische Autorität verfügt. Im Extremfall kann er einen widersetzlichen Minister entlassen. Hat der Bundeskanzler jedoch seine politische Autorität verloren, wird er die Regierung – jedenfalls nicht in ihrer alten Form – fortführen können.

## 2. Eigenverantwortlichkeit des Ministers: Ressortprinzip

Eine verfassungsrechtliche Grenze findet die Richtlinienkompetenz des Kanzlers unter 55
anderem in der Eigenverantwortlichkeit der Ressortminister, Art. 65 S. 2 GG. Innerhalb dieser Ressortzuständigkeit sind die Bundesminister weder den Weisungen des Bundeskanzlers noch denen der Bundesregierung unterworfen. Sie sind selbst Staatsorgane mit unabhängigen und weitreichenden Befugnissen. Dahinter steht zunächst der Gedanke der Arbeitsteilung. Angesichts der enormen Vielfalt der Regierungsaufgaben ist ein arbeitsteiliges Vorgehen notwendig. Hinreichend große und gewichtige Sachgebiete erhalten mit dem eigenen Ministerium nicht nur eine Stimme am Kabinettstisch, sondern sind durch die Eigenständigkeit ihrer Organisation in gewissem Maße vor Einflussnahmen aus anderen Sachgebieten geschützt.

Die Ressortverantwortlichkeit entspricht auch den politischen Gegebenheiten: In einer 56
Koalitionsregierung sitzt dem Bundeskanzler häufig der Chef einer der Koalitionsparteien als Minister am Kabinettstisch gegenüber. Aber auch innerhalb der Partei des Kanzlers sind es oftmals mächtige Vorsitzende eines Landesverbandes oder anerkannte Wortführer eines Flügels der Partei, die als Minister einen Platz am Regierungstisch finden.

Die selbständige Leitung des Geschäftsbereichs bedeutet, dass der Minister eigene Weisungen für die von seinem Ressort zu verfolgende Politik erlässt.[99] Diese ministeriellen Befugnisse umfassen sowohl allgemeine Sachentscheidungszuständigkeiten, etwa die Befugnis zum Erlass von Rechtsverordnungen, Art. 80 Abs. 1 GG, oder das Gegenzeichnungsrecht, Art. 58 GG, wie auch ministeriumsinterne Organisations- oder Personalentscheidungen.

---

96 *H. Maurer*, Staatsrecht I, 6. Aufl. 2010, § 14 Rn. 47.

97 *H. Maurer*, Staatsrecht I, 6. Aufl. 2010, § 14 Rn. 47; *S. Detterbeck*, Innere Ordnung der Bundesregierung, in: HStR, Bd. III, 3. Aufl. 2005, § 66 Rn. 16.

98 So auch *S. Detterbeck*, Innere Ordnung der Bundesregierung, in: HStR, Bd. III, 3. Aufl. 2005, § 66 Rn. 16. Politikwissenschaftliche Betrachtung der Richtlinienkompetenz bei *E. Holtmann*, Richtlinienkompetenz, 2008, S. 73 ff.

99 *J. Ipsen*, Staatsrecht I, 25. Aufl. 2013, Rn. 459.

Der Minister bleibt jedoch trotz der Ressortselbständigkeit in den Rahmen der Regierungspolitik eingebunden und muss gegebenenfalls die Abstimmung mit dem Kanzler suchen, so § 1 Abs. 1 S. 3 GOBReg. Konflikte zwischen Minister und Kanzler sind danach primär politisch zu bewältigen.[100]

### 3. Gesamtverantwortlichkeit der Bundesregierung: Kabinettsprinzip

57 Die Bundesregierung wird jedoch nicht nur in Gestalt ihrer einzelnen Mitglieder, nämlich des Kanzlers und der Minister tätig, sondern auch als Ganzes. Damit trägt das Grundgesetz dem Gesichtspunkt der **Reintegration** Rechnung. Die in der Verantwortlichkeit des Einzelressorts getroffenen Entscheidungen müssen in die Gesamtheit der Regierungspolitik eingebettet werden.

58 Das **Kabinettsprinzip** wird teilweise in Art. 65 S. 3 GG geregelt, wonach der Bundesregierung die Entscheidung von Meinungsverschiedenheiten zwischen den Bundesministern obliegt. Damit ist aber keine generelle Streitentscheidungskompetenz des Kollegialorgans Bundesregierung begründet. Vielmehr ist Art. 65 S. 3 GG immer dann nachrangig, wenn eine bestimmte Frage entweder in die Ressortkompetenz eines Ministers fällt oder aber durch Richtlinien des Bundeskanzlers bereits entschieden ist.[101] § 17 GOBReg schreibt zur Entlastung der Bundesregierung einen vorherigen Einigungsversuch zwischen den beteiligten Bundesministern vor. Dies ist insofern sinnvoll, als eine Mehrheitsentscheidung im Kabinett dem unterlegenen Minister politischen Schaden zufügt und dadurch tendenziell die Regierung insgesamt schwächt. Auch dürfte die Kompromissfindung der Qualität der Entscheidung zugutekommen.

59 Die Zuständigkeit der **Bundesregierung als Kollegialorgan** wird auch durch § 15 GOBReg gestärkt, der anordnet, dass alle Angelegenheiten „allgemeiner innen- oder außenpolitischer, wirtschaftlicher, sozialer, finanzieller oder kultureller Bedeutung“ dem Kabinett vorzulegen sind.[102]

Neben diesen regierungsinternen Kompetenzen kommt dem Gesamtkabinett auch eine Reihe von nach außen gerichteten Kompetenzen zu. Zu nennen sind bspw. die Anordnung des Bundeszwanges, Art. 37 GG; das Einbringen von Gesetzentwürfen beim Bundestag, Art. 76 Abs. 1 GG; die Anrufung des Vermittlungsausschusses, Art. 77 Abs. 2 S. 4 GG; der Erlass von Rechtsverordnungen, Art. 80 Abs. 1 S. 1 GG oder die Anrufung des Bundesverfassungsgerichts, Art. 93 Abs. 1 Nr. 2 GG, Art. 21 Abs. 2 GG i.V.m. § 43 Abs. 1 BVerfGG; Zustimmung zu finanzwirksamen Gesetzen, Art. 113 Abs. 1 GG, richtigerweise entgegen § 11 Abs. 2 KrWaffKontrG auch die Entscheidung über die Herstellung und das Inverkehrbringen von Kriegswaffen[103]. Das Kabinett darf sich zur Vorbereitung solcher Angelegenheiten zwar seiner Ausschüsse oder einzelner Ministerien bedienen. Die Entscheidung selbst aber darf sie nicht an einen Teil des Kabinetts oder ein einzelnes Ministerium delegieren.

---

100 *S. Detterbeck*, Innere Ordnung der Bundesregierung, in: HStR, Bd. III, 3. Aufl. 2005, § 66 Rn. 33.
101 *G. Hermes*, in: Dreier, GG, Bd. 2, 2. Aufl. 2006, Art. 65 Rn. 35.
102 Dazu *W. Schenke*, Aufgabenverteilung, 1982, S. 348.
103 *J. Grebe/S. Roßner*, Parlamentarische Kontrolle und Transparenz von Rüstungsexporten, 2013, S. 13 f. m.w.N., http://www.bicc.de/publications/publicationpage/publication/parlamentarische-kontrolle-und-transparenz-von-ruestungsexporten-390/ (16.7.2014).

### 4. Organisation und Arbeitsweise der Regierung

Nach Art. 65 S. 4 GG leitet der Bundeskanzler die Geschäfte der Bundesregierung nach einer von dieser beschlossenen und vom Bundespräsidenten genehmigten **Geschäftsordnung.** 60

Die Geschäftsordnungsautonomie ist Ausdruck der Selbständigkeit des Verfassungsorgans Bundesregierung gegenüber anderen Verfassungsorganen: Die Bundesregierung kann in der Geschäftsordnung ihren eigenen Vorstellungen von ihrem guten Funktionieren Ausdruck verschaffen. Zugleich wird mit der Geschäftsordnung, die von der gesamten Bundesregierung zu verabschieden ist, auch die Leitungsbefugnis des Bundeskanzlers begrenzt und so dem Eigengewicht des Kollegialorgans Geltung verschafft.

Sie ist rechtlich verbindlich, allerdings nur im Innenverhältnis. Verstöße berühren also nicht die Wirksamkeit von Beschlüssen nach außen. Nicht selten erfolgen Abweichungen von der Geschäftsordnung im Konsens. Im Übrigen ist auch die innenrechtliche Bedeutung im Vergleich zur Geschäftsordnung des Bundestages begrenzt, weil nur Letztere den sensibleren Bereich des Ausgleichs zwischen Mehrheits- und Oppositionsinteressen betrifft. Organstreitigkeiten zwischen Mitgliedern der Regierung erscheinen wenig wahrscheinlich. 61

## IV. Mitwirkung in Europa

Der Bundeskanzler ist als Regierungschef Mitglied des Europäischen Rates und maßgeblich an der Entwicklung der erforderlichen Impulse für die Union und die Festlegung der allgemeinen politischen Zielvorstellungen beteiligt (Art. 15 Abs. 1, 2 EUV). Die Mitglieder der Bundesregierung haben über ihre Mitgliedschaft im Rat wesentlichen Anteil an der für die Mitgliedstaaten verbindlichen Gesetzgebung auf europäischer Ebene (Art. 16 Abs. 1, 2 EUV). Die – angesichts der Konstruktion der EU – nicht zu vermeidende Problematik liegt in der teilweisen Umkehrung des Verhältnisses zum Bundestag, dessen Gesetze die Bundesregierung zu befolgen hat. In ihrer Eigenschaft als Teil des europäischen Gesetzgebers wirkt sie nunmehr mit an der Schaffung von Recht, welches auch den Bundestag bindet. Die Informations- und Berücksichtigungspflichten, die die Regierung gegenüber dem Bundestag gemäß Art. 23 Abs. 3 GG treffen (→ § 15 Rn. 34 ff.), können diesen Umstand nicht vollständig ausgleichen. 62

## Wiederholungs- und Verständnisfragen

> Nennen Sie verschiedene Tätigkeitsfelder und Aufgabenbereiche der Bundesregierung!

> Nach welchen Prinzipien findet die Willensbildung innerhalb des Kabinetts statt?

> Welche verfassungsrechtlichen Probleme ranken sich um das Institut der Vertrauensfrage?

## § 13 Der Bundesrat

1 Der Bundesrat ist ein Organ der Abstimmung innerhalb einer bundesstaatlichen Gesamtkonstruktion. Er dient der politischen Koordination unter den Ländern wie zwischen Bund und Ländern. In beiderlei Hinsicht tritt er neben andere Einrichtungen mit ähnlicher Zielsetzung.[1] Der Bundesrat ist aber die einzige im Grundgesetz vorgesehene Institution mit dieser Funktion und als solche auch allein mit verfassungsrechtlichen Kompetenzen ausgestattet. In seiner Zusammensetzung und Arbeitsweise steht er in einer langen **deutschen Tradition**, die ihren Grund in der seit dem Hochmittelalter immer stärker hervortretenden Dualität zwischen Zentralgewalt und Territorien hat. Diese machte Einrichtungen der Abstimmung zwischen Zentralgewalt und Partikularstaaten notwendig. Als Instrument dafür entwickelte sich historisch der Reichstag als Gesandtenkongress, in dem Abordnungen der Staaten zusammenkamen. Diese Form hat sich bis heute erhalten. Aus der Vertretung der meist monarchisch strukturierten Mitglied- oder Bundesstaaten im Bundestag des Deutschen Bundes und im Bundesrat des zweiten Kaiserreiches ist seit dem Reichsrat der Weimarer Republik ein Gremium geworden, in dem die demokratisch gewählten Landesregierungen vertreten sind. Bei der exekutivischen Prägung des Organs ist es also geblieben. Der Bundesrat ist deshalb – obwohl er an der Gesetzgebung beteiligt ist – **keine „echte zweite Kammer"**. Dazu müssten seine Mitglieder – wie etwa die Senatoren der Vereinigten Staaten – unmittelbar in den Territorien durch das Volk gewählt werden. Der heutige Bundesrat stellt ebenso wenig wie seine Vorläufer eine Repräsentanz der Bürger der Länder dar, sondern ist eine **Vertretung der Landesregierungen**. Als Folge blieb das föderale Organ im deutschen Bundesstaat, anders als der amerikanische Senat, politisch eher blass. Man mag in diesem Verzicht auf ein schärferes politisches Profil auch eine Entscheidung zugunsten einer stärkeren Orientierung an den sachpolitischen oder technischen Problemen des Zusammenwirkens von Bund und Ländern sehen.

### I. Aufgaben und Funktion

2 Art. 50 GG nennt als Aufgaben des Bundesrates die Mitwirkung der Länder bei der **Gesetzgebung** und **Verwaltung des Bundes** sowie in Angelegenheiten der **Europäischen Union**. Es geht also darum, den Willen der Länder in Bezug auf die Gesetzgebung und die weiteren Aufgabengebiete mitzuteilen und in die Willensbildung des Bundes einzuspeisen. In Bezug auf die Mitwirkung der Länder an der Gesetzgebung ist die Funktion, wenn auch nicht die Institution des Bundesrates, von der sogenannten „Ewigkeitsklausel" des Art. 79 Abs. 3 GG garantiert, dieser könnte also durch ein anderes Organ ersetzt werden.

3 Daneben, oft übersehen, dient der Bundesrat auch als Instrument des Bundes, der sich über die Interessen und nicht zuletzt auch das Sachwissen der Länder in Fragen der Verwaltung in Kenntnis setzen will, das diese in Wahrnehmung ihrer Verwaltungskompetenz nach Art. 83 GG (→ § 16 Rn. 14) gewonnen haben: Weil in der Regel die Bundesgesetze durch die Länder ausgeführt werden, fällt die Verwaltungserfahrung mit diesen Gesetzen in den Ländern an. Will man aus diesen Erfahrungen für die zukünftige Gesetzgebung lernen, bietet sich dafür eine Beteiligung der Länder an der Gesetzgebung durch den mit Exekutiv-Vertretern besetzten Bundesrat an.

1 Als Beispiele seien die Ministerkonferenzen der Länder oder entsprechende Gremien der Parteien, etwa der Parteikonvent der SPD gem. §§ 28 ff. SPD-Statut genannt.

Verlässt man die dichotomische Perspektive Bund – Länder, tritt die Funktion des Bundesrates als Kontrastorgan zutage, und zwar in zweierlei Hinsicht. **Erstens** haben die Länder häufig untereinander divergierende Verbandsinteressen, Stadtstaaten und Flächenländer; neue Länder, alte Länder; strukturstarke Länder, strukturschwache Länder; immer noch auch: Länder, die protestantisch oder katholisch geprägt sind und seit der Wiedervereinigung auch solche, in denen die Kirchen keine bedeutende Rolle mehr spielen. 4

**Zweitens** werden die Länder von Regierungen mit unterschiedlicher politischer Ausrichtung geleitet. Es gibt also Länder, die parteipolitisch auf der Seite der Bundesregierung stehen und solche, die der Opposition näher sind (man spricht in Bezug auf diese zwei Gruppen von „**A-Ländern**“ und „**B-Ländern**“). Dies ist kein Gegensatz von quasi „naturgegebenen“ Interessen, sondern ein Gegensatz, der aus der Konkurrenz von politischen Parteien und Allianzen herrührt. Die Gruppierung der Länder im Bundesrecht ist variabel, sie folgt zwei verschiedenen Mustern – landestypischen Interessen einer- und Zugehörigkeit zum Regierungs- oder Oppositionslager andererseits –, deren Durchsetzungsstärke je nach Situation unterschiedlich ist. Es gibt zwischen diesen beiden bundesratsinternen Ordnungsmustern kein generelles Vorrangverhältnis, weder praktisch noch normativ: Die Verfolgung von parteipolitisch begründeten Interessen kann ebenso dem Gemeinwohl dienen wie die Verfolgung typischer Verbandsinteressen eines Landes. Daraus folgt, dass etwa eine parteipolitisch motivierte „Blockadepolitik“ im Bundesrat gegenüber Vorhaben der Bundesregierung nicht per se negativ beurteilt werden kann: Eine von der Mehrheit des Bundesrates entwickelte Vorstellung von der Verwirklichung des Allgemeinwohls muss nicht hinter einer konkurrierenden, ihrerseits meist ebenfalls parteipolitisch motivierten Vorstellung der Bundesregierung oder des Bundestages zurückstehen. Welche der beiden Vorstellungen sich im politischen Prozess durchsetzt, ist – neben den stets im Fluss befindlichen politischen Kräfteverhältnissen – von den Kompetenzen der einzelnen Verfassungsorgane in den verschiedenen Konfliktkonstellationen abhängig. Konkret läuft dies auf die Frage hinaus: Hat der Bundesrat die Kompetenz, ein Gesetzgebungsvorhaben der Bundesregierung zu blockieren? Der Gebrauch solcher Kompetenzen zur Beeinflussung der Politik ist im Grundgesetz vorgesehen. Eine Vetoposition des Bundesrates folgt gegebenenfalls daraus, dass ein Gesetz (ausnahmsweise) zustimmungspflichtig ist (→ § 8 Rn. 80 ff.). Als einen solche Konflikte begrenzenden, ungeschriebenen Grundsatz kennt die Verfassung das **Prinzip der Organtreue**. Unterhalb der Schwelle der Verletzung derartiger Regeln wird man den Gebrauch von Kompetenzen zwar politisch kritisieren, ihn aber nicht rechtlich als Missbrauch qualifizieren können. 5

Bisweilen tritt der Bundesrat in ein Komplementaritätsverhältnis zur Bundestagsopposition, nämlich dann, wenn die Bundesratsmehrheit den Parteien angehört, die im Bundestag in der Minderheit sind. Der politische Einfluss der Opposition im Bundestag ist nicht gering zu schätzen: Sie hat Informations- und Kontrollrechte (→ § 11 Rn. 104 ff., 117) und genießt regelmäßig eine erhebliche Aufmerksamkeit der Medien, über die der politische Diskurs maßgeblich mitbestimmt wird. Eine mit Fortune agierende Bundestagsopposition kann durchaus die Regierungsmehrheit zeitweise vor sich her treiben. Ihre Möglichkeiten zur Beeinflussung von Sachfragen sind aber – abgesehen von Verfassungsänderungen, bei denen ihre Stimmen meist gebraucht werden – indirekter Natur und werden über die öffentliche Meinung vermittelt. Der Bundesrat steht zwar kaum im Scheinwerferlicht der medialen Berichterstattung und vermag mit seinen Debatten selten die öffentliche Meinung zu prägen. Er verfügt aber in vielen Konstellatio- 6 nen der Gesetzgebung über Vetorechte gegenüber der Bundestagsmehrheit und gibt der Opposition so rechtlich verfestigte Ansatzpunkte zum Opponieren, die echte Verhandlungsmacht bieten.

7 Insgesamt gilt: Der Bundesrat ist **das** föderative Organ der BRD.[2] Zwar wird auch der Bundestag nach Landeslisten gewählt und sind die politischen Parteien in Landesverbänden organisiert. Diese organisatorische Orientierung an den Ländern hat aber in Bezug auf den Bundestag, der als unitarisches Organ fungiert, wenig Auswirkungen: Die Zugehörigkeit der Abgeordneten zu Landesverbänden geht meist auf in der Angehörigkeit zur Fraktion. Dies korrespondiert mit den politischen Parteien, die, mit Ausnahme der CSU, nicht einem bestimmten Bundesland zuzuordnen sind, sondern auf Bundesebene auch als Bundesparteien auftreten (→ § 5 Rn. 126 ff.). Im Bundesrat dagegen ist die Orientierung an den Ländern dominant.

### 1. Bundesorgan

8 Der Bundesrat ist wegen der Mitwirkungsrechte in der Gesetzgebung sowie der Verwaltung und Rechtsprechung des Bundes konsequenterweise als **Bundesorgan** geschaffen.[3] Im Bild: Der Bundesrat ist das Ohr des Bundes für die Interessen der Länder – und nicht deren Mund. Ein von den Ländern in eigener Verantwortung geschaffenes Organ[4] könnte zwar Interessen der Länder formulieren und auch der Information des Bundes dienen, aber einem solchen Organ würde der Rückhalt in verfassungsrechtlich verbrieften Kompetenzen fehlen, die den Bund zu seiner Beachtung zwingen können.

Die organisatorische Verbindung zwischen Bund und Ländern erfolgt durch das Bundesorgan „Bundesrat". Der Bundesrat oder ein ähnliches Organ gehören wegen der Garantie für die Länder auf Mitwirkung an der Gesetzgebung des Bundes aus Art. 79 Abs. 3 GG zu dem geschützten Bestand an Bundesorganen, der vorhanden sein muss.

### 2. Zusammensetzung

9 Der Bundesrat besteht aus **„Mitgliedern der Regierungen der Länder"**. Es ist damit Sache des Landesverfassungsrechts, zu bestimmen, wer Mitglied im Bundesrat sein kann. Dazu zählen Ministerpräsidenten und Minister, regierende Bürgermeister und Senatoren sowie Staatssekretäre und Staatsräte, sofern ihnen, wie in Bayern, Baden-Württemberg und Sachsen, Sitz und Stimme im Kabinett zukommen (→ § 13 Rn. 20 f.).

10 Die Mitglieder werden von den Regierungen bestellt, Art. 51 Abs. 1 S. 1 GG, nicht vom Parlament oder vom Volk gewählt. Konstitutiv ist also der Beschluss der jeweiligen Landesregierung. Die Bundesratsmitglieder sind gem. § 1 GOBR durch das Land dem Präsidenten des Bundesrates zu benennen. Auch können Vertreter bestellt werden, die ihrerseits allerdings auch der Landesregierung angehören müssen.

11 Die Mitglieder des Bundesrats sind **gebunden an die Weisungen** ihrer Regierung. Sie haben kein unabhängiges Mandat im Sinne von Art. 38 Abs. 1 GG inne, sonst wäre die Funktion des Bundesrates als Verbindung zwischen Bund und Ländern als jeweils eigenständige Staaten gefährdet. Besonders an dieser Eigenheit wird deutlich, dass der

2 *R. Herzog*, Stellung des Bundesrates im demokratischen Bundesstaat, in: HStR, Bd. III, 3. Aufl. 2005, § 57 Rn. 1.

3 *K. Stern*, Staatsrecht I, 2. Aufl. 1984, S. 731.

4 Als Beispiel für derartige Einrichtungen sei an die verschiedenen von den Länderregierungen zum Zwecke der Selbstkoordination geschaffenen Konferenzen erinnert wie die vorbildhafte Kultusministerkonferenz, die Europaminister- oder die Ministerpräsidentenkonferenz.

Bundesrat in der Tradition der Gesandtenkongresse steht und kein Parlament, nicht einmal eine echte zweite Kammer ist.

Auch können Mitglieder des Bundesrates jederzeit abberufen werden. Darin liegt ein weiterer wesentlicher Unterschied zum Bundestagsmandat, das für eine Wahlperiode „stabil“ ist. Dieser Unterschied passt mit der fehlenden Freiheit des Mandats zusammen und ist insofern konsequent: Die – zeitlich begrenzte – Stabilität des Mandats braucht der Bundes- oder Landtagsabgeordnete, um tatsächlich frei in der Ausübung des Mandats zu sein. Das weisungsgebundene Mitglied des Bundesrates genießt keine Freiheit, die einen solchen Schutz nötig werden ließe. 12

### 3. Stimmgewichte und Stimmabgabe

Die Zahl der Bundesratsmitglieder pro Land wird unter Berücksichtigung der Bevölkerungszahl bestimmt, ist aber **degressiv gestuft**: Entsandt werden mindestens drei, maximal sechs Mitglieder pro Land, Art. 51 Abs. 2 GG. Darin liegt ein Kompromiss zwischen der Proportionalität von Mitglieder- und Einwohnerzahl, die die demokratische Gleichheit der Bürger am besten verwirklichen würde, und der aus dem Bundesstaatsprinzip ableitbaren Gleichheit der souveränen Länder, die durch die gleiche Mitglieder- und Stimmzahl für jedes Land (wie etwa in der Vollversammlung der Vereinten Nationen, in der gem. Art. 18 Abs. 1 Charta VN jeder Mitgliedstaat eine Stimme hat, und auch im Senat der Vereinigten Staaten) am besten verwirklicht würde. Der Kompromiss zwischen beiden widerstreitenden Prinzipien fügt sich ein in die deutsche Verfassungstradition.[5] Eine ähnliche Regelung trifft Art. 14 Abs. 1 EUV für die Stimmverteilung im Europäischen Parlament. Es handelt sich dabei um eine Technik, die bei der Einheitsbildung aus stark unterschiedlichen Einzelstaaten gewählt wird, damit die Lage der „Kleinen“ bei der Entscheidungsfindung nicht hoffnungslos ist. 13

Im Bundesrat können die **Stimmen** eines Landes **nur einheitlich abgegeben** werden, Art. 51 Abs. 3 S. 2 GG.[6] Diese Regelung legt offen, dass die eigentlichen Mitglieder des Bundesrates die Länder sind.[7] Jene „Mitglieder“, die Art. 51 Abs. 3 GG benennt, sind in Wirklichkeit nur Vertreter ihrer jeweiligen Länder. Damit stellt sich aus Perspektive der Länder die Frage, wie die Einheitlichkeit der Stimmabgabe gesichert werden kann. Einige Bundesländer regeln die vorherige Abstimmung ihrer Vertreter im Bundesrat in ihrer Verfassung,[8] indem ein entsprechender Beschluss der Landesregierung zu fassen ist. 14

Umstritten ist, ob die **Landtage** das Abstimmungsverhalten der jeweiligen Landesregierung festlegen dürfen. Die Frage hat dabei zwei Seiten: 15

- Aus Sicht des **Landesverfassungsrechts** kann eine derartige Einwirkung auf das Stimmverhalten der Landesregierung im Bundesrat unzulässig sein. Eine solche Unzulässigkeit kann sich aus ausdrücklichen Normen des Landesverfassungsrechts ergeben, die der Landesregierung eine entsprechende Kompetenz verleihen, oder aus den allgemeinen Vorschriften der Landesverfassung, die die Vertretung des Landes nach außen der Regierung zuweisen. Ein Rückgriff auf das Gewaltenteilungsprinzip für den Ausschluss der parlamentarischen Bestimmungsmacht über das Stimmver-

5 Ähnlich wie heute: Art. 6 Reichsverfassung 1871 zum Bundesrat; proportionale Vertretung der Länder mit Kappung bei maximal zwei Fünfteln der Stimmen nach Art. 61 Abs. 1 WRV für den Reichsrat.

6 Vgl. bereits Art. 6 RV 1871; dazu BVerfGE 106, 310 ff.

7 Ähnlich wie Art. 9 Abs. 2, 18 Charta VN es für die Vereinten Nationen auch sprachlich offenlegen.

8 S. etwa Art. 37 Abs. 2 Nr. 2 Verf Nds; Art. 49 Abs. 2 Verf BW; Art. 64 Abs. 1 Verf Sa.

halten der Landesregierung im Bundesrat[9] ist angesichts der besonderen Bestimmungen nicht notwendig, wäre aber auch nicht ausreichend, da dieses Prinzip eine Gewaltenverschränkung nicht ausschließt.[10] Aus der Perspektive des Landesverfassungsrechts ist somit zumindest eine landesrechtliche Verfassungsbestimmung zulässig, die dem jeweiligen Landtag die Möglichkeit einräumt, das Abstimmungsverhalten der Landesregierung im Bundesrat festzulegen.

- Aus Sicht des **Bundesrechts** sind sowohl Regelungsintention wie -reichweite des Grundgesetzes zu klären: Art. 51 Abs. 1 S. 1 GG macht den Bundesrat zu einem Gremium aus Mitgliedern der Landesregierungen. Die einem Land zukommenden Stimmen können nur durch anwesende Mitglieder oder ihre Vertreter abgegeben werden. Folglich kann das Abstimmungsverhalten eines Landes nur durch die dem Bundesrat zugehörigen und bei seiner jeweiligen Sitzung anwesenden Mitglieder der Landesregierung festgelegt werden. Dies berührt allerdings nicht den landesinternen Entscheidungsprozess. Aus der Perspektive des Bundes kommt es vielmehr darauf an, dass die Willensäußerung im Bundesrat inhaltlich eindeutig und dem Land zurechenbar ist. Die Willensbildung innerhalb des Landes ist Gegenstand des Bundesrechts nur insofern die Homogenitätsklausel des Art. 28 GG (→ § 8 Rn. 107 ff.) berührt ist. Solange die Entscheidungen der Länder demokratisch legitimiert sind, ist, was Abstimmungen im Bundesrat angeht, dem Bundesrecht Genüge getan.[11]

### II. Organisation und Arbeitsweise

16 Bevor auf die Einzelheiten von Organisation und Arbeitsweise des Bundesrates eingegangen wird, sei auf die besondere personelle Zusammensetzung des Bundesrates und ihre praktischen Folgen hingewiesen: Anders als der Bundestag, für dessen Mitglieder ganz überwiegend die Tätigkeit als Abgeordnete im Mittelpunkt steht,[12] besteht der Bundesrat aus Personen, für welche die Bundesratsmitgliedschaft nur einen Aspekt ihrer Tätigkeit als Mitglieder einer Landesregierung darstellt. Daraus ergeben sich das besonders hohe Gewicht der Arbeit der Ausschüsse, die Notwendigkeit weiterer Einrichtungen zur Vorbereitung der Plenartätigkeit und eine relativ starke Bedeutung der hauptberuflich und ständig tätigen Verwaltung.

17 Zum Verfahren des Bundesrates enthält das Grundgesetz relativ wenige Vorschriften, die seine Einberufung und die Öffentlichkeit seiner Sitzungen betreffen. Daher kommt den Vorschriften der **Geschäftsordnung**, die sich der Bundesrat – dem wie allen obersten Verfassungsorganen Geschäftsordnungsautonomie zukommt – nach Art. 52 Abs. 3 S. 2 GG gibt, allgemein ein erheblicher Stellenwert zu.[13] Die GOBR bindet nur den Bundesrat und steht im Rang unterhalb der Verfassung und förmlicher Gesetze.[14] Allerdings genießt der Bundesrat aus seiner Geschäftsordnungsautonomie Schutz gegenüber gesetzgeberischen Eingriffen.

---

9 *K. Stern*, Staatsrecht I, 2. Aufl. 1984, S. 138 f.

10 *H. Maurer*, Staatsrecht I, 6. Aufl. 2010, § 16 Rn. 8a.

11 Anders allerdings *H. Maurer*, Staatsrecht I, 6. Aufl. 2010, § 16 Rn. 8a, der aus der „gouvernementalen Ausrichtung" des Bundesrates ableitet, auch die landesinterne Willensbildung vor Abstimmungen im Bundesrat müsse innerhalb der jeweiligen Landesregierung stattfinden.

12 Die zahlenmäßig bedeutsamste Ausnahme dürften die Mitglieder der Bundesregierung sowie die parlamentarischen Staatssekretäre darstellen.

13 *R. Herzog*, Aufgaben des Bundesrates, in: HStR, Bd. III, 3. Aufl. 2005, § 58 Rn. 42.

14 *H. Bauer*, in: Dreier, GG, Bd. 2, 2. Aufl. 2006, Art. 52 Rn. 20. Die Rechtsnatur der GOBR ist umstritten, wohl Rechtssatz sui generis *G. Robbers*, in: Sachs, GG, 6. Aufl. 2011, Art. 52 Rn. 14.

Bedeutsam ist jedoch die verfassungsrechtliche Regelung des Art. 52 Abs. 3 S. 1 GG, wonach der Bundesrat „seine **Beschlüsse mit der Mehrheit seiner Stimmen**“ fasst. Dies ist so zu verstehen, dass die Mehrheit der gesetzlich vorgesehenen Stimmen für einen Beschluss notwendig ist.[15] Da es 69 Stimmen gibt, sind also mindestens 35 Stimmen erforderlich. Durch die Notwendigkeit einer absoluten Mehrheit wird im Fall von Zustimmungsgesetzen tendenziell der Status quo bevorzugt, denn eine Stimmenthaltung oder auch ein bloßes Fernbleiben von einer Abstimmung hat dieselbe Wirkung wie eine Gegenstimme.[16] Geht es hingegen um ein Einspruchsgesetz, bei dem der Bundesrat einen Beschluss fassen muss, um das Gesetz aufzuhalten (→ § 15 Rn. 15), wirkt sich die Regelung entgegengesetzt aus und bevorzugt die Veränderung. Dahinter steht die unterschiedliche, typisierende Bewertung von Zustimmungs- und Einspruchsgesetzen durch das Grundgesetz: Während bei Ersteren eine besonders starke Betroffenheit der Länder vermutet wird,[17] betreffen Einspruchsgesetze die Länderinteressen mutmaßlich weniger intensiv. Dementsprechend fällt eine Blockade von Zustimmungsgesetzen leichter, und zwar auch durch die im Bundesrat geltende Mehrheitsregel. Allerdings bleibt dem Bundesrat auch bei Einspruchsgesetzen das Ausnahmeinstrument des Art. 77 Abs. 4 GG, falls abweichend von der Regel Länderinteressen auf breiter Front besonders intensiv berührt sein sollten: Einen mit Zweidrittelmehrheit erhobenen Einspruch des Bundesrates kann der Bundestag nur mit Zweidrittelmehrheit überwinden. 18

Besondere Mehrheiten in Höhe von zwei Dritteln der gesetzlichen Stimmenzahl erfordern neben der praktisch wenig relevanten Präsidentenanklage nach Art. 61 Abs. 1 S. 3 GG vor allem Grundgesetzänderungen, Art. 79 Abs. 2 GG. Dieses hohe Quorum, das ebenso im Bundestag gilt (→ § 11 Rn. 58, § 15 Rn. 30), sichert die breite Akzeptanz von Änderungen der staatlichen Grundordnung, da sie praktisch nur im Wege eines das Regierungs- wie das Oppositionslager einschließenden Kompromisses bewerkstelligt werden können.

Art. 52 Abs. 1 GG bestimmt lakonisch, dass der Bundesrat seinen **Präsidenten** auf ein Jahr wählt, der – Abs. 2 – den Bundesrat einberuft. Die kurze Amtszeit erklärt sich wohl hauptsächlich aus der Absicht, einen zügigen Umlauf des Amtes unter den Bundesländern zu ermöglichen.[18] Im Übrigen schweigt sich die Verfassung zum Thema des Bundesratspräsidenten aus; weitere Regelungen trifft daher die Geschäftsordnung: Nach § 5 Abs. 1 i.V.m. § 46 GOBR kann nur ein Mitglied oder stellvertretendes Mitglied zum Präsidenten gewählt werden. Der Präsident übt für den Bundesrat nach § 6 Abs. 3 GOBR das Hausrecht, nach § 22 GOBR die Ordnungsgewalt aus und ist oberste Dienstbehörde der Beamten des Bundesrates, § 6 Abs. 1 S. 2 GOBR. Eine ungewöhnliche, den föderalen Aufbau Deutschlands betonende Regelung trifft § 6 Abs. 1 S. 1 GOBR, der den Bundesratspräsidenten zur Vertretung der Bundesrepublik Deutschland in allen Angelegenheiten des Bundesrates ermächtigt. 19

15 *H. Bauer*, in: Dreier, GG, Bd. 2, 2 Aufl. 2006, Art. 52 Rn. 19; *R. Herzog*, Zusammensetzung und Verfahren des Bundesrates, in: HStR, Bd. III, 3. Aufl. 2005, § 59 Rn. 34.

16 Das Problem hat eine gewisse praktische Bedeutung, weil die Koalitionsverträge zur Regierungsbildung in den Ländern regelmäßig vorsehen, dass sich das jeweilige Land im Bundesrat enthält, wenn sich die Koalitionspartner nicht auf ein Stimmverhalten einigen können. Entgegen der Absicht der Koalitionäre wirkt dies immer als „Nein“. Dementsprechend ist gem. § 28 Abs. 1 GOBR der Bundesrat beschlussunfähig, falls nicht die Mehrheit seiner Stimmen bei der Sitzung vertreten ist.

17 Vgl. BVerfGE 37, 363, 381.

18 *R. Herzog*, Zusammensetzung und Verfahren des Bundesrates, in: HStR, Bd. III, 3. Aufl. 2005, § 59 Rn. 11.

20 Auch der Bundesrat ist auf die Einrichtung von **Ausschüssen** angewiesen, die regelmäßig ständige sind, § 11 Abs. 1 S. 1 GOBR. Von der Verfassung vorgesehene Pflichtausschüsse, wie sie beim Bundestag bestehen (→§ 11 Rn. 107 ff.), kennt der Bundesrat nicht. Neben den ständigen Ausschüssen besteht auch die Möglichkeit der Einsetzung von Ausschüssen für besondere Angelegenheiten. Diese können auch – nach Art eines parlamentarischen Untersuchungsausschusses (→ § 11 Rn. 117 ff.) – der Erforschung einer bestimmten Angelegenheit von öffentlichem Interesse gewidmet sein,[19] verfügen jedoch nicht über die besonderen Untersuchungsinstrumente, die Art. 44 GG und das PUAG den Untersuchungsausschüssen des Bundestages an die Hand gibt.

21 In den Ausschüssen hat jedes Land einen Sitz, § 11 Abs. 2 GOBR, und eine Stimme, § 42 Abs. 2 GOBR. **Ausschussmitglieder** müssen nicht Mitglieder des Bundesrates oder der entsendenden Landesregierung sein. So werden aus zeitlichen Gründen die Sitzungen häufig von den fachlich zuständigen Beamten der Landesministerien oder der jeweiligen Landesvertretung beim Bund wahrgenommen. Die Ausschüsse sprechen dementsprechend lediglich Empfehlungen für das Bundesratsplenum aus und bereiten so dessen Arbeit vor.[20] In den Ausschüssen genügt die einfache Mehrheit für eine Beschlussfassung, § 42 Abs. 3 GOBR. Wegen ihres Personals und da die Zusammensetzung der Ausschüsse, anders als dies bei den Bundestagsausschüssen der Fall ist (→ § 11 Rn. 110), kein maßstabsgerecht verkleinertes Abbild der Mehrheitsverhältnisse im Plenum darstellt, tragen ihre Beschlüsse häufig eher den Charakter einer Empfehlung von Sachverständigen und nicht so sehr denjenigen eines politischen Meinungsbildes.

22 Für die oft besondere Eilbedürftigkeit von Angelegenheiten der Europäischen Union schien das normale Prozedere des Bundesrates zu langwierig.[21] Als Antwort darauf wurde die **Europakammer** geschaffen, zu deren Bildung seit 1992 Art. 52 Abs. 3a GG[22] den Bundesrat ermächtigt. Dieser hat mit §§ 45a-k GOBR von der Ermächtigung Gebrauch gemacht. Zwar stellt auch die Europakammer einen Ausschuss dar, der jedoch anstelle des Plenums in Angelegenheiten der Europäischen Union Beschlüsse mit der Wirkung von Bundesratsbeschlüssen fassen kann, Art. 52 Abs. 3a GG, § 45b Abs. 1 GOBR. Dementsprechend gilt in der Europakammer die Stimmgewichtung der Länder wie im Plenum, Art. 52 Abs. 3a GG. Es handelt sich um einen „Bundesrat en miniature“,[23] der für sein spezifisches Sachgebiet das Plenum ersetzen kann.[24] Dem Bundestag steht mit seinem Europaausschuss nach Art. 45 GG (→§ 11 Rn. 111) ein ähnliches Gremium zur Verfügung.

### III. Kompetenzen

23 Während die Aufgabenbeschreibung des Bundesrates in Art. 50 GG recht abstrakt zusammengefasst ist, finden sich die konkreten Kompetenzen des Bundesrates über das gesamte Grundgesetz verstreut. Dabei handelt es sich meist um **Mitwirkungsrechte** bei der Aufgabenwahrnehmung durch andere Verfassungsorgane in Form von Informations- und Vetorechten. Einen sachlich abgegrenzten, eigenen Aufgabenbereich hat der

19 *R. Herzog*, Zusammensetzung und Verfahren des Bundesrates, in: HStR, Bd. III, 3. Aufl. 2005, § 59 Rn. 16; *G. Robbers*, in: Sachs, GG, 6. Aufl. 2011, Art. 52 Rn. 52; a.A. *K. Stern*, Staatsrecht II, 1980, S. 159 f.

20 *H. Bauer*, in: Dreier, GG, Bd. 2, 2. Aufl. 2006, Art. 52 Rn. 19; *H. Maurer*, Staatsrecht I, 6. Aufl. 2010, § 16 Rn. 15.

21 Vgl. *H. Maurer*, Staatsrecht I, 6. Aufl. 2010, § 16 Rn. 16.

22 Zur Vorgeschichte *H. Bauer*, in: Dreier, GG, Bd. 2, 2. Aufl. 2006, Art. 52 Rn. 22.

23 *A. Rührmair*, Der Bundesrat zwischen Verfassungsauftrag, Politik und Länderinteressen, 2001, S. 154.

24 Wobei Detailprobleme, etwa wann die Europakammer einzuberufen ist, ungeklärt sind, vgl. *W. Fischer/C.-D. Koggel*, DVBl. 2000, 1742 ff.

Bundesrat dagegen nicht.[25] Eine wesentliche Ausnahme davon bildet das Initiativrecht des Bundesrates bei der Gesetzgebung gem. Art. 76 Abs. 1 GG, das ein Instrument zur aktiven Gestaltung der Bundespolitik bietet.

### 1. Mitwirkung an der Gesetzgebung

Bei der Mitwirkung des Bundesrates an der Gesetzgebung des Bundes sind zwei Berei- 24
che zu unterscheiden: Das **Gesetzesinitiativrecht** einerseits (das kein Mitwirkungsrecht im engeren Sinne ist) und die suspensiven oder absoluten **Vetorechte** gegenüber Gesetzesvorlagen des Bundestages oder der Bundesregierung andererseits, ggf. mit der Möglichkeit, über den Vermittlungsausschuss (→ § 15 Rn. 21 ff.) eigene inhaltliche Vorstellungen durchzusetzen.

Eine Gesetzesvorlage des Bundesrates kann nach Art. 76 Abs. 1 GG erfolgen. Da es 25
sich um die Einleitung eines Verfahrens zur Schaffung neuen Bundesrechts handelt, müssen sich Vorlagen des Bundesrates im Rahmen der Gesetzgebungskompetenzen des Bundes bewegen.

Neben dem Gesetzesinitiativrecht hat der Bundesrat das Recht, mit Gesetzesvorlagen 26
seitens des Bundestages oder der Bundesregierung befasst zu werden. Hier sind zunächst **Informations- und Stellungnahmerechte** zu nennen. Im häufigsten Fall, der Vorlage durch die Regierung,[26] ist diese zunächst dem Bundesrat zuzuleiten, der Gelegenheit zu einer Stellungnahme erhält. Erst dann wird die Vorlage dem Bundestag zugeleitet. Umgekehrt ist eine Bundesratsvorlage gem. Art. 76 Abs. 3 S. 1 f. GG dem Bundestag mit einer Stellungnahme der Regierung zuzuleiten. In beiden Fällen berät der Bundestag als das zentrale Gesetzgebungsorgan eine Vorlage in Kenntnis der Auffassungen der beiden anderen inhaltlich an der Gesetzgebung beteiligten Staatsorgane.

Auf jeden Fall ist der Bundesrat erneut, nachdem eine Gesetzesvorlage durch den Bun- 27
destag beschlossen wurde, mit der Angelegenheit zu befassen, Art. 77 Abs. 1 S. 1 GG. Hier kommen die suspensiven oder absoluten Vetorechte des Bundesrates ins Spiel und es scheiden sich die Wege der Gesetzesvorlagen: Im (Regel-)Fall der **Einspruchsgesetze** kommt ein Gesetz zustande, wenn der Bundesrat zustimmt oder untätig bleibt, wird aber durch einen Beschluss, Einspruch zu erheben, zumindest vorläufig gestoppt. Liegt jedoch ein **Zustimmungsgesetz** vor, kommt das Gesetz nur zustande, falls der Bundesrat einen zustimmenden Beschluss fasst (zu alledem → § 15 Rn. 20).

Die somit entscheidende Frage, welche Art von Gesetz vorliegt, bestimmt sich nach der Regel, dass alle Gesetze lediglich Einspruchsgesetze sind, ausgenommen nur diejenigen, für die das Grundgesetz ausdrücklich die Zustimmungsbedürftigkeit anordnet[27] (etwa „[...] Bundesgesetz mit Zustimmung des Bundesrates[...]"). Nach der Systematik des Grundgesetzes bilden die Zustimmungsgesetze also die Ausnahme, sind in der Praxis aber sehr häufig.

Vorschriften, welche die Zustimmungsbedürftigkeit auslösen, finden sich über das ge- 28
samte Grundgesetz verstreut, betreffen aber meist eines von drei Sachgebieten, nämlich Finanzen, Verwaltung und Verfassung. Als Beispiele seien genannt:[28] Art. 23 Abs. 1 S. 2 GG, Art. 73 Abs. 1 Nr. 9a GG i.V.m Art. 73 Abs. 2 GG, Art. 74 Abs. 1 Nr. 25 und

25 *H. Maurer*, Staatsrecht I, 6. Aufl. 2010, § 16 Rn. 24.
26 *R. Stettner*, in: Dreier, GG, Bd. 2, 2. Aufl. 2006, Art. 76 Rn. 14: etwa 80 % aller Vorlagen.
27 BVerfGE 108, 370, 397; E 37, 363, 381.
28 Vgl. die Aufzählung bei *T. Mann*, in: Sachs, GG, 6. Aufl. 2011, Art. 77 Rn. 14.

Nr. 27 GG i.V.m. Art. 74 Abs. 2 GG, Art. 79 Abs. 2 GG, Art. 84 Abs. 1 S. 6 GG, Art. 84 Abs. 5 S. 1 GG, Art. 85 Abs. 1 S. 1 GG, Art. 104a Abs. 6 S. 4 GG, Art. 106 Abs. 3 S. 3 GG, Art. 106 Abs. 5 S. 2 GG.

Zur Frage der Zustimmungsbedürftigkeit einer Vorlage vertritt das Bundesverfassungsgericht die Ansicht, die Zustimmungsbedürftigkeit nur einer Vorschrift erfasse das gesamte Gesetz.[29] Vor dem Hintergrund des alten Art. 84 Abs. 1 GG, nach dem ein Gesetz immer dann zustimmungspflichtig war, wenn es organisatorische Regelungen enthielt, wurde diese Ansicht problematisch, da auf dem Umweg der Verfahrensregelung Gesetze auch auf solchen Sachgebieten zustimmungspflichtig wurden, die vom Grundgesetz als Einspruchsmaterien gedacht waren. Im Jahr 2006 schließlich wurde durch die Neufassung von Art. 84 GG im Rahmen der sog. Föderalismusreform I das Problem entschärft. Außerdem hat der Gesetzgeber auch die Möglichkeit, das Gesetz in einen zustimmungsbedürftigen und einen sonstigen Teil aufzuspalten, um durch einen derartigen Zuschnitt auszuschließen, dass der Bundesrat Regelungen verhindert, die für sich genommen keiner Zustimmung bedürfen.[30]

29 Ein besonderes Problem bieten die Gesetze, die ein altes Zustimmungsgesetz ändern, verlängern oder aufheben. Es ist nicht jedes **Änderungsgesetz** zustimmungsbedürftig, das ein Zustimmungsgesetz ändert. Zustimmungsbedürftigkeit entsteht vielmehr nur, wenn das Änderungsgesetz entweder seinerseits zustimmungsbedürftige neue Vorschriften enthält oder zustimmungsbedürftige Teile des ursprünglichen Gesetzes ändert.[31] Das Änderungsgesetz wird in der Frage der Zustimmungsbedürftigkeit also eigenständig betrachtet. Auch ist die **Verlängerung eines befristeten Zustimmungsgesetzes** zustimmungspflichtig, da sie dem Erlass eines neuen Gesetzes entspricht.[32]

30 Keine Zustimmungsbedürftigkeit besteht hingegen für die durch Gesetz erfolgende **Aufhebung eines zustimmungspflichtigen Gesetzes.** Dies ergibt sich aus der Ratio des Zustimmungsbedürfnisses, das den Bundesrat in die Lage versetzen soll, einen Eingriff des Bundes in qualifizierte Belange der Länder abwehren zu können. Wird ein solcher Eingriff aufgehoben, bedürfen die Länder keines besonderen Schutzes.[33]

31 Einen wesentlichen Bereich der Gesetzgebungstätigkeit des Bundes macht der Erlass von **Rechtsverordnungen** nach Art. 80 GG aus. Auch in diesem Bereich genießt der Bundesrat daher ein über eine Zustimmungspflichtigkeit bewirktes absolutes Vetorecht, sofern die Voraussetzungen des Art. 80 Abs. 2 GG vorliegen. Im Bereich dieser Norm besitzt der Bundesrat auch ein Initiativrecht für den Erlass von Rechtsverordnungen, Art. 80 Abs. 3 GG.

32 Daneben seien auch die Befugnisse des Bundesrates beim Gesetzgebungsnotstand nach Art. 81 GG erwähnt, die die temporäre Zurückdrängung des Bundestages bei der Gesetzgebung durch eine verstärkte Befassung des Bundesrates kompensieren.

---

29 St. Rspr.: BVerfGE 24, 184, 195; E 37, 363, 380 f., 383 f.; E 48, 127, 177 f.; E 55, 274, 294; E 105, 313, 339. So auch *K. Stern*, Staatsrecht II, 1980, S. 145; *P. Badura*, Staatsrecht, 5. Aufl., 2012, F Rn. 52; *B. Pieroth*, in: Jarass/Pieroth, GG, 13. Aufl. 2014, Art. 77 Rn. 4; *R. Stettner*, in: Dreier, GG, Bd. 2, 2. Aufl. 2006, Art. 77 Rn. 12 m.w.N.

30 BVerfGE 24, 184, 197 f.; E 55, 274, 319; *R. Stettner*, in: Dreier, GG, Bd. 2, 2. Aufl. 2006, Art. 77 Rn. 12.

31 BVerfGE 37, 363, 383; E 48, 127, 180.

32 BVerfGE 8, 274, 295.

33 *R. Stettner*, in: Dreier, GG, Bd. 2, 2. Aufl. 2006, Art. 77 Rn. 14 m.w.N.

### 2. Mitwirkung an der Exekutive des Bundes

33 Auch wenn Art. 50 GG von der Mitwirkung an der „Verwaltung des Bundes" spricht, so erstrecken sich die Mitwirkungsrechte des Bundesrates auf den Bereich der Verwaltung wie der Regierung des Bundes, betreffen also die gesamte Exekutive.

Hier lassen sich der Bereich der Verwaltung (etwa Art. 84 Abs. 2 und Abs. 3; 85 Abs. 2; 87 Abs. 3 S. 2 GG); der Regierung (etwa Art. 35 Abs. 3; 37 Abs. 1; 91 Abs. 2 GG) und die Befugnisse im **gemeinsamen Ausschuss** nach Art. 53a GG[34] und im Verteidigungsfall, Art. 115a ff. GG, unterscheiden. Verbindendes Element ist stets der Schutz besonders sensibler Länderinteressen, sei es vor dem Hineinwirken des Bundes in die Verwaltung oder vor außerordentlichen Befugnissen der Bundesregierung in Ausnahmesituationen.

### 3. Mitwirkung an der Gerichtsbarkeit des Bundes

34 Eine wichtige Entscheidung auch für die Länder ist die Besetzung von Richterposten am Bundesverfassungsgericht. Hierfür hat das Grundgesetz eine besondere Form der Beteiligung des Bundesrates gefunden, und zwar wird eine Hälfte der Verfassungsrichter vom Bundesrat gewählt, die andere vom Bundestag, Art. 94 Abs. 1 S. 2 GG.

## IV. Beteiligung in Angelegenheiten der Europäischen Union

35 Die im Grundgesetz angelegte Übertragung von Hoheitsrechten auf die Europäische Union[35] bewirkt einen Kompetenzverlust nicht nur des Bundes, sondern auch der Länder. Da im Rahmen der Union nur der Bund Mitspracherechte hat, nicht aber die Länder, bedarf es eines innerdeutschen Mechanismus der Länderbeteiligung, um eine Aushöhlung der Bundesstaatlichkeit zu verhindern.

Art. 23 Abs. 2 und Abs. 4 bis 7 GG sowie das Gesetz über die Zusammenarbeit von Bund und Ländern in Angelegenheiten der Europäischen Union versuchen, einen solchen Mechanismus zu bilden. Mitwirkung ist auf Information angewiesen. Daher ist der Bundesrat gemäß Art. 23 Abs. 2 S. 2 GG umfassend und frühzeitig von der Bundesregierung über europäische Angelegenheiten zu unterrichten. Grundregel für die Mitwirkung des Bundesrates ist Art. 23 Abs. 4 GG, wonach dieser mitwirkungsbefugt ist, soweit er bei einer innerstaatlichen Maßnahme mitzuwirken hätte oder innerstaatlich überhaupt die Länder für die fragliche Materie zuständig wären.

Nach Art. 23 Abs. 5 S. 2 GG kann der Bundesrat die Bundesregierung auf seine Haltung zu einer Angelegenheit verpflichten, sofern Gesetzgebungsbefugnisse oder die Organisation der Länder betroffen sind. Die Bundesregierung wird am Brüsseler Verhandlungstisch damit zu einem Vertreter mit gebundener Marschroute. Noch ungewöhnlicher ist die Regelung des Art. 23 Abs. 6 GG, die einen vom Bundesrat ernannten Bevollmächtigten anstelle der Bundesregierung zum Vertreter Deutschlands bei der Europäischen Union macht, falls es sich um eine Angelegenheit auf dem Gebiet der schulischen Bildung, der Kultur oder des Rundfunks handelt. Allerdings hat dieser Bevollmächtigte sich mit der Bundesregierung abzustimmen. An dieser Vorschrift ist im-

---

34 Zu beachten ist die Unabhängigkeit der in den Gemeinsamen Ausschuss entsandten Bundesratsmitglieder nach Art. 53a Abs. 1 S. 2 GG: In dem Abstreifen des Gesandtenstatus zeigt sich der Charakter des Gemeinsamen Ausschusses als Notstandsparlament.

35 Zum komplexen und verfassungstheoretisch noch nicht gänzlich eingeholten Vorgang der „Übertragung" deutscher Hoheitsrechte auf die EU *I. Pernice*, in: Dreier, GG, Bd. 2, 2. Aufl. 2006, Art. 23 Rn. 17, 80 ff. m.w.N.

merhin bedenklich, dass Deutschland durch einen Amtsträger vertreten wird, der in dieser Funktion keiner unmittelbaren parlamentarischen Verantwortlichkeit unterliegt. Allerdings dient diese Einbuße an Demokratie einem Gewinn am verfassungsrechtlich gleichrangigen Prinzip der Bundesstaatlichkeit und wird dadurch wohl gerechtfertigt.[36]

## WIEDERHOLUNGS- UND VERSTÄNDNISFRAGEN

> Wie unterscheiden sich die Rekrutierung und die Rechtsstellung der Bundesratsmitglieder von der entsprechenden Rechtslage im Bundestag?

> Nennen Sie wesentliche Funktionen des Bundesrates!

> In welchen Formen ist der Bundesrat an der Gesetzgebung des Bundes beteiligt?

36 Vgl. zu diesem Problem *I. Pernice*, in: Dreier, GG, Bd. 2, 2. Aufl. 2006, Art. 23 Rn. 116 m.w.N.

# § 14 Der Bundespräsident

▶ **Fall 14:** Die Bundesrepublik wird von einer Infektionswelle mit aggressiven Erregern einer Magen-Darm-Krankheit (EHEC) heimgesucht, die vornehmlich durch rohes Gemüse aus Norddeutschland verbreitet werden. 50 Menschen sind binnen kurzer Zeit bereits daran verstorben. Der Bundestag beschließt daraufhin nahezu einstimmig ein Gesetz, durch das Gemüsegroßhändler bundesweit mit anspruchsvollen, zum Teil betriebsgefährdenden Kontroll- und Prüfpflichten belastet werden. Der Bundespräsident verweigert die Ausfertigung des Gesetzes, weil er einen Verstoß gegen Art. 12 GG befürchtet. Gleichzeitig hält er auf der Grünen Woche in Berlin eine Rede, in der er die Landwirtschaftspolitik der Bundesregierung scharf geißelt. Die Rede hat er zuvor nicht von der Bundeskanzlerin gegenzeichnen lassen. Hat er sich verfassungsgemäß verhalten? ◀

## I. Bundespräsident als Staatsoberhaupt

Der Bundespräsident ist das **Staatsoberhaupt** der Bundesrepublik Deutschland. Dass die Verfassung selbst dies nicht ausdrücklich ausspricht (nur die Bezeichnung als Präsident macht dies im Zusammenhang mit dem Republikprinzip klar), sondern lediglich den Vorgang der Wahl und Teile der Aufgaben des Präsidenten regelt, macht deutlich: Die Institution des Staatsoberhaupts, ihr Vorhandensein, ist tief verwurzelt im politisch-kulturellen Gedächtnis unseres Gemeinwesens. In der Funktion wie im Begriff des Staatsoberhaupts drückt sich eine lange verfassungsrechtliche Tradition aus, das staatliche Gemeinwesen in einem Amt und in der das Amt bekleidenden Person verkörpert zu sehen – eine Tradition, die einem weit geteilten Bedürfnis nach sinnlich erfahrbarer, begreifbarer Verkörperung von hochabstrakten Institutionen entspricht. In Zeiten medialer Dauerpräsenz von Politik und Politikern sind zwar die Herrschenden und ihre Kritiker durchaus „greifbar" – eine Figur, die überparteilich für den Staat als Ganzes steht, wird damit aber umso wichtiger. 1

Der metaphorische Gehalt des Begriffs „Oberhaupt" ist uns dabei heute oft nicht mehr unmittelbar präsent.[1] Ihm liegt ein idealisierendes Konzept von einem als Körper vorgestellten Gemeinwesen zugrunde, an dessen Spitze ein als weise imaginiertes Haupt als politische Führungsinstanz steht. Ein Staatsoberhaupt zu haben, es verfassungsrechtlich zu verankern, sagt also etwas über die verfassungsrechtliche Vorstellung des Staates als einem sinnhaft geordneten Organisationsverband aus.[2] Das Präsidentenamt füllt eine Lücke, die im Übergang von einer Monarchie zur Republik durch die Entmachtung (in der Französischen Revolution sogar Enthauptung) des Monarchen entsteht. Mag das Volk als „Souverän" demokratisch an dessen Stelle treten, bedarf die Position des „Staatsoberhauptes" der Personalisierung. Bedenkt man, dass die heutigen Monarchen konstitutioneller Monarchien auf die letztere Rolle beschränkt sind, sind sie dem Bundespräsidenten funktionell durchaus vergleichbar.[3] Letzterer wurde deshalb auch als „demokratisierter Monarch" beschrieben. Nicht zu vergleichen ist hingegen der Bundespräsident mit der Funktion eines Präsidenten in einer Präsidialdemokratie, in der sich die exekutive Entscheidungsgewalt bündelt. Negativ zugespitzt, 2

1 *A. Koschorke/S. Lüdemann*, Der fiktive Staat, 2007, S. 64 f.
2 Dazu lesenswert *M. Wiegand*, AöR 133 (2008), 477 ff.
3 Vgl. jüngst BVerfG 10.06.2014, 2 BvE 2/09, Rn. 94: „Autorität und Würde seines [des Bundespräsidenten] Amtes kommen indes gerade auch darin zum Ausdruck, dass es auf vor allem geistig-moralische Wirkung angelegt ist."

fehlt dem Bundespräsidenten gegenüber der englischen Königin die Selbstverständlichkeit der Integrationsfunktion und gegenüber dem französischen Präsidenten die Macht.

3 Die verfassungsgeschichtliche Prägung des Grundgesetzes wird hier greifbar, da die Stellung des Bundespräsidenten erheblich schwächer ausgeprägt ist als die des Reichspräsidenten der Weimarer Reichsverfassung. Dessen starke Stellung wurde im Parlamentarischen Rat[4] und wird bis heute von manchen als ein Grund für das Scheitern der Weimarer Republik und als Baustein des Erfolgs der nationalsozialistischen Machtübernahme angesehen.[5] Versinnbildlicht wird dieses Denken bis heute in der – freilich aus anderem Kontext stammenden[6] – Beschreibung des Bundespräsidenten als einer **pouvoir neutre**, also einer neutralen, eigentlich unpolitischen Gewalt. In dieser Beschreibung kulminiert die geschichtliche Entwicklung des Staatsoberhauptes, die sich vor allem anderen als eine Geschichte seiner politischen Auszehrung, anders formuliert: seiner rechtsstaatlich-demokratischen Bändigung erzählen lässt. In der Tat nehmen sich Stellung und Befugnisse des Bundespräsidenten im Vergleich mit dem Reichspräsidenten der Weimarer Republik – durch das Volk auf sieben Jahre gewählt, mit dem Ernennungsrecht für den Reichskanzler ausgestattet, mit Notstandsrechten versehen –bescheiden aus (dazu sogleich).

4 Einen eigenständigen rechtlichen Gehalt hat der Begriff des Staatsoberhauptes nicht, was schon daran deutlich wird, dass er für die höchst unterschiedlich ausgestalteten Ämter diverser Staatsoberhäupter gleichmäßig verwendet wird, für Kaiser und Könige in Geschichte und Gegenwart ebenso wie für Präsidenten und Päpste.[7] Er verweist bloß auf ein institutionelles Phänomen von Staatlichkeit schlechthin, ohne aber selber rechtliche Aussagen damit zu verbinden. Diese ergeben sich immer nur in Anschauung einer konkreten Verfassungsordnung. Im parlamentarischen Regierungssystem des Grundgesetzes rückt der Präsident aus der Mitte der politischen Arena an ihren Rand – das politische Spielfeld bleibt damit Bundestag, dem Bundeskanzler und der Bundesregierung und auch dem Bundesrat überlassen.

## II. Rechtsstellung des Bundespräsidenten

### 1. Beginn und Ende des Amtes

5 Das Amt des Bundespräsidenten ist ein Wahlamt. Die Wahl erfolgt durch die **Bundesversammlung**, die ihrerseits ein Verfassungsorgan mit der einzigen Funktion ist, das Präsidentenamt einer Person zu übertragen (sog. Kreationsfunktion), Art. 54 Abs. 1 S. 1 GG.[8] Voraussetzung für die Wahl ist die deutsche Staatsbürgerschaft sowie die Vollendung des vierzigsten Lebensjahres. Weitergehende materielle Anforderungen stellt die Verfassung nicht an die Qualifikation des Präsidenten. Der Bundespräsident wird für fünf Jahre gewählt und kann unmittelbar nur einmal wiedergewählt werden, Art. 54 Abs. 2 GG.

4 Vgl. *A. Süsterhenn*, in: Der Parlamentarische Rat 1948–1949, Akten und Protokolle, Bd. IX, S. 66.

5 S. dazu kritisch *M. Stolleis*, Geschichte des Öffentlichen Rechts in Deutschland, Bd. 3, 1999, S. 114 ff.; zur Rechtsprechung des StGH zu Notverordnungsrecht und Diktaturgewalt der Reichspräsidenten *H. Wißmann*, Der Staat 47 (2008), 147 ff.

6 *A. Süsterhenn* in: Der Parlamentarische Rat 1948–1949, Akten und Protokolle, Bd. IX, S. 66.

7 *M. Wiegand*, AöR 133 (2008), 477 ff.

8 Die Funktion der Bundesversammlung fasst BVerfG 10.06.2014, 2 BvE 2/09, Rn. 98 in einem Satz zusammen: „Die Bundesversammlung hat nicht nur zur Aufgabe, den Bundespräsidenten zu wählen, sondern sie soll zugleich in ihren Abläufen die besondere Würde des Amtes unterstreichen."

Die Bundesversammlung wird zu gleichen Teilen von Bund und Ländern beschickt. Darin findet die Bundesstaatlichkeit Ausdruck: Der Bundespräsident steht für das Staatsganze, das eben aus Bund und Ländern besteht. Neben den Bundestagsabgeordneten, die ex officio Mitglieder der Bundesversammlung sind, entsenden die Länder in gleicher Anzahl Delegierte in die Bundesversammlung, die durch die Landtage gewählt werden. Oftmals handelt es sich dabei um Landtagsabgeordnete, aber auch um Prominente aus anderen Bereichen des sozialen Lebens. Die Einzelheiten regelt das **Bundespräsidentenwahlgesetz.**

Immer wieder wird in der politischen Diskussion eine **Direktwahl des Bundespräsidenten** gefordert, die zuvor eine Verfassungsänderung verlangen würde. Ob eine isolierte Verfassungsänderung dieser Art, die Aufgaben und Funktionen des Präsidenten und anderer Verfassungsorgane unberührt ließe, sich bruchlos in das Organisationsmodell des Grundgesetzes einfügen würde, kann man mit Recht bezweifeln.[9] Vor allem die kaum vorhandenen originären Befugnisse des Präsidenten sprechen nicht dafür, ihn mit dem politischen und verfassungsrechtlichen Gewicht einer direkten Wahl zu „adeln". Zudem entstünde durch die Direktwahl ein Konkurrenzverhältnis zweier unmittelbar demokratisch legitimierter, strukturell aber sehr verschiedener Verfassungsorgane, nämlich Parlament und Präsident. Eine solche Konkurrenz würde nicht nur den Bundespräsidenten aufwerten, sondern könnte das Parlament in die Defensive bringen, da Entscheidungsverfahren im Parlament notwendig kontrovers sind, ihre Zeit benötigen (sollen!) und zudem die Außendarstellung kollegialer Entscheidungen schwer ist. Das parlamentarische Regierungssystem würde sein Gesicht erheblich wandeln. Ob dies wünschenswert ist, ist im Kern eine verfassungspolitische Frage. Eine bloße Änderung des Wahlverfahrens allein wäre keine sinnvolle Entscheidung des verfassungsändernden Gesetzgebers. 6

Das Amt des Präsidenten endet mit **Ablauf der Amtszeit**, seinem Tod oder durch Wegfall des passiven Wahlrechts zum Bundestag. Ebenso kann der Präsident seines Amtes durch verfassungsgerichtliches Urteil im Rahmen der **Präsidentenanklage** nach Art. 61 GG verlustig gehen. Hier ist nicht die Bundesversammlung, wohl aber der Bundestag und der Bundesrat antragsberechtigt. Eine solche Klage wäre nicht nur wegen einer Verletzung des Verfassungsrechts, sondern auch wegen einfachen Bundesrechts statthaft. Beachte, dass zur Klärung differierender Rechtsauffassungen über die Grenzen der verfassungsrechtlichen und einfach-rechtlichen Kompetenzen des Bundespräsidenten das Organstreitverfahren nach Art. 93 Abs. 1 Nr. 1 GG statthaft ist, das im Gegensatz zu Art. 61 GG auch praktische Bedeutung besitzt. Außerdem existiert die faktische Möglichkeit des **Rücktritts vom Amt**, von der immerhin schon drei Bundespräsidenten (1969 *Heinrich Lübke*, 2010 *Horst Köhler* und 2012 *Christian Wulff*) Gebrauch gemacht haben. Der Rücktritt ist – wie auch bei anderen Ämtern – nicht geregelt, zumal diese politische und persönliche Option auch kein echtes Recht darstellt. Vielmehr besteht die grundsätzliche Amtsausübungspflicht grundsätzlich solange, wie es dem Amtsträger möglich ist, seine Pflichten zu erfüllen. In der Vergangenheit wurden Rücktritte damit begründet, das Amt selbst zu schützen. Solche Begründungen lassen sich ebenfalls nur politisch bewerten, aber in keinem Verfahren rechtlich überprüfen. Amtspflichtverletzungen können vielmehr umgekehrt nach Art. 61 GG nur zur Amtsenthebung führen. Auch praktisch wäre dem Staate kaum damit gedient, einen amts- 7

9 Kritisch daher *W. Leisner*, NJW 2009, 2938, 2940 ff.

müden Bundespräsidenten gegen dessen Willen und Bereitschaft zur Erfüllung seines Amtes zu verpflichten oder gar zu zwingen.

### 2. Inkompatibilitäten

8 Charakteristisch für die verfassungsrechtliche Stellung des Präsidenten im Bereich der Exekutive sind die Vorschriften über die **Inkompatibilität**, also die Unvereinbarkeit des Präsidentenamtes mit anderen öffentlichen Ämtern oder Berufstätigkeiten, Art. 55 GG. Hinter Art. 55 Abs. 1 GG steht der verfassungsrechtliche Grundsatz der Gewaltenteilung, der eine Mitwirkung des Präsidenten in anderen Gewalten verbietet.

9 Das Verbot einer sonstigen Berufstätigkeit nach Art. 55 Abs. 2 GG erklärt sich aus der eingangs bereits angesprochenen Vorstellung des Präsidenten als einer neutralen, von persönlichen Interessen und Abhängigkeiten weitgehend freien Instanz. Gleichzeitig möchte man vermeiden, dass der Inhaber des Präsidentenamtes einen beruflich-ökonomischen Vorteil aus seinem Staatsamt zieht. Wie stets, so zielt auch die Inkompatibilitätsklausel des Art. 55 GG also auf die Vermeidung von Rollenkonflikten zwischen persönlicher und öffentlicher Stellung.

### 3. Immunität und Präsidentenanklage

10 Der Bundespräsident genießt entsprechend den Abgeordneten des Bundestages Immunität, Art. 60 Abs. 4, 46 Abs. 2–4 GG. Das Immunitätsrecht schützt den Begünstigten für die Dauer des gehaltenen Amtes vor Strafverfolgung. Dabei sind Wirkung und Funktion dieses Rechtes genau zu trennen: Das Immunitätsrecht des Präsidenten dient hier wie auch im Parlamentsrecht dem **Schutz des Amtes**[10] und soll diesen nicht von den lästigen Fesseln des Strafrechts befreien. In einem Rechtsstaat gelten Rechtspflichten auch für den Staat selbst und der Bundespräsident ist als Staatsdiener dem Recht ebenso verpflichtet, wie er sich als Bürger auf Grundrechte berufen kann (anders als monarchische Staatsoberhäupter, deren Bürgerlichkeit und Grundrechtsfähigkeit bestritten wird). Die Institution des Präsidentenamtes soll aber von Strafverfolgung verschont werden, –vor allem, wenn solche Vorwürfe politisch-destruktiv motiviert sind, und zwar im Interesse der Funktionsfähigkeit des Amtes und zum Erhalt des verfassungsrechtlichen Institutionengefüges. Die gegen Präsident Lübke erhobenen Vorwürfe einer nationalsozialistischen Mittäterschaft, die von der DDR-Stasi durch Fälschungen konstruiert und in westlichen Medien aufgegriffen wurden, zeigen die potenzielle praktische Bedeutung. Bemerkenswert ist, dass kraft der insoweit uneingeschränkten Verweisung des Art. 60 Abs. 4 GG die Immunität durch einen Beschluss des Bundestages (nicht der Bundesversammlung!) aufgehoben werden kann, worin die herausragende Stellung des Parlaments als Verfassungsorgan zum Ausdruck kommt. Dieses hat, weil antragsberechtigt nach Art. 61 Abs. 1 S. 1 GG, auch die Möglichkeit, statt einer Aufhebung der Immunität eine **Präsidentenanklage wegen der Verletzung einfachen Bundesrechts** zu erheben, um das Verfahren damit statt vor die Strafgerichte vor das Bundesverfassungsgericht zu bringen.

---

10 S. dazu, dass das Immunitätsrecht eine Parlamentsschutznorm und kein Abgeordnetenrecht ist, auch *F. Lange*, Das parlamentarische Immunitätsprivileg als Wettbewerbsvorschrift, 2009, S. 110; *I. Pernice*, in: Dreier, GG, Bd. 2, 2. Aufl. 2006, Art. 60 Rn. 31.

### 4. Vertretung

Nach Art. 57 GG ist Vertreter des Bundespräsidenten der jeweils amtierende Präsident des Bundesrates. Dieser übernimmt dabei keine Entlastungsfunktion, er ist also nicht Nebenvertreter in Zeiten intensiver Beschäftigung des Bundespräsidenten, wie es beispielsweise die Vizepräsidenten des Deutschen Bundestages im Verhältnis zum Präsidenten sind, sondern **Ersatzvertreter** des Präsidenten.[11] Er rückt im Falle der Verhinderung des Präsidenten vollgültig in dessen Amt auf und ist dementsprechend an Aufträge und Weisungen nicht gebunden. Da er seines eigentlichen Amtes des Bundesratspräsidenten – und damit als Ministerpräsident – dadurch nicht verlustig geht,[12] kann es theoretisch zu Befangenheitsproblemen kommen, beispielsweise, wenn der Bundesratspräsident in seiner Eigenschaft als Vertreter des Bundespräsidenten ein Gesetz ausfertigen muss, gegen das Bedenken der formellen Verfassungsmäßigkeit wegen der Abstimmung im Bundesrat, die er selbst als dessen Präsident geleitet hat, bestehen oder gegen das er selbst materiell-verfassungsrechtliche Bedenken hegt und diese als Ministerpräsident im Bundesrat artikuliert hat, dort aber unterlegen ist. Wenn derartige Entscheidungen keinen Aufschub dulden, müsste der Vertreter seine anderweitige Beteiligung auszublenden versuchen. 11

Ob ein Vertretungsfall vorliegt, entscheidet zunächst der Bundespräsident selbst, dies kann aber nicht allein ausschlaggebend sein, da es immer zu rechtlichen Meinungsverschiedenheiten darüber kommen kann.[13] Streitfragen hierüber sind gegebenenfalls im Wege des Organstreits durch das Bundesverfassungsgericht, auch durch einstweilige Anordnung, zu klären.[14]

## III. Funktionen des Bundespräsidenten

Bei der Beschreibung des Amtes des Bundespräsidenten lassen sich allgemeine verfassungsrechtliche **Funktionen** von konkreten **Aufgaben** unterscheiden. Gerade für die praktische Falllösung ist ein Verständnis für die Funktionen des Amtes unerlässlich, da sie einen Argumentationsfundus bereitstellen, aus dem heraus konkrete verfassungsrechtliche Streitfragen besser beurteilt und entschieden werden können. Die Funktionen des Bundespräsidenten sind im Grundgesetz nur rudimentär geregelt. Sie sind in erheblichem Maße bestimmt durch Tradition, Staatspraxis und individuelle Vorverständnisse.[15] 12

### 1. Repräsentationsfunktion

Der Bundespräsident erfüllt im internationalen Staatenverhältnis ebenso wie innerstaatlich die Funktion der **Staatsrepräsentation**. Er vertritt die Bundesrepublik Deutschland völkerrechtlich, Art. 59 GG, und nimmt in diesem Zusammenhang die Vertragsschlusskompetenz wahr, Art. 59 Abs. 1 S. 1 GG. Während die völkerrechtliche Vertretung durch den Bundespräsidenten regelmäßig auch Rechtsakte im eigentlichen Sinne, z.B. Akkreditierung ausländischer Diplomaten u. Ä. zum Gegenstand hat, beschränkt sich die Repräsentationsfunktion im Inland ganz überwiegend auf symboli- 13

11 *H. Maurer*, Staatsrecht I, 6. Aufl. 2010, § 15 Rn. 10.
12 Art. 55 GG gilt nicht, *I. Pernice*, in: Dreier, GG, Bd. 2, 2. Aufl. 2006, Art. 57 Rn. 9.
13 S. *K. Schlaich*, Der Status der Bundespräsidenten, in: HStR, Bd. II, 2. Aufl. 1998, § 48 Rn. 21.
14 *H. Maurer*, Staatsrecht I, 6. Aufl. 2010, § 15 Rn. 10.
15 *K. Schlaich*, Die Funktionen des Bundespräsidenten im Verfassungsgefüge, in: HStR, Bd. II, 2. Aufl. 1998, § 49 Rn. 1.

sche Akte. Anders als das Parlament repräsentiert der Präsident nicht das Volk, sondern das aus Staatlichkeit (d.h. Bund und Ländern) und Gesellschaft insgesamt sich konstituierende Gemeinwesen. Repräsentation ist in der Verfassungsordnung des Grundgesetzes geteilt in einen politisch-parlamentarischen Teil einerseits und einen staatlich–neutralen Teil andererseits.[16]

### 2. Integrationsfunktion

14 Die **Integrationsfunktion** des Bundespräsidenten ist in einem größeren verfassungstheoretischen Zusammenhang zu sehen. Der verfassungstheoretische Begriff der Integration verbindet sich mit dem Namen des Staatsrechtslehrers *Rudolf Smend* (1882–1975) und dessen sog. **Integrationslehre.**[17] Integration ist danach ein Prozess, in dem sich eine, in diesem Falle staatliche Einheit herstellt. Zu einem Verfassungsbegriff wird Integration nach Smend dadurch, dass sie eine Theorie richtiger und vollständiger Auslegung der Verfassung anbietet. Von einem verfassungstheoretischen zu einem verfassungsrechtlichen Konzept wird die Integrationsidee dann, wenn man aus ihr – wie hier – beispielsweise konkrete Funktionen und Aufgaben von Staatsorganen ableitet, sie also von einem objektiven Prinzip zu institutionellen Pflichten hin fortschreibt.

15 Für den Bundespräsidenten bedeutet dies, dass er über die Grenzen der politischen und sozialen Fraktionen hinweg eine verbindende und auf das Gemeinwesen hin ausgerichtete Rolle ausfüllen soll.[18] Darin kommt die in einer demokratischen Verfassungsordnung angelegte Ambivalenz von politischem Pluralismus einerseits und dem Bedürfnis nach Einheitsbildung andererseits zum Ausdruck.[19] Während politische Parteien und das parlamentarische Regierungssystem der politischen Kontroverse gleichsam im Inneren des staatlichen Gemeinwesens Raum geben, verkörpert der Präsident die gemeinsame verfassungsrechtliche und kulturelle Grundlage des Gemeinwesens und beschreibt im Streitfall auch dessen äußere Grenze.

16 Dass die amtierenden Bundespräsidenten bislang nur wenig in ihrer Integrationsfunktion gefragt waren, deutet auf die Stabilität des politischen Systems einerseits, auf die weitgehende Zurückhaltung der Präsidenten andererseits hin. Es scheint aber keineswegs ausgeschlossen, dass dem Präsidenten in politisch wechselhafteren Zeiten (z.B. durch Probleme eines ausdifferenzierteren Parteiensystems, wirtschaftliche Umbrüche und Verwerfungen und sonstige soziale Spannungen) in stärkerem Maße als bislang eine integrative Funktion zukommen wird. Art und Intensität ihrer Wahrnehmung hängen freilich wiederum stark von der jeweiligen Person ab, die das Amt bekleidet. Dem Bundespräsidenten käme gegebenenfalls die Aufgabe zu, „das Ganze" zusammenzuhalten und für den Bestand und die Funktionsfähigkeit der Verfassungsordnung einzutreten.

17 Wie kaum ein anderes Organ ist der Bundespräsident auf das Ansehen seines Amtes und seiner Person angewiesen, das für die Entfaltung der Verfassung insgesamt von grundlegender Bedeutung ist. Welche historische Bedeutung einem Staatsoberhaupt in Krisenzeiten zufallen kann, zeigt das Beispiel des spanischen Königs Juan Carlos, der 1981 mithilfe seines Ansehens einen Militärputsch verhindert hat.

---

16 *J. Krüper*, Bundespräsident, in: Evangelisches Staatslexikon, 2006, Sp. 253.

17 *R. Smend*, Verfassung und Verfassungsrecht, in: Smend, Staatsrechtliche Abhandlungen, 3. Aufl. 1994, S. 119 ff.; dazu *C. Bickenbach*, JuS 2005, 588 ff.

18 *J. Krüper*, Bundespräsident, in: Evangelisches Staatslexikon, 2006, Sp. 253.

19 Dazu jetzt ausführlich *J. Krüper*, Verfassung als Homogenitätsordnung, i.E.

### 3. Staatsnotarielle Funktion

18 Deutlich „handfester" sind die Aufgaben, die der Präsident im Rahmen seiner staatsnotariellen Funktion wahrnimmt. Während Repräsentationsfunktion und Integrationsfunktion abstrakte Kategorien sind, lässt sich die staatsnotarielle Funktion praktisch gleichsetzen mit einer Reihe konkreter, verfassungsrechtlich vorgesehener Aufgaben, auf die an dieser Stelle nur hingewiesen werden soll (→ § 12 Rn. 19 ff., 27, → § 15 Rn. 24). Der Präsident übernimmt in einer Reihe von Verfahren eine Funktion, die zumeist die Publizität und Ordnungsmäßigkeit staatlicher Abläufe beglaubigt bzw. herstellt. Die entsprechenden Kompetenzen sind im Grundgesetz z.T. im Abschnitt über den Bundespräsidenten, z.T. aber auch bei den betroffenen Organen bzw. Funktionen geregelt. Art. 60 Abs. 1 GG, der die Ernennung von Bundesrichtern, -beamten und Militärs regelt, ist also keineswegs die zentrale oder gar abschließende derartige Aufgabe. So fertigt der Präsident die Gesetze des Bundes aus, stellt also insbesondere sicher, dass das beschlossene und das verkündete Gesetz identisch (und verfassungsgemäß) sind. Er ernennt und entlässt nach Art. 63 Abs. 2 S. 2 GG den Bundeskanzler und nach Art. 64 Abs. 1 GG die Bundesminister.

### 4. Politische Reservefunktion und „Legalitätsreserve"

19 Verfassungsrechtlich von potenziell großer Bedeutung ist die **politische Reservefunktion** des Bundespräsidenten in Zeiten politischer Krisen.[20] Diese auch als Legalitätsreserve bezeichnete Funktion zielt darauf ab, bei **Störungen des parlamentarischen Regierungssystems** kurativ einzugreifen, ohne dass der Präsident aber selbst Funktionen des Parlamentarismus an sich ziehen würde. Angesprochen ist damit die in der Geschichte der Bundesrepublik bislang erst wenige Male, aber doch nicht nur vereinzelt aktuell gewordene Rolle des Präsidenten bei gescheiterten (vor allem: „unechten")[21] Vertrauensfragen der Kanzler im Parlament[22] sowie das – bislang nur theoretische – Problem einer fehlgeschlagenen Kanzlerwahl im Bundestag. Auch die Einrichtung der Notgesetzgebung nach Art. 81 GG gehört hierher.

20 Ebenfalls unter dem Begriff der Legalitätsreserve firmiert die Funktion des Bundespräsidenten, bei der Ausfertigung von Gesetzen und der Ernennung von Beamten eine Verfassungs- bzw. Rechtmäßigkeitsprüfung vorzunehmen. Auch hierbei handelt es sich um eine Auffangfunktion für Zeiten der Verfassungskrise, da es im verfassungsrechtlichen Normalbetrieb in der Regel zu evidenten Rechts- und Verfassungswidrigkeiten nicht kommen sollte.

## IV. Aufgaben des Bundespräsidenten

21 Die Funktionen des Bundespräsidenten sind in verschiedenen verfassungsrechtlichen Aufgaben konkret ausgeformt. Prägend für seine Rolle ist seine enge Einbindung in die Strukturen des parlamentarischen Regierungssystems, die den Bundespräsidenten als eminent politischen Akteur weitgehend stillstellen. Von politischer wie rechtlicher Bedeutung ist dabei vor allem, dass die Handlungsoptionen des Präsidenten im Bereich

20 *K. Schlaich*, Die Funktionen des Bundespräsidenten im Verfassungsgefüge, in: HStR, Bd. II, 2. Aufl. 1998, § 49 Rn. 58.
21 BVerfGE 114, 121 ff.
22 *W. Heun*, AöR 109 (1984), 13 ff.

der außenpolitischen Vertretung sowie in Bereichen rechtsverbindlichen Handelns nur akzessorisch zur Zustimmung der Bundesregierung bestehen.

### 1. Der exekutive Gegenzeichnungsvorbehalt

22 Es ist bezeichnend, dass im Abschnitt über den Bundespräsidenten gar nicht dessen wichtigste Kompetenzen (etwa Art. 63, 64, 68, 82 GG) geregelt sind, sondern vor allem die Grenzen seiner Macht. Gem. Art 58 GG bedürfen Anordnungen und Verfügungen des Präsidenten der **Gegenzeichnung** durch den Kanzler oder den zuständigen Minister. Durch dieses Institut wird die Rechtsstellung des Präsidenten stark beschränkt und vom Placet der mittelbar demokratisch legitimierten Bundesregierung abhängig gemacht. Die Gegenzeichnung **bindet den Präsidenten also in das parlamentarische Regierungssystem ein** und weist ihm so eine erheblich schwächere Stellung zu, als sie der Reichspräsident unter der Weimarer Reichsverfassung genoss. Darin wird auch seine Wahl durch die Bundesversammlung statt direkt durch das Volk gespiegelt. Indes sollte der Erkenntniswert einer historisch motivierten Verfassungsentscheidung für dogmatische Einzelfragen nicht überschätzt werden. Das Argument „Nie wieder Weimar" mag eine grundsätzliche Orientierung der Verfassungsordnung bieten, als „dogmatische Allzweckwaffe" taugt es hingegen kaum.[23] Daher sollte der Anwendungsbereich des Gegenzeichnungsvorbehalts dem Wortlaut des Grundgesetzes entsprechend auch eng begrenzt bleiben auf rechtlich wirksame Maßnahmen des Präsidenten. „Anordnungen und Verfügungen" erstreckt sich nicht auf Reden, jedenfalls soweit sie die inneren Angelegenheiten der Bundesrepublik betreffen. Der Selbststand des Bundespräsidenten als immerhin ebenfalls mittelbar demokratisch legitimiertem Verfassungsorgan erlaubt es, ihm einen eigenen politischen Gestaltungsspielraum zuzubilligen. Er soll politische Anstöße geben und Kritik äußern dürfen. Würde er dabei vom Placet der Regierungsmehrheit – nicht aber der Opposition – abhängen, wäre die Überparteilichkeit solcher Äußerungen gefährdet. Anders verhält es sich im Bereich der Außenpolitik, für den die Regierung eine spezifische, rein politische Gestaltungsprärogative besitzt. Reden und Stellungnahmen in diesem Bereich bedürfen daher der Gegenzeichnung, weil sonst die Bundesrepublik mit zwei konkurrierenden Stimmen nach außen aufträte. Dies würde nicht nur die Regierung schwächen, sondern die Funktionsfähigkeit von Außenpolitik insgesamt untergraben. Im Ergebnis ist Art. 58 GG also funktionell-rechtlich einmal eng und einmal weit auszulegen.

23 Bei der Ausübung seines politischen Einflusses in Gestalt von Reden u. Ä. ist dem Bundespräsidenten allerdings eine gewisse, aus seiner verfassungsrechtlichen Funktion der Integration und Repräsentation sich ergebende Zurückhaltung anzuempfehlen. Als Widerpart des politischen Kampfes sollte er sich dabei vornehmlich zu gesamtstaatlich relevanten Fragen des politischen Stils, des Wie, weniger zu konkreten inhaltlichen Fragen, dem Ob, äußern. Eine Gegenregierung soll der Bundespräsident eben nicht sein. Justitiabel sind solche weichen, letztlich verfassungspolitischen Grenzziehungen allerdings kaum.[24] Die Grenzen der Verfassungsorgantreue[25] oder auch des Interorganrespekts[26] bleiben notwendig unscharf.

---

23 S. dazu umfassend *C. Gusy*, Weimars lange Schatten, 2003.

24 So auch jüngst BVerfG 10.06.2014, 2 BvE 4/13, Rn. 28 ff.

25 *W.-R. Schenke*, Die Verfassungsorgantreue, 1997.

26 *R. A. Lorz*, Interorganrespekt im Verfassungsrecht, 2001.

## 2. Ausfertigung und Prüfung von Gesetzen

### a) Der Bundespräsident als Staatsnotar

Im Verfahren der Gesetzgebung übernimmt der Bundespräsident die Funktion eines Staatsnotars, indem er die durch den Bundestag und den Bundesrat beschlossenen Gesetze ausfertigt und verkündet, Art. 82 Abs. 1 GG. Die Ausfertigung dient der Kontrolle, welcher Text genau beschlossen wurde, und die Verkündung im Bundesgesetzblatt ist der aus Rechtsstaatlichkeitsgründen notwendige **Publizitätsakt.** 24

### b) Der ewige Streit um das Prüfungsrecht

Schlechthin „der Klassiker" unter den Klausurproblemen des Staatsorganisationsrechts ist die Frage, ob und bejahendenfalls in welchem Umfang der Bundespräsident parlamentarische Gesetze vor ihrer Ausfertigung und Verkündung auf ihre Verfassungsmäßigkeit überprüfen kann: es geht – kurz – um das **Prüfungsrecht des Bundespräsidenten.**[27] 25

Die Streitfrage ist aus drei Gründen unter Übungs- und Prüfungsgesichtspunkten so beliebt: Einmal lässt sich das Prüfungsrecht in Klausursachverhalten gut mit weiteren Problemen kombinieren. Darüber hinaus bündeln sich in der Frage grundsätzliche Probleme der Stellung und Funktion des Bundespräsidenten im Verhältnis zu anderen Staatsorganen. Schließlich kommt hinzu, dass der Streit um das Prüfungsrecht modellhaft die Methoden juristischer Auslegung demonstriert.

Ausgangspunkt für das Verständnis des Streits ist die Differenzierung zwischen dem sogenannten formellen und dem materiellen Prüfungsrecht.

Unstreitig ist, dass dem Bundespräsidenten ein **formelles Prüfungsrecht** zukommt. Das bedeutet, dass der Bundespräsident die Einhaltung der förmlichen grundgesetzlichen Anforderungen, also insbesondere die Wahrung der Kompetenzordnung und die Einhaltung der Verfahrensvorschriften überprüfen kann und die Ausfertigung eines Gesetzes bei einem Verstoß verweigern kann. Das rechtliche Argument folgt dabei aus dem Wortlaut des Art. 82 Abs. 1 GG, nach dem der Bundespräsident „die nach den Vorschriften dieses Grundgesetzes zustande gekommenen Gesetze" ausfertigt und verkündet.[28] Wiewohl die Literatur ein vollumfängliches formelles Prüfungsrecht annimmt, zeigt die Staatspraxis, dass sich die Bundespräsidenten zumeist auch in diesem Bereich auf die Rüge offensichtlicher Mängel beschränkt haben.[29] 26

Hinter der vergleichsweise unumstrittenen Annahme eines formellen Prüfungsrechts steht die unausgesprochene Vermutung, Fragen formeller Verfassungsmäßigkeit eines Gesetzes (verallgemeinerbar zu: Rechtmäßigkeit staatlicher Hoheitsakte insgesamt) seien einfacher zu beurteilen als solche materieller Natur, die regelmäßig komplexe Abwägungsprozesse verlangen (man denke an den Grundsatz praktischer Konkordanz beim Ausgleich von Grundrechtskollisionen). Indes sind die „interessanten" Fragen der formellen Rechtmäßigkeit eines Gesetzes nicht selten ebenso intrikat, wie komplexe Grundrechtsprüfungen. Die Kontroverse um das sog. Zuwanderungsgesetz legt da-

27 Zum Folgenden siehe eingehend *K. von Lewinski*, in: Dolzer/Vogel/Graßhof, BK-GG, 162. Lfg., Art. 82 Rn. 80 ff.

28 Kritisch zur üblichen Argumentation aus dem Wortlaut *H. Meyer*, JZ 2011, 602 ff., der diese Formulierung lediglich als Bezug auf Art. 76 GG versteht.

29 *J. Rau*, Vom Gesetzgebungsprüfungsrecht des Bundespräsidenten, in: FS Tsatsos, 2003, S. 562 ff., auch DVBl. 2004, 3 ff.

von beredt Zeugnis ab.[30] Auch die Grenzen des Art. 72 Abs. 2 GG sind wertausfüllungs- und abwägungsgeleitet.

In der Falllösung führt die Annahme eines formellen Prüfungsrechts regelmäßig dazu, dass die Vorschriften über die Gesetzgebungskompetenzen und das Gesetzgebungsverfahren zu prüfen sind. Sollten hierbei Wertungs- und Abwägungsprobleme auftauchen, kann die Frage aufgeworfen werden, ob die Diskussion um das materielle Prüfungsrecht – entgegen der grundsätzlichen Unterscheidung – nicht auch hier Bedeutung hat.

27 Heillos umstritten ist die Frage, ob und ggf. in welchem Umfang dem Bundespräsidenten über das formelle Prüfungsrecht hinaus auch ein **materielles Prüfungsrecht** zukommt. Dabei wird eine Vielzahl rechtlich und dogmatisch unterschiedlicher Argumente für und wider das materielle Prüfungsrecht in Stellung gebracht. Es lassen sich unterscheiden:

28 - **Wortlautargument:** Die Auffassung, die dem Bundespräsidenten ein materielles Prüfungsrecht zugesteht, stützt sich unter anderem auf eine Interpretation des Art. 82 GG, nach der „Vorschriften des Grundgesetzes" auch solcher materialer Natur, also insbesondere auch die Grundrechte sein sollen. Freilich ist das Wortlautargument keineswegs eindeutig, vielmehr lässt sich der Art. 82 Abs. 1 GG auch ohne Weiteres bloß auf Verfahrensvorschriften beziehen.[31] Darauf stützt sich die Auffassung, nach der der Begriff des „Zustandekommens“ in Art. 82 Abs. 1 GG entsprechend dem Begriff in Art. 78 Abs. 1 GG zu verstehen sei, der sich nur auf Verfahrensaspekte stütze.[32] Das Wortlautargument verfängt also letztlich nicht.

29 - **Amtseidargument:** Nicht hilfreich ist das Amtseidargument, nach dem der Bundespräsident seinem Amtseid gemäß das Grundgesetz zu wahren und also ein materielles Prüfungsrecht habe.[33] Der Verweis auf die pauschale Aufgabe der Wahrung des Grundgesetzes ist offensichtlich nicht geeignet, das differenzierte System der organschaftlichen Kompetenzen des Grundgesetzes zu überwinden.[34] Der Amtseid bezieht sich auf rechtliche „Pflichten“, die er selbst nicht definiert, sondern nur bekräftigt.

30 - **Historisch-rechtsvergleichendes Argument:** Eine historisch–rechtsvergleichende Perspektive sucht aus einem Vergleich zwischen Art. 70 WRV und Art. 82 Abs. 1 GG ein Argument für das materielle Prüfungsrecht zu gewinnen. Nach Art. 70 WRV waren die „verfassungsmäßig zustandegekommenen“ Gesetze durch den Reichspräsidenten auszufertigen, woraus eine umfassende Prüfungskompetenz abgeleitet wurde, die nach Auffassung mancher auch für das Grundgesetz gelten solle. Die Einwände gegen dieses Argument wiegen schwer: Erstens bleibt unklar, inwiefern die Regelungen der WRV für das Grundgesetz interpretationsleitende Wirkung haben können, vor allem – zweitens – in Fällen wie diesem, in denen das Grundgesetz gerade für den streitigen Punkt einen abweichenden Wortlaut gewählt hat.[35] Auch das

30 BVerfGE 106, 310 ff.; *U. Kramer*, JuS 2003, 645 ff.

31 *K. v. Lewinski*, in: Dolzer/Vogel/Graßhof, BK-GG, 162. Lfg., Art. 82 Rn. 104.

32 *E. Friesenhahn*, Zum Prüfungsrecht des Bundespräsidenten, in: FS Leibholz, Bd. 2, 1966, S. 679 ff.; *U. Ramsauer*, in: Denninger/Hoffmann-Riem/Schneider/Stein, AK-GG, 2001, Art. 82 Rn. 18; *C. Degenhart*, Staatsorganisationsrecht, 29. Aufl. 2013, Rn. 784.

33 *M. Brenner*, in: v. Mangoldt/Klein/Strack, GG, Bd. 2, 6. Aufl. 2010, Art. 82 Rn. 25.

34 Kritisch dazu z.B. auch *M. Nettesheim*, Die Aufgaben des Bundespräsidenten, in: HStR, Bd. III, 3. Aufl. 2005, § 62 Rn. 37.

35 S. für einen Überblick hierzu *U. Ramsauer*, in: Denninger/Hoffmann-Riem/Schneider/Stein, AK-GG, 2001, Art. 82 Rn. 21.

Argument, das Grundgesetz habe die Stellung des Bundespräsidenten bewusst schwächer ausgestaltet als die des Reichspräsidenten, ein materielles Prüfungsrecht müsse also entfallen, bleibt uneindeutig. Diese Intention betrifft zwar die Aufgaben des Bundespräsidenten insgesamt, rechtfertigt aber nicht die enge Auslegung der ihm verbliebenen Kompetenzen. Nochmal: Die Abwendung vom „Modell Weimar" mag ein genereller Impetus des Grundgesetzes sein, als Argument im Detail taugt sie nicht.[36]

- **(Un-)Trennbarkeitsargument:** Auch das Argument, formelle und materielle Prüfung seien letztlich nicht sinnvoll trennbar, so dass dem Bundespräsidenten nur ein umfassendes Prüfungsrecht sinnvoll zugesprochen werden könne, überzeugt wenig. Zentral für dieses Argument ist die Aussage, dass ein materiell verfassungswidriges Gesetz nur mit verfassungsändernder Mehrheit zustande kommen könne, der materielle Verstoß also – sofern es eben am Verfahren der Verfassungsänderung fehle – immer auch einen formellen Verstoß begründe. Dieses von Gerhard Anschütz zu Art. 70 WRV entwickelte Argument[37] trifft heute nicht mehr zu, weil eine Verfassungsänderung unter dem GG nur durch Änderung des Verfassungstextes selbst möglich ist, verfassungswidriges und verfassungsänderndes Gesetz unter dem GG also ohne Weiteres unterscheidbar sind. 31
- **Institutionelles Argument**: Gegen die Annahme eines materiellen Prüfungsrechts streitet das Argument, das institutionelle Gefüge zwischen Bundespräsident und Bundesverfassungsgericht werde gestört. Das Verwerfungsmonopol für parlamentarische Gesetze liegt danach ausschließlich beim Bundesverfassungsgericht. Ein eigenständiges Prüfungsrecht des Präsidenten stünde dazu in Widerspruch.[38] Angesichts der gewachsenen starken Stellung des Bundesverfassungsgerichts mag manches für diese Auffassung sprechen, einer genaueren Betrachtung indes hält auch sie nicht stand. Denn weder verdrängt die Prüfung des Bundespräsidenten die des Verfassungsgerichts, da seine Entscheidung mit dem Organstreit überprüfbar ist, noch handelt es sich in der Sache um die gleiche Art von Kontrolle. Während die Kontrolle des Verfassungsgerichts eine nachgelagerte ist, kann durch die Prüfung des Bundespräsidenten das Entstehen eines verfassungswidrigen Zustands verhindert und Rechtsunsicherheit durch die nachträgliche Aufhebung von Gesetzen vermieden werden.[39] Der Bundespräsident ist die letzte Hürde vor dem Inkrafttreten, das gegebenenfalls erst die Frage einer „Verwerfung" aufwirft. Schwerer wiegt das **funktionell-rechtliche** Argument, dass der Bundespräsident kein Jurist sein muss. Es geht hier um **Legitimation:** Die demokratische Legitimation des vom Parlament beschlossenen Gesetzes sollte nur durch ein qualifiziertes Verfahren der Inhaltskontrolle, das zudem auf Fragen der Verfassungsmäßigkeit begrenzt ist, beschränkt werden. Die zentrale Frage ist deshalb, ob man dem Bundespräsidenten diese Aufgabe funktionell, d.h. auch kapazitär zutraut.[40] Das ist dank der im Präsidialamt beschäftigten Juristen zu bejahen, mögen diese auch nicht mit der geballten Sachkompetenz im Bundesverfassungsgericht zu vergleichen sein. Um die Verweigerung der Ausfertigung eines Gesetzes zu legitimieren, muss der Bundespräsident auch nicht mit dem Bundesverfassungsgericht konkurrieren können, das vielmehr diese 32

36 *H. Sodan/J. Ziekow*, Grundkurs Öffentliches Recht, 6. Aufl. 2014, § 14 Rn. 10.
37 *G. Anschütz*, Die Verfassung des Deutschen Reiches, 14. Aufl. 1933, Art. 70 Rn. 2.
38 Z.B. bei *B.-O. Bryde*, in: v. Münch/Kunig, GG, Bd. 2, 6. Aufl. 2012, Art. 82 Rn. 7.
39 *K. v. Lewinski*, in: Dolzer/Vogel/Graßhof, BK-GG, 162. Lfg., Art. 82 Rn. 110 ff.
40 *U. Ramsauer*, in: Denninger/Hoffmann-Riem/Schneider/Stein, AK-GG, 2001, Art. 82 Rn. 22.

Verweigerung im Rahmen eines Organstreits überprüfen kann. Bundestag und Bundesrat haben es in der Hand, dieses Verfahren zu beschreiten. Nimmt man also alle Institutionen und Verfahren zusammen, ist die Verweigerung der Ausfertigung eines Gesetzes gegebenenfalls gar nicht das letzte Wort über dessen Nichtzustandekommen – anders als die Normverwerfung, die dem Bundesverfassungsgericht vorbehalten ist.

33 ■ **Gewaltenteilungs- und Rechtsstaatsargument**: Stärker wiegt demgegenüber das systematische Argument, das den Bundespräsidenten in das System der grundgesetzlichen Gewaltenteilung einbindet und ihm als Teil des Gesetzgebungsverfahrens eine eigenständige Rechtsposition zubilligt. Das dagegen vorgebrachte Argument, primär zuständig für die Gesetzgebung sei der parlamentarische Gesetzgeber, bleibt davon unberührt. Denn die Rechtsposition des Bundespräsidenten bleibt notwendig eine der parlamentarischen Gesetzgebung nachgelagerte und ist ihrerseits verfassungsgerichtlich überprüfbar. Gerade im Bereich des materiellen Prüfungsrechts kann der überhistorisierenden Interpretation der Rechtsstellung des Bundespräsidenten als Nicht–Reichspräsident entgegengetreten und dem Verfassungsorgan Bundespräsident im Organisationsgefüge des GG ein gewisser Selbststand vermittelt werden. Entscheidend für das materielle Prüfungsrecht spricht die umfassende Verfassungsbindung aller Staatsgewalt (Art. 1 Abs. 3 und Art. 20 Abs. 3 GG), die sich auch und gerade auf den Bundespräsidenten erstreckt. Kein Hoheitsträger soll sehenden Auges gegen das Grundgesetz verstoßen. Während die Richter in derartigen Fällen ein Gesetz dem Bundesverfassungsgericht vorlegen (Art. 100 Abs. 1 GG) müssen (→ § 17 Rn. 95 ff.), woraus das Verwerfungsmonopol des Bundesverfassungsgericht erst abgeleitet wird, steht dem Bundespräsidenten ein derartiger Weg nicht selbst offen. Der Weg zum Bundesverfassungsgericht wird hier vielmehr auf dem Umweg eröffnet, dass der Bundespräsident die Ausfertigung verweigern und Bundestag bzw. Bundesrat dagegen das Bundesverfassungsgericht anrufen können. Dies entspricht der Konzeption des Rechts- und Verfassungsstaats im Grundgesetz: Zweifel an der Verfassungsmäßigkeit setzen sich gegenüber der allgemeinen Rechtsbindung unmittelbar durch, auch vorübergehend verfassungswidrige Zustände sollen möglichst ausgeschlossen sein und letztlich kann bei Zweifeln über die Verfassungswidrigkeit eines Gesetzes das Bundesverfassungsgericht angerufen werden.

▶ **Hinweis für Fortgeschrittene:** Eine parallele Konstellation existiert übrigens auch bei der Verwerfung untergesetzlicher Normen. Hier soll nach der Rechtsprechung des BVerfG Art. 100 Abs. 1 GG nicht greifen, was nicht etwa zur Folge hat, dass verfassungswidrige Rechtsverordnungen und Satzungen durch den Richter anzuwenden sind. Vielmehr kann jeder Richter solche Normen selbst unangewendet lassen. Führt das zu uneinheitlicher Anwendung des Rechts, können die Regierungen des Bundes und der Länder sowie ein Viertel des Bundestags eine abstrakte Normenkontrolle nach Art. 93 Abs. 1 Nr. 2 GG i.V.m. § 76 Abs. 1 Nr. 2 BVerfGG vor dem BVerfG beantragen, wenn sie die Norm für gültig (!) halten. ◀

34 ■ **Gewohnheitsrechtsargument**: Schließlich wird von einigen Stimmen in der Literatur das materielle Prüfungsrecht verfassungsgewohnheitsrechtlich begründet.[41]

35 Die herrschende Meinung entscheidet sich trotz vieler Differenzen im Detail für einen vermittelnden Ansatz, nach dem der Bundespräsident jedenfalls in solchen Fällen ein

41 Z.B. bei *H. Bauer*, in: Dreier, GG, Bd. 2, 2. Aufl. 2006, Art. 82 Rn. 13. Dagegen aber mit dem überzeugenden Argument, dass es sowohl an einer gefestigten opinio iuris als auch vor allem an einer hinreichend klar ersichtlichen consuetudo fehle *K. von Lewinski*, in: Dolzer/Vogel/Graßhof, BK-GG, 162. Lfg., Art. 82 Rn. 97.

materielles Prüfungsrecht für sich soll in Anspruch nehmen können, in denen ein materieller Verfassungsverstoß **evident** gegeben sei.[42] Die verfassungsrechtliche Relevanz der Prüfung und Ausfertigung durch den Bundespräsidenten wird auf diese Weise anerkannt, ohne allzu gravierend in das Institutionengefüge des verfassungsgerichtlich überformten Parlamentarismus einzugreifen. Freilich löst diese Auffassung das Problem nur zum Teil. Denn drängend stellt sich die Frage, unter welchen Umständen ein materieller Verfassungsverstoß evident gegeben ist. „Evidenz" ist in der Regel alles andere als evident. Praktisch handhabbar wird dieser Lösungsansatz, wenn man den Begriff der Evidenz „prozeduralisiert": Evident ist ein Verfassungsverstoß danach immer dann, wenn im **Gesetzgebungsverfahren** selbst bereits deutliche **Zweifel an der Verfassungsmäßigkeit** des Gesetzes geäußert worden sind, insbesondere auch von den „Verfassungsministerien" Justiz und Inneres.[43]

Als **praktische Handlungsleitschnur** für den Bundespräsidenten hat sich der Maßstab 36
der materiellen Evidenzkontrolle bewährt. Dies entspricht auch der institutionellen Ausstattung des Bundespräsidialamtes, die weder mit der des Bundesjustizministeriums noch mit der des Bundesverfassungsgerichts konkurrieren kann und soll. Fertigt der Bundespräsident im Zweifel ein Gesetz aus, das später vom Bundesverfassungsgericht verworfen wird, drohen ihm auch keine rechtlichen Sanktionen. Eine Präsidentenanklage kommt nur bei vorsätzlichen Verfassungsverletzungen in Betracht und außerdem setzte dies zwei Drittel der Mehrheiten in Bundestag und Bundesrat voraus, die ja das Gesetz selbst primär zu verantworten haben. Eine **justiziable Beschränkung des Prüfungsrechts** des Bundespräsidenten auf Fälle der Evidenz existiert indes **nicht.** Verweigert der Bundespräsident die Ausfertigung eines Gesetzes aufgrund nicht evidenter materieller Bedenken, so wird im Falle eines Organstreits das Verfassungsgericht dem Präsidenten kaum aufgrund eines Verstoßes gegen die Evidenzregel in den Arm fallen, sofern es die Regelung selbst für doch letztlich verfassungswidrig hält.

Daraus folgt: Der Bundespräsident kann und sollte sich auf eine Evidenzkontrolle beschränken. Jede Nichtausfertigung eines Gesetzes aus Verfassungsgründen liegt aber ohne Einschränkung in seiner Kompetenz.

Fraglich ist weiter, ob der Bundespräsident noch weitere Optionen im Rahmen seiner 37
Ausfertigungsaufgabe hat, insbesondere ob er diese ausdrücklich aufschieben und an die Bundesregierung Nachfragen stellen darf, wie Bundespräsident Köhler beim Internet-Sperre-Gesetz. Ein solches Vorgehen ist aus vielerlei Gründen problematisch: Sollten die Bundesregierung und der Bundestag daraufhin ihre Meinung ändern, entstehen Rechtsunsicherheiten über deren Optionen. Ein neues Gesetzgebungsverfahren könnte zumindest formal kein noch nicht in Kraft getretenes Gesetz aufheben bzw. dessen spätere Ausfertigung verhindern. Die übergangsweise erfolgte Ankündigung der Nichtanwendung des daraufhin ausgefertigten Gesetzes ist keine rechtsstaatliche Alternative. Ergibt sich die Verfassungswidrigkeit nicht klar aus dem Gesetz selbst, hilft der Evidenzmaßstab. Anders gesagt: Es ist weniger problematisch, wenn der Bundespräsident ein nicht evident verfassungswidriges Gesetz nicht ausfertigt, als wenn er die Evidenz durch derartige Nachfragen zu erzwingen sucht. Dass er das Gesetz im vorliegenden

42 Zur Staatspraxis s. die Zusammenstrellung bei *K. von Lewinski*, in: Dolzer/Vogel/Graßhof, BK-GG, 162. Lfg., Art. 82 Rn. 84 ff.

43 Einen Überblick dazu und auch über die Staatspraxis bei *J. Rau*, Vom Gesetzgebungsprüfungsrecht des Bundespräsidenten, in: FS Tsatsos, 2003, S. 562 ff., auch DVBl. 2004, 3 ff.

Fall letztlich ausgefertigt hat, macht es nicht weniger problematisch, da seine Zweifel eher bestätigt als ausgeräumt wurden.

### 3. Völkerrechtliche Vertretung

38 Der Bundespräsident vertritt gemäß Art. 59 Abs. 1 GG die Bundesrepublik völkerrechtlich. Dies bedeutet aber kein eigenständiges außenpolitisches Gestaltungsrecht; dieses liegt vielmehr – in den Grenzen des Art. 59 Abs. 2 GG – bei der Exekutive. Für die Aushandlung von Verträgen sind die Regierungsvertreter, insbesondere der Außenminister zumeist ausdrücklich, jedenfalls aber stillschweigend bevollmächtigt.[44] Eine Ausnahme von der völkerrechtlichen Vertretung der Bundesrepublik durch den Bundespräsidenten machen die Art. 23, 24 GG, nach denen im Kontext der Europäischen Union, dort vor allem in den Räten, die Bundesregierung die Repräsentationsfunktion (einschließlich einer, freilich parlamentarisch rückangebundenen, Gestaltungsfunktion) wahrnimmt.

Der Bundespräsident beglaubigt deutsche diplomatische Vertreter im Ausland, er akkreditiert fremde Botschafter, Art. 59 Abs. 1 S. 3 GG – er stellt also diplomatische Vollmachtsurkunden aus bzw. nimmt sie entgegen.

Vor allem ratifiziert er völkerrechtliche Verträge nach Art. 59 Abs. 1 S. 2 GG. Die eigenständige Rolle des Bundespräsidenten im Rahmen der Außenvertretung lebt bei der **Ratifikation** völkerrechtlicher Verträge auf, die, entsprechend der Prüfung von Gesetzen, einer verfassungsrechtlichen Evidenzkontrolle durch den Bundespräsidenten unterliegen.[45] Ratifikation bedeutet in diesem Zusammenhang die völkerrechtlich verbindliche Erklärung über den Abschluss eines Vertrages (oder auch eines Verwaltungsabkommens). Es handelt sich auch hier um eine lediglich „notarielle" Funktion, da diese Verträge regelmäßig von der Regierung ausgehandelt werden und nach Art. 23 Abs. 1 S. 2 bzw. Art. 59 Abs. 2 S. 1 GG gegebenenfalls sogar noch ein Gesetzgebungsverfahren auf dem Weg zur innerstaatlichen Ratifikation zwischengeschaltet werden muss.

### 4. Auflösung des Bundestages

39 Von besonderer innenpolitischer wie verfassungsrechtlicher Bedeutung sind die Aufgaben, die dem Bundespräsidenten als Ausfluss seiner Funktion als Legalitätsreserve zukommen. Dabei sind zwei Situationen zu unterscheiden:

#### a) Auflösung nach gescheiterter Kanzlerwahl: Art. 63 Abs. 4 S. 3 GG

40 Verfehlt ein Kanzlerkandidat bei der Wahl im Bundestag im dritten Wahlgang die absolute Mehrheit der Stimmen (sog. Kanzlermehrheit), so hat der Bundespräsident ein Wahlrecht: Er kann binnen sieben Tagen den mit relativer Mehrheit gewählten Kandidaten ernennen oder den Bundestag auflösen (→ § 11 Rn. 146). Dabei gibt die Verfassung dem Bundespräsidenten keinerlei Vorgabe, die sein Ermessen beschränken würde. Er ist in seiner Entscheidung frei, auf welchem Wege am besten politisch stabile Verhältnisse herzustellen sind. Die Entscheidung des Präsidenten ist insbesondere auch nicht gerichtlich überprüfbar.[46]

44 Dazu *I. Pernice*, in: Dreier, GG, Bd. 2, 2. Aufl. 2006, Art. 59 Rn. 21.
45 *I. Pernice*, in: Dreier, GG, Bd. 2, 2. Aufl. 2006, Art. 59 Rn. 22.
46 Zum Ganzen *G. Hermes*, in: Dreier, GG, Bd. 2, 2. Aufl. 2006, Art. 63 Rn. 39 f.

### b) Auflösung nach gescheiterter Vertrauensfrage: Art. 68 Abs. 1 GG

Dreimal in der Geschichte der Bundesrepublik ist der Art. 68 Abs. 1 S. 1 GG bisher zur Anwendung gekommen, nach dem der Bundespräsident im Falle einer gescheiterten Vertrauensfrage des Bundeskanzlers den Bundestag binnen 21 Tagen auflösen kann. Willy Brandt stellte 1972, Helmut Kohl 1982 und Gerhard Schröder 2005 ebenfalls eine sogenannte **unechte oder auflösungsgerichtete Vertrauensfrage**, bei der Anhänger der Kanzler bewusst mit Nein stimmten, um eine Bundestagsauflösung herbeizuführen. 41

Versagt nämlich das Parlament dem Kanzler das Vertrauen, so kann (!) der Bundespräsident den Bundestag auflösen. Unter welchen Voraussetzungen dies geschehen kann und welche Einschätzungsspielräume der Bundespräsident dabei hat, ist deswegen umstritten, weil das fehlende Vertrauen des Parlaments vor allem im Fall Kohl und im Fall Schröder nur „fingiert" war, um aus einer politisch schwierigen Situation heraus zu Neuwahlen zu kommen, von denen sich die Kanzler eine erneuerte und stärkere demokratische Legitimation erhofften. Das Bundesverfassungsgericht hat daher in seinen Urteilen zum Fall Kohl[47] und zum Fall Schröder[48] den beteiligten Verfassungsorganen, insbesondere dem Bundespräsidenten und sich selbst, die Pflicht zu einer Prüfung auferlegt, inwiefern tatsächlich die aus dem Zweck des Art. 68 GG (stabile Regierungsverhältnisse) abgeleitete ungeschriebene Voraussetzung des Art. 68 Abs. 1 GG, nämlich eine instabile politische Lage, vorliege (→ § 12 Rn. 45).

Das Bundesverfassungsgericht versucht durch die Einführung des ungeschriebenen Tatbestandsmerkmals der politischen Krise der Regierung die Möglichkeit aus der Hand zu schlagen, nach eigenem Gutdünken vorzeitige Wahlen herbeizuführen, weil es gerade günstig erscheint. Daher muss zu der (fingierten) Abstimmungsniederlage nach Auffassung des Verfassungsgerichts eine Situation politischer Instabilität hinzukommen (→ § 12 Rn. 48). 42

## 5. Ernennung der Inhaber von Staatsämtern

Der Bundespräsident übernimmt in der Verfassungsordnung des Grundgesetzes die Aufgabe der Ernennung der Inhaber von (hohen) Staatsämtern. Dazu zählen zunächst die ranghöchsten politischen Positionen des Kanzlers und der Minister, Art. 63 Abs. 2 S. 2, 64 Abs. 1 GG. Darüber hinaus ernennt er aber auch nach Art. 60 Abs. 1 GG die Bundesrichter, die Bundesbeamten, Offiziere und Unteroffiziere. Die Ernennungsbefugnisse können nach Art. 60 Abs. 3 GG auch delegiert werden. In der Praxis ernennt der Bundespräsident selbst nur die Inhaber hoher und höchster Ämter persönlich, darunter zum Beispiel die Richter des Bundesverfassungsgerichts.[49] Auch hier kommt dem Bundespräsidenten ein Prüfungsrecht zu, mit welchem er das Vorliegen der Ernennungsvoraussetzungen überprüfen kann. 43

Der verfassungsrechtliche Sinn der Ernennung durch den Präsidenten ist ein symbolischer, der aus der Integrationsfunktion der Verfassung fließt. Politische Systeme sind Arrangements aus Institutionen, Ämtern, Verhaltensformen und Verhaltenserwartungen, sie sind auch symbolische Ordnungen.[50] Die Kopplung an den Bundespräsidenten

47 BVerfGE 62, 1 ff.

48 BVerfGE 114, 121 ff.

49 Diese sind vom Wortlaut des Art. 63 Abs. 1 GG mit umfasst, vgl. *R. Herzog*, in: Maunz/Dürig, GG, 52. Lfg., Art. 63 Rn. 11.

50

vermittels des Ernennungsaktes ordnet die Amtsträger ein in die politische Ordnung des Grundgesetzes und „unterwirft" sie dem staatlichen Gemeinwesen, dessen Einheit im Amt des Bundespräsidenten symbolisiert ist.

### 6. Begnadigungsrecht

44 Ein letztes Rudiment der monarchischen Vorgeschichte des Präsidentenamtes ist das Begnadigungsrecht, das Art. 60 Abs. 2 GG dem Bundespräsidenten einräumt. In ihm lebt die Idee fort, es müsse jenseits der geordneten, rationalen, „spröden" Verfahren der rechtsstaatlichen Justiz die Möglichkeit zu emphatischen Einzelfallentscheidungen, von Schlussstrichen und außerjuristischen Gerechtigkeitserwägungen geben. Das Gnadenrecht war als monarchische Prärogative zwar schon „nicht mehr von kultisch-sakralen Vorstellungen getragen, war aber auf das engste mit der Person des Herrscher und seinem Gottesgnadentum verknüpft und noch von der Weihe einer charismatischen Barmherzigkeit und Gnadengesinnung erfüllt".[51] Im Gnadenrecht lebt bis heute die Vorstellung, es bedürfe einer besonderen, herausgehobenen, als weise und kompetent imaginierten Instanz, die es ausübt. Es ist, in den Worten des Bundesverfassungsgerichts, eine „Gestaltungsmacht besonderer Art",[52] die der Bundespräsident in weitgehend freiem Ermessen ausübt, die allerdings der Gegenzeichnungspflicht unterliegt.[53]

45 In der grundgesetzlichen Wirklichkeit erstreckt sich das Gnadenrecht auf Strafurteile nur der Bundesgerichte, Art. 96 Abs. 5 GG, Disziplinarurteile und Bußgeldangelegenheiten, nicht aber auf eine generelle Amnestie, die eines Parlamentsgesetzes bedarf[54] oder die Beendigung eines noch laufenden Verfahrens (Abolition). Praktisch geworden sind das Gnadenrecht und die Maßstäbe seiner Ausübung in den letzten Jahren vor allem durch die Diskussionen um die Begnadigung langjährig einsitzender Straftäter der Rote-Armee-Fraktion (RAF), die zum Teil begnadigt worden sind (*Verena Becker*), zum Teil aber auch nicht (*Christian Klar*).

Man hat versucht, das latent Irrationale des Gnadenrechts unter dem Druck der rechtsstaatlichen Verfassungsordnung des Grundgesetzes zu rationalisieren, zuvörderst dadurch, dass man es gerichtlicher Kontrolle unterwerfen wollte. Dem sind Teile des zweiten Senats des Verfassungsgerichts allerdings entgegengetreten, die 1969 urteilten, Art. 19 Abs. 4 GG gelte für ablehnende Gnadenentscheidungen nicht.[55] Noch 2001 ist diese Rechtsprechung in einem Kammerbeschluss bestätigt worden.[56] Dem ist nicht zuzustimmen. Die Bindung der Staatsgewalt an Gesetz und Recht ist eine umfassende. Es gibt **keine justizfreien Hoheitsakte**. Auch Gnadenentscheidungen sind daher rechtsschutzfähig. Dass sie gerichtlich überprüft werden können, sagt dabei noch nichts über die Intensität der Prüfung aus, die notwendig eine sehr zurückgenommene sein muss: Die Gnadenentscheidung unterliegt grundlegenden rechtsstaatlichen Anforderungen wie der Menschenwürdegarantie als Ausübungsleitlinie oder dem rechtsstaatlichen

51 BVerfGE 25, 352, 359.
52 BVerfG NJW 2001, 3771 ff. als Bestätigung st. Rspr.
53 *I. Pernice*, in: Dreier, GG, Bd. 2, 2. Aufl. 2006, Art. 60 Rn. 27.
54 *O. Kimminich*, in: Dolzer/Vogel/Graßhof, BK–GG, 12. Lfg., Art. 60 Rn. 15.
55 BVerfGE 25, 352 ff. Es handelte sich bei dieser Entscheidung allerdings um eine sog. 4:4-Entscheidung nach § 15 Abs. 4 S. 4 GG, nach dem (hier: im Verfassungsbeschwerdeverfahren) ein Grundrechtsverstoß nicht festgestellt werden kann, sofern die Abstimmung im Senat 4:4 ausfällt.
56 BVerfG NJW 2001, 3771 ff.

Willkürverbot.[57] Das äußert sich praktisch in Begründungspflichten, die eine solche beschränkte Kontrolle erst ermöglichen.

### 7. Sonstige Befugnisse

Über die genannten hinaus hat der Bundespräsident weitere verfassungs- wie einfach-rechtlich positivierte sowie ungeschriebene Aufgaben und Befugnisse. Neben der Möglichkeit, über die Wahrnehmung der inneren Repräsentationsaufgaben selbst zu entscheiden,[58] kommt ihm auf verfassungsrechtlicher Ebene zum Beispiel die Aufgabe zu, den Wahltag festzulegen, Art. 39 Abs. 1 S. 3, 4 GG,[59] Staatssymbole festzusetzen und Orden zu verleihen. Einfach-rechtlich hat er beispielsweise die Befugnis, die Mitglieder der Wahlkreiskommission zu ernennen, § 3 BWahlG, oder das Recht nach § 18 Abs. 7 PartG, eine Kommission zu Fragen der Parteienfinanzierung einzusetzen. 46

▶ **Zu Fall 14:** Anknüpfend an die vorherige Darstellung, käme dem Bundespräsidenten nicht die Befugnis zu, das vom Bundestag beschlossene Gesetz wegen Verstoßes gegen Art. 12 GG nicht auszufertigen, da im Gesetzgebungsverfahren selbst es nicht zu einer Artikulation von verfassungsrechtlichen Bedenken gekommen ist.

Nach hier vertretener Auffassung bedürfen Reden des Bundespräsidenten über die Innenpolitik nicht der Gegenzeichnung. Allerdings sollte der Bundespräsident eine gewisse Mäßigung üben und nicht auf frontalen Kollisionskurs zur Bundesregierung gehen. Insofern hätte die Rede auf der Grünen Woche einer Gegenzeichnung durch die Bundeskanzlerin bedurft. ◀

## Wiederholungs- und Verständnisfragen

> Welche verfassungsrechtlichen Grundfunktionen des Bundespräsidenten kennen Sie?

> Nehmen Sie Stellung zur Frage, inwiefern Funktionen und Aufgaben des Bundespräsidenten als Gegenbild zum Reichspräsidenten der WRV verstanden werden können.

> Hat der Bundespräsident ein materielles Prüfungsrecht vor der Ausfertigung von Gesetzen?

> Erklären Sie unter Rückgriff auf Funktionen des Amtes, warum dem Bundespräsidenten das Recht zur Ernennung der Inhaber wichtiger staatlicher Ämter zukommt.

57 *I. Pernice*, in: Dreier, GG, Bd. 2, 2. Aufl. 2006, Art. 60 Rn. 28; *L. Michael/M. Morlok*, Grundrechte, 4. Aufl. 2014, Rn. 883.
58 *H. Maurer*, Staatsrecht I, 6. Aufl. 2010, § 15 Rn. 17.
59 Weitere Beispiele bei *H. Maurer*, Staatsrecht I, 6. Aufl. 2010, § 15 Rn. 18 ff.

# 4. Teil: Funktionen

## § 15 Die Rechtsetzung

### I. Aufgabe und Bedeutung des Gesetzes und der Gesetzgebung

1 Beim politischen System handelt es sich um den gesellschaftlichen Teilbereich, der für die anderen Teilsysteme verbindliche Entscheidungen treffen kann. Dies geschieht durch das **Instrument des Rechts**. Politische, rechtsstaatliche und demokratische Dimensionen konturieren Rang und Bedeutung des Gesetzes als „Eckstein des demokratischen Rechtsstaates"[1].

Die politisch-symbolische Bedeutung der Volksvertretung wie die inhaltlichen Gehalte dieses repräsentativen, durch direkte Wahlen besonders legitimierten Organs gehen in das Gesetz ein. Das Gesetzgebungsverfahren ist darauf angelegt, sachlich wie politisch besonders anerkennenswerte Produkte zu erbringen. Es stellt sich mithin dar als **Gemeinwohlverfahren**.

#### 1. Rang und Bedeutung des Gesetzes

#### a) Das Gesetz als politisches Handlungsinstrument

2 Das Gesetz ist vornehmlich **politisches Handlungsinstrument.**[2] „Gouverner, c'est légiférer": Regieren erfordert rechtsförmliches Handeln. Durch Gesetz vermag die Staatsleitung ihre politischen Entscheidungen zu verwirklichen. So enden etwa die Entscheidungen über die Verwendung staatlicher Mittel im Haushaltsgesetz. Auch außenpolitische Beziehungen gründen in parlamentarischen Zustimmungsgesetzen, s. Art. 59 Abs. 2 GG. Insbesondere ergehen alle für den Bürger verbindliche Vorschriften letztlich – wegen des Vorbehalts des Gesetzes für Grundrechtseingriffe (→ § 7 Rn. 22 ff.) – in der Form des Gesetzes. Wesensmerkmal politischer Mehrheitsentscheidungen ist, dass sie wiederum mit entsprechender Mehrheit abwandelbar und umkehrbar sind. Rechtsetzung in seiner politischen Dimension stellt sich somit nicht statisch dar, sondern weist ein Veränderungspotenzial zugunsten der jeweiligen politischen Mehrheit auf.

#### aa) Historisches zum Gesetzesbegriff

3 Der Gesetzesbegriff hat eine lange Tradition[3], die bis ins **Altertum** hineinreicht. Der Kodex Hammurabi, das Wirken Solons oder religiöse „Gesetze" verschiedener Glaubensrichtungen verdeutlichen das Bedürfnis damaliger Gesellschaften, verbindliche Rechtssätze für jedermann zu schaffen. Die Rechtsetzung erlangte größere Bedeutung mit der Ausbildung moderner Staatlichkeit im **Konstitutionalismus**. Hier stand das in einem verfassungsgemäßen Verfahren erlassene Gesetz im Vordergrund und nicht mehr der landesherrliche Wille.[4] Recht wurde als setzbar und machbar erkannt. Dies

1 *F. Ossenbühl*, Verfahren der Gesetzgebung, in: HStR, Bd. V, 3. Aufl. 2007, § 102 Rn. 19.

2 *P. Badura*, Die parteienstaatliche Demokratie und die Gesetzgebung, 1986, S. 8 f.; *H. Schulze-Fielitz*, Theorie und Praxis parlamentarischer Gesetzgebung, 1988, S. 375 ff.

3 Vgl. hierzu *G. Krings*, Das Gesetz im demokratischen Verfassungsstaat, in: Kluth/Krings, Gesetzgebung, 2014, § 2 Rn. 2 ff.

4 *T. Franz*, ZG 2008, 140, 143.

meint auch eine Verantwortung für den Rechtszustand. Auch eine Nichtänderung ist demnach zu verantworten.

### bb) Gesetz im formellen und materiellen Sinne

Das Gesetz steht im Mittelpunkt der rechtsetzenden Gewalt. Es umschreibt etwas 4 rechtlich Festgestelltes und Feststehendes.[5] Dabei ist das (Parlaments-)Gesetz von anderen, nachrangigen Rechtssätzen abzugrenzen. Eine solche Unterscheidung lässt sich durch die Begrifflichkeiten des **formellen** und des **materiellen Gesetzes** vornehmen.

Wenn das Grundgesetz den Begriff des Gesetzes verwendet, so meint es damit vornehmlich das Gesetz im **formellen Sinne.**[6] Es handelt sich hierbei um Parlamentsgesetze, also um durch das Parlament im Verfahren der Gesetzgebung erlassene Hoheitsakte in einer bestimmten Form.[7] Unter Gesetzen im **materiellen Sinne** versteht man hingegen alle abstrakt-generellen Regelungen unter Einschluss untergesetzlicher Rechtsnormen, etwa Rechtsverordnungen oder Satzungen, mithin also die Rechtsetzung der Exekutive.[8] Diese Terminologie verwirrt jedoch eher, als dass sie nützt. Verständlicher lässt sich daher formulieren: Gesetz im Sinne des Grundgesetzes ist grundsätzlich das Parlamentsgesetz, es sei denn, dass sich aus der Verfassung etwas anderes ergibt.[9]

Der Begriff „Gesetz“ erscheint im Grundgesetz als eigenständiger Begriff oder als Wortbestandteil.[10] Dabei erschließt sich die jeweilige Bedeutung aus der Systematik.[11] So ist etwa der „gesetzliche Richter“ i.S.d. Art. 101 Abs. 1 S. 2 GG auch der, der durch Rechtsverordnung oder Geschäftsverteilungsplan als Richter bestimmt ist.[12] Die „Gleichheit vor dem Gesetz“ nach Art. 3 Abs. 1 GG meint die Gleichheit bei der Anwendung des Rechts und schließt somit Gesetze im (nur) materiellen Sinne mit ein.[13]

### b) Das Gesetz als Mittel staatlichen Handelns

Der Staat vermag die Bürger auf unterschiedliche Weise zu steuern. Per Rechtssatz 5 kann er etwa verbindliche Befehle schaffen, die der Bürger befolgen muss. Daneben bleibt ihm die Möglichkeit, bestimmte Handlungen durch die Staatsbediensteten unmittelbar selbst vorzunehmen, wenn ihm dies sachgerecht erscheint.

Die Mittel staatlichen Handelns sind damit noch nicht erschöpft. Vielmehr sind weitere, weniger unmittelbare Steuerungsmöglichkeiten denkbar. Wenn etwa bestehende Steuergesetze derart geändert werden, dass sie eine Lenkungswirkung zugunsten des Umweltschutzes entfalten, so beabsichtigt der Staat ein **Steuern durch Steuern.** Zudem lässt sich durch Geld ein Anreiz für die Motivation des Einzelnen schaffen, wenn etwa

---

5 *H. Schneider*, Gesetzgebung, 3. Aufl. 2002, § 2 Rn. 14.

6 So auch *H. Maurer*, Staatsrecht I, 6. Aufl. 2010, § 17 Rn. 13; *C. Starck*, Der Gesetzesbegriff des Grundgesetzes, 1970, S. 21 ff.; *U. Smeddinck*, Gesetzgebungsmethodik und Gesetzestypen, in: Kluth/Krings, Gesetzgebung, 2014, § 3 Rn. 49.

7 *R. Zippelius/T. Würtenberger*, Deutsches Staatsrecht, 32. Aufl. 2008, § 45 Rn. 1.

8 *F. Ossenbühl*, Satzung, in: HStR, Bd. V, 3. Aufl. 2007, § 105 Rn. 37 f.

9 *C. Degenhart*, Staatsorganisationsrecht, 28. Aufl. 2012, Rn. 137 ff.; *H. Maurer*, Staatsrecht I, 6. Aufl. 2010, § 17 Rn. 13.

10 Nachweis bei *C. Starck*, Der Gesetzesbegriff des Grundgesetzes, 1970, S. 21.

11 BVerfGE 24, 184, 196; *T. Franz*, ZG 2008, 140, 145; *F. Ossenbühl*, Verfahren der Gesetzgebung, in: HStR, Bd. V, 3. Aufl. 2007, § 102 Rn. 10.

12 *H. Schneider*, Gesetzgebung, 3. Aufl. 2002, § 2 Rn. 15.

13 Vgl. *W. Heun*, in: Dreier, GG, Bd. 1, 3. Aufl. 2013, Art. 3 Rn. 56 ff.; *L. Michael/M. Morlok*, Grundrechte, 4. Aufl. 2014, Rn. 753.

erneuerbare Energien gefördert und verbreitet werden sollen und deswegen die Anschaffung von Fotovoltaik-Anlagen subventioniert wird. Ebenfalls lenkend greift der Staat ein, wenn er im Wege des sog. **staatlichen Informationshandelns** etwa vor bestimmten Produkten warnt und somit den Markt in erheblichem Maße beeinflusst.[14] Insoweit lässt sich von einem präzeptoralen Staat sprechen.[15]

6 All diesen Steuerungsmöglichkeiten ist gemein, dass sie rechtsförmig ausgestaltet sind. So lassen sich staatliche Warnungen nunmehr durch die Regelungen der § 40 LFGB[16] und § 10 GPSG auf ein Gesetz stützen. Die Subventionierung von Photovoltaik-Anlagen ergibt sich unter anderem aus den Vergütungsansprüchen aus § 33 EEG. Steuern werden durch ein Steuergesetz erlassen. Deutlich wird also: Staatliche Steuerung geschieht vornehmlich durch Gesetz.

### c) Rechtsstaatliche und demokratische Bedeutung des Gesetzes

7 In **rechtsstaatlicher** Hinsicht stellt das Gesetz Grundlage als auch Grenze der Verwaltungstätigkeit dar.[17] So fordert der **Vorbehalt des Gesetzes,**[18] dass ein Hoheitsträger nur auf Grundlage einer gesetzlichen Ermächtigung in Grundrechte eingreifen darf. Als Grenze für jegliches Verwaltungshandeln gilt der in Art. 20 Abs. 3 GG festgelegte Grundsatz des **Vorrangs des Gesetzes** (→ § 7 Rn. 19 f.).

Durch ihre Form tragen Gesetze zudem zur Klarheit und Bestimmtheit des Rechts bei. Dies schafft Rechtssicherheit, indem das Recht berechenbar durch Verfahren ausgestaltet wird. Erzielt wird dies etwa durch das Rückwirkungsverbot bei belastenden Gesetzen (→ § 7 Rn. 46 ff.).

Im Hinblick auf das **Demokratieprinzip** (→ § 5 Rn. 1 ff.) stellt die Gesetzgebung die wichtigste Form politischer Willensbildung dar.[19] In allen wesentlichen Fragen soll es die demokratisch legitimierte Volksvertretung sein, welche die bindenden Entscheidungen trifft, die für jedermann gelten.[20] Deswegen sollen alle wesentlichen Entscheidungen in der Form des Gesetzes ergehen, sog. **Wesentlichkeitstheorie** (→ § 11 Rn. 10).[21]

## 2. Das Gesetzgebungsverfahren als Gemeinwohlverfahren

8 Das Gesetzgebungsverfahren stellt sich dar als **Gemeinwohlverfahren.**[22] Ihm zugrunde liegt ein Gemeinwohlverständnis, das sich an den Werten der Verfassung wie Menschenwürde, Rechtsstaats- und Demokratieprinzip, und vornehmlich an den Grund-

---

14 BVerfGE 105, 252 ff.; *F. Schoch*, NVwZ 2011, 193 ff; vgl. auch *L. Michael/M. Morlok*, Grundrechte, 4. Aufl. 2014, Rn. 355.

15 *U. Di Fabio*, JZ 1993, 689 ff.

16 Zur Frage der Europarechtskonformität dieser Vorschrift s. *E. Pache*, ZLR 2013, 139 ff.

17 *K. Hesse*, Grundzüge des Verfassungsrechts, 20. Aufl. 1999, Rn. 508.

18 S. *L. Michael/M. Morlok*, Grundrechte, 4. Aufl. 2014, Rn. 559.

19 *F. Ossenbühl*, Verfahren der Gesetzgebung, in: HStR, Bd. V, 3. Aufl. 2007, § 102 Rn. 22; *K. Hesse*, Grundzüge des Verfassungsrechts, 20. Aufl. 1999, Rn. 503; *E. M. Frenzel*, JuS 2010, 27, 29.

20 *H. Maurer*, Staatsrecht I, 6. Aufl. 2010, § 13 Rn. 119; *P. Badura*, Staatsrecht, 5. Aufl. 2012, F Rn. 2; *K. Hesse*, Grundzüge des Verfassungsrechts, 20. Aufl. 1999, Rn. 509; *R. Zippelius/T. Würtenberger*, Deutsches Staatsrecht, 32. Aufl. 2008, § 12 Rn. 43 ff.

21 Zur Frage der Wesentlichkeit s. *D. C. Umbach*, Das Wesentliche an der Wesentlichkeitstheorie, in: FS Faller, 1984, S. 111 ff.; vgl. im Übrigen *E. Baader*, JZ 1992, 394 ff.; *M. Kloepfer*, JZ 1984, 685, 689; s. zum Überblick über die Fälle, in denen dem Parlament gar eine Wahrnehmungspflicht zukommt *M. Morlok/C. Hientzsch*, JuS 2011, 1, 5 ff.

22 Vgl. *P. Häberle*, Öffentliches Interesse als juristisches Problem, 2. Aufl. 2006, S. 32 ff.; *H. Schulze-Fielitz*, Theorie und Praxis parlamentarischer Gesetzgebung, 1988, S. 179 f.; *H. Schulze-Fielitz*, NVwZ 1983, 709, 711.

rechten orientiert.[23] Seine Kernelemente liegen in der chancengleichen Zugänglichkeit des Entscheidungsganges für alle Interessen und Überzeugungen. Das bedeutet, dass die Stimme eines einzelnen Abgeordneten nicht prinzipiell für irrelevant erklärt werden kann. Ausdruck findet dieses Erfordernis im Bundestag in der gleichen Rechtsstellung aller Abgeordneten oder in den Lesungen, bei denen die eingebrachten Gesetzesentwürfe unter dem Blickwinkel der verschiedenen politischen Strömungen betrachtet werden. Einzelne Abgeordnete können sich hierbei einbringen und Änderungsvorschläge formulieren. Es handelt sich hierbei um einen Konsensfindungsprozess,[24] der pluralistisch offen ist.[25]

Konsensfindung erfolgt an mehreren Stellen, etwa in den parlamentarischen Fraktionen, Ausschüssen, Arbeitskreisen oder den Parteien.[26] In dieser Hinsicht weist das Gesetzgebungsverfahren auch eine **informale Dimension** auf.[27] Auf informaler Ebene kann erkundet und versucht werden, was im Falle des Erfolgs dann formal nachvollzogen wird. Dabei geht es der Sache nach um die Entscheidungsvorbereitung durch Gremien und in Verfahren, die dafür rechtlich nicht vorgesehen sind. Als Beispiele lassen sich etwa Atomkonsensgespräche, „Elefantenrunden" oder einschlägige Kommissionen anführen. Verfassungsrechtliche Berührungspunkte für diese Praxis erschöpfen sich dabei nicht lediglich in Kompetenzfragen, die dem Bundestag zugeordnet sind. Schließlich wird der von der Verfassung vorgesehene Modus der Entscheidungsfindung beeinträchtigt, so dass die Qualität und Legitimität in Zweifel gezogen werden.

---

23 *H. H. v. Arnim*, Gemeinwohl und Gruppeninteressen, 1977, S. 22 ff.
24 *N. Luhmann*, Legitimation durch Verfahren, 1969, S. 196 f.
25 *H. Schulze-Fielitz*, Theorie und Praxis parlamentarischer Gesetzgebung, 1988, S. 180.
26 Zur Arbeit im Bundestag s. die anschauliche Schilderung bei *H. Schöne*, Alltag im Parlament, 2010.
27 *M. Morlok*, VVDStRL 62 (2003), 37 ff.

## II. Das Gesetzgebungsverfahren

| Die Gesetzesinitiative | | |
|---|---|---|
| Bundestag | Bundesregierung | Bundesrat |
| Art. 76 I GG, § 76 GOBT | Art. 76 I, II GG | Art. 76 I, III GG |
| | Stellungnahme des Bundesrates, Art. 76 II GG | Stellungnahme der Bundesregierung, Art. 76 III GG |

| Das Verfahren im Bundestag |
|---|
| Erste Lesung im Plenum |
| Beratung in den Ausschüssen |
| Zweite und Dritte Lesung im Plenum |
| Gesetzesbeschluss, Art. 77 I GG |

| Die Mitwirkung des Bundesrates | |
|---|---|
| Verfahren bei Einspruchsgesetzen Art. 77 I, II 2–3, 5, III, IV GG | Verfahren bei Zustimmungsgesetzen Art. 77 I, II, IIa GG |
| Zustandekommen des Gesetzes, Art. 78 GG | |

| Ausfertigung und Verkündung |
|---|
| Ausfertigung des Gesetzes durch den Bundespräsidenten, Art. 82 I 1 GG |
| Verkündung im Bundesgesetzblatt, Art. 82 I 1 GG |

▶ **Fall 15:** Die Bundesregierung leitet einen Gesetzesentwurf dem Bundesrat zeitgleich mit der Einbringung in den Bundestag zu. Der Entwurf sieht zahlreiche Änderungen im Atomgesetz vor. Er wird im Bundestag (598 Abgeordnete) mit einer Mehrheit von 108 zu 103 Stimmen bei 12 Enthaltungen in namentlicher Schlussabstimmung (§ 52 GOBT) angenommen. Bei der Abstimmung warf Abgeordneter X insgesamt 10 Abstimmungskarten von neun anderen, zum Zeitpunkt der Abstimmung nicht im Bundestag anwesenden Abgeordneten in die Urne, die sich alle jeweils für das Gesetzesvorhaben aussprachen. Im weiteren Verfahren erteilt der Bundesrat seine Zustimmung. Der Bundespräsident verkündet sodann das Gesetz ordnungsgemäß.

Ist das Gesetz verfassungsgemäß? ◀

## 1. Die Gesetzesinitiative

Am Anfang eines jeden Gesetzgebungsverfahren bedarf es der Einbringung einer Gesetzesvorlage in den Bundestag. Mit einem solchen **Initiativrecht** sind nach Art. 76 Abs. 1 GG die Bundesregierung, der Bundestag und der Bundesrat ausgestattet. 9

Die größte Bedeutung[28] in der politischen Praxis hat die Initiative der **Bundesregierung**. Sie ist Ausdruck der politischen Gestaltungsmacht und des Gestaltungswillens der Regierung. Dazu tritt die fachliche Kompetenz der einzelnen Ministerien. Explizite Anforderungen an das Zustandekommen von Gesetzesentwürfen stellen weder das Grundgesetz noch die Geschäftsordnung. Den Regelfall stellen die sog. Referentenentwürfe dar, die durch die Referate der Ministerialverwaltung erstellt werden. Federführend muss dabei nicht notwendig ein einziges Ministerium sein. Oft umfassen Gesetzesentwürfe mehrere Ressorts, so dass eine Abstimmung schon in diesem Stadium erfolgt. Dabei spielt auch eine frühe Beteiligung betroffener Kreise oder Verbände eine Rolle. Das sog. **„Outsourcing"** der Erstellung von Gesetzesentwürfen an Rechtsanwaltssozietäten gerät in diesem Zusammenhang zunehmend in die Kritik.[29] 10

Nach Art. 76 Abs. 2 GG sind die Gesetzesvorlagen der Bundesregierung zunächst dem Bundesrat zuzuleiten. Der Bundesrat hat nach der Regelfrist von sechs Wochen sodann die Möglichkeit zur Stellungnahme. Eine solche empfiehlt sich, da der Bundesrat mit der akkumulierten Verwaltungserfahrung der Landesregierungen aufwarten kann.[30] So hat er oftmals konkretere Vorstellungen von den durch das Gesetzesvorhaben betroffenen Bereichen als die Bundesregierung und kann so wichtige Anregungen etwa für Veränderungen liefern. Für die weitere Einflussmöglichkeit des Bundesrats stellt sich dieses Verfahren zudem als Frühwarnsystem dar.

Um dies abzukürzen, kommt es in der Praxis vor, dass ein Gesetzesentwurf der Bundesregierung durch die sie tragenden Fraktionen eingebracht wird, formal also als Initiative des Bundestages in Erscheinung tritt. Umstritten ist, ob es sich dabei um ein verfassungswidriges Vorgehen handelt.[31] Zwar lässt sich darüber streiten, ob diese Praxis verfassungspolitisch erwünscht ist. Die Abgeordneten der Fraktionen sind allerdings im Rahmen ihrer Mandatsausübung nicht daran gehindert, sich einen solchen Regierungsentwurf zu eigen zu machen. Daher stellt sich ein solches Verfahren als verfassungsgemäße Initiative aus der Mitte des Bundestags dar.[32]

▶ **BEISPIEL:** Die Mehrheitsfraktion X bringt eine Gesetzesinitiative in den Bundestag ein. Der Entwurf entstammt ersichtlich der Feder der Bundesregierung, da ihr Briefkopf bei der

28 In der 17. Wahlperiode des Bundestags (2009–2013) gingen 79,6 % aller verkündeten Gesetze aus Regierungsinitiativen hervor, vgl. *H.-G. Maaßen*, Gesetzesinitiativen der Bundesregierung, in: Kluth/Krings, Gesetzgebung, 2014, § 8 Rn. 1 m.w.N.

29 Vgl. *U. Battis*, ZRP 2009, 201 ff.; *J. Krüper*, JZ 2010, 655 ff.; *J. Leven*, Gesetzgebungsoutsourcing, 2013.

30 *S. Stüber*, Jura 2002, 749, 750; *H. Hoffmann*, NVwZ 1995, 134, 135.

31 Zur Darstellung des Streitstandes s. *J. Masing*, in: v. Mangoldt/Klein/Starck, GG, Bd. 2, 6. Aufl. 2010, Art. 76 Rn. 97 ff.

32 *F. Ossenbühl*, Verfahren der Gesetzgebung, in: HStR, Bd. V, 3. Aufl. 2007, § 102 Rn. 24; *M. Schürmann*, AöR 115 (1990), 45 ff.; einschränkend *R. Stettner*, in: Dreier, GG, Bd. 2, 2. Aufl. 2006, Art. 76 Rn. 13.

Vorlage beibehalten wurde. Zwar können sich die Fraktionsabgeordneten diesen Entwurf zu eigen machen. Gleichwohl dürfte es sich hierbei wohl um einen verfassungsrechtlichen Grenzfall handeln. ◀

11 Gesetzesvorlagen des **Bundestages** werden aus seiner Mitte eingebracht. § 76 GOBT konkretisiert diese verfassungsrechtliche Vorgabe dahin gehend, dass die Vorlage entweder von einer Fraktion oder von 5 % der Mitglieder des Bundestages[33] eingebracht sein muss. Dieses Quorum soll sicherstellen, dass sich der Bundestag nur mit Vorlagen beschäftigen muss, die eine Mindestchance haben, eine Mehrheit für sich gewinnen zu können. Zwar liegt hierin eine Beschränkung der Rechte des einzelnen Abgeordneten, dies erfolgt aber zum Schutze der Arbeitskapazität und -fähigkeit des Bundestages und ist damit gerechtfertigt.

12 Schließlich ist auch der **Bundesrat** berechtigt, Gesetzesvorlagen einzubringen. Er beschließt sie intern nach Art. 52 Abs. 3 S. 1 GG im Wege des Mehrheitsbeschlusses. Sie sind nach Art. 76 Abs. 3 GG dem Bundestag zuzuleiten. Dies geschieht über die Bundesregierung, die dabei ihre Auffassung zur Vorlage darlegt. Trotz seiner Zusammensetzung ist der Bundesrat oberstes Bundesorgan und daher bei seinen Initiativen nicht auf Landeskompetenzen beschränkt. Vielmehr ist der Bereich bundesgesetzlicher Kompetenzen für ihn eröffnet.[34]

▶ **ZU FALL 15:** Es kommt ein Fehler im Initiativverfahren in Betracht. Art. 76 Abs. 2 S. 1 GG sieht vor, dass die Gesetzesvorlage „zunächst" dem Bundesrat zuzuleiten ist. Die Bundesregierung leitet den Gesetzesentwurf dem Bundesrat jedoch zeitgleich mit der Einbringung in den Bundestag zu. Darin ist ein Verstoß gegen Art. 76 Abs. 2 S. 1 GG zu sehen. Schließlich zeigt schon die Regelung des Art. 76 Abs. 2 S. 4 GG, dass sogar im Eilfalle der Bundesrat einen Wissensvorsprung in zeitlicher Hinsicht von drei Wochen behalten soll. Es handelt sich hierbei um eine zwingend vorgeschriebene Rechtsposition des Bundesrates, deren Nichtbeachtung die Nichtigkeit des Gesetzes zur Folge hat.[35] ◀

### 2. Das Verfahren im Bundestag

13 Das weitere Verfahren im Bundestag ist im Grundgesetz nur spärlich geregelt. Lediglich Art. 42 Abs. 1 GG lässt sich die Aussage entnehmen, dass die Gesetzesberatung öffentlich erfolgt. Konkretisiert findet sich das Verfahren in der Geschäftsordnung des Bundestags, §§ 78 ff. GOBT. Die Beratung erfolgt grundsätzlich in drei Lesungen.

In der **ersten Lesung** findet im Regelfall keine allgemeine Aussprache statt, § 79 GOBT. Sie dient in erster Linie dazu, die Gesetzesvorlage an einen oder mehrere Ausschüsse zu verweisen, § 80 GOBT.[36] Dabei muss der Ausschuss jedoch den Rahmen der Gesetzesvorlage einhalten. Er darf nur solche Änderungen vornehmen, die in einem unmittelbaren sachlichen Zusammenhang zu dem Gesetzesvorhaben stehen.[37] Stünden Änderungen in seinem freien Belieben, so käme dies einem Initiativrecht des Ausschusses gleich. Ein solches ist durch Art. 76 GG jedoch nicht gedeckt. Die Ausschussarbeit ist geprägt durch das Feilen an und Kämpfen um die einzelnen Regelungen. Eröffnet ist die Möglichkeit zur Änderung im Detail.

33 Zur Verfassungsmäßigkeit dieses Quorums s. *M. Elicker*, JA 2005, 513, 514; *B. J. Hartmann*, ZG 2008, 42, 43 ff.
34 *F. Ossenbühl*, Verfahren der Gesetzgebung, in: HStR, Bd. V, 3. Aufl. 2007, § 102 Rn. 28.
35 *C. Degenhart*, Staatsrecht I, 28. Aufl. 2012, Rn. 209; *M. Elicker*, JA 2005, 513, 515.
36 *J. Masing*, in: v. Mangoldt/Klein/Starck, GG, Bd. 2, 6. Aufl. 2010, Art. 77 Rn. 26; *F. Ossenbühl*, Verfahren der Gesetzgebung, in: HStR, Bd. V, 3. Aufl. 2007, § 102 Rn. 32.
37 *T. Brandner*, Jura 1999, 449, 454.

14 In **zweiter Lesung** (§ 81 GOBT) erfolgt die Detailarbeit im Plenum auf der Grundlage der Beschlussempfehlung durch den Ausschuss. An die Berichterstattung des Vorsitzenden des federführenden Ausschusses schließt sich im Regelfall eine allgemeine Aussprache über die einzelnen Bestimmungen des Entwurfs an. Bei dieser Einzelabstimmung steht weniger die inhaltliche Arbeit im Vordergrund, da diese ja bereits maßgeblich durch die Ausschüsse erfolgt ist. Vielmehr geht es darum, letzte Konflikte, die sich nicht bereits interfraktionell durch die Ausschussarbeit erledigt haben, in der Öffentlichkeit auszufechten.[38]

15 Oft unmittelbar im Anschluss an die zweite Lesung erfolgt die **dritte Lesung**, § 84 GOBT. Etwas anderes gilt nur dann, wenn in zweiter Lesung Änderungen beschlossen wurden. Eine allgemeine Aussprache findet nur dann statt, sofern sie nicht bereits in der zweiten Lesung erfolgte und sie der Ältestenrat oder eine Gruppe von Abgeordneten in Fraktionsstärke beantragt. Nach Ende der dritten Beratung wird im Regelfall in einer **Schlussabstimmung** schließlich über den Gesetzesentwurf abgestimmt, § 86 GOBT. Als Parlamentsbeschluss i.S.d. Art. 42 Abs. 2 GG legt die Abstimmung den Inhalt des Gesetzes fest und das Verfahren im Bundestag ist damit abgeschlossen.

16 Zwischen den einzelnen Lesungen soll die Möglichkeit bestehen, über die Vor- und Nachteile des geplanten Vorhabens zu streiten. So wird eine wirksame Kontrolle durch die Öffentlichkeit erzielt. An einer solchen Zeit für Interventionen mangelt es, sofern der Bundestag eilig Gesetzesvorhaben „durchwinkt". Unter verfassungsrechtlichen Gesichtspunkten ist dies besonders dann kritisch zu beurteilen, sofern es sich dabei um Entscheidungen in eigener Sache handelt (→ § 5 Rn. 158).

▶ **Beispiel:** Der Bundestag berät in erster Lesung über die Erhöhung der Diäten am 15. Juni. Eine Woche später erfolgt die endgültige Verabschiedung der Erhöhung. Problematisch hierbei ist, dass der Willensbildungsprozess des Bundestags in dieser Kürze für den Bürger kaum noch durchschaubar ist. Die Kontrolle durch die Öffentlichkeit ist jedoch bei solchen Entscheidungen in eigener Sache einzig wirksames Kontrollmittel. ◀

17 Für Gesetzesvorlagen gilt der Grundsatz der **Diskontinuität** (→ § 5 Rn. 19). So gelten nach der Regelung des § 125 S. 1 GOBT alle Gesetzesvorlagen am Ende der Wahlperiode als erledigt. Das Verfahren im Bundestag endet also für solche Vorlagen, über die nicht bereits beschlossen wurde.

18 Im Hinblick auf die Gesetzesbeschlüsse des Bundestags ist umstritten, welche Folgen **Verletzungen von Vorschriften der Geschäftsordnung** des Bundestags haben (→ § 11 Rn. 129). Mit dem Bundesverfassungsgericht ist anzunehmen, dass die Nichtigkeit eines Gesetzes wegen des Verstoßes gegen die Geschäftsordnung jedenfalls dann vorliegt, wenn eine evidente Verfassungsverletzung vorliegt.[39] Richtigerweise kann nicht jegliche Verletzung der Geschäftsordnung die Verfassungswidrigkeit eines entstandenen Gesetzes zur Folge haben. Dafür spricht, dass das Grundgesetz eben nicht explizit das Verfahren im Bundestag determiniert. Jedoch ist ein Verfahren gefordert, bei dem alle Kräfte im Parlament in geeignetem Maße die Möglichkeit der Beteiligung an der Willensbildung haben. Nur auf diese Weise können alle gesellschaftlich relevanten Alternativen erörtert sowie die verfügbaren Informationen ausgewertet werden.[40] Ein Verfassungsverstoß liegt demnach etwa dann vor, wenn die Rechte mehrerer Abgeord-

38 *J. Masing*, in: v. Mangoldt/Klein/Starck, GG, Bd. 2, 6. Aufl. 2010, Art. 77 Rn. 38.
39 BVerfGE 34, 9, 25.
40 *T. Schwerin*, Der Deutsche Bundestag als Geschäftsordnungsgeber, 1998, S. 223.

neter verletzt wurden, etwa weil sie an der Abstimmung gehindert wurden.[41] In einem solchen Fall liegt im Hinblick auf das Demokratieprinzip und die Abgeordnetenrechte zugleich ein Verfassungsverstoß vor.

▶ **ZU FALL 15:** Es waren nur 223 Abgeordnete bei der Schlussabstimmung vor Ort. Der Bundestag ist gem. § 45 Abs. 1 GOBT beschlussfähig, wenn mehr als die Hälfte seiner Mitglieder anwesend sind. Er besteht im Fall aus 598 Mitgliedern, war also zum Zeitpunkt der Schlussabstimmung nicht beschlussfähig. Aus §§ 45 Abs. 2, 3 GOBT folgt jedoch, dass der Bundestag so lange als beschlussfähig gilt, bis eine Feststellung über die Beschlussunfähigkeit erfolgt ist. Unabhängig von der Beschlussfähigkeit stellt sich jedoch die Frage, ob der Beschluss des Bundestags durch die erforderliche Mehrheit erfolgte. Schließlich überstieg die Summe der Enthaltungen und ablehnenden Stimmen die Anzahl der Stimmen der Befürworter. Ein Gesetzesbeschluss unterfällt Art. 42 Abs. 2 S. 1 GG, der lediglich die Mehrheit der abgegebenen Stimmen voraussetzt, nicht der Mitglieder des Bundestags. Nach allgemeiner Auffassung bleiben bei dieser Abstimmungsmehrheit Enthaltungen bei der Berechnung außer Betracht,[42] so dass vorliegend der Gesetzesbeschluss des Bundestags mit 108 zu 103 Stimmen, also mehrheitlich erging.

Bei der Schlussabstimmung warf Abgeordneter X insgesamt zehn Abstimmungskarten, davon neun von anderen Abgeordneten in die Wahlurne. Schon aus § 48 GOBT geht hervor, dass eine Abstimmung grundsätzlich nur vor Ort und höchstpersönlich zu erfolgen hat. An die namentliche Abstimmung nach § 52 GOBT als Sonderfall können folglich nicht geringere Anforderungen gestellt werden. Eine Teilnahme an Abstimmungen ist zudem auch verfassungsrechtlich betrachtet durch die – höchstpersönlichen – Abgeordnetenrechte gedeckt. Die neun Stimmkarten sind demnach ungültig, ein Verstoß gegen die Geschäftsordnung liegt also vor. Dies hätte jedoch nicht notwendig eine Nichtigkeit des Gesetzes zur Folge. Etwas anderes gilt nur dann, wenn eine evidente Verfassungsverletzung vorliegt. Zieht man die neun ungültigen Stimmen ab, so stimmten insgesamt nur 99 Abgeordnete für das Gesetzesvorhaben. Das Mehrheitsverhältnis wird dadurch umgedreht, eine mehrheitliche Entscheidung bestünde zuungunsten des Gesetzes. Gegen den Fortbestand des Gesetzes spricht das Mehrheitsprinzip des Art. 42 Abs. 2 GG als zwingender Verfassungsgrundsatz, eine evidente Verfassungsverletzung liegt folglich vor. Das Gesetz ist demnach nichtig. ◀

### 3. Die Mitwirkung des Bundesrates

#### a) Einspruchs- und Zustimmungsgesetze

19 Nach dem Beschluss durch den Bundestag leitet der Bundestagspräsident das Gesetzesvorhaben weiter an den Bundesrat. Hierbei handelt es sich um eine Form politischer Gewaltenteilung. Die Mitglieder des Bundesrats streiten als Ländervertreter für regionale Interessen und heben sich dadurch oftmals von der Mehrheit des Bundestages ab. Dies geschieht ebenfalls durch ihre Rolle als Vertreter ihrer politischen Parteien. Dabei spielen auch Faktoren wie spezifische Länderinteressen oder die detaillierte Verwaltungserfahrung der Länder bei der Ausführung der Gesetze eine wichtige Rolle (→

41 Vgl. *T. Schwerin*, Der Deutsche Bundestag als Geschäftsordnungsgeber, 1998, S. 225, der exemplarisch auf einen Verstoß des Minderheitenrechts nach § 70 Abs. 1 S. 2 GOBT, des sog. „Hearings“, verweist.

42 *N. Achterberg/M. Schulte*, in: v. Mangoldt/Klein/Starck, GG, Bd. 2, 6. Aufl. 2010, Art. 42 Rn. 38; *H. H. Klein*, in: Maunz/Dürig, GG, 70. Lfg., Art. 42 Rn. 84; *S. Magiera*, in: Sachs, GG, 6. Aufl. 2011, Art. 42 Rn. 10; *M. Morlok*, in: Dreier, GG, Bd. 2, 2. Aufl. 2006, Art. 42 Rn. 34; *W. Heun*, Das Mehrheitsprinzip in der Demokratie, 1983, S. 107; anders aber *L.-A. Versteyl*, in: v. Münch/Kunig, GG, Bd. 1, 6. Aufl. 2012, Art. 42 Rn. 21.

§ 13 Rn. 2 f.). Dabei handelt es sich nicht um illegitime Interessen; schließlich ist es auch Aufgabe des Bundesrates, als Verfassungsorgan an der Willensbildung mitzuwirken. Nichtsdestotrotz kann in diesem Zusammenhang nicht von einer Gleichrangigkeit von Bundestag und Bundesrat im Verfahren der Gesetzgebung gesprochen werden.[43]

Das weitere Verfahren der Mitwirkung des Bundesrates hängt davon ab, ob es sich bei dem angestrebten Gesetzesvorhaben um ein Einspruchs- oder Zustimmungsgesetz handelt. Art. 78 GG fasst das unproblematische Zustandekommen von Gesetzen zusammen. 20

**Einspruchsgesetze** sind solche, bei denen die Zustimmung des Bundesrates für das Zustandekommen des Gesetzes nicht notwendig ist. Der Bundesrat kann vielmehr im Verfahren der Art. 77 Abs. 2, 3, 4 GG lediglich Einspruch einlegen, der jedoch durch den Bundestag überwunden werden kann.

Bei **Zustimmungsgesetzen** ordnet das Grundgesetz die Zustimmung des Bundesrates ausdrücklich an, so etwa bei Art. 84 Abs. 1 S. 6 GG. Das Gesetz kann ohne die Zustimmung nicht zustande kommen, sie wirkt also konstitutiv.

### b) Das Verfahren bei Einspruchsgesetzen

Sofern der Bundesrat dem Gesetz nicht zustimmt, kann er nach Art. 77 Abs. 2 S. 1 GG die Einberufung des Vermittlungsausschusses verlangen. Der **Vermittlungsausschuss** ist ein Gremium, welches sich aus Mitgliedern des Bundestages und Bundesrates zusammensetzt. Das Nähere regelt eine entsprechende Geschäftsordnung (GO VermAussch), die vom Bundestag mit Zustimmung des Bundesrates zu verabschieden ist. In Zweifel gezogen wird, ob es sich bei dem Vermittlungsausschuss um ein Verfassungsorgan oder um ein Unterorgan von Bundesrat und Bundestag handelt, konkret im Hinblick auf eine Aktivlegitimation des Ausschusses in einem etwaigen verfassungsgerichtlichen Verfahren.[44] In der Praxis hat diese Frage bislang jedoch keine große Rolle gespielt. Ihm kommt jedenfalls kein eigenes Initiativrecht zu.[45] 21

Nach Einbringung des Einspruchsgesetzes wird in dem Vermittlungsausschuss über einen Kompromiss beraten. Sofern als Ergebnis ein Änderungsvorschlag ausgearbeitet wurde, hat der Bundestag darüber erneut Beschluss zu fassen, Art. 77 Abs. 2 S. 5 GG. Das weitere Verfahren regelt Art. 77 Abs. 3 GG. Der Bundesrat kann danach fristgebunden Einspruch einlegen. Sollte sich der Vermittlungsausschuss in der Beratung hingegen nicht auf einen Änderungsvorschlag geeinigt haben, so endet das Vermittlungsverfahren. Auch hier richtet sich das weitere Verfahren mit der Möglichkeit des Einspruchs nach Art. 77 Abs. 3 GG. 22

Falls der Bundesrat einen solchen Einspruch nicht erhebt, ist das Gesetz zustande gekommen. Wird der Einspruch erhoben, so kann er durch den Bundestag mit qualifizierter Mehrheit des Art. 77 Abs. 4 GG zurückgewiesen werden. Wird dieses Quorum nicht erreicht, scheitert auch ein Einspruchsgesetz.

---

43 Vgl. *B.-O. Bryde*, Stationen, Entscheidungen und Beteiligte im Gesetzgebungsverfahren, in: Schneider/Zeh, Handbuch Parlamentsrecht und Parlamentspraxis, 1989, § 30 Rn. 5 ff.

44 Nachweise bei *C. Möllers*, Jura 2010, 401, 402.

45 BVerfGE 101, 297, 306 ff.; E 120, 56 ff.

### c) Das Verfahren bei Zustimmungsgesetzen

23 Das Zustandekommen von Zustimmungsgesetzen hängt von der Billigung durch den Bundesrat ab. Seine Zustimmung kann er grundsätzlich verweigern, so dass das Gesetz in einem solchen Fall gescheitert ist. Die Anrufung des Vermittlungsausschusses ist lediglich fakultativ. Dies folgt im Umkehrschluss aus Art. 77 Abs. 3 GG, wonach Einsprüche für das Vermittlungsverfahren als Vorstufe obligatorisch sind.[46] Im Falle der Verweigerung durch den Bundesrat können Bundesregierung oder Bundestag allerdings die Anrufung des Vermittlungsausschusses verlangen, Art. 77 Abs. 2 S. 4 GG. Dieser hat wie bei den Einspruchsgesetzen wiederum zwei Möglichkeiten. Zum einen kann er einen Änderungsvorschlag ausarbeiten, der anschließend zur Abstimmung in den Bundestag gelangt. Zum anderen ist es möglich, dass kein Änderungsvorschlag zustande kommt. Nach Abschluss dieses Vermittlungsverfahrens gelangt das Gesetz erneut zum Bundesrat. In einer letzten Abstimmung muss er entscheiden, ob er nun seine Zustimmung erteilt oder verweigert. Das Gesetz kommt nur bei einer Zustimmung zustande.

### 4. Ausfertigung und Verkündung

24 Nachdem das Verfahren der Mitwirkung des Bundesrates abgeschlossen ist, ist das Gesetz zustande gekommen, s. Art. 78 GG. Da es im Laufe des Gesetzgebungsverfahrens womöglich zahlreichen Änderungen unterworfen war, ist die Herstellung und Festschreibung des amtlichen Textes in Gestalt einer verbindlichen Urkunde notwendig. Nachdem der Bundesregierung dafür zunächst der Gesetzesentwurf zugeleitet wird, erfolgt nach der Herstellung der amtlichen Textfassung des Gesetzes die Gegenzeichnung i.S.d. Art. 58 S. 1 GG (→ § 14 Rn. 22) durch den Bundeskanzler und den, gegebenenfalls die, zuständigen Bundesminister (§ 29 GOBReg), vgl. Art. 82 Abs. 1 S. 1 GG. Im Anschluss wird die Gesetzesurkunde dem Bundespräsidenten zugeleitet. Im Rahmen der Gegenzeichnung muss sich die Bundesregierung auch mit der Verfassungsmäßigkeit eines Gesetzes befassen.[47]Bezüglich der Frage, ob den Mitgliedern der Bundesregierung dabei ein formelles oder materielles Prüfungsrecht zukommt, kann weitestgehend auf die Diskussion beim Bundespräsidenten verwiesen werden (→ § 14 Rn. 25 ff.).[48]

Der Bundespräsident nimmt die Ausfertigung des Gesetzes vor, Art. 82 GG. Dabei bescheinigt er mit seiner Unterzeichnung, dass der Gesetzestext mit dem Willen des Gesetzgebers übereinstimmt und dass das Gesetzgebungsverfahren seinen ordnungsgemäßen Abschluss gefunden hat. Nach der Ausfertigung ordnet er die Verkündung im Bundesgesetzblatt an, was wiederum durch die Bundesregierung vollzogen wird. Die Verkündung ist der notwendige letzte Schritt der Gesetzgebung mit Publizitätsmoment: Was der Bürger nicht wissen kann, daran kann er sich nicht halten (→ § 7 Rn. 38 ff.).

25 Dem Bundespräsidenten kommen also im Gesetzgebungsverfahren drei wesentliche Funktionen zu. Er nimmt eine Textprüfung im Hinblick auf die Authentizität des Gesetzesentwurfs vor. Zumindest in formeller Hinsicht prüft er darüber hinaus dessen

46 *F. Ossenbühl*, Verfahren der Gesetzgebung, in: HStR, Bd. V, 3. Aufl. 2007, § 102 Rn. 52.
47 *S. U. Pieper*, Die Ausfertigung der Gesetze, in: Kluth/Krings, Gesetzgebung, 2014, § 20 Rn. 23.
48 Zum Prüfungsrecht der Bundesregierung vgl. *H. Bauer*, in: Dreier, GG, Bd. 2, 2. Aufl. 2006, Art. 82 Rn. 15 Fn. 80 m.w.N.

Verfassungsmäßigkeit. Schließlich ordnet er die Publikation an und schafft somit die Grundlage für das Inkrafttreten des Gesetzes.

Der Zeitpunkt des Inkrafttretens des Gesetzes liegt regelmäßig hinter der Verkündung. Diese Festlegung pro futuro soll das Gesetz nach Art. 82 Abs. 2 S. 1 GG selbst treffen. Bei mangelnder Angabe im textlichen Befund gilt Art. 82 Abs. 2 S. 2 GG.

## III. Verfassungsändernde Gesetze

### 1. Verfassungsänderung als einer von drei Wegen der Verfassungsrevision

Änderungsvorhaben an der Verfassung stehen in einem besonderen Spannungsfeld 26 zwischen Beständigkeitsanspruch jeder Verfassung und dem Bedürfnis nach Wandel. Zum einen erstrebte der Verfassunggeber mit seinem ursprünglichen textlichen Befund Stabilität. Änderungen sah er nur in dem durch das Grundgesetz vorgesehenen besonderen Verfahren vor. Im Hinblick auf die Ewigkeitsklausel des Art. 79 Abs. 3 GG traf er sogar eine unveränderliche Grundentscheidung. Zum anderen jedoch muss eine Verfassung an die jeweilige politische und gesellschaftliche Situation angepasst werden können. Ein allzu starres Verfassungsrevisionsrecht lähmt andernfalls nötige Reformen und die weitere verfassungsrechtliche Ausgestaltung. Das Grundgesetz muss daher auch wandlungsoffen sein. Es darf nicht zu einer „Herrschaft der Toten über die Lebenden“[49] kommen. Wäre Art. 79 GG der einzige Weg der Verfassungsrevision, würde er die Volkssouveränität in einem Maße einschränken, die nicht zu legitimieren wäre: Warum soll die aus Art. 79 Abs. 2 GG folgende Sperrminorität dauerhaft Verfassungsänderungen blockieren können, die mehrheitlich gewünscht werden? Warum soll die Mitwirkung der Länder an der Gesetzgebung des Bundes nach Art. 79 Abs. 3 GG unter keinen Umständen zur Disposition stehen? Diese Fragen lassen sich auflösen, wenn wir die Verfassungsänderung nach Art. 79 GG nicht als das konstitutionelle Maß aller Dinge begreifen, sondern als eine von drei Optionen der Verfassungsrevision. Von praktisch kaum zu unterschätzender Bedeutung ist das Phänomen des **Verfassungswandels** (→ § 3 Rn. 29). Andererseits hat das Bundesverfassungsgericht in der Frage der Europäischen Integration, in der die Grenzen des Art. 79 Abs. 3 GG zunehmend praktische Bedeutung entfaltet (→ § 10 Rn. 14 ff.), auf die Option der **Verfassungsablösung** nach Art. 146 GG verwiesen (→ § 4 Rn. 21 ff.).

### 2. Pouvoir constituant und pouvoir constitué

Der Bestand des Verfassungstextes kann durch zwei Subjekte in Frage gestellt werden. 27 Der Begriff **pouvoir constituant** bezeichnet die verfassunggebende Gewalt, also den originären Verfassunggeber.[50] Sie kommt – unter der Geltung der Volkssouveränität (→ § 5 Rn 13 ff.) – dem Volke zu. Sie ist revolutionärer Natur. Ihre Akteure handeln nicht auf der Grundlage einer zu revidierenden Verfassung, sondern sie folgen einer Selbstermächtigung zu deren Überwindung in der Hoffnung, die Grundlage einer neuen Verfassung schaffen zu können. Scheitern sie, sind sie Verfassungsfeinde der fortbestehenden Verfassung. Haben sie Erfolg, gehören sie als Helden aus der Perspektive der dann geltenden Verfassung zu deren gern überhöhtem Gründungsmythos. Die Ver-

49 *H. Dreier*, JZ 1994, 741 ff.

50 Die Begriffe „pouvoir constituant“ und „pouvoir constitué“ prägte *E. Sieyès*, Qu'est-ce que le tiers état?, 1789.

fassunggebung lässt sich deshalb nicht regeln – jedenfalls nicht in der zu überwindenden Verfassung.

Dieser Befund hat seit jeher die Interpretation des Art. 146 GG erschwert. In seiner ursprünglichen Gestalt von 1949 war Art. 146 GG a.F. der Verweis auf die Option der Verfassunggebung nach der Überwindung der Teilung Deutschlands. Insoweit war dieser Artikel Ausdruck der Selbstbescheidung des Parlamentarischen Rates, nämlich lediglich zunächst nur die Übergangsverfassung für einen Teil des geteilten Deutschlands zu schaffen und damit – selbstverständlich – nicht den pouvoir constituant zu determinieren.

28 Bei dem verfassungsändernden Gesetzgeber handelt es sich um einen Teil der **pouvoirs constitués**, also der durch das Grundgesetz erst so verfassten oder konstituierten Gewalten. Die Organe der Gesetzgebung agieren nicht revolutionär, sondern auf der Grundlage ihrer verfassungsrechtlichen Legitimation, im Rahmen ihrer Kompetenzen und nach dem verfassungsrechtlich geregelten Verfahren. Um Art. 79 GG mit seinen Besonderheiten zu verstehen, sollten wir uns vergegenwärtigen, dass *Sieyès*, auf den die Unterscheidung zwischen verfassenden und verfassten Gewalten zurückgeht, es für schlechthin ausgeschlossen hielt, letztere mit der Änderung der Verfassung zu betrauen. Seine Überlegung war: Wie soll der Gesetzgeber an die Verfassung wirksam gebunden werden, wenn er sie selbst ändern kann? Das Grundgesetz gibt darauf eine plausible Antwort: Hat die Verfassung die Aufgabe, staatliche Macht zu beschränken und auch den Gesetzgeber zu binden, dann ist die Verfassungsänderung durch den Gesetzgeber aus guten Gründen sowohl durch qualifizierte Mehrheitserfordernisse (Art. 79 Abs. 2 GG) als auch inhaltlich (Art. 79 Abs. 3 GG) beschränkt.

Nach hier vertretener Auffassung[51] ist Art. 146 GG n.F. – im Gegensatz zu Art. 146 GG a.F. – nicht mehr als bloß deklaratorischer Verweis auf den pouvoir constituant zu verstehen, sondern als verfasste Gewalt, die dennoch nicht den Regeln des Art. 79 Abs. 2 GG und Art. 79 Abs. 3 GG folgt, sondern ein auf ganz andere Weise erschwertes Verfahren impliziert. Um das Grundgesetz total zu revidieren, muss grundsätzlich[52] eine verfassungsablösende Versammlung einberufen und gewählt und über deren Entwurf in einem Referendum abgestimmt werden.

### 3. Verfassungsänderung und Verfassungswandel

29 Während verfassungsändernde Gesetze den Verfassungstext ändern, versteht man unter einem Verfassungswandel **Sinnänderungen ohne Textänderung** (→ § 3 Rn. 29).[53] Anders ausgedrückt, handelt es sich beim Verfassungswandel um den auf neuer Interpretation beruhenden Bedeutungswandel von Verfassungsnormen ohne eine Änderung des Verfassungstextes.[54] Begreifen wir Art. 79 Abs. 1 und Abs. 2 GG als spezifisch den Gesetzgeber bindende Vorschriften, dann ergeben sich aus ihnen keine Argumente gegen die Legitimität eines Verfassungswandels. Dies folgt schon aus der **Offenheit der Verfassung** (→ § 3 Rn. 25 ff.). Verfassungsrecht dient vielmehr der „Erhaltung der

51 *L. Michael*, in: Dolzer/Vogel/Graßhof, BK-GG, 163. Lfg., Art. 146 Rn. 478 ff.

52 Zu der Ausnahme einer Volksabstimmung über ein EU-Integrationsgesetz, das den Rahmen des Art. 79 Abs. 3 GG sprengt (→ § 10 Rn. 32); zu den Verfahrensvarianten im Einzelnen *L. Michael*, in: Dolzer/Vogel/Graßhof, BK-GG, 163. Lfg., Art. 146 Rn. 720 ff., 754 ff.

53 Grundlegend *G. Jellinek*, Verfassungsänderung und Verfassungswandlung, 1906; *B.-O. Bryde*, Verfassungsentwicklung, 1982; *L. Michael/M. Morlok*, Grundrechte, 4. Aufl. 2014, Rn. 32.

54 Statt vieler *H. Dreier*, in: Dreier, GG, Bd. 2, 2. Aufl. 2006, Art. 79 Abs. 1 Rn. 38 m.w.N.

Kontinuität im geschichtlichen Wandel".[55]Anerkannt ist jedenfalls, dass – insbesondere zur Gewährleistung eines effektiven Grundrechtsschutzes – dem **Bundesverfassungsgericht** letztverbindliche Interpretationsmacht bei der Anerkennung eines Verfassungswandels zukommt.[56]

## 4. Verfahren der Grundgesetzänderung

▶ **FALL 16:** Im Herbst stehen Bundestagswahlen bevor. Die X-Partei und die Y-Partei befinden sich in einer Koalition, die die Mehrheit im Deutschen Bundestag bildet. Die Z-Partei befindet sich in der Opposition. Die deutsche Wirtschaft erleidet durch eine Finanzkrise, die maßgeblich auf weltweit kreditfinanzierten Massenspekulationen beruht, einen Konjunktureinbruch und einen Crash an der Börse. In nur wenigen Monaten erhöht sich die Arbeitslosenzahl um mehr als anderthalb Millionen. Als sich im Frühjahr zusätzlich noch eine außenpolitische Krise zwischen einigen Mitgliedstaaten der NATO und der Bundesrepublik anbahnt, erklären sich führende Politiker der Regierungsparteien außerstande, einen Wahlkampf zu führen. Unaufschiebbar sei zunächst, die wirtschaftlich-politische Krise zu bewältigen, und nicht, sich in Parteistreitereien zu verlieren. Aus diesem Grunde sollen die Bundestagswahlen um ein Jahr nach hinten verschoben werden. Da diesem Vorschlag auch einige Politiker der Z-Partei zustimmen, kommt hierfür sogar eine Zweidrittelmehrheit in Bundestag und Bundesrat zustande. Mit dieser Mehrheit beschließen beide Organe ein Gesetz, welches das Grundgesetz entsprechend ändert. Ist das Verschiebungsgesetz verfassungswidrig? ◀

Art. 79 GG beschreibt das Verfahren der Grundgesetzänderung. **Art. 79 Abs. 1 GG** stellt klar, dass das Grundgesetz nur durch ein (formelles) Gesetz geändert werden kann, welches den Wortlaut des Grundgesetzes ausdrücklich ändert oder ergänzt. Dabei handelt es sich um den sog. **Grundsatz der Urkundlichkeit und Einsichtbarkeit** einer jeden Verfassungsänderung.[57] Rechtsnormen von Verfassungsrang außerhalb des textlichen Befundes des Grundgesetzes sollen so vermieden werden.[58] 30

Ein verfassungsänderndes Gesetz bedarf der Zustimmung von jeweils zwei Dritteln der Mitglieder des Bundestages und der Stimmen des Bundesrates, **Art. 79 Abs. 2 GG.** Es handelt sich hierbei um eine **qualifizierte Mehrheit**, die gewährleisten soll, dass die Änderung von einer breiten Zustimmung der politischen Kräfte getragen wird.[59] Eine Änderung dieses Quorums selbst durch Verfassungsänderung ist prinzipiell möglich.[60] Dies sollte aber nicht dazu führen, dass Art. 79 Abs. 2 GG seinen qualifizierten Charakter verliert, nicht zuletzt aufgrund des restriktiv zu handhabenden Instruments der Verfassungsänderung. Im Übrigen entspricht das Verfahren der Verfassungsänderung durch Gesetz dem allgemeinen Gesetzgebungsverfahren. Das bedeutet, dass ein verfassungsänderndes Gesetz ebenso eingebracht, im Bundestag beschlossen, unter Mitwirkung des Bundesrates zustande kommen und schließlich ausgefertigt und verkündet werden muss, wie jedes andere Gesetz auch.

55 *K. Hesse*, Grundzüge des Verfassungsrechts, 20. Aufl. 1999, Rn. 701.
56 *H. Dreier*, in: Dreier, GG, Bd. 2, 2. Aufl. 2006, Art. 79 Abs. 1 Rn. 40.
57 BVerfGE 9, 334, 336.
58 Zum Problem der „Verfassungsdurchbrechung" zur Weimarer Zeit s. *U. Hufeld*, Die Verfassungsdurchbrechung, 1997, S. 32 ff.
59 *P. Badura*, Staatsrecht, 5. Aufl. 2012, F Rn. 62; *H. Dreier*, in: Dreier, GG, Bd. 2, 2. Aufl. 2006, Art. 79 Abs. 2 Rn. 15 f.
60 Nachweise bei *H. Dreier*, in: Dreier, GG, Bd. 2, 2. Aufl. 2006, Art. 79 Abs. 2 Rn. 23.

▶ **Beispiel:** Durch verfassungsänderndes Gesetz wird Art. 79 Abs. 2 GG dahin gehend geändert, dass künftig schon die einfache Mehrheit der abgegebenen Stimmen für eine Verfassungsänderung ausreicht. Dies stößt unter zwei Gesichtspunkten auf verfassungsrechtliche Bedenken. Zunächst liegt auf der Hand, dass solch ein Quorum eines einfachen Parlamentsbeschlusses i.S.d. Art. 42 Abs. 2 S. 1 GG die geforderte Restriktivität von Verfassungsänderungen faktisch nivelliert. Zudem erscheint bedenklich, dass schon die bloße Anwesenheitsmehrheit – da abgegebene Stimmen zählen und nicht die Mehrheit der Mitgliederzahl wie etwa bei der Kanzlermehrheit in Art. 63 Abs. 2 GG – für einen wirksamen verfassungsändernden Gesetzesbeschluss ausreicht. ◀

31 Art. 79 Abs. 3 GG wird gerne als **„Ewigkeitsklausel"** bezeichnet. Das ist problematisch vor dem Hintergrund eines säkularen Verfassungsstaates, der auf der Volkssouveränität beruht. Es ist bemerkenswert, dass die anfänglich überwiegenden Zweifel gegen die Legitimität und Sinnhaftigkeit dieser Vorschrift immer weiter zugunsten einer Sakralisierung des Grundgesetzes verdrängt und Art. 79 Abs. 3 GG überhöht und schließlich als Selbstverständlichkeit verinnerlicht wurde. Richtigerweise handelt es sich um eine Grenze, die nur legitim ist, soweit sie durch eine nicht nur theoretisch bestehende Option nach Art. 146 GG relativiert werden kann. Sie gilt absolut nur im Rahmen des Verfahrens nach Art. 79 Abs. 2 GG (gegebenenfalls i.V.m. Art. 23 Abs. 1 S. 3 GG). Um den Gesetzgeber zu beschränken, ist Art. 79 Abs. 3 GG plausibel. Geschützt werden dabei im Einzelnen die Gliederung des Bundes in Länder, die grundsätzliche Mitwirkung der Länder bei der Gesetzgebung und die Grundsätze der Art. 1 GG **und** (nicht bis!) Art. 20 GG. Die Gliederung des Bundes in Länder bietet den derzeit bestehenden Ländern keinen umfassenden Bestandsschutz, vielmehr ist damit die Gliederung in Länder schlechthin gemeint.[61]

▶ **Zu Fall 16:** Nach Art. 39 Abs. 1 S. 1 GG wird der Bundestag grundsätzlich auf vier Jahre gewählt. Die Ausnahme des Art. 115h GG für den Eintritt des Verteidigungsfalls ist nicht einschlägig. Gleiches gilt für das Vorliegen eines eventuellen Spannungsfalls i.S.d. Art. 80a GG, der überdies eine solche Rechtsfolge nicht vorsieht. Die Verfassungsmäßigkeit des Verschiebungsgesetzes hängt folglich von der Frage ab, ob das Grundgesetz dahin gehend wirksam geändert wurde. Die Voraussetzungen der Art. 79 Abs. 1, 2 GG liegen vor. Fraglich ist, ob das Gesetz gegen die sog. Ewigkeitsklausel des Art. 79 Abs. 3 GG verstößt. In Betracht kommt ein Verstoß gegen das in Art. 20 GG niedergelegte Demokratieprinzip. Genauer könnte der Grundsatz der Volkssouveränität verletzt sein. Dessen Gehalt gliedert sich in drei Dimensionen (→ § 5 Rn 13 ff.), von denen hier die zeitliche betroffen ist. Die Betätigung des Wählerwillens geschah in der Annahme, dass die abgegebene Stimme nur für den im Vorfeld begrenzten Zeitraum gelten soll. Diese Erwartung wird durch die Verlängerung der Wahl enttäuscht. Die Legitimation wurde nur für den vorgesehenen Zeitraum verliehen. Ausdruck des Demokratieprinzips ist es daher, dass die Selbstverlängerung einer laufenden Legislaturperiode durch die legitimierte Volksvertretung ausgeschlossen ist, da es insofern an der demokratischen Autorisation durch den Wählerwillen fehlt.[62] Eine Verlängerung der Wahlperiode durch verfassungsänderndes Gesetz ist daher nur in Bezug auf die kommende

---

61 BVerfGE 1, 14, 47 f.; E 5, 34, 38; *H. Dreier*, in: Dreier, GG, Bd. 2, 2. Aufl. 2006, Art. 79 Abs. 3 Rn. 21; *M. Herdegen*, in: Maunz/Dürig, GG, 70. Lfg., Art. 79 Rn. 95; eine parallele Gewährleistung offenbart Art. 28 Abs. 2 GG, der im Anwendungsbereich der kommunalen Selbstverwaltung den Gemeinden eine sog. (institutionelle) Rechtssubjektsgarantie zuspricht, dazu s. *M. Burgi*, Kommunalrecht, 4. Aufl. 2012, § 6 Rn. 22 ff. Auch hierbei wird den einzelnen Gemeinden der Schutz als Institution zugesprochen, nicht dagegen der Bestand der einzelnen Gemeinde.

62 *H. Dreier*, in: Dreier, GG, Bd. 2, 2. Aufl. 2006, Art. 20 Rn. 79; *K. Stern*, Staatsrecht I, 2. Aufl. 1984, S. 609; *H. Maurer*, JuS 1983, 45, 47.

Legislaturperiode denkbar. Daran ändert auch die wirtschaftlich-politische Krise nichts. Vielmehr ist es geradezu fruchtbar, wenn in Krisenzeiten die politische Opposition zusätzliche, alternative Vorschläge anbietet, um die Krise besser zu meistern. ◀

## IV. Gesetzgebungsnotstand: Art. 81 GG

Art. 81 GG beschreibt eine Vorschrift für den Fall einer **parlamentarischen Krise.** Erfasst ist die Situation, in der die Regierung sich nicht auf eine erwartbare Mehrheit im Parlament stützen kann. Dies liegt dann vor, wenn der Bundestag nicht gem. Art. 68 Abs. 1 GG durch den Bundespräsidenten aufgelöst wird und der Bundeskanzler sozusagen einer Minderheitsregierung vorsteht. Auch bedarf es einer Dringlichkeitserklärung durch die Bundesregierung. In der gesamten Situation kommt dem Bundespräsidenten ein politischer Ermessens- und Entscheidungsspielraum zu (vgl. Art. 63 Abs. 4 S. 3 GG, Art. 68 Abs. 1 GG). Dies ist eine der Situationen, in denen der Bundespräsident eine wichtige politische Rolle hat. 32

Der Gesetzgebungsnotstand ermächtigt den Bundesrat zusammen mit Bundesregierung und Bundespräsidenten, Gesetze ohne Mitwirkung des Bundestags zu beschließen. Der Gesetzgebungsnotstand nimmt dem Bundestag folglich seine reguläre Gesetzgebungskompetenz. Die auf diese Weise zustande gekommenen Gesetze sind gleichwohl wirksam. Nach Erklärung des Gesetzgebungsnotstands können Gesetze nach Maßgabe des Art. 81 Abs. 2 GG verabschiedet werden; ein Vermittlungsverfahren ist nicht vorgesehen. Das Verfahren wird begrenzt durch die Sperrfrist des Art. 81 Abs. 3 GG. Sachliche Beschränkungen trifft Art. 81 Abs. 4 GG, dies folgt jedoch freilich bereits aus der Garantie des Art. 79 Abs. 2 GG. 33

## V. Mitwirkung an der europäischen Rechtsetzung

### 1. Beteiligung des Bundestages: Art. 23 Abs. 3 GG

Erhebliche Teile der Rechtsetzung sind durch Unionsrecht präformiert.[63] Damit der Bundestag nicht in eine Nebenrolle verfällt, bedarf es deshalb des aktiven Schutzes seiner Wirkungsmöglichkeiten. Zu diesem Zweck sieht Art. 23 Abs. 3 GG vor, dass die Bundesregierung dem Bundestag die Gelegenheit zur Stellungnahme vor ihrer Mitwirkung an Rechtsetzungsakten der Europäischen Union gewähren muss. In den Verhandlungen hat die Bundesregierung diese Stellungnahmen zu berücksichtigen, ist jedoch nicht verpflichtet, ihnen zu folgen. Gleichwohl ist zu fordern, dass sie sich inhaltlich mit der Stellungnahme auseinandersetzt und im Falle der Nichtberücksichtigung dies dem Bundestag gegenüber begründet.[64] Unter den Rechtsetzungsakten der Europäischen Union sind vor allem Verordnungen und Richtlinien der Europäischen Union i.S.d. Art. 288 AEUV zu verstehen, sowie alle Beschlüsse des Rates, die einem Rechtsetzungsakt gleichkommen.[65] Eine Mitwirkungspflicht des Bundestags zur Wahrnehmung seiner Beteiligungsrechte existiert nicht.[66] Das nähere Verfahren zur Zusammenarbeit von Bundesregierung und Bundestag konkretisiert das EUZBBG (→ § 10 Rn. 36 f.). 34

63 Zum Anteil der auf europäischem Einfluss beruhenden deutschen Gesetzgebung s. *S. Hölscheidt/T. Hoppe*, ZParl 41 (2010), 543 ff.

64 *C. D.* Classen, in: v. Mangoldt/Klein/Starck, GG, Bd. 2, 6. Aufl. 2010, Art. 23 Rn. 81; *H. D. Jarass/B. Pieroth*, GG, 13. Aufl. 2014, Art. 23 Rn. 53; *I. Pernice*, in: Dreier, GG, Bd. 2, 2. Aufl. 2006, Art. 23 Rn. 104.

65 *R. Scholz*, in: Maunz/Dürig, GG, 70. Lfg, Art. 23 Rn. 147.

66 *I. Pernice*, in: Dreier, GG, Bd. 2, 2. Aufl. 2006, Art. 23 Rn. 104.

### 2. Umsetzungsgesetze

35 Gem. Art. 288 AEUV sind **Richtlinien** der Europäischen Union hinsichtlich des zu erreichenden Ziels für jeden Mitgliedstaat verbindlich. Eine Richtlinie wirkt grundsätzlich nicht unmittelbar, wie etwa Verordnungen, sondern bedarf der Transformation in nationales Recht durch den jeweiligen Mitgliedstaat.[67] Bei der Wahl der Form und Mittel der Umsetzung ist jeder Mitgliedstaat dagegen frei. Bei der Richtlinie handelt es sich folglich um ein Instrument kooperativ-zweistufiger Rechtsetzung.[68] Damit die Umsetzung, auch für andere Mitgliedstaaten, deutlich und erkennbar hervortritt, bedarf der Umsetzungsakt der Publizität, Klarheit und Bestimmtheit.[69] Diesen Anforderungen genügt das Gesetzgebungsverfahren. Einen Kompetenztypus für die Umsetzungsgesetzgebung gibt es nicht;[70] die Zuständigkeit richtet sich nach den allgemeinen Vorschriften der Art. 70 ff. GG (→ § 8 Rn. 21 ff.).[71]

## VI. Sonstige Rechtsetzung

36 Rechtsetzung vollzieht sich nicht notwendigerweise stets durch formelles Parlamentsgesetz. Oftmals ist es etwa aufgrund bestimmter Sachkenntnisse zweckmäßiger, die Befugnis zur Rechtsetzung auf andere Organe zu delegieren. Zudem kann der Gesetzgeber nicht alle Detailfragen umfassend regeln. Sonstige Rechtsetzung findet vornehmlich durch den Erlass von **Rechtsverordnungen und Satzungen** statt. Bei ihnen spricht man auch von sog. Gesetzen im materiellen Sinne (→ § 14 Rn. 40).

37 **Rechtsverordnungen** sind Rechtssätze, die aufgrund einer formell-gesetzlichen Grundlage von der Exekutive erlassen werden, um allgemeinverbindliche Wirkungen zu erzeugen.[72] Als eine der prominentesten Rechtsverordnungen wird etwa die StVO durch das Bundesministerium für Verkehr, also die Exekutive, erlassen. Dies geschieht aufgrund einer formell-gesetzlichen Grundlage in Gestalt des StVG (§ 6 Abs. 1 StVG). Auf kommunaler Ebene lassen sich **ordnungsbehördliche Verordnungen** hervorheben. Für das Land Nordrhein-Westfalen etwa finden solche ihre Grundlage in §§ 25 ff. OBG NW. Erlassen werden sie, um gefahrgeneigte Handlungen bzw. abstrakte Gefahren zu unterbinden.[73] Verfassungsrechtlich stellt Art. 80 GG bestimmte Voraussetzungen an den Erlass von Rechtsverordnungen (→ § 7 Rn. 57 ff.).

38 **Satzungen** sind die Rechtssätze, die im Selbstverwaltungsbereich den Gesetzen entsprechen. Ein solcher Bereich existiert etwa für die Gemeinden (Art. 28 Abs. 2 GG), für die Wissenschaft in den Universitäten (Art. 5 Abs. 3 GG), für Berufskammern (Rechtsanwälte, Ärzte, Handwerker) oder im Bereich der Sozialversicherung. Die Selbstverwaltung und damit die Kompetenz für den Erlass von Satzungen erstreckt und begrenzt sich auf den Bereich der eigenen Angelegenheiten. Die Satzungsautonomie entbindet allerdings nicht vom Vorbehalt des Gesetzes im Falle der Beeinträchtigung von Grundrechten.

---

67 Zur unmittelbaren Wirkung von Richtlinien *M. Ruffert*, in: Calliess/Ruffert, EUV/AEUV, 4. Aufl. 2011, Art. 288 AEUV Rn. 47 ff.

68 *M. Ruffert*, in: Calliess/Ruffert, EUV/AEUV, 4. Aufl. 2011, Art. 288 AEUV Rn. 23.

69 So EuGH 20.3.1997, Rs. C-96/95, Rn. 39.

70 *C. Haslach*, DÖV 2004, 12 ff.

71 *C. Degenhart*, Staatsorganisationsrecht, 28. Aufl., 2012, Rn. 269.

72 *F. Ossenbühl*, Verfahren der Gesetzgebung, in: HStR, Bd. V, 3. Aufl. 2007, § 102 Rn. 1.

73 *F. Schoch*, Jura 2005, 600 ff.

Satzungsgebungsverfahren sind – vergleichbar dem Gesetzgebungsverfahren – **Gemeinwohlverfahren**. Von daher sind an sie ähnliche Anforderungen zu stellen. Besonders im kommunalen Bereich ist dies in Gestalt des Verfahrensrechtes für die Gemeindevertreter ausgestaltet. Ebenfalls notwendig ist das Erfordernis der Publikation einer gemeindlichen Satzung, etwa durch Bekanntmachung durch Aushängen in der Gemeinde.

Schließlich ist fraglich, ob der Erlass von **Verwaltungsvorschriften** auch dem Bereich der sonstigen Rechtsetzung zuzuordnen ist. Verwaltungsvorschriften sind Binnenregelungen der Verwaltung, die unmittelbar nur im internen Bereich der Verwaltung gelten.[74] Sie sind ein wichtiges Instrument der Verwaltungsführung, da sie zur Vereinheitlichung der Verwaltungstätigkeit, etwa im Ermessensbereich, beitragen. Auch im Hinblick auf die Auslegung unbestimmter Rechtsbegriffe und zur inhaltlichen Ausrichtung der Verwaltung auf die politischen Ziele der Verwaltungsführung sind sie nützlich. 39

Außenwirkung erlangen sie über Art. 3 Abs. 1 GG, indem die Verwaltung über den allgemeinen Leitsatz verpflichtet ist, die Bürger gleich zu behandeln. Wenn Verwaltungsvorschriften bestehen, bedeutet dies praktisch, dass alle Bürger gleichermaßen so zu behandeln sind, wie es in den Verwaltungsvorschriften vorgesehen ist. Gleichwohl ist damit der Unterschied zwischen Gesetz und Verwaltungsvorschrift nicht durchbrochen. Das Gesetz bindet immer – von der Verwaltungsvorschrift, deren Anwendung nur durch Art. 3 Abs. 1 GG geboten ist, kann die Verwaltung bei Vorliegen guter Gründe abweichen. Art. 3 Abs. 1 GG wirkt demnach nur als Willkürverbot. Publizität ist bei Verwaltungsvorschriften geboten, sofern diese eine ähnliche Rolle spielen wie üblicherweise Rechtsverordnungen. Sofern die Vorschriften nur behördenintern wirken, bedarf es keiner Veröffentlichung. Aufgrund der über Art. 3 Abs. 1 GG zu konstatierenden Außenwirkung faktischer Art ist zu verlangen, dass bei solchen Verwaltungsvorschriften eine Veröffentlichung stattfindet. Gleichwohl gilt Folgendes: Die Veröffentlichung ist hierbei nicht Wirksamkeitsvoraussetzung, sondern die Folge der faktischen Außenwirksamkeit und wegen dieser Außenwirksamkeit rechtsstaatlich geboten.

## Wiederholungs- und Verständnisfragen

> Weshalb stellt sich das Gesetzgebungsverfahren als Gemeinwohlverfahren dar?
> Aus welchen Gründen ist die Mitwirkung des Bundesrats bei der Gesetzgebung wünschenswert?
> Was sind Gründe für einen Verfassungswandel?

74 *F. Ossenbühl*, Autonome Rechtsetzung der Verwaltung, in: HStR, Bd. V, 3. Aufl. 2007, § 104 Rn. 4 ff.

# § 16 Die Exekutive

## I. Regierung und Verwaltung

1 Trotz ihrer Zugehörigkeit zur ausführenden Gewalt unterscheiden sich Regierung und Verwaltung in einigen wesentlichen Punkten. Die **Regierung** ist das **Zentralorgan der politischen Führung** (→ § 12 Rn. 1 ff.). Wenn im Alltag der Staat oder eine handelnde staatliche Einheit gemeint ist, so ist oft von „der Regierung“ die Rede: Damit ist der wichtige Kern getroffen: Sie ist es, die die politische Richtung vorgibt – und das trotz des Vorrangs des Parlaments. Ferner kann sie eine Mehrheit im Parlament für ihre Vorschläge erwarten. Dem folgend ist sie auch mit einem eigenen Initiativrecht in der Gesetzgebung (s. Art. 76 Abs. 1 GG) ausgestattet.

2 Die **Verwaltung** tritt in vielerlei Erscheinungsformen hervor. Im Mehrebenensystem ist Verwaltungstätigkeit auf jeder Ebene erforderlich. Dem Bürger tritt hauptsächlich die kommunale Verwaltung entgegen, die seine unmittelbaren Belange vor Ort betrifft – sei es für Meldeangelegenheiten, Ausweisdokumente oder andere Dienstleistungen. Traditionell unterscheidet man zwischen Eingriffs- und Leistungsverwaltung. Der Begriff **Eingriffsverwaltung** prägt den Bereich der Verwaltung, der die Rechtssphäre des Einzelnen beschränkt und damit in Grundrechte eingreift (Polizei, Ordnungsbehörden, Bauaufsichtsbehörden usw.). Dies darf die Verwaltung nur auf der Grundlage eines Gesetzes, sog. Vorbehalt des Gesetzes (→ § 7 Rn. 22).

3 Die **Leistungsverwaltung** hingegen zeichnet sich dadurch aus, dass sie nicht beschränkend in Erscheinung tritt, sondern vielmehr dem Betroffenen ein Spektrum an möglichen Leistungen darbietet.[1] Dies beschränkt sich nicht auf Geld- oder Sachleistungen (Bsp. Leistungen nach dem BAföG), sondern umfasst auch den Bereich der – auch kulturellen – Daseinsvorsorge.[2] Darunter versteht man etwa Leistungsangebote öffentlicher Einrichtungen wie Schwimmbäder oder Gemeindehallen, aber auch existenznotwendige Versorgungseinrichtungen wie der Betrieb von Schulen, Universitäten oder die Versorgung mit Wasser und Strom.[3] Angebote der Leistungsverwaltung können von einer Gegenleistung abhängig gemacht werden – etwa durch Beiträge oder Gebühren.[4] Darüber hinaus mag der Begriff der „Infrastruktur-Verwaltung“[5] bestimmte Arten der Verwaltungstätigkeit beschreiben: Bestellung, Unterhalt und eben „Verwaltung“ von Einrichtungen für eine Vielzahl von Bürgern – paradigmatisch Straßen – fallen hierunter.

▶ **Beispiel:** Die Tätigkeitsfelder der Verwaltung sind zahlreich. Es handelt sich um ein nahezu unüberschaubares Gebiet besonderer Verwaltungsvorschriften. Ein studentischer Alltag von morgens bis abends verdeutlicht die Mannigfaltigkeit an Vorschriften: Kaffeekochen, Duschen, Fahrt auf dem Fahrradweg zur Uni, Essen in der Mensa, Heimfahrt mit der Straßenbahn, abends Theaterbesuch. All diese Tätigkeiten besitzen Berührungspunkte zum besonderen Verwaltungsrecht, etwa zum Kommunalrecht, Polizei- und Ordnungsrecht, Straßenrecht, Hochschulrecht oder Lebensmittelrecht. ◀

1 *H. Maurer*, Allgemeines Verwaltungsrecht, 18. Aufl. 2011, § 1 Rn. 16; *S. Detterbeck*, Allgemeines Verwaltungsrecht, 12. Aufl. 2014, Rn. 10.
2 Zum Begriff der Daseinsvorsorge prägend *E. Forsthoff*, Verwaltungsrecht I, 10. Aufl. 1973, S. 370.
3 Zur Privatisierung öffentlicher Aufgaben im Rahmen des sog. „PPP – Public Private Partnership“ s. *J. Kühling/T. Schreiner*, ZJS 2011, 112 ff.
4 Zu den Begriffen s. *P. Kirchhof*, Nichtsteuerliche Abgaben, in: HStR, Bd. V, § 119 Rn. 26 ff., 62 ff.
5 *H. Faber*, Verwaltungsrecht, 4. Aufl. 1995, S. 35 f.

4 In **verwaltungsorganisatorischer Hinsicht** kann unterschieden werden zwischen mittelbarer und unmittelbarer Staatsverwaltung. **Unmittelbare Staatsverwaltung** findet durch staatliche Behörden statt, worunter jede Stelle zu verstehen ist, die Aufgaben der öffentlichen Verwaltung wahrnimmt (§ 1 Abs. 4 VwVfG). Bei der **mittelbaren Staatsverwaltung** werden die Verwaltungsaufgaben nicht durch eigene Behörden des Staates erledigt, sondern eine rechtlich selbstständige Organisation dazwischen geschaltet. Organisationsformen mittelbarer Staatsverwaltung sind Körperschaften, Anstalten und Stiftungen,[6] die zu den juristischen Personen des Öffentlichen Rechts zählen. Streng genommen, sind auch Gemeinden Teil der mittelbaren Staatsverwaltung – mit ihrem Recht zur Selbstverwaltung sind sie jedoch als herkömmlicher Teil der Verwaltung anzusehen (eigenständiger Verwaltungstypus). Relevant ist auch die Frage der **Trägerschaft.** Als Träger der Verwaltungstätigkeit kommen grundsätzlich Bund, Länder und Gemeinden infrage.

5 Als Teil der mittelbaren Staatsverwaltung zeichnen sich Gemeinden zudem durch den besonderen Organisationstypus der **kommunalen Selbstverwaltung** aus.[7] Dieses Recht sichert den Gemeinden nach Art. 28 Abs. 2 GG einen Bereich eigenverantwortlicher Aufgabenerledigung, der grundsätzlich alle Angelegenheiten der örtlichen Gemeinschaft umfasst.[8] Letztere sind solche, die in der örtlichen Gemeinschaft wurzeln oder auf sie einen spezifischen Bezug haben.[9] Sinn und Zweck ist es, die örtliche Gemeinschaft zu aktivieren, damit sie in eigener Verantwortung die öffentlichen Aufgaben in ihrem Gemeindegebiet erfüllen kann. So ist es ihr in besonderem Maße möglich, ihre heimatliche Eigenart zu erhalten und zu fördern.[10] Die Idee der Selbstverwaltung lässt sich überdies auch auf die Erledigung weiterer Verwaltungsaufgaben übertragen – man spricht insoweit von einer **funktionalen Selbstverwaltung.** Prominente Beispiele sind etwa die Wirtschaftskammern (z.B. IHK) oder die soziale Selbstverwaltung (z.B. Krankenkassen).

Die Selbstverwaltung als Prinzip (zum Begriff des Prinzips → § 3 Rn. 30 ff.) beruht auf dem Demokratieprinzip, die beide auf eine umfängliche Selbstherrschaft abzielen. Diese demokratische Prägung des Kommunalrechts spiegelt sich insbesondere in den Wahlvorschriften zu den Vertretungen wider – trotz der Tatsache, dass der Gemeinderat kein Parlament im eigentlichen Sinne darstellt.[11]

6 Insgesamt sind die Bereiche von Regierung und Verwaltung durch eine **funktionale Spezifizierung** voneinander geschieden – es handelt sich weniger um gebietliche Abgrenzungen als vielmehr um unterschiedliche Handlungstypen. Während die Verwaltung Routineentscheidungen trifft (anhand gesetzlicher Vorgaben und diese konkretisierender Verwaltungsvorschriften), ist der Entscheidungsmodus der Regierung innovativ und risikoreicher. Die Regierung beeinflusst die Regelsetzung und -initiative, die

6 Näher hierzu *W. Krebs*, Verwaltungsorganisation, in: HStR, Bd. V, § 108 Rn. 37 ff.; *H. Sodan/J. Ziekow*, Grundkurs Öffentliches Recht, 6. Aufl. 2014, § 60 Rn. 1 ff.

7 *M. Burgi*, Kommunalrecht, 4. Aufl. 2012, § 2 Rn. 7; *M. Nierhaus*, in: Sachs, GG, 6. Aufl. 2011, Art. 28 Rn. 34.

8 BVerfGE 26, 228, 237 f.; E 56, 298, 312; E 59, 216, 226; E 91, 228, 236; E 110, 370, 400; *S. Magen*, JuS 2006, 404, 405.

9 BVerfGE 8, 122, 134; E 50, 195, 201; E 52, 95, 120; E 79, 127, 151; *F. Schoch*, Jura 2001, 121, 128; *H.-J. Papier*, DVBl. 2003, 686, 688; *D. Ehlers*, DVBl. 2000, 1301, 1305.

10 BVerfGE 11, 266, 275 f.; *H. Maurer*, DVBl. 1995, 1037, 1040.

11 *T. I. Schmidt*, Kommunalrecht, 2011, Rn. 382; *M.-E. Geis*, Kommunalrecht, 3. Aufl. 2014, § 11 Rn. 11.

Verwaltung wendet sie hingegen an.[12] Zudem steht der politischen Neutralität der Verwaltung der forcierte, politische Charakter der Regierung gegenüber.

## II. Zugang zum und Ausgestaltung des öffentlichen Dienstes

7 Der **öffentliche Dienst** umfasst die Personengruppe, die unmittelbar in einem Dienstverhältnis zu einer öffentlich-rechtlichen Körperschaft, Anstalt oder Stiftung steht.[13] Verfassungsrechtlich determiniert wird der Begriff durch seine Verwendung in Art. 33 Abs. 4 GG. Besonders prägend ist die Figur des Beamten. § 3 Abs. 1 BeamtStG definiert das Beamtenverhältnis als ein Verhältnis, in dem Beamte zu ihrem Dienstherrn in einem öffentlich-rechtlichen Dienst- und Treueverhältnis stehen. Damit konkretisiert § 3 Abs. 1 BeamtStG den textlichen Befund des Art. 33 Abs. 4 GG. Bei Letzterem handelt es sich um den objektiv-rechtlich wirkenden **Funktionsvorbehalt** für Angehörige des öffentlichen Dienstes. Das bedeutet auch, dass bestimmte Stellen – aufgrund des speziellen Treueverhältnisses – nur mit Beamten, nicht mit Angestellten zu besetzen sind.

8 Die Konkretisierung des Gemeinwohls findet auch in Amtsverhältnissen statt: Amtswalter aller drei Gewalten haben im Zusammenwirken die Aufgabe, das Gemeinwohl zu konkretisieren: in generellen und individuellen, normativen und faktischen Entscheidungen gegenüber dem Bürger.[14] Sie sind dabei verpflichtet auf ein gemeinwohlorientiertes **Amtsethos**, das den Dienst am Ganzen in den Vordergrund rückt (→ § 5 Rn. 25).

Beschäftigte des öffentlichen Dienstes sind jedoch nicht ausschließlich Beamte. Weitere Berufsgruppen sind etwa Angestellte und Arbeiter, für die jeweils Tarifverträge gelten. Daneben existieren zahlreiche weitere Berufsgruppen, deren Zugehörigkeit zum öffentlichen Dienst durch Sondergesetze ausgestaltet werden: Berufssoldaten, Richter, Hochschullehrer oder etwa politische Beamte.

9 Der Zugang zum öffentlichen Dienst steht unter dem Regime des Leistungsprinzips und der ausschließlichen Maßgeblichkeit fachlicher Gesichtspunkte. Den verfassungsrechtlichen Anknüpfungspunkt bildet Art. 33 Abs. 2 GG, ein besonderer Gleichheitssatz.[15] Damit soll das öffentliche Interesse an einem leistungsfähigen und effizienten öffentlichen Dienst ebenso verfolgt werden wie der Schutz subjektiver Rechte der Bewerber und der Angehörigen des öffentlichen Dienstes (bei Entscheidungen über Beförderungen). Die Maßgeblichkeit des Leistungsprinzips aus Art. 33 Abs. 2 GG verdeutlicht, dass eine einfache **Frauenbevorzugungsklausel** mit der Verfassung nicht in Einklang steht. Aus diesem Grund konstatieren die Gleichstellungsgesetze der Länder ausdrücklich (Bsp. § 7 Abs. 1 LGG NW), dass Frauen nur „bei gleicher Eignung, Befähigung und fachlicher Leistung [...] bevorzugt zu berücksichtigen" sind.[16] Eine Anknüpfung an einen bestimmten Glauben oder eine Weltanschauung muss bei der Betrachtung ferner außen vor bleiben, Art. 33 Abs. 3 GG. Die Vergabe öffentlicher Ämter darf

---

12 Zur Eigenständigkeit der Verwaltung trotz ihrer „dienenden Funktion" s. *M. Schröder*, Die Bereiche der Regierung und der Verwaltung, in: HStR, Bd. V, 3. Aufl. 2007, § 106 Rn. 31; *H. Dreier*, Die Verwaltung 25 (1992), 137 ff.

13 *H. Lecheler*, Der öffentliche Dienst, in: HStR, Bd. V, 3. Aufl. 2007, § 110 Rn. 2; *U. Battis*, in: Sachs, GG, 6. Aufl. 2011, Art. 33 Rn. 50.

14 *R. Gröschner*, Die Republik, in: HStR, Bd. II, 3. Aufl. 2004, § 23 Rn. 55.

15 Näher hierzu *L. Michael/M. Morlok*, Grundrechte, 4. Aufl. 2014, Rn. 835 f.

16 Zum Zusammenhang mit Art. 3 Abs. 2 und 3 GG s. *W. Heun*, in: Dreier, GG, Bd. 1, 3. Aufl. 2013, Art. 3 Rn. 98 ff.; *U. Sacksofsky*, Das Grundrecht auf Gleichberechtigung, 1996.

ferner nicht nach politischen Gesichtspunkten erfolgen, sog. **Ämterpatronage** (→ § 5 Rn. 129).

Das Ausschreibungsverfahren ist öffentlich. Die Begründung des Beamtenstatus erfolgt durch Ernennung, § 8 BeamtStG. Als Kriterien der Ernennung formuliert § 9 BeamtStG – dem Leistungsprinzip folgend – die Eignung, Befähigung und fachliche Leistung des Bewerbers. Rechtsschutz eines unterlegenen Bewerbers lässt sich durch die sog. **Konkurrentenklage** erreichen. Dabei galt lange Zeit, dass aufgrund des **Grundsatzes der Ämterstabilität** die wirksame Ernennung des ausgewählten Bewerbers nicht zurückgenommen werden kann.[17] Das BVerwG hat diesen Grundsatz jedoch dahin gehend eingeschränkt, dass er der Aufhebung der Ernennung dann nicht entgegensteht, wenn der unterlegene Bewerber daran gehindert worden ist, die Rechtsschutzmöglichkeiten zur Durchsetzung seines Bewerbungsverfahrensanspruchs vor der Ernennung vollends auszuschöpfen.[18] 10

Näher ausgestaltet wird das Beamtenverhältnis durch Art. 33 Abs. 5 GG. Als institutionelle Garantie gewährleistet er den Beamten auch individuelle Rechte.[19] Unter den **hergebrachten Grundsätzen** versteht das Bundesverfassungsgericht den Kernbestand von Strukturprinzipien, die allgemein oder weit überwiegend und während eines längeren Zeitraums als verbindlich anerkannt und gewahrt worden sind.[20] Dazu zählen etwa der Grundsatz der Hauptberuflichkeit, das besondere Dienst- und Treueverhältnis mit entsprechender Fürsorgepflicht, der Leistungsgrundsatz, das Lebenszeitprinzip oder das Alimentationsprinzip.[21] Hervorheben lässt sich dabei das Dienst- und Treueverhältnis, welches das besondere „Näheverhältnis"[22] zwischen Beamten und Dienstherren widerspiegelt. Dabei spielt auch das Lebenszeitprinzip eine Rolle. Immerhin ist der Beamte auf Lebenszeit angestellt, weshalb eine besondere Treuebindung angezeigt ist. Ferner findet der Leistungsgrundsatz durch den bereits angesprochenen Art. 33 Abs. 2 GG seinen verfassungsrechtlichen Anknüpfungspunkt. Schließlich besagt das Alimentationsprinzip, dass der Dienstherr für einen angemessenen Lebensunterhalt des Beamten – auch im Krankheitsfalle – aufkommen muss. Das Recht des öffentlichen Dienstes ist ferner fortzuentwickeln, womit jedoch keine revolutionären Akte gemeint sind.[23] 11

Das Beschäftigungsverhältnis ist also dadurch gekennzeichnet, dass der Beamte und sein Dienstherr nicht in einem normalen Austauschverhältnis stehen wie sonst beim Dienstvertrag im Arbeitsverhältnis. Der Beamte – so die traditionelle Leitidee – arbeitet nicht, um dafür entlohnt zu werden; der Staat zahlt nicht das Gehalt als unmittelbare Gegenleistung für die Leistung des Beamten. Vielmehr findet eine **Generalisierung des Verhältnisses** statt. Der Beamte setzt sich uneingeschränkt mit seiner gesamten Arbeitskraft für seinen Dienstherrn ein, umgekehrt sorgt auch der Dienstherr in weitem Umfang im Rahmen seiner Fürsorgepflicht für seine Beamten. Dieser Typus des Beschäftigungsverhältnisses, der sich in ähnlicher Form auch in anderen Staaten heraus- 12

17 *P. Badura*, in: Maunz/Dürig, GG, 70. Lfg., Art. 33 Rn. 38.
18 BVerwGE 138, 102 ff., dazu *W.-R. Schenke*, NVwZ 2011, 312 ff.
19 BVerfGE 8, 1, 11 ff.; E 12, 81, 87; *M. Jachmann*, in: v. Mangoldt/Klein/Starck, GG, Bd. 2, 6. Aufl. 2010, Art. 33 Rn. 40.
20 BVerfGE 9, 332, 343.
21 Zu den einzelnen Ausgestaltungen s. *J. Masing*, in: Dreier, GG, Bd. 2, 2. Aufl. 2006, Art. 33 Rn. 82 ff.; *H. Lecheler*, Der öffentliche Dienst, in: HStR, Bd. V, 3. Aufl. 2007, § 110 Rn. 39 ff.
22 *S. Kielmansegg*, Grundrechte im Näheverhältnis, 2012.
23 Vgl. *N. Panzer*, DÖV 2008, 707 ff.

gebildet hat, soll eine zuverlässige und dauerhafte Erfüllung der staatlichen Aufgaben sicherstellen, die zugleich auch einen flexiblen Einsatz des Personals ermöglicht: Beamte können versetzt werden. Auch gibt es kein Streikrecht für Beamte.[24] Diese Vorteile werden derzeit gerne übersehen, wenn der Abbau von sog. Privilegien der Beamten gefordert wird.

13 Ferner wird von Beamten die **Pflicht zur Verfassungstreue** erwartet.[25] Die Loyalität zur Verfassung ist für den Beamten unabdingbar – er ist Teil des Staates und muss sein Handeln demnach an verfassungsrechtlichen Bestimmungen messen lassen. Oder einfacher ausgedrückt: Man beißt nicht die Hand, die einen nährt. Allerdings ist zu beachten, dass Beamte – trotz ihres Status – auch Grundrechtsträger bleiben.[26] So kann es vorkommen, dass ein Beamter eine politische Überzeugung vertritt, die sich nicht uneingeschränkt mit der verfassungsmäßigen Ordnung verträgt. Die Treuepflicht der Beamten erfasst nicht Überzeugungen, sondern nur Handlungen. Dabei ist eine Prognose darüber notwendig, ob der Beamte seine dienstlichen Pflichten ordnungsgemäß erfüllen wird. Deswegen scheidet ein pauschaler Ausschluss wegen der Zugehörigkeit zu einer bestimmten Organisation, politischen Partei oder Religionsgemeinschaft aus. Dabei gilt festzuhalten: Mit der Pflicht zur Verfassungstreue wird nicht verlangt, dass eine konkrete politische Position unterstützt werden soll. Vielmehr soll sich der einzelne Beamte zu den Grundbedingungen einer freiheitlichen Ordnung bekennen, wie sie ihre Ausgestaltung im Grundgesetz finden. Keinesfalls ist Regierungstreue gefordert.

### III. Die Ausführung der Bundesgesetze durch die Länder

14 Art. 83 GG postuliert den **Grundsatz der Länderexekutive**: Die Länder führen die Gesetze als eigene Angelegenheiten aus, soweit das Grundgesetz nicht anderes bestimmt oder zulässt. Das Grundgesetz trifft damit einerseits eine klare Aussage zur grundsätzlichen Zuständigkeit der Länder. Überdies offenbart sich der Regelfall, dass dies als „eigene Angelegenheit“ erfolgt. Die Ausführung der Bundesgesetze durch die Länder kann auf zwei Arten erfolgen. Zum einen können sie die Gesetze als eigene Angelegenheiten ausführen. Zum anderen ist es möglich, dass die Ausführung im Auftrag des Bundes erfolgt (→ § 8 Rn. 55 ff.).

### IV. Die bundeseigene Verwaltung

15 Die Ausführung von Gesetzen in bundeseigener Verwaltung regeln die Bestimmungen der Art. 86, 87 ff. GG. Zu unterscheiden ist zwischen bundeseigener Verwaltung mit eigenem Verwaltungsunterbau (Art. 87 Abs. 1, 87b Abs. 1), bundeseigener Verwaltung ohne eigenem Verwaltungsunterbau (Art. 87d Abs. 1, 87e Abs. 1, Abs. 2, 87f Abs. 2 S. 2, 89 Abs. 2 S. 1, 2 GG) sowie der mittelbaren Bundesverwaltung (→ § 8 Rn. 60 ff.).

### V. Die Gemeinschaftsaufgaben

16 Unter dem Grundgesetz gilt ein **Verbot der Mischverwaltung** (→ § 8 Rn. 93), d.h. einer gemeinsamen Verwaltungsführung durch Bund und Länder. Um dringenden Bedürfnissen – nicht zuletzt finanzieller Art – für ein gemeinsames Vorgehen von Bund und

24 *J. F. Lindner*, DÖV 2011, 305 ff.
25 BVerfGE 39, 334 ff.
26 Hierzu *L. Michael/M. Morlok*, Grundrechte, 4. Aufl. 2014, Rn. 49.

Ländern entsprechen zu können, wurde wiederholt das Grundgesetz geändert und sogenannte **Gemeinschaftsaufgaben** in Art. 91a–e GG[27] eingefügt. Diese stellen **Ausnahmen** zum Verbot der Mischverwaltung dar. Unter den in diesen Bestimmungen genannten Voraussetzungen sind die dort vorgesehenen Formen der Zusammenarbeit von Bund und Ländern zulässig.

Der Begriff der „unechten Gemeinschaftsaufgaben" ist zu verwerfen. Kooperationen von Bund und Ländern sind in Form der (echten) Gemeinschaftsaufgaben zulässig oder eben unzulässig.

Zielrichtungen der Gemeinschaftsaufgaben nach Art. 91a GG sind die Verbesserung 17
der regionalen Wirtschaftsstruktur, der Agrarstruktur und des Küstenschutzes. Das nähere Verfahren wird durch Art. 91a Abs. 2 und Abs. 3 GG bestimmt. Weitere Felder der Verwaltungszusammenarbeit der Art. 91b–e GG sind Bildungsplanung, Forschungsförderung, informationstechnische Systeme, Leistungsvergleich der Verwaltungen oder das Zusammenwirken bei der Grundsicherung für Arbeitslose. Die einzelnen Vorschriften stellen dabei jeweils unterschiedliche weitere Voraussetzungen für die Zusammenarbeit auf. Die Gemeinschaftsaufgaben sind **lex specialis** gegenüber den Art. 30, 83 ff. GG, was etwa zur Folge hat, dass die Bundesregierung weder Rechts- noch Fachaufsicht ausüben kann.[28] Andernfalls würde eine durch die Gemeinschaftsaufgaben angestrebte gleichberechtigte Aufgabenerfüllung nicht erzielt werden.

## Wiederholungs- und Verständnisfragen

- Worin unterscheiden sich Leistungs- und Eingriffsverwaltung?
- Wie lassen sich die Pflicht zur Verfassungstreue des Beamten und seine Eigenschaft als Grundrechtsträger miteinander vereinbaren?
- Was versteht man unter Gemeinschaftsaufgaben?

27 Art. 91a ff. erfolgten in Reaktion auf BVerfGE 119, 331, in welcher die bis dahin praktizierte Zusammenarbeit von Gemeinden und der (Bundes-)Agentur für Arbeit wegen Verstoßes gegen das Verbot der Mischverwaltung für verfassungswidrig erklärt worden war.

28 *B. Pieroth*, in: Jarass/Pieroth, GG, 13. Aufl. 2014, Art. 91a Rn. 1.

# § 17 Die Rechtsprechung

## I. Die dritte Gewalt

### 1. Allgemeine Bedeutung und Einführung

1 Die Rechtsprechung ist eine der drei Staatsgewalten und damit eine der Funktionen von Staatlichkeit. Das heutige Verständnis der unabhängigen Judikative knüpft an Gedanken der Aufklärung an, die Anstoß an der Allmacht des Monarchen nahm, der alle Staatsgewalt und damit auch die Rechtsprechung in seiner Person vereinte. Eine unabhängige dritte Gewalt gehörte zum zentralen Verständnis einer demokratischen Verfassungsbewegung. Erstmals in der deutschen Verfassungsgeschichte fand die Trennung von Rechtsprechung und Verwaltung in der Paulskirchenverfassung von 1849 Niederschlag. Das nationalsozialistische Regime hielt zwar die unabhängige Stellung der Gerichte aufrecht, beseitigte den echten Rechtsprechungscharakter aber durch den Austausch von Richtern, die inhaltliche Überdehnung des geltenden Rechts[1] und Kontrolle durch Verwaltung und Polizei.[2]

Im Naturzustand ist jeder Einzelne befugt, seine Position mit den ihm zur Verfügung stehenden Mitteln zu verteidigen. Dabei ist die Gefahr hoch, dass sich schlicht der Stärkere durchsetzt: Macht und nicht Recht obsiegt in diesem Zustand. Mit dem Zusammenschluss zu einem Staat haben sich die Bürger untereinander verständigt, einen Teil des persönlichen Freiheitsraums an eine übergeordnete Instanz abzutreten, so dass jeder Einzelne von einem gesicherten Rechtskreis profitieren kann.

2 Das so begründete **Gewaltmonopol des Staates** – genauer das Monopol auf **legitime** Gewalt – setzt voraus, dass es staatliche Entscheidungsmechanismen für Streitfälle gibt. Denn der Staat nimmt dem Bürger die Selbstaustragung von Streitigkeiten ab und muss dafür einen Ersatz zur Wahrung der Individualrechte anbieten. Der Zugang des Bürgers zu einer staatlichen unabhängigen Entscheidungsinstanz muss durch einen Anspruch auf Rechtsschutz abgesichert werden. Gegen andere Bürger, also Rechtssubjekte auf gleicher Ebene, hat der Einzelne einen aus dem Rechtsstaatsprinzip abgeleiteten **Rechtsgewährleistungsanspruch**, gegen staatliche Beeinträchtigungen steht ihm der Anspruch auf **effektiven Rechtsschutz** aus Art. 19 Abs. 4 GG[3] zur Seite.

3 Auch wenn es der Rechtsprechung durch weitreichende Kompetenzen möglich ist, sowohl auf das staatliche wie auch das gesellschaftliche Leben großen Einfluss zu nehmen, ist sie mit *Alexander Bickel*[4] als **„least dangerous branch of gouvernment“**[5] zu bezeichnen. Dies vornehmlich aus zwei Gründen: Die rechtsprechende Gewalt hat keine eigenen (sachlichen) Mittel, mit denen sie die eigene Macht verstärken kann. Zudem können Gerichte nicht aus eigener Initiative handeln, alle gerichtlichen Entscheidungen erfolgen nur auf Veranlassung eines externen Antragstellers. Diese Handlungsbeschränkung der Rechtsprechung umschreiben die Grundsätze „ne eat iudex ex officio“ und „nemo iudex sine actore“ (wo kein Kläger, da kein Richter).

---

1 *B. Rüthers*, Die unbegrenzte Auslegung, 6. Aufl. 2005.

2 *H. Schulze-Fielitz*, in: Dreier, GG, Bd. 3, 2. Aufl. 2007, Art. 92 Rn. 1 ff.

3 Dazu näher *L. Michael/M. Morlok*, Grundrechte, 4. Aufl. 2014, Rn. 866 ff.

4 *A. Bickel*, The least dangerous branch: the Supreme Court at the bar of politics, 1986.

5 Die Formulierung geht zurück auf das Verständnis von *A. Hamilton*, The Judiciary Department, in: Wills, The Federalist Papers, 1982, (Nr. 78), S. 392 ff., 394. Er spricht von der Judikative als „least dangerous to the political rights of the Constitution“.

Die Rechtsprechung ist im Gefüge der Gewaltenteilung besonders isoliert. Ihre strikte Abgrenzung von Legislative und Exekutive macht sie zu einer **politisch neutralen Gewalt.** Gerade weil die Entscheidungsfindung der Rechtsprechung durch ihre Unabhängigkeit politisch neutralisiert stattfindet, sind weitreichende Kontrollbefugnisse gegenüber staatlichen Gewalten nicht problematisch, sie unterstützen sogar das Fortkommen in politisch bedeutsamen Streitigkeiten.

## 2. Der Begriff der Rechtsprechung

4 Was Rechtsprechung ist, definiert das Grundgesetz selbst nicht ausdrücklich. Einen widerspruchsfreien und abschließenden Rechtsprechungsbegriff konnten bisher auch Rechtsprechung und Literatur nicht entwickeln.[6]

Es haben sich hauptsächlich[7] ein formeller und ein materieller Begriff ausgeprägt.[8] Das **formelle** Verständnis von Rechtsprechung meint die Summe aller Zuständigkeiten der Judikative (Rechtswegzuständigkeiten als nachträgliche und Richtervorbehalte als vorbeugende Kontrolle), die sich aus geltendem Recht ergeben. Der **materielle** Begriff[9] knüpft an den Inhalt rechtsprechender Tätigkeit an und erklärt nicht nur den Katalog der gesetzlich zugewiesenen Rechtswegeröffnungen zum Inhalt der Judikative, sondern auch die traditionellen Kernbereiche der vom Verfassunggeber vorgeschriebenen Gerichtsbarkeiten; dazu zählen jedenfalls bürgerliche Streitigkeiten sowie die Strafgerichtsbarkeit.[10] Ein Gesamtbild der Rechtsprechung ergibt sich durch eine Zusammenfügung der herausgearbeiteten Charakteristika und bietet eine taugliche Grundlage für die Abgrenzung zu Gesetzgebung und Verwaltung.

5 In einer Zusammenschau der geforderten Einzeleigenschaften[11] ist **Rechtsprechung** allgemein die verbindliche staatlich autoritative Entscheidung in Fällen bestrittenen oder verletzten Rechts durch unabhängige und neutrale Dritte in einem besonderen Verfahren.

Folgende Bereiche gehören nicht zum Inhalt der Rechtsprechung: Verhängung von Disziplinarstrafen,[12] Sanktionen aus dem Ordnungswidrigkeitenrecht,[13] die freiwillige Gerichtsbarkeit[14] oder entscheidungsvorbereitende Maßnahmen wie etwa die Anforderung von Akten und rein justizverwaltende Tätigkeiten.[15]

## 3. Aufgaben und Funktionen der Rechtsprechung im Rechtsstaat

6 Zentrale Aufgabe der Rechtsprechung ist die **Durchsetzung des geltenden Rechts,** wie die wörtlichen Anknüpfungen in Art. 20 Abs. 2, 3 und Art. 92, 97 GG belegen. Zu die-

---

6 *H. Schulze-Fielitz*, in: Dreier, GG, Bd. 3, 2. Aufl. 2007, Art. 92 Rn. 26; *D. Wilke*, Die rechtsprechende Gewalt, in: HStR, Bd. V, 3. Aufl. 2007, § 112 Rn. 58.

7 Es kursiert ebenfalls ein funktioneller Begriff, der darauf abstellt, ob der Gesetzgeber die betreffende Entscheidung so ausgestaltet hat, dass typischerweise nur ein Gericht sie treffen kann; vgl. BVerfGE 7, 183, 188 f.

8 S. hierzu ausführlich *C. Hillgruber*, in: Maunz/Dürig, GG, 70. Lfg., Art. 92 Rn. 31 ff.

9 *N. Achterberg*, Der Begriff der Rechtsprechung im materiellen Sinne, in: FS Menger, 1985, S. 125 ff.

10 BVerfGE 113, 111, 137; E 22, 49, 78.

11 Vgl. dazu im Einzelnen *K. A. Bettermann*, Die rechtsprechende Gewalt, in: HStR, Bd. III, 2. Aufl. 1996, § 73 Rn. 17 ff.; *K. Stern*, Staatsrecht II, 1980, S. 898 f.; *E. Friesenhahn*, Über Begriff und Arten der Rechtsprechung, in: FS Thoma, 1950, S. 21, 26 f.; *C. Gusy*, JZ 1998, 167, 170.

12 BVerfGE 22, 311, 317.

13 BVerfGE 45, 272, 288 f.

14 Offengelassen in BVerfGE 21, 139, 144.

15 Weitere Beispiele bei *H. Schulze-Fielitz*, in: Dreier, GG, Bd. 3, 2. Aufl. 2007, Art. 92 Rn. 47.

sem Ziel führt die Bindung der Rechtsprechung an Gesetz und Recht, Art. 20 Abs. 3 GG.

Eine sich daran anschließende Funktion ist die der **Friedensstiftung** durch Rechtsprechung. In einem Urteil des Gerichtes findet ein Streit im Idealfall sein Ende. Dem dient auch das Institut der **Rechtskraft**, wonach die Verbindlichkeit der gerichtlichen Entscheidung nur in einem bestimmten Zeitraum angegriffen werden kann. Zu unterscheiden sind die **formelle** und **materielle** Rechtskraft. Erstere ist gegeben, wenn ein Urteil nicht mehr mit Rechtsmitteln angegriffen werden kann. Sie ist Voraussetzung dafür, dass ein Urteil auch in materielle Rechtskraft erwächst. Diese bewirkt, dass die Beteiligten des Rechtsstreits auch inhaltlich an die Entscheidung des Gerichts gebunden sind, unabhängig davon, ob diese richtig ist.

7 Der Befriedungsfunktion kann die Rechtsprechung nur gerecht werden, wenn ihre Entscheidungen durch den jeweils Rechtssuchenden akzeptiert werden, auch wenn er im Prozess unterliegt. Rechtsprechung lebt daher, wie alle staatlich ausgeübte Gewalt in einem demokratischen Rechtsstaat, von der Akzeptanz des Volkes als Adressat und gleichzeitigem Souverän. Diese kann durch eine qualitativ hochwertige Rechtsprechungspraxis in einem geordneten Verfahren mit subjektiven Verfahrensrechten erreicht werden.[16]

8 Gerichtliche Entscheidungen zielen darüber hinaus auf **Einzelfallgerechtigkeit**. Allein positives Recht und das Handeln der Verwaltung sind nicht in der Lage, jeden Lebenssachverhalt angemessen zu steuern. Die besondere Einzelfallzuständigkeit der Rechtsprechung hat zwei Aspekte: Die abstrakt-generelle Eigenschaft von Rechtsnormen erfordert eine eindeutige Anwendung auf einen konkret-individuellen Fall. Die dabei bestehenden Spielräume müssen im Sinne der Gerechtigkeit genutzt werden, das gilt selbstverständlich auch für Einzelfallentscheidungen der Verwaltung. Im Vergleich zu Verwaltungsentscheidungen – dies ist der zweite Aspekt der Einzelfallzuständigkeit der Rechtsprechung – betrachten Gerichte stärker den Einzelfall als solchen. Ihnen kommt der Vorteil zu, nicht routinemäßig eine große Zahl an Sachverhalten behandeln zu müssen. Die Gerichte können sich daher jeweils intensiver auf die Einzelheiten des Falles konzentrieren als dies den Behörden möglich ist.

9 Hat ein Gericht einen rechtlichen Gegenstand zu beurteilen, setzt es sich mit den Besonderheiten im entsprechenden Verhältnis zwischen zwei Bürgern, einem Bürger und dem Staat oder aber zwei staatlichen Organen auseinander. Jede gerichtliche Entscheidung beansprucht für sich, gerade den konkreten Sachverhalt korrekt erfasst und die Rechtslage darauf richtig angewandt zu haben, so dass daraus im Einzelfall ein gerechtes Entscheidungsergebnis erwächst. Bei (mutmaßlichen) Fehlern des Gerichtes kann die Entscheidung innerhalb bestimmter Fristen mit Rechtsmitteln angegriffen werden.[17]

10 Rechtsprechung sichert die **Rechtsstaatlichkeit** ab[18]. Genauso wenig, wie sich Gesetze zu einem einzelnen Fall verhalten, können sie sich nicht selbst gegen falsche oder missbräuchliche Anwendung verteidigen. Rechte und Pflichten werden erst durch die Möglichkeit der faktischen Durchsetzung **aktiviert.**[19] In diesem Sinne verwirklicht Recht-

16 *M. Krugmann*, ZRP 2001, 306 ff.

17 Zur Vertiefung *A. Voßkuhle*, Rechtsschutz gegen den Richter, 1993.

18 BVerfGE 3, 377, 381; E 37, 57, 65; E 133, 168, 203.

19 Zur Mobilisierung von Recht aus rechtssoziologischer Sicht *S. Baer*, Rechtssoziologie, 2011, S. 209 ff.

sprechung die Grundrechte.[20] Sie verhindert, dass subjektive Rechte nur auf dem Papier existieren, und trägt dazu bei, die Differenz von „Recht haben“ und „Recht bekommen“ zu verkleinern.

Der Rechtsprechung kommt eine **integrierende** Wirkung innerhalb des **Mehrebenensystems** zu. Die Gerichte führen verschiedene Normebenen in konkreten Sachverhalten zusammen, indem sie eine Auslegung an höherrangigen Normen vornehmen. So wird nationales Recht im Wege der europarechtskonformen Auslegung an die Direktiven supranationaler Vorschriften angepasst. Die zunehmende Bedeutung von Richterrecht hat auch im Mehrebenensystem einen Grund. Die Kooperation, der Dialog der Gerichte untereinander (insbesondere das Bundesverfassungsgericht mit dem EuGH und dem EGMR) ist eine Konsequenz des kooperativen Verfassungsstaates (→ § 10). Die integrierende Wirkung erstreckt sich natürlich nur auf diejenigen Fälle, in denen höherrangiges Recht mehrere Einflussvarianten auf untergeordnete Vorschriften zulässt, dem Richter also ein Spielraum zukommt, wie die Harmonisierung durchgeführt wird. Es liegt dann eine Situation der mehrdeutigen Supranormativität vor. Wenn hingegen eine übergeordnete Normebene eindeutige Anforderungen stellt, löst bereits das Gesetz selbst und nicht erst der entscheidende Richter den Kollisionsfall. 11

Rechtsprechung generiert schließlich eine **besondere Streitkultur**. Wenn es dem Einzelnen aufgrund des staatlichen Gewaltmonopols versagt ist, einen persönlichen Streit mit eigenen (Macht-)Mitteln zu beenden, muss er sich darauf verlassen können, dass der Staat seine Rechte verteidigt. Dies wird durch die Einrichtung der Rechtsprechung als dritte Gewalt gewährleistet. Der Zugang zu ihr ist in Art. 19 Abs. 4 GG und dem allgemeinen Rechtsgewährungsanspruch abgesichert. Aus diesem Grund kann sich jeder Einzelne darauf verlassen, dass sich seine Position gegenüber dem Aggressor in einem geordneten Verfahren und an dem objektiven Maßstab des Rechts ohne Anwendung von Gewalt durchsetzen kann, sofern ihm die entsprechenden Rechte zustehen. Es schwindet die Notwendigkeit, im Streit ungeordnet mit allen – auch „unfairen“ – Mitteln für das eigene Recht zu kämpfen. In einem solchen Modell obsiegte nicht notwendigerweise derjenige mit den stärkeren Rechten, sondern wohl in der Regel die Partei, der die besseren Durchsetzungsmechanismen zur Verfügung stehen. Paradoxerweise erleichtert die Existenz einer funktionstüchtigen Rechtsprechung sogar die Austragung von Konflikten, weil sich die streitenden Parteien auf eine objektive Entscheidung einer übergeordneten Instanz, die einem strikt vorgegebenen prozeduralen Programm folgen muss, verlassen können. Diese Möglichkeit motiviert gleichzeitig, einen Streit zu wagen, um die eigene Position durchzusetzen. Dadurch entsteht zugleich eine Innovationsquelle der Gesellschaft. Die einmal entstandene Auseinandersetzung zwischen zwei der Rechtsprechung unterworfenen Subjekten gewinnt durch die Entscheidung durch einen distanzierten objektiven Dritten – den Richter – wieder einen sachlichen Gehalt. Da der unbefangene Richter nicht persönlich in den Streit involviert ist, birgt ein gerichtliches Verfahren schon deswegen ein geringeres Risiko der Unsachlichkeit. 12

## 4. Einordnung in das Gefüge der Gewaltenteilung

Die Verteilung staatlicher Aufgaben auf drei unterschiedliche unabhängige Bereiche staatlicher Gewalt dient der Beschränkung staatlicher Macht gegenüber dem Volk. Dieses Ziel verfolgt auch gerade Art. 92 GG. Diese Bestimmung hebt die Stellung der 13

20 BVerfGE 33, 23, 32.

Rechtsprechung als **„dritte Gewalt"** noch einmal besonders hervor. Zusätzlich bzw. konkretisierend[21] zu der allgemeinen Anordnung des Art. 20 Abs. 2 GG[22] trennt Art. 92 GG die Judikative in deutlicher Form von den beiden anderen Staatsgewalten, insbesondere von der Verwaltung ab.[23] Aus diesem Bestreben der Verfassung erwächst eine besondere Eigenständigkeit sowohl der Gerichte (Organe) als auch der Richter (Amtsträger).[24]

14 Die **Unabhängigkeit der Rechtsprechung** ergibt sich aus dem Zusammenspiel von Art. 20 Abs. 2 und 3, 92 und 97 GG und ist als Element der Rechtsstaatlichkeit (→ § 7 Rn. 31 ff.) durch die Ewigkeitsgarantie des Art. 79 Abs. 3 GG abgesichert. Hintergrund dieser verstärkten Trennung ist, dass nur eine organisatorisch und personell eigenständige Instanz eine rechtsstaatliche Kontrolle über andere (Exekutive und Legislative) ausüben kann.[25]

Die Gerichte müssen organisatorisch verselbstständigt sein, sie dürfen insbesondere nicht in die staatliche Verwaltung einbezogen werden, etwa durch Vereinigung von Gerichten und Behörden. Damit ist nicht gemeint, dass Gerichte nicht auch Verwaltungsaufgaben wahrnehmen können. Die Selbstständigkeit muss gerade auch personell, also mit Blick auf die Stellung der Richter, gewahrt sein.[26]

15 Nur dem **Richter** im Sinne des Grundgesetzes als dem zentralen Subjekt der Judikative obliegt nach Art. 92 die Befugnis, Recht zu sprechen. Das Grundgesetz statuiert ein **Rechtsprechungsmonopol** der staatlichen (!) Gerichte,[27] es verbietet dem Gesetzgeber, Aufgaben der Rechtsprechung anderen Stellen als Gerichten im Sinne des Grundgesetzes zuzuteilen.[28] So gilt für die Rechtsprechung eine strengere Kompetenzzuteilung als für die anderen beiden Gewalten.[29] Diese Anordnung schließt eine Wahrnehmung rechtsdurchsetzender Aufgaben durch private gerichtsförmige Instanzen nicht aus, doch können diese keine den Rechtsschutzanspruch aus Art. 19 Abs. 4 GG bzw. den allgemeinen Justizgewährungsanspruch erfüllende Entscheidungen fällen.[30]

16 Trotz der Sonderrolle der Rechtsprechung im Gefüge der Gewaltenteilung gibt es **Verschränkungen** mit den beiden anderen Staatsgewalten. Schnittpunkte mit der **Legislative** bestehen insoweit, als der Gesetzgeber Normen erlässt, welche gem. Art. 97 GG einziger Entscheidungsmaßstab der Richter sind; weiter werden Organisation und Verfahren der Justiz durch den Gesetzgeber festgelegt und die Wahl der Richter obliegt zum Teil dem Parlament. Außerdem entscheidet das Haushaltsgesetz über den der Rechtsprechung zur Verfügung stehenden Etat. Im umgekehrten Verhältnis steht der Rechtsprechung mit dem Instrument der Normenkontrolle (prinzipal oder inzident) eine Überprüfungsmöglichkeit gesetzgeberischer Tätigkeit offen. Die letztendliche Entscheidungsbefugnis der Richter ist die stärkste Form der Gewaltenverschränkung in diesem

21 *S. Detterbeck*, in: Sachs, GG, 6. Aufl. 2011, Art. 92 Rn. 1.
22 Zum Verhältnis von Art. 92 und Art. 20 Abs. 2 GG s. *E. Schmidt-Jortzig*, NJW 1991, 2377, 2378.
23 BVerfGE 10, 200, 216.
24 *D. Wilke*, Die rechtsprechende Gewalt, in: HStR, Bd. V, 3. Aufl. 2007, § 112 Rn. 22.
25 BVerfGE 4, 331, 346.
26 BVerfGE 54, 159, 166.
27 *S. Detterbeck*, in: Sachs, GG, 6. Aufl. 2011, Art. 92 Rn. 28; *P. Badura*, Staatsrecht, 5. Aufl. 2012, S. 756 f.
28 BVerfGE 103, 111, 136.
29 *E. Schmidt-Aßmann/W. Schenk*, in: Schoch/Schneider/Bier, VwGO, 23. Lfg., Einl. Rn. 35.
30 *D. Wilke*, Die rechtsprechende Gewalt, in: HStR, Bd. V, 3. Aufl. 2007, § 112 Rn. 90 ff.; *U. Ramsauer*, in: Denninger/Hoffmann-Riem/Schneider/Stein, AK-GG, Bd. 2, 3. Aufl. 2001, Art. 19 Abs. 4 Rn. 80.

Verhältnis. Das in Einzelfällen geübte Richterrecht (→ Rn. 18 ff.) stellt eine Art Rechtsetzung der Judikative dar.

In stärkerem Maße lässt die Verfassung eine Einwirkung auf die **Exekutive** zu. So unterliegt die Prüfung von Behördenmaßnahmen einer stärkeren gerichtlichen Kontrolldichte. Das Handeln der Verwaltung kann durch die Gerichte mit einer Ausnahme vollständig überprüft werden. Diese besteht darin, dass das den Behörden gesetzlich eingeräumte Ermessen im Urteil nicht durch die Judikative ausgeübt werden darf. Hier kommt lediglich eine Rückverweisung an die jeweilige Behörde in Betracht, in diesen Fällen steht dem Rechtsschutzsuchenden ein Recht auf ermessensfehlerfreie Entscheidung zu (s. § 114 VwGO). Unbestimmte Rechtsbegriffe hingegen können die Verwaltungsgerichte voll überprüfen. Der Rechtsweg für die Kontrolle von Verwaltungshandeln steht jedermann offen, dies ist grundgesetzlich in Art. 19 Abs. 4 GG garantiert. Allerdings ist dem Ziel eines effektiven Rechtsschutzes durch das Prinzip der Gewaltenteilung eine Grenze gesetzt.

Zudem werden Gerichte üblicherweise von **Justizministerien** betreut, was jedoch de facto zu keiner politischen Einflussnahme auf richterliche Entscheidungen führt. Die Aufgaben der sogenannten Gerichtsverwaltung,[31] also beispielsweise personelle Fragen oder solche über Sachmittel oder die Aufrechterhaltung des Prozessbetriebes, müssen zu einem messbaren Teil den Gerichten selbst überlassen werden, um das objektive Gebot gerichtlicher und richterlicher Unabhängigkeit zu wahren. Es sind jedoch auch Aufgaben auf Weisung staatlicher Behörden zulässig, soweit sie nicht in die tatsächliche Rechtsprechung eingreifen. Es gibt rechtspolitische Bestrebungen, die Unabhängigkeit der Richter dadurch zu stärken, dass auch die Verwaltung der Gerichte ihnen und nicht der Exekutive in Form der Justizministerien überlassen wird.[32]

**Gerichte** – genauer: die jeweiligen Präsidenten – können entweder als Rechtsprechungsorgane oder **als Behörden** handeln.[33] Letzteres ist der Fall, wenn sie in Angelegenheiten der Justizverwaltung tätig werden, also beispielsweise ein Hausverbot für das Gerichtsgebäude aussprechen. Dabei handelt es sich nicht um Rechtsprechung im materiellen Sinne, die Gerichte unterliegen in diesem Bereich der Dienstaufsicht des zuständigen Ministers und müssen entsprechenden Weisungen folgen. 17

### 5. Richterliche Rechtsfortbildung

Der Rechtsprechung immanent ist das Erfordernis, abstrakt-generelle Regelungen auf einen konkreten Sachverhalt anzuwenden, die positiv-rechtliche Grundlage also zu konkretisieren. Von diesem Vorgang weicht die Rechtsfortbildung[34] ab, wenn sie nicht lediglich positives Recht auslegt, sondern eigene Wertentscheidungen für gesetzlich nicht geregelte Materien trifft. Eine klare Grenze zwischen Auslegung und Rechtsfortbildung lässt sich nicht ziehen, der Übergang kann als Kontinuum beschrieben werden. 18

---

31 S. dazu mit konkreten Beispielen *H. Schulze-Fielitz*, in: Dreier, GG, Bd. 3, 2. Aufl. 2007, Art. 92 Rn. 47; *D. Wilke*, Die rechtsprechende Gewalt, in: HStR, Bd. V, 3. Aufl. 2007, § 112 Rn. 27 ff.; ausführlich *F. Wittreck*, Die Verwaltung der Dritten Gewalt, 2006, S. 11 ff., 266 ff.

32 S. etwa die Position des Deutschen Richterbundes, einsehbar unter http://www.drb.de/cms/index.php?id=552 (26.8.2014).

33 *O. Kissel*, in: Kissel/Meyer, GVG Kommentar, 7. Aufl. 2013, § 1 Rn. 26.

34 Zur Vertiefung s. *P. Badura*, Grenzen und Möglichkeiten des Richterrechts, 1973; *J. Ipsen*, Richterrecht und Verfassung, 1975; *H.-P. Schneider*, Richterrecht. Gesetzesrecht und Verfassungsrecht, 1969; *C. Hillgruber*, JZ 1996, 118 ff.; *H. Sendler*, NJW 1987, 3240 ff.; *K. Redeker*, NJW 1972, 409 ff.

19 Die Begriffe **Richterrecht** und **richterliche Rechtsfortbildung**[35] werden synonym für die Bestrebung des Richters verwandt, einen konkreten Sachverhalt mithilfe eigener Wertentscheidung auf der Grundlage einer nicht exakt auf den Sachverhalt passenden oder fehlenden gesetzlichen Regelung zu entscheiden. Diese rechtsschöpfende Tätigkeit wird auch als Richterrecht bezeichnet.[36] Häufig findet man die Unterscheidung zwischen unproblematischer **Gesetzesauslegung** und **-konkretisierung**[37] einerseits und **rechtsschöpfender Tätigkeit** des Richters andererseits. Bei Letzterer werden gesetzliche Lücken durch eigenes richterliches Ermessen gefüllt. Die Rechtsprechung „praeter legem"[38] erfordert einen erhöhten Begründungsaufwand, während eine Rechtsfindung „contra legem"[39] per se unzulässig sei: Von eindeutig anwendbarem Recht soll ein Richter nicht abweichen können.[40] Bei Zweifeln an der Verfassungsmäßigkeit einer Vorschrift muss der Richter diese im Wege der **konkreten Normenkontrolle** gem. Art. 100 GG dem Bundesverfassungsgericht zur Überprüfung vorlegen. Die gesellschaftliche Erwartungshaltung verlangt vom Richter eine gerechte Entscheidung. Wenn die Fachgerichte dieses Ergebnis nicht erzielen können, fungiert das Verfassungsrecht als Gerechtigkeitsreserve (→ § 3 Rn. 20 ff.).

20 Ein besonderer Fall von Rechtsfortbildung ist die Integration europäischen Rechts in die nationale Rechtsordnung, wie sie die Gerichte in konkreten Sachverhalten vornehmen. Dabei zeigt sich häufig, wie sehr die Grenzen zwischen Normauslegung und Rechtsfortbildung durch den Richter verschwimmen.[41]

21 Die rechtsschöpfende Tätigkeit eines Richters wird oft kritisch betrachtet.[42] In der Tat: An keiner Stelle räumt das Grundgesetz dem Richter **ausdrücklich** die Kompetenz ein, Recht fortzuentwickeln oder gar eigenmächtig zu kreieren. Dem Gesetzgeber, nicht der Judikative, steht grundsätzlich eine Allzuständigkeit für die gesetzförmige Regelung von Sachmaterien zu. Generelle Regeln stellt der Gesetzgeber auf, die Einzelfallentscheidungen obliegen aber der Verwaltung und im Besonderen der Rechtsprechung.

22 Allerdings ist offensichtlich, dass sich oft erst in konkreten Einzelfällen eine Anpassungsnotwendigkeit für bestimmte Normen herausstellt. Der parlamentarische Gesetzgeber kann beim Verfassen einer Norm naturgemäß nicht alle denkbaren Anwen-

---

35 Diese Formulierung hat sich in der Literatur eher durchgesetzt, vgl. *C. Fischer*, Topoi verdeckter Rechtsfortbildungen im Zivilrecht, 2007, S. 90 ff., insb. Fn. 347.

36 Diese Begrifflichkeit verkennt den Gehalt der richterlichen Rechtsfortbildung. Normen sind nur dann Recht, wenn sie Bindungswirkung entfalten. Richter sind aber nicht an Präjudizien gebunden, vorangegangene Urteile entfalten keine Pflicht der Befolgung. Der Begriff „Richterrecht" gilt daher keiner Rechtsquelle, vielmehr beschreibt er das Phänomen relativ freier richterlicher Rechtsschöpfung aus einer externen soziologischen Sichtweise.

37 *F. Ossenbühl*, Richterrecht im demokratischen Rechtsstaat, 1988, S. 10; *C. Gusy*, DÖV 1992, 461, 463.

38 BVerfGE 88, 145, 166.

39 BVerfGE 35, 263, 280.

40 Wann eine Norm eindeutig anwendbar ist, ist indes in vielen Fällen Zweifeln unterworfen, sodass auch aus diesem Grund die Unterscheidung zwischen Norminterpretation und Rechtsschöpfung nicht sinnvoll vorgenommen werden kann.

41 Anschaulich ist hierfür BGHZ 179, 27 ff. zum kaufrechtlichen Nutzungsersatzanspruch bei Nacherfüllung nach §§ 439 Abs. 4, 346 BGB, Quelle-Entscheidung. Der EuGH, EuGH 17. 4. 2008, Rs. C-404/06, hatte im Vorlageverfahren entschieden, dass Art. 3 RL 1999/44/EG (Verbraucher-Richtlinie) einer Nutzungsersatzpflicht des Käufers, wie sie § 439 Abs. 4 BGB auch für den Fall der Nacherfüllung vorsieht, entgegensteht. In Anerkennung dieser Entscheidung nahm der BGH eine vermeintlich richtlinienkonforme Auslegung dahingehend vor, dass § 439 Abs. 4 BGB keinen Nutzungsersatzanspruch des Verkäufers beinhalte. Damit ist jedoch eindeutig die Wortlautgrenze überschritten, § 439 Abs. 4 BGB lässt eine solche Auslegung nicht zu. S. zu diesem Vorgehen die kritische Anmerkung von *S. Pötter/R. Christensen*, JZ 2011, 387 ff.

42 *B. Rüthers*, NJW 2011, 1856 ff.

dungsfälle vorhersehen, was einen gewissen Handlungsspielraum der Rechtsprechung notwendig macht. Schließlich begründet erst eine Summe von Einzelfällen einen Kodifikationsbedarf; Normen kreiert der Gesetzgeber nicht im Reagenzglas.[43] **Planwidrige Regelungslücken** müssen in irgendeiner Form geschlossen werden, um auf der Basis des Rechts eine Entscheidung treffen zu können. Dabei fungiert der Richter nicht als „Korrektor des Gesetzgebers“[44] und avanciert auch nicht zu einem Hilfsgesetzgeber. Vielmehr kommt er seiner dem **Justizgewährungsanspruch** korrespondierenden **Pflicht** nach, sachlich zu entscheiden.[45] Diese Pflicht besteht auch und gerade bei mangelhafter Normgrundlage. Wenn eine Norm nach allen Anstrengungen der Auslegung nicht als Entscheidungsgrundlage für den konkreten Fall herangezogen werden kann und diese Einschätzung nicht fehlerhaft ist, vermag nur die richterliche Fortführung des Gesetzesgedankens, ein rechtsstaatlich zufriedenstellendes Ergebnis zu erzeugen. Andernfalls wäre der Richter gezwungen, infolge der gesetzlichen Lücke die Rechtsprechung zu verweigern. Dies verstieße aber gegen das **Rechtsverweigerungsverbot**,[46] welches sich aus dem Justizgewährungsanspruch ableitet.[47] Letztlich kann nur der Richter im konkreten Streitfall die Zeitgemäßheit einer ggf. schon lange existierenden Norm durch Anpassung an gesellschaftliche oder technische Änderungen herstellen. Nicht zuletzt bestätigt auch der Wortlaut des Art. 20 Abs. 3 GG mit der Bindung der Rechtsprechung an „**Gesetz und Recht**“ dieses Verständnis.[48]

## II. Gerichtsorganisation

### 1. Kompetenzverteilung für den Bereich der Rechtsprechung

Die bundesstaatliche Ordnung sieht allgemein eine primäre **Zuständigkeit der Länder** für die Wahrnehmung staatlicher Aufgaben vor, sofern das Grundgesetz davon keine Ausnahmen regelt, Art. 30 GG. Für die Rechtsprechung wird das wiederholend konkretisiert durch Art. 92 GG. Die Justizhoheit, also die Befugnis, rechtsprechende Gewalt auszuüben, liegt damit grundsätzlich bei den Ländern, sie üben dabei Landesstaatsgewalt aus. Insoweit besteht im Bereich der Rechtsprechung das gleiche föderale Verteilungsprinzip wie für die **Gesetzgebung** in Art. 70 GG und die **Verwaltung** in Art. 83 GG. 23

Nur in den in Art. 95 GG genannten fünf Gerichtszweigen hat der Bund **oberste Bundesgerichte** zu errichten, dem er durch die Einrichtung von BGH, BVerwG, BFH, BSG und BAG nachgekommen ist. Hinzu treten die besonderen fakultativen Gerichte des Art. 96 GG: Bundespatentgericht, Wehrstrafgericht und Disziplinargericht für Personen im Öffentlichen Dienst. Den obersten Bundesgerichten kommt die Aufgabe zu, für ihren jeweiligen Geschäftsbereich die Rechtseinheit im Bundesgebiet zu wahren.[49] Zur 24

43 *M. Kriele*, ZRP 2008, 51, 53.

44 *B. Rüthers*, Die unbegrenzte Auslegung, 6. Aufl. 2005, S. 190.

45 BVerfGE 34, 269, 287; E 111, 54, 82; *J. Ipsen*, Richterrecht und Verfassung, 1975, S. 50 f.; *P. Kirchhof*, NJW 1986, 2275, 2280.

46 Klassisch hat dies der französische Gesetzgeber in Art. 4 Code civil formuliert: „Le juge qui refusera de juger, sous prétexte du silence, de l'obscurité ou de l'insuffisance de la loi, pourra être poursuivi comme coupable de déni de justice.“ (Der Richter, der es wegen des Schweigens, der Unklarheit oder der Unzulänglichkeit des Gesetzes ablehnt, Recht zu sprechen, kann wegen Rechtsverweigerung verfolgt werden.)

47 A.A. *C. Hillgruber*, in: Maunz/Dürig, GG, 70. Lfg., Art. 97 Rn. 70.

48 Diese Doppelformel hat eine lange Tradition, die in der lateinischen Formulierung „ius et lex“ aufscheint. Sie betont, dass sich das Recht nicht im geschriebenen Recht erschöpft. Dazu *P. Häberle*, „Jus et lex“ als Problem des Verfassungsstaates, in: FS Adamovich, 1992, S. 137 ff.

49 *P. Badura*, Staatsrecht, 5. Aufl. 2012, S. 772 f.

Gewährleistung einer einheitlichen Rechtsprechung ordnet Art. 95 Abs. 3 GG die Einrichtung eines Gemeinsamen Senats der obersten Bundesgerichte an. Das Bundesverfassungsgericht steht gem. Art. 93 GG neben den obersten Bundesgerichten und ist diesen übergeordnet.

25 Die Landes- und Bundesgerichte sind insoweit miteinander verknüpft, als die obersten Bundesgerichte als übergeordnete Instanz für die Landesgerichte der jeweiligen Gerichtsbarkeit fungieren. Der gerichtliche **Instanzenzug** findet daher **verbandsübergreifend** statt.

26 Für die Materien Gerichtsverfahrensrecht, Gerichtsverfassung und Errichtung von Gerichten hat der Bund gem. Art. 74 Abs. 1 Nr. 1 GG die konkurrierende Gesetzgebungszuständigkeit und kann daher weitgehend für die Länder vorschreiben, welche Gerichte für eine Streitigkeit zuständig sind.

### 2. Aufbau der Gerichtsbarkeit

#### a) Arten der Gerichte

27 Die rechtsprechende Gewalt im Sinne des Art. 92 GG kann nur durch **staatliche Gerichte** ausgeübt werden.[50] Das schließt jedoch nicht die Existenz nicht staatlicher Entscheidungsgremien, die eine der staatlichen Rechtsprechung ähnliche Tätigkeit ausüben, aus.[51]

Solche **privaten Gerichte** sind die Schiedsgerichtsbarkeit (§§ 1025 ff. ZPO), Verbands- und Vereinsgerichtsbarkeit (z.B. Parteischiedsgerichte gem. § 14 PartG, welche nicht in den Anwendungsbereich der §§ 1025 ff. ZPO fallen, sondern innerparteiliches Organ sind), Betriebsjustiz, Sport- sowie kirchliche Gerichtsbarkeit. Wesentlicher Unterschied dieser Form übergeordneter Entscheidungsgewalt zu der staatlichen ist, dass sich die streitenden Parteien ihr **freiwillig** unterwerfen. Sie kommt daher nur für die Entscheidung von Streitigkeiten zwischen gleichrangigen Subjekten, also nur im Zivilrecht in Betracht.[52]

28 Die staatlichen Rechtsprechungsorgane gliedern sich in die **fünf Fachbereiche** der ordentlichen, Verwaltungs-, Sozial-, Arbeits- und Finanzgerichtsbarkeit. Hinzu tritt als unabhängige und übergeordnete Instanz das Bundesverfassungsgericht. Dieses nimmt in der Gerichtsorganisation eine besondere Stellung ein, weil es sich in seinem Aufgabenbereich deutlich von den üblichen Gerichten abhebt. Man unterscheidet zwischen der Verfassungsgerichtsbarkeit einerseits und den Fachgerichten auf der anderen Seite.

#### b) Instanzenzug

29 Die Gewährung mehrerer Instanzen, die geordnet über einen konkreten Streitfall entscheiden, dient dazu, den **Rechtsschutz effektiv** und für den Einzelnen **verlässlich** auszugestalten. Auch Richter können Fehler machen. Die Akzeptanz der Rechtsprechung steigt bei den ihr Unterworfenen, wenn ihre Entscheidungen angreifbar sind. Mit dem Instanzenzug ist im System der Rechtsprechung ein Instrument der **Selbstkontrolle** eingebaut.

---

50 BVerfGE 10, 200, 214; *P. Häberle*, DÖV 1965, 369 ff.

51 BGHZ 65, 59, 61; *S. Detterbeck*, in: Sachs, GG, 6. Aufl. 2011, Art. 92 Rn. 28; *C. Hillgruber*, in: Maunz/Dürig, GG, 70. Lfg., Art. 92 Rn. 87.

52 *C. Hillgruber*, in: Maunz/Dürig, GG, 70. Lfg., Art. 92 Rn. 89.

30 Dass es mehrere gerichtliche Instanzen geben muss, setzt Art. 95 GG, der die Bundesgerichte als übergeordnete Instanz der Landesgerichte bestimmt, mittelbar voraus.[53] Die obersten Bundesgerichte sind grundsätzlich als **Rechtsmittelgerichte höchster Instanz** zu verstehen, die einen Streitfall erst dann in rechtlicher Hinsicht überprüfen, wenn ihn zuvor ein bzw. zwei Instanzen der Landesgerichte entschieden haben.

31 Der **Instanzenzug** ist in allen Gerichtsbarkeiten bis auf die Finanzgerichtsbarkeit – dort entscheiden nur die Finanzgerichte und der Bundesfinanzhof – **dreistufig** ausgestaltet. Die **Eingangsinstanz** setzt sich erstmals mit einem Streitfall in tatsächlicher und rechtlicher Hinsicht auseinander, wobei sie vollständig den zugrunde liegenden Sachverhalt ermittelt. Gegen das erstinstanzliche Urteil kann der Unterlegene das entsprechende Rechtsmittel bei der **Berufungsinstanz** einlegen. Diese nächsthöhere Instanz ist im Regelfall ebenfalls ein Tatsachengericht, beschäftigt sich also auch mit den faktischen Grundlagen des anhängigen Rechtsstreits. Die **Revisionsinstanz** schließt als dritte Stufe den Instanzenzug ab und überprüft den von den vorangegangenen Gerichten entschiedenen Fall nur auf rechtliche Richtigkeit. Das Revisionsgericht ist damit an die vorige gerichtliche Tatsachenermittlung gebunden. Für die ordentliche Gerichtsbarkeit sind – je nach Eingangsinstanz – die drei Instanzen (in dieser Reihenfolge) auf Amtsgerichte, Landgerichte und Oberlandesgerichte verteilt.

32 Dass ein Rechtsschutzsuchender überhaupt Gehör vor einem staatlichen Gericht findet, ist durch die Rechtsschutzgarantie des Art. 19 Abs. 4 G, den allgemeinen Rechtsgewährungsanspruch sowie das Rechtsstaatsprinzip aus Art. 20 Abs. 2 S. 2, Abs. 3 GG gewährleistet. Einen Anspruch auf die genaue Ausgestaltung des gerichtlichen Verfahrens, insbesondere ein **Recht auf eine zweite Instanz**, hat der Einzelne jedoch nicht.[54] Es ist mit Blick auf die gebotene Abwägung zwischen Einzelfallgerechtigkeit und Rechtsfrieden, welche die Rechtsprechungsorganisation zu leisten hat, gerechtfertigt, wenn dem Rechtssuchenden nur ein begrenztes Maß an Rechtsmitteln zur Verfügung steht.[55]

33 Der politisch motivierte Abbau von Gerichtsinstanzen und die Tendenz zum Einzelrichter sind kritisch zu beobachten. Die Qualität einer Gerichtsentscheidung wird durch die Beratungsmöglichkeiten in einem Kollegialorgan gefördert; Instanzen sind ein sinnvolles internes Korrektiv der Rechtsprechung.

### c) Besetzung der Fachgerichte

34 Die Besetzung des Spruchkörpers nimmt das Gerichtsverfassungsrecht vor. Zur Entscheidung kann eine unterschiedliche Zahl von **Richtern verschiedener Art** berufen sein. Es ist zwischen Berufs- und Laienrichtern, haupt- und neben- und ehrenamtlichen Richtern zu unterscheiden sowie zwischen solchen auf Lebenszeit, auf Zeit, auf Probe und kraft Auftrags. Hinzu tritt die Unterscheidung zwischen Einzel- und Kollegialrichtern. Die Regel soll dabei die Besetzung mit hauptamtlichen Richtern darstellen, denn sie sind doppelt, nämlich sachlich **und** personell, unabhängig gestellt und verkörpern das verfassungsrechtliche Verständnis der Rechtsprechung effizienter als etwa ein Richter auf Probe oder im Nebenamt. Entscheidungsgremien in den Gerichten können **Senate** (5 oder mehr Richter) oder **Kammern** (3 Richter) sein, auch die Entscheidung

53 *C. Degenhart*, Gerichtsorganisation, in: HStR, Bd. V, 3. Aufl. 2007, § 114 Rn. 29; *H. Maurer*, Rechtsstaatliches Prozessrecht, in: FS 50 Jahre Bundesverfassungsgericht, Bd. 2, 2001, S. 467, 482.

54 BVerfGE 107, 395 ff.; a.A. *A. Voßkuhle*, Rechtsschutz gegen den Richter, 1993, S. 255 ff.

55 *C. Degenhart*, Gerichtsorganisation, in: HStR, Bd. V, 3. Aufl. 2007, § 114 Rn. 28.

durch den **Einzelrichter** ist in manchen Gerichtsbarkeiten, z.B. vor dem Amtsgericht, für bestimmte Fälle vorgesehen.

35 Die Richter der **obersten Bundesgerichte** werden nach Vorgaben des Richterwahlgesetzes **gewählt**. Danach entscheidet der für das jeweilige Sachgebiet zuständige Bundesminister gemeinsam mit einem Richterwahlausschuss, der sich zur einen Hälfte aus den für das Sachgebiet zuständigen Landesministern und zur anderen aus vom Bundestag gewählten Mitgliedern zusammensetzt. Die Auswahl der Richter in den **Bundesländern** unterliegt deren jeweiliger Regelungsbefugnis. Sie können für ihre Richter gem. Art. 98 Abs. 4 GG festlegen, dass der jeweilige Landesjustizminister zusammen mit einem Richterwahlausschuss über die Anstellung der Richter entscheidet.

### 3. Die unabhängige Stellung des Richters

36 Die rechtliche Position des Richters ist in zwei Richtungen unabhängig ausgestaltet: nach Art. 97 Abs. 1 GG in sachlicher, gem. Art. 97 Abs. 2 GG in personeller Hinsicht. Die **sachliche Unabhängigkeit** des Richters meint dessen ausschließliche Unterwerfung unter das Gesetz. Damit wird zum einen der Gewaltenteilungsgedanke aus Art. 20 Abs. 2 GG und zum anderen die Bindung der Rechtsprechung an Gesetz und Recht im Allgemeinen gem. Art. 20 Abs. 3 GG verstärkt. Die sachliche Unabhängigkeit stellt den Richter davon frei, Weisungen befolgen zu müssen. Versuche der Lenkung richterlicher Inhaltsentscheidungen sind unzulässig. Das Verbot richtet sich sowohl an die Exekutive wie die Legislative.[56] Der Richter ist zudem von der Judikative insofern losgelöst, als er nicht an Entscheidungen anderer – egal ob über- oder gleichgeordneter – Gerichte gebunden ist. Allein entscheidend ist die eigene Rechtsauffassung des Richters, dem es frei steht, anderen Urteilen zu folgen.[57] Die sachliche Unabhängigkeit wird einfach-rechtlich durch § 4 DRiG abgesichert, wonach der Richter grundsätzlich keine gewaltenverschränkenden Aufgaben wahrnehmen darf.[58]

37 Die **persönliche Unabhängigkeit**[59] schützt den Richter vor Konsequenzen anlässlich seiner Entscheidungen und soll ihn von untunlichen äußeren Einflussnahmen freistellen. Dies ist kein grundrechtlicher oder grundrechtsgleicher Abwehranspruch;[60] vielmehr soll die Institution einer **sachlich** unabhängigen Rechtsprechung[61] dadurch abgesichert werden, dass auch die persönliche Richterstellung verfassungsrechtlichen Schutz genießt. Bereits definitorisch handelt es sich nur um Rechtsprechung, wenn unabhängige und allein an geltendes Recht gebundene Dritte zur Entscheidung berufen sind, dieses Verständnis wiederholt Art. 97 GG explizit für die Stellung des Richters. Gleichzeitig wird durch diese Gewährleistung einer **Ämterstabilität** das Verfassungsgebot der Gewaltenteilung verstärkt.[62] Dienstrechtliche Maßnahmen dürfen nicht in den

56 *H. Schulze-Fielitz*, in: Dreier, GG, Bd. 3, 2. Aufl. 2007, Art. 97 Rn. 21 ff.
57 BVerfGE 87, 273, 278; *S. Detterbeck*, in: Sachs, GG, 6. Aufl. 2011, Art. 97 Rn. 15; *K. Stern*, Staatsrecht II, 1980, S. 913.
58 Die Ausnahmen dazu finden sich im abschließenden Katalog des § 4 Abs. 2 DRiG.
59 Zu den Einzelausprägungen der persönlichen Unabhängigkeit s. *H. Schulze-Fielitz*, in: Dreier, GG, Bd. 3, 2. Aufl. 2007, Art. 97 Rn. 49 ff.
60 BVerfGE 107, 257, 274; *C. Classen*, in: v. Mangoldt/Klein/Starck, GG, Bd. 3, 6. Aufl. 2010, Art. 97 Rn. 2, 6.
61 *E. Schmidt-Jortzig*, NJW 1991, 2377, 2380.
62 *S. Detterbeck*, in: Sachs, GG, 6. Aufl. 2011, Art. 97 Rn. 1.; *K. Eichenberger*, Die richterliche Unabhängigkeit als staatsrechtliches Problem, 1960, S. 64 ff.

Kernbereich[63] der richterlichen Tätigkeit eingreifen.[64] Hauptamtliche und planmäßig angestellte Richter können dank dieses Schutzes nur unter erschwerten Bedingungen, nämlich durch richterliche Entscheidung auf der Grundlage eines entsprechenden formellen Gesetzes, aus ihrem Amt gedrängt werden. Mit der persönlichen Unabhängigkeit des hauptamtlichen Richters unvereinbar sind Amtsenthebung und Versetzung an ein anderes Gericht gegen den Willen des Richters (Grundsatz der Unversetzbarkeit).[65]

Durch die Zustimmungsgesetze gem. Art. 24 Abs. 1 GG, Art. 23 Abs. 1 S. 2 GG ist ein 38
Richter der deutschen Gerichtsbarkeit auch an **europäisches Primär- und Sekundärrecht** gebunden, welchem ein Anwendungsvorrang gegenüber nationalem Recht zukommt.[66] Damit geht allerdings keine Einschränkung der richterlichen Unabhängigkeit einher, denn durch die Zustimmungsgesetze ist das Unionsrecht Teil der Gesetzesbindung im Sinne von Art. 97 Abs. 1 GG.[67]

Dienstrechtlich betrachtet sind **Richter keine Beamten.** Das Grundgesetz stellt die 39
Rechtsprechung bewusst neben die Exekutive, weshalb für Richter ein besonderes, vom allgemeinen Beamtenrecht losgelöstes Amtsrecht bestehen muss.[68] Dennoch stehen auch sie – trotz ihrer besonderen Unabhängigkeit aus Art. 97 GG – in einem öffentlich-rechtlichen Dienst- und Treueverhältnis zu ihrem Dienstherrn, der jedoch nur im Bereich außerhalb des Rechtsprechens weisungsbefugt ist.[69]

### 4. Verfassungsrechtliche Verfahrensrechte

Die sogenannten **Justizgrundrechte**[70] sichern den Zugang des einzelnen Bürgers zur 40
staatlichen Rechtsprechung (grundrechtsgleich) subjektiv ab und stützen zugleich die institutionelle Garantie einer leistungsfähigen Rechtsprechung[71] aus Art. 19 Abs. 4 GG und dem allgemeinen Rechtsgewährungsanspruch.

Im Zentrum der Verfahrensrechte steht die subjektive **Rechtsweggarantie** des Art. 19 Abs. 4 GG.[72] Hinzu treten besondere grundgesetzliche Ausprägungen, welche die subjektive Seite der Einrichtung staatlicher Rechtsprechung stärken, indem sie dem Bürger spezifische Rechte in Bezug auf die gerichtliche Entscheidung seines Falles einräumen.[73]

Hervorzuheben ist zunächst das einheitliche **Recht auf den gesetzlichen Richter** (Art. 101 Abs. 1 GG), wonach dem Staat die Bereitstellung eines gesetzlichen Richters zur Entscheidung auferlegt wird. Damit sollen sachfremde Einflüsse auf die Rechtsprechung durch fallbezogene Auswahl des zur Entscheidung berufenen Richters ausgeschlossen werden.[74]

---

63 Zur Bestimmung des Kernbereichs *H. Sodan*, Der Status des Richters, in: HStR, Bd. V, 3. Aufl. 2007, § 113 Rn. 80 f.
64 BVerfGE 38, 139, 153 f.
65 Der inhaltsgleiche Begriff der „Inamovibilität" des Richters geht auf *R. Gröschner*, NJW 2005, 3691 ff. zurück.
66 Hierzu *L. Michael/M. Morlok*, Grundrechte, 4. Aufl. 2014, Rn. 94 ff.
67 *C. Hillgruber*, in: Maunz/Dürig, GG, 70. Lfg., Art. 97 Rn. 113.
68 BVerfGE 32, 199, 213.
69 Ausführlich hierzu *H. Sodan*, Der Status des Richters, in: HStR, Bd. V, 3. Aufl. 2007, § 113 Rn. 1 ff.
70 S. dazu ausführlich *D. Schroeder*, JA 2010, 167 ff.
71 *E. Schmidt-Aßmann*, in: Maunz/Dürig, GG, 70. Lfg., Art. 19 Abs. 4 Rn. 14.
72 Dazu *L. Michael/M. Morlok*, Grundrechte, 4. Aufl. 2014, Rn. 878 ff.
73 *L. Michael/M. Morlok*, Grundrechte, 4. Aufl. 2014, Rn. 876.
74 BVerfGE 95, 322, 327; E 133, 168, 202 f.

▶ **Hinweis für die Fallbearbeitung:** Das Recht aus Art. 101 Abs. 1 S. 2 GG ist etwa verletzt, wenn der unzuständige Richter über eine Sache entscheidet oder zwingende Vorlagepflichten gem. Art. 100 GG (BVerfG) oder Art. 267 AEUV (EuGH) verletzt werden. Eine solche Verletzung kann wegen der grundrechtsgleichen Stellung des Rechts aus Art. 101 GG mit der Verfassungsbeschwerde gerügt werden. ◀

41 Der **Anspruch auf rechtliches Gehör** aus Art. 103 Abs. 1 GG beinhaltet das Recht des Prozessbeteiligten, Informationen im Verfahren zu erhalten und sich selbst äußern zu können. Sein Vortrag muss zudem vom entscheidenden Richter zur Kenntnis genommen und berücksichtigt werden. Eine spezielle Form dieses Rechts ist die Einhaltung einer angemessenen Verfahrensdauer (Art. 6 Abs. 1 EMRK), welche der sinnvollen und effektiven Durchsetzung subjektiver Individualrechte dient und so zur allgemeinen Rechtssicherheit und dem Vertrauen in die Rechtsprechung beiträgt.

Mit dem **Recht auf ein faires Verfahren** (Art. 6 EMRK und Art. 47 Abs. 2 GRC) ist abgesichert, dass die rechtliche Position des Prozessbeteiligten auch angemessen berücksichtigt wird.

### III. Nationale Judikative im Verhältnis zur supranationalen Rechtsprechung

42 Die Rechtsprechung ist im nationalen Raum nicht hermeneutisch abgeschlossen. Das der deutschen Rechtsordnung übergeordnete Unionsrecht ist wegen der Zustimmungsgesetze gem. Art. 23 und 24 GG direkt anwendbar und wirkt sich folglich auf die nationale Rechtsprechung aus. Das **Unionsrecht** genießt gegenüber nationalem Recht **Anwendungsvorrang.**[75] Dieser bewirkt, dass die nationalen Fachgerichte und das Bundesverfassungsgericht das primäre (Vertragstexte des AEUV und EUV, Europäische Grundrechte-Charta) und sekundäre (Verordnungen, Richtlinien, Beschlüsse, Empfehlungen) Recht der Europäischen Union bei ihren Entscheidungen beachten müssen.[76]

Dies gilt ähnlich für die **EMRK,** welche als völkerrechtliches Abkommen gem. Art. 59 Abs. 2 GG den Rang eines einfachen Bundesgesetzes hat.

43 Die **Durchsetzung von Unionsrecht** obliegt hauptsächlich den nationalen Gerichten[77] (in Deutschland also dem Bundesverfassungsgericht ebenso wie jeder fachgerichtlichen Instanz), weil sie die konkreten Anwendungsfälle für europaweit geltendes Recht zu überprüfen haben. Soweit also Unionsrecht unmittelbar gilt und wirkt, ist es Prüfungsmaßstab der deutschen Gerichte. Hauptsächlich wird Rechtsschutz gegen Akte (Urteile, Gesetz oder Verwaltungsakte) der nationalen Staatsgewalt, welche Unionsrecht anwenden oder umsetzen, ersucht.[78] Mittelbar kann über eine Vorlage eines nationalen Fachgerichtes im Rahmen des **Vorabentscheidungsverfahrens** gem. **Art. 267 AEUV** die Auslegung von Unionsrecht vom EuGH vorgegeben werden. Ähnlich wie bei der konkreten Normenkontrolle gem. Art. 100 GG obliegt den nationalen Gerichten, auch dem Bundesverfassungsgericht[79], sogar die Pflicht zu einer solchen Vorlage, wenn sie Unionsrecht unangewendet lassen wollen; eine **Verwerfungskompetenz** steht nur dem EuGH zu. Handlungen der Europäischen Union binden die nationalen Gerichte.

---

75 Dieses Verhältnis ist allgemein anerkannt, s. *A. Funke*, DÖV 2007, 733 ff. Die Begründung des Vorrangs ist umstritten, vgl. die Darstellung bei *R. Streinz*, Europarecht, 9. Aufl. 2012, Rn. 194 ff.

76 *M. Ruffert*, in: Calliess/Ruffert, EUV/AEUV, 4. Aufl. 2011, Art. 1 AEUV Rn. 20 f.

77 *M. Herdegen*, Europarecht, 16. Aufl. 2014, S. 248 ff.

78 *R. Streinz*, Europarecht, 9. Aufl. 2012, Rn. 575, 698.

79 Vgl. zuletzt die bisher einzige Vorlage des BVerfG an den EuGH zum OMT-Beschluss des EZB-Rates, BVerfG NJW 2014, 907 ff.

44 Rechtsprechung auf europaweiter Ebene wird durch den EuGH und das EuG sowie das Gericht für den öffentlichen Dienst (EUGöD) als bislang einzigem europäischen Fachgericht ausgeübt. Die Zuständigkeitsbereiche dieser Rechtsprechungsorgane verteilen EUV und AEUV. Dem **EuGH** obliegt gem. Art. 19 Abs. 1 S. 2 EUV die Wahrung des Rechts bei der Auslegung und Anwendung der Verträge. Seinem Aufgabenbereich nach kann der EuGH als ein „Verfassungsgericht" der Union bezeichnet werden.[80] Das dem EuGH untergliederte **EuG** ist im **ersten Rechtszug** für die in Art. 256 Abs. 1 AEUV genannten Klagen zuständig.

45 Das rechtsprechende Instrument zur Durchsetzung der EMRK ist der **EGMR**, der über die Einhaltung der europäischen Menschenrechte durch die Mitgliedstaaten wacht.[81] Diese Rolle ist insofern bedeutend, als nicht jeder Mitgliedstaat eine Instanz wie das Bundesverfassungsgericht zur Wahrung individueller Grundrechte bzw. das Mittel der Verfassungsbeschwerde kennt. Lücken im europäischen Grundrechtsschutz füllt der EGMR als Schutzinstanz auf, weil nicht nur Organe, sondern jede natürliche Person gem. Art. 34 EMRK Individualbeschwerde gegen die Verletzung von Menschenrechten der Konvention erheben kann.[82]

46 An **Entscheidungen der europäischen Gerichte** ist die nationale Rechtsprechung jedoch nicht im strengen Sinne gebunden. Eine strikte Bindung oder gar Gesetzeskraft, wie sie Entscheidungen des Bundesverfassungsgerichts nach § 31 BVerfGG entfalten können, existiert hier nicht. Dennoch kann das Prinzip der loyalen Zusammenarbeit mit den Unionsorganen aus Art. 4 EUV zu einem ähnlichen Ergebnis führen, weil danach die nationalen Gerichte Recht unionsrechtskonform auszulegen[83] haben.

Anknüpfend an die umstrittene Frage nach dem Vorrang von Unionsrecht gegenüber deutschem Recht ist das **Verhältnis zwischen Bundesverfassungsgericht und EuGH** nicht eindeutig. Die Gerichte vertreten in Entscheidungen über einen längeren Zeitraum hinweg unterschiedliche Ansichten zur jeweiligen Kontrollbefugnis im Kollisionsfall der Rechtsregime. Insbesondere die dahin gehenden Entscheidungen des Bundesverfassungsgerichts schlugen über die Jahre unterschiedliche Richtungen ein.[84] Der **EuGH** betonte stets das Primat des Unionsrechts gegenüber mitgliedstaatlichem Recht.[85] Das Bundesverfassungsgericht ging insbesondere im Lissabon-Urteil davon aus, dass es sowohl zu einer Überprüfung der Einhaltung der Kompetenzen der Unionsorgane als auch zu einer Überprüfung des Fortbestehens des Kernbestands deutschen Verfassungsrechts befugt ist.[86] Diese Auffassung relativiert das Bundesverfassungsgericht in seiner Honeywell-Entscheidung, indem es die Unanwendbarkeit eines EU-Rechtsaktes nur dann feststellen will, wenn die Kompetenzüberschreitung offensichtlich ist und wesentlich ins Gewicht fällt.[87]

80 S. auch *M. Herdegen*, Europarecht, 16. Aufl. 2014, S. 142.
81 *L. Michael/M. Morlok*, Grundrechte, 4. Aufl. 2014, Rn. 63 ff.
82 *S. Winkler*, Der Beitritt der Europäischen Gemeinschaften zur Europäischen Menschenrechtskonvention, 2000, S. 33 f.
83 *H. Jarass*, EuR 1991, 211, 219.
84 S. BVerfGE 37, 271, 279 – Solange I; E 73, 339, 376 – Solange II; E 89, 155 ff. – Maastricht; E 102, 147 ff. – Bananenmarktordnung; E 123, 267, 353 ff. – Lissabon; E 126, 286, 300 ff. – Honeywell.
85 EuGHE 1970, 1125, 1135 = EuGH, 17.12.1970, Rs. 11/70, Rn. 3.
86 BVerfGE 123, 267, 353 ff.
87 BVerfGE 126, 286, 300 ff.

Dabei erkennt das **Bundesverfassungsgericht** für die eigene Rechtsprechung ein Kooperationsverhältnis[88] zum EuGH an und verzichtet damit weitgehend auf eine Kontrolle europäischen Rechts am Maßstab des GG.[89] Mit diesem Verständnis geht einher, dass das Bundesverfassungsgericht[90] den EuGH als gesetzlichen Richter im Sinne des Art. 101 Abs. 1 S. 2 GG ansieht (→ Rn. 40).

Demgegenüber hat das Bundesverfassungsgericht die Bindungswirkung von **Entscheidungen des EGMR** deutlich eingeordnet: Unmittelbar sind Urteile des EGMR nicht von deutschen Gerichten zu befolgen, allerdings sind dessen Entscheidungsgrundlagen zu berücksichtigen und eine Abweichung besonders zu begründen. „Sowohl die fehlende Auseinandersetzung mit einer Entscheidung des Gerichtshofs als auch deren gegen vorrangiges Recht verstoßende schematische „Vollstreckung“ können gegen [deutsche] Grundrechte in Verbindung mit dem Rechtsstaatsprinzip verstoßen.“[91]

### Wiederholungs- und Verständnisfragen

> Welche Aufgaben erfüllt die Rechtsprechung in der rechtsstaatlichen Demokratie des Grundgesetzes?

> Die Judikative ist als „dritte Gewalt“ von Legislative und Exekutive getrennt. Dennoch gibt es Gewaltenverschränkungen. Nennen Sie Beispiele für Überschneidungen mit den beiden anderen Gewalten.

> Erläutern Sie die Begriffe „Richterrecht“ und „Richterliche Rechtsfortbildung“. Mit welchem Argument kann die rechtsschöpfende Tätigkeit eines Richters kritisiert werden?

> Welche Arten von Rechtsprechungsorganen gibt es?

> Wie und in welchen Vorschriften wird die Unabhängigkeit des Richters gewährleistet?

> Stellen Sie die Wechselwirkung zwischen nationaler Rechtsprechung und der des EuGH und EGMR dar.

## IV. Das Bundesverfassungsgericht

### 1. Das Bundesverfassungsgericht als Institution

47 Recht kann verlässlich wirken, wenn es durch eigene Organe auch durchgesetzt wird.[92] Das Bundesverfassungsgericht ist die Institution, die im besonderen Maße darauf ausgerichtet ist, den materiellen Gehalt der Verfassung abzusichern. Ohne die Verteidigung durch das oberste Gericht stellte das Grundgesetz eine leere Ansammlung von Postulaten dar. Das Bundesverfassungsgericht füllt das Grundgesetz durch letztverbindliche Entscheidung von konkreten Verfassungsfragen mit Leben. Nicht zuletzt seine herausgehobene – auch symbolische – Stellung im staatlichen Gefüge trägt zum Schutz der Verfassung als wesentliche Aufgabe des obersten Bundesgerichtes bei. Auch wenn alle Staatsorgane sich an die Verfassung halten müssen (s. Art. 20 Abs. 3 GG), hat eine auf die Beachtung und Durchsetzung der Verfassung spezialisierte Institution

88 BVerfGE 89, 155, 175.

89 *D. Ehlers*, Allgemeine Lehren der Unionsgrundrechte, in: Ehlers, Europäische Grundrechte und Grundfreiheiten, 3. Aufl. 2009, § 14 Rn. 18.

90 Seit der Solange II-Entscheidung BVerfGE 73, 339 (Leitsatz 1); zu den zwischen den beiden Senaten inzwischen umstrittenen Konsequenzen BVerfGE 126, 286 einerseits und BVerfG, 1 BvR 1916/09 vom 19.7.2011 andererseits.

91 BVerfGE 111, 307, 315 ff., 324.

92 *R. Wahl*, Der Staat 20 (1981), 485 ff.

doch besonderen Wert. Die Fokussierung auf die Wahrung der Verfassung macht sie für diese Aufgabe besonders leistungsfähig.

### a) Entstehung

Zwei Jahre nach Inkrafttreten des Grundgesetzes wurde das Bundesverfassungsgericht im Jahre 1951 als Verteidigungsinstanz mit Sitz in Karlsruhe errichtet – es ist also nicht gleich alt wie das Grundgesetz. Das Bundesverfassungsgericht – wie die Institution der Verfassungsgerichtsbarkeit schlechthin – lässt sich als aus drei Wurzeln hervorgegangen verstehen: 48

Erstens braucht ein **Bundesstaat** eine Instanz, die übergeordnet und autoritativ Streitigkeiten zwischen Gesamt- und Gliedstaaten über jeweilige Rechte und Pflichten entscheidet. Das zeigt auch die ausgeprägte Verfassungsgerichtsbarkeit in Bundesstaaten wie den USA, Österreich und eben auch Deutschland. 49

Das heutige Bundesverfassungsgericht reiht sich zweitens in eine deutsche **Staatsgerichtshofstradition** ein, die bis in das Heilige Römische Reich Deutscher Nation zurückreicht, wo das Reichskammergericht und der Reichshofrat bereits Streitigkeiten auf dem Wege des Rechts zu klären suchten. Bereits der Staatsgerichtshof in der Weimarer Republik hatte eine – jedenfalls rechtlich angelegte – starke Stellung inne. Mit der Durchsetzung von Verfassungsbindungen der Staatsgewalt lag es auch nahe, im Falle eines Konfliktes über die Einhaltung der Verfassung ein Gericht anrufen zu können. Hierfür steht insbesondere das **Organstreitverfahren** (→ Rn. 74 ff.).

Schließlich sollte die **allgemeine Verfassungsbindung** institutionell abgesichert werden. Dies gilt über die Verfassungsorgane hinausgreifend auch zugunsten des Bürgers: Nicht zuletzt die Bürgerrechte sollen durch besondere Verfahrensarten wie die Verfassungsbeschwerde und die Normenkontrolle durchgesetzt werden können, mithin kann das Bundesverfassungsgericht in Anliegen der Bürger auch durch diese selbst angerufen werden.

Trotz der traditionellen Anknüpfung und Parallelen der Verfassungsgerichtsbarkeit in anderen Staaten ist das Bundesverfassungsgericht ein in Stärke und Kompetenzreichweite einzigartiges Verfassungsgericht. Die Schaffung einer so mächtigen Institution zum Schutz der Verfassung ist unter anderem die nachvollziehbare Reaktion des Parlamentarischen Rates auf die verbreitete Rechtlosigkeit im Nationalsozialismus. 50

### b) Aufgaben und Funktionen des BVerfG

Der Tätigkeitsbereich des Bundesverfassungsgerichts lässt sich zunächst einmal über die abschließend im Grundgesetz aufgezählten Verfahrensarten definieren.[93] Hauptaufgabe des obersten Gerichtes ist die **Durchsetzung und der Schutz der Verfassung** gegenüber Beeinträchtigungen, die sowohl aus Akten aller drei Staatsgewalten (damit ist auch die Judikative gemeint, weil das Bundesverfassungsgericht auch Urteile aller anderen Gerichte auf Übereinstimmung mit dem spezifischen Verfassungsrecht prüfen kann)[94] als auch mittelbar[95] aus Handlungen von Bürgern resultieren können. Das Bundesverfassungsgericht sichert **institutionell** den **Vorrang der Verfassung** ab. Dass 51

93 Die verfahrensrechtlichen Einzelheiten finden sich in den §§ 13, 36 ff. BVerfGG.

94 *L. Michael/M. Morlok*, Grundrechte, 4. Aufl. 2014, Rn. 918, 978 f.

95 S. zur Wirkung von Grundrechten zwischen Privaten BVerfGE 7, 198 ff.; ausführlich dazu *L. Michael/M. Morlok*, Grundrechte, 4. Aufl. 2014, Rn. 481 ff.

für diese Aufgabe ein spezifisches Organ mit besonderen Befugnissen vonnöten ist, liegt auf der Hand, denn die Verfassung vollzieht sich nicht selbst.

52 Dabei ist die Art der gerichtlichen Handlungsformen zweierlei: Das Bundesverfassungsgericht kann Akte aller drei Staatsgewalten einer verfassungsrechtlichen Überprüfung unterziehen; darüber hinaus kann es mit einer solchen Entscheidung eine Streitigkeit zwischen zwei Verfassungsorganen oder Bund und einem Land klären (Organstreit, Bund-Länder-Streit). Diese Streitentscheidung hat eine **Befriedungsfunktion**, wenn eine politische Auseinandersetzung nicht mehr zu einer Einigung führen kann. Der Aufgabenzuschnitt des Bundesverfassungsgerichts erschöpft sich nicht in der Summe prozessualer Einzelzuständigkeiten.[96] Das Gericht ist für die Verfassung von größerem materiellen Wert, Verfassungsgerichtsbarkeit meint mehr als nur rechtsprechende Kontrolle. Das äußert sich in den über die formalen Zuweisungen hinausgehenden Handlungsfeldern des Gerichts.

53 Hier ist zunächst die letztverbindliche **Auslegung der Verfassung** durch das Bundesverfassungsgericht[97] zu nennen. Sie treibt eine einheitliche Rechtsprechung durch die Fachgerichte weit voran.[98] Die Auslegungsbedürftigkeit der Verfassung ergibt sich aus ihrem hohen Abstraktionsgrad, der sich in zahleichen unbestimmten Rechtsbegriffen widerspiegelt.

54 Das Bundesverfassungsgericht **entwickelt** durch seine Auslegung die **Verfassung fort** und wird dabei sogar erfinderisch tätig. Damit trägt es dem Wandel in der Gesellschaft dort Rechnung, wo sich eine strenge Anwendung der Verfassungsvorschriften im Sinne des historischen Verfassunggebers verbietet.[99] Streng genommen, betreibt es bisweilen durch veränderte Auslegung der Verfassung einen **Verfassungswandel** (→ § 3 Rn. 29).

Damit agiert das Gericht zwar an der Grenze zwischen Recht und Politik. Es reagiert aber auf diese Weise auf neue Herausforderungen, in denen sich der Verfassungsstaat bewähren muss. Primär erscheinen solche Judikate als Erweiterungen verfassungsrechtlicher Garantien. Das Bundesverfassungsgericht versucht also die normative Kraft des Verfassungsrechts auch gegenüber neuartigen Phänomenen zu wahren. Das gilt für alle drei **Verfassungsaufgaben** (→ § 2 Rn. 1 ff.): Eine wirksame **Beschränkung staatlicher Macht** erfordert angesichts der technischen Möglichkeiten der Überwachung der Bürger entsprechende Grundrechtsgewährleistungen. Ein angemessenes **Legitimationsniveau** muss angesichts des Bedeutungsverlusts der nationalen Parlamente sichergestellt werden. Angesichts der Tendenzen der Internationalisierung, Europäisierung und Privatisierung ist es zudem fraglich, ob die **Funktionalität** der bestehenden staatlichen Institutionen ausreicht (→ § 11 Rn. 5).

### c) Rechtliche Stellung des BVerfG

55 Der rechtliche Status des Bundesverfassungsgerichts ist nicht ausdrücklich im Grundgesetz niedergeschrieben, sondern ergibt sich aus Zusammenschau aller seiner Kompetenzen und Funktionen. Unproblematisch ist es ein **Gericht** im Sinne des Art. 92 GG.

---

96 A.A. *E. Friesenhahn*, Jura 1982, 505 ff.

97 *R. Smend*, Festvortrag zur Feier des zehnjährigen Bestehens des Bundesverfassungsgerichts am 26. Januar 1962, in: Bundesverfassungsgericht, Das Bundesverfassungsgericht 1951–1971, 2. Aufl. 1971, S. 15, 16.

98 *M. Morlok*, Big brother – oder Zivilrecht im Verfassungsrecht, in: Bauer/Posch/Morlok, Zivilrecht – Sonne oder Planet der Rechtsordnung?, 2000, S. 25, 44 ff.

99 *K. Hesse*, Grundzüge des Verfassungsrechts der Bundesrepublik Deutschland, 20. Aufl. 1999, Rn. 701.

Als solches bildet es die Spitze der Judikative, überprüft jedoch nicht per se alle Entscheidungen der Fachgerichte (→ Rn. 62).

Als Gericht ist das Bundesverfassungsgericht der Sache nach bereits **unabhängig.** Seine umfassende **Selbstständigkeit** wird jedoch erst durch § 1 BVerfGG angeordnet. In dieser Stellung ist es einzigartig. Damit hat es auch den Rang eines **Verfassungsorgans** und ist insofern mit den Organen Bundestag, Bundesrat, Bundespräsident und Bundesregierung ebenbürtig. Diese Qualität ist zwar nicht in der Verfassung ausdrücklich verankert (lediglich das einfache Recht benennt in § 1 BVerfGG diese Stellung explizit), doch sie ergibt sich aus Konzeption und Aufgabenkanon des obersten Bundesgerichtes. Auch das Bundesverfassungsgericht selbst hat sich schon früh als Verfassungsorgan eingeschätzt.[100] Grund für die Selbsteinschätzung des Bundesverfassungsgerichts ist seine spezifische Entscheidungskompetenz in **politischen** Verfassungsstreitigkeiten, welche der üblichen Gerichtsbarkeit nicht zusteht. Gerade dadurch, dass dem Bundesverfassungsgericht die verbindliche Verfassungsinterpretation obliegt,[101] kann es auf staatliche Machtverteilung einwirken, was es auf die gleiche Stufe wie die übrigen Verfassungsorgane hebt.[102] Mit diesem Status gehen besondere Rechte einher wie etwa eine eigenständige Haushaltsplanung oder die Selbstverwaltung.[103] 56

In diesem Zusammenhang wird das Bundesverfassungsgericht häufig als **„Hüter der Verfassung“**[104] bezeichnet. Die Angemessenheit einer solchen Einordnung kann zumindest bezweifelt werden. Denn auch wenn das Bundesverfassungsgericht ein Monopol zur Entscheidung von Verfassungsstreitigkeiten hat,[105] obliegt es ihm nicht allein, sondern eben auch den anderen Verfassungsorganen, das Grundgesetz auszulegen und es folglich zu „hüten“.[106] Der so gewählte Titel entspricht jedoch ganz dem Selbstverständnis des Bundesverfassungsgerichts.[107] 57

An die Entscheidungen des Bundesverfassungsgerichts sind gem. § 31 Abs. 1 BVerfGG alle staatlichen Stellen des Bundes und der Länder gebunden. Dem Bundesverfassungsgericht kommt eine **Letztentscheidungskompetenz**[108] zu, kein anderes Organ – unabhängig von der Auswirkung von Urteilen der supranationalen Gerichte EuGH und EGMR (→ Rn. 42 ff.) – kann seine Urteile überprüfen oder gar ändern; Entscheidungen können auch nicht mehr durch Rechtsmittel angegriffen werden. Dadurch, dass das Bundesverfassungsgericht das „letzte Wort“ in Verfassungsfragen hat, wird das notwendige Maß an Rechtssicherheit geschaffen und Befriedungsfunktion eines Gerichtes erreicht. 58

---

100 So auch das Selbstverständnis des BVerfG in seinem Statusbericht vom 27.6.1952, JöR 6 (1957), 144 ff.

101 *M. Kriele*, ZRP 1975, 73, 74.

102 *E.-W. Böckenförde*, NJW 1999, 9, 11; so auch *K. Hesse*, Grundzüge des Verfassungsrechts der Bundesrepublik Deutschland, 20. Aufl. 1999, Rn. 669; *C. Starck*, Das Bundesverfassungsgericht in der Verfassungsordnung und im politischen Prozeß, in: FS 50 Jahre Bundesverfassungsgericht, Bd. 1, 2001, S. 1, 4.

103 *G. Roellecke*, Aufgaben und Stellung des Bundesverfassungsgerichts im Verfassungsgefüge, in: HStR, Bd. III, 3. Aufl. 2005, § 67 Rn. 17.

104 S. hierzu *A. Heusch*, NVwZ 2010, 209 ff.

105 *W. Löwer*, Zuständigkeiten und Verfahren des Bundesverfassungsgerichts, in: HStR, Bd. III, 3. Aufl. 2005, § 70 Rn. 4 ff.; *W. Leisner*, Der Bund-Länder-Streit vor dem BVerfG, in: Festgabe BVerfG, Bd. 1, 1976, S. 260, 276; *H. Bethge*, Jura 1998, 529 ff.

106 Zur Kritik daran vgl. *C. Hillgruber/C. Goos*, Verfassungsprozessrecht, 3. Aufl. 2011, Rn. 16 ff.

107 Statusbericht des BVerfG vom 27.6.1952, JöR 6 (1957), 144 ff., 198 ff.; BVerfGE 1, 184, 195; E 2, 124, 131.

108 *W. Löwer*, Zuständigkeiten und Verfahren des Bundesverfassungsgerichts, in: HStR, Bd. III, 3. Aufl. 2005, § 70 Rn. 4; *U. Kischel*, AöR 131 (2006), 219, 227.

59 An dieser in vielerlei Hinsicht mächtigen Stellung des Bundesverfassungsgericht im Verfassungsgefüge wird kritisiert, dass damit ein von der Verfassung nicht gewolltes, demokratisch wenig legitimiertes „drittes Gesetzgebungsorgan" existiert und sich das Gericht in seiner Rechtsprechungspraxis eine „Quasigesetzgebung" anmaßt. Auch wird ein Expansionismus zulasten der Fachgerichtsbarkeit beklagt.

Diesen Bedenken ist jedoch ein wichtiges rechtliches Argument entgegenzustellen: Das Bundesverfassungsgericht kann nur in den **Grenzen** seiner Eigenschaft als Rechtsprechungsorgan agieren, denn trotz der Qualifikation als Verfassungsorgan bleibt es nun einmal ein Gericht.[109] Das bedeutet im Einzelnen, dass es nur auf Antrag tätig werden darf (nie „ex officio"), die Kassation gesetzgeberischer Akte nur punktuell und in eng umgrenzten Umfang möglich ist, das Gericht an die Verfassung gebunden ist und ihm schließlich auch keine eigenen Machtmittel zur Verfügung stehen.

#### d) Wechselwirkung zwischen Rechtsprechung und Politik

60 Bereits die Beschreibung von Verfassungsgerichtsbarkeit beinhaltet die Verknüpfung von Recht und Politik.[110] Hinter den durch das Bundesverfassungsgericht zu beantwortenden Verfassungsfragen stehen immer politische Zusammenhänge. Das zeigen zahlreiche Entscheidungen des Bundesverfassungsgericht, deutlich politisch geprägte Entscheidungen in der jüngeren Rechtsprechung sind etwa das Lissabon-Urteil[111] oder die Entscheidung zur Griechenlandhilfe und dem Euro-Rettungsschirm[112] (Zum politischen Charakter des Verfassungsrechts → § 2 Rn. 4 ff.). Die Verfassung ist teils Leitlinie, jedenfalls Grenze für politisches Handeln und damit selbst politisches Recht.[113] Die **politische Dimension der Verfassungsgerichtsbarkeit** ist damit dreifach gegeben: durch den Streitgegenstand, durch das Verfassungsrecht als Prüfungsmaßstab und durch die Folgen einer Entscheidung im politischen Raum. Besonders deutlich wird dies in **Organstreitverfahren**, in denen die Maßnahme eines staatlichen Organs beanstandet werden kann. Ebenso politische Auswirkungen hat es, wenn das Bundesverfassungsgericht im Verfahren der Normenkontrolle eine Norm, also einen Akt des Gesetzgebers, kassiert und dem Parlament gar die Richtung für eine Neuregelung vorgibt. Ein generell gegenüber dem Bundesverfassungsgericht geübter Vorwurf, es mische sich als Gericht unzulässigerweise in den politischen Prozess ein, ist aus diesem Grund unbegründet: Verfassungsrecht ist eben immer schon politisches Recht.[114]

61 Das soll nicht bedeuten, dass die gesellschaftlich-politische Reichweite bundesverfassungsgerichtlicher Entscheidungen unkritisch in jeder Ausprägung hinzunehmen ist. Politische wie verfassungsrechtliche Kritik ist erlaubt, sollte sich aber je ihrer Besonderheit bewusst sein.

Die politische Dimension des Bundesverfassungsgericht kommt auch in der institutionellen Struktur des Gerichtes zum Ausdruck: zum einen in der personellen Besetzung

109 *K. Schlaich/S. Korioth*, Das Bundesverfassungsgericht, 9. Aufl. 2012, Rn. 510 ff.
110 S. hierzu ausführlich *H. Schiedermair*, Das Bundesverfassungsgericht auf der Grenze zwischen dem Recht und der Politik, in: FS Badura, 2004, S. 477 ff.
111 BVerfGE 123, 267 ff.
112 BVerfG NJW 2011, 2946 ff.
113 *C. Gusy*, Parlamentarischer Gesetzgeber und Bundesverfassungsgericht, 1985, S. 41 ff.; grundlegend hierzu *K. Stern*, Verfassungsgerichtsbarkeit zwischen Recht und Politik, 1980.
114 *G. Roellecke*, Aufgaben und Stellung des Bundesverfassungsgerichts im Verfassungsgefüge, in: HStR, Bd. III, 3. Aufl. 2005, § 67 Rn. 28; *M. Morlok*, Was heißt und zu welchem Ende studiert man Verfassungstheorie?, 1988, S. 178 ff.

durch legitimierende Wahl durch Bundestag und Bundesrat und im Erfordernis einer Zweidrittelmehrheit.

Die gerichtsförmige Austragung von politischen Streitigkeiten kann diese bei aller Kritik an einer **Juridifizierung der Politik**[115] aber auch kultivieren. So ist die letztlich immer mögliche Anrufung des Bundesverfassungsgerichts durch einen der politischen Akteure ein Mechanismus, um aus festgefahrenen Auseinandersetzungen herauszufinden. Zudem trägt die Verhandlung wesentlicher politischer Streitfragen vor dem Bundesverfassungsgericht zur Versachlichung und politischen Beruhigung bei, weil der Streitgegenstand anhand eines rein verfassungsrechtlichen Maßstabes bewertet wird.[116] Die Verfassungsgerichtsbarkeit als **pouvoir neutre** hat eben auch zur Aufgabe, politische Kräfte zu mäßigen und zu koordinieren.[117] Dabei ist eines wichtig: Ein politisches Argument als solches ist noch kein verfassungsrechtlich erhebliches. Es ist wichtig, den politischen Diskurs, der nötig und legitim ist, vom verfassungsrechtlichen zu trennen.

Das Bundesverfassungsgericht sieht sich in politischen Auseinandersetzungen selbst zur Zurückhaltung berufen und praktiziert einen **„judicial-self-restraint"**.[118] Nach diesem Grundsatz praktiziert es seine Entscheidungsbefugnis in einer politischen Frage zurückhaltend, um den demokratischen politischen Prozess nicht autoritativ einzuengen. Dies geschieht insbesondere durch eine Zurücknahme seiner Kontrollintensität. Es handelt sich bei dem Bundesverfassungsgericht damit nicht um eine **Superrevisionsinstanz**, also ein per se alle Entscheidungen der Fachgerichte überprüfendes Organ. Es ist lediglich Kontrollinstanz für Verfassungsfragen. Es greift nicht in den Kompetenzbereich jeglichen staatlichen Handelns ein, indem es lediglich die Einhaltung **spezifischen Verfassungsrechts**[119] prüft. So ist die Kontrolldichte des Bundesverfassungsgerichts bei der Kontrolle zivilrechtlicher Urteile darauf beschränkt, der grundrechtlichen Ausstrahlungswirkung[120] auf das Zivilrecht zur Geltung zu verhelfen. Auch wird dem Gesetzgeber ein weitreichender Beurteilungs- und Prognosespielraum zugestanden. Allerdings: Das Bundesverfassungsgericht überschreitet seine Kompetenz auch, wenn es seine Zuständigkeit eigenmächtig – wenn auch mit ehrenwertem Ziel – eingrenzt. 62

▶ **Hinweis für die Fallbearbeitung:** Dieser Prüfungsmaßstab des BVerfG ist in einer Klausur (zu Beginn der Begründetheit) dann kurz darzulegen, wenn Gegenstand des Gutachtens eine Urteilsverfassungsbeschwerde ist. Um **spezifisches Verfassungsrecht** handelt es sich nach den durch das BVerfG entwickelten Fallgruppen jedenfalls dann, wenn das Fachgericht ein einschlägiges Grundrecht übersehen hat, die Bedeutung oder den Umfang eines Grundrechts falsch eingeschätzt hat oder die Grenzen richterlicher Rechtsfortbildung nicht eingehalten hat. ◀

### e) Verhältnis zu Landesverfassungsgerichten

In den einzelnen **Bundesländern** existiert ein **eigenständiger**, abgeschlossener **Verfassungsraum**, der sich – in den Grenzen von Art. 28 Abs. 1 GG der Kontrolle des Bun- 63

115 S. hierzu *A. v. Brünneck*, Verfassungsgerichtsbarkeit in den westlichen Staaten, 1992; *C. Gusy*, Parlamentarischer Gesetzgeber und Bundesverfassungsgericht, 1985, S. 41 ff.; *C. Landfried*, Bundesverfassungsgericht und Gesetzgeber, 1984, S. 85 ff., 147 ff.
116 Dies beschreibt *H.-P. Schneider*, NJW 1999, 1303, 1305 als negativen Effekt.
117 *M. Herdegen*, ZaöRV 2009, 257, 259.
118 BVerfGE 36, 1, 14.
119 Sog. „Heck'sche Formel": BVerfGE 18, 85, 92 f.
120 S. dazu die grundlegende Entscheidung BVerfGE 7, 198, 206; ausführlich *L. Michael/M. Morlok*, Grundrechte, 4. Aufl. 2014, Rn. 965 ff.

desverfassungsgericht entzieht.[121] Mittlerweile haben alle Länder[122] ein eigenes Landesverfassungsgericht mit teilweise differierender Bezeichnung. Diese können den jeweiligen Streitgegenstand nur am Maßstab des eigenen Landesverfassungsrechts überprüfen. Wo eine Landesverfassungsbeschwerde gewährt wird, ist dem Bürger der Zugang zum Bundesverfassungsgericht zunächst verwehrt. Dennoch ist es möglich, dass das Bundesverfassungsgericht inzident im Wege einer Verfassungsbeschwerde Entscheidungen der Landesverfassungsgerichte überprüft, sofern es um spezifisches (Bundes-)Verfassungsrecht geht.

### 2. Aufbau des Bundesverfassungsgerichts

#### a) Senatsprinzip

64 Das Bundesverfassungsgericht gliedert sich in **zwei Senate**, die mit je acht Richtern besetzt sind. Die Zuständigkeitsbereiche der Senate wird in § 14 BVerfGG geregelt, wobei die beiden Spruchkörper gleichrangig nebeneinanderstehen. Trotz des jeweils spezifischen Kompetenzbereichs entscheidet jeder Senat immer stellvertretend für das gesamte Bundesverfassungsgericht: Jeder Senat ist „das Bundesverfassungsgericht“. Die Vorsitzenden des ersten und zweiten Senats sind gem. § 15 BVerfGG zugleich Präsident bzw. Vizepräsident des Bundesverfassungsgericht. Zu deren Wahl siehe § 9 BVerfGG.

65 Bestimmte Entscheidungen sind dem **Plenum**, also beiden Senaten gemeinsam, vorbehalten, so etwa die Frage, ob ein Senat von der in einer Entscheidung ausgesprochenen Rechtsauffassung des anderen abweichen darf, § 16 BVerfGG. Eine Plenarentscheidung durch alle 16 Richter ist jedoch sehr selten, bisher gab es erst vier solcher Fälle.[123]

Jeder Senat bildet für den Zeitraum von einem Jahr mehrere **Kammern** mit je drei Richtern, welche im Bereich ihrer Senate darüber entscheiden, ob Verfassungsbeschwerden zur Entscheidung angenommen werden bzw. ob Richtervorlagen zulässig sind, siehe § 15a BVerfGG. Dies geschieht zur Entlastung des Gerichts, das jährlich allein etwa 6000 Verfassungsbeschwerden zu beurteilen hat.[124]

#### b) Wahl der Richter zum BVerfG

66 Die **Richter** des Bundesverfassungsgerichts werden je zur Hälfte von Bundestag und Bundesrat für die Dauer von zwölf Jahren **gewählt**. Dazu ist in jedem Gremium nach §§ 6 Abs. 5, 7 BVerfGG eine Zweidrittelmehrheit erforderlich.

Die Abstimmung im Bundesrat findet direkt durch das Plenum statt, während der Bundestag ein Gremium, in das zwölf Abgeordnete per Verhältniswahl entsandt werden, mit dieser Aufgabe betraut. Dies widerspricht streng genommen dem Programm des Art. 94 Abs. 1 S. 2 GG, der eine Wahl durch Bundestag und Bundesrat ohne die Zwi-

---

121 *C. Pestalozza*, Verfassungsprozessrecht, 3. Aufl. 1991, § 21 Rn. 5.

122 Bis 2006 nahm Schleswig-Holstein die Möglichkeit gem. Art. 99 GG in Anspruch, dem BVerfG die Entscheidung von Landesverfassungsstreitigkeiten zu übertragen; nun nimmt diese Aufgabe ein eigenes LVerfG wahr.

123 BVerfGE 4, 27 ff.; E 54, 277 ff.; E 95, 322 ff.; E 107, 395 ff.

124 Vgl. Statistik des BVerfG, abrufbar unter http://www.bundesverfassungsgericht.de/organisation/gb2010/A-I-4.html (26.8.2014).

schenschaltung weiterer Entscheidungsgremien vorsieht.[125] Zudem widerspricht eine **indirekte Wahl** dem Grundsatz, dass demokratisch wesentliche Entscheidungen – zu denen die Wahl der Richter des Bundesverfassungsgerichts zweifellos zu zählen ist – vom Plenum zu entscheiden sind[126] (→ § 11 Rn. 17). Das Prinzip der indirekten Wahl der Bundesverfassungsrichter im Bundestag wird dennoch nun seit Jahrzehnten angewandt, das Bundesverfassungsgericht selbst hat es zumindest nicht beanstandet.[127]

Diese Form der Besetzung weicht von den Verfahren für andere Bundesgerichte insofern ab, als das oberste direkt demokratisch legitimierte Verfassungsorgan (Bundestag) und das oberste föderative Organ (Bundesrat) gemeinsam die Zusammensetzung des Bundesverfassungsgerichts bestimmen. Diese demokratisch hohe Absicherung ist äquivalent zur bedeutenden Stellung des Gerichts im Verfassungsgefüge, aus welcher heraus ihm die Kontrolle über die drei Staatsgewalten zusteht. 67

Die bei der Richterwahl erforderliche **Zweidrittelmehrheit** soll eine politisch einseitige Besetzung verhindern. Die Zusammensetzung der Richter des Bundesverfassungsgerichts soll die pluralistischen Ansichten in der Gesellschaft widerspiegeln und repräsentieren.[128] Denn wenn wesentliche Belange der verfassungsrechtlichen Ordnung durch das Bundesverfassungsgericht letztverbindlich entschieden werden, benötigt das Verfassungsorgan eine dementsprechende Akzeptanz der Bevölkerung. Mit diesem Wahlverfahren wird verhindert, dass sich Richteranwärter mit extremen Wertvorstellungen durchsetzen. Zudem verwehrt es der aktuellen Mehrheit in Bundestag und -rat, sich mit eigener personeller Auswahl über die Minderheit hinwegzusetzen.[129] Theoretisch wird damit eine Einigung zwischen Parlamentsmehrheit und Opposition bei üblichen Mehrheitsverhältnissen erzwungen. Tatsächlich findet aber seit 1976 eine Einigung zwischen der CDU/CSU- und SPD-Fraktion in jedem der Wahlorgane dahin gehend statt, dass den beiden Fraktionen alternierend ein Vorschlagsrecht für die Besetzung einer Richterstelle zukommt.[130] Dabei wird auch den jeweiligen Koalitionspartnern ein Vorschlagsrecht eingeräumt. Durch diese ungeschriebene Übereinkunft wird aus Gründen der Effizienz ausgeschlossen, dass bei jeder neu zu besetzenden Richterstelle eine Diskussion über die parteipolitischen Machtverhältnisse stattfindet.[131] Der nötige Konsens hat damit die Form gefunden, dass lediglich für die andere Seite „inakzeptable" Kandidaten im Rahmen einer Diskussion ausgeschlossen werden. 68

Zum Richter des Bundesverfassungsgericht **wählbar** ist, wer die Befähigung zum Richteramt hat, mindestens 40 Jahre alt ist, gem. Art. 38 Abs. 2 GG in den Deutschen Bun- 69

125 Zur Kritik an der indirekten Wahl s. *J. F. v. Eichborn*, Die Wahl der Bundesverfassungsrichter als Verfassungsproblem, 1969; *A. Kreuzer*, Der Staat 7 (1968), 183, 189 ff.; *K. Schlaich/S. Korioth*, Das Bundesverfassungsgericht, 9. Aufl. 2012, Rn. 42 ff.; *A. Voßkuhle*, in: v. Mangoldt/Klein/Starck, GG, Bd. 3, 6. Aufl. 2010, Art. 94 Rn. 15; *A. Hopfauf*, in: Schmidt-Bleibtreu/Hofmann/Hopfauf, GG, 12. Aufl. 2011, Art. 94 Rn. 13; *H.-P. Schneider*, NJW 1997, 2031, 2031 f.; *J. Wieland*, in: Dreier, GG, Bd. 3, 2. Aufl. 2008, Art. 94 Rn. 14. Eine Änderung der Praxis wurde von Abgeordneten und der Fraktion der Partei BÜNDNIS 90/DIE GRÜNEN durch eine Neufassung des § 6 BVerfGG vorgeschlagen, s. dazu den Entwurf BT-Drucks. 16/9628.

126 *D. Wiefelspütz*, DÖV 2012, 961 ff.; *H. H. Kasten*, DÖV 1985, 222, 226.

127 BVerfGE 40, 356 ff.; E 131, 152 ff.

128 *P. Häberle*, Grundprobleme der Verfassungsgerichtsbarkeit, in: Häberle, Verfassungsgerichtsbarkeit, 1976, S. 1, 4 f., 24.

129 *K. Schlaich/S. Korioth*, Das Bundesverfassungsgericht, 9. Aufl. 2012, Rn. 45.

130 Zu dieser Praxis s. *E. Friesenhahn*, Die Bedeutung der Legitimation des Bundesverfassungsgerichts, insbesondere die Wahl der Richter, in: Bundesverfassungsgericht im dritten Jahrzehnt, 1973, S. 68, 71 f.; *W.-K. Geck*, Wahl und Amtsrecht der Bundesverfassungsrichter, 1986, S. 31 ff.

131 *U. Kischel*, Amt, Unbefangenheit und Wahl der Bundesverfassungsrichter, in: HStR, Bd. III, 3. Aufl. 2005, § 69 Rn. 21.

destag gewählt werden kann sowie eine schriftliche Bereiterklärung abgibt, § 3 Abs. 1, 2 BVerfGG.

### c) Entscheidungsmechanismus

70 Der technische Modus der Entscheidungen des Bundesverfassungsgerichts ist in einer eigenen Gerichtsverfassung, dem BVerfGG sowie der selbstgegebenen Geschäftsordnung, geregelt. Grundsätzlich entscheidet das Bundesverfassungsgericht durch **Urteile** und **Beschlüsse**, auch eine nur vorläufige Entscheidung kommt im Wege einer einstweiligen Anordnung gem. § 32 BVerfGG in Betracht. Die mündliche Verhandlung stellt in der Praxis aus Zeitgründen den Ausnahmefall dar, obwohl § 25 Abs. 1 BVerfGG sie als Regel formuliert.

71 In den Kammern sowie in beiden Senaten stimmt das Kollegium ab, grundsätzlich reicht die **einfache Mehrheit** der anwesenden Richter, § 15 Abs. 4 S. 2 BVerfGG. Kommt es zu einer Stimmengleichheit, kann die Verfassungswidrigkeit einer Norm nicht festgestellt werden, § 15 Abs. 4 S. 3 BVerfGG. Lediglich in speziellen Verfahren wie etwa dem Parteiverbot oder der Präsidentenanklage sind **besondere Mehrheitserfordernisse** geregelt, § 15 Abs. 4 BVerfGG.

Der **Entscheidungsausspruch** fällt so aus, wie es die entsprechende Verfahrensart vorsieht. Insbesondere bei der Normenkontrolle hat sich eine besondere Spruchpraxis zu den Folgen eines Verfassungsverstoßes herausgebildet (→ Rn. 93 f.).

72 Eine besondere Bedeutung hat das **Sondervotum**, in welchem Richter ihre von der Mehrheitsentscheidung des Senats oder Plenums differierende Meinung darlegen, § 30 Abs. 2 S. 1 BVerfGG. Die Abweichung des Sondervotums kann entweder in der Ablehnung des Entscheidungsergebnisses als solchem (dissenting opinion) oder anderen zum gleichen Ergebnis führenden Argumenten (concurring opinion) bestehen. Damit greifen die Träger der Sondervoten nicht den Urteilstenor an, auch sie unterzeichnen. Immerhin: Die Darlegung der Argumentation für eine gegenteilige Ansicht trägt ebenso zur Auslegung und Verteidigung der Verfassung bei wie die mehrheitliche Entscheidung des Bundesverfassungsgerichts, weil sie die argumentative Auseinandersetzung mit einem verfassungsrechtlichen Problem qualitativ anreichert und die öffentliche Diskussion darüber auch nach Urteilsausspruch aufrechterhält.

Das Sondervotum ist eine höchst bemerkenswerte Errungenschaft: Es macht deutlich, dass ein konkreter Rechtsstreit verbindlich – mit Rechtskraft – entschieden wird, zugleich aber damit nicht der Anspruch auf unverbrüchliche Richtigkeit erhoben wird. Die Diskussion über die richtige Entscheidung kann weitergehen. Die **institutionelle Dimension des Rechts**, in der abschließend durch ein Gericht entschieden wird, nimmt selbst die **ideale Dimension des Rechts**, in der die Suche nach dem „richtigen Recht“[132] weitergeht, in sich auf!

Daher ist es nicht ausgeschlossen, dass ein einstiges Sondervotum in einer späteren Entscheidung des Bundesverfassungsgerichts zum Tenor wird, sich das Gericht insofern selbst korrigiert.[133]

132 *R. Stammler*, Rechtsphilosophie, 1970, S. 211 ff.

133 So hat sich z.B. das *Sondervotum* von *Böckenförde* und *Mahrenholz*, das die Grenze von 100.000 DM für Parteispenden als zu hoch kritisierte (BVerfGE 73, 40, 103 ff.), später in E 85, 264 ff. (E 286, 314 ff.) durchgesetzt.

### 3. Zuständigkeit des BVerfG – Die wichtigsten Verfahrensarten

Im Folgenden werden die wichtigsten Rechtschutzformen und ihre Voraussetzungen vorgestellt. 73

Das Bundesverfassungsgericht entscheidet – anders als die Verwaltungsgerichte – nicht aufgrund einer rechtswegeröffnenden Generalklausel, sondern nur in den im Grundgesetz aufgezählten Verfahrensarten (Art. 93 Abs. 1 GG, Art. 93 Abs. 3 GG unter Verweis auf Bundesrecht sowie Art. 18, 21, 41, 61, 98, 99, 100 und 126 GG). Es ist möglich, dass ein Antragsteller mit seinem Begehren die Zulässigkeitsvoraussetzungen gleich mehrerer Verfahren erfüllt. In dieser Konkurrenzsituation hat er die Wahl, auf welchem Wege er sein Ziel zu erreichen versucht; auch das Bundesverfassungsgericht kann eine von der Antragsstellung abweichende Verfahrensart bevorzugen.[134] Entscheidendes Kriterium für die Bestimmung des richtigen Verfahrens ist der Gegenstand, der der Anrufung des Bundesverfassungsgerichts zugrunde liegt.

#### a) Organstreit

##### aa) Bedeutung

Im Wege des Organstreitverfahrens gem. Art. 93 Abs. 1 Nr. 1 GG, §§ 13 Nr. 5, 63 ff. BVerfGG kann ein bestimmter Kreis von Antragsberechtigten Akte eines anderen Organs durch das Bundesverfassungsgericht überprüfen lassen. Es handelt sich um ein kontradiktorisches Verfahren, bei dem verfassungsrechtliche Rechte und Pflichten von Antragssteller und Antragsgegner auf dem Prüfstand stehen. Mit dieser Verfahrensart steht dem Bundesverfassungsgericht ein gewichtiges Instrument zur Beeinflussung der beiden anderen Gewalten zur Verfügung, denn es kontrolliert verbindlich Handlungen anderer Verfassungsorgane.[135] Das Gericht entscheidet über politische Streitigkeiten, deren Beilegung im politischen Prozess aus Sicht der Beteiligten unmöglich erscheint. Nicht selten beantwortet das Bundesverfassungsgericht damit also umstrittene Machtfragen. Eine Anrufung des Bundesverfassungsgerichts im Wege des Organstreits ist regelmäßig Ultima Ratio des Antragsstellers, um seine Rechte zu verteidigen.[136] Auch wenn das Organstreitverfahren eine weitgehende Einwirkungsmöglichkeit des Bundesverfassungsgerichts auf das Parlament eröffnet,[137] kann auf diese Verfahrensart nicht verzichtet werden, wenn ein effektiver Rechtsschutz für Minderheiten bestehen soll. 74

Der Entscheidungsausspruch des Bundesverfassungsgerichts im Organstreit enthält nur eine Feststellung über die Verletzung oder Nichtverletzung der Verfassung durch die angegriffene Maßnahme des Antragsgegners; eine Verpflichtung des Antragsgegners zu einem Tun oder Unterlassen kann nicht ausgesprochen werden, § 67 S. 1 BVerfGG. Dennoch begründet der stattgebende Feststellungsausspruch eine Reaktionspflicht des Antragsgegners, da dieser aufgrund der in Art. 20 Abs. 3 GG auferlegten Bindung an die Verfassung gehalten ist, den Verfassungsverstoß auszuräumen. Nicht allein der Respekt vor dem obersten Gericht,[138] sondern auch die Pflicht zur Einhaltung der Verfassung erzeugt eine Reaktionspflicht des unterlegenen Antragsgegners. Rechtspolitisch ist daran zu denken, die Beschränkung auf einen Feststellungstenor aufzuheben und 75

134 *T. Maunz*, in: Maunz/Dürig, GG, 70. Lfg., Art. 93 Rn. 86.
135 *H. Bethge*, in: Maunz/Schmidt-Bleibtreu, BVerfGG, 37. Lfg., § 63 Rn. 1.
136 *K. Schlaich/S. Korioth*, Das Bundesverfassungsgericht, 9. Aufl. 2012, Rn. 85.
137 *J. Pietzker*, Organstreit, in: FS 50 Jahre Bundesverfassungsgericht, Bd. 1, 2001, S. 587, 588.
138 Dazu *R. A. Lorz*, Interorganrespekt im Verfassungsrecht, 2001.

das Gericht zur Kassation verfassungswidriger Maßnahmen zu ermächtigen, was ihm in Bezug auf Gesetze ja auch zusteht.

### bb) Voraussetzungen

76 **Beteiligtenfähig** sind nach Art. 93 Abs. 1 Nr. 1 GG oberste Bundesorgane und andere Beteiligte, die im GG oder in den Geschäftsordnungen der obersten Bundesorgane mit eigenen Rechten ausgestattet sind. Dies umfasst drei Arten von Beteiligten des Organstreitverfahrens: Oberste Bundesorgane, mit eigenen Rechten ausgestattete Teile dieser Organe sowie andere Beteiligte mit entsprechenden Rechten.

Unproblematisch können als oberste Bundesorgane Bundespräsident, Bundestag, Bundesrat, Bundesregierung, der Vermittlungsausschuss (Art. 77 Abs. 2 GG) und der gemeinsame Ausschuss (Art. 53a GG) Antragssteller bzw. Antragsgegner im Organstreit sein.

Die mit eigenen Rechten ausgestatteten Teile der genannten Organe sind aufgrund ihrer Eingliederung in die obersten Bundesorgane als „andere Beteiligte" parteifähig. Dazu zählen die Präsidenten, Fraktionen und Ausschüsse des Bundestages und Bundesrates sowie einzelne Bundesminister mit besonderen Befugnissen und der Bundeskanzler, weil sie in eigenem Namen stellvertretend für das Gesamtorgan, welchem sie angehören, Rechte geltend machen können.[139] Sie treten dabei – neben der Geltendmachung eigener Rechte – auch in einer Funktion ähnlich der eines **Prozessstandschafter**s (→ § 11 Rn. 101) auf.

77 Schwieriger gestaltet sich die Definition „anderer Beteiligter" im Sinne des Art. 93 Abs. 1 Nr. 1 GG. Für die Berechtigung zur Antragsstellung ist eine funktionale Nähe zu den obersten Bundesorganen zu verlangen.[140] Problematisch ist das Verhältnis von Art. 93 Abs. 1 Nr. 1 GG zu § 63 BVerfGG, der zu dem Kreis der Antragsberechtigten nur die obersten Bundesorgane und deren Teile zählt; die Formulierung der „anderen Beteiligten" taucht hier nicht auf. Insofern ist der in der Verfassung bezeichnete Kreis der Antragssteller weiter als der des BVerfGG. Die einfach-rechtliche Vorschrift des § 63 BVerfGG ist daher verfassungskonform so zu verstehen, dass sie die Berechtigten nicht abschließend aufzählt, sondern ebenfalls „anderen Beteiligten" die Antragsberechtigung unausgesprochen zugesteht. Eine Art. 93 Abs. 1 Nr. 1 GG beschränkende Auslegung des § 63 BVerfGG führte zur Verfassungswidrigkeit der Norm.

78 Der **einzelne Bundestagsabgeordnete** ist keine selbstständige Gliederungseinheit des Bundestags und daher kein Organteil.[141] Anderes gilt für die Fraktion[142] und die Gruppe[143] (§ 10 Abs. 4 GOBT). Sie sind Teile des Bundestags und als solche beteiligtenfähig im Organstreitverfahren.

▶ **HINWEIS FÜR DIE FALLBEARBEITUNG:** Auf den abweichenden Wortlaut des § 63 BVerfGG ist nur bei Antragsstellern, die in die Kategorie „sonstige Beteiligte" fallen (z.B. ein einzelner Abgeordneter, s. → § 11 Rn. 95) kurz einzugehen. Diese Wortlautdifferenz

139 *H. Lechner/R. Zuck*, BVerfGG, 6. Aufl. 2011, § 63 Rn. 7.

140 BVerfGE 13, 54, 96.

141 BVerfGE 90, 286, 349 f.; E 117, 359, 367 f.; E 123, 267, 337; *D. Umbach*, Der „eigentliche" Verfassungsstreit vor dem Bundesverfassungsgericht: Abgeordnete und Fraktionen als Antragsteller im Organstreit, in: FS Zeidler, Bd. 2, 1987, S. 1235, 1252 f.; *C. Hillgruber/C. Goos*, Verfassungsprozessrecht, 3. Aufl. 2011, Rn. 333.

142 BVerfGE 103, 81, 86.

143 BVerfGE 84, 304, 318; E 96, 264, 276.

kann entweder mit dem Verständnis des § 63 BVerfGG als nicht abschließende Aufzählung oder einer verfassungskonformen Ergänzung überwunden werden. ◀

Ein Abgeordneter kann als „**anderer Beteiligter**" Antragsteller im Organstreitverfahren sein, wenn er geltend macht, durch eine Maßnahme oder Unterlassung in einem durch die Verfassung verliehenen Statusrecht verletzt zu sein. In diesem Fall ist er nicht **Prozessstandschafter** für den Bundestag, sondern tritt für seine eigene Rechtsstellung als Abgeordneter ein. Voraussetzung ist, dass er Rechte geltend macht, die in seinem in Art. 38 Abs. 1 S. 2 GG verliehenen generellen Status fußen oder die separat im Grundgesetz genannt sind, so etwa in Art. 46 Abs. 1, 47 oder 48 GG. Für alle sonstigen Rügen steht Abgeordneten die Verfassungsbeschwerde offen.[144]

**Politische Parteien** sind zunächst juristische Personen des Zivilrechts, denen nicht die Qualität eines Staatsorgans zukommt (→ § 5 Rn. 130 ff.). Allerdings erhalten sie durch Art. 21 Abs. 1 S. 1 GG einen verfassungsrechtlichen Status, der sie zu „notwendigen Bestandteilen des Verfassungsaufbaus"[145] macht. Dieser rückt sie zumindest in die Nähe der obersten Bundesorgane und kürt sie zu einer Institution des Verfassungslebens. Eine politische Partei kann daher Beteiligte im Organstreit sein, soweit sie spezifisch in ihrem verfassungsrechtlichen Status aus Art. 21 GG betroffen und nicht ein anderes Verfahren, etwa die Verfassungs- oder **Wahlprüfungsbeschwerde** statthaft ist.[146] Diese Einordnung der prozessualen Position politischer Parteien ist auf Kritik gestoßen[147]. So wird argumentiert, diese Konstruktion sei unnötig, weil politischen Parteien die Verfassungsbeschwerde offenstünde. Allerdings spricht für die Beteiligtenfähigkeit im Rahmen des Organstreitverfahrens insbesondere ein politisch-praktisches Argument: Wesentliche Fragen für den demokratischen Willensbildungsprozess müssen nicht erst rechtswegerschöpfend vor Fachgerichten ausgefochten werden, bevor eine Klärung durch das Bundesverfassungsgericht im Wege der Verfassungsbeschwerde in Betracht kommt. Eine lange Verfahrensdauer über mehrere Gerichtsinstanzen hinweg kann vermieden werden, wenn man politischen Parteien die Berechtigung einräumt, direkt einen Organstreitantrag an das Bundesverfassungsgericht zu richten.[148] 79

Den politischen Parteien steht das Verfahren des Organstreits jedoch nur dann offen, wenn Antragsgegner ein Verfassungsorgan ist.

▶ **Beispiel:** Beanstandet eine politische Partei Öffentlichkeitswerbung der Bundesregierung unmittelbar vor der Wahl, ist sie in ihrer durch Art. 21 Abs. 1 S. 2 GG gewährten Chancengleichheit – und zwar durch ein Verfassungsorgan – betroffen, so dass sie ihr Anliegen im Wege des Organstreits durchsetzen kann.[149]

Bei Sanktionen des Bundestagspräsidenten wegen Verletzung von Rechenschaftspflichten handelt dieser als Verwaltungsbehörde, so dass eine Rüge im Wege des Organstreitverfahrens mangels Verfassungsorganstellung des potenziellen Antragsgegners ausscheidet.[150]

Rügt eine politische Partei die Versagung der Zulassung zu einer Stadthalle durch den Bürgermeister, unterscheidet sie sich nicht wesentlich von einer natürlichen Person, die die Ver-

144 *H. Bethge*, in: Maunz/Schmidt-Bleibtreu, BVerfGG, 37. Lfg., § 63 Rn. 45; *H. Lechner/R. Zuck*, BVerfGG, 6. Aufl. 2011, § 63 Rn. 16.
145 BVerfGE 4, 27, 28 f.
146 BVerfGE 4, 27, 29 f. – st. Rspr.
147 *K. Schlaich/S. Korioth*, Das Bundesverfassungsgericht, 9. Aufl. 2012, Rn. 92 m.w.N.; *C. Umbach, in:* Umbach/Clemens/Dollinger, BVerfGG, 2. Aufl. 2005, §§ 63, 64 Rn. 92 ff.
148 *M. Morlok*, NVwZ 2005, 157, 160.
149 BVerfGE 44, 125, 136 f.
150 BVerfGE 111, 54, 81 f.

letzung von Grundrechten anmahnt. Das Recht auf Zugang zu einer Stadthalle wird einer Partei nicht spezifisch durch Art. 21 GG zugesprochen, so dass hier – nach Erschöpfung des Rechtswegs – Verfassungsbeschwerde einzureichen wäre. Dies nicht zuletzt, weil es in einem solchen Fall an einem Verfassungsorgan als Antragsgegner mangelt. ◀

80 **Antragsgegenstand** kann sowohl ein Tun als auch Unterlassen des Antragsgegners sein. Ein Unterlassen muss dabei eine gewisse Rechtserheblichkeit aufweisen, da schlichtes Untätigbleiben nicht ohne Weiteres einen Pflichtverstoß darstellt.

81 Die **Antragsbefugnis** verlangt als eine der wesentlichen Hürden der Zulässigkeit, dass der Antragssteller die Verletzung explizit **eigener** durch das Grundgesetz verliehener **Rechte** geltend macht. Es reicht für die Zulässigkeit aus, wenn es nicht von vornherein ausgeschlossen ist, dass die beanstandete Maßnahme des Antragsgegners zu einer Verletzung der bezeichneten Rechte geführt hat.[151] Eine Ausnahme von dem Grundsatz, dass die Rechte *eigene* sein müssen, stellt die Figur der **Prozessstandschaft** dar (→ Rn 76). Dabei macht der Antragsteller grundsätzlich fremde Rechte in eigenem Namen geltend. Die Prozessstandschaft im Organstreit weicht insofern von dieser allgemeinen (zivilrechtlichen) Definition ab, als der Antragsteller nicht rein fremde Rechte, sondern eben auch eigene durchsetzen möchte. Er ist immerhin auch Teil desjenigen Organs, dessen Rechte er geltend macht. Zur Begründung der Antragsbefugnis in diesem Verfahren ist es notwendig, dass sich der „Standschafter" auf grundgesetzliche Rechte beruft und dass er dem Rechtsinhaber als Teil angehört. Die Geltendmachung von Organrechten ist für Bundestagsfraktionen[152] und Gruppen[153] anerkannt. In der Praxis üblich sind Anträge der Opposition im Parlament unter Berufung auf Rechte des Bundestages als Organ. Diese richten sich typischerweise gegen diejenigen Maßnahmen der Bundestagsmehrheit, die die Bundesregierung stützt.[154] Der einzelne Abgeordnete kann sich nicht auf Rechte des Bundestags (die Geltendmachung eigener Rechte ist selbstverständlich möglich, → § 11 Rn. 95) im Wege des Organstreits berufen.[155]

Für die Antragsstellung ist gem. § 64 Abs. 3 BVerfGG eine **Frist** von sechs Monaten ab Bekanntwerden der beanstandeten Maßnahme einzuhalten.

### b) Bund-Länder-Streit

#### aa) Bedeutung

82 Der Bund-Länder-Streit nach Art. 93 Abs. 1 Nr. 3 GG, §§ 13 Nr. 7, 68 ff. BVerfGG soll Meinungsverschiedenheiten zwischen Bund und Ländern über grundgesetzliche Rechte und Pflichten klären und dient der Absicherung der bundesstaatlichen Ordnung. Typischer Anwendungsfall dieser Verfahrensart ist ein Streit über den Bereich der Gesetzgebungskompetenz von Bund oder Land.[156] Damit ergibt sich ein Überschneidungsbereich mit der abstrakten Normenkontrolle, beispielsweise für bereits erlassene Gesetze; zur Erhebung einer abstrakten Normenkontrolle sind sowohl die Bundes- als auch eine Landesregierung gem. Art. 93 Abs. 1 Nr. 2 GG berechtigt. Ist ein Ge-

151 BVerfGE 94, 351, 362 f.; E 99, 19, 28; E 102, 224, 231 f.; E 114, 107, 114.
152 BVerfGE 90, 286, 336; E 100, 266, 268 f.; E 108, 34, 42.
153 BVerfGE 84, 304, 318; E 96, 264, 276.
154 Z.B. BVerfGE 118, 244, 254 f.; *A. Hopfauf*, in: Schmidt-Bleibtreu/Hofmann/Hopfauf, GG, 12. Aufl. 2011, Art. 93 Rn. 81.
155 BVerfGE 90, 286, 343 f.; E 94, 351, 365; E 99, 19, 29; *C. Hillgruber/C. Goos*, Verfassungsprozessrecht, 3. Aufl. 2011, Rn. 333a, 381.
156 S. etwa BVerfGE 37, 363 ff.; *P. Selmer*, Bund-Länder-Streit, in: FS 50 Jahre Bundesverfassungsgericht, Bd. 1, 2001, S. 563, 565.

setz Gegenstand der Streitigkeit zwischen Bund und Land, so ist häufig die Wahl der abstrakten Normenkontrolle attraktiver, weil dort der Kreis der Antragssteller größer ist, keine Frist eingehalten werden muss und letztendlich entscheidend der Urteilsausspruch des Bundesverfassungsgericht dort aus Sicht des Antragsstellers zielführender ist, weil es gem. § 78 BVerfGG eine Norm für nichtig erklären kann. Entscheidungsinhalt beim Bund-Länder-Streit kann hingegen gem. §§ 69, 67 S. 1 BVerfGG nur die Feststellung eines Verstoßes gegen das Grundgesetz sein. Damit verbleibt in der Praxis dem Bund-Länder-Streit nur ein geringer Anwendungsbereich, praktisch relevanter Themenkomplex des Bund-Länder-Streits sind Probleme bezüglich der Verwaltungsbefugnisse (→ § 8 Rn. 54 ff.).

Der entscheidende Unterschied zum Verfahren nach Art. 93 Abs. 1 Nr. 1 GG besteht insoweit, als der Organstreit Unstimmigkeiten zwischen Organen des Gesamtstaats, der Bund-Länder-Streit solche zwischen eigenständigen juristischen Personen im Verbandssystem lösen soll.[157]

### bb) Voraussetzungen

**Beteiligtenfähig** sind nur der Bund und ein oder mehrere Länder. Als Streitbeteiligte 83
treten für den Bund die Bundesregierung und für ein Land die jeweilige Landesregierung auf, sie sind Antragssteller und Antragsgegner, § 68 BVerfGG.

Der **Streitgegenstand** ist gem. § 69, 64 Abs. 1 BVerfGG ein Tun oder Unterlassen des Antragsgegners. Der Antragssteller muss im Rahmen der **Antragsbefugnis** geltend machen, dass ihn dieses in einem durch die Verfassung gewährten subjektiven Recht mit Bezug auf das föderative System der Bundesrepublik[158] verletzt oder unmittelbar gefährdet; es handelt sich hier ebenfalls um ein kontradiktorisches Verfahren.[159] Auch hier divergieren die Formulierungen des BVerfGG und Art. 93 Abs. 1 Nr. 3 GG, welcher Meinungsverschiedenheiten über Rechte und Pflichten erfordert. Die einfachrechtliche Regelung der Antragsbefugnis wird jedoch für verfassungsgemäß gehalten. Die sechsmonatige **Frist** des § 64 Abs. 3 BVerfGG gilt über § 69 BVerfGG ebenfalls.

## c) Abstrakte Normenkontrolle

### aa) Bedeutung

Die **abstrakte Normenkontrolle** nach Art. 93 Abs. 1 Nr. 2, 2a GG, §§ 13 Nr. 6, 6a, 84
76 ff. BVerfGG dient dazu, objektives Recht einer verfassungsrechtlichen Überprüfung zu unterziehen und ist daher in ihren Zulässigkeitsvoraussetzungen nicht davon abhängig, dass die Verletzung eines subjektiven Rechtes des Antragstellers geltend gemacht wird. Dabei werden drei Ziele verfolgt: Verletzungen des Grundgesetzes durch nachrangiges Recht werden ausgeräumt und so die Integrität der Verfassung geschützt, die bundesstaatliche Kompetenzordnung wird abgesichert und Rechtssicherheit gestiftet, indem der verfassungsrechtliche Status einer Vorschrift geklärt wird.[160] Die abstrakte Normenkontrolle umfasst sowohl den Normverwerfungs- (§ 76 Abs. 1 Nr. 1 BVerfGG) als auch den Normbestätigungsantrag (§ 76 Abs. 1 Nr. 2 BVerfGG).

157 *H. Bethge*, in: Maunz/Schmidt-Bleibtreu, BVerfGG, 39. Lfg., § 69 Rn. 7.
158 *H. Bethge*, in: Maunz/Schmidt-Bleibtreu, BVerfGG, 39. Lfg., § 69 Rn. 66.
159 *W. Löwer*, Zuständigkeiten und Verfahren des Bundesverfassungsgerichts, in: HStR, Bd. II, 2. Aufl. 1998, § 56 Rn. 11, 30 ff.
160 BVerfGE 1, 208, 219 – st. Rspr.

85 Mit Art. 93 Abs. 1 Nr. 2a GG existiert eine Verfahrensart speziell für die Überprüfung der Voraussetzungen des Art. 72 Abs. 2 GG. Danach ist allein die Frage, ob gerade ein Bundesgesetz zur Regelung einer Materie im Bereich der konkurrierenden Gesetzgebung erforderlich ist, Prüfungsmaßstab des Bundesverfassungsgerichts.

86 Die Bezeichnung als abstrakt resultiert daraus, dass das Bundesverfassungsgericht eine Norm unabhängig von einem einschlägigen (in einem gerichtlichen Verfahren anhängigen) konkreten Lebenssachverhalt auf Vereinbarkeit mit Verfassungsrecht überprüft. Diese Vorgehensweise wird nicht unkritisch mit Blick auf die Gewaltenteilung gesehen, da dem Bundesverfassungsgericht ein starkes Instrument zur Verfügung steht, mit dem es Akte der Legislative nicht nur kontrollieren, sondern auch verwerfen kann.[161] Das ändert aber nichts daran, dass das Bundesverfassungsgericht letztendlich lediglich eine Rechtmäßigkeitskontrolle vornimmt, welche zum typischen judikativen Aufgabenbereich zählt.[162]

87 Typischerweise bedient sich die parlamentarische Opposition (die in der Regel über ein Viertel der Abgeordnetensitze im Bundestag verfügt) der abstrakten Normenkontrolle als Instrument zur Durchsetzung ihrer Interessen gegenüber der Regierungsmehrheit. Dies kann auch über eine Landesregierung als Antragsgegner geschehen, welche die politische Ausrichtung der Opposition im Bundestag teilt. Dieser prozessuale Weg wurde insbesondere in der früheren Geschichte der Bundesrepublik beschritten. Auf diese Weise kann die Opposition Gesetze beanstanden, die sie selbst ablehnt und die durch die Regierungsmehrheit zustande gekommen sind.[163]

#### bb) Voraussetzungen

88 Zur **Antragsstellung berechtigt** ist nach Art. 93 Abs. 1 Nr. 2 GG, § 76 Abs. 1 BVerfGG ein kleiner Kreis: die Bundesregierung, eine Landesregierung oder ein Viertel der Mitglieder des Bundestags[164]. Da die abstrakte Normenkontrolle ein objektives Beanstandungs- und kein kontradiktorisches Streitverfahren ist, bedarf es keines Antragsgegners und auch nicht der Geltendmachung einer Verletzung von subjektiven Rechten. Der Antragssteller fungiert vielmehr als Auslöser für die Überprüfung einer Norm. Darüber hinaus existiert bei der abstrakten Normenkontrolle **keine Antragsfrist**, denn die Vereinbarkeit von Gesetzen mit höherrangigem Recht soll jederzeit einer Überprüfung unterzogen werden können.

89 Als **Gegenstand** der Normenkontrolle kommen sowohl landes- als auch bundesrechtliche Normen in Betracht, die bereits eine rechtliche Wirkung entfalten. Unzulässig ist daher die Rüge von lediglich vorbereiteten Rechtsvorschriften. Mindestens das Gesetzgebungsverfahren muss durch die Verkündung der zu überprüfenden Norm abgeschlossen sein, das Inkrafttreten ist hingegen nicht vonnöten.[165]

90 Trotz des objektiven Charakters der abstrakten Normenkontrolle muss der Antragssteller einen **Antragsgrund** vorweisen können, damit es überhaupt einen Anstoß zur Kontrolle einer Vorschrift durch das Bundesverfassungsgericht gibt. Dieses Erfordernis

---

161 Eine die eigentliche Kompetenz eines Gerichtes übersteigende Handlungsform sieht darin *C. Starck*, Der verfassungsrechtliche Status der Landesverfassungsgerichte, in: Starck/Stern, Landesverfassungsgerichtsbarkeit, Bd. 1, 1983, S. 156, 165.

162 *K. Stern*, in: Dolzer/Vogel/Graßhof, BK-GG, 44. Lfg., Art. 93 Rn. 200.

163 *A. Voßkuhle*, in: v. Mangoldt/Klein/Starck, GG, Bd. 3, 6. Aufl. 2010, Art. 93 Rn. 119.

164 Zur Problematik von Quoren bei einer kleineren Opposition → § 11 Rn. 23 f.

165 BVerfGE 1, 396, 410; E 104, 23, 29.

bleibt zwar unter der Schwelle einer Antragsbefugnis, verlangt aber wenigstens Meinungsverschiedenheiten oder Zweifel über die Vereinbarkeit einer Norm mit höherrangigem Recht. Damit wird erreicht, dass eine Norm erst dann einer Prüfung unterzogen wird, wenn ein objektives Bedürfnis zur Klärung besteht und die Verfahren nach Art. 93 Abs. 1 Nr. 2, 2a GG nicht zu einem destruktiven Instrument werden.

Ein **objektives Rechtsschutzbedürfnis** verlangt § 76 Abs. 1 BVerfGG, indem die Vorschrift ein Für-Nichtig-Halten der beanstandeten Norm bzw. Für-Gültig-Halten einer nicht angewandten Norm des Antragstellers voraussetzt. Damit beschränkt die einfach-rechtliche Vorschrift den Anwendungsbereich des Art. 93 Abs. 1 Nr. 2 GG, wonach bereits Meinungsverschiedenheiten oder Zweifel hinsichtlich der Gültigkeit einer Norm ausreichen.[166] Eine so starke Stellungnahme des Antragstellers zur Norm steht jedoch nicht im Einklang mit dem Ziel, welches die abstrakte Normenkontrolle verfolgt: Sie soll die verfassungsmäßige Rechtsordnung verteidigen. Aus diesem Grund sind auch schon Zweifel an der Vereinbarkeit mit höherrangigem Recht ausreichende Voraussetzung für die verfassungsgerichtliche Kontrolle. Dies bestätigt auch die jahrelange Rechtsprechung des Bundesverfassungsgericht, welche § 76 BVerfGG insgesamt mit Art. 93 Abs. 1 Nr. 2 GG im Einklang sieht.[167]

### cc) Varianten der Tenorierung

Dem Verdikt der Verfassungswidrigkeit geht die Bemühung des Bundesverfassungs- 91
gericht voraus, eine Norm so zu lesen, dass sie nicht gegen die Verfassung verstößt: sog. **verfassungskonforme Auslegung** (→ § 3 Rn. 9). Eine solche Norminterpretation kann man als „Rettungsauslegung" verstehen, sie darf aber nach vorherrschender Ansicht nicht die Grenzen des Wortlauts sowie Sinn und Zwecks der Norm überschreiten.

Im Falle der Unvereinbarkeit einer Norm mit höherrangigem Recht erklärt das Bun- 92
desverfassungsgericht zusätzlich deren **ex-tunc-Nichtigkeit**, § 78 S. 1 BVerfGG; das bedeutet eine allseitige anfängliche Unwirksamkeit. In diesem **Regelfall** verwendet es im Urteil die Formel „unvereinbar und daher nichtig".[168] Es ist zu beachten, dass damit eigentlich nur eine ipso iure eintretende Folge deklariert wird.[169] Im Entscheidungsausspruch liegt insofern ein eigenständiger Wert, als die Erklärung nach § 31 Abs. 2 S. 1 BVerfGG in Gesetzeskraft erwächst und die verfassungswidrige Norm von keinem Rechtssubjekt mehr angewandt werden kann.[170] Damit der gesetzgeberische Wille aber nicht über Gebühr beeinträchtigt wird,[171] kann ein Gesetz auch für nur teilnichtig erklärt werden, sofern diese Entscheidung noch einen sinnvoll selbstständigen Rest des Gesetzes bestehen lässt.[172]

Daneben hat sich aber ein anderer gesetzlich ungeregelter Urteilsausspruch in der 93
Rechtsprechung des Bundesverfassungsgerichts etabliert. Mit der sog. (bloßen) **Unver-**

166 Daraus folgern einige Stimmen in der Literatur auch nach der Neufassung des der Vorschrift im Jahre 1998 (BGBl. I 1998, 1823) die dahingehende (Teil-) Nichtigkeit des § 76 Abs. 1 BVerfGG: Vgl. etwa *H. Söhn*, Die abstrakte Normenkontrolle, in: Festgabe Bundesverfassungsgericht und Grundgesetz, Bd. 1, 1976, S. 292, 303; *E. Benda/E. Klein*, Verfassungsprozessrecht, 3. Aufl. 2012, Rn. 687 f.

167 Z.B. BVerfGE 96, 133, 137 f.

168 BVerfGE 61, 149, 151.

169 *C. Hillgruber/C. Goos*, Verfassungsprozessrecht, 3. Aufl. 2011, Rn. 532.

170 *H. Bethge*, in: Maunz/Schmidt-Bleibtreu, BVerfGG, 41. Lfg., § 78 Rn. 8.

171 Vgl. dazu *C. Gusy*, Parlamentarischer Gesetzgeber und Bundesverfassungsgericht, 1985, S. 185 f.

172 *E. Benda/E. Klein*, Verfassungsprozessrecht, 3. Aufl. 2012, Rn. 1387 ff.

**einbarkeitserklärung** verbindet das Bundesverfassungsgericht mit dem Verstoß einer Norm gegen höherrangiges Recht nicht deren Nichtigkeit, um die damit einhergehenden unerwünschten Folgen zu vermeiden. Dieser Ausspruch erfolgt typischerweise in drei Fällen:

- Die Beseitigung einer Norm führt zu einer der verfassungsmäßigen Ordnung noch weniger entsprechenden Situation, sog. „rechtliches Vakuum".[173]
- Dem Gesetzgeber stehen unterschiedliche Handlungsweisen zur Verfügung, um die Verfassungswidrigkeit auszuräumen. Dies ist typischerweise bei Verstößen gegen einen Gleichheitssatz der Fall:[174] Eine Ungleichbehandlung kann dadurch beseitigt werden, dass alle Betroffenen eine bisher einer Teilgruppe vorenthaltene Begünstigung erhalten oder dadurch, dass die vorteilhafte Behandlung für alle gestrichen wird.
- Die sofortige Beseitigung der Norm verletzt überragende Güter des Gemeinwohls.[175]

94 Mit dieser Tenorierung können weitere Anordnungen durch das Bundesverfassungsgericht ausgesprochen werden: Die **Weitergeltungsanordnung**[176] ordnet trotz der Unvereinbarkeit einer Vorschrift mit höherrangigem Recht deren vorläufig fortzuführende Anwendung an. Bisweilen wählt das Bundesverfassungsgericht einen Urteilstenor, in dem es dem Gesetzgeber eine **Frist zur Beseitigung des Verfassungsverstoßes** bzw. zur Neuregelung auferlegt.[177] Bei der **Appellentscheidung**[178] schließlich weist das Bundesverfassungsgericht nur auf verfassungsrechtliche Bedenken an einer (noch) nicht verfassungswidrigen Norm hin und erteilt mit der Pflicht zur Beobachtung dem Gesetzgeber eine „gelbe Karte".

#### d) Konkrete Normenkontrolle

#### aa) Bedeutung

95 Die konkrete Normenkontrolle nach Art. 100 Abs. 1 GG, §§ 13 Nr. 11, 80 ff. BVerfGG bietet den Ausweg aus folgendem Dilemma: Einerseits soll der Vorrang der Verfassung durchgesetzt werden, ein verfassungswidriges Gesetz soll nicht bestehen bleiben. Andererseits ist der Schutz des parlamentarischen Gesetzgebers als Volksvertretung geboten: Nicht jeder Amtsrichter soll ein Gesetz verwerfen können. Die konkrete Normenkontrolle schafft insofern Abhilfe, als sie dem Bundesverfassungsgericht ein **Verwerfungsmonopol** zuspricht, die Kontrolle durch jedes Gericht bei Anordnung einer **Vorlagepflicht** aber bestehen lässt.

---

173 Ein plastisches Beispiel hierfür ist die Strafgefangenenentscheidung BVerfGE 33, 1 ff.: Das verfassungswidrige Fehlen eines Strafvollzugsgesetzes sollte nicht zur sofortigen Freilassung aller Strafgefangenen führen.

174 BVerfGE 22, 349, 361 f.; E 92, 158, 186; E 97, 35, 48; E 99, 69, 83; E 101, 397, 409; E 105, 73, 133; vgl. zum Umgang mit Gleichheitsverstößen auch BVerfGE 33, 303, 347; E 61, 319, 356; E 92, 53, 73; E 111, 191, 224; E 119, 331, 382 f.

175 BVerfGE 109, 190, 235 ff.

176 BVerfGE 37, 217, 261; E 73, 40, 101 f.; E 92, 158, 168.

177 BVerfGE 33, 309, 347 f.; E 61, 319, 354; E 87, 153, 177 f.; E 114, 73, 104; E 121, 266, 314 ff.

178 Hierbei weist das BVerfG nur auf verfassungsrechtliche Bedenken gegenüber einer (noch) nicht verfassungswidrigen Norm hin. *W. Rupp-v. Brünneck*, Darf das Bundesverfassungsgericht an den Gesetzgeber appellieren?, in: FS Müller, 1970, S. 355 ff.; *C. Gusy*, Parlamentarischer Gesetzgeber und Bundesverfassungsgericht, 1985, S. 205 ff.

Zu unterscheiden ist gem. Art. 100 Abs. 1 GG je nach Rang des Gesetzes, das einer Überprüfung unterzogen werden soll:

- Bei vermeintlicher Unvereinbarkeit einer landesrechtlichen Norm mit einer Landesverfassung erfolgt die Vorlage beim jeweiligen Landesverfassungsgericht.
- Soll ein Bundes- oder Landesgesetz auf Vereinbarkeit mit dem Grundgesetz überprüft werden, ist das Bundesverfassungsgericht zuständig.
- Ebenfalls kontrolliert das Bundesverfassungsgericht, ob Landesrecht anderes Bundesrecht als das Grundgesetz wahrt.

Die für alle Gerichte bestehende Vorlagepflicht bewirkt außerdem, dass keine verworrene Rechtslage durch unterschiedliche Ansichten einzelner Fachgerichte über die Gültigkeit einer Norm entsteht. Schließlich führt die Aussetzung des Verfahrens bis zur Entscheidung des Bundesverfassungsgericht über die Vereinbarkeit mit höherrangigem Recht dazu, dass auch die Individualrechte der am konkreten anhängigen Rechtsstreit Beteiligten gewahrt werden, denn sie müssen nicht befürchten, ihr Fall werde aufgrund einer verfassungswidrigen Norm entschieden.

### bb) Voraussetzungen

96 **Vorlageberechtigt** ist jedes staatliche Gericht im Sinne des Grundgesetzes. Ausschließlich Gesetze (unabhängig ob auf Bundes- oder Landesebene) im formellen Sinne kommen als tauglicher **Vorlagegenstand** in Betracht, da Sinn des Verfahrens die Kontrolle des Gesetzgebers ist.[179] Dessen Untätigbleiben kann hingegen nicht Gegenstand der konkreten Normenkontrolle sein,[180] ebenso scheiden mangels formellen Gesetzescharakters Rechtsverordnungen und Satzungen aus. Hierfür sind die Fachgerichte zuständig. Des Weiteren können nur solche Gesetze vorgelegt werden, welche nach Inkrafttreten des Grundgesetzes verkündet wurden, sog. nachkonstitutionelle Gesetze.

97 Allein die Überzeugung von der Verfassungswidrigkeit bzw. Bundesrechtswidrigkeit des vorlegenden Richters bezüglich der im Verfahren anzuwendenden Norm bildet einen tauglichen **Vorlagegrund.** Bloße dahin gehende Zweifel genügen nicht. Ein Vorlagegrund scheidet ebenfalls aus, wenn das Gericht die beanstandete Norm auch verfassungskonform auslegen kann.[181]

98 Die Frage nach der Vereinbarkeit eines Gesetzes mit dem entsprechenden Prüfungsmaßstab muss für die Entscheidung des anhängigen Verfahrens vor dem vorlegenden Gericht unerlässlich sein. Konkret bedeutet das Folgendes: Der anhängige Streit muss bei Gültigkeit der Norm anders zu entscheiden sein als bei deren Verfassungs- oder (Bundes-)Rechtswidrigkeit. Diese **Entscheidungserheblichkeit** nimmt das Bundesverfassungsgericht als Zulässigkeitsvoraussetzung ernst,[182] denn nur wenn eine Rechtsstreitigkeit von der Beurteilung des obersten Gerichts abhängt, rechtfertigt dies dessen Anrufung.

179 St. Rspr. seit BVerfGE 1, 184, 189 ff.
180 *E. Benda/E. Klein*, Verfassungsprozessrecht, 3. Aufl. 2012, Rn. 790.
181 BVerfGE 85, 329, 333 f.; E 96, 315, 324.
182 BVerfGE 51, 161, 164; E 81, 275, 276 f.

### cc) Entscheidung

99 Das Bundesverfassungsgericht entscheidet im Rahmen der konkreten Normenkontrolle nicht über den Ausgangsfall, sondern lediglich über die Vereinbarkeit der vorgelegten Norm mit höherrangigem Recht, § 81 BVerfGG. Im Anschluss an die Feststellung führt das Prozessgericht das Ausgangsverfahren fort, wobei es die Entscheidung des Bundesverfassungsgerichts über die Gültigkeit der Norm zu beachten hat.

## 4. Hinweis auf andere Verfahrensarten

100 Von wesentlicher Bedeutung im bundesverfassungsgerichtlichen Verfahrenskatalog ist freilich die **Verfassungsbeschwerde**[183] gem. Art. 93 Abs. 1 Nr. 4a GG, §§ 13 Nr. 8a, 90 ff. BVerfGG. Im objektiven Verfahren der **Wahlprüfungsbeschwerde** (Art. 41 Abs. 2 GG, §§ 13 Nr. 3, 48 BVerfGG) kann die Einhaltung der wahlrechtlichen Vorschriften bei einer durchgeführten Wahl überprüft werden und diese ggf. für ungültig erklärt werden. Rechtsschutz vor der Wahl gewährleistet Art. 93 Abs. 1 Nr. 4c GG, §§ 13 Nr. 3a, 96a ff. BVerfGG mit der **Nichtzulassungsbeschwerde**. Das **Parteiverbotsverfahren** richtet sich nach Art. 21 Abs. 2 S. 2 GG, §§ 13 Nr. 2, 43 ff. BVerfGG (→ § 5 Rn. 172 ff.). Schließlich sind die **Präsidentenanklage** (Art. 61, 93 Abs. 1 Nr. 5 GG, §§ 13 Nr. 4, 49 ff. BVerfGG), die **Richteranklage** (Art. 98 Abs. 2, 5, 93 Abs. 1 Nr. 5 GG, §§ 13 Nr. 9, 58 ff. BVerfGG) und die **Grundrechtsverwirkung** (Art. 18, 93 Abs. 1 Nr. 5 GG, §§ 13 Nr. 1, 36 ff. BVerfGG) weitere relevante Verfahren vor dem Bundesverfassungsgericht.

## Wiederholungs- und Verständnisfragen

> Aus welchen Gründen hat sich die Institution einer Verfassungsgerichtsbarkeit entwickelt?

> Was bedeutet der Satz: „Das Bundesverfassungsgericht ist keine Superrevisionsinstanz." Wie wirkt sich diese Qualifikation des obersten Verfassungsgerichtes auf die Fallbearbeitung aus?

> Sind auch politische Parteien im Organstreitverfahren nach Art. 93 Abs. 1 Nr. 1 GG, §§ 13 Nr. 5, 63 ff. BVerfGG beteiligtenfähig?

> Welche Varianten der Tenorierung nutzt das BVerfG im Rahmen der abstrakten Normenkontrolle und in welchen Konstellationen wählt das Gericht diese?

> Welche Funktionen erfüllt das BVerfG?

183 Dazu *L. Michael/M. Morlok*, Grundrechte, 4. Aufl. 2014, Rn. 918 ff.

## Definitionen

▶ **HINWEIS FÜR DIE FALLBEARBEITUNG:** Definitionen sind eine feine Sache. Sie geben ein erstes Verständnis eines rechtlichen oder dogmatischen Begriffes und erleichtern, zumal wenn man sie im Kopf hat, das zügige Arbeiten in einer Klausur. Deswegen ist das Lernen von Definitionen eine weit verbreitete Übung unter Jura-Studenten. Besonders viel lernt man, wenn man sich knappe Definitionen selbst erarbeitet.

Freilich, Definitionen bergen auch eine Gefahr. Bemerkenswerterweise kennt das römische Recht die Weisheit „omnis definitio periculosa in iure (civile)", jede Definition im Recht sei also gefährlich. Diese Warnung ist berechtigt. Das Begriffsfeld im Recht wird nämlich in Ansehung des jeweiligen Falles verändert. Definitionen sind nicht unveränderlich. So kennt man die teleologische Restriktion oder Extension von Rechtsbegriffen. Wenn der Sinn einer Bestimmung es verlangt, dann wird der Anwendungsbereich des Begriffes eben eingeengt oder ausgeweitet.

Dies ist beim Umgang mit Definitionen zu beachten. Sie geben einen Einstieg in das Verständnis eines Begriffes, stehen am Anfang der Arbeit, müssen aber immer daraufhin überprüft werden, ob eine konventionelle Anwendungssituation vorliegt, auf welche sie passen, oder ob ein außergewöhnlicher Fall eine Variation nahelegt. Definitionen dürfen mithin nicht das eigene Denken ersetzen. ◀

| **Begriff** | **Definition** |
|---|---|
| Absolute Mehrheit | Die absolute Mehrheit umfasst die Mehrheit der Mitglieder des Abstimmungsgremiums. *§ 5 Rn. 66* |
| Allgemeinheit der Wahl | Eine Wahl wird allgemein genannt, wenn das gesamte politisch berechtigte Volk an ihr teilnehmen darf. Sie gilt sowohl für das aktive als auch passive Wahlrecht. *§ 5 Rn. 93 f.* |
| Annexkompetenz | Annexkompetenzen knüpfen an bestehende Kompetenzen an, sie gehen in die Tiefe von Sachmaterien, weil es notwendig sein kann, dass ein und derselbe Gesetzgeber eine bestimmte Materie im Zusammenhang mit einer anderen regelt, etwa um Konsistenz und Gleichheit zu gewährleisten. *§ 8 Rn. 41* |
| Anwendungsvorrang | Anwendungsvorrang bedeutet, dass im Falle einer Normkollision eine ebenfalls einschlägige Norm in ihrer Anwendung durch die vorrangige anzuwendende Norm verdrängt wird. Der Anwendungsvorrang unterscheidet sich vom Geltungsvorrang dadurch, dass die zurücktretende Norm nicht nichtig, sondern nur unangewendet auf den Kollisionsfall bleibt. *§ 3 Rn. 12; § 8 Rn. 37* |
| Anwesenheitsmehrheit | Die Anwesenheitsmehrheit ist die Mehrheit der bei einer Entscheidung anwesenden Personen, unabhängig von der Gesamtzahl der Stimmberechtigten. *§ 11 Rn. 59; § 15 Rn. 30* |
| Ausschließliche Gesetzgebungskompetenz | Ausschließliche Gesetzgebungskompetenz des Bundes bedeutet, dass die Länder auf den jeweiligen Sachgebieten von jeglicher Gesetzgebungszuständigkeit ausgeschlossen sind, es sei denn, dass sie durch Bundesgesetz ermächtigt werden. *§ 8 Rn. 22* |
| Bundestreue | Die Bundestreue stellt eine Pflicht für Bund und Länder zu gegenseitiger Rücksichtnahme und Unterstützung dar, um die Belange der jeweils anderen Seite zu wahren. *§ 8 Rn. 91* |

| | |
|---|---|
| Diskontinuität | Weil Demokratie Herrschaft auf Zeit ist, entwertet der in der Neuwahl zum Ausdruck kommende aktuelle Volkswille die bis dahin auf der vorangegangenen Wahl beruhende Legitimation der Volksvertretung. Dies beschreibt den Grundsatz der Diskontinuität des Parlaments, bei der zwischen der sachlichen, personellen und institutionellen Dimension unterschieden wird.<br>Die sachliche Diskontinuität bezieht sich auf alle Beschlussvorlagen und besagt, dass die Anträge, Eingaben und dergleichen, die am Ende der Wahlperiode nicht abgeschlossen sind, erledigt sind.<br>Die personelle Diskontinuität erfasst die Abgeordneten, die mit Ende der Wahlperiode ihr Mandat verlieren.<br>Die institutionelle Diskontinuität betrifft schließlich die Organe des Bundestages, etwa den Bundestagspräsidenten und die Ausschüsse und Fraktionen, die mit dem Bundestag ihre konkrete Existenz verlieren. *§ 11 Rn. 143 ff.* |
| Einheit der Verfassung | Bei der Auslegung einer Verfassungsnorm muss beachtet werden, dass sie nicht im Widerspruch zu anderen Verfassungsnormen steht. Dabei ist es geboten, beide Verfassungsnormen zu derjenigen Entfaltung kommen zu lassen, die in der Situation des Konflikts mit einem gegenläufigen Prinzip noch möglich ist. *§ 3 Rn. 34* |
| Enquetekommission | Enquetekommissionen sind Gremien des Parlaments, die (regelmäßig für einen längeren Zeitraum) zur Vorbereitung von umfangreichen und gesellschaftlich bedeutenden Sachkomplexen eingerichtet werden und denen neben Abgeordneten auch parlamentsexterne Personen, wie Sachverständige, als Mitglieder angehören. Dies unterscheidet sie von den ständig eingerichteten Pflicht- und den in Einzelfällen ad-hoc eingerichteten Untersuchungsausschüssen. *§ 11 Rn. 116* |
| Formelles Gesetz | Formelle Gesetze sind Hoheitsakte, die das parlamentarische Gesetzgebungsverfahren durchlaufen haben. Sie werden daher auch Parlamentsgesetze genannt. *§ 15 Rn. 4* |
| Fraktionen | Fraktionen sind freiwillige Vereinigungen von Abgeordneten im Parlament, die i.d.R. derselben Partei angehören. *§ 11 Rn. 96 ff.* |
| Freies Mandat | Das freie Mandat der Abgeordneten ist die rechtliche Freiheit der Abgeordneten, nach eigener Überzeugung abstimmen zu dürfen, siehe Art. 38 Abs. 1 S. 2 GG. *§ 11 Rn. 69 ff.* |
| Freiheit der Wahl | Die Freiheit der Wahl schützt die Wahlentscheidung vor Zwang oder sonstiger unzulässiger Beeinflussung. *§ 5 Rn. 99 ff.* |

| | |
|---|---|
| Freiheitliche demokratische Grundordnung (FDGO) | Das Bundesverfassungsgericht definiert die freiheitliche demokratische Grundordnung i.S.d. Art. 21 Abs. 2 GG als eine Ordnung, die unter Ausschluss jeglicher Gewalt- und Willkürherrschaft eine rechtsstaatliche Herrschaftsordnung auf der Grundlage der Selbstbestimmung des Volkes nach dem Willen der jeweiligen Mehrheit und der Freiheit und Gleichheit darstellt. Zu den grundlegenden Prinzipien zählt das Gericht die im GG konkretisierten Menschenrechte, die Volkssouveränität, die Gewaltenteilung, die Verantwortlichkeit der Regierung, die Gesetzmäßigkeit der Verwaltung, die Unabhängigkeit der Gerichte, das Mehrheitsprinzip und die Chancengleichheit für alle politischen Parteien mit dem Recht auf verfassungsmäßige Ausübung einer Opposition.<br>Eine Legaldefinition mit der Aufzählung dieser Merkmale findet sich in § 4 Abs. 2 BVerfSchG. *§ 5 Rn. 179* |
| Funktionale Selbstverwaltung | Neben der kommunalen Selbstverwaltung (Art. 28 Abs. 2 GG) wird auch in weiteren Bereichen die Erledigung der Verwaltungsaufgaben in die Hände der Betroffenen gelegt – man spricht insoweit von einer funktionalen Selbstverwaltung. Beispiele sind etwa die Anwaltskammern oder die Handwerkskammern, auch die soziale Selbstverwaltung (z.B. der Krankenkassen). *§ 16 Rn. 5* |
| Geheimheit der Wahl | Die Geheimheit der Wahl gewährleistet die Nichtidentifizierbarkeit eines einzelnen Wählers bezogen auf die von ihm abgegebene Stimme. *§ 5 Rn. 111 ff.* |
| Gesetzgebungskompetenz kraft Natur der Sache | Gesetzgebungskompetenzen kraft Natur der Sache sind Ergänzungen der Kompetenzrechtkataloge der Art. 73, 74 GG. Dabei geht es um Materien, die einer einzelstaatlichen Gesetzgebung a priori entrückt sind und daher zwingend im Interesse des Gesamtstaates nur und allein vom Bund geregelt werden können. *§ 8 Rn. 42* |
| Gesetzgebungskompetenz kraft Sachzusammenhangs | Gesetzgebungskompetenz kraft Sachzusammenhangs verlangt, dass ein Sachbereich vernünftigerweise nicht geregelt werden könnte, ohne auf eine Kompetenz des an sich zuständigen, jeweils anderen Gesetzgebers überzugreifen. Voraussetzung der Inanspruchnahme der Kompetenzen ist, dass der für die Hauptregelung zuständige Gesetzgeber von seiner Kompetenz Gebrauch gemacht hat und, hieran anknüpfend, auf eine ihm sonst nicht zugewiesene Kompetenz übergreift. *§ 8 Rn. 41* |
| Gleichheit der Wahl | Die Gleichheit der Wahl umfasst die Zählwert- und die Erfolgswertgleichheit.<br>Erstere bedeutet: Jede Stimme hat den gleichen Wert. Stimme ist gleich Stimme.<br>Der Erfolgswert einer Stimme bezieht sich auf die Wählermacht, die Mandatsverteilung im Parlament mitzubestimmen, man kann auch von der mandatsverschaffenden Kraft sprechen. *§ 5 Rn. 102* |
| Haushaltsgesetzgebung | Der von der Regierung entworfene Haushaltsplan ist vom Parlament durch ein Haushaltsgesetz festzustellen. Der vom Parlament beschlossene Haushaltsplan enthält die Ermächtigung an die Regierung, für die in ihm benannten Zwecke Ausgaben vorzunehmen. *§ 11 Rn. 29 ff.* |

| | |
|---|---|
| Homogenitätsklausel | Art. 28 Abs. 1 GG gibt den Ländern als wesentliche Grundprinzipien der staatlichen Ordnung auch pflichtige Inhalte für ihre interne Ordnung auf. Insofern müssen die Länder den gleichen Grundprinzipien wie der Bund folgen, man nennt deswegen Art. 28 Abs. 1 GG auch die Homogenitätsklausel des Grundgesetzes. *§ 4 Rn. 12* |
| Immunität | Das Immunitätsrecht schützt den Begünstigten für die Dauer des gehaltenen Amtes davor, wegen einer mit Strafe bedrohten Handlung ohne Genehmigung des Bundestages zur Verantwortung gezogen zu werden, es sei denn, dass er bei Begehung der Tat oder im Laufe des folgenden Tages festgenommen wird. Es ist ein Verfolgungshindernis.<br>Immunität genießen die Abgeordneten (Art. 46 Abs. 2–4 GG), aber auch der Bundespräsident (Art. 60 Abs. 4, 46 Abs. 2–4 GG). *§ 11 Rn. 78* |
| Indemnität | Der Grundsatz der Indemnität meint die außerparlamentarische Verantwortungsfreiheit des Bundestagsabgeordneten für seine innerparlamentarische Tätigkeit. Die Indemnität nach Art. 46 Abs. 1 GG ist ein persönlicher Verfolgungsausschlussgrund. *§ 11 Rn. 77* |
| Input-Legitimation | Herrschaft bedarf der Legitimation. Die Input-Legitimation beruht auf der demokratischen Bestimmung der Inhalte der staatlichen Entscheidungen, jedenfalls der wesentlichen Entscheidungen. *§ 2 Rn. 19* |
| Kernbereich exekutiver Eigenverantwortung | Der Kernbereich exekutiver Eigenverantwortung stellt einen grundsätzlich nicht ausforschbaren Initiativ-, Beratungs- und Handlungsbereich der Regierung dar. Dazu zählen die noch nicht abgeschlossenen Vorgänge, insbesondere die interne Willensbildung der Regierung und die diese vorbereitenden Maßnahmen im Ressort- und Kabinettsbereich. *§ 7 Rn. 30* |
| Kompetenz-Kompetenz | Die Kompetenz-Kompetenz ist ein Hauptelement staatlicher Souveränität. Sie bedeutet die Entscheidungsbefugnis des Staates selbst über die ihm zukommenden Zuständigkeiten. Den Gegenpart bilden übertragene, von fremder Hand festgelegte Kompetenzen. *§ 10 Rn. 17, 34* |
| Konkurrierende Gesetzgebungskompetenz | Konkurrierende Gesetzgebungskompetenz bedeutet nicht, dass sich Bund und Länder nebeneinander bestehende Gesetzgebungskompetenzen teilen. Vielmehr sind die Länder grundsätzlich nur zuständig, „solange und soweit" der Bund nicht von seiner Gesetzgebungskompetenz Gebrauch gemacht hat, Art. 72 Abs. 1, 2 GG. Ein Bundesgesetz auf einem dieser Bereiche sperrt also in seinem Regelungsfeld die Landesgesetzgeber. *§ 8 Rn. 23* |
| Konstruktives Misstrauensvotum | Durch das konstruktive Misstrauensvotum kann der Bundestag aus eigener Initiative dem Bundeskanzler das Vertrauen entziehen. Der Misstrauensausspruch ist dabei „konstruktiv", da er nach Art. 67 GG nur Erfolg hat, wenn gleichzeitig die Wahl eines neuen Kanzlers erfolgt. *§ 12 Rn. 37 ff.* |
| Materielles Gesetz | Unter materiellen Gesetzen versteht man alle abstrakt-generellen Regelungen unter Einschluss untergesetzlicher Rechtsnormen, etwa Rechtsverordnungen oder Satzungen. *§ 15 Rn. 4* |

**Mehrheitswahlsystem**
Die Mehrheitswahl ist ein Wahlsystem, bei der das Wahlgebiet – jedenfalls im Idealtypus – in so viele Wahlkreise aufgeteilt wird, wie Parlamentssitze zu vergeben sind. Derjenige Kandidat erringt das Parlamentsmandat, der in seinem Wahlkreis obsiegt. Hierbei gibt es zwei Varianten, die relative Mehrheitswahl und die absolute Mehrheitswahl. Bei der relativen Mehrheitswahl geht der Parlamentssitz an denjenigen Kandidaten, der unter allen Kandidaten die meisten Stimmen auf sich vereinigen konnte, auch wenn sein Stimmenanteil unter 50 % liegt. Bei der absoluten Mehrheitswahl erringt man nur ein Mandat, wenn man eine absolute Mehrheit der Stimmen erreicht. Geschieht dies beim ersten Wahlgang nicht, findet zwischen den beiden erfolgreichsten Kandidaten eine Stichwahl statt. *§ 5 Rn. 63 ff., 87*

**Mitgliedermehrheit**
Bei der Mitgliedermehrheit ist nicht die Mehrheit der abgegebenen Stimmen ausschlaggebend, sondern die Mehrheit der Abstimmungsberechtigten. *§ 5 Rn. 68*

**Negatives Stimmgewicht**
Unter dem negativen Stimmgewicht versteht man den Effekt, dass der Zuwachs von Wählerstimmen für eine Partei zu einem Weniger an Mandaten führen kann. Das BVerfG sieht darin eine Verletzung der Gleichheit und Unmittelbarkeit der Wahl. *§ 5 Rn. 121*

**Öffentlichkeit der Wahl**
Dieser Wahlrechtsgrundsatz verlangt, dass die verschiedenen Etappen des Wahlverfahrens von den Bürgern kontrolliert werden können. *§ 5 Rn. 113*

**Output-Legitimation**
Herrschaft bedarf der Legitimation. Diese Legitimation kann auch aus der Leistungsfähigkeit des Staates bei der Bewältigung der sich ihm stellenden Aufgaben folgen. *§ 2 Rn. 19*

**Parallele Gesetzgebungskompetenz**
Art. 72 Abs. 3 GG enthält eine neue, durch die Bundesstaatsreform eingefügte Variante der konkurrierenden Gesetzgebung: die Abweichungsgesetzgebung oder parallele Gesetzgebungskompetenz des Bundes und der Länder. Diese erlaubt es den Ländern auf den in Art. 74 Abs. 1 Nr. 28–33, 72 Abs. 3 S. 1 Nr. 1–6 GG in Bezug genommenen Sachgebieten eigene, von Bundesgesetzen verschiedene, Regelungen zu treffen. *§ 8 Rn. 33*

**Politische Parteien**
Politische Parteien sind Spezialzweckorganisationen zur Wahrnehmung der institutionalisierten demokratischen Einflussmöglichkeiten auf die staatliche Entscheidungsfindung. Eine Legaldefinition findet sich in § 2 PartG. *§ 5 Rn. 126 ff.*

**pouvoir constituant und pouvoir constitué**
Pouvoir constituant meint die verfassunggebende Gewalt des Volkes. Sie stellt die sinnfälligste Ausübung der Volkssouveränität dar.

Die durch die Verfassung geschaffene und normierte Staatsgewalt wird als pouvoir constitué bezeichnet. Das ist die Form der Staatlichkeit nach Erlass einer Verfassung. *§ 15 Rn. 27 f.*

**Praktische Konkordanz**
Falls gleichrangige Verfassungsnormen kollidieren, tritt nicht eine Norm hinter die kollidierende zurück, vielmehr muss nach einer Lösung gesucht werden, die für beide Seiten den möglichst schonenden Ausgleich darstellt. Es geht dabei um eine Zuordnung der beteiligten Rechtsgüter unter Anschauung der konkreten Situation: um die Herstellung einer bedingten Vorrangrelation. *§ 3 Rn. 34*

| | |
|---|---|
| Qualifizierte Mehrheit | Eine qualifizierte Mehrheit stellt höhere Mehrheitserfordernisse dar, die dann verlangt werden, wenn eine Entscheidung erschwert werden soll. Ein Beispiel ist die für eine Verfassungsänderung erforderliche Zwei-Drittel-Mehrheit (Art. 79 Abs. 2 GG). *§ 5 Rn. 64* |
| Ratifikation | Ratifikation ist eine völkerrechtliche Erklärung an eine andere Vertragspartei, an den Vertrag gebunden zu sein. Durch den Austausch der Ratifikationsurkunden wird der Vertrag völkerrechtlich wirksam und bindet die Bundesrepublik an dessen Inhalt. *§ 10 Rn. 12* |
| Relative Mehrheit | Relative Mehrheit ist die Mehrheit der abgegeben Stimmen. *§ 5 Rn. 66* |
| Überhangmandate | Falls eine Partei mehr Direktmandate errungen hat, als ihr nach dem Verhältnis der Zweitstimmen zukommen, so bleiben ihr diese Mandate als Überhang erhalten. Um die Gleichheit und Unmittelbarkeit der Wahl sicherzustellen, wird dieser Überhang nach geltendem Wahlrecht (§ 6 Abs. 5 S. 2 BWahlG 2013) durch die Erhöhung der Gesamtzahl der Sitze des Bundestages ausgeglichen (Ausgleichsmandate). *§ 5 Rn. 119* |
| Unmittelbarkeit der Wahl | Die Unmittelbarkeit der Wahl soll den unverfälschten Einfluss der Wähler auf die personelle Zusammensetzung des Parlamentes sicherstellen. Zwischen die Entscheidung der Wähler und die personelle Zusammensetzung des Parlaments darf daher keine weitere politische Willensentscheidung treten. *§ 5 Rn. 95 f.* |
| Verfassung als Gerechtigkeitsreserve | Das Verfassungsrecht ist durch den Anspruch gekennzeichnet, die Gerechtigkeit der Rechtsordnung zu gewährleisten. Zwar steht das Recht insgesamt in der gesellschaftlichen Praxis unter der Erwartung, gerecht zu sein. In der Stufenordnung des Rechts wird der Gerechtigkeitsanspruch aber in besonderem Maße auf das Verfassungsrecht projiziert, und zwar besonders auf die dort positivierten Prinzipien. Freiheit und Gleichheit, Grundrechte, Demokratie Sozialstaatlichkeit u.Ä. stellen Gerechtigkeitsversprechen dar. *§ 3 Rn. 20 ff.* |
| Verhältniswahlsystem | Die Verhältniswahl ist ein Wahlsystem, bei der das ganze Wahlgebiet als ein Wahlkreis verstanden wird, in dem die politischen Parteien ihre Kandidaten auf einer Liste präsentieren und mit dieser um die Gunst der Wähler konkurrieren. Die Sitze im Parlament werden vergeben entsprechend dem Stimmanteil an der Gesamtzahl der gültigen Stimmen, den die Parteien erhalten. Man spricht daher auch von einem „Proportionalsystem" oder von der „Proporzwahl". *§ 5 Rn. 86* |
| Vertrauensfrage | Die Vertrauensfrage stellt einen Antrag des Bundeskanzlers an den Bundestag nach Art. 68 GG dar, ihm das Vertrauen auszusprechen. Es geht politisch und legitimatorisch um eine Erneuerung der Wahlentscheidung für den Bundeskanzler durch den Bundestag. *§ 12 Rn. 43 ff.* |

| | |
|---|---|
| Volkssouveränität | Mit dem Begriff der Volkssouveränität wird der Kern der Demokratie bezeichnet. Unter der Geltung der Volkssouveränität soll die Basis der politischen Herrschaft in den Beherrschten selbst liegen, also im Volk nach Art. 20 Abs. 2 S. 1 GG.<br>In personeller Hinsicht verlangt die Volkssouveränität, dass alle Positionen, die öffentliche Gewalt ausüben, in ununterbrochener Legitimationskette auf das Volk zurückgeführt werden können.<br>In der sachlichen Dimension verlangt die Volkssouveränität, dass die anstehenden Sachentscheidungen durch das Volk selbst getroffen werden. Das Grundgesetz kennt diese Form der politischen Entscheidung nur in ganz eingeschränktem Maße.<br>In der zeitlichen Dimension der Volkssouveränität heißt Demokratie: Regierung auf Zeit. *§ 5 Rn. 9 ff.* |
| Vorbehalt des Gesetzes | Der Vorbehalt des Gesetzes verlangt, dass eine staatliche Aktivität eine Rechtsgrundlage in Gestalt eines Gesetzes hat. *§ 7 Rn. 22* |
| Vorrang der Verfassung | Die Durchsetzungskraft der Verfassung gegenüber allen anderen (innerstaatlichen) Rechtsnormen bezeichnet man als Vorrang der Verfassung. Steht eine Norm des einfachen Rechts, das heißt eine solche unterhalb der Verfassung, im Widerspruch zur Verfassung, so ist diese ipso iure, also ohne Weiteres, nichtig. *§ 7 Rn. 19 f.* |
| Vorrang des Gesetzes | Im Bereich des einfachen (d.h. nicht auf Verfassungsebene gewährleisteten) Rechts genießt das Gesetz den Vorrang vor nachrangigen Normen, wie etwa Verordnungen und Satzungen.<br>*§ 7 Rn. 19, § 11 Rn. 9, § 15 Rn. 7* |
| Wahlprüfung | Der Begriff der Wahlprüfung meint die Kontrolle der Gültigkeit der Wahl im Hinblick auf aufgetretene Wahlfehler in einem eigenen Verfahren. Sie ist in Art. 41 GG und im Wahlprüfungsgesetz geregelt. *§ 5 Rn. 122 ff.* |
| Wesentlichkeitstheorie | Nach der vom Bundesverfassungsgericht entwickelten Wesentlichkeitstheorie müssen alle wesentlichen Entscheidungen vom unmittelbar demokratisch legitimierten Parlament selbst getroffen werden. *§ 7 Rn. 24* |
| Zitierrecht | Gemäß Art. 43 Abs. 1 GG können der Bundestag und seine Ausschüsse jedes Mitglied der Bundesregierung herbeizitieren und Stellungnahmen zu bestimmten Punkten verlangen. *§ 11 Rn. 39* |

## Stichwortverzeichnis

Die Angaben verweisen auf die Paragrafen des Buches (**fette Zahlen**) sowie die Randnummern innerhalb der einzelnen Paragrafen (magere Zahlen).
Beispiel: § 9 Rn. 10 = **9** 10